Ողջույնի ուղերձ
ՕՏԱՐ ԿՐԱԿ

ՀՏԴ 27
ԳՄԴ 86.37
Մ 410

Գլխավոր խմբագիր՝ Ա. Ռաֆայելյան
Թարգմանիչ՝ Մ. Մելիքյան
էջադրող՝ Ա. Մարդանյան
Նախագծի ղեկավար՝ Բ. Հարությունյան
Վարդապետական սրբագրում ՝ Օ. Բաժանյան

ՄաքԱրթուր Ջոն
Մ 410 Օտար կրակ / Ջոն ՄաքԱրթուր.- Եր.:
<<ՃՇՄԱՐՏՈՒԹՅԱՆ ԽՈՍՔԸ>>
ԿՐԹԱԿԱՆ ՀԿ, 2025.- 483 էջ:

ՀՏԴ 27
ԳՄԴ 86.37

The Master's Academy International

E-mail: publishing@tmai.org
TMAI Edition ISBN: 978-1-967358-04-5

STRANGE FIRE

© 2013 by John MacArthur

Published by arrangement with The Zondervan
Corporation L.L.C. a subsidiary of HarperCollins
Christian Publishing, Inc.

Italics added to Scripture quotations are the author's own emphasis.

ISBN: 978-1-4002-0641-4 (IE)

Library of Congress Cataloging-in-Publication Data

MacArthur, John, 1939-
    Strange fire : the danger of offending the Holy Spirit with counterfeit worship / John MacArthur.
        483 tɡ
Includes bibliographical references and index.
ISBN 978-1-4002-0517-2
1. Holy Spirit. 2. Worship. I. Title.
BT123.M148 2013
231'.3--dc23

2013015552
13 14 15 16 17 RRD 6 5 4 3 2 1

Վկայություններ այն մարդկանցից, որոնց կյանքը փոխվել է Աստծո խոսքի ճշմարտացիությամբ

«Ես երախտապարտ եմ Տիրոջը Ջոն ՄաքԱրթուրի և այն հստակության համար, որով նա բացահայտում է խարիզմատիկ ուսմունքի բազմաթիվ սխալները»:

---Կառլա

«Ես խարիզմատիկ եկեղեցում մնացի վեց տարի, մինչև որ Ջոն ՄաքԱրթուրն օգնեց ինձ վերագնահատել ուսմունքը՝ համեմատելով այն Սուրբ Գրքի հետ: Սիրտս ցավում է նրանց համար, ովքեր դեռ խարիզմատիկ շարժման մեջ են, ովքեր խաբված են: Նրանց խոստացված բարգավաճումը փախչում է նրանց ձեռքից: Ես տեսա, թե ինչպես են մարդիկ տալիս այն ամեն արժեքավորը, ինչ ունեն՝ հարյուրապատիկ հետ ստանալու ակնկալիքով: Եվ երբ նրանց փնտրած պարգևը չիրականացավ, նրանց ասացին, որ իրենց հավատքը թերի է: Շատ տխուր է»:

---Մադալենա

«Մի քանի տարի առաջ մենք երեխա կորցրեցինք, և մեր հաճախած եկեղեցու որոշ անդամներ մեզ ասեցին, որ մենք պարզապես բավարար հավատք չունեինք նրա ապաքինման համար: Մյուսները մեզ ասացին, որ մենք պետք է որ մեղք ունենանք մեր կյանքում: Ես փառաբանում եմ Տիրոջը Ջոն ՄաքԱրթուրի ծառայության համար: Ես և կինս այնքան շատ բան ենք սովորել նրա գրքերի և ուսուցումների միջոցով, ինչը բավական է լքելու խարիզմատիկ եկեղեցու միջավայրը, որում գտնվում էինք ավելի քան մեկ տասնամյակ: Այնտեղ այնքան շատ մոլորված խարիզմատիկներ կան, որոնք խիստ կարիք ունեն ճշմարտությունը լսելու»:

---Մայքլ

«Ես ու կինս տասնվեց տարի ծառայել ենք ֆրանսախոս Արևմտյան Աֆրիկայում: Արևմտյան Աֆրիկայի հովիվները հեղեղվում են կեղծ ուսմունքներով, հիմնականում ամերիկացի հեռուստաավետարանիչների և եկեղեցու խարիզմատիկ առաջնորդների կողմից: Խարիզմատիկ շարժման մասին Ջոն ՄաքԱրթուրի ուսմունքն ինձ տվեց այն գործիքները, որոնք անհրաժեշտ էին՝ դիմակայելու մեզ հանդիպած շեղումներին»:

---Լարի

«Ամուսինս և ես տարեց ենք, բայց սա ցույց է տալիս, որ ինչ տարիքի էլ լինի մարդը, Տերը կարող է հզոր կերպով աշխատել: Մենք ամուսնացած ենք մոտ քառասունինը տարի և առաջին երեսունութ տարին հաճախել ենք խարիզմատիկ եկեղեցի, որտեղ զգացմունքներն ու փորձառությունները գերակայում են Սուրբ Գրքին: Ես անհանգիստ էի և չգիտեի, թե ինչ անել դրա դեմ: Այնուհետև Ջոն ՄաքԱրթուրն օգնեց մեզ նոր հայացք նետել խարիզմատիկ շարժմանը Սուրբ Գրքի ոսպնյակի միջոցով: Նա մեզ սովորեցրեց լինել բերեացի»:

---ՎալՌեյ

«Վերջերս հաճախ եմ մտածել, որ «Կյանքի խոսք» շարժումն այսօր իրական քրիստոնեության ամենամեծ սպառնալիքներից մեկն է: Ուղերձը բավականին քրիստոնեական է թվում նոր և երիտասարդ հավատացյալներին: Այն միանշանակ լավ է հնչում բարեկեցությամբ տարված աշխարհում: Այն լավ տեսք ունի նրանց համար, ովքեր ցանկանում են լինել հարուստ, առողջ և երջանիկ: Ես հաճախում էի «Կյանքի խոսք» եկեղեցի: Այս եկեղեցին մեզ սովորեցնում է, որ Աստված ցանկանում է, որ մենք լիակատար հաղթանակ ունենանք մեր ֆինանսների, հարաբերությունների և մեր առողջության մեջ: Այդ դեպքում ինչո՞ւ հովիվն առողջ չէ: Ինչու են մարդիկ կորցնում իրենց աշխատանքը. Նրանք այս պահին բարեկեցիկ չեն իրենց ֆինանսներով: Նրանք պայքարում են և չեն կարողանում ծայրը ծայրին հասցնել: Մարդիկ սկսում են մտածել՝

մի՞թե Աստված հուսախաբ արեց իրենց: Ինչո՞ւ Նա չկատարեց գործարքի Իր բաժինը: «Հավատքի խոսք» վարդապետությունը վտանգավոր կեղծ ավետարան է, և ես երախտապարտ եմ Ջոն ՄաքԱրթուրին, որ մեզ ուղղորդեց դեպի Սուրբ Գիրքը»:

---Ջերեմի

«Ես երեսունհինգ տարեկան եմ և ապրում եմ Արևմտյան Նորվեգիայում: Որպես նոր հավատացյալ ես մոտ երկու տարի եղել եմ հիսունական եկեղեցում: Այն, ինչ նրանք սովորեցնում և կիրառում էին, այն բաները չէին, որոնց մասին ես կարդացի Սուրբ Գրքում՝ ձեր լավագույն կյանքը ներկայում, դրական խոստովանություն դարձնել, նյութական բարգավաճում, երկրային համբավ և այլն: Ես երբեք ոչինչ չեմ լսել ապաշխարության կամ իմ կյանքը տալու մասին և, իհարկե, ոչինչ չեմ լսել Քրիստոսի ծառա լինելու մասին: Ես սկսեցի լսել Ջոն ՄաքԱրթուրի ուսուցումը այս բաների վերաբերյալ մոտ մեկ տարի առաջ: Ազատագրություն է սովորել ու ընդունել ճշմարտությունն այն մասին, որ Աստծո խոսքը՝ Աստվածաշունչն է իմ իսկական իշխանությունը, ոչ թե իմ սեփական զգացմունքներին մշտապես ստրկանալը»:

---Բյորն

«Ես մեծացել եմ մի եկեղեցում, որտեղ ինձ սովորեցրել են խոսել լեզուներով և լսել, թե ինչպես է Աստված անձամբ խոսում ինձ հետ: Այն Աստվածը, որին հավատալով ես մեծացել եմ, խորհրդավոր էր, տարօրինակ, առեղծվածային և շփոթեցնող: Ամբողջական քաոս էր: Ես այնքան վրդովված էի այդ բաներից և մարգարեություններից, որոնք այդպես էլ իրականություն չդարձան, որ հրաժարվեցի Աստվածաշնչի հետ կապված ցանկացած բանից: Ես հոգևորապես թափառեցի և մոտ տասը տարի խուսափեցի Աստծո խոսքից: Սակայն ամբողջ ժամանակ ես գիտեի, որ սխալվում եմ և հավատում էի Աստծուն: Ես պարզապես չէի հասկանում, թե ինչպես ապրել Նրա համար: Մոտ երեք տարի առաջ ես հայտնաբերեցի Ջոն

ՄաքԱրթուրի ուսուցման ծառայությունն առցանց: Ես անմիջապես անցա 1 Կորնթացիս գրքի քարոզներին՝ տեսնելու, թե ինչ է նա ասում լեզուներով խոսելու մասին: Թարմացնող էր լսել մի քարոզ, որն իմաստալից էր: Ես ներբեռնեցի անթիվ քարոզներ: Ես նորից էի սովորում Աստվածաշունչը: Անդամակցեցի Աստվածաշունչ ուսուցանող մոտակա մի եկեղեցու, որի հովիվը հավատարիմ է Աստծո խոսքին առանց փոխզիջման: Ես այնքան ոգևորված եմ այն ամենով, ինչ Տերն անում է իմ կյանքում»:

---Ջասթին

«Ես դուրս եմ եկել խարիզմատիկ ֆոնից, իսկ Ջոն ՄաքԱրթուրի ուսմունքն իսկապես աչքեր է բացում: Երախտապարտ եմ Աստծուն, որ ազատեց իմ ընտանիքը և մեր ժողովը լիակատար հերետիկոսությունից»:

---Քրիսթլ

ՕՏԱՐ
ԿՐԱԿ

Կեղծ երկրպագությամբ
Սուրբ Հոգուն վիրավորելու վտանգը

Ջոն ՄաքԱրթուր

Բովանդակություն

Ներածություն. Նրա անվան համար 11

Մաս 1. Դիմակայելով կեղծ վերածննդին

1. Ծաղրելով Հոգուն 25
2. Հոգու նոր գո՞րծ 46
3. Փորձելով հոգիները (մաս 1)............................69
4. Փորձելով հոգիները (մաս 2) 92

Մաս 2. Կեղծ նվերների բացահայտում

5. Առաքյալները մեր մեջ 132
6. Սխալվող մարգարեների անմտությունը 157
7. Ոլորված լեզուներ............................194
8. Կեղծ բժշկություններ և կեղծ հույսեր 223

Մաս 3. Վերագտնելով Հոգու ճշմարիտ աշխատանքը

9. Սուրբ Հոգին և փրկությունը 254
10. Հոգին և սրբացումը 276
11. Հոգին և Սուրբ Գիրքը 297
12. Բաց նամակ իմ շարունակական ընկերներին 321

Երախտագիտություն 346

Հավելված. Ձայներ եկեղեցու պատմությունից 347

Ծանոթագրություններ 360

Յանկ............................441

Սուրբ Գրքի ցանկ............................468

Հեղինակի մասին............................481

10

Ներածություն

Նրա անվան համար

Նադաբն ու Աբիուդը շամաններ կամ օձի յուղ վաճառողներ չէին, որ ներթափանցեցին իսրայելացիների ճամբար՝ ժողովրդի մեջ քանանացիների սնահավատությունը տարածելու: Նրանք, ըստ երևույթին, արդար, հարգված տղամարդիկ և աստվածավախ հոգևոր առաջնորդներ էին: Նրանք միակ ճշմարիտ Աստծո քահանաներն էին: Եվ նրանք միջակ ղևտացիներ չէին: Նադաբը քահանայապետի պաշտոնի ակնհայտ ժառանգորդն էր, իսկ Աբիուդը հաջորդում էր նրան: Նրանք Ահարոնի ավագ որդիներն էին: Մովսեսը նրանց հորեղբայրն էր: Նրանց անունները գլխավորում են «Իսրայելի որդիների ազնվականների» ցուցակը (Ել. 24.11): Իրենց հայր Ահարոնից բացի, նրանք միակն են, որոնց անուններն առանձնացվում են, երբ Սուրբ Գիրքն առաջին անգամ հիշատակում է Իսրայելի «յոթանասուն երեցներին»՝ առաջնորդների խմբին, որոնք կիսում էին հոգևոր իշխանությունը եբրայեցիների վրա (Թվ. 11.16–24): Սուրբ Գիրքը նրանց չի ներկայացնում որպես չար գործիչներ կամ հայտնի չար մարդիկ, ճիշտ հակառակը: Այս երկու եղբայրները, մյուս յոթանասուն երեցների հետ միասին, արտոնություն ստացան կիսով չափ բարձրանալ Սինա լեռը և հեռվից դիտել, թե ինչպես է Աստված խոսում Մովսեսի հետ (Ել. 24.9–10): Իսրայելի ժողովրդին հրահանգ էր տրվել կանգնել լեռան ստորոտում և «չբարձրանալ լեռը և չդիպչել դրա հիմքին» (Ել. 19.12): Մինչ Աստված այնտեղ խոսում էր Մովսեսի հետ, եթե մի մոլորված գազան թափառեր Սինայի փեշին, այդ կենդանուն պետք է քարկոծեին կամ գնդակահարեին (հ. 13): Լեռան ստորոտից իսրայելացիները ծուխ ու կայծակ էին տեսնում: Բայց Նադաբն ու Աբիուդը հստակորեն կանչված էին հենց Իր՝ Տիրոջ կողմից, որը հրավիրեց նրանց գալ և բերել յոթանասուն երեցներին: Եվ «տեսան Աստծուն, կերան ու խմեցին» (Ել. 24.11):

Այլ կերպ ասած՝ Նադաբն ու Աբիուդն ավելի մոտ էին Աստծուն, քան գրեթե բոլորը: Ոչ մի իսրայելացի երբևէ Մովսեսին հավասար արտոնություն չէր ստացել: Այդ մարդիկ, անշուշտ, *թվում էր*՝ աստվածավախ, վստահելի հոգևոր առաջնորդներ և Աստծո հավատարիմ ծառաներ են՝ հռչակավոր երիտասարդներ: Անկասկած, Իսրայելում գրեթե բոլորը բարձր էին գնահատում նրանց:

Եվ, անշուշտ, Իսրայելում բոլորը ցնցվեցին, երբ Աստված սուրբ կրակի պայթյունով հանկարծակի հարվածեց Նադաբին և Աբիուդին: Այդ ամենը տեղի է ունեցել, ըստ երևույթին, խորանում նրանց ծառայության առաջին օրը: Ահարոնն ու նրա որդիները օծվեցին յոթնօրյա արարողությամբ, երբ խորանի կառուցումն ավարտվեց: Ութերորդ օրը (Ղև. 9.1) Ահարոնը մատուցեց մեղքի առաջին ընծան, որը երբևէ մատուցվել էր խորանում, և արարողությունը նշանավորվեց հրաշքով. «Տիրոջ առջևից կրակ դուրս եկավ և այրեց զոհասեղանի ողջակեզն ու ճարպը: Երբ ողջ ժողովուրդը տեսավ այդ, աղաղակեց և երեսի վրա ընկավ» (Ղև. 9.24):

Մովսեսն արձանագրում է, թե ինչ եղավ հետո.

> Ահարոնի որդիները՝ Նադաբն ու Աբիուդը, վերցրին իրենց բուրվառները և կրակ դնելով դրանց մեջ, խունկ դրեցին վրան և օտար կրակ մատուցեցին Տիրոջ առաջ, որը Նա նրանց չէր պատվիրել: Եվ Տիրոջ երեսից կրակ ելավ ու սպառեց նրանց, և նրանք մեռան Տիրոջ առաջ: Այն ժամանակ Մովսեսն ասաց Ահարոնին. «Այդպես է խոսել Տերը՝ ասելով. «Ինձ մոտ եկողների կողմից ես սուրբ կհամարվեմ, և ամբողջ ժողովրդի առաջ կփառավորվեմ»» (Ղև. 10.1–3):

Ամենայն հավանականությամբ, Նադաբն ու Աբիուդը, պղնձե զոհասեղանից բացի, կրակ էին վերցրել նաև այլ աղբյուրից և այն օգտագործել իրենց խունկը վառելու համար: Հիշե՛ք, որ Աստված Ինքը երկնքից կրակով այրեց զոհասեղանը: Ըստ երևույթին, Նադաբն ու Աբիուդը իրենց բուրվառները լցրել էին իրենց իսկ ստեղծած կրակով կամ Իսրայելի ճամբարից վերցված կրակի ածուխներով: Փաստացի աղբյուրը, որտեղից նրանք ստացել են իրենց կրակը, արձանագրված չէ: Եվ դա կարևոր էլ չէ: Բանն այն է, որ նրանք օգտագործել էին այլ բան, քան այն կրակը, որն Աստված Ինքն էր բռնկել: Նրանց վիրավորանքը կարող է չնչին թվալ նրան, ով սովոր է պատահական, ինքնամփոփ պաշտամունքի, որով հայտնի է մեր սերունդը: Նրանք գուցե նաև խմած և, հավանաբար, բավականաչափ գինովցած էին, քանզի նրանց դատողությունն այդքան վատն էր (Ղև. 10.9, թվում է՝ այդպես է եղել): Այնուամենայնիվ, այն, ինչ բացահայտորեն դատապարտում է Սուրբ Գիրքը, նրանց առաջարկած «օտար կրակն» է: Նրանց մեղքի առանցքն Աստծուն մոտենալն էր անզգուշությամբ, ինքնակամ, ոչ պատշաճ կերպով, առանց Նրան արժանի ակնածանքի: Նրանք չվերաբերվեցին Աստծուն որպես սուրբ կամ չբարձրացրին Նրա անունը ժողովրդի առաջ: Տիրոջ պատասխանը արագ և մահացու էր: Նադաբի և Աբիուդի «օտար կրակն» իրենց դեմ բորբոքեց աստվածային դատաստանի անմար կրակը, և նրանք տեղում այրվեցին:

Սա սթափեցնող և սահմռկեցուցիչ պատմություն է, և այն ակնհայտ հետևանքներ ունի մեր ժամանակների եկեղեցու համար: Ակնհայտ է, որ լուրջ հանցագործություն է Տիրոջն անարգելը, Նրան արհամարհանքով վերաբերվելը կամ Նրան ատելի ձևով մոտենալը: Նրանք, ովքեր երկրպագում են Աստծուն, պետք է դա անեն այնպես, ինչպես Նա է պահանջում՝ վերաբերվելով Նրան որպես սուրբ: Սուրբ Հոգին՝ Երրորդության փառավոր երրորդ անդամը, ոչ պակաս Աստված է, քան Հայրը կամ Որդին: Այսպիսով, անպատվել Հոգուն նշանակում է անարգել հենց Աստծուն: Հոգու անունը շահարկելը նշանակում է իզուր արտաբերել Աստծո անունը: Պնդել, որ Նա է, ով զորացնում է ինքնակամ, քմահաճ և ոչ աստվածաշնչյան երկրպագությունը, նշանակում է Աստծուն վերաբերվել արհամարհանքով: Հոգին ներկայացման վերաձևելը նշանակում է Աստծուն երկրպագել մի ձևով, որը Նա դատապարտում է: Ահա թե ինչու ժամանակակից խարիզմատիկ շարժման կողմից եկեղեցի բերված բազմաթիվ անհարգալից չարաճճիություններն ու աղավաղված վարդապետությունները հավասար են (կամ նույնիսկ ավելի վատն էր, քան) Նադաբի և Աբիուդի օտար կրակին: Դրանք վիրավորանք են Սուրբ Հոգու և, հետևաբար, հենց Աստծո հանդեպ՝ հիմք դաժան դատաստանի (տես Եբր. 10.31):[1]

Երբ փարիսեցիները Հոգու աշխատանքը վերագրեցին սատանային (Մատթ. 12.24), Տերը զգուշացրեց նրանց, որ նման խստասիրտ հայհոյանքն աններելի էր: Անանիան և Սափիրան անմիջապես մահացան Սուրբ Հոգուն ստելուց հետո: Արդյունքում «մեծ վախ եկավ ամբողջ եկեղեցու և բոլոր նրանց վրա, ովքեր լսեցին այս բաները» (Գործք 5.11): Սիմոն մոգը, երբ առաջարկեց գնել Հոգու զորությունը փողով, ի պատասխան ստացավ այս խիստ նկատողությունը. «Թող քո արծաթը կորչի քեզ հետ, որովհետև դու կարծում էիր, որ կարող ես Աստծո պարգևը ստանալ փողով» (Գործք. 8.20): Իսկ Եբրայեցիս գրքի հեղինակը, գրելով շնորհքի Հոգուն վիրավորելու վտանգի տակ գտնվողներին, իր ընթերցողներին առաջարկեց այս սթափեցնող խրատը. «Ահավոր է կենդանի Աստծո ձեռքն ընկնելը » (Եբր. 10.31): Սուրբ Երրորդության երրորդ անդամը վտանգավոր է յուրաքանչյուրի համար, ով Նրան օտար կրակ կառաջարկի:

Սուրբ Հոգու վերագտնումը

Իհարկե, դուք անտեղյակ կլինեք, ելնելով այն բանից, թե ինչպես են այսօր բազմաթիվ դավանող քրիստոնյաներ վերաբերվում Սուրբ Հոգուն: Մի կողմից՝ որոշ հիմնական ավետարանականներ մեղավոր են Սուրբ Հոգուն ընդհանրապես անտեսելու մեջ: Նրանց համար Նա դարձել է Երրորդության մոռացված անդամը, քանի որ նրանք փորձում են մեծացնել եկեղեցին իրենց խելամտությամբ, ոչ թե Նրա զորությամբ: Հանուն ժողովրդական գրավչության, նրանք կարևորում են անձնական սրբությունը և Հոգու սրբագործման աշխատանքը: Նրանք պնդում են, որ աստվածաշնչյան քարոզչությունը, որում Հոգու սուրը գործածվում է խնամքով և ճշգրտությամբ, այժմ անցավ է: Փոխարենը, նրանք առաջարկում են զվարճություն, աշխուժություն, դատարկ անհեթեթություն կամ անորոշության բարձրացում՝ փոխարինելով Հոգով ներշնչված Սուրբ գրությունների հեղինակությունն էժանագին և անզոր կերպով:

Մյուս կողմից՝ ժամանակակից հիսունական և խարիզմատիկ շարժումները[2] ճոճանակը մղել են հակառակ ծայրահեղության: Նրանք խթանել են անառողջ զբաղվածությունը՝ Սուրբ Հոգու զորության ենթադրյալ դրսևորումներով: Հանձնառու խարիզմատիկներն անդադար խոսում են երևույթների, զգացմունքների և վերջին ալիքի կամ սենսացիայի մասին: Նրանք, կարծես, համեմատաբար քիչ (երբեմն *ոչինչ*) ասելիք ունեն Քրիստոսի, Նրա քավիչ աշխատանքի կամ Ավետարանի պատմական փաստերի մասին:[3] Սուրբ Հոգու ենթադրյալ աշխատանքի վրա խարիզմատիկ կերպով կենտրոնանալը կեղծ պատիվ է: Հիսուսն ասաց. «Երբ Մխիթարիչը գա, որին ես Հոր կողմից կուղարկեմ ձեզ, ճշմարտության Հոգին, որ Հորից է ելնում, *Նա կվկայի Իմ մասին*» (Հովհ. 15.26): Այսպիսով, երբ Սուրբ Հոգին դառնում է եկեղեցու պատգամի առանցքը, Նրա *իրական* աշխատանքը խաթարվում է:

«Սուրբ Հոգին», որը գտնվում է խարիզմատիկ ուսուցման և պրակտիկայի ճնշող մեծամասնության կենտրոնում, ոչ մի նմանություն չունի Աստծո ճշմարիտ Հոգու հետ, ինչպես բացահայտված է Սուրբ Գրքում: Իրական Սուրբ Հոգին հիացական էներգիայի էլեկտրականացնող հոսանք չէ, միտքը թմրեցնող անտրամաբանական շատախոսություն կամ տիեզերական Ջին չէ, որ անխտիր կատարում է եսակենտրոն ցանկությունները առողջության և հարստության վերաբերյալ: Աստծո ճըշմարիտ Հոգին չի ստիպում Իր ժողովրդին շների պես հաչել կամ բորենիների պես ծիծաղել. Նա նրանց չի տապալում գետնին անգիտակից բթության մեջ: Նա չի դրդում նրանց երկրպագել քաոսային և անվերահսկելի ձևերով և, անշուշտ, չի կատարում Իր թագավորության գործը կեղծ մարգարեների, կեղծ բժիշկների և խարդախ հեռուստաավետարանիչների միջոցով: Կռապաշտական երևակայությունների Սուրբ Հոգի հորինելով՝ ժամանակակից խարիզմատիկ շարժումը օտար կրակ է առաջարկում, որն անհաշվելի վնաս է հասցնում Քրիստոսի մարմնին: Պնդելով, թե կենտրոնանում է Երրորդության երրորդ անդամի վրա՝ այն իրականում պղծում է Նրա անունը և նսեմացնում Նրա իրական աշխատանքը:

Ամեն անգամ, երբ Աստված անարգվում է, նրանք, ովքեր սիրում են Տիրոջը, և՛ ցավ, և՛ արդարացի վրդովմունք են զգում: Սա այն է, ինչ Դավիթն զգում էր Սաղմոս 69.9-ում, երբ բացականչեց. «Որովհետև Քո տան նախանձախնդրությունը կերավ ինձ, և Քեզ նախատինք տվողների նախատինքներն ընկան ինձ վրա»: Տեր Հիսուսը մեջբերեց այդ հատվածը, երբ սրբեց տաճարը՝ մաքրելով դրամափոխներին, որոնք լկտի անարգանքով էին վերաբերվում Աստծո տաճարին և Նրա ժողովրդի երկրպագությանը: Ես վաղուց եմ զգացել նմանատիպ բեռ՝ ի պատասխան այն սարսափելի ձևերի, որոնցով Սուրբ Հոգին շահարկվում, վատաբանվում և խեղաթյուրվում է շատերի կողմից խարիզմատիկ շրջանակներում:

Հեգնական տխուր շրջադարձ կա. նրանք, ովքեր պնդում են, որ ամենաշատը կենտրոնացած են Սուրբ Հոգու վրա, իրականում ամենաշատն են շահարկում, վշտացնում, վիրավորում, խեղաթյուրում, հանգցնում և անարգում Նրան: Ինչպե՞ս են դա անում: Նրան վերագրելով խոսքեր, որոնք Նա չի ասել, գործեր, որոնք Նա չի արել, երևույթներ, որոնք Նա չի ստեղծել և փորձառություններ, որոնք կապ չունեն Նրա հետ: Նրանք համարձակորեն ծեփում են Նրա անունը այն բանի վրա, որը Նրա գործը չէ:

Հիսուսի օրերում Իսրայելի կրոնական առաջնորդները հայհոյաբար Հոգու գործը վերագրեցին սատանային (Մատթ. 12.24): Ժամանակակից խարիզմատիկ շարժումը հակառակն է անում՝ սատանայի գործը վերագրելով Սուրբ Հոգուն: Սատանայի կեղծ ուսուցիչների բանակները, որոնք քայլում են իրենց ապօրինի ցանկությունների դրդմամբ, ուրախությամբ տարածում են նրա շեղումները: Նրանք հոգևոր սրիկաներ են, խաբեբաներ, ստահակներ և շառլատաններ: Մենք կարող ենք տեսնել նրանց անվերջ շքերթը՝ պարզապես միացնելով հեռուստացույցը: Հուդան նրանց անվանեց առանց ջրի ամպեր, կատաղի ալիքներ և թափառող աստղեր, «որոնց համար պահված է խավարի մթությունը հավիտյան» (հ. 13): Այնուամենայնիվ, նրանք պնդում են, որ լույսի հրեշտակներ են՝ վստահություն ձեռք բերելով իրենց ստերի համար Սուրբ Հոգու անունը կանչելով, կարծես թե տույժ չկա վճարելու նման հայհոյության համար:

Աստվածաշնչում հստակ ասվում է, որ Աստված պահանջում է երկրպագել Իրեն որպես այնպիսի մեկը, ինչպիսին Նա իրականում կա: Ոչ ոք չի կարող պատվել Հորը, եթե չպատվի Որդուն, նմանապես անհնար է պատվել Հորը և Որդուն՝ անարգելով Հոգուն: Այնուամենայնիվ, ամեն օր միլիոնավոր խարիզմատիկներ գովաբանում են Սուրբ Հոգու ակնհայտ կեղծ պատկերը: Նրանք նմանվել են Ելից 32-ի խսրայելացիներին, որոնք Ահարոնին ստիպեցին ոսկե հորթ պատրաստել, երբ Մովսեսը բացակայում էր: Կռապաշտ իսրայելացիները պնդում էին, որ պատվում են Տիրոջը (հ. 4–8), բայց, փոխարենը, նրանք երկրպագում էին սարսափելի մի խեղաթյուրման՝ անպատվաբեր անկարգությամբ պարելով դրա շուրջը (հ. 25): Նրանց անհնազանդությանը Աստծո պատասխանն արագ և խիստ էր: Դեռ օրը չավարտված՝ հազարավոր մարդիկ սպանվեցին:

Ահա թե ինչ. մենք չենք կարող դարձնել Աստծուն այնպիսին, ինչպիսին ցանկանում ենք: Մենք չենք կարող Նրան ձևավորել մեր սեփական պատկերացմամբ, ըստ մեր առանձնահատկությունների և երևակայությունների: Այնուամենայնիվ, դա հենց այն է, ինչ շատ հիսունականներ և խարիզմատիկներ արել են: Նրանք ստեղծել են Սուրբ Հոգու իրենց ոսկե հորթի տարբերակը: Նրանք իրենց աստվածաբանությունը նետել են մարդկային փորձառության կրակի մեջ և երկրպագել կեղծ հոգուն՝ դրա առջև իրենց դրսևորելով տարօրինակ չարախոսություններով և անզուսպ վարքով: Որպես շարժում, նրանք համառորեն անտեսել են ճշմարտությունը Սուրբ Հոգու մասին և անխոհեմ արտոնագրով կուռքի հոգի ստեղծել Աստծո տանը՝ անարգելով Երրորդության երրորդ անդամին Իր իսկ անունով:

Հոգևոր ապականության Տրոյական ձին

Չնայած իրենց կոպիտ աստվածաբանական սխալին՝ խարիզմատիկները պահանջում են ընդունելություն հիմնական ավետարանական շրջանակներում: Եվ ավետարանականները հիմնականում ենթարկվում են այդ պահանջներին՝ պատասխանելով ձեռքերը պարզած և ողջունելի ժպիտով: Դրանով իսկ հիմնական ավետարանականությունը ակամայից թշնամուն իր ճամբար է հրավիրում: Դարպասները բացվում են սուբյեկտիվիզմի, փորձարարության, ընդհանրական փոխզիջումների և հերետիկոսության Տրոյական ձիու առջև: Նրանք, ովքեր այս կերպ փոխզիջումների են գնում, խաղում են օտար կրակի հետ և իրենց լուրջ վտանգի տակ են դնում:

1900-ականների սկզբին, երբ սկսվեց հիսունականների շարժումն, այն հիմնականում համարվում էր պաշտամունք աստվածաբանական պահպանողականների կողմից:[4] Սակայն 1960-ականներին շարժումն սկսեց տարածվել հիմնական ուղղությունների վրա՝ տեղ գրավելով բողոքական եկեղեցիներում, որոնք ընդունել էին աստվածաբանական ազատականությունը և արդեն հոգեպես մահացած էին: Խարիզմատիկ Վերականգնման շարժման սկիզբը սովորաբար կապվում է Կալիֆորնիայի Վան Նայս քաղաքի Սուրբ Մարկոսի եպիսկոպոսական եկեղեցու հետ: 1960 թ-ին Զատիկից ընդամենը երկու շաբաթ առաջ նրանց հովիվ Դենիս Բենեթը հայտարարեց, որ ստացել է Սուրբ Հոգու հիսունական մկրտությունը: (Նա բացահայտեց, որ ինքը և ծխականների մի փոքր խումբ որոշ ժամանակ անց են կացրել գաղտնի հանդիպումներ, որոնց ընթացքում նրանք սովորում էին խոսել լեզուներով):

Լիբերալ եպիսկոպոսական առաջնորդներն այնքան էլ խանդավառ չէին Հայր Բենեթի հայտարարությունից: Փաստորեն, Բենեթը շուտով հեռացվեց Վան Նայս եկեղեցուց: Բայց նա մնաց եպիսկոպոսական դավանանքում և ի վերջո կանչվեց՝ որպես ռեկտոր ծառայելու Սիեթլի ազատական, մահացող քաղաքային եկեղեցում: Այդ եկեղեցին անմիջապես սկըսեց աճել, և Բենեթի նեոպենտեկոստալիզմն աստիճանաբար տարածվեց և արմատացավ մի քանի հոգևորապես ցամաքած ժողովներում: Տասնամյակի վերջում հուսահատ և մահացող հիմնական եկեղեցիներն ամբողջ աշխարհում ընդունում էին խարիզմատիկ վարդապետությունը և արդյունքում թվային աճ գրանցում:[5]

Պենտեկոստալիզմի զգացմունքային փորձառությունը կայծ բերեց այդ այլակերպ լճացած ժողովներին, և 1970-ականներին խարիզմատիկ նորացման շարժումն սկսեց իրական թափ հավաքել: 1980-ականներին երկու դասախոսներ Ֆուլեր աստվածաբանական ճեմարանից՝ հիմնական ավետարանական դպրոց, որը հրաժարվել էր աստվածաշնչյան անսխալականության իր պարտավորությունից 1970-ականների սկզբին,[6] սկըսեցին խարիզմատիկ գաղափարներ քարոզել դասարանում: Արդյունքը կոչվում է «Երրորդ ալիք», քանի որ հիսունական և խարիզմատիկ աստվածաբանությունը ներթափանցեց ավետարանականության և Անկախ եկեղեցական շարժման մեջ:

Այդ խարիզմատիկ գրավման արդյունքները կործանարար են եղել: Նորագույն պատմության մեջ ոչ մի այլ շարժում ավելին չի արել՝ վնասելու Ավետարանի գործին, խեղաթյուրելու ճշմարտությունը և խեղդելու առողջ վարդապետության ձևավորումը: Խարիզմատիկ աստվածաբանությունը ավետարանական եկեղեցին վերածել է սխալների ջրհորի և հող պատրաստել կեղծ ուսուցիչների համար: Այն խեղաթյուրել է իսկական պաշտամունքը անզուսպ զգացմունքայնության միջոցով, աղտոտել է աղոթքը մասնավոր շաղախներով, արատավորել է իսկական հոգևորությունը ոչ աստվածաշնչյան խորհրդամոլությամբ և ապականել հավատքը՝ վերածելով այն ստեղծագործ ուժի՝ աշխարհիկ ցանկությունններն արտահայտելու համար: Վեր դասելով փորձառության հեղինակությունը Սուրբ Գրքի հեղինակությունից՝ խարիզմատիկ շարժումը ոչընչացրել է եկեղեցու իմունային համակարգը՝ առանց քննադատության ազատ մուտք տրամադրելով ցանկացած հերետիկոսական ուսմունքի և պրակտիկայի ցանկացած երևակայական ձևի:

Կոպիտ ասած՝ խարիզմատիկ աստվածաբանությունը ոչ մի ներդրում չի ունեցել աստվածաշնչյան ճշմարիտ աստվածաբանության կամ մեկնության մեջ, ավելի շուտ, այն ներկայացնում է ճշմարտության շեղված մուտացիան: Մահացու վիրուսի նման, մուտք է ստանում եկեղեցի՝ պահպանելով մակերեսային կապ աստվածաշնչյան քրիստոնեության որոշ բնութագրերի հետ, բայց, ի վերջո, այն միշտ փչացնում և աղավաղում է առողջ ուսմունքը: Արդյունքում առաջացած դեգրադացումը, ինչպես Ֆրանկենշտեյնի հրեշի վարդապետական տարբերակն է, հերետիկոսության, էքստազի և հայհոյանքի ահավոր խառնուրդ է՝ անհարմար կերպով զգեստավորված ավետարանական լեզվի մնացորդներով:[7] Այն իրեն անվանում է «քրիստոնեական», բայց իրականում խաբկանք է, հոգևորության կեղծ ձև, որն անընդհատ փոփոխվում է՝ անկանոն պտույտներ կատարելով մի սխալից մյուսը:

Ավելի վաղ սերունդներում հիսունական-խարիզմատիկ շարժումը պետք է պիտակավորվեր որպես հերետիկոսություն: Փոխարենը, այն այժմ աշխարհում այսպես կոչված քրիստոնեության ամենատիրական, ագրեսիվ և տեսանելի շտամն է: Այն պնդում է, որ ներկայացնում է Ավետարանի ամենամաքուր և հզոր ձևը: Այնուամենայնիվ, այն հիմնականում հռչակում է առողջության և հարստության ավետարանը՝ մի ուղերձ, որը լիովին անհամատեղելի է Սուրբ Գրքի բարի լուրի հետ: Այն սպառնում է բոլոր նրանց, ովքեր ընդդիմանում են դրա վարդապետությանը, Սուրբ Հոգուն վշտացնելու, հանգցնելու, դիմադրելու և նույնիսկ հայհոյելու մեղադրանքներով: Այնուամենայնիվ, ոչ մի շարժում Նրա անունը ցեխի միջով չի քաշում ավելի մեծ հաճախականությամբ կամ հանդգնությամբ:

Անհավանական հեգնանքն այն է, որ նրանք, ովքեր ամենաշատն են խոսում Սուրբ Հոգու մասին, ընդհանրապես ժխտում են Նրա իրական աշխատանքը: Նրանք վերագրում են Նրան ամեն տեսակի մարդկային անմտություն՝ անտեսելով Նրա ծառայության իրական նպատակն ու զորությունը, այն է՝ ազատել մեղավորներին մահից, տալ նրանց հավիտենական կյանք, վերստին ծնունդ տալ նրանց սրտերին, վերափոխել նրանց բնությունը, զորացնել նրանց հոգևոր հաղթանակի համար, հաստատել նրանց տեղն Աստծո ընտանիքում, բարեխոսել նրանց համար՝ ըստ Աստծո կամքի՝ ապահով կերպով կնքելով նրանց հավերժական փառքի համար և խոստանալով ապագայում անմահության հասցնել նրանց:

Սուրբ Հոգու և Նրա աշխատանքի մասին կոռումպացված գաղափար տարածելը ոչ այլ ինչ է, քան հայհոյանք, քանի որ Սուրբ Հոգին Աստված է: Նա պետք է բարձրացվի, մեծարվի և փառաբանվի: Հոր և Որդու հետ միասին՝ Նա պետք է փառավորվի բոլոր ժամանակներում այն ամենի համար, ինչ Նա կա և ինչ անում է: Նրան պետք է սիրեն և շնորհակալություն հայտնեն նրանք, ում մեջ Նա բնակվում է: Բայց որպեսզի այդ ամենը տեղի ունենա, պետք է երկրպագել Նրան ճշմարտությամբ:

Այսպիսով, ինչպես պետք է մենք արձագանքենք

Վաղուց ժամանակն է, որ ավետարանական եկեղեցին դիրքորոշվի և վերականգնի պատշաճ ուշադրությունը Սուրբ Հոգու անձի և աշխատանքի վրա: Եկեղեցու հոգևոր առողջությունը վտանգված է: Վերջին տասնամյակների ընթացքում խարիզմատիկ շարժումը ներթափանցել է հիմնական ավետարանականության մեջ և տագնապալի արագությամբ պայթել համաշխարհային ասպարեզում: Այն աշխարհում ամենաարագ զարգացող կրոնական շարժումն է: Խարիզմատիկներն այժմ ավելի քան կես միլիարդ են ամբողջ աշխարհում: Այնուամենայնիվ, ուսմունքը, որը մղում է այդ աճող թվերին, ճշմարիտ Ավետարանը չէ, և նրա հետևում գտնվող հոգին Սուրբ Հոգին չէ: Այն, ինչ մենք տեսնում ենք, *իրականում* կեղծ եկեղեցու պայթյունավտանգ աճ է, նույնքան վտանգավոր, որքան ցանկացած պաշտամունք կամ հերետիկոսություն, որը երբևէ հարձակվել է քրիստոնեության վրա: Խարիզմատիկ շարժումն սկզբից էլ զավեշտ և խարդախություն էր. այն լավ բանի չի վերածվել:

Հիմա է ճշմարիտ եկեղեցու պատասխանի ժամը: Այն ժամանակ, երբ կա աստվածաշնչյան ուսմունքի վերածնունդ և նոր հետաքրքրություն բարեփոխական սոլաների նկատմամբ, անընդունելի է անգործ մնալ: Բոլոր նրանք, ովքեր հավատարիմ են Սուրբ գրություններին, պետք է ոտքի կանգնեն և դատապարտեն այն ամենն, ինչը ոտնձգություն է Աստծո փառքի հանդեպ: Մենք պարտավոր ենք կիրառել ճշմարտությունը Սուրբ Հոգու վարդապետության համարձակ պաշտպանության մեջ: Եթե մենք պահանջում ենք հավատարմություն բարեփոխիչներից, պետք է վարվենք նույն քաջությամբ և համոզմունքով, որը նրանք դրսևորեցին, երբ մենք ջանասիրաբար պայքարում էինք հավատքի համար: Պետք է հավաքական պատերազմ լինի Աստծո Հոգու նկատմամբ համատարած շահարկումների դեմ: Այս գիրքը կոչ է՝ միանալու այս գործին Նրա պատվի համար:

Ես նաև հույս ունեմ հիշեցնել ձեզ, թե ինչ տեսք ունի Սուրբ Հոգու իրական ծառայությունը: Այն քաոսային, շողշողուն և շքեղ չէ (կրկեսի նման): Այն սովորաբար թաքնված է և աննկատ (ինչպես պտուղն է զարգանում): Մեզ չի կարելի շատ հաճախ հիշեցնել, որ Սուրբ Հոգու առաջնային դերը *Քրիստոսին վեհացնելն* է, հատկապես՝ *Քրիստոսի համար գովաբանություն քաղելն* Իր ժողովրդից: Հոգին դա անում է եզակի անձնական ձևով, նախ և առաջ՝ հանդիմանելով և դատապարտելով մեզ՝ ցույց տալով մեզ մեր սեփական մեղքը, բացելով մեր աչքերի առաջ, թե ինչ է իսկական արդարությունը և խորապես գիտակցելով մեր պատասխանատվությունը Աստծո՝ բոլորի օրինական Դատավորի, առջև (Հովh. 16.8–11): Սուրբ Հոգին բնակվում է հավատացյալներիս մեջ՝ զորացնելով մեզ ծառայելու և փառաբանելու Քրիստոսին (Հռ. 8.9): Նա առաջնորդում է մեզ և երաշխավորում մեր փրկությունը (հ. 14–16): Նա աղոթում է մեզ համար խոսքերով անբացատրելի, չափազանց խորը հառաչանքներով (հ. 26): Նա կնքում է մեզ՝ պաշտպանելով մեզ Քրիստոսով (2 Կոր. 1.22; Եփ. 4.30): Հոգու ամենօրյա ներկայությունը մեր սրբացման աղբյուրն ու գաղտնիքն է, քանզի Նա մեզ համապատասխանեցնում է Քրիստոսի պատկերին:

Սա այն է, ինչ Սուրբ Հոգին իսկապես անում է եկեղեցում նույնիսկ հիմա: Ոչ մի շփոթեցնող, տարօրինակ կամ անտրամաբանական բան չկա Հոգով լցված լինելու կամ Հոգով առաջնորդվելու մեջ: Նրա գործը տեսարան ստեղծելը կամ քաոս հրահրելը չէ: Իրականում, որտեղ դուք տեսնում եք այդ բաները, կարող եք վստահ լինել, որ դա Նրա արածը *չէ*, «որովհետև Աստված խռովության հեղինակ չէ, այլ խաղաղության» (1 Կոր. 14.33, 40): Այն, ինչ տալիս է Աստծո Հոգին, պտուղ է. «սեր, ուրախություն, խաղաղություն, համբերատարություն, քաղցրություն, բարություն, հավատարմություն, հեզություն, ժուժկալություն: Այդպիսի բաների դեմ օրենք չկա» (Գաղ. 5.22, 23):

Երբ կարդում եք այս գիրքը, իմ աղոթքն է ձեզ համար, որ Հոգին Ինքը ձեզ հստակ պատկերացում տա Իր իրական ծառայության մասին ձեր կյանքում, որ դուք ընդունեք աստվածաշնչյան տեսակետը Հոգու և Նրա պարգևների վերաբերյալ, և որ հրաժարվեք լինել խաբված բազմաթիվ հոգևոր կեղծիք-ներով, կեղծ վարդապետություններով և կեղծ հրաշքներով, որոնք այսօր պայքարում են մեր ուշադրությունը գրավելու հա-մար:

Սոլի Դեո Գլորիա (լատ. Փառքը միայն Աստծուն)

ՄԱՍ ԱՌԱՋԻՆ

Դիմակայելով կեղծ վերածննդին

Առաջին

Ծաղրելով Հոգուն

Վերջերս սեղանիս հանդիպեց աֆրիկյան լրատվական կայքի խմբագրական ամսագիրը: Երբ ես կարդացի այն, ինձ ապշեցրին դրա կոպիտ ազնվությունն ու խորաթափանցությունը: Հատվածը, թեև գրված է հիսունական մարդու կողմից, սակայն կտրուկ քննադատում է աշխարհի այդ մասում խարիզմատիկ շարժումը բնութագրող քաոսը:

Պենտեկոստալիզմի «տարօրինակ հոգու տիրապետումը» և «անսովոր ծիսական գործելակերպն» ընդհանուր կերպով ներկայացնելուց հետո հեղինակը կենտրոնանում է լեզուներով խոսելու վրա: Դիտելով մի մարդու, որը ենթադրաբար լցված է Սուրբ Հոգով՝ նա նկարագրում է ուժգին տեսարանը հետևյալ խոսքերով:

> Մեկը տեսնում է, որ տղամարդու մարմինը ստիպողաբար դողում է սպազմից, ձեռքերը դողում են, ձայնը դողում է՝ շշնջալով.
>
> Հիսու՜ս, Հիսու՜ս, շշշշ, աշշշշ, Հիսու՜ս...

Այնուհետև, հաջորդում են մի քանի կակազող հընչյուններ. համախտանիշ, որն ամերիկացի հոգեբան Փիթեր Բրենըթն անվանում է «վերածնված ֆիքսացիա», իսկ դիտորդն անվանում է «հիսունականների օրհներգ»: Միայն վերջերս ուղղափառ եկեղեցու մեծարգո սպասավորը հարցրեց. «Եթե կախարդությանը տիրապետող քահանան որոշակի հնչյուններ է կակազում՝ իր բռնած սև գործիքը թափահարելով և վերստին ծնված քրիստոնյաներն աղմկում են նույնատիպ հնչյուններով, իրենց Աստվածաշնչի վրա, ի՞նչ տարբերություն կարող է լինել»:[1]

Հռետորական հարցը մնում է ընթերցողի ականջին: Հեղինակը շարունակում է հիսունականների եկեղեցական ծառայության ապշեցնող բացահայտումը և իր ընթերցողներին հրավիրում «դիտարկել որոշ տիրապետող աղոթողների: Ոմանք, հատկապես կանայք, սկսում են ցատկել մեկ ոտքի վրա, ինչպես բաց թողնված մորեխներ, իսկ մյուսները գլորվում են հատակին՝ շրջելով նստարաններն ու աթոռները: Կարգ և կանոն. սրանք քամուն են անցել՝ իրենց տեղը զիջելով աղմկահարույց խառնաշփոթությանն ու աղմուկին»: Անհավատության մեջ նա տալիս է ակնհայտ հարց. «Կարո՞ղ է արդյոք սա լինել Աստծուն ծառայելու աստվածաշնչյան ճանապարհ»: Կրկին հռետորական հարցը մնում է անպատասխան:

Այնուհետև նա պատմում է հիսունականների աղոթքի ժողովի մասին, որը տեղի է ունեցել ընդամենը մի քանի շաբաթ առաջ, երբ մի «հոգով լցված» կին վայր ընկավ զմայլվածությունից և տապալեց մի տղայի, որը խոսում էր լեզուներով: Նստատեղերին բախվելուց հետո տղան վեր կացավ՝ արյունոտ շրթունքը ծծելով և ողբալով ասաց. «Օ՜, ինչ՜ու», իր մայրենի լեզվով:

Միջադեպն ավելի շատ անպատասխան հարցեր է առաջացնում: Մեր հեղինակը զարմանում է, թե ինչու «լեզուներով խոսող հոգին պետք է մի վայրկյանում թողնի արյունահոսող շուրթերը և խոսի մայրենի բարբառով»: Բայց ավելի կարևոր է, որ նա ուզում է իմանալ, թե *ինչպես կարող է Սուրբ Հոգին պատասխանատու լինել այս տեսակ խառնաշփոթի համար*: Ինչպես նա ասում է. «Իսկապես, այս դեպքը զարմացրեց ականատեսներին և անհանգիստ այցելուներին: Արդյո՞ք Սուրբ Հոգին այժմ ձեռնամարտ կամ բռնցքամարտ է ստեղծում, ինչպես հին ժամանակների նոքաուտ անող Կասիուս Քլեյը: Բոլորն էլ առեղծվածային էին»: Նրանց տարակուսանքը հասկանալի է: Անշուշտ, Աստծո Հոգին չէր վիրավորի Իր յուրայիններին: Բայց այդ գիտակցումը կանգնեցնում է նրանց անհավանական երկընտրանքի առջև, եթե այդ աժիոտաժի հետևում Սուրբ Հոգին չի կանգնած, ապա ո՞վ է:

Թեև այդ կոնկրետ պատմությունը գալիս է Աֆրիկայից, նրա տված ընդհանուր նկարագրությունը կարող է համապատասխանել հիսունական և խարիզմատիկ ժողովներին աշխարհի ցանկացած մասում:[2] Խմբագրության հեղինակի կողմից բարձրացված հարցերն այն հարցերն են, որոնք պետք է տա յուրաքանչյուր հավատացյալ, հատկապես նրանք, ովքեր խարիզմատիկ եկեղեցիների մաս են կազմում: Ինչո՞ւ է լեզուներով խոսելու ժամանակակից տարբերակը զուգահեռ հեթանոսական պաշտամունքային սովորույթներին: Ինչպե՞ս կարող է կարգուկանոնի Աստվածը մեծարվել շփոթության և խառնաշփոթի միջոցով:

Անարգելով Հոգուն

Խորապես հեգնական է, որ մի շարժում, որն իբր նվիրված է Սուրբ Հոգու ծառայության մեծարմանն ու շեշտադրմանը, իրականում Նրան վերաբերվում է նման պատահական արհամարհանքով և գիջողականությամբ: Գործնականում խարիզմատիկները հաճախ Աստծո Հոգին նվազեցնում են *ուժի* կամ *զգացողության* աստիճանի: Նրանց տարօրինակ գործելակերպը և չափազանցված պնդումները հաճախ *զավեշտի* կամ *խարդախության* տեսք են հաղորդում: Նրա սուրբ անձի ինքնիշխան փառքը բազմիցս փոխանակվում է մարդկային երևակայության դատարկ պատյանով: Արդյունքը մի շարժում է, որի ամենաակնառու առաջնորդները՝ հեռուստաավետարանիչներ, հավատքի բժիշկներ, ինքնահռչակ մարգարեներ և բարգավաճման քարոզիչներ, համարձակորեն հռչակում են Նրա անունը՝ միաժամանակ այն քարշ տալով ցեխի միջով:

Խարիզմատիկ աշխարհից անընդհատ ծագող խարդախությունների և սկանդալների թիվն ապշեցուցիչ է: Ջ. Լի Գրեդին՝ «*Խարիզմա*» *ամսագրի* խմբագիրը, *Քրիստոնեությունն այսօր* հարթակում խոստովանեց, որ խարիզմատիկ աշխարհը «վերջին տարիներին իր հիմքում ցնցվել է մի շարք բարձրաստիճան ղեկավարների կողմից, որոնք ամուսնալուծվել կամ ունեցել են բարոյական ձախողումներ: Շատ խարիզմատիկների, որոնց ես գիտեմ, անհանգստացնում է դա, և նրանք զգում են, որ ժամանակն է խորը ներդաշնակության, ապաշխարության և մերժելու մակերեսային, հայտնի քրիստոնեությունը, որը բնորոշել է մեր շարժման մեծ մասը»:[3]

Խարիզմատիկ ուսմունքի հիմնարար պնդումներից մեկն այն է, որ խարիզմատիկներն իրավասու են սրբագործող հոգևոր ուժի, որը հասանելի չէ յուրաքանչյուր հավատացյալի: Նրանք, ովքեր ունեցել են խարիզմատիկ փորձառություն, մկրտվել են Հոգով, ասում են, որ դա գերբնականորեն զորացնում է հնազանդությունը, խթանում է սրբությունը և Հոգու պտուղ է տալիս: Եթե նրանց պնդումները ճշմարիտ լինեին, ապա խարիզմատիկները կստեղծեին առաջնորդներ, որոնք հայտնի կլինեին քրիստոսանմանությամբ, ոչ թե շքեղությամբ: Բարոյական ձախողումները, ֆինանսական խարդախությունը և հասարակական սկանդալները համեմատաբար հազվադեպ կլինեին նրանց շարժման մեջ:

Սակայն խարիզմատիկները գերակշռում են հայտնի հովիվների և հեռուստաավետարանիչների ցանկում, որոնք խայտառակել են Քրիստոսի անունը վերջին երեք տասնամյակների ընթացքում՝ Ջիմ Բեքերից և Ջիմի Սվագգարթից մինչև Թեդ Հագարդ և Թոդ Բենթլի: «Ավետարանական քրիստոնյաների հետ կապված սկանդալների ցանկը» վերնագրով գրառումը հանրահայտ *Wikipedia* կայքում հայտնաբերել է հիսուն հայտնի, հրապարակայնորեն խայտառակված եկեղեցու առաջնորդների: Հոդվածում խումբն անխտիր պիտակավորվում է «ավետարանական», բայց թվարկվածներից առնվազն երեսունհինգը հիսունական և խարիզմատիկ ծագում ունեն:[4] *Wikipedia-ի* գրառումը կարող է հեղինակավոր չլինել վարդապետական պիտակների օգտագործման մեջ, սակայն այն ծառայում է որպես հասարակության ճշգրիտ ընկալման բարոմետր: Երբ խարիզմատիկ առաջնորդները ծախողվում են, լինի դա բարոյական անկման, թե ֆինանսական անպատշաճության պատճառով, ավետարանականության հեղինակությունն է, որ խաթարվում է: Եվ ավելի կարևորն այն է, որ Քրիստոսի անունն է արատավորվում, իսկ Աստծո Հոգին՝ անարգվում:

Տարօրինակ վարդապետություններն ու վարքագիծն այնքան սովորական են դարձել խարիզմատիկ շարժման մեջ, որ դրանք այլևս վերնագրեր չեն դառնում: Ոչ աստվածաշնչյան պրակտիկաները, ինչպիսիք են անհասկանալի խոսելը, մեջքով հատակին ընկնելը, անզուսպ ծիծաղելը կամ գետնին ճմրլվելը, դիտվում են որպես անհրաժեշտ ապացույց, որ Հոգին շարժվում է: YouTube-ն ունի խարիզմատիկ անհեթեթությունների անվերջ թվացող հավաքածու, որը բացահայտ հայհոյանք է: Մարդիկ ձևացնում են, թե ներշնչում են Սուրբ Հոգին և բարձրանում, ինչպես թմրանյութն օգտագործելիս է լինում, իսկ կանայք ծռվում են հատակին՝ ընդօրինակելով ծննդաբերության ընթացքը[5]: Հնարճ օծ վարժեցնողները համեմատաբար ընտիր տեսք ունեն:

Այդ ամենը վայրի անհեթեթություն է և, այդուհանդերձ, անմխիթար կերպով վերագրվում է Աստծո Սուրբ Հոգուն, կարծես Նա է շփոթության հեղինակն ու անկարգությունների ճարտարապետը: Խարիզմատիկ հեղինակները սովորաբար նկարագրում են Նրա ներկայությունը այնպիսի արտահայտություններով, ինչպիսիք են «էլեկտրական ցնցում»[6] և «ուշագրավ ծակծկոց, էլեկտրականացնող սենսացիա [որը] սկսեց տարածվել ոտքերից մինչև գլուխ, ձեռքերից մինչև մատներ»:[7] Չեմ խոսում այն փաստի մասին, որ նման նկարագրությունները նախադեպ չունեն Սուրբ Գրքում, և Աստվածաշունչն ինքնին զգուշացնում է մեզ, որ սատանան կարող է նշաններ և հրաշքներ գործել: Իսկ եթե բոլոր ծակծկոցները, զմայլվածությունն ու ցնցումներն իրականում դիվային գործունեության վկայությո՞ւն են: Այդ մտահոգությունն ամենևին էլ հեռու չէ՝ հաշվի առնելով այս շատ երևույթների մութ, տարօրինակ և բուռն բնույթը:

Նույնիսկ դաժան հարձակումներ են կատարվել Սուրբ Հոգու անվան տակ: Քենեթ Հեյգինն ասում է, որ ինքը բռունցքով հարվածել է կնոջ որովայնին՝ փորձելով բուժել նրան, քանի որ Աստված նրան ասել է դա անել: Ռոդնի Հովարդ Բրաունն այնպես ապտակեց խուլ մարդուն, որ նա ընկավ գետնին: Բենի Հինը պարբերաբար մարդկանց բռնի կերպով վայր է գցում: Երբեմն նա դա անում է ասես կախարդությամբ՝ վերարկուն կամ ձեռքը թափահարելով նրանց վրա: Ուրիշ անգամ զգալի ուժով նրանց հետ է մղում: Այն փաստը, որ մի տարեց կին մի անգամ մահացու վիրավորվել է այդ գործընթացում, չի խանգարել նրան այդ ամենը դարձնել իր հրաշք խաչակրաց արշավանքների սովորական հատկանիշը:[8] Աներևակայելի անհեթեթ արարքներ են վերագրվում Հոգու ազդեցությանը: Օրինակ, խարիզմատիկ ավետարանիչ Թոդ Բենթլին արդարացնում է իր դաժան բժշկության մեթոդները հետևյալ պնդումներով.

> Ես ասացի. «Աստվա՛ծ, ես աղոթեցի հարյուր հաշմանդամների համար: Ոչ մեկը [չբուժվեց]»: Նա ասաց. «Սա այն պատճառով է, որ ես ուզում եմ, որ դու բռնես այդ տիկնոջ հաշմանդամ ոտքերից և բեյսբոլի մահակի պես հարվածես հարթակին»: Ես բարձրացա, բռնեցի նրա ոտքերը և սկսեցի վեր ու վար հարվածել հարթակին: Նա բժշկվեց: Եվ ես մտածում եմ. «Ինչո՞ւ Աստծո զորությունը չի շարժվում»: Նա ասաց. «Որովհետև դու ոտքով չես հարվածել այդ կնոջ երեսին»: Եվ ահա այս տարեց տիկինը երկրպագում էր հենց հարթակի դիմաց: Եվ Սուրբ Հոգին խոսեց ինձ հետ. հավատքի պարգևը եկավ ինձ վրա: Նա ասաց. «Խփի՛ր նրա երեսին քո հեծանվային կոշիկներով»: Ես մոտեցա և այդպես էլ արեցի: Օ՜հ: Եվ հենց իմ կոշիկը դիպավ նրա քթին, նա ընկավ Աստծո զորության ներքո:[9]

Չնայած նման վիրավորական մեկնաբանություններին՝ Բենթլին ողջունվեց Փիթեր Վագների պես խարիզմատիկ առաջնորդների կողմից՝ 2008 թվականին Լեյքլենդի վերածննունդում իր մասնակցության համար:[10] Թեև նրա ծառայությունը ժամանակավորապես կանգ առավ կին աշխատակցի հետ անօրինական հարաբերությունների պատճառով, Բենթլին կարճ ժամանակ անց վերադարձավ լիաժամ ծառայության՝ ամուսնալուծվելուց և նորից ամուսնանալուց հետո:

Բենի Հինը 1990-ականների սկզբին հայտնվեց լուրերի վերնագրերում, երբ սպառնաց զինել Սուրբ Հոգուն՝ հարձակվելով իր քննադատների վրա: Trinity Broadcasting Network-ի «Praise-A-Thon» հաղորդման ժամանակ, իր երկարաշունչ ելույթում Հինը հակադարձեց. «Մեզ տապալողները մի խումբ հիմարներ են: ... Գիտեք, ես Աստվածաշնչում փնտրում եմ մի հատված, պարզապես չեմ կարողանում գտնել այն: Մի հատված, որն ասում է. «Եթե քեզ դուր չեն գալիս, սպանի՛ր նրանց»: Ես իսկապես կցանկանայի, որ կարողանայի գտնել այն:... Երբեմն ես ցանկանում եմ, որ Աստված ինձ Սուրբ Հոգու գնդացիր տա, որ հարվածեմ ձեր գլխին»:[11]

Թեև ոչ այնքան թշնամաբար, որքան նրա ամուսինը, Բենիի կինը՝ Սյուզանը, մի քանի տարի անց աղմուկ հանեց մամուլում՝ հիշատակելով Սուրբ Հոգուն խիստ պատկերավոր և անպատշաճ ձևով: Երբ մոլեգնած քայլում էր բեմի վրա, միսիս Հինը հայտարարեց. «Այն պտտվում է: Ի՞նչ կասեք ձեր մասին: Եթե չեք զգում, գիտե՞ք ինչ: Եթե ձեր շարժիչ ուժը չի պտտվում, գիտե՞ք, թե ինչ է ձեզ հարկավոր: *Ձեզ հարկավոր է Սուրբ Հոգու հոգնա ստանալ անմիջապես ձեր հետևամասից*: Որովհետև Աստված չի հանդուրժի, Նա այլ բան չի հանդուրժի»:[12] Երբ նրա այլանդակությունը հետագայում ցուցադրվեց Comedy Central-ի *The Daily Show-ում*, Հինի փաստաբանները սպառնացին հայց ներկայացնել գրպարտության համար, սակայն ապարդյուն: Կինն իրեն ծիծաղի առարկա էր դարձրել: Իրականում միակ անձը, որի կերպարը զրպարտեցին, Սուրբ Հոգին էր:

Խարդախության հոգին

Խարիզմատիկ շարժումը պնդում է, որ բարձրացնում է Երրորդության երրորդ անդամին: Ճիշտն ասած՝ այն Նրան վեր է ածել կողմնակի շրջի: Բավականին լավ կլիներ, եթե նման հայհոյանքը սահմանափակվեր տեղական ժողովի մասնավոր լսարանով: Բայց սրբապղծության կրկեսն անվերջ արտահանվում է տպագիր, ռադիո և հեռուստատեսային լրատվամիջոցների համաշխարհային ցանցի միջոցով: Ինչպես բացատրում է նախկին հիսունական Քենեթ Դ. Ջոնսը՝ «Նախկինում այս դժբախտ առաջնորդների ազդեցությունը որոշակի սահմանափակումներ է ունեցել: Աստվածաշնչի պատգամի նրանց խեղաթյուրումը սահմանափակվում էր դրա տարածմամբ՝ քարոզվելով տեղական եկեղեցում, քոլեջի կամ սեմինարիայի դասասենյակներում, գրքերով և ռադիոհաղորդումներով: Վերջին երեսուն-քառասուն տարիների ընթացքում այդ ամենը փոխվեց հեռուստատեսության պատճառով»:[13]

Հեռուստատեսության ամենահայտնի քարոզիչների ազդեցությամբ՝ շատ խարիզմատիկներ վերաբերվում են Աստծո ինքնիշխան Հոգուն այնպես, կարծես Նա իրենց ստրուկն է՝ երկնային սպասավոր, որը պարտավոր է սպասել նրանց յուրաքանչյուր հրամանին: Նրանց ուսմունքը էապես չի տարբերվում Նոր դարաշրջանի թույնից, որը տարածվել է 2006 թվականի «Գաղտնիքը» միջազգային բեսթսելլերի կողմից, որտեղ հեղինակ Ռոնդա Բիրնն առաջարկում է. «Դուք տիեզերքի վարպետն եք, և Ջինն այնտեղ է, որպեսզի ծառայի ձեզ»:[14] Խարիզմատիկ հեռուստաավետարանիչները և հայտնի հովիվները սովորաբար նմանատիպ ուղերձ են քարոզում: Այն նյութական բարգավաճման կեղծ ավետարան է, որը հայտնի է որպես «Հավատքի խոսք» վարդապետություն: Եթե բավականաչափ հավատք ունեք, պնդում են նրանք, կարող եք բառացիորեն ունենալ այն, ինչ ասեք:

Քենեթ Քոուփլենդի խոսքերով՝ «Որպես հավատացյալ դուք իրավունք ունեք հրամաններ տալ Հիսուսի անունով: Ամեն անգամ, երբ դուք հիմնվում եք Աստծո խոսքի վրա, դուք որոշակի չափով *հրամայում եք* Աստծուն»:[15] Ֆրեդ Փրայսը հորդորում է իր հետևորդներին չամաչել կամ զսպված չլինել Աստծուց իրենց պահանջների հարցում. «Եթե դուք պետք է ասեք՝ «եթե Քո կամքն է» կամ «Քո կամքը լինի», ապա դուք Աստծուն անմիտ եք անվանում, քանի որ Նա Ինքն է մեզ ասել, որ խնդրենք: Եթե Աստված տալու է ինձ այն, ինչ Նա ցանկանում է, որ ես ունենամ, ապա կարևոր չէ, թե ինչ եմ ես խնդրում»:[16]

Խարիզմատիկ շարժման այս ճյուղը խարիզմատիկների ամենամեծ, տեսանելի, ամենաազդեցիկ և ամենաարագ աճող կատեգորիան է: Պարզ ասած՝ «Հավատքի խոսքի» ուսուցիչները ներկայացնում են ավելի մեծ շարժման ընթացիկ շեղումը: Եվ բարգավաճման վարդապետությունը, որը նրանք ուսուցանում են, որևէ առնչություն չունի Հիսուս Քրիստոսի ճըշմարիտ Ավետարանի հետ: Նրանք քարոզում են կոպիտ սնահավատություն՝ միախառնված կեղծ վարդապետությունների հետ, որոնք քաղված են տարբեր գնոստիկական և մետաֆիզիկական պաշտամունքներից՝ քողարկված քրիստոնեական տերմիններով և խորհրդանիշներով: Սա իրական քրիստոնեություն չէ:

Հարյուր միլիոնավոր մարդկանց համար, որոնք ընդունում են «Հավատքի խոսքի» աստվածաբանությունը և բարգավաճման ավետարանը, «Սուրբ Հոգին ենթարկվում է գրեթե կախարդական զորության, որով հաջողություն և բարգավաճում է ձեռք բերվում»:[17] Ինչպես նկատել է հեղինակներից մեկը. «Հավատացյալին ասվում է, որ օգտագործի Աստծուն, մինչդեռ աստվածաշնչյան քրիստոնեության ճշմարտությունը ճիշտ հակառակն է՝ Աստված օգտագործում է հավատացյալին: «Հավատքի խոսքը» կամ բարգավաճման աստվածաբանությունը Սուրբ Հոգուն տեսնում է որպես զորություն, որը պետք է օգտագործվի այն ամենի համար, ինչ հավատացյալը կամենա: Աստվածաշունչը սովորեցնում է, որ Սուրբ Հոգին անձ է, որ հնարավորություն է տալիս հավատացյալին կատարել Աստծո կամքը»:[18]

Արծաթալեզու հեռուստաավետարանիչները համարձակորեն խոստանում են անսահման առողջություն և հարստություն բոլոր նրանց, ովքեր բավականաչափ հավատք ունեն, և որ ավելի կարևոր է՝ բոլոր նրանց, ովքեր ուղարկում են իրենց գումարը: Ծրագրից հետո մարդկանց կոչ է արվում «սերմ տընկել», խոստումով, որ փոխարենը Աստված հրաշքով կհարըստացնի նրանց: Այն հայտնի է որպես «հավատքի սերմ» ծրագիր, որն այդպես է անվանել Օրալ Ռոբերթսը՝ խարիզմատիկ վարդապետության տարածման համար հեռուստատեսության օգտագործման հիմնական նախաձեռնողը: Խարիզմատիկ հեռուստաավետարանիչների և հավատքի բժիշկների մեծամասնությունն օգտագործում է Ռոբերթսի «հավատքի սերմ» ծրագիրը կամ նման մի բան՝ դիտողներին մանիպուլյացիայի ենթարկելու համար, որպեսզի նվիրաբերեն ավելին, քան նրանք իրականում կարող են իրենց թույլ տալ:[19]

Փոլ Քրաուչը՝ Trinity Broadcasting Network-ի հիմնադիրն ու նախագահը, վարդապետության հավատարիմ պաշտպաններից մեկն է: «Նշանակալի սերմ տնկեք», - գրել է Քրաուչը 2011 թվականին TBN դրամահավաքի նամակում: «Ամբողջությամբ տվեք այն՝ ակնկալելով այն փառավոր վերադարձը, որը խոստացել էր Հիսուսը: Մեկ վերջին նշում. անվանեք ձեր սերմը «պարտքից զերծ», «աշխատանք», «տուն», «ամուսին», «կին» կամ այն, ինչ ցանկանում եք Աստծուց»: [20] Մեկ այլ նամակ ավարտվում էր այս խոսքերով. «Ես գիտեմ, որ գազի գները և մնացած ամեն ինչ թանկացել է, բայց հիշեք Հիսուսի խոսքերը. «Տվեք և կտրվի [ձեզ]»: [21] Ուղերձը ավելի քան ճկուն է: «Լոս Անջելես Թայմս»-ում հրապարակված հոդվածում Քրաուչի մոտեցումն ամփոփվել է հետևյալ կերպ.

> Հովիվ Փոլ Քրաուչն այն անվանում է «Աստծո տված տնտեսություն», և ահա թե ինչպես է այն աշխատում: Քրաուչի TBN-ին նվիրատվություն կատարող մարդիկ ֆինանսական օրհնություններ կհնձեն երախտապարտ Աստծուց: Ինչքան նրանք TBN-ին տան, այնքան կստանան: Կոտրված լինելը կամ պարտքեր ունենալն արդարացում չէ անդորրագիր չգրելու համար: Իրականում դա իդեալական հնարավորություն է: Որովհետև Աստված հատկապես առատաձեռն է նրանց հանդեպ, ովքեր տալիս են այն ժամանակ, երբ ամենաքիչը կարող են թույլ տալ իրենց: «Նա ձեզ հազարներ, հարյուր հազարներ կտա», - ասաց Քրաուչն իր հեռուստադիտողներին անցյալ նոյեմբերին հեռուստամարաթոնի ժամանակ: «Նա կտա միլիոնավոր և միլիարդավոր դոլարներ»:[22]

Քրաուչի և այս բուրգի վերևում գտնվող մյուսների համար բարգավաճման աստվածաբանությունը անթերի է աշխատում: Հեռուստադիտողները միլիարդավոր դոլարներ են ուղարկում,[23] և երբ ներդրումների վերադարձ չկա, պատասխանատվություն է կրում Աստված: [24] Կամ մարդիկ, որոնք փող են ուղարկել, մեղադրվում են իրենց հավատքի ինչ-որ թերության համար, երբ որոնված հրաշքը երբևիցե չի իրականանում:[25] Հիասթափությունը, խափանումը, աղքատությունը, վիշտը, զայրույթը և, ի վերջո, անհավատությունն այսպիսի ուսուցման հիմնական պտուղներն են, բայց գումարի խնդրանքները դառնում են ավելի հրատապ, իսկ կեղծ խոստումները՝ ավելի ուռճացված:

Հավատքի և առատաձեռնության լեզվով դիմակավորված՝ այս ամբողջ շառավիղը խաբուսիկ խորամանկություն է, որը նախատեսված է ագահներին շահագործելու և հուսահատներին խաբելու համար:[26] Այն Աստծո Հոգին փոխարինել է խարդախության հոգով: Այնուամենայնիվ, կեղծ հույսի մասին ուղերձը մնում է չափազանց տարածված, և հեշտ է հասկանալ, թե ինչու: *Ֆիզիկական բարեկեցության, նյութական հարստության և հեշտ կյանքի խոստումը գրավում է մարմնին*: Դա մաքուր մարմնականություն է, դրա մեջ իսկապես հոգևոր ոչինչ չկա:

Բարեկեցության ավելի չափավոր քարոզիչները, ինչպես Ջոել Օսթինը, նրբանկատությամբ և ժպիտով են համեմում իրենց քարոզները: Բայց հիմքում ընկած ուղերձը դեռևս նույնն է: Աստված այստեղ է, որպեսզի մեր երազանքներն իրականանան: Մայքլ Հորթոնը հակիրճ ձևակերպում է. «Օսթինը ներկայացնում է բարոյախրատական, բուժական դեիզմի բազմազանությունը, որն ավելի քիչ ծայրահեղ տարբերակներում, կարծես, բնութագրում է այսօր Ամերիկայում տարածված կրոնի մեծ մասը: Ըստ էության, Աստված կա ձեզ և ձեր երջանկության համար: Նա որոշ կանոններ և սկզբունքներ ունի կյանքից ձեր ուզածը ստանալու համար, և եթե հետևեք դրանց, կարող եք ունենալ այն, ինչ ցանկանում եք: Պարզապես *հռչակեք* և բարգավաճումը կգա ձեզ մոտ»:[27] Շուկայավարման տեսանկյունից սա արդյունավետ բանաձև է: Առողջության և հարստության մասին խոստումները, որոնք խառնվում են դրական մտածելակերպի աննշան չափաբաժիններով և մակերեսային կեղծիքներով, կարող են բարձրացնել վարկանիշը և վաճառել գրքերը: Բայց այդ ամենը զանգվածային խարդախություն է և ոչ մի կապ չունի աստվածաշնչյան քրիստոնեության հետ:

Իրենց ագահության, նյութապաշտության և ինքնագովազդման ավետարանը տարածելով՝ «Հավատքի խոսքի» ուսուցիչները շահութաբեր կարիերայի են հասել վատ աստվածաբանությամբ՝ աջակցելով իրենց կեղծ ուսմունքներին՝ աղավաղելով Սուրբ գրությունները կամ պահանջելով նոր հայտնություն Աստծուց: Ոմանք այնքան հեռու են գնում, որ պնդում են, որ հավատացյալները *փոքրիկ աստվածներ* են, որոնք կարող են իրականություն դարձնել իրենց աշխարհիկ ցանկությունները:[28] Փոլ Քրաուչը ազգային հեռուստատեսությամբ հերքողներին պատասխանել է հետևյալ խոսքերով. «Ես փոքրիկ աստված եմ: Ես ունեմ Նրա անունը: Ես մեկ եմ Նրա հետ: Ես ուխտի հարաբերությունների մեջ եմ: Ես մի փոքրիկ աստված եմ: Քննադատները թող հեռանան»:[29] Քենեթ Քոուփլենդը նմանապես ասաց իր ունկնդիրներին. «Դուք բոլորդ աստված եք: Դուք չունեք ձեր մեջ ապրող Աստված, այլ հենց դուք *եք*: Դուք Աստծո մասնիկն եք»:[30] Վերջերս հեռուստաավետարանիչ Կրեֆլո Դոլարը կրկնել է Քոուփլենդի և Քրաուչի ուսմունքները. «Ես մի բան եմ ուզում ասել, *մենք աստվածներ ենք* այս երկրի վրա, և ժամանակն է, որ մենք սկսենք գործել որպես աստվածներ՝ մի խումբ անզոր մարդկանց փոխարեն»:[31] Միայն մեկ ածական կարող է լիովին նկարագրել հայհոյական ամբարտավանության այդ աստիճանը՝ *սատանայական* (տես Ծննդ. 3.5):

Հասցնելով իրենց աստվածային կարգավիճակի՝ «Հավատքի խոսքի» ուսուցիչները միաժամանակ ժխտում են ճշմարիտ Աստծո ինքնիշխանությունը:[32] Ինչպես Մայլս Մունրոն հայտարարեց TBN-ի լսարանին. «Աստված չի կարող որևէ բան անել երկրի վրա առանց մարդու թույլտվության»:[33] Էնդրյու Ումաքը, որի *«Ավետարանի ճշմարտությունը»* հեռուստատեսային շոուն ամեն օր հեռարձակվում է TBN-ով, պնդում է, որ Աստված կորցրեց Իր իշխանությունն այս աշխարհում՝ այն փոխանցելով Ադամին և մարդկային ցեղին: Արդյունքում, Սուրբ Հոգին անզոր էր Հիսուսին ֆիզիկական գոյության բերելու, Նա ստիպված եղավ սպասել, մինչև մարդկային կամավոր մասնակիցները հնարավոր դարձնեն մարմնավորումը՝ խոսելով ճշմարիտ հավատքի խոսքերով:

2009 թվականին հեռարձակման ժամանակ Ումաքն իր հեռուստադիտողներին ասաց. «Պատճառը, որ չորս հազար տարի պահանջվեց, որպեսզի Հիսուսը հայտնվեր ասպարեզում, այն է, որ չորս հազար տարի էր պետք, որ Աստված գտներ բավականաչափ մարդկանց, ովքեր կհանձնվեին Իրեն, ովքեր կխոսեին և ովքեր կմատուցեին Աստծուց ներշնչված այն խոսքերը, որոնք պետք է ասվեին Տեր Հիսուսի այս ֆիզիկական մարմինն ստեղծելու համար: Սուրբ Հոգին վերցրեց այս խոսքերը և հղիացրեց Մարիամին»:[34] Սա հերետիկոսական ուսմունք է, որը ոչ մի հիմք չունի Սուրբ Գրքում: Այն անմիջապես դուրս է գալիս բանախոսի խեղաթյուրված երևակայությունից: Դեռ ավելի վատն այն է, որ այն բացահայտորեն նսեմացնում է Սուրբ Հոգուն, կարծես Աստված մեղավոր մարդկանց օգնության կարիքն ուներ Իր Որդուն այս աշխարհ ուղարկելու համար:

Նման օրինակները կարելի է բազմապատկել: Ցավոք սրտի, ավելի լայն խարիզմատիկ շարժման շրջանակներում Սուրբ Հոգու դեմ նման վայրագությունները բացառություն չեն, դրանք դարձել են կանոն: Փիթեր Մասթերսը ճշգրտորեն նկարագրում է միտումը.

> Անհավանական արագությամբ խարիզմատիկները ցատկեցին մի չափազանցությունից մյուսը, այնպես որ այժմ մենք բախվում ենք բացարձակ շփոթության մի տեսարանի: Խարիզմատիկ եղբայրության մեջ շատերն անցել են գաղափարների և գործելակերպերի, որոնք բխում են ուղիղ հեթանոսական կրոններից, և մեծ թվով երիտասարդ և տպավորիչ հավատացյալներ հոգեպես ապականվում են այդ գործընթացում: Առաջացել են առաջնորդ բժիշկներ, ովքեր միավորում են թատերական հիպնոսացնողի նուրբ հնարքները հնագույն օկուլտիզմի տեխնիկայի հետ՝ արդյունքի հասնելու համար, և բազմաթիվ մարդիկ հետևում են նրանց:[35]

Հատկանշական է, որ այդ բառերը գրվել են ավելի քան երկու տասնամյակ առաջ, մոտավորապես նույն ժամանակ, երբ ես գրեցի «Խարիզմատիկ քաոսը»:[36] Հետագա տարիների ընթացքում իրավիճակը կտրուկ վատթարացավ:

Մենք ոսկուն ենք վստահում

Չի կարելի խուսափել այն փաստից, որ բոլոր տեսակի հոգևոր խաբեությունները, աստվածաբանական սխալները և բացահայտ գայթակղությունններն ապաստան են գտնում ավելի լայն խարիզմատիկ աշխարհում, ներառյալ բարգավաճման ավետարանի ճաղատ նյութապաշտությունը և անմիտ եսակենտրոնությունը: Ոմանք կարող են պնդել, սակայն, որ նման հերետիկոսական տարրերը ներկայացնում են միայն ուղղափառ շարժման խելագար եզրը:

Ավելի չափավոր խարիզմատիկները սիրում են պատկերել բարգավաճման քարոզիչներին, հավատքի բժիշկներին և հեռուստաավետարանիչներին որպես խարիզմատիկ ճամբարի ծայրամասում ապահով մեկուսացվածներ:

Ցավոք, սա այդ դեպքը չէ: Կրոնական հեռուստատեսության և խարիզմատիկ զանգվածային լրատվության միջոցների համաշխարհային հասանելիության և անդադար դավանափոխության շնորհիվ *ծայրահեղությունն* այժմ դարձել է *հիմնական ուղղվածություն*: Դիտող աշխարհի մեծ մասի համար ցայտուն կեղծ ուսուցիչները, որոնք իրենց սանրվածքի նման ծիծաղելի հերետիկոսություններ ունեն, կազմում են քրիստոնեության հանրային դեմքը: Եվ նրանք տարածում են իրենց սուտը Սուրբ Հոգու անունից:

Երբ խոսքը վերաբերում է կրոնական հեռարձակմանը, սատանան իսկապես օդի (ալիքների) զորության իշխանն է: TBN-ի նման ցանցերում գրեթե ոչ մի կեղծ մարգարեություն, սխալ վարդապետություն, աստիճանային սնահավատություն կամ հիմար հայտարարություն չափազանց տարօրինակ չէ եթեր մտնելու համար: Ցան Քրաուչը արցունքներով պատմում է, թե ինչպես է իր հավը հրաշքով մեռելներից հարություն առել:[37] Բենի Հինը հիացական կերպով պնդում է մի մարգարեություն, որ եթե TBN-ի հեռուստադիտողները դնեն իրենց մահացած սիրելիների դագաղները հեռուստացույցի առջև և դիպցնեն մահացածի ձեռքը էկրանին, մարդիկ «մեռելներից հարություն կառնեն...հազարավորները»:[38] Ճակատագրի հեգնանքով, նույնիսկ կարիք չկա լինել ուղղափառ եռամիասնական՝ Trinity Broadcasting Network-ով հեռարձակվելու համար: Եպիսկոպոս Թ. Դ. Ջեյքսը, որը հայտնի է հիսունական միասնության հետ իր կապով[39], TBN-ի հիմնական մասնիկն է: Եվ չնայած նա ավելի ուշ հրաժարվեց, Բենի Հինը տխրահռչակ կերպով հայտարարեց TBN-ի ունկնդիրներին, որ Աստվածության մեջ կա ինը անձ:[40]

Որպես մոլորակի ամենամեծ կրոնական հեռուստատեսային ցանց՝ TBN-ն իր արտադրանքը 24/7 ռեժիմով փոխանցում է ավելի քան հարյուր երկրներ՝ յոթանասուն արբանյակների, ավելի քան տասնութ հազար հեռուստաալիքների և կաբելային մասնաճյուղերի միջոցով: [41] Նրա համացանցային ներկայությունը տարածվում է և ավելի հեռուն հասնում: Լրատվական կազմակերպությունը պնդում է, որ իրեն զորացրել է Սուրբ Հոգին՝ հասնելու «անհանգիստ աշխարհ՝ Ավետարանի հույսով»:[42] Բայց այն *կեղծ* ավետարանի *կեղծ* հույսն է: Ցանցի գրեթե բոլոր գլխավոր հայտնիները պաշտպանում են բարգավաճման աստվածաբանությունը՝ ունկնդիրներին ասելով, որ Աստված իրենց փողի դիմաց կտա բժշկություն, հարստություն և այլ նյութական օրհնություններ: Եվ TBN-ը միակ մեղավորը չէ: Ցանցի հիմնական մրցակիցները (օրինակ՝ Daystar-ը և LeSEA-ն) նմանատիպ հարթակներ են տրամադրում «Հավատքի խոսքի» ուսուցիչների համար:

Ուստի, միթե զարմանալի է, որ առողջության և հարստության բարգավաճման ավետարանը փոթորկել է մեր մոլորակը: [43] Ասիայի, Աֆրիկայի և Լատինական Ամերիկայի երկու երրորդ աշխարհում, որտեղ խարիզմատիկ շարժումը աճում է աննախադեպ արագությամբ, փորձագետները գնահատում են, որ հիսունականների և խարիզմատիկ հետևորդների կեսից ավելին հավատարիմ է բարգավաճման ավետարանին:[44] Ինչպես Ջոն Թ. Ալենը բացատրում է.

Թերևս հիսունական աշխարհայացքի ամենավիճելի տարրը այսպես կոչված «բարգավաճման ավետարանն» է, որը նշանակում է համոզմունք, որ Աստված կպարգևատրի բավարար հավատք ունեցողներին և՛ նյութական բարգավաճմամբ, և՛ ֆիզիկական առողջությամբ: Որոշ վերլուծաբաններ տարբերում են նեոհիսունականությունը, որը նրանք տեսնում են որպես բարգավաճման ավետարանի վրա կենտրոնացած և դասական հիսունականությունը՝ ուղղված դեպի Հոգու պարգևները, ինչպիսիք են բժշկությունները և լեզուները: Այնուամենայնիվ, Փյու ֆորումի տվյալները ցույց են տալիս, որ բարգավաճման ավետարանն իրականում բոլոր հիսունականների որոշիչ հատկանիշն է: Հիսունականների մեծամասնությունը, որը գերազանցում է 90 տոկոսը շատ երկրներում, հավատում է այս համոզմունքներին:[45]

Իրականում խարիզմատիկ աստվածաբանության արագ ընդլայնումը հիմնականում պայմանավորված է բարգավաճման ավետարանի հանրաճանաչությամբ: Սուրբ Հոգու համոզիչ գործոնը չէ, որ գրավում է նորադարձներին, այլ նյութական ունեցվածքի գրավչությունը[46] և ֆիզիկական բժշկության հույսը:[47]

Ամենաարագ աճող և ամենամեծ խարիզմատիկ ժողովները բոլորն էլ որևէ կերպ քարոզում են այս ուղերձը՝ Հարավային Կորեայում գտնվող Դեյվիդ Յոնգի Չոյից, որի եկեղեցին հավակնում է ավելի քան ութ հարյուր հազար անդամի, մինչև Նիգերիայի եպիսկոպոս Ենոք Ադեբոյեին, որի ամենամսյա աղոթքի ժողովներին կանոնավոր կերպով մասնակցում են երեք հարյուր հազար ներկաներ:[48] Հիսունականների պատմաբան Վինսոն Սինանը, ակնհայտորեն ոգևորված թվերով, գրել է. «Ընդհանրապես հայտնի որպես «Բարգավաճման ավետարան» կամ «Հավատքի խոսք», այս շարժումն այժմ միջազգային ուժ է, որը ձեռք է բերում միլիոնավոր խանդավառ հետևորդներ ամբողջ աշխարհում: Հանրաճանաչ ուսուցիչների և ավետարանիչների գլխավորությամբ, ինչպիսիք են Քենեթ Քոուփլենդը, Դեյվիդ Յոնգի Չոն և Ռայնհարդ Բոնկեն, այս ումունքը ոգեշնչվել է եկեղեցու պատմության մեջ ամենամեծ եկեղեցիներից և ավետարանական խաչակրաց արշավանքներից»:[49] «Հավատքի խոսք» շարժման համաշխարհային հաջողությունը հիսունական խարիզմատիկ շարժումը դարձրեց ամենաարագ զարգացող կրոնական շարժումն աշխարհում:[50]

Իհարկե, բարգավաճման ավետարանի խանդավառ ընդունելությունը չի սահմանափակվում Միացյալ Նահանգներից դուրս գտնվող եկեղեցիներով: Նույնիսկ ամերիկյան հողի վրա այն քրիստոնեության ամենաարագ զարգացող ուղղություններից մեկն է:[51] Բարձրաստիճան հովիվները, որոնք ղեկավարում են երկրի որոշ ամենամեծ եկեղեցիները, անամոթաբար քարոզում են առողջության, հարստության և երջանկության ավետարանը՝ Ջոել Օսթինից մինչև Ջոյս Մայեր և Թ. Դ. Ջեյքս: Նրանց ազդեցությունը մշտապես փոխում է ամերիկյան կրոնական լանդշաֆտը. «Բարգավաճման ավետարանը տարածվում է խարիզմատիկ շարժման սահմաններից դուրս, որտեղ այն ավանդաբար ուժեղ է եղել և արմատավորվում է ավելի մեծ ավետարանական եկեղեցում: Վերջերս անցկացված հարցումը ցույց է տվել, որ Միացյալ Նահանգներում ինքնահռչակ քրիստոնյաների 46 տոկոսը համաձայն է այն մտքի հետ, որ Աստված նյութական հարստություն կտա բոլոր այն հավատացյալներին, որոնք բավականաչափ հավատք ունեն»:[52]

Թեև եկեղեցին պատմականորեն հերքել է ագահությունն ու սպառողականությունը, այդ ամենն, ըստ երևույթին, արագ է փոխվում:[53] Ամերիկացի քրիստոնյաների գրեթե կեսը, ցանկացած դավանանքով և ամերիկացի հիսունականների մոտավորապես երկու երրորդն այժմ ընդունում է բարգավաճման ավետարանի հիմնական նախադրյալը. Աստված ցանկանում է, որ դուք լինեք երջանիկ, առողջ և հարուստ:[54]

Վերջին ուսումնասիրությունները հիսունականների և խարիզմատիկների ընդհանուր թիվն ամբողջ աշխարհում գնահատում են 500 միլիոնից մի փոքր ավելի, որից 80 միլիոնը՝ Հյուսիսային Ամերիկայում, 141 միլիոնը՝ Լատինական Ամերիկայում, 135 միլիոնը՝ Ասիայում, 126 միլիոնը՝ Աֆրիկայում և 38 միլիոնը՝ Եվրոպայում:[55] Այդ թվերը սկզբում տպավորիչ են հնչում՝ ենթադրելով, որ խարիզմատիկ քրիստոնեությունը ներկայացնում է համաշխարհային քրիստոնեական աշխարհի մեկ չորրորդը: [56] Իրականությունն այն է, որ հիսունականների և խարիզմատիկների ճնշող մեծամասնությունը, հարյուրավոր միլիոնների չափով, ընդունում է բարգավաճման ավետարանի որոշակի տեսակը: Միայն չմշակված թվերի առումով, առողջության և հարստության աստվածաբանությունը դարձել է ավելի մեծ շարժման որոշիչ հատկանիշը:[57] Ինչպես նկատել է Թեդ Օլսենը «Քրիստոնեությունն այսօր»-ում, հիսունականները և խարիզմատիկները «մեծամասամբ համաձայն են, որ «Աստված նյութական բարգավաճում կշնորհի բոլոր հավատացյալներին, որոնք բավականաչափ հավատք ունեն»:[58]

Առողջության և հարստության բարգավաճման ավետարանը կարող է հանրաճանաչ լինել, բայց այն իսկական Ավետարանը չէ: Դեյվիդ Ջոնսը և Ռասել Վուդբրիջը նշում են խիստ հակադրությունները.

> Աշխարհի ամենամեծ եկեղեցիներից մի քանիսում քարոզվող ուղերձը փոխվել է: Այսօր ուսուցանվում է մի նոր ավետարան: Այս նոր ավետարանը շփոթեցնող է. այն բաց է թողնում Հիսուսին և անտեսում խաչը: Քրիստոսին խոստանալու փոխարեն այս ավետարանը խոստանում է առողջություն և հարստություն և առաջարկում է այնպիսի խորհուրդներ, ինչպիսիք են. հռչակի՛ր ինքդ, որ այն ամենը, ինչին դիպչես, կբարգավաճի, քանի որ, բարգավաճման առաջատար ավետարանի քարոզչի խոսքերով. «Մի հրաշք կա քո բերանում»: Համաձայն այս նոր ավետարանի, եթե հավատացյալները դրական դավանանքներ կրկնեն, կենտրոնացնեն իրենց մտքերը և դրսևորեն բավականաչափ հավատք, ապա Աստված օրհնություններ կթողնի նրանց կյանքում:[59]

Նման ավետարանն անզոր է փրկելու: Այն զորանում է ոչ թե Սուրբ Հոգով, այլ մարդկային ցանկությամբ: Ավելին, այն ժամանակավոր օգնություն է առաջարկում հավիտենական կյանքի հաշվին: Եվ նույնիսկ այդ դեպքում, բացառությամբ ղեկավարության ամենաբարձր պաշտոնները զբաղեցրածների, այն հազվադեպ է մատուցվում այնպես, ինչպես գովազդվում է:

Խնդրի էությունը

Անկասկած, բարգավաճման ավետարանը «տարբեր ավետարան» է, որն իրականում ընդհանրապես Ավետարան չէ (Գաղ. 1.6–8): Բայց ինչպե՞ս է նման բացահայտ հերետիկոսությունը կարողացել ոչ միայն գոյատևել, այլև ծաղկել խարիզմատիկ շրջանակներում: Պատասխանը մատնանշում է խարիզմատիկ աստվածաբանության կրիտիկական և համակարգային թերությունը. մի թերություն, որը բացատրում է գրեթե յուրաքանչյուր աստվածաբանական շեղում կամ աննորմալություն, որն իր տունն ստեղծել է խարիզմատիկ շարժման մեջ: Ահա այն. *հիսունականներն ու խարիզմատիկները կրոնական փորձառությունը բարձր են դասում աստվածաշնչյան ճշմարտությունից*: Թեև նրանցից շատերը խոսում են Աստծո խոսքի հեղինակության մասին, գործնականում նրանք հերքում են այն:[60]

Եթե միայն Սուրբ Գիրքն իսկապես լիներ նրանց վերջնական հեղինակությունը, խարիզմատիկ քրիստոնյաները երբեք չէին հանդուրժի ակնհայտորեն ոչ աստվածաշնչյան պրակտիկաները, ինչպիսիք են անհասկանալի աղոթքի լեզուներ շշընջալը, սխալ մարգարեություններ արտասանելը, անկարգ ձևերով երկրպագելը կամ Սուրբ Հոգու ենթադրյալ զորությամբ անմիտ գործելը: Նրանք պետք է վերաիմաստավորեն իրենց փորձառությունները՝ Աստվածաշնչին համապատասխան: Փոխարենը, նրանք վերաիմաստավորում են Սուրբ Գիրքը նորովի և անսովոր ձևերով, որպեսզի արդարացնեն իրենց փորձառությունները:[61] Արդյունքում, ցանկացած շեղված ուսմունք կամ պրակտիկա կարող է օրինականացվել, հատկապես, երբ «Աստծո նոր հայտնությունը» հարմար կերպով հաստատում է այն որպես հավանություն: Թեև գրվել են մոտ կես դար առաջ, Ռենե Պաշեի խոսքերը դեռևս ճշմարիտ են.

Սուրբ Հոգուն տրված չափից ավելի գերակայությունը նրանց նվիրումներում և նրանց զբաղվածությունը պարգևներով, էքստազներով և «մարգարեություններով», հակված է անտեսելու Սուրբ գրություննե-րը: Ինչո՞ւ կապված լինել անցյալից դուրս եկած Գրքի հետ, երբ կարելի է ամեն օր շփվել կենդանի Աստծո հետ: Բայց հենց սա է վտանգավոր կետը: Բացի գրավոր հայտնության մշտական վերահսկողությունից, մենք շուտով հայտնվում ենք սուբյեկտիվության մեջ, իսկ հավատացյալը, նույնիսկ եթե լավագույն մտադրություններն ունենա, կարող է արագ ընկղմվել շեղումների, լուսավորության կամ վեհացման մեջ: Թող յուրաքանչյուրը հիշեցնի իրեն Սուրբ Գրքից որևէ բան վերցնելու կամ որևէ բան ավելացնելու արգելքի մասին (2 Օր. 4.2; Հայտ. 22.18–19): Գրեթե յուրաքանչյուր հերետիկոսություն և աղանդ առաջացել է ենթադրյալ հայտնության կամ դրա հիմնադրի նոր փորձառության արդյունքում, որը դուրս է խիստ աստվածաշնչային շըրջանակներից:[62]

Հրաժարվելով տեքստի բուն հեղինակությունից՝ խարիզմատիկ շարժումն իրեն ենթարկել է վարդապետական խաբեության և հոգևոր շահագործման վատթարագույն տեսակների:[63]

Խարիզմատիկ աստվածաբանության այլ ասպեկտները միայն սրում են խնդիրը. եկեղեցու առաջնորդներին որպես մարգարեներ և առաքյալներ պիտակավորելը, հրաշքների և գերբնական իրադարձությունների մշտական որսը, առեղծվածային ճանապարհներով Աստծուն հանդիպելու ցանկությունը և երկրպագության ժամանակ միտքը շրջանցելու պատրաստակամությունը: Աստվածաշնչի վերահսկողության բացակայությամբ և փորձառության վրա հիմնված սուբյեկտիվիզմի շեշտադրմամբ՝ խարիզմատիկ շարժումը հատուկ ստեղծված է կեղծ ուսուցիչների և հոգևոր խաբեբաների համար:[64] Նույնիսկ բարգավաճման քարոզիչների պես բացահայտ հայհոյողներն իրենց ողջունելի են զգում այդ սահմաններում:

Ինչքան էլ անհանգստացնող լինեն, խարիզմատիկ շրջանակների ներսում շարունակվող անդադար շփոթությունները սոսկ այս ավելի խորը խնդրի ախտանիշներն են: Իրականում, ես կարծում եմ, որ փորձառության բարձրացումը Սուրբ Գըրքի հեղինակության նկատմամբ ամենից շատ է վշտացնում և նվաստացնում Սուրբ Հոգուն: Հոգին է, ով ներշնչել է Աստծո խոսքը (2 Պետ. 1.19–21) և որ լուսավորում է ճշմարտությունն Իր ժողովրդի սրտերում (1 Կոր. 2.10–15): Այսպիսով, լկտի վիրավորանք է Նրա իշխանության հանդեպ՝ պահանջել Նրա զորության փորձառությունը, որը հակասում է Նրա խոսքին: Աղավաղել Սուրբ գրությունները, որոնք Նա ներշնչել է, կամ ընդհանրապես անտեսել դրանք, նշանակում է վերաբերվել Նրան արհամարհանքով և անհարգալից: Այնուամենայնիվ, սա հենց այն է, ինչ տեղի է ունենում խարիզմատիկ աշխարհում ամեն օր՝ սկսած առաջատար հեռուստաավետարանիչների ամենավառ հերետիկոսություններից մինչև փոքր ժողովներում ինքնակոչ մարգարեների մասնավոր հայտնությունները:[65] Այդ ամենը վիրավորանք է Սուրբ Հոգու ճշմարիտ անձի և գործի հանդեպ: Քրիստոֆեր Ռայթը լավ է ձևակերպում.

> Կան հեռուստաավետարանիչներ և բարգավաճման «ավետարանը» հրամցնողներ (տերմինի չարաշահում, քանի որ այն հեռու է բարի լուրից), որոնք կոչ են անում և շահագործում մարդկանց բնածին նյութական ագահությունը՝ հանուն Աստծո օրհնության: Դրան գումարե՛ք ուռճացված պնդումները և որոշ մեծ «հրաշագործ բժիշկ-վաճառականների» խիստ անզգա հրապարակայնությունը: Եվ նույնիսկ սովորական տեղական եկեղեցիների ցածր մակարդակում կան այնպիսիք, որոնք չարաշահում են Սուրբ Հոգուն՝ հռչակելով Նրա հեղինակությունը իրենց վերջին «հայտնության» կամ վերջին նորաձև տեսության, ոճի, երգի կամ մեթոդի համար:[66]

Եվ դա մեզ վերադարձնում է այնտեղ, որտեղից սկսել ենք այս գլուխը: Խորապես հեգնական է, որ այն շարժումը, որն ամենից շատ է մտահոգված Սուրբ Հոգու ընդգծմամբ, իրականում վերաբերվում է Նրան ամենամեծ արհամարհանքով և զիջողականությամբ:

Երկրորդ

Հոգու նոր գո՞րծ

Քսաներորդ դարի արշալույսն էր՝ 1901թ. Ամանորի վաղ առավոտյան: Աստվածաշնչի դպրոցի մի խումբ ուսանողներ ժամեր առաջ հավաքվել էին Ամանորի գիշերային աղոթքի ծառայության համար: Բայց թեև արդեն կեսգիշերն անց էր, նրանք դեռ այնտեղ էին՝ ջանասիրաբար ձգտելով զգալ Սուրբ Հոգու ներկայությունն ու զորությունը: Նրանք բոլորն էլ հուսահատ փափագ ունեին ինչ-որ զարմանալի բանի:

Նախորդ շաբաթների ընթացքում ուսանողներն ուշադրությամբ ուսումնասիրում էին Գործք Առաքելոց գրքի հատվածները: Նրանք հատկապես հետաքրքրված էին այն ամենով, թե ինչ է ուսուցանում առաքելական արձանագրությունը Սուրբ Հոգու մկրտության մասին. փորձառություն, որը, համաձայն իրենց Ուեսլիյան Սրբության անցյալի՝ կարծում էին, թե տեղի է ունեցել դարձի գալուց հետո: Նրանց ուսումնասիրությունն ի վերջո կենտրոնացավ հրաշքի վրա, այն է՝ լեզուներով խոսելու երևույթը, որն ըստ ուսանողների եզրահանգման՝ Հոգով մկրտության իսկական նշանն է:[1] Նրանք նկատեցին, թե ինչպես էին առաքյալները խոսում Պենտեկոստեի օրը, ինչպես նաև

Կոռնելիոսը՝ Գործք Առաքելոց 10-ում և Հովհաննես Մկրտչի նախկին աշակերտները՝ Գործք Առաքելոց 19-ում: Եվ նրանք մտածում էին, որ եթե լեզուներով խոսելը առաքելական ժամանակներում Հոգու ներկայության նշան էր, գուցե նույնը դեռևս ճիշտ էր քսաներորդ դարասկզբում:

Երբ նրանք հավաքվեցին Ամանորի նախօրեին աղոթքի ծառայության համար, նրանք բոլորը եկան նույն երկու եզրահանգումներին, այն է՝ լեզուներով խոսելը Հոգու մկրտության նշանն էր, և որ լեզուների պարգևը դեռևս հասանելի էր իրենց: Ուստի սրտանց վճռականությամբ նրանք աղաչեցին Աստծուն, որ մկրտվեն Նրա Հոգով: Նրանց ուսուցիչը, մեթոդիստական սրբության մի նախարար՝ Չարլզ Ֆոքս Փարհամ անունով, քաջալերեց նրանց այս հարցում: Եվ այժմ նրանք ցանկանում էին անձամբ զգալ Հոգու զորությունը:

Այդ վաղ առավոտյան ինչ-որ արտառոց բան տեղի ունեցավ: Ուսանողներից մեկը՝ Ագնես Օզման անունով մի երիտասարդ կին, խնդրեց իր ուսուցչին ձեռքերը դնել իր վրա և աղոթել, որ ինքը ստանա Սուրբ Հոգին:[2] Այն, ինչ տեղի ունեցավ հետո, փոխելու էր ժամանակակից եկեղեցու պատմության ընթացքը: Ինչպես հետագայում պատմեց Չարլզ Փարհամը, «Ես ձեռքերս դրեցի նրա վրա և աղոթեցի: Ես հազիվ էի ավարտել երեք տասնյակ նախադասություն, երբ փառքը ընկավ նրա վրա, կարծես լուսապսակը շրջապատեց նրա գլուխն ու դեմքը, և նա սկսեց խոսել չինարեն և երեք օր չկարողացավ անգլերեն խոսել: Երբ նա փորձեց գրել անգլերեն՝ մեզ իր զգացածը պատմելու համար, նա գրեց չինարեն»:[3]

Օզմանի փորձառությունը շուտով տարածվելու էր թե՛ նրա ուսուցչի, թե՛ նրա համակուրսեցիների կողմից: Հաղորդվում էր, որ Հոգու գերբնական զորությամբ խոսվել են ավելի քան քսան տարբեր լեզուներ, այդ թվում՝ ռուսերեն, ճապոներեն, բուլղարերեն, ֆրանսերեն, բոհեմերեն, նորվեգերեն, հունգարերեն, իտալերեն և իսպաներեն: Ինքը՝ Չարլզ Փարհամը, պնդում էր, որ խոսում է շվեդերեն, ինչպես նաև այլ լեզուներով:

Այդպիսին էր ժամանակակից Հիսունական շարժման սկիզբը: Ինչպես բացատրում է հիսունականների պատմաբան Վինսոն Սինանը, «Օզմանի փորձառությունն այսպիսով դարձավ փորձի նախատիպը բոլոր միլիոնավոր հիսունականների համար, որոնք պետք է հետևեին»:[4] Մեկ տասնամյակի ընթացքում ավելի քան հիսուն հազար մարդ զգալու էր նույն երևույթը, ինչ Ագնես Օզմանը: Ոգևորությունը շարունակեց աճել, հատկապես Արևմտյան ափին, որտեղ Փարհամի մեկ այլ ուսանող՝ Ուիլյամ Ջ. Սեյմուր անունով մի մարդ, նույն կերպ խթանում էր լեզուներով խոսելը որպես Հոգով մկրտության նշան: Ոչ ոք չէր կարող պատկերացնել, թե ինչպես էր փոխվելու աշխարհը Կանզասի փոքրիկ աստվածաշնչյան դպրոցում անցկացվող հասարակ աղոթքի ժողովից: Ավելի քան մեկ դար անց հիսունական և նեոհիսունական շարժումներն աճելու էին՝ ներառելով ավելի քան կես միլիարդ խարիզմատիկ հետևորդներ:

Նոր Պենտեկոստե

Պենտեկոստալիզմի սկիզբը կարող է գերբնական և նույնիսկ մի քիչ ռոմանտիկ հնչել: Չարլզ Փարհամն իր նոր շարժումն անվանեց «Առաքելական Հավատքի Շարժում», և պնդեց, որ իր փորձառությունները նոր Պենտեկոստե են կազմավորում:[5] Ինքը և իր աշակերտները համոզված էին, որ ստացել են Սուրբ Հոգին այնպես, ինչպես առաքյալները՝ Գործք Առաքելոց 2-ում: 1901 թվականին նրանց փորձառությունները հանդիսացան այն կայծը, որը վառեց ժամանակակից խարիզմատիկ շարժման կրակը:[6]

Հետագա հետաքննությունը, սակայն, լուրջ կասկածի տակ է դնում Փարհամի պահանջների օրինականությունը առնվազն երեք առումներով: Նախ՝ այդ պատմության վերաբերյալ կան հակասական վարկածներ, նույնիսկ ներգրավված հիմնական մասնակիցների կողմից: Ինչպես վերևում ասվեց, Փարհամը նշեց, որ Օզմանը իր փորձից հետո երեք օր չի խոսել անգլերեն, սակայն Օզմանը հայտնել է, որ ինքն անգլերենով աղոթել է ընդամենը մեկ օր հետո:[7] Փարհամը այնուհետև պնդեց, որ

Օզմանի փործառությունը տեղի է ունեցել Ամանորի գիշերը, մինչդեռ Օզմանը պնդում էր, որ դա տեղի է ունեցել Ամանորի օրը։[8] Մինչ Փարհամը պատասխանատվություն ստանձնեց ուղղորդել ուսանողներին դեպի Գործք Առաքելոց գիրքը, նախքան պատմական աղոթաժողովը, Օզմանը հակադարձեց այդ պնդմանը՝ նշելով, որ «ինքը որևէ մասնակցություն չի ունեցել Փարհամի կողմից Աստվածաշնչի ուսումնասիրության որևէ հանձնարարության մեջ, մինչ լեզուներով խոսելու իր փորձը։ Իրականում նա ասում է, որ ինքն ուսանողներին մատնանշել է Գործք Առաքելոց 2-ը՝ ի պատասխան լեզուների փործառության վերաբերյալ նրանց հարցերի»։[9] Նման անհամապատասխանությունները պատճառ են դարձել, որ այնպիսի պատմաբաններ, ինչպիսին է Մարթին Է-ն, հարցականի տակ դնեն պատմության առանցքային ասպեկտները.

> Ինչպես բոլոր առասպելական նկարահանված պատմությունները, դրանք էլ ունեին որոշակի առանձնահատկություններ, որոնք կասկածի տակ են մնում։ Վկայության ավելի վաղ շերտում միս Օզմանն անդրադարձավ այն բանին, որ նա խոսում էր լեզուներով Ամանորից երեք շաբաթ առաջ. ավելի ոչ ստույգ ամսաթիվ, որը սակայն հաստատվեց մյուսների կողմից։ Նա նաև պնդեց, որ միայն ավելի ուշ է հասկացել իր խոսելու նշանակությունը, սակայն հայտնի է, որ Փարհամը նախօրոք հանձնարարել էր նրան փնտրել հենց այդ նշանը։[10]

Ավելին, չնայած Ագնես Օզմանը մեկնաբանեց իր փորձը Գործք Առաքելոց 2-ի ոսպնյակի միջոցով, նրա ոչ բոլոր համակուրսեցիներն էին համոզված դրանում։ *«Թոփեքա Դեյլի Քեփիթլ»-ը* հաղորդում է, որ դպրոցում ոչ բոլորն են ընդունել նոր փորձը։ Թերթին տված հարցազրույցում Փարհամի և նրա ընկերների մասին Ս. Ջ. Ռիգինսն ասել է.«Ես կարծում եմ, որ նրանք բոլորը խելագար են»։[11]

Երկրորդ՝ և որ ավելի կարևոր է՝ Չարլզ Փարհամը, Ագնես Օզմանը և մյուս ուսանողները իրականում երբեք չեն զգացել գերբնական նշանը, որը նրանք փնտրում էին։ Նրանք համոզված էին, որ լեզուներով խոսելը ենթադրում է իսկական օտար լեզուներով խոսելու հրաշագործ կարողություն, ճիշտ ինչպես առաքյալներն արեցին Գործք Առաքելոց 2-ում Պենտեկոստեի օրը:[12] *Դա* այն պարգևն էր, որը նրանք այնքան սաստիկ փափագում էին: Նրանց զգացած «պարգևը», սակայն, բաղկացած էր ոչ այլ ինչից, քան անհեթեթ շփոթությունից:[13] Այս իրողությունը ցավալիորեն ակնհայտ դարձավ, երբ Փարհամը պնդեց, որ հիսունական միսիոներները կարող են գնալ օտար երկրներ առանց նախապես լեզվի դպրոց հաճախելու:[14]

Թոփեքա Սթեյթ ամսագրում նա պարծենում էր. «Տերը մեզ խոսքի ուժ կտա՝ խոսելու տարբեր ազգերի մարդկանց հետ՝ առանց դպրոցներում սովորելու»:[15] Մի քանի շաբաթ անց նա ասաց Կանզաս Սիթի Թայմսին. «Մեր աշխատանքի մի մասը կլինի եկեղեցուն ուսուցանել տարիներ շարունակ միսիոներներին օտար երկրներում աշխատանքի նախապատրաստելու անօգտակարությունը, երբ նրանք կարող են պարզապես Աստծուց իշխանություն խնդրել»:[16] Շաբաթների ընթացքում անգամ այնպիսի մեծ հեռավորության թերթերը, որքան Հավայան կղզիներն են, արձագանքեցին Փարհամի հեռանկարին, որը, կարծես, զարդարված էր մի շարք լերկ կեղծիքներով:

> Թոփեքա, մայիսի 20. Վերապատվելի Չարլզ Ֆ. Փարհամը՝ Թոփեքայի Բեթել քոլեջից և իր հետևորդները պատրաստվում են եկեղեցիների մարդկանց մի նոր աշխատանք ներկայացնել միսիոներական ջանքերի գծով:
>
> Նա ծրագրում է հեթանոսների մեջ ուղարկել մարդկանց, որոնք օրհնված են «լեզուների պարգևով»՝ մի պարգև, որն, ըստ նրա, առաքելական ժամանակներից ի վեր երբևէ ուրիշներին չի շնորհվել: Նրա միսիոներները, ինչպես ինքն է նշում, պիտի ունենան տարբեր ժողովուրդների (որոնց մեջ նրանք աշխատում են) լեզուներով խոսելու մեծ առավելությունը, որը հրաշքով շնորհվել է նրանց և կարիք չկա դժվարությամբ սովորելու այն աշխատատար ճանապարհով, որով սովորում են մյուս ապագա միսիոներները:

[Փարհամն ասաց]... Կասկածից վեր է, որ այս պահին նրանք կստանան իրենց «լեզուների պարգևը», եթե արժանի լինեն և հավատքով փնտրեն այն՝ հավատալով, որ այդպիսով կկարողանան խոսել այն մարդկանց հետ, որոնց հետ նախընտրում են աշխատել նրանց իսկ սեփական լեզվով, որն, իհարկե, անգնահատելի առավելություն կլինի:

«Բեթել քոլեջի ուսանողները կարիք չունեն հին ձևով լեզուներ սովորելու: Դա հրաշքով է շնորհվում նրանց: Տարբեր մարդիկ արդեն կարողացել են իրենց լեզվով զրուցել իսպանացիների, իտալացիների, բոհեմացիների, հունգարացիների, գերմանացիների և ֆրանսիացիների հետ: Ես կասկած չունեմ, որ Հնդկաստանի ժողովրդի տարբեր բարբառները և նույնիսկ Աֆրիկայի վայրենիների լեզուն նույն կերպ կշնորհվի մեր հանդիպման ժամանակ: Ես ակնկալում եմ, որ այս հավաքը կլինի ամենամեծը Պենտեկոստեի օրերից ի վեր»:

Նա պնդում է, որ ինքը և իր աշակերտները ստացել են բոլոր այն պարգևները, որոնք Քրիստոսը տվել է Իր ամենավաղ աշակերտներին:[17]

Ցավոք սրտի, այդ նույն տեսակի միտումնավոր ասեղնագործված, վայրենաբար չափազանցված վկայությունները նույնիսկ այսօր բավականին տարածված են խարիզմատիկ շրջանակներում: Բայց միամիտ մարդիկ դեռևս գնահատում են նման զեկույցները՝ շփոթելով դյուրահավատությունը հավատքի հետ: Չնայած Փարհամի վստահ հնչող երաշխիքներին՝ նրա միսիոներական ռազմավարությունը բավականին վատ արդյունք տվեց: Ջեք Հեյֆորդը և Դեյվիդ Մուրը՝ խարիզմատիկ հեղինակներ, ընդունում են Փարհամի ակնկալիքների մեծածավալ ձախողումը. «Ցավոք սրտի, զինոգլոսական [այսինքն՝ օտար լեզուների] գաղափարը հետագայում ամոթալի ձախողում էր ունենալու, քանի որ հիսունական գործիչները գնացին միսիոներական դաշտեր իրենց լեզուների պարգևով և հայտնաբերեցին, որ իրենց լսողները չեն հասկանում դրանք»:[18] Ռոբերտ Մեյփս Անդերսոնն ավելացնում է.

Ս. Սի. Թոդը, Աստվածաշնչի միսիոներական ընկերությունից, ուսումնասիրել է տասնութ հիսունականների, որոնք գնացել են Ճապոնիա, Չինաստան և Հնդկաստան՝ «ակնկալելով քարոզել այդ երկրների բնիկներին իրենց իսկ լեզվով» և պարզել է, որ իրենց իսկ խոստովանությամբ՝ «ոչ մի դեպքում [նրանք] չեն կարողացել դա անել»: Երբ այս և մյուս միսիոներները հիասթափված և ճախողված վերադարձան, հիսունականները ստիպված եղան վերանայել լեզուներով խոսելու իրենց սկզբնական տեսակետը:[19]

Լեզուներով խոսելուց բացի Ագնես Օզմանը և այլ հիսունականներ նաև «լեզուներով գրում էին»՝ խզբզելով այն, ինչ իրենց կարծիքով օտար լեզվի կերպարներ էին: Այս հաղորդագրությունների լուսանկարները հրապարակվել են այնպիսի թերթերում, ինչպիսիք են *Թոփեքա Դեյլի Քեփիթլը* և *Լոս Անջելես Դեյլի Թայմսը*: [20] Այդ հավի ճանկերը նման չէին ոչ մի հայտնի լեզվի և բոլորովին անընթեռնելի էին:[21]

Երրորդ՝ Չարլզ Փարհամի անձնական կերպարը կասկածի տակ է դնում, թե արդյո՞ք Սուրբ Հոգին համաշխարհային արթնություն կառաջացնի Փարհամի ծառայության միջոցով: Իր աշակերտների՝ լեզուներով խոսելուց կարճ ժամանակ անց, չնայած իր կանխատեսումներին, որ զանգվածային աճ է սկսվելու, Փարհամը ստիպված եղավ փակել Աստվածաշնչյան դպրոցը Թոփեքայում: Նա ճանապարհորդեց Կանզասի և Միջին Արևմուտքի այլ մասեր՝ անցկացնելով բժշկության և արթնության ժողովներ և հավաքելով աշակերտներ: Շուտով նա հավակնում էր ավելի քան հինգ հազար նվիրյալների:[22] Նա իր հետևորդների աճող ցանցն անվանեց Առաքելական հավատքի շարժում (կրկնելով իր երկշաբաթյա ամսագրի *Առաքելական հավատք* անվանումը) և իրեն կոչեց «Առաքելական հավատքի շարժման պրոյեկտոր»:[23]

Բայց շարժումը հազիվ էր դիմակայում Փարհամի հեղինակությանը հասցված մի շարք դաժան հարվածներին: 1906 թվականի աշնանը նա մի շարք հանդիպումներ անցկացրեց

Իլինոյ նահանգի Սիոն քաղաքում, և մի քանի ամիս անց այնտեղ նրա հետևորդներից հինգը ծեծելով սպանեցին մի հաշմանդամ կնոջ՝ փորձելով նրանից հեռացնել ռևմատիզմի դևին: Թեև Փարհամն ինքը վաղուց հեռացել էր Սիոնից, երբ կինը սպանվեց, սպանության հաջորդ դատավարությունը համազգային ճանաչում ձեռք բերեց, և բոլոր ազգային թերթերը մարդասպաններին ճանաչեցին որպես «Փարհամի աղանդի անդամներ»:[24] Երբ հանցագործության գլխավոր մեղավորները դատապարտվեցին, ազգային լրատվամիջոցները հայտնեցին. «Գործով սպասվում են այլ ձերբակալություններ՝ քննության ընթացքում տրված ապացույցների արդյունքում, իսկ Փարհամը՝ աղանդի առաջնորդը, որին պատկանում են այժմ բանտում գտնվողները, կարող է ինքն իրեն հսկողության տակ պահել»:[25] Փարհամին այդ գործով մեղադրանք չառաջադրվեց, սակայն նրա անունը հոմանիշ դարձավ մահացու կրոնական մոլեռանդությանը:

Երբ Կանզասում մի երիտասարդ աղջիկ մահացավ, քանի որ նրա ծնողները հրաժարվեցին բժշկական օգնությունից և փոխարենը բժշկություն փնտրեցին Փարհամի ծառայության միջոցով, հիսունական ավետարանիչը ստիպված եղավ թողնել Կանզասը և մեկնել Թեքսաս:[26] Այնտեղ էր, որ նա հանդիպեց Ուիլյամ Ջ. Սեյմուրին՝ երեսունիինգամյա աֆրոամերիկացուն, որը Սուրբ Հոգու մասին Փարհամի ուսմունքներն ու լեզուների պարգևն ընդունելուց հետո 1906 թվականին հրահրեց Լոս Անջելեսի Ազուսա փողոցի արթնությունը: Բայց նրանց բարեկամությունը շուտով խարխլվեց: Երբ Փարհամն այցելեց Սեյմուրի գործունեության տեղը Հարավային Կալիֆորնիայում, նա հավանություն չտվեց այն վայրի վարքագծին, որը բնորոշ էր հանդիպումներին:[27] Նա փորձեց պնդել իր առաջնորդությունը արթնության հարցում, սակայն այն մերժվեց:

Այստեղից Փարհամի պատմությունն արագորեն վատթարացավ: 1907 թվականի հուլիսի 19-ին նա ձերբակալվեց Թեքսաս նահանգի Սան Անտոնիո քաղաքի հյուրանոցում՝ սոդոմիայի մեղադրանքով: Չորս օր անց նա ազատ արձակվեց կալանքից: Թեև նա պնդում էր, որ անմեղ է, նրա հակառակորդները պնդում էին, որ նա լիովին խոստովանական ցուցմունք է գրել իր ազատ արձակման դիմաց:[28] Չնայած նրա հերքողական բողոքներին՝ Փարհամի համբավն ընդմիշտ արատավորվեց, և նրա ազդեցությունը սկսեց նվազել: Ինչպես բացատրում է Ռ. Ջ. Ռոբինսը. «Այն, ինչ իրականում տեղի էր ունեցել ամառային այդ շոգ գիշերը, գուցե երբեք հայտնի չլինի, բայց Փարհամի դիրքն անուղղելի վնաս կրեց՝ չնայած այն հանգամանքին, որ հետագայում մեղադրանքները հանվեցին: Սկանդալի մասին լուրերը տարածվեցին Սրբության և Հոգեգալստական շրջանակների միջոցով՝ ուրախացնելով Փարհամի թշնամիներին և հուսահատեցնելով նրա նվազող ընկերների շրջանակին: Միևնույն ժամանակ, Առաքելական Հավատքի Շարժումը ջարդուփշուր եղավ»:[29]

Իր համբավը փրկելու հուսահատ փորձ անելով՝ Փարհամը որոշեց, որ պետք է իսկապես ուշագրավ մի բան անի մեղադրանքներից ուշադրությունը շեղելու համար: Նա դրամահավաքի արշավ կազմակերպեց արշավախմբի համար դեպի Սուրբ Երկիր, որտեղ խոստացավ գտնել Ն Նոյան տապանը, Ն ուխտի կորած տապանակը:[30] Բայց ճամփորդությունն ավարտվեց դեռ չսկսված: Փարհամի կենսագիր Ջեյմս Ռ. Գոֆը պատմում է տեղի ունեցածի մասին.

«Ծրագիրը մամուլի առաջ ներկայացնելուց և բավարար միջոցներ հայթայթելուց հետո, 1908 թվականի դեկտեմբերին Փարհամը մեկնեց Նյու Յորք՝ Երուսաղեմ գնացող շոգենավ նստելու: [Բայց] Մերձավոր Արևել.ի նրա տոմսն այդպես էլ չգնվեց: Փարհամը վերադարձավ տուն՝ Կանզաս, 1909 թվականի հունվարին՝ ընկերոջից պարտքով վերցրած գումարով: Նա վիատված բացատրեց իր հետևորդներին, որ իրեն կողոպտել են Նյու Յորք ժամանելուց անմիջապես հետո և չնչին հնարավորություն անգամ չի ունեցել՝ գնելու իր տոմսը»:[31]

Ինչպես այդ դարաշրջանում Սրբության Շարժմանն առընչվող քարոզիչների մեծամասնությունը, այնպես էլ Փարհամը տարված էր մարգինալ, նոր, ծայրահեղ կամ բոլորովին անսովոր վարդապետություններով: Նա պայմանական անմահության եռանդուն ջատագովն էր (այն գաղափարը, որ ամբարիշտները կկործանվեն, ոչ թե կենթարկվեն հավիտենական տանջանքների) և երբեմն հանդես էր գալիս որպես ունիվերսալիստ:[32] Նա անսովոր տեսակետ ուներ մարդկային անկման մասին և ակնհայտորեն չէր հասկանում մեղքի ստրկությունը: Նա, թվում է, հավատում էր, որ մեղավորները կարող են փրկագնվել իրենց սեփական ջանքերի և Աստծո օգնությամբ, և նա, ըստ երևույթին, շնորհը դիտում էր որպես մի երևույթ, որն Աստված պարտավոր է մարդկությանը: Նա ուսուցանում էր, որ սրբացումը երաշխավորում է ֆիզիկական բժշկություն և, հետևաբար, անհավատության քայլ է բուժօգնություն փնտրել ցանկացած հիվանդության համար :[33]

Փարհամը նաև պաշտպանում էր անգլոիսրայելականության ձևը՝[34] ուսուցանելով, որ արևմտաեվրոպական ռասաները (մասնավորապես՝ անգլո-սաքսոնները) սերում էին Իսրայելի տասը ցեղերից, երբ նրանք ցրվեցին ասորական գերությունից, և, հետևաբար, սպիտակ եվրոպացիները ճշմարիտ «ընտրված ժողովուրդն են»: Այդ տեսակետը, բնականաբար, հակված էր խթանելու ռասայական մոլեռանդությունը:[35] Իսկապես, ժամանակի ընթացքում Չարլզ Փարհամը գնալով ավելի անկեղծացավ՝ որպես ռասայական տարանջատման ջատագով: Մի առիթով նա պնդեց, թե պատճառը, որ Աստված հեղեղեց աշխարհը, ռասայական ամուսնություններն էին: «Արարում և ձևավորում» վերնագրով քարոզը տպագրվեց 1905 թվականի օգոստոսի 13-ի *«Հյուսթոն Դեյլի Փոսթ»-ի* համարում: Փարհամի սեփական խոսքերով.

«Այսպիսով սկսվեցին ցեղերի ողբալի խառնամուսնությունները, որոնց պատճառով պատժվեցին ջրհեղեղով, և դրան շարունակաբար հաջորդեցին ժանտախտներն ու անբուժելի հիվանդությունները երրորդ և չորրորդ սերունդների վրա, որոնք նման ամուսնությունների սերունդ էին: Եթե ժամանակը երկարեր, և Ամերիկայի սպիտակամորթների, սևամորթների և կարմիրների միջև խառնամուսնությունները շարունակվեին, սպառումը և այլ հիվանդությունները շուտով կջնջեին խառն արյունը երկրի երեսից»:[36] 1906-ին Ազուսա փողոց այցելելուց և դրա զգացմունքային ավելորդություններից տհաճություն զգալուց հետո Փարհամը դեմ արտահայտվեց այդ ամենին: Բայց նրա հակադրությունը նույնպես մատնեց իր բնածին ռասիզմը: «Օգտագործելով կոպիտ ռասայական հայհոյանքներ՝ Փարհամը դատապարտեց սպիտակ կանանց, որոնք միավորվեցին սևամորթ տղամարդկանց հետ Ազուսա միսիայում և ափսոսաց, որ սպիտակամորթ ու սևամորթ տղամարդիկ և կանայք միասին ծնկի են եկել և ընկել միմյանց վրա: Նա մեղադրում էր, որ նման անմտությունը հետևում է Ազուսայի աշխատանքին ամենուր[37]»: Իր կյանքի վերջում Փարհամը բացահայտորեն հավանություն էր տալիս Կու Կլուքս Կլանին՝ հրապարակայնորեն գովաբանելով կազմակերպությունը 1927 թվականին: Ամփոփելով Փարհամի ռասիստական հայացքները՝ Ֆրեդերիկ Հարիսը նշում է, որ «Պենտեկոստալիզմի աստվածաբանության հիմնադիր Չարլզ Փարհամը համակրում էր Կու Կլուքս Կլանին, նա Թոփեքայում գտնվող իր աստվածաշնչյան դպրոցի ռասայական տարանջատված ուսանողներին քարոզում էր ռասայական խառնաշփոթության դեմ և կարծում, որ անգլոսաքսոններն են գերիշխող ռասան»:[38]

Զարմանալի չէ, որ սկանդալն ու անարգանքը հետևեցին Փարհամի ընթացքին, և նրա համբավը տուժեց: Մյուս հիսունականները շուտով սկսեցին հեռանալ իրենց հիմնադրից: «Ֆինանսական կառավարման շուրջ մտահոգությունների, նրա էքսցենտրիկ վարդապետությունների և ռասիստական վերաբերմունքի հետ մեկտեղ, Փարհամը խայտառակություն դարձավ պենտեկոստական շարժման համար, որն աճեց քսաներորդ դարի առաջին տասնամյակներում»:[39] Բայց, ուզենք թե չուզենք, ժամանակակից հիսունականները (և ըստ ընդլայնման՝ բոլոր խարիզմատիկները) հավատարիմ են Չարլզ Փարհամին՝ որպես իրենց շարժման աստվածաբանական ճարտարապետ:[40] Ինչպես բացատրում է Էնթոնի Թիսելթոնը, «Չարլզ Փարհամը մեծ հաշվով համարվում է դասական հիսունականության հիմնադիրը... Փարհամը ձևակերպեց հիսունականների աստվածաբանության և փործառության դասական չորս նշանները՝ փրկություն, Սուրբ Հոգով մկրտություն, բժշկություն և Քրիստոսի «երկրորդ գալստյան» ակնկալիք»:[41]

Այս ամենը էական հարցեր է առաջացնում ժամանակակից պենտեկոստական շարժման պնդումների վերաբերյալ՝ հաշվի առնելով նրա նախնական սկզբնավորման կասկածելի բնույթը՝ սկսած ներգրավվածների հակասական ցուցմունքներից, խոսվող «լեզուների» անհեթեթ բնույթից, մինչև շարժման առաջին առաջնորդի անպարկեշտ կերպարը: Ավելացնենք, որ հիսունականությունը ծագեց 19-րդ դարի Սրբության շարժման թերի սոտերիոլոգիայից, որի մաս էին կազմում Չարլզ Փարհամը և Ուիլյամ Ջ. Սեյմուրը:[42] Չնայած 1 Հովհ. 1.8-10-ի նման հատվածներին՝ Սրբության աստվածաբանությունը սխալմամբ պնդում է, որ հավատացյալները կարող են «երկրորդ օրհնություն» ստանալ իրենց դարձից հետո, այդ պահին նրանք հասնում են «քրիստոնեական կատարելության» վիճակին այս կյանքում:[43] 19-րդ դարի Սրբության որոշ առաջնորդներ նաև ուսուցանում էին «երրորդ օրհնությունը», որը նրանք նույնացնում էին «Սուրբ Հոգով մկրտության» հետ, և որը հիսունականությունը հետագայում կապեց լեզուներով խոսելու հետ:[44]

Բայց ահա այս ամբողջ պատմության իմաստը. *եթե Սուրբ Հոգին նպատակ ունենար վերստեղծել Պենտեկոստեի օրը, արդյո՞ք Նա խկապես այդպես կվարվեր*: Նույնիսկ հիմնական համեմատությունը այն ամենի միջև, ինչ տեղի ունեցավ Գործք Առաքելոց 2-ում և տասնինը դար անց Կանզասի Թոփեքայում, ընդգծում է երկու իրադարձությունների միջև ապշեցուցիչ հակադրությունները: Պենտեկոստեի սկզբնական օրը չի առաջացել թերի սոտերիոլոգիայից, ոչ էլ արդյունք է հակասական ականատեսների վկայությունների: Լեզուների առաքելական պարգևը իռացիոնալ ծայնավորման որևէ տեսակ չէր: Ավելի շուտ, առաքյալները հրաշքով խոսեցին իսկական օտար լեզուներով, որոնք նրանք երբեք չէին սովորել (Գործք Առաքելոց 2.9–12): Ավելին, Հոգու զորությունը ոչ միայն դրսևորվում էր նրանց եռանդուն քարոզչության մեջ, այլև ակնհայտ էր նրանց աստվածապաշտ բնավորության մեջ, քանի որ Հոգին շարունակեց սրբացնել նրանց իրենց ողջ կյանքի ընթացքում:

Խարիզմատիկ շարժման «նոր Պենտեկոստեն» ավելի տարբեր լինել չէր կարող: Այն առաջացել է Սրբության շարժման թերի սոտերոլոգիայից, նշանավորվել ականատեսների անհամապատասխան ցուցմունքներով, առաջացրել կեղծ կրոնական փորձառություններ՝ նախաձեռնված լինելով անպարկեշտ հոգևոր առաջնորդի կողմից: Նման գործոնները լուրջ կասկածի տակ են դնում այդ ամենի օրինականությունը:

«Նոր մտքի» մոտեցում

Մոտավորապես միևնույն ժամանակ, երբ Չարլզ Փարհամն ուղղորդում էր իր ուսանողներին լեզուներ փնտրել որպես Հոգու մկրտության նշան, մեկ այլ ամերիկացի ծառայող իր հետևորդներին խրախուսում էր դրական դավանությամբ արտահայտել իրենց ցանկությունները:

«Ինչ դավանում եմ, այն էլ տիրապետում եմ»:[45] Այդ կարգախոսը, որը տարածվեց ավելի ուշ «Հավատքի խոսքի» քարոզիչների կողմից, առաջին անգամ ստեղծվել է Էսեկ Ուիլյամ Քենյոնի կողմից՝ ազատ կամքի բապտիստական հովիվ և կըրթիչ, որն ապրել է 1867-1948 թվականներին: Թեև մեծացել էր մեթոդիստների ընտանիքում՝ Քենյոնը դարձավ բապտիստ՝ հանրաճանաչ ավետարանիչ Ա. Ջ. Գորդոնի ազդեցության շնորհիվ: Սակայն Քենյոնը նույնպես ենթարկվեց 19-րդ դարի մետաֆիզիկական աղանդներին և թույլ տվեց, որ այդ սխալներն արատավորեն իր աստվածաբանությունը:

1892 թվականին նա հաճախում էր Բոստոնի Էմերսոնի հռետորական քոլեջ, որը մասնագիտացած էր մետաֆիզիկական գիտությունների պաշտամունքների (մասնավորապես՝ «Նոր մտքի» մետաֆիզիկայի) դասախոսների պատրաստման գործում:[46] «Նոր միտքը» ծագել է մեկ սերունդ առաջ Ֆինեաս Պ. Քուիմբիի ուսմունքների միջոցով՝ նոր Անգլիայի փիլիսոփա, հիպնոսացնող և բժիշկ, որն ուսուցանում էր, որ ֆիզիկական իրականությունները կարող են մանիպուլյացիայի ենթարկվել և կառավարվել մտավոր և հոգևոր միջոցներով: «Նոր մտքի» ուսմունքներն ընդգծում էին, որ շատ ավելի բարձր բանականություն կամ աստվածային ուժ կա ամենուր, որ մարդիկ օժտված են աստվածային բնույթով, որ նրանք կարող են օգտագործել իրենց միտքը ֆիզիկական իրականությունը փոխելու համար, և որ ճիշտ մտածելով նրանք կարող են ազատվել հիվանդությունից և աղքատությունից:[47] Քուիմբիի գաղափարները տարածվեցին նրա հետևորդների կողմից, այդ թվում՝ Մերի Բեյքեր Էդդիի կողմից, որը «Նոր միտքն» ուսուցանեց Քրիստոնեական Գիտության աղանդի մեջ:

Էմերսոն քոլեջից հեռանալուց հետո Քենյոնն անցավ մի քանի բապտիստական եկեղեցիների հովվությանը: 1898 թվականին նա հիմնադրեց Բեթելի Աստվածաշնչյան ինստիտուտը Սպենսերում՝ Մասաչուսեթս: Նա ծառայեց որպես ինստիտուտի նախագահ մինչև 1923 թվականը, երբ հրաժարական տվեց «հակասությունների միջով, որը երբեք չհրապարակվեց»:[48] Հեռանալով Մասաչուսեթսից՝ նա եկավ արևմուտք՝ մի քանի տարի բնակություն հաստատելով Հարավային Կալիֆորնիայում, նախքան 1930-ականների սկզբին Սիեթլ՝ Վաշինգտոն տեղափոխվելը: Այնտեղ նա հիմնեց «Նոր ուխտ» բապտիստական եկեղեցին, հիմնադրեց Սիեթլի Աստվածաշնչյան ինստիտուտը և հեռարձակեց իր ուսմունքներն իր «*Քենյոնի օդային եկեղեցի*» ռադիոհաղորդման միջոցով: Նա հիսունական չէր, բայց «իր վերջին տարիներին այցելեց հիսունականների ժողովներին և հրավիրվեց խոսելու Էյմի Սեմփլ Մաքֆերսոնի հայտնի Անգելուս տաճարում Լոս Անջելեսում: Թեև նա մահացավ Երկրորդ համաշխարհային պատերազմի ավարտից անմիջապես հետո, հետպատերազմյան տարիների հայտնի բուժիչ արթնությունների մասնակիցներից շատերն ակնհայտորեն ենթարկվեցին նրա ազդեցությանը և մեջբերեցին նրա աշխատանքը»:[49] Հետևեք «Հավատքի խոսքի» ցանկացած ուսուցչի վարդապետական ծագմանը, և կգտնեք մի տող, որը գնում է դեպի Ի. ՈՒ. Քենյոնը:

Քենյոնի ուսմունքը լրջորեն շեղված էր մի քանի մակարդակներում: Իր քարոզչության և ուսուցման ընթացքում նա միախառնեց «Նոր մտքի» փիլիսոփայության հիմնական տարրերը քրիստոնեական աստվածաբանության հետ՝ պնդելով, որ մարդիկ կարող են փոխել իրենց ֆիզիկական հանգամանքները պարզապես «Աստծո խոսքի դրական դավանությամբ»:[50] Օրինակ՝ բժշկվելու համար հավատացյալները պարզապես պետք է հայտարարեն, որ իրենք արդեն բուժված են: Ինչպես բացատրեց Քենյոնը, «Դավանությունը միշտ բժշկությունից առաջ է գնում: Մի՛ նայեք ախտանշաններին, նայե՛ք խոսքին և համոզվե՛ք, որ ձեր դավանությունը համարձակ է և եռանդուն: Մի՛ լսեք մարդկանց... Աստված է խոսում: Դուք բժշկված եք: Խոսքն ասում է, որ դուք բժշկված եք: Մի՛ լսեք զգայարաններին: Խոսքի՛ն տեղ տվեք»:[51] Միայն նրանք, ովքեր *դրական* դավանություններ են անում, կարող են դրական արդյունքներ ակնկալել: Եվ հակառակը, նրանք, ովքեր հոռետեսական խոսքեր են ասում, դատապարտված են ձախողման:

Կրկին մեջբերենք Քենյոնից. «Դուք հազիվ թե բարձրանաք ձեր խոսքերից: Եթե դուք խոսում եք հիվանդության մասին, դուք կմնաք ձեր խոսքի մակարդակին: Եթե դուք խոսում եք թուլության և ձախողման մասին, դուք գործի կդնեք այն: Դուք անընդհատ ասում եք՝ «Ես չեմ կարող աշխատանք գտնել» կամ «Ես չեմ կարող դա անել», և ձեր խոսքերն արձագանքում են ձեր մարմնին: Ինչո՞ւ: Պատճառն այն է, որ դուք հոգևոր էակ եք: Դուք ֆիզիկական էակ չեք: Ըստ էության, դուք հոգի եք, և հոգին գրանցում է բառերը ճիշտ այնպես, ինչպես մաքուր թուղթն է վերցնում թանաքը»:[52] Ընդգծելով բառերի ստեղծագործական ուժը և այն գաղափարը, որ հիվանդությունը հոգևոր է, ոչ թե ֆիզիկական՝ Քենյոնը հիմնական նախադրյալն է տվել գալիք «Հավատքի խոսքի» աստվածաբանության համար: [53]

Քենյոնի ուսմունքները նաև հիմք դրեցին «Հավատքի խոսքի» շեշտադրմանը նյութական բարգավաճման վերաբերյալ: Ըստ նրա՝ Ավետարանը ոչ միայն առաջարկում է ապագա վարձատրության հույսը երկնքում, այլև խոստանում նյութական օրհնություն երկրի վրա, այստեղ և հիմա: Նա գրել է. «Քրիստոնեության արժեքն այն է, ինչ մենք ստանում ենք դրանից: *Մենք քրիստոնյա ենք այն բանի համար, ինչ կարող ենք ստանալ այս կյանքում*, և հավակնում ենք գալիք աշխարհի հույսին... Մենք նաև *պահանջում ենք*, որ Աստված, որին ծառայում և երկրպագում ենք, լսի մեր խնդրանքները, պաշտպանի մեզ վտանգի ժամանակ, մխիթարի մեզ վշտի մեջ»:[54] Ըստ Քենյոնի՝ «Աստված երբեք չի պլանավորել, որ մենք ապրենք աղքատության մեջ՝ ֆիզիկական, մտավոր կամ հոգևոր: Նա այնպես արեց, որ Իսրայելը գլխավորի ազգերը ֆինանսապես: Երբ մենք համագործակցում ենք Նրա հետ և սովորում ենք Նրանից սովորում ենք բիզնես վարելու եղանակները, մենք չենք կարող անհաջողակ լինել... Նա ձեզ հնարավորություն կտա՝ հասնելու հաջողության ձեր կյանքում»:[55] Եթե նման հայտարարությունները սարսափելիորեն նման են բարգավաճման քարոզիչների և հիմնական հեռուստաավետարանիչների կողմից ինչող ժամանակակից դատարկաբանություններին, ապա այդպես էլ պետք է լիներ: Նրանք ստացել են իրենց նյութը Քենյոնից:

Նրա նորարարական գաղափարները շուտով ներթափանցեցին խարիզմատիկ շարժման մեջ, որտեղ ծնունդ տվեցին խարիզմատիկ «Հավատքի խոսք» շարժմանը: Ինչպես նշում է Դենիս Հոլինգերը, «1940-ից 1950-ականների տարբեր հիսունականների բուժող-վերակենդանացնողներ կարդում էին Քենյոնի ստեղծագործությունները և երբեմն մեջբերումներ անում նրանից»:[56] Ուիլյամ Բրենհեմի և Օրալ Ռոբերթսի նման հավատքի բժիշկները ստեղծեցին հիմք, որի վրա բարգավաճման ավետարանը կարող էր ընդունվել խարիզմատիկ շրջանակներում:[57] Բայց հենց Քենեթ Հեյգինն էր, որ լայնորեն հայտնի է որպես «Հավատքի խոսք շարժման հայր», որը հանրածանոթ դարձրեց Քենյոնի աշխատանքը՝ նույնիսկ իր գրքերում գրագողություն անելով Քենյոնի գրվածքների ծավալուն հատվածներից:[58] Բարգավաճման հետագա քարոզիչները՝ Քենեթ Քոուփլենդից մինչև Բենի Հին և Կրեֆլո Դոլար, բոլորն էլ ենթարկվեցին Հեյգինի ազդեցությանը: Եվ ինչպես տեսանք նախորդ գլխում, բարգավաճման ավետարանը դարձավ գերիշխող ուժ ժամանակակից հիսունական և խարիզմատիկ շրջանակներում:

Ճիշտ այնպես, ինչպես Չարլզ Փարհամի անձնական կերպարն է կասկածի մութ ստվեր գցում Պենտեկոստական շարժման սկզբի վրա, Է. Ու. Քենյոնի՝ «Նոր մտքի» սկզբունքների ընդգրկումը մատնում է «Կյանքի խոսք» շարժման և բարգավաճման ավետարանի իրական սկզբնաղբյուրը: Փարհամի համար, որն ակնկալում էր խոսել իսկական օտար լեզուներով, իր նախնական փորձը կեղծ էր: Քենյոնի համար, որն իր քարոզների մեջ ինտեգրեց մետաֆիզիկական փիլիսոփայությունը, ստացված աստվածաբանությունը աղանդային էր: «Կյանքի խոսքի» ուսուցիչները, որոնք գնում են Քենյոնի հետքերով, իրենց ծագումնաբանությամբ պարտական են այնպիսի մարդկանց, ինչպիսին Ֆինեաս Պ. Քուիմբին է, ինչը նշանակում է, որ նրանց աստվածաբանությունը պատկանում է նույն ընտանիքին, ինչ քրիստոնեական գիտությունը, թեոսոֆիան, մեսմերիզմը, մտքի գիտությունը, շվեդաբորգիզմը և նոր մտածողության մետաֆիզիկան: Ստացված բարգավաճման ավետարանը նեոգնոստիկական դուալիզմի, նոր դարաշրջանի միստիցիզմի և անամոթ մատերիալիզմի խառնաշփոթություն է: Այն «կործանարար հերետիկոսություն» է (2 Պետ. 2.1), որը պահանջում է առողջություն և հարստություն՝ միաժամանակ թողնելով իր զոհերին բարոյապես ունեզուրկ և հոգեպես սնանկ:

Ինչո՞ւ կենտրոնանալ Չարլզ Փարհամի և Է. Ու. Քենյոնի ներդրումների վրա: Պատասխանը պարզ է: Այս երկու մարդիկ պատասխանատու են աստվածաբանական հիմքերի համար, որոնց վրա կառուցված է ողջ խարիզմատիկ համակարգը: Նրանք ներկայացնում են դրա պատմական արմատները: Որպես Պենտեկոստալիզմի հիմնադիր և աստվածաբանական ճարտարապետ՝ Փարհամը ձևակերպեց սկզբունքները և մեկնաբանեց այն փորձառությունները, որոնք բռնկեցին ժամանակակից խարիզմատիկ շարժումը: Այսպիսով, նրա սխալներն ու ծախողումները կասկածի տակ են դնում այն հիմքը, որի վրա կառուցված է ամբողջ համակարգը: Լինելով «Հավատքի խոսք» շարժման պապը՝ Քենյոնը հետագա բարգավաճման քարոզիչներին տրամադրեց վարդապետական թույնի բաղադրատոմս: Նրա կապը մետաֆիզիկական աղանդների հետ բացատրում է այսօրվա հեռուստաավետարանիչների հանրաճանաչ ուղերձներին բնորոշ շաքարապատ կոռուպցիան:

Նոր արթնությո՞ւն

Չնայած իր կասկածելի արմատներին՝ ժամանակակից խարիզմատիկ շարժումը սնկի պես վերածվել է զանգվածային միավորի: Նրա աննախադեպ աճը պատճառ է դարձել, որ որոշ դիտորդներ այն հռչակեն «նոր բարեփոխում»: Գիտնականներից մեկի խոսքերով՝ «Քրիստոնեությունն անցնում է բարեփոխման միջով, որը կլինի նույնիսկ ավելի հիմնարար և ընդգրկուն, քան այն, որը ցնցեց եվրոպան տասնվեցերորդ դարում... Ներկայիս բարեփոխումն ավելի կտրուկ է ցնցում հիմքերը, քան նախորդը տասնվեցերորդ դարում և դրա արդյունքներն ավելի հեռուն գնացող և արմատական կլինեն»:

[59] Մեկ այլ հեղինակ նույնպես բացականչում է. «Մենք այժմ գտնվում ենք ռեֆորմացիայից ի վեր քրիստոնեության ամենադրամատիկ տեղաշարժերից մեկի մեջ: Քրիստոնեությունը շարժման մեջ է և ստեղծում է սեյսմիկ փոփոխություն, որը փոխում է ողջ քրիստոնեական շարժման դեմքը»: [60]

Մյուսները ժամանակակից խարիզմատիկ շարժումն ավելի համեստորեն պիտակավորել են որպես նոր «Մեծ արթնություն»: Ինչպես բացատրում է Վինսոն Սինանը, «Որոշ պատմաբաններ խոսում են 1906–1909 թվականների Ազուսա փողոցի վերածննդի մասին՝ որպես «Չորրորդ մեծ արթնություն»: Այս պատմական վերածննդի արդյունքում ամբողջ աշխարհում ստեղծվել են ավելի քան մեկ միլիոն հոգեգալստական ժողովներ: Պենտեկոստական շարժումից բխում էր նաև խարիզմատիկ նորացման շարժումը. այն սկսվեց 1960 թվականին և տարածեց «Սուրբ Հոգու վերականգնումը» ինչպես բողոքական, այնպես էլ կաթոլիկ եկեղեցիների վրա աշխարհի բոլոր մասերում»: [61] Հազվադեպ չէ, որ խարիզմատիկները կապեր են փնտրում իրենց շարժման և տասնութերորդ դարի Մեծ արթնության միջև: [62] Դա մասամբ պայմանավորված է Նոր Անգլիայի վերածննդի հանրաճանաչությամբ, որը տեղի ունեցավ 1730-ականների վերջին և 1740-ականների սկզբին նշանավոր քարոզիչների և աստվածաբանների ղեկավարությամբ, ինչպիսիք են Ջորջ Ուայթֆիլդը և Ջոնաթան Էդվարդսը:

Սակայն զուգահեռներ են տարվում նաև այն զգացմունքային պոռթկումների հետ, որոնք երբեմն բնութագրում էին տասնութերորդ դարի արթնության հանդիպումները:[63] Մեծ Արթնության ժամանակ «մարդիկ լաց էին լինում իրենց մեղքերի համար ապաշխարությամբ, ոմանք գոռում էին ուրախությունից, որ ներում էին ստացել, և մի քանիսն այնքան էին ճնշըվում, որ ուշաթափվում էին»:[64] Որոշ դեպքերում պոռթկումներն էլ ավելի ծայրահեղ էին լինում: Ինչպես բացատրում է Դուգլաս Յակոբսենը՝ «Մեծ արթնության ժամանակ, որը տեղի ունեցավ գաղութատիրական Ամերիկայում, մարդիկ երբեմն ցնցումների մեջ էին ընկնում, բղավում էին կենդանակերպ հռհռոցներով և ճիչերով կամ ընկնում խորը էքստազային վիճակների մեջ... Հոգևոր պայքարի և ազատագրման այսպիսի ֆիզիկական դրսևորումները հիսունականները չեն հորինել. հոգևոր ֆիզիկականությունը վերածննդի ավելի երկար պատմության մի մասն է»[65]:

Հասկանալի է, որ Նոր Անգլիայի պուրիտաններից շատերը թերահավատորեն էին վերաբերվում վերածննդին այն զգացմունքայնության պատճառով, որը կարծես ուղեկցում էր դրան: Նրանց թվում էր բոստոնյան հովիվ Չարլզ Չոնսին, որը դժգոհում էր, որ «վերջին ժամանակներում կրոնն ավելի շատ կրքերի իրարանցում է, քան մտքի բնավորության փոփոխություն»:[66] 1742-ի իր քարոզում՝ «Խանդավառության նկարագրություն և զգուշացում դրանից», Չոնսին դեմ արտահայտվեց Մեծ Արթնությանը՝ պնդելով, որ արթնությունը իրական հոգեվորությունը փոխարինել է անզուսպ սենսացիոնիզմով: Նրա հետագա գիրքը՝ «*Սեզոնային մտքեր Նոր Անգլիայում կրոնի վիճակի մասին*», արձագանքեց նույն թեմաներին՝ դատապարտելով այն, ինչը նա համարում էր կրոնական ավելորդություն, որը տեղի էր ունենում արթնության ժողովներում:

Ջոնաթան Էդվարդսը՝ Մեծ արթնության մոլի կողմնակիցը, լավ տեղյակ էր Չարլզ Չոնսիի և «հին լույսի» այլ պուրիտանների կողմից բարձրացված մտահոգություններին: 1741 թվականի հուլիսին, երբ Էդվարդսը քարոզեց իր ամենահայտնի պատգամը՝ «Մեղավորները՝ զայրացած Աստծո ձեռքում», ամբոխի արձագանքն այնքան բուռն էր, որ նույնիսկ չկարողացավ ավարտել իր ուղերձը: Ինչպես հայտնում է Ջորջ Մարսդենը, «Խռովությունը չափազանց մեծացավ, քանի որ հանդիսատեսը բռնկվեց՝ գոռալով, հառաչելով և բացականչելով. «Ի՞նչ անեմ, որ փրկվեմ: Օ՜, ես գնում եմ դժոխք: Օ՜, ի՞նչ անեմ Քրիստոսի համար»:[67]

Ընդամենը մի քանի օր շուտ Էդվարդսը քարոզում էր Սաֆֆիլդում, Կոնեկտիկուտ ծառայության ժամանակ: Արձագանքը նույնքան զգացմունքային էր. «Քարոզից հետո ժամանած մի այցելու ասաց, որ քառորդ մղոն հեռավորությունից լսում էր ոռնոց, ճիչ և հառաչանք՝ «ինչպես կանանց ծննդաբերության ցավերի ժամանակ», երբ մարդիկ տանջվում էին իրենց հոգեվիճակի համար: Ոմանք ուշագնաց եղան կամ էքստազի մեջ հայտնվեցին, մյուսներն արձագանքեցին արտասովոր մարմնական ցնցումներով: Էդվարդսը և մյուսներն աղոթեցին հուսահատվածներից շատերի հետ և ոմանց բերեցին «տարբեր աստիճանների խաղաղության և ուրախության, ոմանց՝ հիացմունքի, և բոլորը փառաբանում էին Տեր Հիսուս Քրիստոսին» և հորդորում մյուսներին գալ Քավիչի մոտ»:[68]

Պաշտպանելով «Մեծ արթնությունը» քննադատներից՝ Էդվարդսը հասկացավ, որ պետք է անդրադառնա նրանց՝ այս տեսակի զգացմունքային պոռթկումների վերաբերյալ մտահոգություններին: Նա դա արեց 1741 թվականի ամռան վերջին՝ ուղղակիորեն անդրադառնալով թեմային մեկնարկային հաղորդագրության մեջ, որը նա փոխանցեց իր մայր բուհում՝ Յեյլի քոլեջում:[69] Իր ուղերձում, որը հետագայում հրապարակվեց «*Աստծո Հոգու աշխատանքի տարբերակիչ նշանները*» վերնագրով, Էդվարդսը բացատրեց, որ վերածննդի օրինականությունը չի կարող որոշվել հուզական պատասխանների հիման վրա.

Էդվարդսը պնդում էր իր սովորական պարզ տրամաբանությամբ, որ ինտենսիվ ֆիզիկական երևույթներն, ինչպիսիք են «արցունքները, դողը, հառաչանքը, բարձր աղաղակները, մարմնի տառապանքները կամ մարմնական ուժի անկումը», այս կամ այն կերպ ոչինչ չեն ապացուցում վերածննդի օրինականության մասին: Նա չէր կարծում, որ եկել է Սուրբ Հոգու արտասովոր պարգևների ժամանակը, ուստի հերքեց (ի տարբերություն թե՛ իր օրերի որոշ արմատականների, թե՛ հետագա հիսունականների), որ էքստատիկ նշանները Սուրբ Հոգու ճշմարիտ արտահոսքի լավագույն վկայությունն են: Միևնույն ժամանակ, նա պնդեց, որ ճնշող զգացմունքային պոռթկումները չեն էլ *ժխտում* Սուրբ Հոգու ներկայությունը: Աստծո Հոգու իսկական ստեղծագործության իրական փորձությունները կամ «տարբերակիչ նշանները» ոչ մի կապ չունեին նման դրամատիկ ազդեցությունների կամ դրանց բացակայության հետ: Ավելի շուտ, այս փորձություններն արտացոլվում էին նրանց փոխված կյանքերում, ովքեր այժմ ապրում էին Ավետարանի թելադրանքով և դրսևորում էին ճշմարիտ քրիստոնյաների գծերն ու առաքինությունները:[70]

Գտնելով իր «տարբերակիչ նշանները» Հովհաննեսի առաջին նամակում՝ Էդվարդսը պնդում էր, որ Սուրբ Հոգու իրական աշխատանքը կարող է չափվել միայն աստվածաշնչյան սկզբունքների հիման վրա: Զգացմունքային փորձառությունները կարող են հզոր լինել, բայց դրանք ապացույց չեն, որ Աստված իսկապես գործում է:[71] Ի վերջո, Էդվարդսը գիտակցում էր, որ «խանդավառությունը հաճախ տարածվում էր նույնիսկ այն ժամանակ, երբ ավետարանիչները կեղծ վարդապետություն էին հռչակում: Եվ սատանան կարող էր նմանակել ճշմարիտ արթնությունները»:[72]

Երբ Էդվարդսը շարադրում էր Հոգու աշխատանքի իրական նշանները, նա նաև ուրվագծում էր «բացասական նշանները» կամ կեղծ դրականները՝ նշաններ, որոնք կարող են ուղեկցել Աստծո իրական աշխատանքին, բայց կարող են նաև հորինվել կեղծավորների կողմից:[73] Էդվարդսը քարոզչության հուզական պոռթկումներն ու ֆիզիկական արձագանքները դասեց այդ ոչ որոշիչ կատեգորիայի մեջ. նման երևույթներն ինքնին հստակորեն չեն ապացուցում վերածննդի օրինականությունը:[74]

Այդ դեպքում ինչպե՞ս կարելի է տարբերակել իրական վերածնունդը կեղծից: Կամ, ավելի ուղղակիորեն, ի՞նչն է տարբերում Հոգու իրական աշխատանքը կեղծից: Պատասխանը, պնդում էր Էդվարդսը, կարելի է գտնել «փորձելով հոգիները»: Փոխառելով այդ արտահայտությունը 1 Հովհ. 4.1-ից՝ պուրիտան աստվածաբանը քաղեց հինգ սկզբունքներ Հովհաննեսի նամակի չորրորդ գլխից և դրանով իսկ մշակեց հստակ աստվածաշնչային ուղեցույց, որը կարող է կիրառվել Աստծուն վերագրվող ցանկացած աշխատանքի դեպքում:[75]

Այսպիսով, Էդվարդսը գնահատեց իր օրերի փորձառությունները Սուրբ Գրքի ոսպնյակի միջոցով՝ կիրառելով աստվածաշնչյան սկզբունքներն այդ ժամանակաշրջանի ամենամեծ կրոնական հակասությունների վրա: Այդ իսկ պատճառով նրա մոտեցումը մեզ համար օգտակար օրինակ է տալիս: Ինչպես բացատրում են Ռ. Չ. Սփրոուլը և Արչի Փարրիշը.

Երբ պատմության բնատեսարանի վրա արթնության նշաններ են հայտնվում, առաջին հարցերից մեկը, որ բարձրացվում է, իսկության հարցն է: Արդյո՞ք արթնությունը իսկական է, թե՞ այն պարզապես մակերեսային զգացմունքների պոռթկում է: Արդյո՞ք մենք գտնում ենք դատարկ ոգևորություն, որը հիմնըված չէ որևէ էական բանի վրա, թե՞ խանդավառությունն ինքնին ազդանշան է տալիս Աստծո մեծ գործի մասին: Եկեղեցու պատմության մեջ գրանցված յուրաքանչյուր արթնության ժամանակ դրան հաջորդող նշանները խառն են: Ոսկին միշտ խառնվում է կեղտի հետ: Յուրաքանչյուր արթնություն ունի իր կեղծիքները. աղավաղումները միտված են հարցեր առաջացնելու իրականի վերաբերյալ:

Այս խնդիրն, անշուշտ, ներկա էր տասնութերորդ դարի Մեծ արթնությանը Նոր Անգլիայում, որտեղ Ջոնաթան Էդվարդսը առանցքային դեմք էր: Նրա *Տարբերակիչ Նշանները* մանրակրկիտ վերլուծում են այդ արթնությունը՝ նշելով դրա էությունը, ինչպես նաև ավելորդությունները: Սակայն պուրիտանական աստվածաբանների ուսումնասիրությունն ավելի կարևոր է, քան դրա կիրառումը այդ եզակի արթնության համար: Այն քարտեզ է տրամադրում արթնության բոլոր նման ժամանակաշրջանների վերաբերյալ, և այդ իսկ պատճառով այսօր այն մնայուն արժեք է մեզ համար:[76]

Ջոնաթան Էդվարդսի օրերում ամերիկացի քրիստոնյաները փորձում էին պարզել, թե արդյոք Մեծ արթնությունը Սուրբ Հոգու իրական գործն էր: Էդվարդսն արձագանքեց՝ զննելով Սուրբ գրությունները՝ նման գնահատական տալու համար: Նա իր միտումն այսպես արտահայտեց. «Առաքելական դարաշրջանում ստացել են Աստծո Հոգու երբևիցե եղած ամենամեծ հեղումը: Բայց երբ ճշմարիտ Հոգու ազդեցությունները շատացան, կեղծիքները նույնպես շատացան: Սատանան առատորեն ընդօրինակում էր Աստծո Հոգու թե՛ սովորական, թե՛ արտասովոր ազդեցությունները: Այս ամենը հրատապ էր դարձնում Քրիստոսի եկեղեցու ապահովվածությունը որոշակի սկզբունքներով՝ տարբերակիչ և հստակ նշաններ, որոնցով այն կարող էր ապահով կերպով զանազանել ճշմարիտը կեղծից: Նման կանոնների տրամադրումը 1 Հովհ. 4-ի պարզ ճևավորումն է, որտեղ այս հարցն ավելի հստակ և ամբողջական է արծարծվում, քան Աստվածաշնչում որևէ այլ տեղ: Այս արտասովոր օրերին, երբ այնքան շատ է խոսվում Հոգու աշխատանքի մասին, մենք պետք է ուշադրությամբ կիրառենք այս սկզբունքները»: [77]

Նմանապես, շատ հավատացյալներ այսօր մտածում են՝ արդյո՞ք ժամանակակից խարիզմատիկ շարժումը ներկայացնում է Սուրբ Հոգու իսկական գործը: Ինչպես տեսանք այս գլխում, շարժման պատմական արմատները շատ բան են թողնում: Իսկ ի՞նչ կասեք նրա պտղի մասին (տե՛ս Մատթ. 7.15–20):

Ջոնաթան Էդվարդսը դիմեց Աստծո խոսքին՝ իր գնահատականը տալու համար: Քանի որ Հոգուց ներշնչված Սուրբ գրությունները ժամանակավրեպ են, մենք կարող ենք օգտագործել այդ նույն աստվածաշնչյան ճշմարտությունները ժամանակակից խարիզմատիկ շարժումը գնահատելու համար: Հետևյալ գլուխներում մենք կքննարկենք Էդվարդսի հնգակի փորձը՝ քաղված 1 Հովհ. 4-ից, որն Աստծո խոսքի սկզբունքներին թույլ է տալիս օգնել մեզ պատասխանել այն հարցին, թե *արդյո՞ք ժամանակակից խարիզմատիկ շարժումը ներկայացնում է Սուրբ Հոգու իրական գործը:*

Երրորդ

Փորձելով հոգիները (մաս 1)

Նոր Կտակարանը լցված է սարսափելի նախազգուշացումներով կեղծ ուսուցիչների և յուրաքանչյուր հավատացյալի կողմից հոգևոր խորաթափանցություն գործադրելու անհրաժեշտության մասին: Լեռան քարոզում մեր Տերը զգուշացրեց Իր ունկնդիրներին. «Զգուշացե՛ք սուտ մարգարեներից, որոնք գալիս են ձեզ մոտ ոչխարի հագուստով, բայց ներքուստ գիշատիչ գայլեր են» (Մատթ. 7.15): Պողոս առաքյալը եփեսացի երեցներին ուղղված իր խոսքում կրկնեց այս խոսքերը. «Ես գիտեմ, որ իմ հեռանալուց հետո ձեր մեջ հափշտակող գայլեր կգան, որոնք հոտին չեն խնայի: Իսկ ձեր միջից դուրս կգան մարդիկ, որոնք թյուր բաներ կխոսեն, որպեսզի աշակերտներին իրենց հետևից տանեն» (Գործք 20.29–30): Նմանապես, Պետ.ն իր ընթերցողներին ասաց, որ զգույշ լինեն «կեղծ ուսուցիչներից... որոնք կործանարար հերձվածություններ կներմուծեն» և շեղվածություն կմտցնեն եկեղեցի (2 Պետ. 2.1):

Կեղծ ուսուցիչներն ի սկզբանե լուրջ վտանգ էին ներկայացնում եկեղեցու առողջության և միասնության համար: Մենք հակված ենք մտածել վաղ եկեղեցու մասին որպես մաքուր և անաղարտ, բայց հերետիկոսությունը սկսեց ներթափանցել եկեղեցու մեջ նրա վաղ տարիներին: Կեղծ վարդապետության սպառնալիքն առաքելական ուսմունքի մշտական թեման է եղել: Հիսուսն Ինքը պատվիրեց հավատացյալներին հատուկ ուշադրություն դարձնել ցանկացած հոգևոր ուղերձի կամ ինքնակոչ սուրհանդակի գնահատմանը, որը պնդում էր, թե խոսում է Աստծո անունից: Խոսելով խարդախ մարգարեների մասին՝ Մատթեոս 7.16-ում Հիսուսն ասաց ամբոխին. «Դուք նրանց իրենց պտուղներից կճանաչեք»: 2 Պետ.ի և Հուդայի նամակները նկարագրում են, թե որոնք են այդ պտուղները՝ ներառյալ փողասիրությունը, սեռական մեղքը, ամբարտավանությունը, կեղծավորությունը և շեղված աստվածաբանությունը:

Ենթադրյալ մարգարեական պատգամները գնահատելու համատեքստում Պողոսը թեսաղոնիկեցիներին պատվիրեց «փորձել ամեն ինչը, ամուր պահել այն, ինչ լավ է, զերծ մնալ ամեն տեսակի չարությունից» (1 Թես. 5.21–22): Նոր վարդապետությունները, ցուցադրական ինքնագովազդումը և Աստծուց թարմ հայտնության մասին պնդումները (խարիզմատիկ շարժման բոլոր բնորոշ հատկանիշները) կեղծ ուսուցչի առանձնահատուկ նշաններն են: Այն պնդումը, որ ինչ-որ նոր ուսմունք գալիս է Աստծուց, բացարձակապես կարևոր է ցանկացած հերետիկոսի օրակարգի հաջողության համար: Այսպիսով, նույնքան կարևոր է, որ հավատացյալներն աստվածաշնչյան խորաթափանցություն կիրառեն սուտը ճանաչելու հարցում: Եթե քրիստոնյաները ձախողվում են այս հարցում, նրանք ցույց են տալիս իրենց անհասության վտանգը՝ թույլ տալով իրենց լինել «երեխաների պես», «որոնք քշվում ու տատանվում են ամեն վարդապետության քամուց և մարդկանց խաբեությամբ, որոնք մոլորեցնում են խորամանկությամբ» (Եփ. 4.14):

Հովհաննես առաքյալն իր առաջին թուղթը գրել է ավելի քան կես դար այն բանից հետո, երբ Հիսուսը քարոզեց Լեռան քարոզը և մի քանի տասնամյակ անց այն բանից հետո, երբ Պողոսը գրեց իր նամակները: Բայց ոչինչ չէր փոխվել: Կեղծ ուսուցիչները դեռևս մեծ վտանգ էին ներկայացնում եկեղեցու համար: Այսպիսով, Հովհաննեսը խրախուսում էր իր ընթերցողներին իմանալ և սիրել ճշմարտությունը՝ միաժամանակ հորդորելով նրանց զգուշանալ կեղծ մարգարեների խաբուսիկ և կործանարար վարդապետություններից:

1 Հովհ. 4.1–8-ում առաքյալն ուրվագծում է մի ռազմավարություն, որով հավատացյալները կարող են իմտանալ Հոգու ճշմարիտ աշխատանքը և սուտ մարգարեների կեղծ ծառայությունը տարբերակելու հարցում: Թեև գրվել են առաջին դարում, այս հատվածներում ներկայացված սկզբունքները հավերժական են: Դրանք հատկապես տեղին են այն ժամանակ, երբ շատ այսպես կոչված քրիստոնյա առաջնորդներ և կրոնական լրատվամիջոցներ ուրախությամբ խառնում են ճըշմարտությունն ամեն տեսակի սխալների հետ և ներկայացնում այն որպես Աստծո խոսք:

Գլուխն սկսվում է այս խոսքերով. «Սիրելինե՛ր, մի՛ հավատացեք ամեն հոգու, այլ փորձե՛ք հոգիները, թե արդյոք Աստծուց են, քանի որ շատ սուտ մարգարեներ են դուրս եկել աշխարհ» (1 Հովհ. 4.1): Հունարենից թարգմանված *փորձել* բառն օգտագործվել է հին ժամանակներում՝ նկատի ունենալով հանքաքարի վերլուծության մետալուրգիական գործընթացը՝ դրա մաքրությունն ու արժեքը որոշելու համար: Թանկարժեք մետաղները փորձարկվում էին կարասի կամ հնոցի մեջ (Առ.17.3), ենթարկվում ուժեղ ջերմության, որը բացահայտում և այրում էր աղբը՝ անարժեք նյութը և կեղտը, որոնք կարող էին միախառնվել մետաղի հետ: Նմանապես, հավատացյալները պետք է շարունակաբար «փորձեն հոգիները»՝ գնահատելով սպասավորներին, նրանց ուղերձները և յուրաքանչյուր ուսմունքի աշխուժացնող սկզբունքները, որպեսզի տարբերակեն այն, ինչն իսկապես արժեքավոր է և ինչը՝ կեղծ:

2-8 հատվածներում Հովհաննեսը հետևում է հոգիներին փորձելու իր հորդորին՝ ցանկացած ուսմունքի իրական էությունը գնահատելու հնգապատկերով: Հովհաննես առաքյալի մահից ավելի քան տասնվեց հարյուրամյակ անց Ջոնաթան Էդվարդսն ուսումնասիրեց այս հատվածը և կիրառեց դրա սկզբունքները Մեծ արթնության համար: Ինչպես տեսանք, նա չէր պաշտպանում ամերիկյան արթնությունը՝ ելնելով դրա ժողովրդականությունից կամ այդ զգացմունքային ոգևորությունից: Ընդհակառակը, նա թույլ տվեց, որ Սուրբ Գրքի փորձը ճիշտ արձագանքի իր օրերի հոգևոր երևույթներին: Ինչպես Էդվարդսը, այսօր հավատացյալներն էլ ունեն միայն մեկ հըստակ չափանիշ, որով կարող են գնահատել ժամանակակից հոգևոր փորձառությունները՝ ներառյալ ժամանակակից խարիզմատիկ շարժման պահանջներն ու գործելակերպը: Միայն այն, ինչը համապատասխանում է Սուրբ Գրքի ուսումնասիրությանը, կարող է ընդունվել, մինչդեռ այն, ինչը հակասում է, պետք է դիմակայվի և մերժվի: Սա ոչ այլ ինչ է, քան յուրաքանչյուր հովվի, ուսուցչի, ինչպես նաև ցանկացած իսկական հավատացյալի պարտականությունը:

Մենք կարող ենք ձևակերպել այս փորձարկումները 1 Հովh. 4.2-8 հատվածներից քաղված հինգ հարցի տեսքով. (1) Արդյո՞ք այդ գործը բարձրացնում է ճշմարիտ Քրիստոսին: (2) Արդյո՞ք այն հակադրվում է աշխարհիկությանը: (3) Արդյո՞ք այն ուղղորդում է մարդկանց դեպի Սուրբ գրությունները: (4) Արդյո՞ք այն բարձրացնում է ճշմարտությունը: 5) Արդյո՞ք այն սեր է առաջացնում Աստծո և ուրիշների հանդեպ: Սրանք փորձարկումներ են, որոնք Ջոնաթան Էդվարդսը կիրառել է Մեծ Արթնության հոգևոր արթնության համար: Այս և հաջորդ գըլխում մենք կքննարկենք ժամանակակից խարիզմատիկ շարժումը վերոնշյալ սկզբունքների լույսի ներքո:

Առաջին փորձ. արդյո՞ք այն բարձրացնում է ճշմարիտ Քրիստոսին

Երբ Ջոնաթան Էդվարդսն ուսումնասիրում էր Հովհաննեսի առաջին նամակը, նա բացահայտեց 1 Հովh. 4.2–3 հատվածների սկզբնական ճշմարտությունը, այն է՝ Հոգու իրական աշխատանքը բարձրացնում է ճշմարիտ Քրիստոսին: Ի տարբերություն կեղծ մարգարեների, նրանք, ովքեր իսկապես զորացած են Սուրբ Հոգուց, առաջնային շեշտը դնում են Տեր Հիսուս Քրիստոսի անձի և աշխատանքի վրա: Այսպիսով, Հոգու ճշմարիտ աշխատանքը լույսը կենտրոնացնում է Փրկչի վրա՝

մատնանշելով Նրան ճշգրիտ, վեհացնող և առաջնակարգ ձևով: Կեղծ ուսուցիչներն, ընդհակառակը, նվազեցնում և խեղաթյուրում են Նրա մասին ճշմարտությունը:

Հովհաննեսի օրերում տարածված հերետիկոսություններից մեկը հարձակվեց Քրիստոսի մարմնավորման աստվածաշնչյան վարդապետության վրա՝ ժխտելով, որ Հիսուսը մարդկային ֆիզիկական մարմին ունի: Այդ սխալ գաղափարը, որը հայտնի է որպես Դոկետիզմ (հունարեն բառից, որը նշանակում է *կերպ*), սովորեցնում էր, որ Տիրոջ մարմինը պարզապես պատրանք էր: Թեև դա կարող է տարօրինակ թվալ ժամանակակից ականջներին, այն ծաղկեց այն ժամանակ, երբ տարածված հունական փիլիսոփայությունը պնդում էր, որ նյութական տիեզերքը չար է, և միայն հոգևոր իրականությունները՝ բարի: Հետևաբար, ըստ Դոկետիզմի, Հիսուսը չէր կարող իրական մարմին ունենալ, այլապես Նա աղտոտված կլիներ չարությամբ:

Դոկետիզմի ուսմունքները հիանալի կերպով համապատասխանում էին հունական դուալիզմին: Բայց նրանք լիովին հակասում էին Քրիստոսի և Նրա Ավետարանի մասին աստվածաշնչյան ճշմարտությանը:[1] Գիտակցելով Դոկետիզմի վտանգը՝ Հովհաննես առաքյալը մերկացրեց, թե ինչ էր այն իրականում՝ սատանայական խաբեություն: Նա գրել է. «Սրանով եք ճանաչում Աստծո Հոգին. ամեն հոգի, որ խոստովանում է, որ Հիսուս Քրիստոսը մարմնով է եկել, Աստծուց է, և ամեն հոգի, որը չի խոստովանում Հիսուսին, Աստծուց չէ» (1 Հովh. 4.2–3): Առաքյալի միտքն անսխալական էր. եթե ինչ-որ մեկը քարոզում է Հիսուսի կեղծ տարբերակը (ինչպես դոկետիզմում հայտնաբերվածը), ապա նա դրսևորում է իրեն որպես կեղծ մարգարե, որի ծառայությունը չի գալիս Աստծուց:

Այս հատվածից Ջոնաթան Էդվարդսը շարադրեց ավելի լայն սկզբունք, այն է՝ Հոգու իրական աշխատանքը միշտ և պարտադիր կերպով ուղղորդում է մարդկանց դեպի Տեր Հիսուս Քրիստոսի մասին ճշմարտությունը: Մեկնաբանելով այդ հատվածները՝ Էդվարդսը գրել է. «Երբ դիտարկում ենք այն հոգին, որը գործում է ժողովրդի մեջ այնպես, որ բարձրացնի նրանց հարգանքը այն Հիսուսի հանդեպ, որը ծնվել է Կույսից և խաչվել Երուսաղեմի դարպասներից դուրս, և կարծես ավելի շատ ընդունում և հաստատում է նրանց մտքերը այն ճըշմարտության մեջ, ինչ Ավետարանը հայտարարում է մեզ նրա՝ Աստծո Որդի և մարդկանց Փրկիչ լինելու մասին, «հաստատ նշան է, որ այդ հոգին Աստծո Հոգին է»:[2] Ի հակադրություն՝ այն ծառայությունները, որոնք շեղում են մարդկանց ուշադրությունը Քրիստոսից, կամ խեղաթյուրում են Նրա էության և Ավետարանի ճշմարտությունը, կամ ձգտում են նվազեցնել Նրա փառքը, անշուշտ զորացած *չեն* Սուրբ Հոգուց:

Ինչպես Էդվարդսը շարունակեց բացատրել.

> Անձն, ում մասին Հոգին վկայում է, և որի նկատմամբ Նա բարձրացնում է մարդկանց գնահատականն ու հարգանքը, պետք է լինի Հիսուսը, որը հայտնվեց մարմնով, ոչ թե Նրա փոխարեն մեկ այլ Քրիստոս-՝առեղծվածային, ֆանտաստիկ, ինչպիսին է ներքին լույսը, որը բարձրացնում է քվակերականների հոգին՝ միաժամանակ նվազեցնելով նրանց հարգանքն ու կախվածությունը ակնհայտ Քրիստոսից, կամ ինչպես մի Հիսուս, որը եկավ մարմնով և հեռացրեց նրանց Իրենից, այլ այն Հոգին, որը վկայում է հենց այդ Հիսուսի մասին և ուղղորդում դեպի Նրան... Սատանան ամենադառը և անողոք թշնամությունն ունի այդ անձի [Քրիստոսի] դեմ, հատկապես մարդկանց Փրկչի Նրա կերպարի, նա մահու չափ ատում է Հիսուսի պատմությունն ու վարդապետությունը փրկագնման մասին: Նա երբեք չէր պատրաստվում մարդկանց մեջ ավելի պատվաբեր մտքեր ծնել իր մասին, և այդպիսով դրդել նրանց ավելի շատ վախենալ իրենից և ավելի մեծ կշիռ դնել իր ցուցումների և հրամանների վրա:[3]

Սատանան փորձում է շրջել, շփոթեցնել և ճնշել Տեր Հիսուսի մասին ճշմարտությունը: Նա ցանկանում է բոլոր հնարավոր միջոցներով մարդկանց ուշադրությունը հեռացնել Փրկչից: Հոգու իրական աշխատանքը ճիշտ հակառակն է: Այն մարդկանց ցույց է տալիս աստվածաշնչյան Քրիստոսին և հաստատում Նրա Ավետարանի ճշմարտացիությունը:

Հոգու ճշմարիտ աշխատանքն ուղղորդում է մարդկանց դեպի Քրիստոսը

Սուրբ Հոգու փառավոր առաջնահերթությունը մարդկանց դեպի Տեր Հիսուս Քրիստոս առաջնորդելն է: Ինչպես Հիսուսն ասաց Իր աշակերտներին. «Բայց Մխիթարիչը՝ Սուրբ Հոգին, որին Հայրը կուղարկի Իմ անունով, Նա կսովորեցնի ձեզ ամեն ինչ և կհիշեցնի այն ամենը, ինչ Ես ասացի ձեզ... Նա կփառավորի Ինձ, որովհետև կվերցնի այն, ինչ Իմն է և կհայտնի ձեզ» (Հովհ. 14.26; 16.14): Հոգու աշխատանքը մշտապես կենտրոնացած է Փրկչի վրա: Ցանկացած ծառայություն կամ շարժում, որը Նա կլիազորի, կիսելու է նույն առաջնահերթությունն ու հստակությունը:

Ի հակադրություն այս ամենի՝ Քրիստոսի անձի և գործի վրա շեշտադրումը խարիզմատիկ շարժման որոշիչ հատկանիշը չէ. շարժում, որտեղ, կենտրոնական տեղ է գրավում Սուրբ Հոգու օրհնության և պարգևների ծաղրանկարային ճընշող շեշտադրումը: Ինչպես հաստատում են խարիզմատիկ հեղինակներ Ջեք Հեյֆորդը և Դեյվիդ Մուրը, «Հիսունականների խառնուրդի մեջ միայն մեկ բան է նույնը բոլորի համար՝ *ավյունը, որը նրանք ունեն՝ զգալու Սուրբ Հոգու ներկայությունն ու զորությունը*: Սա է ընդհանուր հայտարարը: Սուրբ Հոգու՝ Երրորդության երրորդ դեմքի, այս շեշտադրումն այն է, ինչը սահմանում է «խարիզմատիկ դարը»:[4] Ճակատագրի հեգնանքով նրանք թյուր առաջնահերթություն են ընդգծում: Պնդելով, թե հարգում են Սուրբ Հոգուն՝ խարիզմատիկները հիմնականում անտեսում են Հոգու ծառայության բուն նպատակը, որն է՝ ամբողջ ուշադրությունը հրավիրել Տեր Հիսուսի վրա: Ինչպես ճշմարտացիորեն նկատում է Սթիվ Լոուսոնը, «Սուրբ Հոգու ցանկությունն այն է, որ մենք կենտրոնացած լինենք Հիսուս Քրիստոսի վրա, ոչ թե Իր վրա: Դա Հոգու գլխավոր ծառայությունն է: Նա մեզ ուղղորդում է դեպի Հիսուսը՝ հստակորեն կենտրոնացնելով ուշադրությունը Նրա վրա: Երբ Սուրբ Հոգին ինքնին կենտրոնն է դառնում, նշանակում է՝ մենք սխալ ենք հասկացել Նրա ծառայությունը»:[5]

Խարիզմատիկ շրջանակներում Քրիստոսի վրա պատշաճ ուշադրությունը ստվերված է ենթադրյալ հոգևոր պարգևների և գերբնական զորացման շուրջ զբաղվածությամբ:[6] Լսեք բնորոշ խարիզմատիկներին և գուցե մտածեք, որ Սուրբ Հոգու աշխատանքն է դրսևորել Իրեն և ուշադրություն հրավիրել Իր գործերի վրա: Քենեթ Դ. Ջոնսի՝ նախկին հիսունականի խոսքերով, շատ խարիզմատիկ եկեղեցիներ «առավելապես *հոգեկենտրոն* են, քան *քրիստոսակենտրոն*»:[7] Անդրադառնալով շարժման մեջ իր սեփական փորձառություններին, ինչպիսիք են՝ Երիքովի երթը, լեզուներով խոսելը և Հոգով սպանվելը՝ Ջոնսը նշում է. «Յուրաքանչյուր անգամ դրանք դրվում էին մեզ վրա որպես «Հոգու գերիշխան շարժում» և որպես Սուրբ Հոգու զորությունը ստանալու միջոց: Այս փորձառություններին հասնելիս մեզ հորդորվում էր «հանձնվել Հոգուն», «բաց թողնել Հոգու զորությունը մեր մեջ», «զգալ Նրա ներկայությունն ու օծությունը, որը շարժվում է մեզ վրա», «լսել Նրա ձայնը նորովի և նորից»: Հիսուսը հետին պլան էր մղվում, երբ մենք փորձում էինք Հոգու «փորձ» ունենալ: Մեզ հորդորում էին քրիստոսակենտրոն լինելու փոխարեն կենտրոնանալ Սուրբ Հոգու վրա: Այս թյուր հաղորդագրության արդյունքը զգացմունքայնության չափից ավելի շեշտադրումն էր և ակնկալիքների չափազանցվածությունը, կարծես մենք կարող էինք գերբնական կյանք վարել, որտեղ հրաշքները կհաղթահարեին բոլոր բացասական հանգամանքները: Մեզ ասում էին, որ եթե կարողանայինք հասնել «Հոգով լցվածության» վիճակի, կունենայինք գերբնական զորություն:[8]

Մեկ այլ հեղինակ նմանապես հիշում է, որ «խորապես հեշտ էր հարբել Աստծո զորությամբ, տարված լինել հրաշքով, կենտրոնանալ հոգևոր պարգևների վրա և այդ ընթացքում տեսադաշտից կորցնել Հիսուս Քրիստոսին»:[9] Նման վկայությունները ցույց են տալիս, որ Ռոնալդ Բաքսթերը ճիշտ է, երբ հարցնում է. «Ի՞նչ միություն է առաջացնում խարիզմատիկ շարժումը: Սա այն մեկն է, որը փոխարինում է Քրիստոսին՝ շեշտը դնելով Սուրբ Հոգու վրա»:[10] Նույնիսկ որոշ խարիզմատիկ հեղինակներ անկեղծության պահերին խոստովանել են, որ Հոգին «զգալու» վրա շեշտադրման մեջ իրենց շարժումն անհավասարակշիռ է:[11] Օրինակ՝ հիսունականների ռահվիրա և պատրիարք Դոնալդ Ջին իր կյանքի վերջում ողբում էր այն փաստի համար, որ «վաթսունինից տարվա պատմությունից հետո (1966 թ.) հիսունականները մեծ մասամբ դեռևս մոլուցք էին դրսևորում հուզականության, տպավորվելու և նշաններ փնտրելու մեջ»:[12] Կես դար անց այդ մոլուցքն ավելի անսանձ է, քան երբևէ:

Այս ամենը կասկածի տակ է դնում խարիզմատիկ շարժման հիմնարար նախադրյալը: Եթե «Սուրբ Հոգին ուշադրությունը հրավիրում է ոչ Իր, ոչ էլ մարդու վրա, այլ Տեր Հիսուս Քրիստոսի և այն ամենի վրա, ինչ Աստված արել է Իր Որդու մեջ և Նրա միջոցով»,[13] ապա ինչո՞ւ Հոգու ինքնահռչակ շարժումը չի սահմանվում այդ նույն հատկանիշով:[14] Խարիզմատիկները ցանկանում են ուշադրությունը կենտրոնացնել Սուրբ Հոգու կամ գոնե Նրա անձնավորման վրա: [15] Բայց Սուրբ Հոգին ցանկանում է ուշադրություն դարձնել Հիսուս Քրիստոսի իրական անձին և գործին: Ինչպես Տերն ասաց Իր աշակերտներին Վերնատանը՝ Հոգին ուղարկվելու էր *Իր անունով* հիշեցնելու նրանց *Իր ուսմունքների* մասին և վկայելու *Իր աշխատանքի* մասին (Հովհ. 14.26; 15.26): Հոգին չի խոսում Իր սեփական իշխանությունից, ոչ էլ ուշադրություն է հրավիրում Իր վրա, ավելի շուտ, Նա ցանկանում է փառավորել Որդուն (Հովհ. 16.13–14): Հայտնի պուրիտան Մեթյու Հենրին այն ամփոփեց այսպես. «Հոգին եկավ ոչ թե նոր թագավորություն կանգնեցնելու, այլ Քրիստոսին փառավորելու համար»:[16] Վերջերս Քևին ԴեՅանգը նկարագրեց Հոգու դերն այսպես.

> Քրիստոսով ցնծալը վկայում է Հոգու աշխատանքի մասին: Եկեղեցու ուշադրությունը ոչ թե աղավնու, այլ խաչի վրա է, և Հոգին այդպես կուզեր: Ինչպես ասում է Ջ. Ի Փեյքերը, «Հոգու՝ մեզ ուղղված պատգամը երբեք չի ասում. «Նայի՛ր Ինձ, լսի՛ր Ինձ, արի՛ Ինձ մոտ, ճանաչի՛ր Ինձ, այլ միշտ ասում է՝ «Նայի՛ր Նրան և տե՛ս Նրա փառքը, լսի՛ր Նրան և լսի՛ր Նրա խոսքը, գնա՛ Նրա մոտ և ապրի՛ր, ճանաչի՛ր Նրան և ճաշակի՛ր Նրա ուրախության և խաղաղության պարգևը»[17]:

Հոգին գործում է եկեղեցում, որպեսզի մարդիկ կարողանան տեսնել Հիսուսին որպես Տեր՝ ճանաչելով Նրա իշխանությունը և ենթարկվելով Նրա կամքին (1 Կոր. 12.3; Փիլ. 2.9–13):[18] Այսպիսով, Հոգու ճշմարիտ աշխատանքը մարդկանց ուղղորդում է նախ և առաջ մեծարելու Քրիստոսին որպես բոլորի Տեր և իրենց ուշադրությունն ու ջերմությունը նվիրելու Նրան: Հոգին առավել փառավորվում է, երբ մենք պատվում ենք Որդուն:

Սուրբ Հոգին ոչ միայն ուղղում է մեր ուշադրությունը դեպի Տեր Հիսուսը, այլև մեզ համապատասխանեցնում է Քրիստոսի պատկերին: Ինչպես աստվածաբան Բրյուս Ուերն է բացատրում. «Ակնհայտ է, որ Հոգու հիմնական կենտրոնացումը և անխափան գործունեությունը Քրիստոսին պատիվ և փառք բերելն է... Հետևաբար, Հոգին գործում է հավատացյալների մեջ՝ Հոր գործն իրականացնելու համար, որպեսզի Իր զավակներն ավելի ու ավելի նմանվեն Հիսուսին՝ Իր Որդուն: Ի՞նչ է անում Հոգին, որպեսզի մենք ավելի շատ նմանվենք Քրիստոսին: Համաձայն 2 Կորնթացիս 3.18-ի՝ Հոգին մեր ուշադրությունը կենտրոնացնում է Քրիստոսի փառքի գեղեցկության վրա, և այդ կերպ մենք ստիպված ենք ավելի ու ավելի նմանվել Նրան»:[19] Հոգու զորությամբ հավատացյալներն ուղղորդվում են Տեր Հիսուսի փառքը տեսնելու, և արդյունքում նրանք փոխակերպվում են Նրա պատկերին: Այն ամենը, ինչը շեղում է այդ քրիստոսակենտրոն ուղղվածությունը, իրավամբ, չի կարող վերագրվել Հոգու աշխատանքին:

Փոխարենը, դա վշտացնում է Նրան: Թերևս ոչ ոք ավելի հստակ չի սահմանել այդ կետը, քան քսաներորդ դարասկզբի բրիտանացի հայտնի քարոզիչ Դեյվիդ Մարտին Լոյդ-Ջոնսը: Ընդլայնված բաժնում Լոյդ-Ջոնսը հայտարարեց.

> Հոգին չի փառաբանում Իրեն, Նա փառավորում է Որդուն: ...Սա ինձ համար ամենազարմանալի և ուշագրավ բաներից մեկն է Սուրբ Հոգու աստվածաշնչյան վարդապետության վերաբերյալ: Սուրբ Հոգին կարծես թաքցնում է Իրեն: Նա, կարծես, միշտ ուշադրությունը կենտրոնացնում է Որդու վրա, և այդ պատճառով ես համոզված եմ և խորապես հավատում եմ, որ լավագույն փորձը, թե արդյոք մենք ստացել ենք Հոգին,

ինքներս մեզ հարցնելն է, թե ինչ ենք մենք մտածում և ինչ գիտենք Որդու մասին: Արդյո՞ք Որդին իրական է մեզ համար: Այդ է Հոգու գործը: Նա փառաբանվում է անուղղակի կերպով, Նա միշտ մեզ ցույց է տալիս Որդուն:

Եվ այսպիսով, դուք տեսնում եք, թե որքան հեշտությամբ ենք մենք մոլորվում և դառնում հերետիկոսներ՝ ոչ սուրբգրային ձևով գերկենտրոնանալով հենց Հոգու վրա: Այո, մենք պետք է հասկանանք, որ Նա բնակվում է մեր մեջ, բայց մեր ներսում բնակվելով Նրա աշխատանքը Որդուն փառավորելն է և Որդու այդ օրհնյալ գիտելիքը և Նրա զարմանահրաշ սերը մեզ հասցնելը: Նա է, ով զորացնում է մեր ներքին մարդուն (Եփ. 3.16), որպեսզի մենք կարողանանք ճանաչել այս սերը, Քրիստոսի այս սերը:[20]

Ցավոք սրտի, այս պահին խարիզմատիկ շարժման մեջ այնքան շատերն են իրականում մոլորված: Նրանք կարծում են, որ վեհացնում են Հոգուն՝ առանցքային կետ դարձնելով Նրա պարգևներն ու օրհնությունները: Իրականում ճիշտ հակառակն է: Հոգուն իսկապես հարգելու համար ուշադրությունը պետք է լինի Քրիստոսի վրա: Ինչպես բացատրեց աստվածաբան Ջեյմս Մոնտգոմերի Բոյսը. «Եթե մեզ ասվում է, որ Սուրբ Հոգին չի խոսում Իր մասին, այլ՝ Հիսուսի մասին, ապա մենք կարող ենք եզրակացնել, որ Հոգու անձի և աշխատանքի վրա ցանկացած շեշտադրում, որը շեղում է Հիսուս Քրիստոսի անձից և գործից, Հոգու գործը չէ: Իրականում, դա մեկ այլ հոգու՝ նեռի ոգու գործն է, որի աշխատանքն է նվազագույնի հասցնել Քրիստոսի անձը (1 Հովհ. 4.2–3): Ինչքան էլ կարևոր է Սուրբ Հոգին, Նա երբեք չպետք է նվազեցնի Քրիստոսի տեղը մեր մտածողության մեջ»[21]:

Հովիվ Չակ Սվինդոլն այս հարցն ավելի հստակ է ձևակերպում.

«Նկատի՛ ունեցեք. Հոգին փառավորում է Քրիստոսին: Ես մեկ քայլ առաջ կգնամ: Եթե Սուրբ Հոգին ինքնին ընդգծվում և մեծարվում է, ապա Նա դրա մեջ չէ: Քրիստոսն է, ով փառավորվում է, երբ Հոգին գործում է: Նա Իր գործն անում է ետնաբեմում, ոչ երբեք ուշադրության կենտրոնում»:[22] Երբ հոգևոր պարգևները, հրաշագործ զորությունը կամ առողջության և հարստության խոստումները դրվում են առաջնահերթության կենտրոնում, ուշադրությունն ուղղվում է Հիսուս Քրիստոսից հեռու: Այդ տեսակի շեղումը Սուրբ Հոգու գործը չէ:

Հովիվ Դեն Ֆիլիպսը հակիրճ շեշտադրում է անում.

> Ցո՛ւյց տվեք ինձ Սուրբ Հոգով և Նրա պարգևներով *պարված* մարդու (իրական կամ երևակայական), և ես ձեզ ցույց կտամ մարդու, որը լցված *չէ* Սուրբ Հոգով: Ցո՛ւյց տվեք ինձ մի մարդու, որը կենտրոնացած է Հիսուս Քրիստոսի անձի և գործի վրա՝ երբեք չհոգնելով Նրա մասին սովորելուց, Նրա մասին մտածելուց, Նրանով պարծենալուց, Նրա մասին, Նրա համար և Նրա հետ խոսելուց, հիացած և զմայլված Նրա կատարելությամբ ու գեղեցկությամբ, անխոնջ փնտրելով ուղիներ Նրան ծառայելու և վեհացնելու, Նրա համար ծախսելու և ծախսվելու, աճելով բնավորությամբ՝ ավելի ու ավելի նմանվելու Նրան, և ես ձեզ ցույց կտամ մարդու, որը լցված *է* Սուրբ Հոգով:
>
> Մենք պետք է սովորենք, թե ինչ է ասում Աստվածաշունչը Սուրբ Հոգու մասին: Մենք պետք է սովորեցնենք, թե ինչ է ասում Աստվածաշունչը Սուրբ Հոգու մասին: Մենք պետք է ձգտենք ապրել Աստվածաշնչի կողմից սահմանված Սուրբ Հոգու ծառայությամբ լի կյանքով:
>
> Բայց մենք երբեք չպետք է աչքաթող անենք սա. որքան մենք լցված լինենք Սուրբ Հոգով, այնքան մենք կթիրախավորվենք և կկենտրոնանանք Տեր Հիսուս Քրիստոսի անձի վրա:[23]

Հոգով լցված լինել նշանակում է լինել քրիստոսակենտրոն (Եբր. 12.2): Սուրբ Հոգին մեր ուշադրությունը հրավիրում է Փրկչի վրա: Դա Նրա հիմնական նպատակն է: Ցանկացած շարժում, որը հետ է պահում այդ առաջնահերթությունից, մատնում է այն փաստը, որ այն լիազորված չէ Երրորդության երրորդ անդամի կողմից:

Հոգու ճշմարիտ աշխատանքը հաստատում է ճշմարտությունը Քրիստոսի մասին

Երբ Սուրբ Հոգին հրավիրում է մեր ուշադրությունը Տեր Հիսուս Քրիստոսի վրա, Նա միշտ ներկայացնում է Փրկչին աստվածաշնչյան ճշգրիտ ձևով: Քանի որ Նա *ճշմարտության Հոգին* է (Հովհ. 15.26), Տեր Հիսուս Քրիստոսի վերաբերյալ Նրա վկայությունը միշտ համապատասխանում է Աստծո խոսքի ճշմարտությանը, որը Սուրբ Հոգին Ինքն է ներշնչել: Նա էր, որ Հին Կտակարանի մարգարեներին մղեց կանխագուշակելու Մեսիայի գալուստը (2 Պետ. 1.21): Ինչպես Պետ. առաքյալն է բացատրում 1 Պետ. 1.10–11-ում. «Այդ փրկության համար փնտրեցին ու քննեցին մարգարեները, որոնք մարգարեանում էին ձեզ սահմանված շնորհի մասին՝ քննելով, թե ինչպիսի՛ ժամանակի և ո՛ր հանգամանքներում էր իրենց մեջ եղած Քրիստոսի Հոգին ի սկզբանե վկայում Քրիստոսի չարչարանքների և դրանից հետո փառքի մասին»: Տեր Հիսուս Քրիստոսը ողջ Սուրբ Գրքի թեման է (Հովհ. 5.39), և Սուրբ Հոգին օգտագործում է Աստծո խոսքը՝ մեզ ուղղակիորեն ցույց տալու Հիսուս Քրիստոսի փառքը:

Ցանկացած ծառայություն կամ ուղերձ, որը չի ներկայացնում Հիսուս Քրիստոսին աստվածաշնչյան ճշգրիտ ձևով, Հոգու իրական գործը չէ: Սա էր Հովհաննես առաքյալի միտքը, երբ նա դատապարտում էր Դոկետիզմի կեղծ «Քրիստոսին»: Ջոնաթան Էդվարդսը նմանատիպ կիրառություն գտավ 1 Հովհ. 4.2–3 հատվածներում:[24] Ինչպես նշվում է ավելի վաղ, Էդվարդսը կտրականապես մերժեց Քրիստոսի «առեղծվածային, ֆանտաստիկ» տարբերակները, ինչպիսին է Քվակերական «ներքին լույսը»: Նման երևակայությունները չեն արտացոլում ճշմարիտ Փրկչին: Ցանկացած շարժում, որը ներկայացնում է Հիսուս Քրիստոսի խեղաթյուրված կերպարը, չի ներկայացնում Սուրբ Հոգու իրական աշխատանքը: Փոխարենը, այն ծագում է հակաքրիստոսի ոգուց:

Հիսուսի մասին տեսիլքների վերաբերյալ պատմություններ սովորական են խարիզմատիկ շրջանակներում: Ենթադրաբար, Նա հագնվում է որպես հրշեջ,[25] կանգնում է ավելի քան ինը հարյուր ոտնաչափ բարձրությամբ, անսպասելիորեն հայտնվում է լոգարանում,[27] պարում է աղբանոցի վերևում,[28] նստում է վերականգնողական տանը անվասայլակին, [29] երկար քայլում է լողափում[30] կամ հայտնվում է չափազանց երեւակայական ձևերով: Բայց նման երևակայական փորձառությունները չեն կարող լինել Սուրբ Հոգուց, քանի որ դրանք աղավաղում են աստվածաշնչյան պատկերացումն այն մասին, թե ով է իրականում Տեր Հիսուսը: Երբ Հովհաննես առաքյալը հարություն առած Քրիստոսի տեսիլքը տեսավ, մեռածի պես ընկավ գետնին (Հայտ. 1.17): Համեմատե՛ք դա ժամանակակից փորձառությունների հետ, ինչպիսին է մի խարիզմատիկ հեղինակի պատմած տեսիլքը, և տարբերություններն ապշեցուցիչ կլինեն. «Սուրբ Հոգու՝ Իրեն հայտնելուց անմիջապես հետո ես տեսա Հիսուսին: Հետո ես խնդրեցի Տիրոջը, որ ինձ տանի Իր գաղտնի տեղը: Ես պառկած էի խոտերի մեջ և հարցրի. «Հիսո՛ւս, կպառկե՞ս իմ կողքին»: Մենք հենց այնտեղ էինք և նայում էինք միմյանց աչքերի մեջ: Հայրը նույնպես եկավ և պառկեց Հիսուսի կողքին»:[31] Նման խարիզմատիկ տեսիլքները, որոնք տատանվում են մռայլ զգացմունքայնությունից մինչև տարօրինակ ֆանտազիա, կարող են տարածված լինել որոշ եկեղեցիներում, բայց դրանք չեն բխում Սուրբ Հոգու աղբյուրից: Դրանք ոչ աստվածաշնչյան ճշգրտությամբ են ներկայացնում Տեր Հիսուսին և չեն բարձրացնում Նրան անսահման փառավորությամբ: Ի հակադրություն՝ Հոգու իրական աշխատանքը միշտ երկուսն էլ անում է:

Ավելի վատթարացնելով իրավիճակը՝ որոշ խարիզմատիկ ուսուցիչներ բացահայտորեն պաշտպանում են կոպիտ քրիստոսաբանական հերետիկոսությունները՝ ներառյալ տարօրինակ հայհոյանքները, ինչպիսիք են սովորեցնելը, որ Հիսուսը երկիր չի եկել որպես Աստված մարդկային մարմնով,[32] ժխտելով, որ Նա երբևէ հայտարարել է, որ Աստված է,[33] պնդելով, որ Նա ընդունել է սատանայի մեղավոր էությունը խաչի վրա,[34] և որ Նա հոգևորապես մահացել է դժոխքում՝ ֆիզիկապես մահանալով խաչի վրա:[35] Բարեկեցության քարոզիչ

Քեննեթ Քոուփլենդը ցույց է տալիս հայհոյական և ոչ աստվածաշնչյան այն ձևը, որով Հիսուս Քրիստոսին վերաբերվում են «Հավատքի Խոսքի» շրջանակներում.

> Ինչպես Հիսուսն այն ժամանակ խաչի վրա ասաց՝ «Աստված Իմ»: Որովհետև Աստված այլևս Նրա Հայրը չէր: Նա Իր վրա վերցրեց սատանայի բնույթը: Եվ ես ասում եմ ձեզ, որ Հիսուսը գտնվում էր այդ փոսի մեջտեղում: Նա տառապում էր այն ամենից, ինչից կարելի էր տառապել... Նրա հյուծված, փոքրիկ, որդնած հոգին ընկած էր խորքերում, և սատանան կարծում էր, որ ոչընչացրել է Նրան: Բայց, հանկարծ Աստված սկսեց խոսել:[36]

Կրեֆլո Դոլարը՝ «Հավատքի Խոսքի» մեկ այլ ջատագով, նմանատիպ անպատկառություն է դրսևորում՝ բացահայտորեն կասկածի տակ դնելով Քրիստոսի աստվածությունը.

> Հիսուսը կատարելությամբ չհայտնվեց, Նա հասավ իր կատարելությանը: Դուք գիտեք, Հիսուսն Աստվածաշնչի մի գրքում գնաց ճանապարհորդության և հոգնեց: Ավելի լավ է հուսալ, որ Աստված չի հոգնի: Բայց Հիսուսը հոգնեց: Եթե Նա եկավ որպես Աստված և հոգնեց - Նա ասում է, որ նստել է ջրհորի մոտ, քանի որ հոգնած էր - տղա՛, մենք դժվարության մեջ ենք: Եվ ինչ-որ մեկն ասաց. «Դե՛, Հիսուսը եկավ որպես Աստված»: Դե՛, ձեզնից քանի՞սը գիտեն, որ Աստվածաշունչն ասում է՝ Աստված երբեք չի քնում և չի ննջում: Եվ այնուամենայնիվ Մարկոսի գրքում մենք տեսնում ենք Հիսուսին նավակի հետևում քնած:[37]

Հեգնաբար, ատելով Քրիստոսի աստվածությունը, «Հավատքի խոսքի» ուսուցիչները միաժամանակ իրենց բարձրացնում են փոքրիկ աստվածների դիրքի:[38] Քեննեթ Քոուփլենդի խեղաթյուրված խոսքերով, ով ձևացնում է, թե խոսում է Հիսուսի փոխարեն. «Մի՛ անհանգստացիր, երբ մարդիկ քեզ մեղադրում են մտածելու համար, թե դու Աստված ես: Նրանք խաչեցին Ինձ՝ պնդելու համար, որ ես Աստված եմ: Ես չէի պնդում, որ ես Աստված եմ: Ես պարզապես պնդում էի, որ ես քայլել եմ Նրա հետ, և որ Նա Իմ մեջ է: Ալելուիա: Դա այն է, ինչ դու անում ես»:[39] Ցանկացած ճշմարիտ հավատացյալի համար նման հայտարարություններին բնորոշ աստիճանի ամբարտավանությունն ու կոպիտ կեղծիքը սարսուռ է առաջացնում մինչև ոսկորները: Միայն հակաքրիստոսի ոգին կներշնչի այդ բացահայտ ոչ աստվածաշնչային ուսմունքը: Ի հակադրություն՝ Սուրբ Հոգու իրական աշխատանքը մարդկանց ցույց է տալիս ճշմարտությունը «մեր մեծ Աստծո և Փրկիչ Հիսուս Քրիստոսի» մասին (Տիտ. 2.13):

Նմանապես, Սուրբ Հոգին մարդկանց ցույց է տալիս *Հիսուս Քրիստոսի ավետարանի* մասին ճշմարտությունը: Հոգին ուղարկվեց աշխարհին մեղքի և անարդարության մեջ դատապարտելու համար որպեսզի մեղավորները հավատան Տեր Հիսուսին (Հովհ. 16.7–11): Հոգին վկայում է Ավետարանի պատմական ճշմարտության մասին (Գործք 5.30–32) և զորացնում է նրանց, ովքեր քարոզում են նրա փրկարար ուղերձը (1 Պետ. 1.12): Այն ամենը, ինչը խաթարում է Ավետարանի ուղերձը, Սուրբ Հոգու իրական գործը չէ:

Ավետարանի ճշմարտության արժեզրկումը նկատվում է ավելի լայն խարիզմատիկ աշխարհի էկումենիկ հովանոցում, որը ներառում է Կաթոլիկ խարիզմատիկներին, Միասնական հիսունականներին, Հավատքի խոսքի ուսուցիչներին և այլ շեղված խմբեր: Միավորող հատկանիշը, որը կազմում է խարիզմատիկ շարժումը, Ավետարանի ճշմարտությունը չէ, այլ ավելի շուտ էքստատիկ հոգևոր փորձառությունները և ֆիզիկական երևույթները, ինչպիսիք են լեզուներով խոսելը: Ինչպես նշում է հեղինակներից մեկը. «Այն փաստը, որ [խարիզմատիկ շարժումը] ծաղկել է Կաթոլիկ եկեղեցու հիերարխիկ համակարգում, ինչպես նաև ծայրահեղ, ոչ ֆորմալ անկախ եկեղեցիներում, հուշում է, որ Հոգու պարգևների և վարդապետությունների փորձառությունը, ինչպիսին է Հոգով ծնունդը, բավական ճկուն է՝ քրիստոնեական հավատքի լուսապատկերում շատ տարբեր աստվածաբանական համոզմունքներ տեղավորելու համար»:[40] Քանի որ առողջ վարդապետությունը ենթարկվում է հոգևոր փորձառությանը, Ավետարանի կեղծ ձևերն ուրախությամբ ընդունվում են շատերի կողմից խարիզմատիկ աշխարհի սահմաններում:

Կաթոլիկ Խարիզմատիկ Նորացումը (կամ ԿԽՆ) սկսվեց 1967 թվականին, երբ մի խումբ ուսանողներ, ըստ տեղեկությունների, ստացան Հոգու մկրտությունը և սկսեցին խոսել լեզուներով: Շարժումը շուտով պաշտոնապես ճանաչվեց Հռոմի պապ Հովհաննես Պողոս II-ի կողմից և արագորեն ընդլայնվեց կաթոլիկ եկեղեցու օրհնությամբ: Ըստ Ալան Անդերսոնի՝ «2000 թվականին կային մոտավորապես 120 միլիոն կաթոլիկ խարիզմատիկներ՝ ամբողջ աշխարհի կաթոլիկների մոտ 11 տոկոսը և գրեթե երկու անգամ ավելի շատ՝ բոլոր դասական հիսունականները միասին վերցրած»:[41] Նման թվերը ցույց են տալիս, որ համաշխարհային խարիզմատիկ բնակչության ավելի քան մեկ հինգերորդը բաղկացած է հռոմեական կաթոլիկներից: Թեև կաթոլիկ խարիզմատիկները հավատարիմ են հռոմեական կաթոլիկ վարդապետությանը[42]՝ ներառյալ Հռոմի ժխտումը, որ հավատացյալներն արդարացված են միայն հավատքով, հավատալով հռոմեական յոթ խորհուրդների *կատարած աշխատանքի* արդյունավետությանը, [43] ինչպես նաև կաթոլիկ պատարագի ողջ կռապաշտությունը և Մարիամի կռապաշտական պաշտամունքը[44], որոնք բացահայտորեն ընդունվել են բազմաթիվ բողոքական հիսունական և խարիզմատիկ խմբերի կողմից:

Ինչպես բացատրում է Թ. Փ. Թիգպենը, «Խարիզմատիկ կաթոլիկները, ինչպես հիսունականների շարժման մյուս մասնակիցները, եկել են կիսվելու հիմնական փորձառությամբ՝ հանդիպում Սուրբ Հոգու հետ որոշակի խարիզմաներով, որոնք սովորաբար հետևում են: Այս ընդհանրությունները հնարավորություն են տվել կաթոլիկներին և բողոքականներին մասնակցել խարիզմատիկ հանդիպումներին և նույնիսկ միասին ապրել ուխտի համայնքներում շարժման հենց սկզբից»:[45] Որպես օրինակ դիտարկենք հետևյալ զեկույցը.

> Տասը հազար խարիզմատիկներ և հիսունականներ աղոթեցին, երգեցին, պարեցին, ծափահարեցին և ցնծացին Սուրբ Հոգու միասնական կապի ներքո անցյալ ամառ, քառօրյա էկումենիկ համաժողովի ժամանակ:

...Հուլիսի 26-ից 29-ը Ֆլորիդայի Օռլանդո քաղաքում տեղի ունեցած Սուրբ Հոգու և Համաշխարհային ավետարանչության կոնգրեսի մասնակիցների մոտ կեսը կաթոլիկներ էին: ... «Սուրբ Հոգին ցանկանում է քանդել պատերը կաթոլիկների և բողոքականների միջև», - ասում է Վինսոն Սինանը՝ Փեթ Ռոբերթսոնի Ռեջենտ համալսարանի աստվածաբանական դեկանը, որը նախագահում էր կոնգրեսը:[46]

Նման դեպքերում առողջ վարդապետությունն անտեսվում է հանուն կեղծ միասնության, որը հիմնված է ընդհանուր հոգևոր փորձառությունների, ոչ թե աստվածաշնչյան ճշմարտության վրա:[47] Բայց, քանզի Հռոմի կաթոլիկ եկեղեցին կոռումպացված կեղծ ավետարան է ուսուցանում (որպես բողոքականներ, որոնք հաստատում են Սուրբ Գրքի հեղինակությունն ու բավարար լինելը, մշտապես ընգծված կերպով), կաթոլիկ խարիզմատիկ նորացման հիմքում ընկած հոգին Սուրբ Հոգին չէ:

Նույնքան մտահոգիչ է Միասնական պենտեկոստալիզմը՝ խարիզմատիկ շարժման մի հատված (աշխարհում մոտ 24 միլիոն անդամներով), [48] որը հերքում է Երրորդության վարդապետությունը: [49] Ինչպես բացատրում է Ուիլյամ Քեյը, «Միացյալ Նահանգների սահմանված դասական հիսունականների նեղ շրջանում, մոտ 25%-ը «միասնական» է իրենց աստվածաբանության մեջ: Այս աստվածաբանությունը կապված է մոդալիզմի հետ այն իմաստով, որ Աստված հասկացվում է՝ դրսևորվելով երեք եղանակներով (այսինքն՝ Հայր, Որդի և Հոգի), ոչ թե երեք համահավասար և համակեցված աստվածային Անձինք, ինչպես նշված է Աթանասյան դավանանքում»:[50] Եկեղեցու պատմության մեջ Մոդալիզմը խստորեն դատապարտվեց, քանի որ այն մերժում էր աստվածաշնչյան այն ուսմունքը, որ Աստվածությունը բաղկացած է երեք տարբեր անձանցից՝ Հորից, Որդուց և Սուրբ Հոգուց:

Փոխարենը, Մոդալիստները պնդում էին, որ կա մեկ Աստված, որը տարբեր ժամանակներում կարող է նշանակվել երեք տարբեր անուններով՝ «Հայր», «Որդի» և «Սուրբ Հոգի», բայց այս երեքը տարբեր անձեր չեն: Փոխարենը, նրանք մեկ Աստծո տարբեր դրսևորումներն են (այսինքն՝ մոդալիզմ): Այսպիսով, Աստծուն կարելի է անվանել «Հայր»՝ որպես աշխարհի Արարիչ և Օրենսդիր, Նա կարող է կոչվել «Որդի»՝ որպես Հիսուս Քրիստոսով մարմնավորված Աստված, և Նա կարող է կոչվել «Սուրբ Հոգի»՝ որպես եկեղեցու դարաշրջանի Աստված: Համապատասխանաբար, Հիսուս Քրիստոսն Աստված է, և Հոգին Աստված է, բայց նրանք առանձին անձեր չեն:[51]

Նիկիայի (325) և Կոստանդնուպոլսի (381) ժողովներից ի վեր մոդալիզմը քրիստոնեության բոլոր հիմնական ճյուղերի կողմից համընդհանուր ընկալվել է որպես հերետիկոսական՝ դուրս գալով աստվածաբանական ուղղափառության սահմաններից: Եվ որ ավելի կարևոր է՝ մոդալիզմը չի համապատասխանում Սուրբ Գրքի հստակ ուսուցմանը (տե՛ս Մատթեոս 3.13–17; 28.19 և շատ այլ հատվածներ): Խարիզմատիկ էկումենիզմի մեկ այլ օրինակ երևում է բարգավաճման հանրաճանաչ քարոզիչ Ջոել Օսթինի օրինակով: Օսթինի վարդապետությունն ունիվերսալիզմի մակերեսային, շաքարային տարատեսակ է, որը կտրուկ հակասում է այն ամենին, ինչ Սուրբ Գիրքն ասում է Քրիստոսի գերակայության և բացառիկության մասին: Հարցին, թե արդյոք սխալվում են այն մարդիկ, որոնք հրաժարվում են ընդունել Հիսուս Քրիստոսին, Օսթինը պատասխանեց անորոշությամբ և երկիմաստությամբ. «Դե, ես համոզված չեմ, որ նրանք սխալվում են: Ես հավատում եմ այն ամենին, ինչ սովորեցնում է Աստվածաշունչը, և քրիստոնեական հավատքից սա այն է, ինչին ես հավատում եմ: Բայց ես պարզապես կարծում եմ, որ միայն Աստված կարող է դատել մարդու սիրտը: Հորս հետ շատ ժամանակ եմ անցկացրել Հնդկաստանում: Ես ամեն ինչ չգիտեմ նրանց կրոնի մասին: Բայց ես գիտեմ, որ նրանք սիրում են Աստծուն: Եվ ես չգիտեմ: Ես տեսել եմ նրանց անկեղծությունը: Այնպես որ, ես չգիտեմ: Ես իմ փոխարեն գիտեմ և գիտեմ այն, ինչ Աստվածաշունչն է սովորեցնում, ես ուզում եմ հարաբերություն ունենալ Հիսուսի հետ»:[52] Մեկ այլ առիթով Օսթինին հարցրին, թե արդյոք մորմոնները ճշմարիտ քրիստոնյաներ են: Նրա պատասխանը նույնքան հիասթափեցնող էր. «Դե, իմ կարծիքով՝ այո՛: Միթ Ռոմնին ասել է, որ հավատում է Քրիստոսին որպես իր Փրկչի, և ես դրան եմ հավատում, այնպես որ, գիտեք, ես չեմ, որ պետք է դատեմ այդ մանրուքները: Այնպես որ, ես հավատում եմ, որ նրանք ճշմարիտ են»:[53]

Վերջին օրերի սրբերի մասին Օսթենի խճճված մեկնաբանությունը հետաքրքիր քննարկման առիթ է ներկայացնում, հատկապես այն պատճառով, որ մորմոնիզմի հիմնադիրները պնդում էին, թե զգում են նույն գերբնական երևույթները, որոնք հիսունականներն ու խարիզմատիկներն են վերապրում այսօր: 1836 թվականին Կիրթլենդի տաճարի նվիրագործման ժամանակ, Ջոզեֆ Սմիթը զեկուցեց տարբեր տեսակի խարիզմատիկ երևույթների մասին՝ ներառյալ լեզուները, մարգարեությունները և հրաշագործ տեսիլքները:[54] Այդ նույն իրադարձության այլ ականատեսների տեսակետները նույնն էին պնդում. «Կային զորության մեծ դրսևորումներ, ինչպես օրինակ՝ լեզուներով խոսելը, տեսիլքներ տեսնելը, հրեշտակների երևալը»[55] և «այնտեղ Տիրոջ Հոգին, ինչպես Պենտեկոստեի օրը, առատորեն թափվում էր: Հարյուրավոր երեցներ խոսում էին լեզուներով»:[56] Չարլզ Փարհամի և հիսունականների՝ լեզուներով խոսելուց ավելի քան կես դար առաջ, Վերջին օրերի սրբերը հաղորդում էին նմանատիպ պոռթկումների մասին,[57] ինչը որոշ պատմաբանների առաջնորդեց հետագծելու հիսունականության արմատները մորմոնիզմի միջոցով:[58]

Նույնիսկ այսօր երկու խմբերի նմանությունները ստիպել են ոմանց ավելի մեծ միասնության ձգտել: Հեղինակներ Ռոբ և Քեթի Դացկոներն իրենց՝ *«Կառուցելով կամուրջներ Հոգով լցված քրիսփոնյաների և Վերջին օրերի սրբերի միջև»* գրքում պնդում են. «Չնայած կա անհավանական լեզվական և մշակութային խոչընդոտ ՎՕՍ-ի [Վերջին օրերի սրբերի] և ՀԼՔ-ի [Հոգով լցված քրիստոնյաների] միջև, հաճախ այս երկու խմբերը հավատում են միևնույն հիմնական վարդապետություններին»:[59] Թեև Պենտեկոստալիզմն ավանդաբար մերժում է Վերջին օրերի սրբերին,[60] Ջոել Օսթինի նմանատիպ մեկնաբանությունները հուշում են, որ հորիզոնում կարող է հայտնվել էկումենիկ ներառականության նոր ալիք: Հազիվ թե պատահական լինի, որ Ֆուլեր աստվածաբանական ճեմարանը՝ Երրորդ ալիքի շարժման ծննդավայրը, ներկայումս ղեկավարում է մորմոնների և ավետարանական քրիստոնյաների միջև ավելի մեծ միասնության քարոզարշավը:[61]

Ավետարանի մեկ այլ խոշոր խարիզմատիկ աղավաղում է հայտնաբերվում «Հավատքի խոսք» շարժման բարգավաճման ավետարանի՝ առողջության և հարստության խոստումներում. մահացու սխալ, որը գերիշխում է խարիզմատիկ շարժման վրա: Ինչպես նշեցինք նախորդ գլխում, բարգավաճման աստվածաբանությունը «ողջ հիսունականության որոշիչ հատկանիշն է», այնպես որ «հիսունականների մեծամասնությունը, որը գերազանցում է 90 տոկոսը շատ երկրներում, հավատարիմ է այս համոզմունքներին»:[62] Բարգավաճման ավետարանի ագահ նյութապաշտությունը շրջում է աստվածաշնչյան Ավետարանը: Ճշմարիտ Ավետարանը փրկության հնարավորություն է մեղքից և հոգևոր մահից: Բարգավաճման ավետարանն անտեսում է այդ հավերժական իրողությունները և կեղծորեն խոստանում ազատել ժամանակավոր խնդիրներից, ինչպիսիք են ֆինանսական աղքատությունը և ֆիզիկական հիվանդությունը:

Հիսուսը կոչ արեց Իր աշակերտներին թողնել ամենը, վերցնել իրենց խաչերը և հետևել Իրեն (Ղուկ. 9:23): Ի հակադրություն՝ բարգավաճման ավետարանը մարմնական մխիթարություններ, երկրային հարստություններ և աշխարհիկ հաջողություն է առաջարկում միլիոնավոր հուսահատ մարդկանց, որոնք բառացիորեն գնում են դրան: [63] Մինչ ճշմարիտ Ավետարանը կենտրոնանում է Աստծո փառքի վրա, բարգավաճման ավետարանն առաջին և կենտրոնական տեղը տալիս է մարդու կարիքներին ու ցանկություններին: Ինչպես բացատրում է հեղինակներից մեկը. «Այս այլասերվածության վաճառողները մեղավոր են բառացիորեն կեղծ ավետարան վաճառելու մեջ, որտեղ նրանք տեղափոխել են Քրիստոսին Ավետարանի կենտրոնից և ժամանակավորը վեր դասել հավիտենականից»:[64]

Իրենց հերետիկոսական շինվածքների թրաֆիքինգի գործընթացում բարգավաճման քարոզիչները քրիստոնեությունը ծիծաղի առարկա են դարձրել դիտող աշխարհի աչքերում: Թերևս, Բրյուս Բիքելը և Սթեն Յանցը լավագույնս նկարագրեցին՝ հեգնելով. «Բարգավաճման ավետարանը պրոֆեսիոնալ ըմբշամարտի քրիստոնեության տարբերակն է: Դուք գիտեք, որ այն կեղծ է, բայց, այնուամենայնիվ, այն ունի ժամանցային արժեք»: [65] Բայց, ի տարբերություն պրոֆեսիոնալ ըմբշամարտի, բարգավաճման աստվածաբանության մեջ իսկապես ծիծաղելի ոչինչ չկա:[66] Այն մահացու և դատապարտելի հերետիկոսություն է, որում Աստծո խոսքի ճշմարտությունը միտումնավոր խեղաթյուրվում է հոգևոր խարդախների կողմից, որոնք մի օր կպատժվեն իրենց հայհոյանքների համար (Հուդ. 13):

Եթե մեկը գումարի այն մարդկանց թիվը, որոնք կապված են հերետիկոսական խմբերի հետ, ինչպիսիք են Կաթոլիկ խարիզմատիկ նորացումը, Միասնական հիսունականությունը և Հավատքի խոսք շարժումը (առողջության, հարստության և բարգավաճման իրենց ավետարանով), ապա գումարը հեշտությամբ կհասնի հարյուրավոր միլիոնների: Այս խմբերը միասին ներկայացնում են ժամանակակից խարիզմատիկ շարժման ճնշող մեծամասնությունը: Թեև նրանք Ավետարանի կեղծ ձևեր են քարոզում, նրանք հիմնականում ընդունվում են խարիզմատիկ աշխարհում՝ միասին փորձառած «հոգևոր» փորձառությունների հիման վրա:

Գնահատական չստանալը

Ինչպես տեսանք այս գլխում, Սուրբ Հոգու իրական աշխատանքը մարդկանց ցույց է տալիս Քրիստոսի մասին ճշմարտությունը: Ջոնաթան Էդվարդսն այդ փորձությունը կիրառեց իր օրերի հոգևոր փորձառությունների նկատմամբ, և մենք էլ խելամիտ կգտնվենք՝ անելով նույնը մեր մեջ: Երբ մենք գնահատում ենք խարիզմատիկ շարժումը այդ հիմքի վրա, տեսնում ենք, որ այն ձախողվում է այս փորձության մեջ առնվազն երկու կարևոր առումներով:

Նախ՝ խարիզմատիկ մոլուցքը Սուրբ Հոգու ենթադրյալ պարգևներով և զորությամբ շեղում է մարդկանց ուշադրությունը Հիսուս Քրիստոսի անձից և գործից: Սուրբ Հոգին ցույց է տալիս Քրիստոսին, ոչ թե Իրեն: Նրանք, ովքեր իսկապես Հոգով են լցված, կիսում են այդ նույն հակումը: Երկրորդ՝ շարժումը թույլ է տալիս, որ Ավետարանի կեղծ ձևերը բացահայտորեն զարգանան իր սահմաններում՝ ներառյալ սխալները՝ սկսած հռոմեական կաթոլիկության գործերի արդարացումով մինչև բարգավաճման ավետարանի նյութապաշտությունը: Հատկանշական է, որ այս շեղումները վտարված չեն շարժման եզրերը: Նրանք ներկայացնում են շարժման հիմնական ուղղությունը:

Այս ամենը կարևոր հարց է առաջացնում. կարո՞ղ է արդյոք Սուրբ Հոգուն վերագրվել այն շարժումը, որը շեղում է մարդկանց ուշադրությունը Քրիստոսից, մինչդեռ միաժամանակ ընդունում է Ավետարանի կեղծ ձևերը: Ջոնաթան Էդվարդսն այդ հարցին վճռականորեն կպատասխաներ՝ ոչ: [67] Հիմնվելով 1 Հովհ. 4.2–3 հատվածներում առկա աստվածաշնչյան սկզբունքի վրա՝ ես սրտանց կհամաձայնեի այդ գնահատականի հետ: Սուրբ Հոգին երբեք չէր օգտագործի Իր պարգևները՝ հավաստիացնելու նրանց, ովքեր կեղծ ավետարան են քարոզում կամ մարդկանց հեռացնում Քրիստոսի մասին ճշմարտությունից: Հաջորդ գլխում մենք կքննարկենք 1 Հովհ. 4.2–8 հատվածների մնացյալ փորձությունները, մինչ կշարունակենք ուսումնասիրել այն հարցը, *թե արդյո՞ք ժամանակակից խարիզմատիկ շարժումը Սուրբ Հոգու իրական գործն է:*

91

Չորրորդ

Փորձելով հոգիները (մաս 2)

Հենց Ուիլյամ Շեքսպիրն էր, որ իր հայտնի «Վենետիկի վաճառականը» պիեսում, հորինեց «Այն ամենը, ինչ փայլում է, ոսկի չէ» արտահայտությունը: Երկուսուկես դար անց, 1840-ականների վերջին Կալիֆորնիայի ոսկու տենդի ժամանակ, արկածախնդիր գանձ որոնողներն անձամբ զգացին այդ հայտարարության ճշմարտացիությունը: Թանկարժեք մետաղի որոնումների ժամանակ ոսկի գտնել շտապողները շուտով հայտնաբերեցին, որ ամեն փայլող բան չէ, որ արժե պահել: Ժայռերի ճեղքերն ու առուների հուները կարող են լցված լինել ոսկե բծերով, բայց զուրկ՝ որևէ արժեքավոր բանից: Կեղծ փայլող երկաթե պիրիտը, որը սովորական հանքանյութ է, արագ ստացավ «հիմարի ոսկի» մականունը: Եվ ցանկացած պարկեշտ հետախույզ պետք է կարողանար տարբերել փայլուն տեսքը իսկական ապրանքից:

Ինչպես 19-րդ դարի Կալիֆորնիայի գետերն ու լեռները, ժամանակակից քրիստոնեական լանդշաֆտը նույնպես լցված է հիմարի ոսկով: Շատ բան կա, որ փայլում է, բայց հոգեպես անարժեք է: Նախորդ գլխում 1 Հովհ. 4.1–8 համարները հինգ հարց տվեցին, որոնցով քրիստոնյաները կարող են գնահատել ցանկացած հոգևոր շարժում: (1) Արդյո՞ք աշխատանքը բարձրացնում է ճշմարիտ Քրիստոսին: (2) Արդյո՞ք այն հակադրվում է աշխարհիկությանը: (3) Արդյո՞ք այն ուղղորդում է մարդկանց դեպի Սուրբ գրությունները: (4) Արդյո՞ք այն բարձրացնում է ճշմարտությունը: 5) Արդյո՞ք այն սեր է առաջացնում Աստծո և ուրիշների հանդեպ: Արդեն իսկ դիտարկելով այս հինգից առաջինը, մենք այժմ պատրաստ ենք դիտարկել մնացած չորսը:

Երկրորդ փորձ. արդյո՞ք այն հակադրվում է աշխարհիկությանը

Հարցրե՛ք միջին խարիզմատիկին, թե ինչպիսին է Սուրբ Հոգու ազդեցությունը նրա կյանքում, և դուք հավանաբար կըստանաք այս մի քանի պատասխաններից մեկը: Դասական հիսունականը, հավանաբար, կընդգծի լեզուներով խոսելը, հոգով տարված լինելը կամ հրաշագործ պարգևների որևէ այլ թվացյալ դրսևորում: Հիմնական խարիզմատիկը, հավանաբար, կարտացոլի հանրաճանաչ հեռուստաավետարանիչների ուսմունքը՝ մատնանշելով հավատքի բժշկության ձևը կամ ֆինանսական անսպասելի հաջողության հույսը: Նրանք, ովքեր այդ կատեգորիաներին են պատկանում, կարող են պնդել, որ արտասովոր հանդիպում են ունեցել Աստծո հետ, օրինակ՝ հայտնության տեսիլք, մարգարեական խոսք կամ գերբնական զորացման սենսացիա: Նման չափանիշների հիման վրա նրանք իրենց ճանաչում են որպես Հոգով լցված քրիստոնյաներ: Բայց ի՞նչ նկատի ունեն նրանք այդ պիտակով:

Խարիզմատիկ համատեքստում գրեթե ցանկացած սուբյեկտիվ փորձ մեկնաբանվում է որպես Հոգու ներգրավվածության ապացույց: Խարիզմատիկները կարող են մտածել, որ լցված են Հոգով, երբ արտասանում են անհասկանալի (և հաճախ կրկնվող) վանկեր, վայր են ընկնում մեջքի վրա էքստազի մեջ, ասում են այսպես կոչված մարգարեության սխալ խոսքեր, հուզական հոսանք են զգում կամ գումար են նվիրաբերում իրենց սիրելի՝ առողջության և հարստության բարգավաճման ավետարանի քարոզչին: Բայց այդ բաներից *ոչ մեկը* չի վկայում Սուրբ Հոգու ներկայության մասին: Նման երևույթների դեպքում, անշուշտ, կարող է որևէ հոգի գործել, բայց դա Աստծո Հոգին չէ:

Չնայած այն ամենին, ինչ սովորաբար շեշտվում է խարիզմատիկ շրջանակներում, մարդու կյանքում Սուրբ Հոգու ազդեցության իրական ապացույցը նյութական բարգավաճումը, անմիտ հուզականությունը կամ ենթադրյալ հրաշքները չեն: Ավելի շուտ, այն սրբացումն է. հավատացյալի աճը հոգևոր հասունության, գործնական սրբության և քրիստոսանմանության մեջ՝ Սուրբ Հոգու զորությամբ և առաջնորդությամբ (քանի որ Նա կիրառում է աստվածաշնչյան ճշմարտությունն Իր սրբերի սրտերում): Հոգու ճշմարիտ աշխատանքը դատապարտում է մեղավոր սիրտը, պայքարում աշխարհիկ ցանկությունների դեմ և հոգևոր պտուղ բերում Աստծո ժողովրդի կյանքում:

Հռոմեացիս 8.5–11 հատվածում Պողոս առաքյալը բոլոր մարդկանց բաժանեց երկու հիմնական կատեգորիաների՝ նրանք, ովքեր քայլում են ըստ մարմնի և նրանք, ովքեր քայլում են ըստ Հոգու: Մարդիկ, որոնք ապրում են ըստ մարմնի, հետապնդում են այս աշխարհի անցողիկ հաճույքները (Հռ. 8.5; տե՛ս 1 Հովհ. 2.16–17): Նրանց բնորոշ է մարմնավոր միտքը, որը «չի կարող հաճեցնել Աստծուն» (Հռ. 8:8): Նրանց սրտերի չարությունը դրսևորվում է ամբարիշտ վարքագծով՝ ներառյալ սեռական մեղքը, կռապաշտությունը, ամբարտավանությունը և մարմնի պտուղները, որոնք թվարկված են Գաղատացիս 5.19–21-ում:

Ի հակադրություն՝ նրանք, ովքեր ապրում են Հոգով, իրենց միտքը դնում են վերևում գտնվող բաների վրա, որտեղ Քրիստոսն է (Կող. 3.1–2): Նրանց ուրախությունը Տեր Հիսուսին ծառայելու մեջ է, իսկ Նրա հանդեպ սերը երևում է Նրան հնազանդվելով (տե՛ս Հովհ. 14:15): Նրանք առաջնորդվում են Հոգով և արդյունքում Հոգու պտուղը դրսևորվում է նրանց կյանքում (Հռ. 8.14; Գաղ. 5.22–23): Այնտեղ, որտեղ գործում է Սուրբ Հոգին, մեղավոր ձգտումները, կրքերը և առաջնահերթությունները արմատախիլ են լինում, քանի որ հավատացյալները «սպանում են մարմնի գործերը» (Հռ. 8.13): Հոգու ծառայությունը լիովին հակադրվում է մարմնի աշխարհիկ ցանկություններին: Ինչպես Պողոսն է բացատրում Գաղատացիս 5.16–17 հատվածներում՝ «Հոգո՛վ ընթացեք և մարմնի ցանկությունը չեք կատարի: Որովհետև մարմինը հոգու դեմ է ցանկանում, և Հոգին՝ մարմնի դեմ, և սրանք հակասում են միմյանց»:

Հովհաննես առաքյալը հոգիների փորձության համատեքստում կրկնում է նույն աստվածաշնչյան ճշմարտությունները: Խոսելով կեղծ մարգարեների մասին՝ Հովհաննեսը գրում է. «Դուք Աստծուց եք, որդյակնե՛ր, և հաղթեցիք նրանց, քանզի Նա, ով ձեր մեջ է, ավելի մեծ է, քան նա, ով աշխարհի մեջ է: Նրանք աշխարհից են. ուստի նրանք աշխարհից են խոսում, և աշխարհը լսում է նրանց» (1Հովհ. 4.4–5): Կեղծ ուսուցիչները բնութագրվում են *աշխարհի* հետ իրենց ընկերակցությամբ՝ հղում անելով չարի հոգևոր համակարգին, որի վրա գերիշխում է սատանան, որը հակառակվում է Աստծուն և աշխարհիկ ցանկություններ հետապնդում (տե՛ս Եփ. 2.1–3; 1 Հովհ. 5.19): Ավելի վաղ իր նամակում Հովհաննեսը դատապարտում էր աշխարհիկությունը հետևյալ խոսքերով. «Մի՛ սիրեք աշխարհը և աշխարհի բաները: Եթե մեկը սիրում է աշխարհը, Հոր սերը նրա մեջ չէ: Որովհետև այն ամենը, ինչ աշխարհում է՝ մարմնի ցանկությունը, աչքերի ցանկությունը և կյանքի ամբարտավանությունը, Հորից չէ, այլ աշխարհից է» (1 Հովհ. 2.15–16, տե՛ս՝ Հակոբոս 4.4):

Երբ շարժումը բնութագրվում է աշխարհիկ առաջնահերթություններով և մարմնական հետապնդումներով, այն լուրջ կարմիր դրոշներ է վեր հանում դրա հետևում գտնվող հոգևոր ուժերի մասին: Մյուս կողմից, ինչպես նկատեց Ջոնաթան Էդվարդսը. «Երբ հոգին, որը գործում է, գործում է սատանայի թագավորության շահերի դեմ, որը կայանում է մեղքը քաջալերելու, հաստատելու և մարդկանց աշխարհիկ ցանկությունները փայփայելու մեջ, ապա սա հաստատ նշան է, որ այն ճշմարիտ է, և ոչ թե կեղծ»:[1] Այլ կերպ ասած՝ Սուրբ Հոգու իսկական աշխատանքը չի գայթակղում մարդկանց՝ դատարկ հետապնդումներով կամ մարմնական ցանկություններով. ավելի շուտ, այն նպաստում է անձնական սրբությանը և դիմադրում աշխարհիկ ցանկություններին:

Այնուամենայնիվ, ժամանակակից խարիզմատիկ աստվածաբանության առավել տեսանելի և ակնհայտ կոչերն անողոք կերպով ուղղված են բացահայտ *աշխարհիկ արժեքներին*:

Հիմնական գրավչությունը մարմնական ցանկությունների իրականացումն է: Հեռուստաավետարանիչներից մինչև հավատքի բժիշկներ և բարգավաճման քարոզիչներ, խարիզմատիկ հայտնի մարդիկ լկտիաբար ներկայացնում են այս աշխարհի ցանկությունները, ասես դրանք լինեն բոլոր կրոնների բուն իմաստը: Նրանց փառահեղ պնդումները և շքեղ ապրելակերպը բացահայտ կերպով հակադրվում են եկեղեցու առաջնորդների աստվածաշնչյան չափանիշներին (1 Տիմ. 3.1–7; Տիտ. 1.5–9):

Համեմատվելով Քրիստոսի և առաքյալների հետ՝ միջին խարիզմատիկ հեռուստաավետարանչի իրական կերպարն անմիջապես բացահայտվում է: Հեռուստավետարանիչների շքեղ, ինքնասիրահարված ապրելակերպը բոլորովին նման չէ այն ապրելակերպին, որն ուներ «մարդու Որդին, [որը չուներ] իր գլուխը դնելու տեղ» (Ղուկ. 9.58): Փողի հանդեպ նրանց մոլուցքը և իրենց ունկնդիրներին (որոնցից շատերն ապրում են աղքատության մեջ) շորթելու ձևը խիստ հակադրվում է Հիսուսի օրինակին, որը «եկավ ոչ թե, որ Իրեն ծառայեն, այլ որ Ինքը ծառայի և Իր կյանքը շատերի համար փրկագին տա»: (Մատթ. 20.28): Այն, թե ինչպես են նրանք վաճառում հրաշքները և ձգտում հրապարակայնացնել, Հիսուսի ոճի բևեռային հակապատկերն է: Նա հաճախ հրահանգում էր նրանց, ում բուժում էր, որ «ոչ ոքի չպատմեն, թե ինչ է եղել» (Ղուկ. 8.56; Մատթ. 8.4; Մարկ. 7.36): Նախ և առաջ՝ խարիզմատիկ շառլատանների շրջանում այդքան տարածված խղճուկ համբավը և բարոյական կոպիտ անհաջողությունները որևէ առնչություն չունեն Հիսուսի հետ, «ով սուրբ է, անմեղ, անարատ, մեղավորներից զատված և երկնքից վեր բարձրացած» (Եբր. 7.26):

Խարիզմատիկ հարացույցում Հոգու իրական պտուղները (ինչպիսիք են խոնարհությունը, համբերությունը, խաղաղությունը և Քրիստոսի՝ Տեր լինելու հանդեպ զոհաբերական պարտավորությունը) հաճախ ստվերվում են՝ փոխարինվելով ֆիզիկական առողջության, նյութական հարստության և աշխարհիկ երջանկության այլասերված մոլուցքով: Բարեկեցության աստվածաբանության վրա այդ շեշտադրումը բացատրում է խարիզմատիկ շարժման ֆենոմենալ աճը վերջին տասնամյակների ընթացքում՝ չվերածնված մեղավորներին խոստանալով այն, ինչ նրանց սրտերն արդեն իսկ ցանկանում են, և այնուհետև մկրտելով այդ մարմնական ցանկությունները քրիստոնեական լեզվով, կարծես դրանք ներկայացնում են Հիսուս Քրիստոսի բարի լուրը: Չնայած յուրաքանչյուր տասը հիսունականներից գրեթե ինը ապրում է աղքատության մեջ՝[2] բարգավաճման ավետարանը շարունակում է ներգրավել մարդկանց դեպի շարժումը: Որքան ավելի կարիքավոր է միջավայրը, այնքան ավելի հեշտ է բարգավաճման քարոզչի համար մարդկանց խաբելը.

> Նիգերիայում, Հարավային Աֆրիկայում, Հնդկաստանում և Ֆիլիպիններում հիսունականների և խարիզմատիկների ավելի քան 90 տոկոսը կարծում է, որ «Աստված նյութական բարգավաճում կշնորհի բոլոր հավատացյալներին, որոնք բավականաչափ հավատք կունենան»: Եվ յուրաքանչյուր երկրում զգալիորեն ավելի շատ հիսունականներ են հավատում դրան, քան այլ քրիստոնյաներ: ...Նման հիանալի հաղորդագրությամբ, զարմանալի չէ, որ մարդիկ հավաքվում են գրանցվելու համար: Բարեկեցության ավետարանը ամերիկյան երազանքի աստվածային երաշխավորված տարբերակն է՝ տուն, աշխատանք և փող բանկում: Իսկ բարգավաճման ավետարանի համաշխարհային հաջողությունն ամերիկյան երազանքի արտահանումն է:[3]

Բարեկեցության ուղերձն անամոթաբար կոչ է անում մարդկանց իրենց հույսը դնել այս աշխարհի անցողիկ հաճույքների վրա: Սխալ ցանկությունները դատապարտելու փոխարեն այն փառաբանում է աշխարհիկ ապրելակերպը, սնվում մեղավոր ագահությամբ և խոստումներ տալիս հուսահատ մարդկանց:[4] Բարեկեցության ավետարանը բարոյապես ավելի դատապարտելի է, քան Լաս Վեգասի խաղատունը, քանի որ այն վերածվում է ածվում կրոնի և գալիս է Քրիստոսի անունով: Բայց ինչպես խաղատները, այն նույնպես գրավում է իր զոհերին փայլուն ցուցամոլությամբ և ակնթարթային հարստության գրավչությամբ: Նրանց վերջին ցենտը խժռելուց հետո, ինչպես մի հոգևոր խաղային ավտոմատ, այն նրանց տուն է ուղարկում ավելի վատ վիճակում, քան երբ եկել էին:

Խարիզմատիկ աստվածաբանության սուբյեկտիվ և ա-ռեղծվածային բնույթն իդեալական ինկուբատոր է բարգա-վաճման աստվածաբանության համար, քանի որ այն հոգևոր խարդախներին թույլ է տալիս իրենց հռչակել մարգարեներ, հավակնել աստվածային օծմանը և ձևացնել, որ խոսում են Աստծո հեղինակությամբ, որպեսզի փախչեն աստվածաշրնչ-յան քննությունից՝ մարդկանց շորթելով և շեղված վարդապե-տություններ տարածելով: Ինչպես բացատրում է Ֆիլիպ Ջեն-քինսը. «Վատագույն դեպքում, բարգավաճման ավետարանը թույլ է տալիս կոռումպացված հոգևորականներին փախչել գրեթե ամեն ինչից: Նրանք ոչ միայն կարողանում են ստի-պել հավատացյալներին վճարել իրենց պարտավորություն-ները մի տեսակ սուրբգրային ահաբեկչության միջոցով, այլև համոզմունքների համակարգը թույլ է տալիս նրանց արդա-րացնել չարագործությունը»:[5] Նման աղաղակող կոռուպցիան ծաղրանկարում, կարծրատիպացնում և աղտոտում է ավետա-րանական քրիստոնեության համբավն ընդհանրապես: Ար-դյունքում, խոչընդոտվում է եկեղեցու վկայությունը, քանի որ մտածող մարդիկ մերժում են քրիստոնեությունը ոչ թե ճշմա-րիտ Ավետարանի ուղերձի, այլ այն տարօրինակ դեմքի պատ-ճառով, որն այն կրում է խարիզմատիկ լրատվամիջոցներում:

Անշուշտ, ֆինանսական անհարմարություններն ու բարո-յական ձախողումները ժամանակ առ ժամանակ կարող են ի հայտ գալ նույնիսկ ամենաառողջ եկեղեցիներում: Բայց կա-րելի է կարծել, որ նման սկանդալները պետք է ավելի քիչ հաճախականություն ունենան նրանց շրջանում, ովքեր պըն-դում են, թե հասել են հոգևորության ավելի բարձր մակար-դակների: Այստեղ է գտնվում խնդրի էությունը: Սահմանելով «հոգևորությունը» նշաններով, հրաշքներով և տպավորիչ փոր-ձառություններով և թույլ տալով, որ բարգավաճման ավետա-րանի կոպիտ նյութապաշտությունը զարգանա իր սահմաննե-րում՝ խարիզմատիկ շարժումն անտեսում է իսկական հոգևոր աճի ուղին: Հոգևորության կեղծ չափանիշները չեն կարող զըս-պել մարմինը:

Պենտեկոստալիզմի հիմնադիր Չարլզ Փարհամը (ուրին մենք հանդիպեցինք 2-րդ գլխում) ամենևին էլ միակ նշանավոր խարիզմատիկը չէր, որի բարոյական ձախողումները հայտնի էին: Պենտեկոստական և խարիզմատիկ պատմության սրահները սալիկապատված են սկանդալներով:

1926թ. մայիսին, Էմի Սեմփլ Մաքֆերսոնը՝ հայտնի մարգարեուհի և Քառակողմ Ավետարանի միջազգային եկեղեցու հիմնադիրը, անհետացավ Լոս Անջելեսի լողափում լողալու ժամանակ: Նրա անսպասելի անհետացումն այդ ժամանակ Ամերիկայի բոլոր թերթերի առաջին էջում էր: Նրա հետևորդները սգում էին նրա կորուստը՝ կարծելով, որ նա խեղդվել է: Այնուամենայնիվ, «նա նորից հայտնվեց մի քանի շաբաթ անց՝ պնդելով, որ իրեն առևանգել են և բանտարկել Մեքսիկայում,և ինքն ազատվել է, ոտքով անցել անապատը և համարձակորեն փախել իր առևանգիչներից: Քննիչներն այդ պատմության մեջ գրեթե միանգամից անցքեր բացեցին, հատկապես, երբ Կալիֆորնիայի ափից ավելի հեռու գտնվող Կարմելից ստացված ապացույցները ցույց տվեցին, որ նա զվարճանում էր սիրային գողտրիկ մի վայրում իր ռադիոկայանի ինժեների հետ»:[6] Թեև նա երբեք չի բանտարկվել, առևանգման և փախուստի վատ հորինված պատմությունները՝ «համեմված սեռական արկածախնդրության դրդապատճառով, նրան ծիծաղի առարկա են դարձրել: Մեկ տարի և ավելի մամուլում հսկողությունից և իրավական հետաքննությունից հետո Էմի Սեմփլ Մաքֆերսոնը դարձավ այն, ինչից ոչ մի հասարակական գործիչ երբևէ չի կարողացել վերականգնվել՝ հանրային ծաղրի առարկա»:[7]

1970-ական և 1980-ական թվականներին հիսունականների ավետարանիչ Լոնի Ֆրիսբին դարձավ Հիսուսի շարժման ամենաերևացող դեմքերից մեկը: Ինքնահռչակ մարգարե, որի կյանքը ցուցադրվել է Էմմիի անվանակարգում առաջադրված ֆիլմում՝ *Ֆրիսբի. հիփի քարոզչի կյանքն ու մահը*, ով 1960-ականների վերջի և 1970-ականների սկզբի, Հիսուսի շարժման ռահվիրա և աչքի ընկնող գործիչ էր: Հետագայում նա Ջոն Ուիմբերի հետ ներգրավվեց «Նշաններ և հրաշքներ» շարժման մեջ: Նա նաև մեծ դեր ունեցավ (Չակ Սմիթի և հետո Ուիմբերի հետ միասին) ինչպես Գալվարի մատուռի, այնպես էլ

Խաղողի այգի շարժման վաղ զարգացման գործում: Ֆրիսբիի ծառայությունն ավարտվեց խայտառակությամբ, երբ լայնորեն հայտնի դարձավ, որ նա տարիներ շարունակ եղել է համասեռամոլ:

Իրականում, Ֆրիսբիի անձնական ապրելակերպը երկար տարիներ բաց գաղտնիք էր Արևմտյան ափի խարիզմատիկ համայնքում: Շաբաթ գիշերը նա կարող էր զբաղվել լպիրշ անառակությամբ, իսկ հետո՝ քարոզել կիրակի առավոտյան:[8] Երբ, ի վերջո, անհնար դարձավ թաքցնել Ֆրիսբիի անառակությունը, Ջոն Ուիմբերը «մտահոգվեց, որ այն կարող է զգալիորեն խարխլել Խաղողի այգին»,[9] և հեռացրեց Ֆրիսբիին այդ շարժման հանրային ծառայությունից: Ի վերջո, Ֆրիսբին վարակվեց ՁԻԱՀ-ով և մահացավ 1993 թվականին:[10]

1983 թվականին Նևիլ Ջոնսոնը՝ Նոր Զելանդիայի Աստծո Ժողովների նշանավոր հովիվը, հրաժարական տվեց անբարոյական վարքի պատճառով: Իր խարիզմատիկ աստվածաբանությունը զառանցանքի աստիճանի հասցնելով՝ Ջոնսոնը պնդում էր, որ ստացել է հատուկ հայտնություն Աստծուց, որը ցույց է տալիս, որ իր կինը շուտով կմահանա, և ինքը ազատ կլինի նորից ամուսնանալու համար: Արդյունքում, Ջոնսոնը պնդեց, որ իրեն շնորհվել է հատուկ պարգև, որը թույլ է տալիս մասնակցել արտաամուսնական գործողություններին:[11]

1986թ.-ին ազգային հեռուստատեսությամբ ձախողվեց հավատքի բժիշկ Փիթեր Փոփոֆը: Բեմի հրաշագործ և պարանորմալ դեպքերի հետաքննիչ Ջեյմս Ռենդին հայտնաբերեց, որ ինքնակոչ մարգարեն օգտագործում էր գրեթե անտեսանելի անլար ականջակալ՝ հանդիսատեսի մասին «բացահայտող» տեղեկություններ ստանալու համար: «Փոփոֆի կինը ողջ ընթացքում խառնվում էր լսարանին և պատահաբար զրուցում տարբեր մարդկանց հետ: Այնուհետև, օգտագործելով շարժական ռադիոհաղորդիչ, հաղորդում էր իր ամուսնուն (որը կրում էր փոքրիկ ականջակալ),թե ինչ ասել: Այնուհետև Փոփոֆը հազարավոր ոգևորված երկրպագուների հայտարարում էր փաստացի մասնակցի կոնկրետ անունը, հիվանդությունը և հասցեն»:[12] Ռանդին թվային սկաների միջոցով ֆիքսեց Փոփոֆի կնոջ գաղտնի շփումներն ամուսնու հետ: Այնուհետև նա բացահայտեց խարդախությունը *Ջոնի Քարսոնի գլխավոր դերակատարմամբ «Երեկոյան շոուի»* շրջանակներում: Մեկ տարվա ընթացքում Փոփոֆը ստիպված եղավ սնանկության հայց ներկայացնել:

Բայց, չնայած ծառայողների՝ նախատինքից վեր լինելու աստվածաշնչյան պահանջին, խարիզմատիկ աշխարհում բարոյական և էթիկական կոպիտ ձախողումը միշտ չէ, որ ենթադրում է որակազրկում հանրային ծառայությունից: Այս շրջանակներում նման սկանդալի նախատինքն ունի ցնցող կարճ պահպանման ժամկետ: Փիթեր Փոփոֆը երբևէ նույնիսկ դուրս չեկավ հանրային ծառայությունից: Նա դիմակայեց ֆինանսական ճգնաժամին: 1998-ին *Վաշինգթոն Փոսթը* հայտնում էր, որ նա «վերափաթեթավորել էր իրեն աֆրոամերիկացի լսարանի համար» և «ուժեղ վերականգնում ապրել»:[13] Այսօր՝ ավելի քան քսանհինգ տարի անց, ազգային հեռուստատեսության ուղիղ եթերում, որպես խարդախություն բացահայտվելուց հետո (և չնայած մի շարք ոչ այնքան հայտնի, բայց նմանատիպ բացահայտումների), Փիթեր Փոփոֆի ծառայությունները, կարծես, ևս մեկ անգամ ծաղկում են ապրում: Նրա կայքէջում ներկայացված են ֆինանսական անսպասելի եկամուտների և հրաշագործ բժշկությունների վկայություններ:[14] 2007 թվականին կազմակերպությունը 23 միլիոն դոլարի եկամուտ ունեցավ, երբ Փոփոֆն իր ուշ գիշերային հեռուստաշոուում վաճառեց «Հրաշք աղբյուրի ջուր» փաթեթները:[15]

1986 և 1987 թվականներին Ջիմի Սվագգարթը գլխավորեց Միացյալ Նահանգների լուրերը, երբ հրապարակավ մերկացրեց երկու գործընկեր հեռուստաավետարանիչների՝ Մարվին Գորմանի և Ջիմ Բաքքերի դավաճանական գործերը: Ապացույցները ցույց տվեցին, որ Ջիմ Բաքքերը, մասնավորապես, 265,000 դոլար է վճարել եկեղեցու քարտուղարուհուն, որպեսզի վերջինս լռի իրենց ապօրինի գործերի մասին: Այնուհետև Բաքքերը բանտ ուղարկվեց, երբ պարզ դարձավ, որ նա 158 միլիոն դոլար է գանձել ծառայության հովանավորներից: Տարօրինակ հեգնանքով, Գորմանին և Բաքքերին վարկաբեկելուց անմիջապես հետո, ինքը՝ Սվագգարթը, բռնվեց մարմնավաճառության մեջ: Սվագգարթի աղմկահարույց խոստովանությունը դարձավ 80-ականների հեռուստատեսության խորհրդանշական պահերից մեկը: Արցունքոտ դեմքով և դողացող կզակով նա ասաց. «Ես մեղանչել եմ Քո դեմ, Տեր իմ, և կխնդրեի, որ Քո թանկագին արյունը լվանա և մաքրի ամեն բիծ, մինչև այն հայտնվի Աստծո մոռացության ծովերում և այլևս երբեք չհիշվի իմ դեմ»:[16]

Նա, սակայն, չհեռացավ հանրային ծառայությունից: 1991թ.-ին Սվագգարթին բռնեց Կալիֆորնիայի մայրուղու պարեկը, երբ նա մեքենան վարում էր ճանապարհի սխալ կողմից՝ կրկին մարմնավաճառի ընկերակցությամբ: Այս անգամ նա ասաց իր համակիրներին. «Տերը ինձ ասաց, որ դա ձեր գործը չէ», և ասաց, որ Աստված հրահանգել է իրեն չհեռանալ իր ամբիոնից:[17] Այսօր և՛ Սվագգարթը, և՛ Բաքքերը դեռևս լրիվ դրույքով խարիզմատիկ հեռուստաավետարանիչներ են և չունեն խանդավառ հետևորդների պակաս:

1991 թվականին Կանզաս Սիթիի մարգարե Բոբ Ջոնսը հրապարակայնորեն խայտառակվեց, երբ իբր օգտագործեց իր «մարգարեական օծումը»՝ համոզելով կանանց մերկանալ:[18] Նույն թվականին ABS News-ը հետաքննեց Ռոբերտ Թիլթոնի ծառայությունը, որն այն ժամանակ տարեկան հավաքում էր ավելի քան 80 միլիոն դոլար: Հետաքննությունը պարզեց, որ ծառայությունը դեն է նետել իր ստացած աղոթքի խնդրանքները՝ առանց նույնիսկ դրանք կարդալու՝ բացելով ծրարները միայն այնքան, որպեսզի հնարավոր լինի վերցնել գումարը:[19]

2000 թվականին եպիսկոպոս Քլարենս Մաքքլենդոնը նորից ամուսնացավ տասնվեց տարվա կնոջից բաժանվելուց ընդամենը յոթ օր անց՝ արտաամուսնական կապից երեխա ունենալու կասկածների ֆոնին: Լոս Անջելեսում Պենտեկոստական մեգաեկեղեցու հովիվ Մաքքլենդոնը Խարիզմատիկ եկեղեցիների միջազգային համայնքի նշանավոր անդամ էր: Չնայած սկանդալին՝ Մաքքլենդոնը հրաժարվեց թողնել կամ գոնե որոշ ժամանակով հեռանալ իր ամբիոնից: Ամուսնալուծության վերաբերյալ հայտարարության մեջ նա ասաց. «Ես կանչված եմ քարոզելու, ոչ թե ամուսնանալու: ...Դա չի ազդում իմ ծառայության վրա»:[20]

2002 թվականի սկզբին Կալիֆորնիայում բնակվող հիսունական հովիվ Ռոբերթս Լիարդոնը ցնցեց իր հետևորդներին, երբ խոստովանեց, որ միասեռական հարաբերություն է ունեցել իր եկեղեցու երիտասարդական ծառայող Ջոն Կարետի հետ: Անհավատալի է, որ Լիարդոնը դեպքից կարճ ժամանակ անց վերադարձավ լիաժամ ծառայության:[21] 2004թ.-ին TBN-ի նախկին աշխատակից Էնոք Լոնի Ֆորդը սպառնաց հրապարակել մի ձեռագիր, որտեղ մանրամասն նկարագրված է իր ենթադրյալ միասեռական կապը Փոլ Քրաուչի հետ, որը տեղի է ունեցել 1990-ականներին: *Լոս Անջելես Թայմսը* հաղորդում է, որ Քրաուչը նախկինում 425,000 դոլար էր վճարել Ֆորդին, որպեսզի վերջինս չբարձրաձայնի այս պատմությունը: [22]

2005 թվականին հայտնի խարիզմատիկ մարգարե Փոլ Քեյնը խոստովանեց, որ ինքը «երկար ժամանակ պայքարել է երկու կոնկրետ ոլորտներում՝ համասեռամոլության և ալկոհոլիզմի դեմ»:[23] Նույն թվականին դատական հայց ներկայացվեց Էրլ Փոլքի՝ Միջազգային խարիզմատիկ աստվածաշընչյան ծառայությունների հիմնադրի, դեմ: Փոլքի եկեղեցում մի ամուսնացած կին մեղադրեց նրան՝ իր հետ տասնչորս տարվա սիրավեպ ունենալու դրդման մեջ: Կնոջ խոսքով՝ Փոլքն ասել է, որ նրանք, ովքեր հոգևորապես բարձրացած են, կարող են արտաամուսնական սեռական հարաբերություններ ունենալ՝ առանց շնություն գործելու, նա այդ ապօրինի գործերն անվանել է «թագավորության հարաբերություններ»:[24]

2006 թվականին Թեդ Հագարդը, որը Կոլորադո Սփրինգսի խարիզմատիկ-ավետարանական Նոր կյանք եկեղեցու հովիվն էր, հրաժարական տվեց այն բանից հետո, երբ պարզ դարձավ, որ նա երեք տարվա ընթացքում վճարել է համասեռամոլ ուղեկցորդին՝ թմրանյութերի և սեռական արտոնությունների համար: 2011 թվականի փետրվարին GQ ամսագրին տված հարցազրույցի ժամանակ Հագարդը բացատրեց. «Կարծում եմ, որ, հավանաբար, եթե այս հասարակության մեջ ես լինեի 21 տարեկան, ես կճանաչեի ինձ որպես երկսեռ»:[25] 2010 թվականին նա նոր եկեղեցական ուղղվածություն հիմնեց Կոլորադոյում:[26]

2008-ին հիսունական եպիսկոպոս Թոմաս Ուեսլի Ուիքս III-ը խոստովանեց, որ ֆիզիկական հարձակման է ենթարկել իր կնոջը՝ խարիզմատիկ «մարգարեուհի» Հուանիտա Բայնումին, որն ասել է, որ ամուսինը փորձել խեղդել իրեն, իրել գետնին և ոտքով հարվածել հյուրանոցի կայանատեղիում: Նա իրեն մեղավոր է ճանաչել և դատապարտվել երեք տարվա պայմանական ազատազրկման:[27] Ինքը՝ Բայնումը, հետագայում խոստովանեց, որ պայքարում է լեսբիական ցանկությունների դեմ և մի քանի տարիների ընթացքում ապօրինի հարաբերությունների մեջ է եղել տարբեր կանանց հետ:[28]

Նույնպես, 2008թ.-ին հավատքի բժիշկ Թոդ Բենթլին խոստովանեց, որ ապօրինի հարաբերություն է ունեցել իր կին աշխատակիցներից մեկի հետ: Կնոջից բաժանվելուց հետո Բենթլին ամուսնացավ այն աշխատակցի հետ, որի հետ նա անպատշաճ հարաբերություններ էր ունեցել:[29] Նույն տարում լուրեր տարածվեցին ավստրալացի հիսունական ավետարանիչ Մայքլ Գուլիելմուչիի՝ քաղցկեղի դեմ կեղծ պայքարի վերաբերյալ՝ մասամբ քողարկելու պոռնոգրաֆիայից ցմահ կախվածության հետ կապված սթրեսի ախտանիշները: Փորձելով համոզել աշխարհին, որ ինքը քաղցկեղ ունի՝ Գուլիելմուչին սափրեց իր գլուխը, օգտագործեց թթվածնի բաք և կեղծ էլեկտրոնային նամակներ ստեղծեց կեղծ բժիշկներից: Նա նաև գրեց հիթային մի երգ՝ «Բժշկող» վերնագրով, այն մասին, թե ինչպես էր Տերն օգնում իրեն հաղթահարել իր հիվանդությունը:[30]

2009-ին հանրապետական սենատոր Չակ Գրասլին պաշտոնական հետաքննություն բացեց Քենեթ Քոուփլենդի, Կրեֆլո Դոլարի, Բենի Հինի, Էդդի Լոնգի, Ջոյս Մայերի և Պաուլա Ուայթի ֆինանսների ծառայության դեմ: Հետաքննությունը սկիզբ առավ այս նշանավոր հեռուստաավետարանիչների ճոխ ապրելակերպից: [31] Բայց կասկածելի ֆինանսական անպատշաճությունն այս ծառայություններում սկանդալի միակ աղբյուրը չէ: 2010-ին բազմաթիվ հայցեր ներկայացվեցին Էդդի Լոնգի դեմ՝ պատճառաբանելով, որ նա միասեռական հարաբերություններ է փնտրել իր ժողովի դեռահաս տղաների հետ՝ փողի և այլ նպաստների դիմաց:[32] Իսկ 2011-ին Կրեֆլո

Դոլարը ձերբակալվեց՝ իր տասնհինգ տարեկան դստերը խեղդելու մեղադրանքով:[33]

2010 թվականին. «The National Enquirer/Ազգային հարցնող»-ի համարում հրապարակված լուսանկարները ցույց էին տալիս, թե ինչպես են ամուսնալուծված հեռուստաավետարանիչներ Բենի Հինն ու Պաուլա Ուայթը միմյանց ձեռք բռնած՝ դուրս գալիս Հռոմի հյուրանոցից:[34] «Հոդվածում, որը հրապարակվել է հուլիսի 23-ին, ասվում էր, որ նրանք երեք գիշեր անցկացրել են հինգաստղանի մի հյուրանոցում, որը Հինը պատվիրել էր կեղծ անվան տակ»:[35] Արագորեն լուրեր տարածվեցին, որ նրանք սիրավեպ ունեն, թեև երկու կողմերն էլ հերքեցին մեղադրանքները: Փոխարենը, նրանք պնդում էին, որ եկել էին Հռոմ՝ ֆինանսական նվիրատվություններ անելու Վատիկանին, կարծես դա ինչ-որ կերպ կարող էր մեղմել աղմկոտ սկանդալը: Երկու տարի անց՝ 2012 թվականին, Հինը հայտարարեց, որ ինքն ու իր կինը՝ Սյուզանը, նորից կամուսնանան՝ պսակադրվելով Պենտեկոստական պատրիարք Ջեք Հեյֆորդի կողմից: Սյուզանն ամուսնալուծության հայց էր ներկայացրել 2010 թվականի փետրվարին՝ պատճառաբանելով անհաշտ տարաձայնությունները: Ավելի ուշ Բենին հայտարարեց, որ իրենց բաժանումը կապված է կնոջ՝ դեղերից կախվածության հետ:[36]

Վերևում բերված օրինակները ներկայացնում են միայն մի քանի ազգային և միջազգային սկանդալներ, որոնք անընդհատ պատուհասում են խարիզմատիկ շարժմանը:[37] Բայց դրանք բավարար ապացույցներ են տալիս այն մասին, ինչը *Թայմ* ամսագիրը «Հիսունական հայտնի քարոզիչների և սկանդալի միջև երկարամյա մագնիսականություն» է անվանում:[38] Մեկնաբանելով նմանատիպ միջադեպերը՝ *Խարիզմա* ամսագրի խմբագիր Ջ. Լի Գրեդին ստիպված է խոստովանել. «Ես անձնական վենդետա չունեմ այս մարդկանց դեմ, բայց ես խնդիր չունեմ ասելու, որ նրանք Նադաբի և Աբիուդի ժամանակակից գործընկերներն են: Նրանք հոգևոր խաբեբաներ են: Նրանք օտար կրակի հետ են խաղում: Նրանք անելիք չունեն ծառայության մեջ և իրենց հասցրած վնասի համար դեռ պատասխան են տալու Աստծուն»:[39]

Գրեյդին իրավացի է, որ տագնապում է, բայց նա չի կարողանում այս սկանդալները դիտարկել որպես ծայրամասային խնդիր: Իրականում դրանք համակարգային սխալների ախտանիշներ են: Նման սկանդալները թափանցում են խարիզմատիկ պատմության մեջ: Հետևեք նրանց իրենց աղբյուրից և կբացահայտեք, որ դրանք արմատացած են վատ վարդապետության մեջ: Պարզ ասած՝ բարոյական և հոգևոր ձախողումները, ինչպիսիք մենք արձանագրեցինք այս գլխում, նեխած պնևմատոլոգիայի անխուսափելի հետևանք են՝ կեղծ ուսմունք Սուրբ Հոգու մասին:

Անհնար է անտեսել սկանդալների այդ երկար ցանկի միջով անցնող հետևողական շարանը. անկախ նրանից, թե որքան լուրջ է օրինազանցությունը կամ որքան խորն է նախնական հանրային զայրույթը, խարիզմատիկ շարժման որակազրկված հովիվները սովորաբար հնարավորինս արագ վերականգնըվում են իրենց ամբիոններում, երբեմն ընդամենը մի քանի շաբաթվա ընթացքում (իսկ երբեմն, նույնիսկ վատագույն դեպքում, նրանց թույլատրվում է շարունակել առանց ընդհատումների): Սա մեծապես պայմանավորված է նրանով, որ խարիզմատիկ ժողովներում մարդկանց սովորեցվում է իրենց առաջնորդներին դիտել որպես գերմարդկային հոգիներ, որոնք բարձր կապեր ունեն անձամբ Աստծո հետ և, հետևաբար, տեղական մակարդակում ենթակա կամ հաշվետու չեն որևէ մեկին:

Ինչպես բացատրում է աստվածաբանության պրոֆեսոր Չադ Բրենդը. «Քանի որ այս անձն ընկալվում է որպես խարիզմատիկ ուժ կամ օծություն, նրա ձախողումը... հաճախ հեշտությամբ ներվում և անտեսվում է»:[40] Նշելով Ջոն Հեյգիի 1975-ի, Ռիչարդ Ռոբերթսի (Օրալ Ռոբերթսի որդու) 1979-ի և Պաուլայի ու Ռենդի Ուայթի 2007-ի ամուսնալուծությունները՝ Բրենդն ավելացնում է. «Թեև այս ամուսնալուծությունները հետևանքներ են ունեցել իրենց ծառայությունների վրա, ամեն դեպքում, ծառայությունը միայն դրանից հետո է ծաղկել: Ավետարանական այլ ավանդույթների մեծ մասում ամուսնալուծությունների ազդեցությունն ավելի խորն է զգացվել խնդրո առարկա ծառայողների կողմից»:[41]

Հեգնանքն անխուսափելի է. շարժումը, որը պնդում է, որ ամենաշատն է համահունչ Սուրբ Հոգուն, միաժամանակ ամենաքիչն է մտահոգված անձնական սրբությամբ և մաքրությամբ այն մակարդակում, որտեղ Սուրբ Գիրքը սահմանում է ամենաբարձր չափանիշը՝ որակավորումներ նրանց համար, ովքեր քարոզում և ուսուցանում են: Քանի որ մարդիկ իրենց ղեկավարներից վեր չեն բարձրանում, ժողովը լի է նույնատեսակ մեղքերով:

Հոգու իրական աշխատանքը սրբություն է առաջացնում մարդկանց կյանքում: Երբ շարժման ղեկավարությունը մշտապես պատված է սկանդալով և կոռուպցիայով, այդ ամենը կասկածի տակ է դնում դրա հետևում կանգնած հոգևոր ուժերին: Սուրբ Հոգին ակտիվորեն մասնակցում է Իր ժողովրդի սրբացմանը՝ զորացնելով նրանց պայքարելու մարմնի դեմ՝ միաժամանակ աճելով քրիստոսանմանությամբ: Մյուս կողմից՝ մարմնական անզուսպ ցանկությունները բնորոշ են կեղծ ուսուցիչներին (2 Պետ. 2.10, 19):

Երրորդ փորձ. արդյո՞ք այն մարդկանց ուղղորդում է դեպի Սուրբ գրությունները

Սուրբ Հոգու իրական աշխատանքի երրորդ տարբերակիչ նշանն այն է, որ այն ուղղորդում է մարդկանց դեպի Աստծո խոսքը: Ինչպես բացատրեց Ջոնաթան Էդվարդսը. «Այն հոգին, որը գործում է այնպես, որ մարդկանց մեջ ավելի մեծ հարգանք առաջացնի Սուրբ գրությունների նկատմամբ և ավելի հաստատի նրանց ճշմարտության և աստվածության մեջ, անշուշտ Աստծո Հոգին է»:[42] Էդվարդսն այս սկզբունքը վերցրեց 1 Հովհ. 4.6-ից, որտեղ Հովհաննես առաքյալն իր ընթերցողներին ասաց. «Մենք Աստծուց ենք: Նա, ով ճանաչում է Աստծուն, լսում է մեզ. նա, ով Աստծուց չէ, չի լսում մեզ: Սրանով մենք ճանաչում ենք ճշմարտության հոգին և խաբեության հոգին»: Հոգու ճշմարիտ աշխատանքը հավատացյալներին առաջնորդում է ենթարկվելու առաքելական ուսմունքին (այսինքն՝ Նոր Կտակարանին) և ընդհանրապես ամբողջ Աստվածաշնչին: Նա առաջնորդում է նրանց դեպի ավելի մեծ գնահատանք և սեր դեպի Սուրբ գրությունները: Ընդհակառակը, կեղծ մարգարեները նսեմացնում են Աստծո խոսքը՝ ավելացնելով իրենց սեփական գաղափարները և խեղաթյուրելով իմաստը (տես 2 Պետ. 3.16):

Աստվածաշունչը բացահայտում է Սուրբ Հոգու և Նրա ներշնչած Սուրբ գրությունների անքակտելի կապը (2 Պետ. 1.20–21): Հին Կտակարանի մարգարեները Նրա կողմից մղվեցին կանխագուշակելու Տեր Հիսուս Քրիստոսի գալուստը (1 Պետ. 1.10–11, տես Գործք 1.16; 3.18): Առաքյալները նույնպես Հոգուց էին ներշնչված՝ կազմելու աստվածաշնչյան ավետարանները և գրելու Նոր Կտակարանի նամակները (Հովհ. 14.25–26; 15.26): Խոսելով այն հայտնության մասին, որը Սուրբ Հոգին բերելու էր առաքյալներին՝ Տեր Հիսուսը բացատրեց նրանց. «Ես դեռ շատ բաներ ունեմ ձեզ ասելու, բայց դուք հիմա չեք կարող դրանք տանել: Բայց երբ Նա՝ ճշմարտության Հոգին, գա, Նա ձեզ կառաջնորդի դեպի ողջ ճշմարտությունը: Որովհետև Նա չի խոսի Իր նախաձեռնությամբ, այլ ինչ որ լսի, Նա կխոսի. և Նա կբացահայտի ձեզ, թե ինչ է լինելու: Նա կփառավորի Ինձ, որովհետև Նա կվերցնի Իմից և կհայտնի ձեզ: Այն ամենը, ինչ Հայրն ունի, Իմն է. ուստի, ասացի, որ Նա վերցնում է Իմից և կհայտնի ձեզ» (Հովհ. 16.12–15): Ինչպես Տերը պարզեց, Սուրբ Հոգին չէր խոսելու Իր նախաձեռնությամբ, այլ հայտնելու էր նրանց Քրիստոսի խոսքը: Այդ խոստումը կատարվեց Նոր Կտակարանը գրելիս:

Աստվածաշունչը Սուրբ Հոգու գիրքն է. Նա ոգեշնչեց այն և Նա զորացնում է այն: Այն հիմնական գործիքն է, որը Նա օգտագործում է մեղավոր աշխարհին դատապարտելու (Հովհ. 16.8–11; Գործք 2.37), մեղավորներին դեպի Փրկիչն ուղղորդելու (Հովհ. 5.39; 1 Հովհ. 5.6) և հավատացյալներին իրենց Տիրոջ պատկերին համապատասխանեցնելու համար (2 Կոր. 3.18; 1 Պետ. 2.2): Համապատասխանաբար, Սուրբ գրությունները նկարագրվում են որպես «Հոգու սուր»: Հավատացյալների համար այդ սուրը Հոգով զորացած միջոց է գայթակղությունից պաշտպանվելու համար (Եփ. 6.17), իսկ անհավատների համար այն ճշգրիտ գործիք է, որն օգտագործվում է Սուրբ Հոգու կողմից անհավատ սրտերը խոցելու համար (Եբր. 4.12): Եփեսացիս 5.18-ի համեմատությունը Կողոսացիս 3.16-ի հետ ցույց է տալիս, որ «Հոգով լցվելու» պատվիրանը զուգահեռ է

«Քրիստոսի խոսքի՝ ձեր մեջ առատորեն բնակվելու» պատվիրանին, քանի որ երկուսն էլ տալիս են նույն արդյունքները (տես Եփ. 5.18–6.9, Կող. 3.16–4.1):

Ինչպես բացատրում է մեկնաբաններից մեկը. «Հնարավոր չէ, որ Աստծո խոսքը բնակվի հավատացյալների մեջ, եթե նրանք լցված չեն Հոգով. և ընդհակառակը, քրիստոնյաները չեն կարող լցվել Հոգով առանց Քրիստոսի խոսքի՝ իրենց մեջ բնակվելու»:[43] Հոգով լցված լինելը սկսվում է Սուրբ Գրքով հագեցած լինելուց, քանի որ հավատացյալները ենթարկվում են Քրիստոսի խոսքին, նրանք միաժամանակ հայտնվում են Սուրբ Հոգու սրբագործող ազդեցության տակ: Հոգին է, որ լուսավորում է նրանց սրտերը, որպեսզի երբ նրանք աճեն Տեր Հիսուսի մասին իրենց գիտելիքների մեջ, համապատասխանաբար խորանա նրանց սերը Փրկչի հանդեպ (տես 1 Կոր. 2.12–16):

Սուրբ Հոգին երբեք չի խանգարի մարդկանց կարդալ, ուսումնասիրել և կիրառել Սուրբ Գիրքը, որը Նա ներշնչել է, զորացնում և լուսավորում է փրկության և սրբացման համար: Այնուամենայնիվ, ժամանակակից խարիզմատիկ շարժումը սեպ է խրում Աստվածաշնչի և նրա աստվածային Հեղինակի միջև՝ հավանություն տալով *ոչ աստվածաշնչյան* փորձառություններին և պաշտպանելով *արտաաստվածաշնչյան* հայտնությունները, կարծես Սուրբ Հոգին խոսում է Իր նախաձեռնությամբ կամ գործում է եկեղեցում այսօր՝ Իր խոսքի ճշմարտությանը հակառակ ձևով: Հորինելով Հոգու իրենց տարբերակը՝ խարիզմատիկներն ակնկալում են, որ Նա խոսի և գործի նոր ձևերով, որոնք կապ չունեն Սուրբ Գրքի հետ: Արդյունքում, աստվածաշնչյան հայտնությունը կոպտորեն նսեմացվում, արժեզրկվում և նվազում է:

Շատ խարիզմատիկ շրջանակներում ցնցող ենթատեքստն այն է, որ Աստծո խոսքի լուրջ ուսումնասիրությունը սահմանափակում կամ խափանում է Հոգու աշխատանքը:[44] Բայց ոչինչ չի կարող հեռու լինել ճշմարտությունից: Տեքստի հարցումը չի *շրջանցում* Սուրբ Հոգուն. այն պատվում է Նրան (տես Գործք 17.11): Ուսումնասիրել Սուրբ գրությունները՝ պարզելու դրանց ճշգրիտ իմաստը, նշանակում է ուղղակիորեն լսել Սուրբ Հոգուն, քանի որ Նա է, ով ներշնչել է յուրաքանչյուր բառը:

Հոգուց ներշնչված Սուրբ Գրքի հանդեպ ավելի մեծ գնահատանք սերմանելու փոխարեն, որն Աստված բարձրացնում է այնքան, որքան Իր սեփական անունը (Սաղ. 138.2), խարիզմատիկ շարժումը մարդկանց մղում է աստվածային հայտնություն փնտրելու Աստվածաշնչից *դուրս* անսահման վայրերում: Այդ թերի նախադրյալի հետևանքներն աղետալի են՝ ոչնչացնելով Սուրբ Գրքի բավարարության վարդապետությունը և արդյունավետորեն անտեսելով փակ կանոնը: Ինքնահռչակ առաքյալ և Երրորդ ալիքի ճարտարապետ Փիթեր Վագները միայն մեկ օրինակ է ներկայացնում նրանցից, ովքեր լկտիաբար կասկածի տակ են դնում աստվածաշնչյան հայտնության եզակիությունը՝ պնդելով, որ աստվածային հայտնությունը դեռևս տրվում է այսօր: Վագները գրում է.

> Ոմանք դեմ են այն մտքին, որ Աստված անմիջականորեն շփվում է մեզ հետ՝ ենթադրելով, որ այն ամենը, ինչ Աստված ցանկանում էր հայտնել, Նա հայտնեց Աստվածաշնչում: Սա այնուամենայնիվ չի կարող ճիշտ լինել, քանի որ Աստվածաշնչում ոչինչ չկա, որ ասի, թե այն ունի 66 գիրք: Փաստորեն, Աստծուց մի երկու հարյուր տարի պահանջվեց՝ հայտնելու եկեղեցուն, թե որ գրությունները պետք է ներառվեն Աստվածաշնչում, որոնք՝ ոչ: Դա արտաաստվածաշնչյան հայտնություն է: Չնայած դրան, կաթոլիկներն ու բողոքականները դեռևս տարաձայնություններ ունեն թվի շուրջ: Դրանից բացի, ես հավատում եմ, որ աղոթքը երկկողմանի է. մենք խոսում ենք Աստծո հետ և ակնկալում, որ Նա խոսի մեզ հետ: Մենք կարող ենք լսել Աստծո ձայնը. Նա նաև նոր բաներ է հայտնում մարգարեներին, ինչպես տեսանք:[45]

Նման մտածողությունը բացահայտում է, թե որքան վտանգավոր կարող է լինել խարիզմատիկ մտածողությունը, երբ բացահայտորեն կասկածի տակ է դրվում և նույնիսկ անուղղակիորեն հերքվում այնպիսի հիմնարար բանն, ինչպիսին Սուրբ Գրքի փակ կանոնն է: Զարմանալի չէ, որ ինքը Վագներն իր կարիերան անցկացրել է որպես բազմաբնույթ հերետիկոսություններն ամենուր տարածող մատակարար, որը գնալով ավելի է ցածրացել՝ ավելի ու ավելի հեռանալով աստվածաշնչյան հայտնության խարսխից:[46]

Խարիզմատիկ հեղինակ Ջեք Դիրն այնքան հեռու է գնում, որ Սուրբ Գրքի բավարարությունը *դիվային* վարդապետություն է անվանում: Նրա խոսքերով.

> Որպեսզի կատարենք Աստծո բարձրագույն նպատակը մեր կյանքում, մենք պետք է կարողանանք լսել Նրա ձայնը ինչպես գրավոր խոսքում, այնպես էլ երկընքից նոր ասված խոսքում... Սատանան հասկանում է քրիստոնյաների՝ Աստծո ձայնը լսելու ռազմավարական կարևորությունը, ուստի նա տարբեր հարձակումներ է սկսել մեր դեմ այս տարածքում: Նրա ամենահաջող հարձակումներից մեկը եղել է վարդապետության մշակումը, որն ուսուցանում է, որ Աստված այլևս չի խոսում մեզ հետ՝ բացառությամբ գրավոր խոսքի: Ի վերջո, այս վարդապետությունը դիվային է, [չնայած] նույնիսկ քրիստոնյա աստվածաբաններն են օգտագործվել այն կատարելագործելու համար:[47]

Դիրը պնդում է, որ քրիստոնյաները պետք է աստվածային հայտնություն փնտրեն Սուրբ Գրքի էջերից դուրս: Այնուամենայնիվ, նա ընդունում է, որ խարիզմատիկ տեսանողների մարգարեությունները լի են սխալներով, և նա ընդունում է. գրեթե անհնար է մեկնաբանել արտաաստվածաշնչյան հաղորդագրությունները որևէ աստիճանի վստահությամբ: Դիրը նույնիսկ ընդունում է. «Մենք կարող ենք սխալմամբ մեր մըտքերը շփոթել Աստծո հայտնության հետ»:[48] Ինչպես կտեսնենք 6-րդ գլխում, երևակայական հայտնություններն ու ոչ ճշգըրիտ «մարգարեությունները» հանդիսանում են խարիզմատիկ շարժման հիմնական մթերքը:

Չնայած այս ենթադրյալ նոր «հայտնության» կողմից հասցըվող լուրջ շեղմանը և հնարավոր վնասին՝ որոշ խարիզմատիկ եկեղեցիներ շարունակում են ժամանակակից մարգարեությունները ավելի կարևոր համարել, քան Աստվածաշունչը:

Ինչպես նշում է հեղինակներից մեկը, «եկեղեցիները, որոնք հակված են նոր հայտնությունների, հաճախ Աստվածաշնչից վեր դասվող, ներառում են Ջոն Ռոբերտ Սթիվենսի հիմնած Կենդանի խոսքի եկեղեցին և Բոլոր մարդկանց համար միացյալ աղոթքի տունը: Սթիվենսը սովորեցնում է, որ Աստվածաշունչը հնացել է և պետք է լրացվի Հոգուց ներշնչված մարգարեություններով մեր ժամանակների համար»:[49] Եկեղեցիների մեծ մասն, իհարկե, չի գնում այդ ծայրահեղությանը: Այնուամենայնիվ, նման օրինակները ներկայացնում են խարիզմատիկ պնդման տրամաբանական եզրահանգումը, որ Աստված այսօր նոր հայտնություն է տալիս եկեղեցուն: Եթե Հոգին դեռևս աստվածային հայտնություն է տալիս, ինչո՞ւ մենք չհավաքենք և չավելացնենք այդ խոսքերը մեր Աստվածաշնչերում:

Իրականությունն այն է, որ ժամանակակից խարիզմատիկ շարժումը կեղծ կերպով իրեն անվանում է ավետարանական, քանի որ այն խաթարում է Սուրբ Գրքի հեղինակությունն ու բավարարությունը: Ոչ ուղղափառ, ոչ էլ իսկապես ավետարանական է՝ Աստվածաշնչից վեր բարձրացնել հոգևոր փորձառությունները՝ ներառյալ Աստծո թվացյալ հայտնությունները: Խոսելով Կերպարանափոխության ականատես լինելու իր փորձառության մասին՝ Պետ. առաքյալը տվեց այս հայտնությունը.

> Որովհետև մենք չհետևեցինք խելամտորեն հորինված առասպելներին, երբ ձեզ հայտնի դարձրինք մեր Տեր Հիսուս Քրիստոսի զորությունն ու գալուստը, այլ նրա մեծության ականատեսներն էինք: Որովհետև երբ նա ստացավ պատիվ և փառք Հայր Աստծուց, և ձայն բարձրացավ նրան մեծ փառքով. «Սա է իմ սիրելի Որդին, որից ես գոհ եմ»: Մենք ինքներս լսեցինք այս ձայնը, որ հնչում էր երկնքից, որովհետև նրա հետ էինք սուրբ լեռան վրա: Եվ մենք ավելի հաստատ բան ունենք՝ մարգարեական խոսքը, որին լավ կանեք ուշադրություն դարձնեք որպես մութ տեղում շողացող ճրագի, մինչև որ օրը բացվի և ձեր սրտերում ծագի առավոտյան աստղը: (2 Պետ. 1:16–19)

Կերպարանափոխաթյուն ժամանակ Պետ.ն ականատես եղավ անզուգական գերբնական տեսարանի: Նա իսկապես աստվածային, երկնային փորձառություն ունեցավ: Այնուամենայնիվ, առաքյալը գիտեր, որ Սուրբ Գիրքը («մարգարեական խոսքը») «ավելի վստահելի» է, քան նույնիսկ ամենավսեմ փորձառությունները: Պետ.ի միտքը հենց այն է, ինչը շատ խարիզմատիկներ չեն կարողանում հասկանալ: Մարդկային փորձը սուբյեկտիվ է և սխալ. միայն Աստծո խոսքն է անխափան և անսխալական, քանի որ Հեղինակը կատարյալ է:

Ինչպես Պետրոսը, Պողոս առաքյալը նույնպես անհավատալի մի բան վերապրեց: Նա երկինք բարձրացավ, «հայտնվեց դրախտում»՝ «լսելով անպատմելի բաներ, որ մարդը չպետք է խոսի դրանց մասին» (2 Կոր. 12.4): Ի տարբերություն նրանց, ովքեր այսօր ֆանտաստիկ հեքիաթներ են պտտում անդրշիրիմյան կյանքի մասին և նույնիսկ կարիերա են կառուցում դասախոսությունների շրջանակում՝ խոսելով այն մասին, ինչ ենթադրաբար տեսել են երկնքում, Պողոսն ասաց, որ իր փորձառությամբ պարծենալը «շահավետ» (հ. 1) կամ հոգեպես ձեռնտու չէ: Ինչո՞ւ: Որովհետև նույնիսկ այդ իրական փորձառությունը չէր կարող ստուգվել կամ կրկնվել: Եթե Պողոսը պարծենալու լիներ, դա կլիներ Ավետարանի ճշմարտության և իր իսկ փրկության հրաշքի սահմաններում (Գաղ. 6.14): Իրականում, Պողոսին իրական տեսիլքներից և հայտնություններից հետ պահելու համար Տերը նրա «մարմնի մեջ մի դաժան խայթ տվեց, սատանայի մի պատգամաբեր՝ տանջելու [նրան], որպեսզի չբարձրացնի [իրեն]» (2 Կոր. 12.7): Իր գերբնական փորձառություններով պարծենալու փոխարեն՝ Պողոսը կանչվեց քարոզելու Աստծո խոսքը (2 Տիմ. 4.2), քանի որ աստվածաշնչյան Ավետարանը «Աստծո զորությունն է ամեն հավատացողի փրկության համար» (Հռ. 1.16):

Ո՞վ է աստվածաշնչյան հայտնության աղբյուրը և զորությունը: Եթե հետ նայենք կերպարանափոխության մասին Պետ.ի պատմածին, կտեսնենք, որ նա պատասխանում է այդ հարցին ընդամենը երկու համար հետո. «Որովհետև ոչ մի մարգարեություն մարդկային կամքի համաձայն չի եղել, այլ ներշնչվելով Սուրբ Հոգուց...» (2 Պետ. 1.21): Երբ մենք հնազանդվում ենք

Աստծո խոսքին՝ որպես մեր իշխանությանը, մենք ենթարկվում ենք հենց Հոգուն, քանի որ Նա է ներշնչել դրա պարունակած յուրաքանչյուր բառ: Հոգու ոչ մի ճշմարիտ աշխատանք չի հակասի, չի արժեզրկի կամ նոր հայտնություն չի ավելացնի Սուրբ գրություններին (տե՛ս Հայտ. 22.17–19): Փոխարենը, այն կբարձրացնի աստվածաշնչյան ճշմարտությունը հավատացյալների սրտերում և մտքերում:

Չորրորդ փորձ. արդյո՞ք այն բարձրացնում է ճշմարտությունը

Չորրորդ և ավելի սերտորեն կապված փորձը, որը պետք է կիրառվի Սուրբ Հոգուն վերագրվող ցանկացած աշխատանքի համար, հետևյալն է՝ արդյո՞ք այն ընդգծում է հոգևոր ճշմարտությունը և վարդապետական պարզությունը, թե՞ շփոթություն է ստեղծում և խթանում դրան:

1 Հովհ. 4.6 -ում Հովհաննես առաքյալը հստակ ձևակերպեց. «Ճանաչում ենք ճշմարտության հոգին և մոլորության հոգին»: Սուրբ Հոգին, որը սահմանվում է ճշմարտությամբ, խիստ հակադրվում է մոլորության կեղծ հոգիներին, որոնք բնութագրվում են սխալներով և կեղծիքներով: Երբ հոգևոր շարժումը հայտնի է առողջ աստվածաբանությունը պաշտպանելու, կեղծ ուսմունքը դատապարտելու և մակերեսային միասնությունն ատելու համար, սրանք հստակ ցուցումներ են, որ այն Սուրբ Հոգու իսկական գործն է:[50] Ընդհակառակը, հավատացյալները պետք է զգուշանան ցանկացած կրոնական համակարգից, որն անտեսում է առողջ վարդապետությունը, տարածում է կեղծիքը կամ ուրախությամբ հավանություն տալիս էկումենիկ փոխզիջմանը:

Ցավալի փաստն այն է, որ աստվածաշնչյան ճշմարտությունը երբեք չի բնորոշել խարիզմատիկ շարժումը, որտեղ հոգևոր փորձառությունը շարունակաբար բարձրացվում է առողջ վարդապետությունից: Ինչպես հակիրճ բացատրում է աստվածաբան Ֆրեդերիկ Դեյլ Բրուները. «Պենտեկոստալիզմը ցանկանում է ընկալվել որպես փորձառական քրիստոնեություն՝ իր փորձառությամբ, որը հանգում է հավատացյալի՝ Սուրբ Հոգով մկրտությանը, ապացուցված, ինչպես Պենտեկոստեին, այլ լեզուներով խոսելու ունակությամբ: ... Կարևոր է նկատել, որ *ոչ թե վարդապետությունը*, այլ Սուրբ Հոգու *փորձառությունն* է, որից հիսունականները բազմիցս կառչում են»:[51]

Դրա օրինակը երևում է Պենտեկոստալիզմի պատմության մեջ. մի շարժում, որը լեզուներով խոսելը դարձրեց իր աստվածաբանության առանցքը (հիմնված Հոգու մկրտության սխալ տեսակետի վրա): Ինչպես տեսանք 2-րդ գլխում, երբ հիսունականներն ուսումնասիրում էին Սուրբ Գրքի տեքստը, նրանք համոզվեցին, որ Աստվածաշնչի լեզուները իսկական օտար լեզուներ են: Բայց ի՞նչ պատահեց, երբ ակնհայտ դարձավ, որ «պարգևի» նրանց ժամանակակից տարբերակը բաղկացած չէ իրական լեզուներից: Եթե Սուրբ Գիրքը լիներ նրանց բարձրագույն իշխանությունը, նրանք ընդհանրապես կհրաժարվեին այդ պրակտիկայից՝ գիտակցելով այն փաստը, որ այն, ինչ անում էին, չէր համապատասխանում աստվածաշընչյան նախադեպին: Փոխարենը, նրանք արմատապես փոխեցին Նոր Կտակարանի իրենց մեկնաբանությունը՝ շահարկելով տեքստը, որպեսզի արդարացնեն և պահպանեն կեղծիքը: Այսպիսով, լեզուների մասին Սուրբ Գրքի հստակ ուսմունքը խեղաթյուրվեց, որպեսզի լեզուները վերասահմանվեն որպես անիմաստ շաղախություն և դրանով իսկ համապատասխանեն ժամանակակից երևույթին:

Գործնական մակարդակում հիսունական եկեղեցիները կանոնավոր կերպով բարձրացնում են փորձը ճշմարտությունից: Ոչ աստվածաշնչյան պրակտիկաները, ինչպիսին է Հոգով տարվելը, խթանվում են ոչ թե այն պատճառով, որ դրանք սուրբգրային երաշխիքներ ունեն, այլ այն պատճառով, որ դրանից մարդիկ իրենց լավ են զգում: Կանանց թույլատրըվում է հովիվ լինել եկեղեցում ոչ թե այն պատճառով, որ Նոր Կտակարանը դա թույլ է տալիս (1 Տիմ. 2.12), այլ այն պատճառով, որ կին առաջնորդությունը միշտ եղել է խարիզմատիկ շարժման բնորոշ նշանը: Երկրպագության անմիտ և վերահսկողությունից դուրս ձևերը խրախուսվում են ոչ թե այն պատճառով, որ Աստվածաշունչը ներում է դրանք (1 Կոր. 14.33), այլ այն պատճառով, որ էմոցիոնալ եռանդն անհրաժեշտ է էքստազ առաջացնելու համար: Ավելի շատ օրինակներ կարելի է բերել, որոնք ցույց են տալիս, որ հիսունականության մեջ հոգևոր փորձառությունը հետևողականորեն գերազանցում է աստվածաշնչյան հեղինակությանը:

Ինչպես արդեն տեսանք, 1960-ականներին սկիզբ առած խարիզմատիկական նորացման շարժումը հղի է նույն խնդրով. մի կետ, որը, թերևս, առավել հստակ երևում է շարժման պատրաստակամությունից՝ քողարկելու հիմնական վարդապետական տարբերությունները՝ հանուն մակերեսային միասնության, որը կառուցված է ոչ այլ ինչի վրա, քան ընդհանուր փորձի:[52] Փորձառության վրա հիմնված այս ներառականության ամենավառ օրինակը, ինչպես նախկինում նշվեց, կաթոլիկ խարիզմատիկության ընդունումն էր ավելի լայն խարիզմատիկ շարժման կողմից: Արդյունքում, բողոքական վարդապետության պատմական առանձնահատկությունները մի կողմ են դրվել (կամ համարվել աննշան) շատ խարիզմատիկների կողմից, պարզապես այն պատճառով, որ նրանց կաթոլիկ գործընկերները խոսել են լեզուներով կամ ընդունել են խարիզմատիկ *փորձառության* այլ կողմերը: Այսօր կան նույնիսկ խարիզմատիկ մորմոններ:[53] Անկախ նրանից, թե ուրիշ ինչ են նրանք ուսուցանում, եթե նրանք ունեցել են այդ փորձառությունը, նրանք դրա մեջ են:

Խարիզմատիկ հեռուստատեսության սովորական հետազոտությունն, ի վերջո, ցույց է տալիս, որ շատ խարիզմատիկների համար անձնական փորձը գերազանցում է առաջարկվող ճշմարտությանը: Ես երկար տարիներ սպասում էի, որ լսեմ, թե ինչպես է խարիզմատիկ հեռուստահաղորդավարն ընդհատում հյուրին և ասում. «Դա ճիշտ չէ: Դա Աստծո խոսքում չկա: Մենք դա չենք ընդունի: Դուք չեք կարող դա հաստատել Սուրբ Գրքով»: Բայց նման առճակատում երբեք տեղի չի ունենում, անկախ նրանից, թե ինչ է ասվում: Դա կարող է լինել ամենատարօրինակ աստվածաբանական պնդումը կամ Սուրբ Գրքի ամենածիծաղելի սխալ մեկնաբանությունը, որտեղ տեքստը հանվում է իր համատեքստից այնպես, որ դրա իմաստը անհույս կերպով աղավաղվում է, բայց ոչ ոք երբեք կանգ չի առնում և ասում. «Սպասի՛ր, դա հերետիկոսություն է, դա ճիշտ չէ»:

Խարիզմատիկ շրջանակներում վարդապետական խորաթափանցության և աստվածաբանական հաշվետվողականության բացակայությունը որոշ դիտորդների ստիպել է լուրջ մտահոգություններ հնչեցնել. «Խարիզմատիկ շարժումը որպես ամբողջություն դեռ պետք է ինտեգրի Սուրբ Գրքի մեծ վարդապետական ճշմարտություններն իր ժողովրդի կյանքում: Սուրբ Հոգու վերաբերյալ ունեցած փորձառության վրա մեծ շեշտադրմամբ աստվածաբանության ջանասիրաբար ուսումնասիրության արժեքը հաճախ անտեսվում է»: [54] Մեղմ է ասված: Վարդապետական առումով խարիզմատիկ շարժումն արտացոլում է դատավորների ժամանակաշրջանը՝ Իսրայելի պատմության այն ժամանակահատվածը, երբ «յուրաքանչյուրն անում էր այն, ինչ ճիշտ էր իր աչքերում» (Դատ. 21.25): Արդյունքում, գրեթե անհնար է սահմանել խարիզմատիկ շարժումը վարդապետական ձևով՝ բացառությամբ նրա շեղումների: Այն հակառակվում է աստվածաբանական դասակարգմանը, քանի որ ունի տեսակետների այնպիսի լայն և աճող սպեկտր, որոնցից յուրաքանչյուրը ենթակա է անձնական ինտուիցիայի կամ երևակայության:

Նույնիսկ խարիզմատիկ հեղինակներն են ընդունում, որ իրենց դեմ տարածված բողոքը հետևյալն է. նրանք «նախ՝ փորձում են ինչ-որ բան, ապա շտապում դեպի Սուրբ Գիրքը՝ գտնելու իրենց հետ կատարվածի հիմնավորումը»:[55] Նման հեղինակներից մեկն այսպես է ասում. «Մի՛ վերցրեք վերահսկողություն, մի՛ դիմադրեք, մի՛ վերլուծեք. պարզապես հանձնվե՛ք Նրա սիրուն: Դուք կարող եք վերլուծել ձեր զգացածն ավելի ուշ, պարզապես թու՛յլ տվեք, որ այն տեղի ունենա»:[56] Բայց դա բոլորովին սխալ է: Մենք պետք է սկսենք Աստծո խոսքից՝ թույլ տալով, որ տեքստի պատշաճ մեկնաբանությունը կառավարի մեր փորձառությունները: Հոգու իրական աշխատանքը բարգավաճում է առողջ վարդապետության վրա: Այն նպաստում է աստվածաշնչյան ճշմարտությանը, այն չի մերժում կամ որպես սպառնալիք չի տեսնում դա: Երբ փորձը դառնում է ճշմարտության լակմուսային չափանիշը, սուբյեկտիվիզմը դառնում է գերիշխող, և ո՛չ վարդապետությունը, ո՛չ պրակտիկան չեն սահմանվում Սուրբ Գրքի աստվածային չափանիշով:

Խարիզմատիկները նսեմացնում են վարդապետությունը այն նույն պատճառով, որով նսեմացնում են Աստվածաշունչը. նրանք կարծում են, որ հավերժական, օբյեկտիվ ճշմարտության նկատմամբ ցանկացած մտահոգություն խեղդում է Հոգու աշխատանքը: Նրանք պատկերացնում են Հոգու ծառայությունը որպես ամբողջովին ազատահոս, անսահման ճկուն մի երևույթ՝ այնքան սուբյեկտիվ, որ հակասում է սահմանմանը: Հավատամքները, հավատի խոստովանությունները և համակարգված աստվածաբանությունը դիտվում են նեղ, սահմանափակող, ոչ այնքան առաձգական, որպեսզի Հոգին գործի ներսում: Ընդունելով այս միտումը խարիզմատիկ շրջանակներում՝ հեղինակներից մեկը գրել է. «Քոլեջի մի ուսանող մի անգամ զգուշացրեց ինձ «դևերի վտանգավոր վարդապետության»՝ համակարգված աստվածաբանության իր նկարագրության, մասին: «Տերը մեզ է տվել Սուրբ Հոգին՝ Սուրբ Գիրքը մեկնելու համար», - բացատրեց նա: «Վարդապետություն ուսուցանելը սատանայի փորձն է՝ օգտագործելու մեր միտքը Աստվածաշունչը հասկանալու, ոչ թե Սուրբ Հոգուն ապավինելու համար»:[57]

Սա ցնցող հայտարարություն է: Իրականում միակ բանը, որ խեղդում է լավ աստվածաբանությունը, մոլորությունն է, այդ իսկ պատճառով, առողջ վարդապետությունը միակ ամենամեծ հակաթույնն է խարիզմատիկ շեղումների դեմ: Հիշեք, որ Սուրբ Հոգին ճշմարտության Հոգին է (Հովհ. 16.13): Նրա կամքի ցանկացած դրսևորում բարձրացնում է աստվածաշնչյան ճշմարտությունը և առողջ վարդապետությունը Նրա ժողովրդի սրտերում և մտքերում:

Հինգերորդ փորձ. արդյո՞ք այն սեր է առաջացնում Աստծո և ուրիշների հանդեպ

Ջոնաթան Էդվարդսը ձևակերպեց հինգերորդ և վերջին փորձությունը՝ ցանկացած հոգևոր շարժում գնահատելու համար. Հոգու իրական աշխատանքն ստիպում է մարդկանց մեծացնել իրենց սերն Աստծո և ուրիշների հանդեպ: Էդվարդսն այս սկզբունքը վերցրել է 1 Հովհ. 4.7–8 հատվածից, որտեղ Հովհաննես առաքյալը գրել է. «Սիրելինե՛ր, եկե՛ք սիրենք միմյանց, որովհետև սերն Աստծուց է, և ով սիրում է, Աստծուց է ծնված և ճանաչում է Աստծուն: Նա, ով չի սիրում, չի ճանաչում Աստծուն, քանի որ Աստված սեր է»: Հոգու հիմնական պտուղը սերն է (Գաղ. 5.21), և որտեղ իսկական *սեր* կա, ակնհայտ է Հոգու իրական աշխատանքը:

Հոգու իրական աշխատանքը սեր է առաջացնում Աստծո հանդեպ, որն արտահայտվում է սթափ մտածողությամբ երկրպագությամբ և գովասանքով: *Սա է աստվածաշնչյան պաշտամունքի սահմանումը:* Երկրպագությունն Աստծո հանդեպ սիրո արտահայտություն է և հետևաբար իր բնույթով ներգրավում է հոգու ավյունը: Քրիստոնյաների մեծամասնությունը, գոնե տարրական ձևով, հասկանում է այդ ամենը:

Բայց շատերը, կարծես, մտածում են, որ մենք իսկապես չենք երկրպագում, քանի դեռ մարդկային ինտելեկտն ինչ-որ կերպ չի անջատվում: Ես լսել եմ խարիզմատիկ քարոզիչներին, որոնք հորդորում են մարդկանց դադարեցնել իրենց ռացիոնալ ունակությունները, քանի որ ենթադրաբար Հոգին չի կարող աշխատել, եթե մենք շատ ենք մտածում: Դա բացարձակապես ոչ աստվածաշնչային հասկացություն է: Իսկական երկրպագության մեջ մտքերն ու զգացմունքները, մեր *բոլոր* մարդկային կարողությունների հետ միասին, մաքուր երկրպագությամբ կենտրոնացած են Աստծո վրա: Այդ սկզբունքը ենթադրվում է առաջին և մեծ պատվիրանում. «Սիրի՛ր քո Տեր Աստծուն քո ամբողջ սրտով, քո ամբողջ հոգով և քո ամբողջ *մտքով*» (Մատթ. 22.37):

Գովասանքի այն տեսակը, որը փնտրում է Հայրը, դժոխային խառնաշփոթության ձայնագրություն չէ: Երկրպագությունը սոսկ կատաղություն և զգացմունքայնություն չէ: «Նրանք, ովքեր երկրպագում են Նրան, պետք է երկրպագեն հոգով և ճշմարտությամբ» (Հովh. 4.24): Աստված «սիրում է ճշմարտությունը սրտում» (Սաղ. 51.6): Հետևաբար, ճշմարիտ երկրպագությունը (ինչպես իսկական սրբացումը) չի կարող շրջանցել միտքը. այս ամենը մտքի *նորոգման* մասին է (Հռ. 12.1–2, տես Եփ. 4.23–24): Ինչպես ասաց Ջոնաթան Էդվարդսը, իսկական, աստվածաշնչյան պաշտամունքը պետք է հանգեցնի մարդկանց «աստվածային էության և Նրա փառահեղ կատարելությունների մասին բարձր և վեհ մտքերի, [և այն] նրանց մեջ Հիսուս Քրիստոսի գերազանցության հիացական, սքանչելի զգացում է ստեղծում»:[58] Հետևանքն այն է, որ մենք դառնում ենք բոլորովին նոր մարդիկ՝ «նորացած գիտությամբ» (Կող. 3.10): Սուրբ գրությունը չի ճանաչում որևէ տեսակի հոգևորություն, որը շրջանցում է ինտելեկտը և գործում միայն զգացմունքների վրա:

Սակայն խարիզմատիկ երկրպագության ծառայությունները հաճախ բնութագրվում են անկարգություններով և քաոսով. մի տեսակով, որը չի պատվում Տիրոջը (1 Կոր. 14.33): Հոգեգալստական աստվածաբանության պրոֆեսորն ասում է. «Ես սիրում եմ խարիզմատիկ երկրպագությունն անվանել «ամբողջ մարմնի պաշտամունք»՝ սրտի և մտքի, հոգու և ուժի: Մենք խենթանում ենք, երբ մտածում ենք այն ամենի մասին, ինչ Աստված արել է մեզ համար և մեզ հետ: Նույնիսկ խենթանում ենք ավելի, քան մեր բասկետբոլի թիմի համար»:[59] Միացեք TBN-ին կամ որևէ խարիզմատիկ հեռուստատեսային ցանցի, և երկար ժամանակ չի պահանջվի՝ տեսնելու իռացիոնալ և էքստատիկ երևույթների օրինակներ՝ անմիտ խոսելուց, էքստազի մեջ ընկնելուց մինչև անզուսպ ծիծաղելը կամ նույնիսկ շների պես հաչել:[60]

Շատ հաճախ խարիզմատիկները մոտենում են երկրպագությանն ու աղոթքին առանց իրենց մտքի օգտագործման: Նրանք ասում են այնպիսի բաներ, ինչպիսիք են. «Գտեք հանգիստ տեղ: Դատարկեք ձեր միտքը: Լսեք ձեր շնչառությանը, կենտրոնացեք մեկ բառի վրա, օրինակ կարող է լինել «Տեր» կամ կենտրոնանալու մեկ այլ միջոց՝ մեղմ, հոգևոր երաժշտություն լսելը, որը թույլ է տալիս Սուրբ Հոգուն հանգիստ խոսել ձեզ հետ»:[61] Նրանք սկսում են կապել Հոգով լցված լինելը անմիտ տիրապետության հետ: Հիսունական մի կնոջ խոսքերով. «Ես միշտ ամաչում էի, երբ Սուրբ Հոգին մղում էր ինձ: Ես կարծում էի՝ մարդիկ կմտածեն, որ ես խելագար եմ: Դա շատ հզոր փորձ էր: Կարծես ես ամբողջովին կորցրել էի իմ մարմնի վերահսկողությունը, և ինչ-որ բան տիրել էր մարմնիս, և ես ոչինչ չէի կարողանում անել դա կանգնեցնելու համար»:[62]

Քաոսային խարիզմատիկ պաշտամունքի ամենավառ օրինակներից մեկը տեղի ունեցավ 1990-ականների կեսերին Տորոնտոյի Օրհնության ընթացքում: Սոցիոլոգիայի պրոֆեսոր Մարգարետ Մ. Պոլոման նկարագրում է 1995 թվականին, Տորոնտոյի օդանավակայանի Քրիստոնեական ընկերակցությունում տեղի ունեցած իր փորձառությունը:

> Ծիծաղի բռնկումները շարունակում էին թափ հավաքել: [Ավետարանիչ Բայրոն] Մոթեն հայտարարեց. «Աստված հիմնում է մի մեծ խնջույք»: Այնուհետև նա բացեց Ղուկասի առաջին գլուխը, կարծես թե սկսեց քարոզել Մարիամի՝ Հիսուսի մոր մասին: Մինչ մարդիկ շարունակում էին ծիծաղել ամբողջ դահլիճում, Մոթեի ելույթը դարձավ անորոշ: ...Նա նստեց՝ փորձելով հանգստություն ձեռք բերել՝ նմանվելով հարբած մեկի, որ պայքարում է աթոռակից չընկնելու համար: Մոթեն շուտով ընկավ հատակին «Հոգով հարբած», երբ մարդիկ ծիծաղում էին և ծափահարում: Յան Մոթեն այնուհետև փորձեց լրացնել իր ամուսնու տեղը որպես հանդիպման խոսնակ՝ վերադառնալով Սողոմոնի երգից մի հատվածի. «Թող նա համբուրի ինձ իր բերանի համբույրներով»: Թեև Յան Մոթեն նույնպես պայքարում էր իր հանգստությունը պահպանելու համար (ստիպված էր մի պահ նստել, քանի որ նրա «ծնկները թույլ էին»), նա խոսեց այն մասին, թե ինչպես է ծիծաղը բացում մարդկանց՝ Աստծո սերն ստանալու համար: Ժողովի անդամները, որոնք հոգևորապես հարբած չէին, պառկած էին հատակին կամ անկառավարելի ծիծաղում

էին, հետո հետևեցին նրան՝ երգելով «Իմ Հիսուս, ես սիրում եմ քեզ»:[63]

Նման տարօրինակ վարքագիծը հակասում է աստվածաշնչյան պաշտամունքին: Այն ծաղրում է այն, ինչը սուրբ է և Աստծուն վերաբերվում հարբած, անհարգալից ձևով: Թեև Տորոնտոյի օրհնությունը հազարամյակի սկզբից կորցրել է նշանավորությունը, այն ցույց է տալիս վայրի վարքագիծ, որը կարող է առաջանալ, երբ երկրպագության մեջ խրախուսվում է անզուսպ զգացմունքայնությունը: Նմանատիպ հնարքները բնորոշում էին Ազուսա փողոցի արթնության վաղ հիսունականներին: [64] Նույնիսկ Չարլզ Փարհամը՝ հիսունականության հիմնադիրը, սարսափով ետ քաշվեց որոշ բաներից, որոնք նա նկատեց այնտեղ. «Այս մոլեռանդ հանդիպումներից շատերի վայրի, տարօրինակ աղոթքի ծառայությունները, որտեղ շարժման մեջ գտնվող մարմինների շփումը նույնքան որոշակի և պախարակելի է, որքան պարասրահում, հանգեցնում է ազատ սիրո, անմիտ հարազատության և հոգեզուգակցման»: [65]

Լոնդոնի Մետրոպոլիտեն Թաբերնաքլի հովիվ Փիթեր Մասթերսը բացատրում է, թե ինչու են անզուսպ զգացմունքայնությունը և ռացիոնալ վերահսկողության կորուստը խարիզմատիկ երկրպագության հիմնական բաղադրիչը կազմում.

Խարիզմատիկները պնդում են, որ պահպանելով ռացիոնալ վերահսկողություն մեր մտքերի և գործողությունների վրա՝ մենք հակադրվում ենք և հանգցնում Սուրբ Հոգու աշխատանքը: Նրանք ասում են, որ հավատացյալները պետք է պատրաստ լինեն հանձնելու ռացիոնալ վերահսկողությունը, որպեսզի բաց լինեն աստվածային անմիջական գործունեության համար և՛ երկրպագության, և՛ քրիստոնեական ծառայության մեջ: Ջոն Ուիմբերը մտահոգությամբ է նշում, որ «վերահսկողությունը կորցնելու վախը սպառնում է արևմտյան քրիստոնյաների մեծամասնությանը»: Նա պնդում է, որ մենք պետք է հաղթահարենք մեր վախերը, որովհետև պետք է կորցնել ռացիոնալ վերահսկողությունը, որպեսզի լեզուներով խոսք տեղի ունենա, երկրպագության մեջ էքստատիկ սենսացիաներ լինեն, Աստծո կողմից հաղորդագրություններն ուղղակիորեն ընդունվեն մտքում և որպեսզի կատարվեն հրաշք իրադարձություններ, ինչպիսիք են բժշկությունները:[66]

Սակայն երկրպագության մեջ վերահսկողությունը կորցնելը լուրջ և ողբերգական սխալ է: Դա ինքնակամ, ինքնասպասարկող և ամբարիշտ մոտեցում է երկրպագությանը, քանի որ այն արտացոլում է անզգույշ արհամարհանք կամ մերժում հոգով և *ճշմարտությամբ* երկրպագության հանդեպ, այնպես, ինչպես Աստված ասել է, որ երկրպագենք (Հովհ. 4.24):[67]

> Այսպիսով, ինչպե՞ս պետք է գնահատենք երկրպագության սովորությունները, որոնք խրախուսում են ռացիոնալ վերահսկողության կորուստը: Ահա մի համոզիչ պատասխան. «Միտքը դատարկելու այս գաղափարը խորթ է քրիստոնեական մտածելակերպին: Այն շատ ավելի ընդհանրություններ ունի հեթանոսական պրակտիկաների հետ, ինչպիսիք են գերբնական մեդիտացիան, առեղծվածային ձեսերը, հիպնոսը և միտքը դատարկող այլ ընթացակարգերը, որոնք հաճախ դռներ են բացում դիվային ազդեցությունների համար: Մարդը, որ ցանկանում է ունենալ հոգևոր փորձառություն, որը շրջանցում է միտքը, կարող է բացվել այն հոգևոր սուբյեկտների առաջ, որոնց նա չի ցանկանում մասնակից լինել: ...Երբ մեկը հոգևորության կարճ ճանապարհ է փնտրում՝ ողողված առեղծվածային կամ հրաշագործ փորձառություններով, նա կարող է խոցելի դառնալ սատանայական խաբեության հանդեպ»:[68]

Խարիզմատիկ պաշտամունքի *միստիկան* միայն ավելի է վատանում, երբ միավորում է ուժերը բարգավաճման աստվածաբանության *նյութապաշտության* հետ: Ինչպես արդեն տեսանք, խարիզմատիկ շարժման մեջ նշանավոր ազդեցություններն Աստծուն վերաբերվում են այնպես, ասես Նա տիեզերական Ջմեռ պապ է, որն ուրախությամբ կատարում է նրանց յուրաքանչյուր նյութական ցանկությունը: Մյուսները Սուրբ Հոգուն վերաբերվում են այնպես, կարծես Նա էներգետիկ ուժ է՝ էլեկտրականության և հոգևոր ուժի կայծ, որն առաջացնում է էքստատիկ բզզոց: Երկու դեպքում էլ խարիզմատիկ միաբանները վարժված են մոտենալ Աստծուն մի բանի համար, որը կարող են ստանալ Նրանից: Ինչպես բացատրում է մի հեղինակ. «Բարգավաճման ավետարանը կրոնական քողարկված սառնասիրտ նյութապաշտությունն է: Այն ծաղկաքաղ է անում Աստվածաշնչի համարները, որպեսզի համապատասխանի «անվանի՛ր և պահանջի՛ր այն» տեսությանը, բայց այն չի սիրում Աստծուն: Այն ուզում է օգտագործել Աստծուն եսասիրական, թերզարգացած նպատակների համար»:[69] Ի հակադրություն՝ Աստծո հանդեպ իսկական սերն արտահայտվում է անձնուրաց հնազանդության և Նրա հանդեպ զոհաբերական ծառայության մեջ (Հռ. 12.1):

Ի լրումն Աստծո հանդեպ ավելի մեծ սեր առաջացնելու՝ Հոգու իսկական աշխատանքը նույնպես հավատացյալների մեջ անկեղծ և զոհաբերական սեր է սերմանում միմյանց հանդեպ: Այդպիսի սերը «ճշմարտությամբ է ուրախանում» (1 Կոր. 13.6), այսինքն՝ չի հանդուրժում կեղծ ուսմունքը մակերեսային միասնության համար: Ավելին, այն ձգտում է կառուցել ուրիշներին Քրիստոսի մարմնում: Այսպիսին է, անշուշտ, Պողոսի միտքը 1 Կորնթացիս 12–14 գլուխներում հոգևոր պարգևների մասին. նվերները պետք է օգտագործվեին եկեղեցու ներսում՝ այլ հավատացյալների շինության համար: 1 Կորնթացիս 12.7-ում նրա խոսքերը հստակեցնում են այս միտքը. «Հոգու դրսևորումը տրվում է յուրաքանչյուրին՝ ի շահ բոլորի»: Սա կրկնվում է 1 Կորնթացիս 13.5-ում, որտեղ Պողոսը բացատրում է, որ իսկական սերը «իրենը չի փնտրում»:

Բայց խարիզմատիկները վերափոխել են այն՝ պնդելով, որ որոշ շնորհներ (մասնավորապես լեզուների շնորհը) պետք է օգտագործվեն ինքնազարգացման համար:[70] Դա հենց այն խնդիրն էր, որ Պողոսը գրում էր, որպեսզի ուղղեր կորնթացիների կողմից հոգևոր պարգևների եսասիրաբար և ամբարտավան կերպով օգտագործումը: Այսօր խարիզմատիկ շարժումը կորնթոսյան սխալը դարձրել է իր շարժման տարբերակիչը: Բայց այդպիսի եսակենտրոնությունը կործանարար հետևանքներ է ունենում. «Անհնար է գնահատել անուղղելի վնասը, որը հասցվում է այն մտքից, թե հոգևոր պարգևները տրվում են ինքնաշենացման համար և կարող են օգտագործվել ինքնակատարելագործման նպատակով: Սա, անշուշտ, ոչ աստվածաշնչային է: Պարգևները տրվում են ոչ թե ինքնազարգացման, այլ ուրիշներին խրատելու համար»:[71]

Իրավիճակն ավելի վատթարացնելու համար հոգևոր պարգևների նկատմամբ այս եսակենտրոն մոտեցումը հաճախ զուգորդվում է բարգավաճման ավետարանի շահագրգիռ պահանջների հետ: Ճիշտ այնպես, ինչպես բարգավաճման աստվածաբանությունը փոխարինում է ճշմարիտ երկրպագությանը՝ ցանկությունների ցանկով, այն նաև փոխարինում է ուրիշների հանդեպ իրական սիրուն՝ նյութական շահի եսասիրական ցանկությամբ:

Անշուշտ, խարիզմատիկները պնդում են, որ իրենց շարժումը նշանավորվում է ուրիշների հանդեպ անկեղծ սիրով: Սակայն Ջոնաթան Էդվարդսը զգուշացրեց, որ կա սիրո կեղծ ձև, որը հաճախ հանդիպում է շեղված խմբերում: Նրա զգուշավոր խոսքերը հատկապես կիրառելի են ժամանակակից խարիզմատիկ շարժման համար.

> Իսկապես, կա սիրո կեղծիք, որը հաճախ հայտնըվում է նրանց մեջ, ովքեր առաջնորդվում են մոլորության հոգով: Ամենախիստ էնտուզիաստների մեջ սովորաբար լինում է մի տեսակ միություն և ջերմություն, որը հայտնվում է միմյանց հանդեպ՝ բխելով ինքնասիրությունից, որը պայմանավորված է միմյանց հետ համաձայնությամբ այն բաներում, որոնցով նրանք մեծապես տարբերվում են մյուսներից, և որոնց համար նրանք հանդիսանում են ողջ մնացյալ մարդկության ծաղրի առարկան, ինչը, բնականաբար, կստիպի նրանց ավելի շատ գնահատել միմյանց հանդեպ ունեցած հարգանքը, այն յուրահատկությունները, որոնք նրանց դարձնում են ուրիշների արհամարհանքի առարկան: Այսպիսով, հին գնոստիկները և վայրի ֆանատիկոսները, որոնք ի հայտ էին եկել ռեֆորմացիայի սկզբում, պարծենում էին միմյանց հանդեպ իրենց մեծ սիրով, նրանցից հատկապես մի աղանդ, որն իրեն անվանում էր Սիրո ընտանիք: Բայց սա բոլորովին այլ բան է, քան այն քրիստոնեական սերը, որը ես հենց նոր նկարագրեցի. «Սա պարզապես բնական եսասիրական քայլ

է, ոչ թե իրական բարեգործություն. այն ոչ այլ ինչ է, քան միություն ու բարեկամություն, որը կարող է լինել ծովահենների միջև, որոնք պատերազմում են ամբողջ աշխարհի դեմ:[72]

Ժամանակակից խարիզմատիկ շարժման «ամենակատաղի էնտուզիաստները» և «վայրի ֆանատիկոսներն», անշուշտ, չէին արժանանա Էդվարդսի հավանությանը: Հատկապես ռեֆորմացիայի մոլեռանդ եզրը մի շարք ընդհանուր բնութագրեր ուներ ժամանակակից խարիզմատիկների հետ՝ ներառյալ զանազան էքստատիկ փորձառությունները և այն պնդումը, որ նրանք նոր հայտնություն էին ստանում Սուրբ Հոգուց: Հակառակվելով նրանց ոչ աստվածաշնչյան հայացքներին՝ Մարտին Լյութերը հեգնանքով այդ աստվածաբանական արմատականներին անվանեց մարդիկ, որոնք «կուլ էին տվել Սուրբ Հոգու փետուրները և ամբողջը»: [73]

Անշուշտ, Ջոնաթան Էդվարդսը վերջնական հեղինակությունը չէ տվյալ ծառայության կամ հոգևոր շարժման արժանիքները գնահատելու համար: Միայն Սուրբ Գիրքն է չափանիշը, որով պետք է չափվեն բոլոր երևույթները: Բայց երբ մենք հիշում ենք, թե ինչ է ասում Աստվածաշունչը ճշմարտության էական տեղի մասին Աստծուն հարգող պաշտամունքում և համեմատում ենք այդ չափանիշը խարիզմատիկ երկրպագության քաոսային և անզուսպ բնույթի հետ, կամ երբ մենք դնում ենք սիրո սուրբգրային սահմանումը խարիզմատիկներին բնորոշ եսասիրական շեշտադրման կողքին, լուրջ հարցեր են ծագում: Խարիզմատիկները կարող են համեմատել իրենց շարժումն Էդվարդսի օրերի Մեծ արթնության հետ:[74] Բայց երբ կիրառվում են 1 Հովհ. 4-ի փորձերը, տարբերություններն անմիջապես ակնհայտ են դառնում:

Հոգևոր գա՞նձ, թե՞ հիմարի ոսկի

Երբ Ջոնաթան Էդվարդսը տասնութերորդ դարի առաջին կեսին կիրառեց 1 Հովհ. 4.1–8 հատվածների փորձությունները Մեծ արթնության վրա, նա եզրակացրեց, որ թեև կային որոշ ավելորդություններ և մարմնական արտահայտություններ, Աստծո Հոգին իսկապես գործում էր արթնության ժամանակ. քարոզվում էր ճշմարիտ Քրիստոսը, աշխարհիկությունը և մեղքը մերժվում էին, Սուրբ Գիրքը բարձրացվում էր, Ավետարանի ճշմարտությունը՝ գնահատվում, և արդյունքում դրսևորվում էր անկեղծ սեր Աստծո և ուրիշների հանդեպ:

Ժամանակակից խարիզմատիկ շարժումը ցույց է տալիս հակառակը. Քրիստոսի մասին ճշմարտությունը խեղաթյուրված է, կենտրոնացումը հաճախ շեղվում է Տեր Հիսուսի անձից և գործից, փոխարենը, դրվում Սուրբ Հոգուն վերագրվող զորության և օրհնության վրա: Աշխարհապաշտությունը բացահայտորեն քարոզվում է բարգավաճման քարոզիչների կողմից (որոնք կազմում են շարժման ամենաազդեցիկ և ամենաարագ աճող հատվածը), մինչդեռ ղեկավարության սկանդալները շատ հաճախակի բիծ են դառնում նրանց համար, ովքեր պնդում են, որ «լցված են Հոգով»: Հոգով ներշնչված Սուրբ գրությունները հարգելու փոխարեն՝ խարիզմատիկները Աստվածաշունչը համարում են անբավարար՝ փնտրելով նոր, «անձնավորված» հայտնություն՝ որպես լրացում: Արդյունքում, աստվածաշնչյան ճշմարտությունը նսեմացվում է, անկարգ էկումենիզմը՝ ծափահարվում, իսկ առողջ վարդապետությունը ծաղրի է ենթարկվում՝ որպես «մեռած» և «պառակտող»: Աստծո հանդեպ սերը պետք է դրսևորվի խոհեմ երկրպագությամբ և անկեղծ հնազանդությամբ, ուրիշների հանդեպ սերը պետք է երևա անձնուրաց ծառայության և ուրիշներին շենացնելու ցանկության մեջ: Այնուամենայնիվ, խարիզմատիկ շարժումը, և՛ հոգևոր պարգևների հետապնդման, և՛ բարգավաճման աստվածաբանության ընդգրկման մեջ, Աստծուն է մոտենում իր էությամբ ինքնորոշված կերպով:

Այսպիսով, ի՞նչ եզրակացություն կարող ենք անել՝ հիմնվելով աստվածաշնչյան փորձերի վրա: Պատասխանը կարծես թե ակնհայտ է: Շատ դեպքերում խարիզմատիկ շարժումը գերակշռում է կեղծ ուսուցիչների կողմից, որոնք ակտիվորեն կեղծ ավետարան են քարոզում: Սա հատկապես ճիշտ է մոլեգնող «Հավատքի խոսք» շարժման և բարգավաճման ավետարանի դեպքում, որն այն քարոզում է: Նոր Կտակարանը բազմիցս զգուշացնում է նրանց դեմ, ովքեր սխալ են մտցնում եկեղեցի՝ հանուն անազնիվ շահի: Ոչ մի ժամանակակից օրինակ չի համապատասխանում այդ հատվածներին ավելի ճշգրտությամբ, քան ժողովրդական հավատքի բժիշկները, բարգավաճման քարոզիչները և հեռուստաավետարանիչները, որոնք կազմում են խարիզմատիկ լրատվամիջոցների դիմագիծը: Ճշմարիտ հավատացյալները պետք է ամեն գնով խուսափեն նման հոգեվոր խարդախություններից: Ինչպես Հովհաննես առաքյալն է նախազգուշացրել 2 Հովh. 7–11-ում.

> Որովհետև բազում մոլորեցնողներ են աշխարհ եկել, որոնք Հիսուս Քրիստոսին մարմնով եկած չեն դավանում. այդպիսին մոլորեցնող ու Նեռ է: Ինքներդ ձեզ համար զգո՛ւյշ եղեք, որպեսզի չկորցնեք այն, ինչ վաստակեցինք, այլ որպեսզի ամբողջ վարձն ստանանք: Ամեն ոք, ով առաջ է ընկնում և Քրիստոսի վարդապետության մեջ չի մնում, Աստված չունի: Ով մնում է Քրիստոսի վարդապետության մեջ, նա Որդուն էլ ունի, Հորն էլ: Եթե մեկը ձեզ մոտ գա և այս վարդապետության կրողը չլինի, նրան տուն մի՛ ընդունեք և մի՛ ողջունեք, որովհետև ով նրան ողջունի, նրա չար գործերին մասնակից կլինի:

Ես հավատում եմ, որ խարիզմատիկ շարժման մեջ կան անկեղծ մարդիկ, որոնք, չնայած համակարգային կոռուպցիային և խառնաշփոթին, հասկացել են Ավետարանի անհրաժեշտ ճշմարտությունները: Նրանք ընդունում են փոխարինող քավությունը, Քրիստոսի իսկական էությունը, Աստծո եռամիանական էությունը, աստվածաշնչյան աշխարհայացքը և Աստվածաշնչի բացառիկ հեղինակությունը: Նրանք գիտակցում են, որ փրկությունը կապված չէ առողջության և հարըստության հետ, և նրանք անկեղծորեն ցանկանում են փրկվել մեղքից, հոգևոր մահից և հավիտենական դժոխքից: Այնուամենայնիվ, նրանք շարունակում են շփոթված մնալ Սուրբ Հոգու ծառայության և հոգևոր պարգևների բնույթի վերաբերյալ:

Արդյունքում նրանք օտար կրակի հետ են խաղում: Շարունակաբար ենթարկվելով խարիզմատիկ շարժման կեղծ ուսմունքին և կեղծ հոգևորությանը՝ նրանք իրենց (և իրենց հոգևոր խնամքի տակ գտնվող ցանկացած մեկին) հավերժական վտանգի տակ են դնում: Ճշմարիտ հավատացյալների համար խարիզմատիկ շարժումը հսկայական գայթակղություն է իրական հոգևոր աճի, ծառայության և օգտակարության համար: Սուրբ Հոգու և Հոգով ներշնչված Սուրբ գրությունների վերաբերյալ նրա սխալ ուսմունքները, հավերժացնում են անհասությունը, հոգևոր թուլությունը և անվերջ պայքարը մեղքի դեմ:

Զուգահեռներ կան այն քրիստոնյաների միջև, որոնք թակարդված են ժամանակակից խարիզմատիկ շարժման և իսկական հավատացյալների միջև, որոնք առաջին դարում Կորնթոսի եկեղեցու մաս են կազմել: Կորնթոսի եկեղեցին բնութագրվում էր բարոյական փոխզիջումներով, մարմնական ցանկություններով և հոգևոր պարգևների հետ կապված շփոթությամբ: Այնուամենայնիվ, որքան էլ հակասական թվա, նրա ժողովը կազմված էր բազմաթիվ ճշմարիտ հավատացյալներից: Ակնհայտ է, որ Սուրբ Հոգին պատասխանատու չէր այն սխալների համար, որոնք Կորնթոսի ժողով էին ներթափանցել: Նմանապես, Նա չէ ժամանակակից խարիզմատիկ շփոթության աղբյուրը ավետարանական եկեղեցու ներսում: Կորնթոսի ճշմարիտ հավատացյալների համար Սուրբ Հոգին շարունակում էր գործել նրանց կյանքում՝ չնայած նրանց ահավոր սխալներին:[75] Նույնը դեռևս ճշմարիտ է այսօր՝ չժխտելով կոռուպցիայի լրջությունը:

Արտաաստվածաշնչյան հայտնության, էքստատիկ փորձառությունների, սուբյեկտիվ առաջնորդության, անզուսպ էմոցիոնալիզմի և նյութական բարգավաճման խարիզմատիկ որոնումները հսկայական վտանգ են ներկայացնում: Ճիշտ այնպես, ինչպես երեխան պետք է խուսափի լուցկիներից, հավատացյալները պետք է հեռու մնան անընդունելի խարիզմատիկ երկրպագության և պրակտիկայի տարօրինակ կրակից: Լավագույն դեպքում այն Կորնթոսի շփոթության ներկայացուցիչն է, որը Պողոսն ուղղեց: Իսկ վատագույն դեպքում այն բաղկացած է կեղծ ուսուցիչների անիծյալ հերետիկոսություններից: Այդպիսի շառլատանների մասին Սուրբ Գիրքն ասում է. «Որովհետև շատերը, որոնց մասին շատ անգամներ ասում էի ձեզ և հիմա էլ նույնիսկ լալով եմ ասում, ընթանում են որպես Քրիստոսի խաչի թշնամիներ: Նրանց վախճանը կորուստն է: Նրանց Աստվածն իրենց որովայնն է, և փառքը՝ իրենց ամոթը. նրանք երկրային բաներն են մտածում» (Փիլ.3.18–19):

ՄԱՍ ԵՐԿՐՈՐԴ

Կեղծ պարգևների բացահայտում

Հինգերորդ

Առաքյալները մեր մեջ

Եթե 1901 թվականը նշանավոր տարի էր խարիզմատիկ շարժման համար, ապա 2001 թվականը հնարավորինս ավելին էր: Առաջին ամսաթիվը նշանավորում է ժամանակակից պենտեկոստական շարժման սկիզբը, երբ Ագնես Օզմանը, ինչպես հաղորդվում է, խոսեց լեզուներով Կանզաս նահանգի Թոփեքա քաղաքում, աղոթաժողովի ժամանակ: Բայց վերջին ամսաթիվը, որը գալիս է առաջինից ուղիղ մեկ դար անց, ավելի մեծ բան է ներկայացնում՝ ըստ որոշ խարիզմատիկ առաջնորդների, որոնք պնդում են, որ 2001 թվականը «նշանավորեց առաքելական երկրորդ դարաշրջանի սկիզբը»:[1] Այսպիսին է միսիոլոգ, հայտնի հեղինակ և վերջին խարիզմատիկ զարգացումների ժամանակագիր Ք. Փիթեր Վագների օգտագործած նկարագրությունը: Նա կարծում է, որ Աստծո փրկագնող ծրագրի մեջ զգալի փոփոխություն տեղի ունեցավ քանմեկերորդ դարասկզբին:

Ըստ Վագների. «Մենք այժմ մեր աչքի առաջ տեսնում ենք բողոքական ռեֆորմացիայից ի վեր եկեղեցական գործելակերպի ամենաարմատական փոփոխությունը: Թերևս, կարծում եմ՝ կարող էի հիմնավոր փաստարկ բերել, որ դա իրականում գուցե ավելի *արմատական փոփոխություն* է եղել»:[2] Քսաներորդ դարի արշալույսը կարող էր ազդարարել հրաշագործ պարգևների նկատմամբ նոր հետաքրքրության մասին, սակայն նոր հազարամյակը, ենթադրաբար, սկիզբն էր մի ավելի կարևոր բանի՝ առաքյալների վերադարձի:[3] Վագների խոսքերով՝ այժմ կա «համատարած ճանաչում, որ առաքելական պաշտոնը ոչ միայն եկեղեցու պատմության առաջին երկու դարերի երևույթն է եղել, այլ այն նաև գործում է Քրիստոսի մարմնում այսօր»:[4]

Վագները առաքելական ղեկավարության այս ժամանակակից ներհոսքն անվանում է Նոր առաքելական ռեֆորմացիա: Նա այսպես է սահմանում շարժումը.

> Այս շարժման համար իմ ընտրած անունը Նոր առաքելական ռեֆորմացիա է: Ես օգտագործում եմ «ռեֆորմացիան», քանի որ, ինչպես ասացի, կարծում եմ, որ այն առնվազն համընկնում է բողոքական ռեֆորմացիայի հետ իր ընդհանուր ազդեցությամբ, «առաքելական», քանի որ բոլոր փոփոխություններից ամենաարմատականն այսօրվա եկեղեցիներում առաքյալի շնորհի և պաշտոնի համատարած ճանաչումն է, և «նոր»՝ շարժումը տարբերելու մի շարք դավանանքներից, որոնք օգտագործում են «առաքելական» բառն իրենց պաշտոնական անվանումներում, սակայն ցույց են տալիս ընդհանուր օրինաչափություններ ավելի ավանդական եկեղեցիների, քան թե այս նորերի համար:[5]

Որոշելով, որ այսօր էլ դեռևս առաքյալներ կան եկեղեցում, հիմնված մի քանի ժամանակակից «մարգարեությունների» և 1996-ին Ֆուլեր աստվածաբանական ճեմարանի կողմից անցկացված Հետհարանվանական եկեղեցու ազգային գիտաժողովի մասնակիցների համաձայնության վրա, Վագներն այն ժամանակվանից ձեռնամուխ է եղել առաքելական պաշտոնը ժամանակակից եկեղեցու կողմից ամբողջությամբ ընդունված տեսնելու առաքելությանը:

Վագները կարծում է, որ եկեղեցու պատմության յուրաքանչյուր սերնդում միշտ եղել են անհատներ, որոնք ունեին առաքելության շնորհը, բայց նա պնդում է, որ միայն վերջերս է հնարավոր դարձել «որպեսզի կրիտիկական զանգվածը զարգանա 2001 թվականից, այն տարին, որը ես ընտրել եմ որպես Երկրորդ առաքելական դարաշրջանի սկիզբ»:[6] Ըստ Վագների՝ ժամանակակից քրիստոնյաները «կարող են սկսել մոտենալ առաջին դարի եկեղեցու հոգևոր կենսունակությանը և զորությանը միայն այն դեպքում, եթե ճանաչեն, ընդունեն և ծառայեն բոլոր հոգևոր պարգևներին՝ առաքյալի պարգևը ներառյալ»:[7]

Պատմականորեն «Պետ. առաքյալ» անունը վերապահված է եղել միայն մեկ անձի համար՝ Սիմոն Պետ.ի, տասներկու աշակերտների բացահայտ առաջնորդի, որոնց առաքելական ծառայությունը ներկայացված է Գործք Առաքելոց 1–12-ում: Բայց Նոր առաքելական ռեֆորմացիայի մեջ այդ անունը կրողը ոչ այլ ոք է, քան անձամբ Փիթեր Վագները:[8] Վագները սկսեց ճանաչել իր «առաքելականությունը» 1995 թվականին, երբ երկու մարգարեուհիներ հայտարարեցին, որ նա ստացել է առաքելական օծություն: 1998 թվականին նրա առաքելական կոչումը հաստատվեց մեկ այլ մարգարեական խոսքով Դալլասում կայացած համաժողովում: Վագները պատմում է այդ իրադարձության հետ կապված որոշ տարօրինակ հանգամանքների մասին.

Ես նստած էի առաջին շարքում, երբ ինչ-որ կերպ հայտնաբերեցի, որ ծնկի եմ իջել հարթակի վրա, իսկ Քրիստոնեական ինտերնացիոնալից Ջիմ Սթիվենսը պատրաստվում էր հանրության առաջ մարգարեանալ իմ մասին: Ինչպես ես այնտեղ հասա, ես դեռևս չգիտեմ: Ես հայացքս բարձրացրի, և Չարլզ Դուլիթլը՝ մեր ճանաչված բարեխոսներից մեկը, կանգնած էր իմ վերևում: Չարլզը վեց ոտնաչափ և չորս դյույմ հասակով, մկանուտ աֆրոամերիկացի ոստիկան էր Կալիֆորնիայում, Գլենդելի ոստիկանական զորքերում, դեմքի ագրեսիվ հայացքով և գլխիս վրա պահելով իսկայական երեք ոտնաչափ մի սուր: Ես արագ որոշեցի, որ ավելի լավ է ինձ պահեմ և ուշադիր լսեմ, թե ինչ է ասում Ջիմ Սթիվենսը: ...Այդ դեպքը ես համարում եմ իմ մարգարեական ձեռնադրությունը՝ որպես առաքյալ:[9]

Կարճ ժամանակ անց, որպես իր առաքելական նշանակման ապացույց, Վագները պնդում է, որ վերջ է դրել կատաղած կովերի հիվանդությանը Եվրոպայում: Նրա խոսքերով.

> Ես գիտեի, որ Աստված ուզում էր, որ ես վերցնեմ առաքելական իշխանությունը, որը Նա տվել էր ինձ, և վերջնականապես վճռեմ, որ կատաղած կովերի հիվանդությունը կավարտվի Եվրոպայում և Մեծ Բրիտանիայում, ինչը ես արեցի... 2001 թվականի հոկտեմբերի 1-ն էր: Մեկ ամիս անց իմ ընկերը Անգլիայից ինձ մի թերթ ուղարկեց. հոդված, որում ասվում էր, որ համաճարակը վերացել է, և որ կատաղած կովերի հիվանդության վերջին դեպքը եղել է 2001թ. սեպտեմբերի 30-ին՝ իմ առաքելական վճռի նախօրեին:[10]

Հաշվի առնելով իր ոգևորությունը՝ Վագներն, ըստ երևույթին, տեղյակ չէ այն փաստի մասին, որ հիվանդությունը դեռևս գոյություն ունի Եվրոպայում, այնպես որ միայն 2009 թվականին գրանցվել է վարակված կովերի վաթսունյոթ դրական դեպք:[11] Թեև ճիշտ է, որ եվրոպական կառավարությունների կողմից հետևողական վերահսկողության ջանքերը զգալիորեն զսպել են կատաղած կովերի համաճարակը, այն միտքը, որ Վագների առաքելական վճիռը վերջ դրեց հիվանդությանը, ակնհայտորեն կեղծ է:

2000թվականին Վագները սկսեց ղեկավարել Առաքյալների միջազգային նորաստեղծ կոալիցիան որպես «Նախագահող առաքյալ». պաշտոնը նա զբաղեցրեց մինչև 2009 թվականը, երբ նրա տիտղոսը փոխվեց «Նախագահող պատվավոր առաքյալի»:[12] Ըստ հիսունականների պատմաբան Վինսոն Սինանի, երբ կոալիցիան սկսեց «նոր առաքյալները կարող էին միանալ և ամսական 69 դոլար վճարել որպես անդամավճար»:[13] Ինքը՝ Սինանը, Վագների կողմից հրավիրվել էր միանալու, բայց հետագայում մերժեց: Ինչպես Սինանն է բացատրում. «Ես ինձ առաքյալ չէի համարում և նրան գրեցի, որ ամսական 69 դոլարով «ես չեմ կարող ինձ թույլ տալ առաքյալ լինել»:[14]

Անդամության տոկոսադրույքները 2012 թվականի վերջին մի փոքր տարբերվում էին՝ կախված առաքյալի բնակության վայրից: Բազային վճարը 350 դոլար էր «Միջազգային առաքյալների» համար: Հյուսիսային Ամերիկայում ապրող առաքյալների վարձավճարը սկսվում էր տարեկան 450 դոլարից, կամ 650 դոլար՝ ամուսնացած առաքյալների համար (նկատի ունենալով, ըստ երևույթին, ամուսին-կին թիմը, որոնք երկուսն էլ իրենց առաքյալներ են համարում): Բնիկ ամերիկացիները («Առաջին ազգի առաքյալներ») կարող էին միանալ նույն վճարով, ինչ «Միջազգային առաքյալը»:[15]

Փորձելով կազմակերպել Նոր առաքելական շարժումը՝ Վագներն ուրվագծում է «առաքյալների» երկու հիմնական կատեգորիաները՝ մի քանի ենթակատեգորիաների հետ միասին: «Ուղղահայաց առաքյալները» ծառայում են որպես տարբեր ծառայությունների կամ ծառայության ցանցերի ղեկավարներ, մինչդեռ «Հորիզոնական առաքյալներն» օգնում են համախմբել միևնույն մակարդակի ղեկավարներին՝ տարբեր նպատակներով: Վագներն ասում է, որ Պետ.ը և Պողոսը Նոր Կտակարանի «Ուղղահայաց առաքյալների» օրինակներ են՝ իրենց համապատասխան ծառայության բնույթի և եկեղեցական ցանցերի հիման վրա, որոնք ընկած էին նրանց հովվական խնամքի ներքո: Ի հակադրություն՝ Հակոբոսը՝ մեր Տիրոջ եղբայրը, «Հորիզոնական առաքյալի» օրինակ էր, քանի որ նա հաջողությամբ հավաքեց մյուս առաքյալներին Երուսաղեմի խորհրդում:[16]

Առաքելական ենթակատեգորիաները ներառում են Եկեղեցական, Գործառական, Առաքելական թիմի անդամներ, Միաբանության առաքյալներ, Հավաքող, Դեսպանական, Մոբիլիզացնող և Տարածքային առաքյալներ, Առաքյալների շուկա և Կանչող առաքյալներ:[17] Փնտրեք Նոր Կտակարանում այս պիտակներից որևէ մեկը, և դուք շուտով կպարզեք, որ այդպիսիք գոյություն չունեն:

Այնուամենայնիվ, Նոր առաքելական ռեֆորմացիան արագորեն յուրացվում է հիմնական խարիզմատիկ և երրորդ ալիքի եկեղեցիներում: Ինչպես բացատրում է մի հեղինակ. «[Այս] նոր եկեղեցիներին բնորոշ համոզմունքն է, որ Սուրբ Հոգին այսօր վերականգնում է Եփեսացիս 4.11 հատվածի հնգապատիկ ծառայությունները՝ առաքյալներ, մարգարեներ, ավետարանիչներ, հովիվներ և ուսուցիչներ: Բայց ուշադրության կենտրոնում առաքյալի և մարգարեի ծառայությունն է, քանի որ ավետարանական աշխարհին արդեն սովոր էր ավետարանչի, հովվի և ուսուցչի ծառայություններին»:[18] Վագները մեծ ուրախություն է ստանում այն փաստից, որ իր Նոր առաքելական շարժումը քրիստոնեության ամենաարագ աճող հատվածի մի մասն է՝ այն դիտելով որպես աստվածային հաստատման նշան:[19]

Այս աճի հիման վրա Վագները պնդում է, որ եկեղեցու ներսում տեղի է ունենում իսկայական, հիմնարար տեղաշարժ, որը նա համեմատում է Հին ուխտից դեպի Նոր ուխտ անցման հետ:[20] Նա գնում է այնքան հեռու, որ համեմատում է Նոր առաքելական բարեփոխումը Նոր ուխտի «նոր տիկերի» հետ՝ նշելով. «Այսօր մենք մուտք գործեցինք ևս մեկ նոր տիկ, որը ես անվանում եմ Առաքելական երկրորդ դար: Արմատական փոփոխությունների իրագործումը մեր եկեղեցում ոչ թե մոտ է, այլ արդեն իսկ այստեղ է՝ մեզ հետ»:[21]

Նրանք, ովքեր մերժում են Նոր առաքելական ռեֆորմացիան, Վագների կարծիքով, նման են փարիսեցիներին. «Աստծո նոր տիկը գովաբանելու և օրհնելու փոխարեն նրանք հակառակվում են դրան»:[22] Նա այնուհետև պնդում է, որ նրանք, ովքեր դեմ են իր նոր շարժմանը, դիվային ազդեցության տակ են. «Սատանան փորձում է կանխել Աստծո նոր ժամանակներն ու եղանակները՝ ուղարկելով չար դիվային ոգիներին, որպեսզի հատկապես աշխատեն մեր մտքի վրա: Եթե դրանք հաջողվեն մենք կսկսենք սխալ մտածել նոր տիկերի մասին, որոնք Աստված ցանկանում է մշակել»:[23] Այսպիսով, յուրաքանչյուր ոք, ով հակասում է Վագների այն դրույթին, որ նա և այլ ժամանակակից խարիզմատիկ առաջնորդներ «առաքյալներ» են, ծաղրանքի է ենթարկվում որպես օրինականիստ, դիվահար կամ պարզապես չափազանց վախկոտ՝ ընդունելու արմատական նոր դարաշրջանը եկեղեցու պատմության մեջ:

Ռեֆորմացիա՞, թե՞ դեֆորմացիա

Չնայած Վագների՝ իրեն վիրավորողներին ուղղված անձնական հարձակումներին, վաղուց ժամանակն է, որ ինչ-որ մեկը բացահայտի, թե ինչ է իրականում Նոր առաքելական ռեֆորմացիան՝ *խարդախություն*:

Դժվար է գերագնահատել բացահայտ ամբարտավանության և աստվածաշնչյան տգիտության խառնուրդը, որը համակել է Նոր առաքելական ռեֆորմացիան: Շարժման մասին Վագների քննարկման մեջ, թերևս, կա միայն մեկ նախադասություն, որի շուրջ ես կհամաձայնվեի նրա հետ, նա գրում է. «Ես քաջ գիտակցում եմ, որ այն, ինչ ես ասացի, կարող է որոշ չափով կոպիտ հայտարարություն համարվել»:[24] Դա կլինի թերագնահատում: Առաքելական նշանակություն պահանջելը ոչ միայն հպարտ ենթադրության բարձրակետն է, այլև կատարյալ զավեշտ:

Վինսոն Սինանը, ինքն էլ լինելով հիսունականության մոլի ջատագով, վախենում է Վագների նոր շարժումից, և նա ճիշտ է. «Ի սկզբանե ինձ մտահոգում էր ցանկացած շարժում, որը հավակնում էր վերականգնել առաքելական պաշտոնները, որոնք եկեղեցիներում իրականացնում են վերջնական և անվերահսկելի իշխանություն: Չարաշահման հնարավորությունը հսկայական է: Եկեղեցու պատմության ընթացքում առաքյալին՝ որպես եկեղեցու պաշտոն, վերականգնելու փորձերը հաճախ հանգել են հերետիկոսության կամ անհավանական ցավ են պատճառել»:[25]

Վագները կարող է իր շարժումն անվանել «Նոր առաքելական ռեֆորմացիա»: Բայց իրականությունն այն է, որ այդ երեք բառերից ոչ մեկն էլ չի բնութագրում շարժումը: Այն *նոր* չէ, *բարեփոխում* չէ և, իհարկե, *առաքելական* չէ: Եկեղեցու պատմության մեջ սա առաջին դեպքը չէ, երբ իշխանության ընչաքաղց մոլուցքով տարված կեղծ ուսուցիչներն իրենց առաջադրում են որպես առաքյալներ՝ ուրիշների վրա ավելի մեծ հոգևոր ազդեցություն ձեռք բերելու համար: Կեղծ առաքյալները գերակշռում էին նույնիսկ Նոր Կտակարանի ժամանակներում, և Պողոսը դատապարտեց նրանց որպես «խաբեբա աշխատողներ, որոնք իրենց վերածում էին Քրիստոսի առաքյալների: Եվ զարմանալի չէ: Որովհետև սատանան ինքն իրեն վեր է ածում լույսի հրեշտակի» (2 Կոր. 11.13–14): Միջնադարում հռոմեական կաթոլիկ պապականությունը վերածվեց չարաշահող, կոռումպացված, ավտոկրատական, տոտալիտար համակարգի՝ հավակնելով առաքելական իշխանությանը՝ Պետրոսին հաջորդող ենթադրյալ գծի միջոցով: Նույնիսկ քաներորդ դարում Վագներն ընդունում է, որ խարիզմատիկ շարժման ավելի վաղ հատվածները փորձել են վերակենդանացնել առաքելական պաշտոնը: Փիթեր Հոքենն ուսումնասիրում է մի շարք նախկին խմբեր.

> Պենտեկոստական շարժման սկզբում մի քանի խմբեր հայտարարեցին առաքյալների և մարգարեների վերականգնման մասին: Մասնավորապես, 1916 թվականին Ուելսում ձևավորված Առաքելական (Խարիզմատիկ) եկեղեցին, որն այնուհետև ինստիտուցիոնալացրեց այդ ծառայությունները: Այս ծառայությունները, որոնք մերժվել էին պենտեկոստական եկեղեցիների մեծ մասի կողմից, նորից հայտնվեցին «Վերջին անձրև» շարժման մեջ, որը սկիզբ էր առել Կանադայի Սասկաչևան նահանգի Հյուսիսային Բաթլֆորդ քաղաքում, 1948 թվականին: Վերջին անձրևի հետևորդները հավատում էին Եփեսացիս 4.11 ծառայության վերականգնմանը... [որը հետագայում] ազդեցություն գործեց ձևավորվող խարիզմատիկ շարժման վրա:[26]

Վագները պարզապես փոխառել է Վերջին անձրևի աստվածաբանության առաքելական շեշտը և այն ներառել իր Երրորդ ալիքի ուսմունքներում: Այսպիսով, նրա ժամանակակից շարժումը «նոր» անվանելը սխալ է:

Նույնքան ապակողմնորոշիչ է այն «բարեփոխում» անվանելը:[27] Իրականում ռեֆորմացիան հիմնականում արձագանք էր պապի ինքնակոչ առաքելական իշխանության դեմ:[28] Ավելին, ռեֆորմացիայի հիմնարար սկզբունքը հավատարմությունն էր միայն Սուրբ Գրքին. մի հայեցակարգ, որին Վագների տեսակետը կտրականապես և տրամագծորեն հակառակվում է: «Կրոնականության հոգին» որպես դիվային սահմանելուց հետո Վագները պնդում է, որ «այն ստիպում է կրոնական առաջնորդներին կենտրոնանալ ոչ թե Հոգու ասածի վրա (ներկա ժամանակ), այլ այն ամենի, ինչ Հոգին ասել է (անցյալ ժամանակ) նախկին ժամանակաշրջանում»:[29] Այլ կերպ ասած, ըստ Վագների, նրանք, որոնք նայում են բացառապես այն ամենին, ինչ Հոգին ասել է *նախկին ժամանակաշրջանում* (այսինքն` Աստվածաշունչը), դիվային ազդեցության տակ են:

Ռեֆորմացիայի առաջնորդները ծաղրելու էին նման հասկացողությունը, և դա տեղին էր: Նրանք պնդում էին, որ միայն Սուրբ Գիրքն ունի իշխանություն այն ամենի վրա, ինչը վերաբերում է հավատքին և գործելակերպին (տես 2 Տիմոթ. 3.16–17): Իհարկե, *sola Scriptura (միայն Սուրբ Գիրք)* ռեֆորմացիոն դոկտրինան տեղ չի թողնում ժամանակակից խարիզմատիկների երևակայական մարգարեությունների համար, ուստի զարմանալի չէ, որ Վագները մերժում է այն: (Մենք արդեն տեսանք 4-րդ գլխում, որ Վագները բացահայտորեն կասկածի տակ է դնում աստվածաշնչյան կանոնի փակումը):

Վերջին և ամենակարևորը` Նոր առաքելական ռեֆորմացիան ոչ մի կերպ առաքելական չէ: Սա կարելի է պարզ և համոզիչ կերպով ցույց տալ` նկատի ունենալով ճշմարիտ առաքյալների համար աստվածաշնչյան պահանջները: Նոր Կտակարանի չափանիշների հետ համեմատելով` Նոր առաքելական բարեփոխման այսպես կոչված առաքյալները անմիջապես բացահայտվում են որպես կեղծարար հավակնորդներ:

Առաքյալ լինելու աստվածաշնչյան չափանիշները

Խարիզմատիկ շարժումը գործում է մի նախադրյալի վրա, որ այն ամենը, ինչ տեղի է ունեցել վաղ եկեղեցում, պետք է ակնկալել և վերապրել այսօր եկեղեցում: Անցյալ սերնդի հիսունականների ամենահայտնի առաջնորդներից մեկը` Դեյվիդ դյու Պլեսիսն, արտահայտեց այդ զգացումը հետևյալ խոսքերով. «Նոր Կտակարանը արձանագրություն չէ այն մասին, թե ինչ է տեղի ունեցել մեկ սերնդում, այլ այն նախագիծ է, թե ինչ պետք է տեղի ունենա յուրաքանչյուր սերնդում, մինչև որ Հիսուսը գա»:[30] Այդ ենթադրությունը, որը հասցված էր իր տրամաբանական եզրահանգմանը, ստիպում է Վագներին և մյուսներին վիճել, որ այսօր էլ եկեղեցում առաքյալներ կան: Ի վերջո, նրանք մտածում են, որ եթե վաղ եկեղեցին առաքյալներ ուներ, մենք նույնպես պետք է ունենանք:

Բայց այդ մոտեցման մեջ կա մի ճակատագրական թերություն. առաքյալ լինելու աստվածաշնչյան չափանիշներն անհնարին են դարձնում որևէ արժանահավատ պնդում, թե եկեղեցում դեռևս առաքյալներ կան: Իրականում, Հովհաննեսի՝ վերջին ողջ մնացած առաքյալի, մահից հետո (որը մահացել է մոտ մ.թ. 100-ին), եկեղեցու պատմության մեջ ոչ ոք չի կարող օրինականորեն պնդել, որ առաքյալ է՝ հիմնվելով Նոր Կտակարանում նկարագրված հատուկ պայմանների վրա: Աստվածաշնչի տեսանկյունից՝ առնվազն վեց պատճառ կա, որ առաքելության պարգևը և պաշտոնը եզակի էին վաղ եկեղեցու համար: Դա մի այնպիսի բան չէ, որը կարելի է վերապրել այսօր եկեղեցում:

Առաքյալի համար անհրաժեշտ չափանիշները

Նախ՝ ցանկացած ժամանակակից քրիստոնյայի համար անհնար կլիներ համապատասխանել աստվածաշնչյան այն չափանիշներին, որոնք անհրաժեշտ են յուրաքանչյուր մեկին՝ առաքյալ համարվելու համար: Նոր Կտակարանը սահմանում է առնվազն երեք անհրաժեշտ չափորոշիչ. (1) առաքյալը պետք է լիներ հարություն առած Քրիստոսի ֆիզիկական ականատեսը (Գործք 1.22; 10.39–41; 1 Կոր. 9.1; 15.7–8), (2) առաքյալը պետք է անձամբ նշանակվեր Տեր Հիսուս Քրիստոսի կողմից (Մարկ. 3:14; Ղուկ. 6.13; Գործք 1.2, 24; 10.41; Գաղ. 1.1) և (3) առաքյալը պետք է կարողանար հաստատել իր առաքելական տիտղոսը հրաշագործ նշաններով (Մատթ. 10.1–2; Գործք 1.5–8; 2.43; 4.33; 5.12; 8.14; 2 Կոր. 12.12, Եբր. 2.3–4):

Հենց այդ չափանիշներն են վերջնականապես ցույց տալիս, որ այսօր եկեղեցում առաքյալներ չկան: Ոչ մի բանական էակ չի տեսել հարություն առած Քրիստոսին իր աչքերով, ոչ ոք ի վիճակի չէ հրաշքներ գործելու, ինչպես առաքյալները՝ Գործք Առաքելոց գրքում (տես Գործք 3.3–11; 5.15–16; 9.36–42; 20.6–

12; 28.1-6) և, չնայած հակառակի մասին հանդուգն պընդումներին, ժամանակակից եկեղեցում ոչ ոք անձամբ և ուղղակիորեն առաքյալ չի նշանակվել Տեր Հիսուսի կողմից: Իհարկե, կան որոշ խարիզմատիկներ, որոնք պնդում են, որ տեսել են հարություն առած Տիրոջը տեսիլքների մեջ: Նման պնդումները ոչ միայն խիստ կասկածելի են, և անհնար է ստուգել, այլև դրանք պարզապես չեն համապատասխանում առաքելական չափանիշներին, քանի որ առաքյալը պետք է իր աչքերով տեսներ հարություն առած Քրիստոսին մարմնով: Ինչպես բացատրում է Սամուել Ուոլդրոնը.

> Տեսիլքներն ու երազները՝ թեկուզ իրական և իրստակ, չեն համապատասխանում Քրիստոսի առաքյալ լինելուն: Հասկանալի է, որ Աստվածաշունչը շեշտում է ներքին և արտաքին աչքերի տարբերությունը և արտաքին աչքերի հայտնությունը համարում է գերազանց արժանապատվության նշան: Ժամանակակից պնդումները, թե տեսել են Հիսուսին տեսիլքի կամ երազի մեջ, չեն համապատասխանում Քրիստոսի առաքյալի այս անփոխարինելի հատկանիշն ունենալու պահանջին:[31]

Ուեյն Գրուդեմը՝ հայտնի հեղինակ և Ֆենիքսի սեմինարիայի աստվածաբանության և աստվածաշնչյան ուսումնասիրությունների պրոֆեսոր, նվիրյալ խարիզմատիկ է և, հավանաբար, շարժման լավագույն աստվածաբանն ու ջատագովը: Բայց նույնիսկ նա է ընդունում, որ «քանզի այսօր ոչ ոք չի կարող համապատասխանել հարություն առած Քրիստոսին իր աչքերով տեսած լինելու չափանիշին, այսօր առաքյալներ չկան»:[32]

Փիթեր Վագները քաջատեղյակ է այս չափանիշներին: Նա չի կարող շրջանցել, ուստի, փոխարենը, պարզապես անտեսում է դրանք: «Առաքյալ» լինելու մի տարբերակն արտահայտելուց հետո, որը համապատասխանում է իր Նոր առաքելական ռեֆորմացիային, Վագները խոստովանում է, որ դիտավորյալ բաց է թողնում առաքյալի սահմանման աստվածաշնչյան չափանիշները: Նրա խոսքերով.

Առաքյալների աստվածաշնչյան երեք հատկանիշներ կան, որոնք ոմանք ներառում են առաքյալի իրենց սահմանման մեջ, բայց որոնք ես որոշել եմ չներառել. 1) նշաններ և հրաշքներ (2 Կոր. 12.12), (2) անձամբ տեսնել Հիսուսին (1 Կոր. 9.1) և (3) եկեղեցիներ աճեցնել (1 Կոր. 3.10): Պատճառն այն է, որ ես չեմ ընկալում այս երեք որակները որպես անսակարկելի... Եթե անգամ տվյալ անհատին պակասում է դրանցից մեկի կամ մի քանիսի օծումը, ապա, իմ կարծիքով, այդ անհատի օրինական առաքյալ լինելը դեռևս բացառված չէ:[33]

Պողոսը վերջին առաքյալն էր

Թեև Պողոսը համապատասխանում էր վերը թվարկված բոլոր երեք չափանիշներին, նրա առաքելական նշանակումն ակնհայտորեն սովորական չէր: Ինքը՝ Պողոսը, ընդգծեց այդ կետը 1 Կորնթացիս 15.5–9 հատվածներում՝ ուրվագծելով հարությունից հետո Տեր Հիսուսի հայտնությունները: Ի տարբերություն մյուս տասնմեկի՝ Պողոսը Հիսուսի աշակերտներից չէր Նրա երկրային ծառայության ընթացքում: Նա ներկա չէր Վերնատանը, երբ Տերը հայտնվեց, ոչ էլ այն հինգ հարյուր վկաների թվում էր, ովքեր տեսան հարություն առած Քրիստոսին: Իրականում, Տիրոջ հայտնվելը Պողոսին ոչ միայն Նրա հարությունից հետո էր, այլ Նրա համբարձումից հետո: Եվ դա տեղի ունեցավ, երբ Պողոսը (որն այն ժամանակ կոչվում էր «Սողոս») Դամասկոսում Քրիստոսի հետևորդներին հալածելու ճանապարհին էր (Գործք 9.1–8):

Բայց, որպեսզի որևէ մեկը չմտածի, թե իրենք նույնպես կարող են Պողոսի պես արտասովոր առաքելություն ունենալ, կարևոր է նշել մի քանի կարևոր մանրամասներ Պողոսի եզակի կոչման մասին: Նախ՝ 1 Կորնթացիս 15.8-ում Պողոսը նշում է, որ ինքը վերջին մարդն էր, ում հարություն առած Քրիստոսն անձամբ և ֆիզիկապես հայտնվեց: Սա կբացառի որևէ մեկի՝ Պողոսից հետո առաքյալ լինելու օրինական հավակնությունը, քանի որ հարություն առած Տիրոջը տեսնելը առաքելության նախապայմանն է, և Պողոսը հայտարարեց, որ ինքը վերջին մարդն է, որ նման փորձառություն է ունեցել:

Երկրորդ՝ կարևոր է նշել, որ Պողոսն իր առաքելությունը եզակի և արտասովոր էր համարում: Նա «անժամանակ ծնվածի» պես էր (հմր. 8), իրեն համարում էր «առաքյալներից ամենափոքրը» (հմր. 9)՝ եկեղեցու հանդեպ տածած երբեմնի թշնամանքի պատճառով, որը նա արտահայտել էր իր դարձից առաջ: Թեև նա երբեք կասկածի տակ չի դրել իր առաքելության իսկությունը, Պողոսն, անշուշտ, այն չի ընկալել որպես նորմատիվ օրինակ, որին պետք է հետևեն գալիք քրիստոնյա սերունդները:

Առաքյալներն ունեին եզակի իշխանություն

Նոր Կտակարանի առաքյալները ճանաչվեցին որպես Աստծուն բացահայտող գործակալներ և, որպես այդպիսին, նրանք ունեին իշխանության անգերազանցելի մակարդակ եկեղեցու պատմության մեջ: Իշխանություն, որը նրանք ստանում էին հենց Քրիստոսից: Հիսուս Քրիստոսի *առաքյալ* լինելը նշանակում էր լինել Նրա ներկայացուցիչը: Ժամանակակից իրավական առումով մենք կարող ենք առաքյալներին վերաբերվել որպես Տիրոջ վստահված անձինք: Նրանք այն մարդիկ էին, որոնց Նա շնորհել էր Իր սեփական իշխանությունը:

Թեև ճիշտ է, որ առաքյալ տերմինը երբեմն օգտագործվում է Նոր Կտակարանում ոչ տեխնիկական, ընդհանուր իմաստով՝ վերաբերելով «եկեղեցիների առաքյալներին [կամ պատգամաբերներին]» (2 Կոր. 8.23), այդ անհատներին պետք չէ շփոթվեն տասներկու առաքյալների կամ Պողոս առաքյալի հետ: Տեր Հիսուս Քրիստոսի առաքյալ լինելը հատուկ կոչում և խորը արտոնություն էր՝ մի բան, որը շատ տարբեր է տեղական ժողովից ուղարկված պատգամաբեր լինելուց: *Տեր Հիսուսի առաքյալ լինելը* պետք է նշանակված լիներ անձամբ Նրա կողմից: Այն հնարավոր ամենաբարձր պաշտոնն էր եկեղեցում. եզակի պաշտոն, որը ներառում էր անփոխարինելի հանձնարարություն Քրիստոսից՝ հռչակելու հայտնության վարդապետությունը՝ եկեղեցու հիմքը դնելիս:

144

Վերնատան ելույթում Տերն անձամբ լիազորեց Իր առաքյալներին առաջնորդել եկեղեցին Իր բացակայության ժամանակ՝ խոստանալով նրանց, որ Սուրբ Հոգին հնարավորություն կտա բացահայտելու Աստծո ճշմարտությունն Իր ժողովրդին (տես Հովհ. 14.26; 15.26–27; 16.12–15): Վաղ եկեղեցու հավատացյալներն ընդունում էին, որ առաքելական ուսուցումը կրում է հենց Քրիստոսի իշխանությունը: Առաքելական գրությունները ներշնչված, անսխալական հայտնություններ էին, որոնց պետք էր ընդունել և հնազանդվել որպես Աստծո խոսք (1 Թես. 2.13): Առաքյալների հեղինակությամբ գրված, ներշնչված նամակը նույնքան հեղինակավոր էր, որքան Հին Կտակարանի Սուրբ գրությունները (տես 1 Կոր. 14.37; Գաղ. 1.9; 2 Պետ. 3.16): Հուդան այդ վերաբերմունքն էր դրսևորում՝ գրելով եկեղեցուն. «Բայց դո՛ւք, սիրելինե՛ր, պարտավոր եք հիշել այն խոսքերը, որոնք նախապես ասվել են մեր Տեր Հիսուս Քրիստոսի առաքյալների կողմից» (Հուդա 17):

Առաքելական իշխանության հարցը հատկապես կարևոր է դառնում, երբ դիտարկում ենք կանոնականության վարդապետությունը: Առաքյալները լիազորված էին Տեր Հիսուսի կողմից՝ գրելու ներշնչված Սուրբ գրություններ: Նրանց հեղինակությունն այն առաջնային փորձն էր, որը վաղ եկեղեցին կիրառեց կանոնականության հետ կապված հարցերում. եթե գիրքը կամ նամակը, որն ըստ պնդումների՝ խոսում էր մարգարեական հեղինակությամբ, գրված էր առաքյալի կողմից կամ առաքելական հսկողության ներքո, ճանաչվում էր որպես ներշնչված և հեղինակավոր: Մյուս կողմից, այն գրությունները, որոնք զերծ էին առաքելական իշխանությունից, չէին համարվում Սուրբ Գրքի մաս, անկախ նրանից, թե հեղինակն ինչ իշխանություն էր պահանջում:[34] Եվ նույնիսկ վաղ եկեղեցում չկար այնպիսի նյութի պակաս, որը զուրկ էր առաքելական իշխանությունից, թեև պնդում էին, թե աստվածային ներշնչանք է պարունակում (տես 2 Թես. 2.2; 2 Կոր. 11.13; 2 Պետ. 2.1–3):

Այս ամենը մեծ հարցեր է առաջացնում ժամանակակից խարիզմատիկների համար, որոնք ցանկանում են վերականգնել առաքյալներին ժամանակակից եկեղեցում: Այս նույն ինքնակոչ «առաքյալներից» շատերը պնդում են, որ ծածուկ կերպով հատուկ, անմիջական հայտնություն են ստացել Աստծուց: Եթե նրանք իսկապես ունեն առաքելական իշխանություն, ինչն է խանգարում նրանց լրացումներ անել Աստվածաշնչին: Մյուս կողմից, եթե ժամանակակից առաքյալները չեն ցանկանում ավելացնել Սուրբ գրություններին, ապա ինչ է դա վկայում նրանց՝ առաքյալ լինելու օրինականության մասին: Ինչպես իրավացիորեն նկատում է Ուեյն Գրուդեմը. «Այս փաստն ինքնին պետք է մեզ հուշի, որ առաքյալի պաշտոնում ինչ-որ եզակի բան կար, և որ մենք չենք էլ կարող ակնկալել, որ այն կշարունակվի այսօր, քանի որ այսօր ոչ ոք չի կարող բառեր ավելացնել Աստվածաշնչին և դրանք Աստծո խոսք կամ Սուրբ Գրքի մաս համարել»:[35]

Սա խորը խոստովանություն է առաջատար խարիզմատիկ աստվածաբանի կողմից: Խարիզմատիկ վարդապետության հիմնական մեկնարկային կետն այն պնդումն է, որ Գործք Առաքելոցում և 1 Կորնթացիսում նկարագրված բոլոր հրաշքներն ու հոգևոր պարգևները դեռևս հասանելի են քրիստոնյաներին այսօր, որ մարգարեական պարգևները, նշաններն ու հրաշքները եզակի չեն եղել առաքելական դարաշրջանի համար, և որ պատճառ չկա հավատալու, թե այս երևույթներից մեկը կամ մի քանիսը դադարել են: Այդ դիրքորոշումը հայտնի է որպես *շարունակականություն*: Ուեյն Գրուդեմն, այնուամենայնիվ, ընդունել է, որ ինքը *դադարեցման* կողմնակից է (շարունակականի հակառակը), երբ խոսքը վերաբերում է այնպիսի հարցերի, ինչպիսիք են առաքելական պաշտոնը և Սուրբ Գրքի կանոնը: Փաստորեն, նա ընդունել է խարիզմատիկ վարդապետության դեմ հիմնարար փաստարկը: Մենք կվերանայենք այդ կետը գրքում ավելի ուշ, բայց առայժմ նշենք, որ նույնիսկ շարունականականության առաջատար ջատագովներն, ի վերջո, ստիպված են խոստովանել, որ առաքելական դարաշրջանի ավարտով ինչ-որ էական բան է փոխվել:

Ամենակարևոր փոփոխությունը, որը պետք է ընդունեն բոլոր հավատարիմ քրիստոնյաներն, այն է, որ Սուրբ Գրքի կանոնը փակված է: Եվ մենք գիտենք, որ այն փակ է հենց այն պատճառով, որ առաքելական պաշտոնը չի շարունակվել եկեղեցու պատմության առաջին դարից հետո: Այն, ինչ այսօր մնացել է որպես մեր միակ իշխանությունը, առաքյալների գրավոր վկայությունն է՝ Աստվածաշնչում պարունակվող նրանց հեղինակավոր ուսմունքի ներշնչված արձանագրությունը: Այսպիսով, Նոր Կտակարանի գրությունները կազմում են *միակ ճշմարիտ առաքելական իշխանությունը մերօրյա եկեղեցում*:

Առաքյալներն ստեղծեցին եկեղեցու հիմքը

Եփեսացիներին ուղղված իր նամակը գրելիս Պողոսը բացատրեց, որ իր ընթերցողներն Աստծո ընտանիքի մի մասն են՝ «կառուցված լինելով առաքյալների և մարգարեների հիմքի վրա, և Հիսուս Քրիստոսն Ինքը անկյունաքարն է» (Եփ. 2.19–20): Այս հատվածը նույնացնում է առաքյալներին եկեղեցու հիմքի հետ: Այն ոչինչ չի նշանակի, եթե վճռականորեն չսահմանափակի առաքելությունը եկեղեցու պատմության ամենավաղ փուլերով: Ի վերջո, հիմքն այնպիսի բան չէ, որ կարելի է վերակառուցել շինարարության յուրաքանչյուր փուլում: Հիմքը եզակի է, և այն միշտ դրվում է առաջինը, իսկ մնացած կառույցը ամուր կանգնած է դրա վերևում:

Երբ հաշվի ենք առնում եկեղեցու հայրերի՝ այն քրիստոնյա առաջնորդների գրությունները, որոնք ապրել են առաքյալներից կարճ ժամանակ անց, արագ ակնհայտ է դառնում, որ նրանք եկեղեցու հիմնարար դարաշրջանն անցյալ են համարում:[36] Իգնատիոսը (մոտ մ.թ. 35–115), *մագնեսացիներին ուղղված իր նամակում*, անցյալ ժամանակով խոսեց Պետ.ի և Պողոսի հիմնարար աշխատանքի մասին: Անդրադառնալով Գործք Առաքելոց գրքին՝ Իգնատիոսը գրել է. «Սա առաջին անգամ իրականացվեց Սիրիայում, որովհետև «աշակերտները Անտիոքի քրիստոնյաներ էին կոչվում», *մինչ Պողոսն ու Պետ.ը եկեղեցու հիմքերն էին դնում*»:[37]

Իրենեոսը (մոտ 130–202) տասներկու առաքյալներին հիշատակել է որպես «եկեղեցու տասներկու սյունանոց հիմք»:[38] Տերտուղիանոսը (մոտ 155–230) նմանապես բացատրեց, որ «առաքյալների ժամանակներից հետո» ճշմարիտ քրիստոնյաների կողմից ընդունված միակ վարդապետությունն այն էր, որը «հռչակվել է *առաքելահիմք* եկեղեցիներում»:[39] Լակտանտիոսն (մոտ 240–320) իր Աստվածային ինստիտուտներում նույնպես անդրադարձել է անցյալ ժամանակին, երբ դրվել են եկեղեցու առաքելական հիմքերը: Մեկնաբանելով տասներկու առաքյալների դերը՝ նա բացատրեց, որ «աշակերտները, ցրված լինելով գավառներով, ամենուր *դնում էին եկեղեցու հիմքերը*, իրենք էլ՝ իրենց աստվածային Վարդապետի անունով, շատ ու գրեթե անհավատալի հրաշքներ էին գործում, որովհետև Իր հեռանալով Նա օժտել էր նրանց զորությամբ և ուժով, որով կարող է հիմնվել և հաստատվել նրանց նոր հաղորդագրության համակարգը»:[40]

Օրինակները կարելի էր բազմապատկել, բայց հարցը պարզ է: Ժամանակակից խարիզմատիկները կարող են պնդել, որ այսօր ևս *առաքելական հիմք* է դրվում: Բայց նման գաղափարը հակասում է թե՛ Սուրբ Գրքի հստակ իմաստին, թե՛ այն քրիստոնյա առաջնորդների ըմբռնմանը, որոնք պատմության մեջ անմիջապես հետևել են առաքյալներին. նրանք հստակ հասկանում էին, որ եկեղեցու առաքելական հիմքը լիովին դրվել է առաջին դարում: Ժամանակակից առաքյալների մասին ցանկացած պատկերացում պարզապես կջնջեր Եփեսացիս 2.20-ում Պողոսի փոխաբերության իմաստը: Եթե առաքյալները կազմում են եկեղեցու հիմքը, ապա բացարձակ անմտություն է փորձել վերաբնակեցնել նրանց գերանների վրա:

Հետառաքելական եկեղեցին առաջնորդում էին երեցներն ու սարկավագները

Երբ առաքյալները ցուցումներ տվեցին եկեղեցու ապագայի և այն մասին, թե ինչպես պետք է կազմակերպվի եկեղեցին, նրանց առաջարկված չէր նոր առաքյալներ նշանակել: Փոխարենը, նրանք խոսում էին հովիվների, երեցների և սարկավագների մասին: Այսպիսով, Պետ.ը երեցներին հրահանգեց «հովվել ձեր մեջ գտնվող Աստծո հոտը» (1 Պետ. 5.2): Եվ Պողոսը Տիտոսին ասաց. «Ամեն քաղաքում երեցնե՛ր նշանակեք այնպես, ինչպես ես պատվիրեցի ձեզ» (Տիտ. 1.5): Նա նմանապես ուրվագծեց երեցների և սարկավագների որակավորումները 1 Տիմոթեոսի երրորդ գլխում: Պողոսը ոչ մի հովվական թղթում ոչինչ չի ասում առաքելության հավերժացման մասին, բայց նա շատ բան է ասում եկեղեցու կազմակերպման մասին՝ որակյալ երեցների և սարկավագների գլխավորությամբ:

երբ հավատարիմ տղամարդիկ զբաղեցնեն այդ պաշտոնները, եկեղեցին կզարգանա: Այսպիսով, Պողոսն ասաց Տիմոթեոսին. «Այն, ինչ դու լսեցիր ինձանից, շատ վկաների ներկայությամբ, վստահի՛ր դրանք հավատարիմ մարդկանց, ովքեր կկարողանան ուսուցանել ուրիշներին» (2 Տիմ. 2.2):

Երբ մենք նորից նայում ենք եկեղեցու պատմությանը, նկատի ունենալով այն եկեղեցական առաջնորդների վկայությունը, որոնք ապրել են Նոր Կտակարանի դարաշրջանի ավարտից անմիջապես հետո, մենք գտնում ենք, որ եկեղեցու ամենավաղ հայրերն իրենց չեն համարում առաքյալներ, այլ «առաքյալների աշակերտներ»:[41] Նրանք հասկանում էին, որ առաքյալները եզակի են, և որ առաքելական դարաշրջանի ավարտից հետո եկեղեցին կառավարվում էր երեցների (ներառյալ հովիվների կամ եպիսկոպոսների) և սարկավագների կողմից: Կղեմես Հռոմեացին, գրելով 90-ականներին, հաղորդեց, որ առաքյալները «նշանակեցին իրենց աշխատանքի առաջին պտուղներին», որպեսզի «լինեն եպիսկոպոսներ և սարկավագներ նրանց համար, ովքեր հետո կհավատան»:[42] Իգնատիոսը (մոտ մ.թ. 35–115) նմանապես պարզաբանել է իր՝ *Անտիոքացիներին ուղղված նամակում*, որ ինքը առաքյալ չէ: Նա գրել է. «Այս կետերի վերաբերյալ ես հրահանգներ չեմ տալիս, և, *լինելով ոչ թե առաքյալ*, այլ ձեր ծառայակիցը, հիշեցնում եմ ձեզ այդ մասին»:[43]

Սրանք ոչ սովորական հայտարարություններ են, որոնք ես ընտրել եմ իմ տեսակետն արտահայտելու համար: Եկեղեցու հայրերի միահամուռ տեսակետն այն էր, որ առաքելական դարը եզակի էր, չկրկնվող և սահմանափակված՝ եկեղեցու պատմության առաջին դարով: Եվ Օգոստինոսը, և՛ Հովհաննես Քրիզոստոմը խոսում էին «առաքյալների ժամանակների» մասին՝ որպես անցյալում ավարտված իրականություն: [44] Չորրորդ դարում Եվսեբիոսը՝ եկեղեցական մի պատմաբան, հետևել է եկեղեցու պատմության ողջ ընթացքին՝ «առաքյալների ժամանակներից» մինչև իր օրերը:[45] Բասիլ Կեսարացին հիշատակում էր ավելի վաղ սերունդների եկեղեցու առաջնորդներին որպես մարդիկ, որոնք «ապրում էին առաքյալների ժամանակներին մոտ»:[46] Տերտուղիանոսը մատնանշում էր այն իրադարծությունները, որոնք տեղի են ունեցել «առաքյալների ժամանակներից հետո»:[47]

Կրկին, օրինակները կարող են բազմապատկվել՝ առացքը պարզելու համար. վաղ եկեղեցու միակողմանի համաձայնությունն այն էր, որ առաքելական շրջանն ավարտված էր և շարունակություն չէր ակնկալվում: Նրանք, ովքեր եկել էին առաքյալներից հետո, հստակ հայտարարում էին, որ առաքյալներ չեն: Փոխարենը, նրանք իրավամբ իրենց համարում էին հովիվներ, երեցներ և սարկավագներ: Կրկին մեջբերենք Ուեյն Գրուդեմին՝ ի պաշտպանություն դադարեցման.

> Հատկանշական է, որ եկեղեցու պատմության մեջ ոչ մի մեծ առաջնորդ՝ ո՛չ Աթանասիոսը կամ Օգոստինոսը, ո՛չ Լյութերը կամ Կալվինը, ո՛չ Ուեսլին կամ Ուիթֆիլդը, չեն յուրացրել «առաքյալ» տիտղոսը կամ թույլ չեն տվել, որ իրենց առաքյալ կոչեն: Եթե ժամանակակից օրերում որևէ մեկն ուզում է իրեն յուրացնել «առաքյալ» տիտղոսը, նա անմիջապես կասկած է հարուցում, որը կարող է դրդված լինել անտեղի հպարտությունից և ինքնավեհացման կարիքից, ինչպես նաև ավելորդ փառասիրությունից և ցանկությունից՝ եկեղեցում ունենալու շատ ավելի մեծ հեղինակություն, քան ցանկացած մարդ իրավամբ պետք է ունենա:[48]

Առաքյալները եզակի պատվավոր պաշտոն են զբաղեցնում

Առաքյալները ոչ միայն եզակի հեղինակություն ունեին եկեղեցու պատմության մեջ, այլև նրանց եզակի պատվավոր տեղ է տրվում հավիտենությունում: Նոր Երուսաղեմը նկարագրելիս՝ Հովհաննես առաքյալը բացատրեց, որ «քաղաքի պարիսպն ուներ տասներկու հիմնաքար, և դրանց վրա Գառան տասներկու առաքյալների տասներկու անուններն էին» (Հայտ. 21.14): Ամբողջ հավետենության ընթացքում այդ քարերը կհիշատակեն Աստծո հարաբերությունները եկեղեցու հետ, որի հիմքը առաքյալներն են: Տասներկու առաքյալների անունները հավերժ կնքված կլինեն Նոր Երուսաղեմի պատին:

Արդյո՞ք ժամանակակից առաքյալներն իսկապես հավատում են, որ արժանի են նույն երկնային պատվին, ինչ Նոր Կտակարանի առաքյալները: Նրանց հետևորդներից ոմանք, ըստ երևույթին, հավատում են: Ըստ ինքնակոչ մարգարեներից մեկի. «Հենց հիմա առաքյալները, ինչպիսին է դոկտոր Փիթեր Վագները, հիմք են դնում, որտեղից կարելի է պայքարել և հաղթել երկնային հոգևոր պատերազմը: ... Առաքյալները հարություն են առնում: Աստված բարձրացրել է այս մարդկանց, որպեսզի նրանք շատ տեսանելի լինեն: Մենք շատ բան գիտենք Նոր Կտակարանի մի քանի առաքյալների մասին: Մենք շատ բան կիմանանք Նոր Երուսաղեմում գտնվող մի քանի առաքյալների մասին: Մենք կարող ենք վիրավորվել, կամ էլ՝ միանալ»:[49]

Սա ապշեցուցիչ հայտարարություն է, քանի որ այն ենթադրում է, որ Վագները և նրա նմանները հավերժ կպարգևատրվեն այնպես, ինչպես Տասներկուսը և Պողոսը: Բոլոր ճշմարիտ հավատացյալները պետք է որ խիստ *վիրավորվեն* այդպիսի բացահայտ ամբարտավանությունից և ենթադրությունից: Նոր Երուսաղեմում առաքյալներին տրված պատիվը եզակի է: Այն սահմանափակվում է Նոր Կտակարանում Քրիստոսի կողմից անձամբ նշանակվածներով: Միայն մոլորված կեղծ ուսուցիչները կարող են հավիտենական առաքելական պատիվ պահանջել այսօր ապրող ցանկացած մեկի համար:

Ի՞նչ կասեք Եփեսացիս 4.11–13-ի մասին

Ժամանակակից առաքյալ լինելու կողմնակիցները հաճախ մատնանշում են Եփեսացիս 4.11–13-ը՝ պաշտպանելու իրենց դիրքորոշումը: Հետևաբար, կարևոր է, որ մենք ուշադիր ուսումնասիրենք այդ հատվածը: Քրիստոսի համբարձումը նկարագրելուց հետո Պողոսը գրեց.

> Եվ ոմանց տվեց որպես առաքյալներ, ոմանց՝ մարգարեներ, ոմանց՝ ավետարանիչներ և ոմանց որպես հովիվներ և վարդապետներ՝ կատարելագործելու սըրբերին ծառայության գործում՝ Քրիստոսի մարմնի շինության համար, մինչև որ մենք բոլորս հասնենք հավատքի միասնությանը և Աստծո Որդու գիտությանը՝

որպես հասուն և կատարյալ մարդ Քրիստոսին չափանիշ ունենալով:

Ժամանակակից առաքելության ջատագովներն այս հատվածի վերաբերյալ երկու սխալ ենթադրություն են անում: Նախ՝ նրանք պնդում են, որ 13-րդ հատվածում նկարագրված միասնությունը, գիտելիքը և հասունությունը վերաբերում են Քրիստոսի երկրորդ գալստյանը: Երկրորդ՝ նրանք պնդում են, որ հատված 11-ում թվարկված բոլոր հինգ պաշտոնները (առաքյալներ, մարգարեներ, ավետարանիչներ, հովիվներ և ուսուցիչներ) պետք է շարունակվեն մինչև Երկրորդ Գալուստը: Բայց այդ ենթադրություններից և ոչ մեկը չի հիմնավորվում հենց գրությամբ:

Նախ՝ նայենք երկրորդ ենթադրությանը: Արդյո՞ք այն ցույց է տալիս, որ հատված 11-ում թվարկված պաշտոնները կշարունակվեն այնքան ժամանակ, *մինչև* որ 13-րդ հատվածում նկարագրված պայմանները չկատարվեն: Այդ մեկնաբանությունը հավանական կլինի, եթե 12-րդ հատվածը դուրս մղվի տեքստից: Քերականորեն, սակայն, 13-րդ հատվածում «մինչև» բառը մատնանշում է 12-րդ հատվածի մոտակա մասնիկը («շինության»), և ոչ թե 11-րդ հատվածի «տվեց» հեռավոր բայը: Այսպիսով, Պողոսը նկատի ունի,որ նշված պաշտոնները հատված 11-ում տրվել են Քրիստոսի կողմից, որպեսզի, համաձայն հատված 12-ի, սրբերը կարողանան սպառազինվել Քրիստոսի մարմինը կառուցելու համար (հ.12):

Դա Քրիստոսի մարմնի *կառուցումն* է սրբերի կողմից, այնուհետև այն շարունակվում է այնքան ժամանակ, *մինչև* 13-րդ հատվածի պայմաններն իրականացվեն: Տեքստում ոչինչ չի նշվում այն մասին, որ *առաքյալներն* ու *մարգարեները* ներկա կլինեն ամբողջ եկեղեցական դարաշրջանում, այլ նշվում է միայն այն, որ նրանց սկսած գործը (սրբերին զինելով Քրիստոսի մարմինը կառուցելու համար) կշարունակվի: Այս քերականական եզրակացությունն ամրապնդվում է Եփեսացիների համատեքստով, քանի որ Պողոսն արդեն բացատրել է, որ *առաքյալներն* ու *մարգարեները* սահմանափակվել են եկեղեցու հիմնադրման դարաշրջանով (Եփ. 2.20):

Այժմ մենք կարող ենք դիտարկել 13-րդ հատվածում նկարագրված միասնությունն ու գիտելիքը: Որոշ գիտնականներ պնդում են, որ փառքի այս կողմում այդպիսի վերջնական նպատակ հասանելի չէ: Այսպիսով, նրանք պնդում են, որ Պողոսը պետք է որ նկարագրելիս լինի եկեղեցու երկնային միասնությունն ու գիտելիքը՝ հատկանիշներ, որոնք կիրականանան միայն երկնային փառքի մեջ: Բայց այդ գաղափարը չի համապատասխանում Պողոսի մտքին. նա նկարագրում է այն արդյունքները, որոնք ստացվել են, երբ սրբերը կառուցում էին եկեղեցին: Նրա ուշադրությունը ոչ թե երկնքում Աստծո փառավորման վերջնական գործի վրա է, այլ երկրի վրա գտնվող եկեղեցու նվիրյալ հավատացյալների աշխատանքի վրա: Եկեղեցու ներսում հավատացյալների համար հնարավոր է ունենալ խորը միասնություն, որը հիմնված է աստվածաշնչյան ճշմարտության ընդհանուր հանձնառության, Տեր Հիսուս Քրիստոսի մասին մտերիմ իմացության և հոգևոր հասունության խոր մակարդակի վրա: Պողոսը նաև ավելացնում է ողջամիտ վարդապետությունը (հ. 14) և քրիստոսանմանության աճը (հ. 15), որպես լրացուցիչ օգուտներ, որոնք բխում են այն բանից, որ սրբերը պատշաճ կերպով սպառազինվում են Քրիստոսի մարմինը կառուցելու համար (հ.12):

Եթե ճիշտ հասկանանք, Եփեսացիս 4.11–13-ը չի ուսուցանում, որ ծառայության հնգապատիկ օրինակը (ներառյալ առաքյալներն ու մարգարեները) կշարունակվի ողջ եկեղեցու պատմության ընթացքում մինչև Քրիստոսի երկրորդ գալուստը: Ավելի շուտ, այս հատվածը ցույց է տալիս, որ նպատակը, որի համար Տեր Հիսուսն առաքյալներին, մարգարեներին, ավետարանիչներին, հովիվներին և ուսուցիչներին տվեց եկեղեցուն, սրբերին զինելն էր: Երբ սրբերը պատշաճ կերպով սպառազինված են լինում, նրանց հնարավորություն է տրվում՝ կառուցել միմյանց Քրիստոսի մարմնում: Եվ արդյունքն այն է, որ եկեղեցին ամրապնդվում է՝ աճում միասնության, գիտելիքի, հասունության, առողջ վարդապետության և սրբացման մեջ:

Քանի որ Պողոսն արդեն նշել էր, որ առաքյալներն ու մարգարեները միայն հիմքի համար են, նա կարիք չուներ կրկնելու, որ այդ պաշտոնները ժամանակավոր են: Թեև այդ երկու պաշտոնները չեն շարունակվել եկեղեցու պատմության առաջին դարից այս կողմ, առաքյալներն ու մարգարեները դեռևս զինում են սրբերին՝ Հոգով ներշնչված գրվածքների միջոցով, որոնք նրանք թողել են մեզ համար (այսինքն՝ Աստվածաշունչը): Մյուս երեք պաշտոնները՝ ավետարանիչ, հովիվ և ուսուցիչ, շարունակվել են եկեղեցու պատմության ընթացքում: Որպես այդպիսին, նրանք շարունակում են զինել յուրաքանչյուր սերնդի սրբերին՝ եկեղեցին կառուցելու նպատակով:

Առաքելության դադարեցման նշանակությունը

Փիթեր Վագների նման ժամանակակից խարիզմատիկ առաջնորդները կարող են վիճել առաքելության շնորհի և պաշտոնի շարունակականության վերաբերյալ: Հռոմեական կաթոլիկները նույնպես կարող են պնդել, որ առաքելական իրավահաջորդությունը կիրառելի է Հռոմի պապի համար: Բայց երկու պնդումներն էլ խիստ սխալ են: Նոր Կտակարանի ապացույցների ցանկացած ազնիվ գնահատում բացահայտում է, որ առաքյալները տղամարդկանց մի եզակի խումբ էին, որոնք ընտրվել և հանձնարարություն էին ստացել անձամբ Տեր Հիսուսից՝ դնելու եկեղեցու վարդապետական հիմքը, որի անկյունաքարն էր Քրիստոսը: Ներկայումս ապրող ոչ մի անձ չի կարող բավարարել առաքելության համար պահանջվող աստվածաշնչյան չափանիշները: Եվ նույնիսկ առաջին դարում, երբ բոլորը համաձայնում էին, որ հրաշագործ պարգևները լիովին գործում էին, հոգևոր առաջնորդների միայն ընտրյալ խումբն էր համարվում առաքյալ:

Հետագա դարերում ոչ մի եկեղեցու հայր չպնդեց, թե առաքյալ է. ավելի շուտ, երկրորդ դարից սկսած քրիստոնյա առաջնորդներն առաքելական շրջանը համարում էին եզակի և անկրկնելի: Դա հավատացյալների համաձայնությունն էր, մինչև քսանմեկերորդ դարը, երբ հանկարծ մեզ ասում են, որ մենք պետք է ևս մեկ անգամ ընդունենք առաքյալների վերստին հայտնությունը եկեղեցում: Զուտ աստվածաշնչյան տեսանկյունից (և ցանկացած հստակ պատմական տեսանկյունից) նման ժամանակակից պնդումները որքան շեղված, այնքան էլ ամբարտավան են:

Իրականությունն այն է, որ առաքելության շնորհին ու պաշտոնը դադարեց առաջին դարից հետո: Երբ Հովհաննես առաքյալը երկինք գնաց, առաքելությունն ավարտվեց: Իհարկե, առաքելական ազդեցությունը շարունակվել է ներշնչված Սուրբ գրությունների միջոցով, որոնք գրել են առաքյալները: Բայց մենք չպետք է մտածենք, որ առաքելական հիմքը մշտապես դրվում է եկեղեցու պատմության ընթացքում: Այն ավարտվել է նրանց կյանքի ընթացքում, և նոր հիմք դնելու կարիք այլևս երբեք չի լինելու:

Նորից նայեք, թե ինչ է նշանակում առաքելության դադարեցումը շարունակական խարիզմատիկ վարդապետության համար: Ակնհայտ է, որ այն ամենը, ինչ տեղի է ունեցել Նոր Կտակարանի եկեղեցում, միշտ չէ, որ տեղի է ունենում այսօր: Դա անհարմար և ամոթալի խոստովանություն է ցանկացած խարիզմատիկի համար, քանի որ առաքելական պաշտոնն ինքնին նվեր էր: Եփեսացիս 4.11-ում պարզորոշ ասվում է. եթե այդ պաշտոնը դադարել է, մենք չենք կարող պնդել, ինչպես անում են խարիզմատիկները, թե Գործք Առաքելոցում և 1 Կորնթացիսում նկարագրված բոլոր հոգևոր պարգևները շարունակվում են: Թոմաս Էդգարի խոսքերով. «Այն փաստը, որ առաքյալի պարգևը դադարեց առաքելական դարում, կործանարար հարված է ամբողջ խարիզմատիկ հետանկարի հիմքում ընկած հիմնական ենթադրությանը, այն է՝ բոլոր պարգևները պետք է գործեն եկեղեցու դարաշրջանում: Մենք գիտենք, որ առնվազն մեկ պարգև դադարել է, հետևաբար, նրանց հիմնարար ենթադրությունը չի կարող ճշմարիտ լինել»:[50]

Որոշ խարիզմատիկներ, գիտակցելով, որ առաքելությունը չի շարունակվել առաջին դարից այս կողմ, փորձում են պնդել, որ այն միայն *պաշտոն* էր և ոչ թե *պարգև*: Այսպիսով, նրանք պնդում են, որ մինչ առաքելական պաշտոնը դադարել է, հրաշագործ պարգևները դեռևս շարունակվում են: Խարիզմատիկ դիրքի անխուսափելի հետևանքները շրջանցելու այս խեղացի փորձն ի վերջո ձախողվում է, քանի որ *առաքյալները* թվարկված են Պողոսի կողմից 1 Կորնթացիս 12.28–29-ում գտնվող հոգևոր պարգևների գծանշման մեջ՝ հենց մարգարեների, հրաշագործների և լեզուներ խոսողների կողքին: Համատեքստում դա ակնհայտորեն այն պարգևներից մեկն է, որ Պողոսը նկատի ունի՝ դուրս գալով 4–5-րդ համարներում իր սկսած փաստարկից և եզրափակելով 31 համարում (որտեղ Պողոսն օգտագործում է խարիզմա տերմինը՝ վերաբերելով այն ամենին, ինչ հենց նոր թվարկեց 28–30 հատվածներում): Բացի այդ, Եփեսացիս 4.11-ում Պողոսը նկատի ունի այն, որ *առաքյալները* Քրիստոսի կողմից տրված են Իր եկեղեցուն: Թեև ճիշտ է՝ առաքելությունը *պաշտոն* էր, դա չի խանգարում, որ այն նաև պարգև լինի: Մարգարեությունն, օրինակ, ներառում էր և՛ պաշտոն, և՛ պարգև՝ ներառյալ ուսուցանելու:

Ի վերջո, չնայած որոշ շարունակականների բողոքներին, չի կարելի խուսափել այն փաստից, որ 1 Կորնթացիս 12-ում նկարագրված ամենակարևոր հատկանիշներից մեկը (այսինքն՝ *առաքելությունը*) այսօր այլևս ակտիվ չէ եկեղեցում: Այն դադարեցված է: Ճանաչել այդ կետը նշանակում է ընդունել այն հիմնարար նախադրյալը, որի վրա հիմնված է դադարողականությունը: Եթե առաքելությունը դադարել է, ապա դա ցույց է տալիս, որ Նոր Կտակարանի եկեղեցուն բնութագրող ամեն ինչ չէ, որ դեռևս բնութագրում է մերօրյա եկեղեցին: Ավելին, այն բացում է իրական հնարավորության դուռը, որ 1 Կորնթացիս 12–14-ում թվարկված որոշ այլ պարգևներ նույնպես դադարել են: Մենք կքննարկենք այդ լրացուցիչ նվերները հաջորդ գլուխներում:

Վեցերորդ

Սխալվող մարգարեների անմտությունը

Չոր ջրհորներ, անպտուղ ծառեր, կատաղի ալիքներ, թափառող աստղեր, բիրտ գազաններ, սարսափելի բծեր, փսխածն ուտող շներ, ցեխասեր խոզեր և գիշատիչ գայլեր. Աստվածաշունչն այսպես է նկարագրում կեղծ մարգարեներին (տես 2 Պետ. 2, Հուդ.)։ Նոր Կտակարանը ուղղում է իր դատապարտող ամենակոշտ խոսքերը նրանց, ովքեր կեղծ կերպով պնդում են, թե Աստծուց հայտնություն են խոսում։ Եվ այն, ինչ դատապարտում է Աստվածաշունչը, մենք նույնպես պետք է դատապարտենք նույն եռանդով և ուժով։ Բայց կիրառեք այդ նույն էպիտետներն այսօրվա կեղծ ուսուցիչների նկատմամբ, և դուք հավանաբար կպիտակավորվեք որպես *ոչ բարյացակամ* կամ նույնիսկ *ոչ քրիստոնյա*։ Դարաշրջանի էկումենիկ հոգին վախկոտությամբ հետ է կանգնում սխալի հստակ դատապարտումից, նույնիսկ երբ Սուրբ Գիրքը բացահայտորեն երաշխավորում է դա։

Խարիզմատիկ շարժման աճը բարդացրել է խնդիրը՝ խրախուսելով և հարթակ տալով բոլոր տեսակի մարդկանց, որոնք Սուրբ Հոգու անունով ծիծաղելի արտաաստվածաշնչային (և հաճախ կոպտորեն *ոչ* աստվածաշնչային) արտահայտություններ են անում: Հավատարիմ քրիստոնյաները խիստ կարիք ունեն արթնանալու և բարձրաձայնելու կեղծ մարգարեությունների ազատ հոսքի դեմ, որը եկեղեցի է եկել խարիզմատիկ շարժման հետևանքով:

Նոր Կտակարանը բազմիցս զգուշացնում է, որ կեղծ մարգարեները ամենավտանգավոր գայլերն են, որոնք գալիս են ոչխարի հագուստով կամ կերպարանափոխվում որպես լույսի հրեշտակներ, որպեսզի տարածեն իրենց ստերը: Նրանք երբեք բացահայտորեն չեն ուրանա Քրիստոսին կամ հակառակվի Սուրբ Հոգուն: Ավելի շուտ, նրանք գալիս են Քրիստոսի անունով և պահանջում են Սուրբ Հոգու իշխանությունը: Նրանք ներթափանցում են եկեղեցի հավակնություններով և կեղծիքներով: Հենց այստեղ են նրանք հասցնում իրենց իրական վնասը:

Խոսելով դարաշրջանի վերջի մասին՝ Տեր Հիսուսը բացատրեց. «Այն ժամանակ շատ սուտ մարգարեներ կբարձրանան և շատերին կխաբեն... Որովհետև սուտ քրիստոսներ և սուտ մարգարեներ կբարձրանան և մեծ նշաններ և հրաշքներ կցուցադրեն, որպեսզի խաբեն, եթե հնարավոր է, նույնիսկ ընտրյալներին» (Մատթ. 24.11, 24): Պողոս առաքյալը նմանապես զգուշացրեց եփեսացի երեցներին. «Զգո՛ւյշ եղեք ձեր անձերին և ամբողջ հոտին... Որովհետև ես գիտեմ, որ իմ գնալուց հետո ձեր մեջ կգան վայրենի գայլեր, որոնք չեն խնայում հոտին: Նաև ձեզնից մարդիկ կբարձրանան, որոնք այլասերված բաներ են խոսում, որպեսզի աշակերտներին իրենց հետևից քաշեն» (Գործք Առաքելոց 20.28–30): Պետրոսը նույնպես խոստովանեց, որ այդ կեղծիքները դրվում են եկեղեցում՝ ձևացնելով, թե փրկագնված են Քրիստոսի կողմից: Ինչպես նա ասաց իր ընթերցողներին. «Բայց [Իսրայելի] ժողովրդի մեջ կային նաև սուտ մարգարեներ, ինչպես ձեր մեջ էլ կլինեն սուտ ուսուցիչներ, որոնք գաղտնի կբերեն կործանարար հերձվածություններ, նույնիսկ կուրանան իրենց գնող Տիրոջը և արագ կործանում կբերեն իրենց վրա» (2 Պետ. 2.1): Կարելի է ավելացնել նաև այլ հատվածներ (օրինակ՝ 1 Հովհ. 4.1 և

Հուդ. 4), բայց հարցը պարզ է: Կեղծ մարգարեներն իսկական սպառնալիք են ներկայացնում Քրիստոսի մարմնի համար:

Իհարկե, կեղծ մարգարեներն իրենց չեն գովազդում որպես կեղծավոր հերետիկոսներ: Նրանք գալիս են ոչխարի հագուստով, կերպարանափոխվում որպես լույսի հրեշտակներ և խոստանում ազատություն ուրիշներին, մինչդեռ իրենք ստրկացած են մեղավոր ցանկություններին: Այնուամենայնիվ, կեղծ մարգարեներին այդքան էլ դժվար չէ նկատել: Աստվածաշունչը երեք չափանիշ է տալիս այս հոգևոր հավակնորդներին բացահայտելու համար.

Նախ՝ ցանկացած ինքնակոչ մարգարե, որ մարդկանց տանում է դեպի *կեղծ վարդապետություն* և *հերետիկոսություն*, կեղծ մարգարե է: 2 Օրինաց 13.1–5 հատվածում Մովսեսն ասաց իսրայելացիներին.

> Եթե ձեր միջից մի մարգարե կամ երազատես դուրս գա և քեզ ցույց տա մի նշան կամ մի հրաշք, և այն նշանը կամ հրաշքը կատարվի, որի մասին նա խոսեց քեզ հետ և ասաց. «եկե՛ք գնանք ուրիշ աստվածների ետևից», որոնց դու չես ճանաչում, «և ծառայենք նրանց», դու մի՛ լսիր այդ մարգարեի կամ երազատեսի խոսքերը, որովհետև Տեր Աստվածը ձեզ փորձարկում է, որպեսզի իմանա, թե արդյո՞ք դուք սիրում եք ձեր Տեր Աստծուն ձեր ամբողջ սրտով և ձեր ամբողջ հոգով: Գնացե՛ք ձեր Տեր Աստծո հետևից, վախեցե՛ք Նրանից, պահե՛ք Նրա պատվիրանները, հնազանդվե՛ք Նրա ձայնին, ծառայե՛ք Նրան և հարե՛ք Նրան: Բայց այդ մարգարեն կամ երազատեսը պետք է մահապատժի ենթարկվի, որովհետև նա խոսեց, որպեսզի հեռացնի ձեզ ձեր Տեր Աստծուց, որը ձեզ դուրս բերեց Եգիպտոսի երկրից և ազատեց ձեզ ստրկության տնից, որպեսզի գայթակղեցնի ձեզ այն ճանապարհից, որով ձեր Տեր Աստվածը պատվիրել էր ձեզ, որ նրա մեջ ընթանաք և այսպես չարը վերացնեք ձեր միջից:

Նոր Կտակարանն անդադար կրկնում է այդ նույն նախազգուշացումը: Յուրաքանչյուր ոք, ով պնդում է, թե խոսում է Աստծո փոխարեն՝ միաժամանակ մարդկանց հեռացնելով Աստծո խոսքի ճշմարտությունից, ակնհայտորեն ցույց է տալիս, որ կեղծ մարգարե և խաբեբա է: Նույնիսկ եթե այդպիսի անձը ճշգրիտ կանխատեսումներ է անում կամ ենթադրյալ հրաշքներ է գործում, նա պետք է արհամարհվի, քանի որ սատանան ինքը կարող է կեղծ հրաշքներ գործել (տե՛ս 2 Թես. 2.9): Պատմությունը հագեցած է կեղծ մարգարեների կործանարար ազդեցության օրինակներով: Մոնտանուսը երկրորդ դարի կեղծ ուսուցիչ էր, որ ավելի շատ ուշադրություն էր դարձնում երկու կանանց մոլորեցնող մարգարեություններին, քան Սուրբ գրություններին: Յոթերորդ դարում Մուհամեդը պնդում էր, որ մարգարե է, որ ստացել է ենթադրյալ հայտնություն Գաբրիել հրեշտակից: 19-րդ դարում Ջոզեֆ Սմիթը հիմնեց մորմոնիզմը հրեշտակների այցելությունների և արտաաստվածաշնչային հայտնությունների մասին ֆանտաստիկ պնդումների վրա: Սրանք ընդամենը մի քանի պատմական օրինակներ են այն մասին, թե որքան մեծ վնաս կարող են հասցնել կեղծ մարգարեներն իրենց հետևորդներին:

Երկրորդ՝ ցանկացած ինքնահոչակ մարգարե, որ ապրում է անզուսպ ցանկության և չզղջացող մեղքի մեջ, իրեն դրսևորում է որպես կեղծ մարգարե: Տեր Հիսուսն Ինքը բացատրեց, որ կեղծ մարգարեներին կարելի է ճանաչել իրենց կյանքի պտուղներից (Մատթ. 7.20): 2 Պետ.ի և Հուդայի նամակներն ընդլայնում են այդ հասկացությունը՝ նշելով, որ կեղծ մարգարեները ստրուկն են իրենց ցանկությունների՝ լի հպարտությամբ, ագահությամբ, շնությամբ, զգայականությամբ, ապստամբությամբ և ապականությամբ: Նրանք դրդված են փողասիրությունից՝ փոխանակելով իրենց հավերժական հոգիները հանուն ստոր շահի: Բավական ժամանակ տրամադրելով՝ կեղծ մարգարեներն անխուսափելիորեն կմատնեն իրենց իրական էությունն իրենց ապրելակերպով: Թեև նրանք պնդում են, որ ներկայացնում են Տեր Հիսուս Քրիստոսին, իրականում նույնիսկ իսկական հավատացյալներ չեն:

Հազվադեպ ճշգրիտ կանխատեսումները չեն վկայում մարգարեության պարգևի կամ նույնիսկ իսկական դարձի մասին, ինչպես վկայում են Սուրբ Գրքի անհավատները, որոնք ճիշտ մարգարեություններ են արել (Թվ. 22–23, Հովհ. 11.49–52): Իրականում Տեր Հիսուսը զգուշացրեց. «Շատերն ինձ կասեն այն օրը [վերջնական դատաստանի ժամանակ]. «Տե՛ր, Տե՛ր, չէ՞ որ մենք Քո անունով մարգարեացանք, Քո անունով դևեր հանեցինք և բազում հրաշքներ արեցինք Քո անունով»: Եվ այն ժամանակ ես կհայտարարեմ նրանց. «Ես երբեք չեմ ճանաչել ձեզ. հեռացե՛ք Ինձնից, դուք, որ անօրենություն եք գործում» (Մատթ. 7.22–23): Հետաքրքիր է, թե որքան ինքնակոչ ժամանակակից մարգարեներ կամ հեռուստաավետարանիչներ, որոնք ունեն անառակ բարքեր և ճոխ ապրելակերպ, վերջին օրը կհայտնվեն հենց այդ սցենարում:

Երրորդ՝ եթե ինչ-որ մեկը, որ իրեն մարգարե է հռչակում, հայտարարում է որևէ *ենթադրյալ «հայտնություն Աստծուց», որն էլ պարզվում է՝ սխալ է կամ իրականությանը չի համապատասխանում*, նա պետք է կտրուկ մերժվի որպես Աստծո խոսնակ: Աստվածաշունչն ավելի քան հստակ է իր պնդման մեջ, որ մարգարեն, որ մոլորեցնում է Տիրոջ անունով, կեղծ է: Երկրորդ Օրինաց 18.20–22 համարներում Տերն Ինքն ասաց իսրայելացիներին.

> Այն մարգարեն, որը ենթադրում է Իմ անունով մի խոսք ասել, որը Ես նրան չեմ պատվիրել, կամ որը խոսում է այլ աստվածների անունով, այդ մարգարեն կմահանա: Եվ եթե քո սրտում ասես. «Ինչպե՞ս իմանանք այն խոսքը, որը Տերը չի ասել». երբ մարգարեն խոսում է Տիրոջ անունով, և որևէ բան չի լինում կամ իրականանում, ուրեմն Տերը չի ասել, մարգարեն է ասել դա ամբարտավանությամբ. չվախենա՛ս նրանից: (2 Օր. 18.20–22)

Ցանկացած ոչ ճշգրիտ կանխատեսում կամ հայտարարություն, որն արվում է իբր թե Աստծուց հայտնություն ստանալիս, լուրջ հանցագործություն է: Սխալ ուղերձը ոչ միայն ապացուցում էր մարգարեի խարդախությունը, այլ նաև նշանակում էր, որ ըստ Հին Կտակարանի օրենքի, նա արժանի է մահապատժի: Աստված թեթև չի ընդունում նրանց վիրավորանքը, ովքեր սխալ կերպով *ենթադրաբար* խոսում են Իր փոխարեն՝ ասելով. «Այսպես է ասում Տերը», մինչդեռ իրականում Տերը չի խոսել: Նրանք, ովքեր ներում կամ խրախուսում են նման գործելաոճը, մեղավոր ենթադրության և մոլորության մեջ են իրենց հոգևոր պարտականությունների առջև: Մենք չպետք է անտարբեր լինենք նման մարգարեությունների հանդեպ (հմմտ. 1 Թես. 5.21):

Չնայած Սուրբ Գրքի հստակ նախազգուշացումներին և, հետևաբար, Աստծո Հոգուն անարգելուն՝ խարիզմատիկներն *ամբարփավան մարգարեությունները* դարձրել են իրենց շարժման հատկանիշը: Նրանք պարարտ հողատարածք են ստեղծել կեղծ մարգարեների համար՝ իշխանության հարթակ շնորհելով յուրաքանչյուրին, ով բավական լկտի է, որպեսզի ոտքի կանգնի և պնդի, որ ուղղակի հայտնություն է ստացել Աստծուց՝ անկախ նրանից, թե որքան ծիծաղելի կամ հայհոյական է այն: Նախորդ գլուխներում մենք արդեն ուսումնասիրել ենք տարբեր հերետիկոսություններ, որոնք հանդուրժում և նույնիսկ առաջ են քաշում խարիզմատիկ շարքերում (սովորաբար օրինականացվում են ինչ-որ «մարգարեական խոսքով»): Եվ մենք հակիրճ նշել ենք այն բազմաթիվ սկանդալները, որոնք անընդհատ պատուհասում են ամենատեսանելի և ճանաչված խարիզմատիկ առաջնորդների (ներառյալ նրանց, ովքեր պնդում են, որ ժամանակակից «մարգարեներ» են) կյանքը: Միայն այդ երկու գործոնները բավարար են ցույց տալու համար, որ այսպես կոչված մարգարեությունը, որը տարածվում է ավելի լայն խարիզմատիկ աշխարհում, իրականում ոչ այլ ինչ է, քան կեղծիք:

Այս գլխում մենք կկենտրոնանանք կեղծ մարգարեի երրորդ նույնականացման նշանի վրա՝ ոչ ճշգրիտ կանխատեսումներ: Այն, ինչ Աստվածաշունչը դատապարտում է որպես մեծ հանցագործություն, խարիզմատիկ շարժումը գնահատում է որպես հոգևոր պարգև: Իրականում, ժամանակակից մարգարեությունները բնութագրող մոլորությունները, անհաջողությունները և ակնհայտ կեղծիքներն այնքան բացահայտ և լավ փաստագրված են, որ խարիզմատիկ աստվածաբանները նույնիսկ չեն փորձում հերքել դրանք: Խարիզմատիկ մարգարե Բիլ Համոնն ուղղակիորեն հակասում է Երկրորդ Օրինաց 18-ին, երբ պնդում է. «Մենք չպետք է շտապենք որևէ մեկին կեղծ մարգարե անվանել միայն այն պատճառով, որ նրա ասածը սխալ է... Մարգարեության մեջ մի քանի բացթողում անելը նրան չի դարձնում սուտ մարգարե: Ոչ մի մահկանացու մարգարե անսխալական չէ. բոլորը կարող են սխալվել»:[1]

Ջեք Դիրը համաձայն է՝ պնդելով, որ նույնիսկ եթե մարգարեն «այնքան շատ բացթողումներ անի», որ նրա մարգարեությունը «անմիջապես կործանարար ազդեցություն ունենա» մարդկանց կյանքում, դա, այնուամենայնիվ, նրան կեղծ մարգարե չի դարձնի:[2] Բայց դա բնավ այն չէ, ինչ սովորեցնում է Սուրբ Գիրքը: Մարգարեները դատվում են ոչ թե ըստ այն բանի, թե որքան ճիշտ մանրամասներ են նրանք ստանում (քանի որ նույնիսկ դիվահար մարդիկ երբեմն կարող են ճիշտ կանխատեսումներ անել. Գործք. 16.16), այլ նրանով, թե որքան են նրանք սխալվում: Նրանք, ովքեր Աստծուց ուղիղ հայտնություններ են հաղորդում, պետք է դա անեն առանց սխալի, հակառակ դեպքում նրանք ապացուցում են, որ ստախոս են:

Ժամանակակից մարգարեական սխալի, թերևս, ամենատարօրինակ խոստովանությունը տեղի է ունեցել ինքնահռչակ մարգարեներ Մայք Բիքլի և Բոբ Ջոնսի՝ Կանզաս Սիթիի մարգարեների հետ առնչվող ամենահայտնի գործիչներից երկուսի միջև, մտքերի երկարատև փոխանակման ժամանակ:«Տեսիլքների և հայտնությունների» թեման քննարկելիս Բիքլը խնդրեց Ջոնսին խոսել այն մասին, թե քանի անգամ է սխալվել իր մարգարեություններում: Ահա նրանց զրույցի սղագրությունը.

Մայք Բիքլ. «Ասեք նրանց ձեր կյանքի սխալների մասին. ձեր ունեցած սխալ և ճիշտ քայլերի մասին, «որովհետև ես ուզում եմ, որ մարդիկ փոքր-ինչ տեղեկանան այդ մասին»:

Բոբ Ջոնս. «Դե, ես իմ կյանքում շատ սխալներ եմ ունեցել: Մի անգամ հիշում եմ, որ հպարտության մեջ ընկա: Ամեն անգամ, երբ ես հպարտության մեջ եմ ընկնում, եղբա՛յր, Պապան [Աստված], անկասկած, գիտի, թե ինչպես բացել իմ խցանը: Ես հպարտության մեջ ընկա և եկեղեցուն կանչեցի եռօրյա ծոմի և ասացի նրանց, որ որոշ բաներ են լինելու, և նրանք անցան եռօրյա ծոմի: Սարսափելի էր: Եվ այդ եռօրյա ծոմից հետո, սարսափելի էր, և Հոգին նույնիսկ չհայտնվեց այդ գիշեր...»:

Մայք Բիքլ. «Դուք մարդկանց ծոմի կանչեցի՞ք»:

Բոբ Ջոնս. «Ես, անշուշտ, արեցի, և դա Տիրոջից չէր. դա իմ հպարտությունն էր: Ես մտածեցի, որ կարող ենք ստիպել Տիրոջը ինչ-որ բան անել ծոմապահության միջոցով, եղբա՛յր, ես շատ արագ հասկացա, որ չենք կարող: Այսպիսով, կա հին սրբերի մի փունջ, որը պատրաստ էր ինձ քարկոծել, և ես պատրաստ էի դուրս գալ այնտեղից և գնացի տուն, ինչպես ցանկացած լավ մարգարե, և ես հրաժարական տվեցի: Եվ ես բղավեցի, և ես քրքջացի և վերջապես գնացի քնելու, և երբ ես գնացի քնելու, Տերը եկավ և բռնեց իմ ձեռքից: Եվ [իմ տեսիլքում] ես նման էի այս փոքրիկ աղջկան հենց այստեղ ...Միայն ես շատ ավելի վատ վիճակում էի, որովհետև ես փամփերս [տակդիր] ունեի և իսկապես լավ լցրել էի այն: Այն հոսում էր իմ երկու ոտքերի վրայով: Եվ Տերը բռնել էր իմ ձեռքից, իսկ ես գոռում ու գոչում էի ...Եվ ես լսեցի մի ձայն, որը խոսում էր տարակուսած. «Ի՞նչ է պատահել Բոբին»: Եվ իմ [երկնային] խորհրդականը խոսեց և ասաց. «Պատահար է եղել»:

Մայք Բիքլ. «Սխալ խոսքեր ասաց»:

Բոբ Ջոնս. «Այո: Պատահար է եղել: Նա շատ է կեղտոտել իր տակդիրը: Եվ ես մտածում եմ. «Օ՜, տղա՛, ահա այն»: Եվ հետո ես իսկապես անակնկալ ստացա: Մի նուրբ, քնքուշ ձայն ասաց. «Այդ տղային ավելի շատ ապահովագրություն է պետք: Թող նա իմանա, որ մենք նրան ապահովագրել ենք դժբախտ պատահարներից: Տվե՛ք նրան ավելի բարձր ապահովագրական քաղաքականություն: Դա այն չէր, ինչ ես փնտրում էի, քանի որ ես պարզապես հրաժարական տվեցի: «Մաքրե՛ք նրան, ասե՛ք, որ վերադառնա մարմին և կրկնակի շատ մարգարեանա: Այս անգամ նա կանի այն, ինչ ես նրան կասեմ ...Հաջորդ բանը, որ ես գիտեմ՝ վերադարձել եմ անկողին, և տղա՛, ես արթնանում եմ, և քրտինքը հոսում է»:

Մայք Բիքլ. «Այսպիսով, եղել են սխալներ, մի շարք սխալներ»:

Բոբ Ջոնս. «Օ՜, հարյուրավոր»:[3]

Ջոնսի մեկնաբանությունները ցույց են տալիս ժամանակակից մարգարեության երկու հիմնական խնդիրները. այն լի է սխալներով ու անճշտություններով, և այն առատ է սրբապիղծ խելագարության մակարդակով, որն, անշուշտ, իր աղբյուրը չի գտնում Աստծուց: Ջոնսը, հավանաբար, ընտրել է ճիշտ անալոգիան՝ համեմատելով իր մարգարեական սխալները կեղտոտ տակդիրի հետ, բայց նա սխալվում է մնացած ամեն ինչում: Իսկական մարգարե լինելու նրա պնդումներն ակնհայտորեն կեղծ են: Նա չունի երկնքի ճշմարիտ տեսիլքներ: Եվ Աստված, անշուշտ, նրան «ապահովագրություն» չի տվել, որը թույլ է տալիս նրան ազատվել հարյուրավոր *սխալներից*, կարծես դա մեծ խնդիր չէ:

Այդ հարցազրույցից երեք տարի անց Բոբ Ջոնսը ժամանակավորապես հեռացվեց հանրային ծառայությունից Կանզաս Սիթիի Մետրո Վինյարդ ընկերակցության կողմից Օլաթում, որի ավագ հովիվը ոչ այլ ոք էր, քան Մայք Բիքլը: Պարզվեց, որ Ջոնսը կեղծ «մարգարեություններ» էր օգտագործում՝ վստահություն շահելու այն կանանցից, որոնց հետո նա սեռական բռնության էր ենթարկելու: «Մեղքերը, որոնց համար [նա] հեռացվեց ծառայությունից, ներառում են [էին] իր պարգևների օգտագործումը՝ շահագործելու մարդկանց իր անձնական ցանկությունների համար, սեռական վատ վարքագիծը, հովվական իշխանության դեմ ապստամբելը, առաջնորդներին զրպարտելը և դառնության խթանումը Քրիստոսի մարմնում»:[4] Նա, այնուամենայնիվ, կարճ ընդմիջումից հետո վերադարձավ խարիզմատիկների ուշադրության կենտրոն, և այս գրելու պահին էլ նա դեռևս խոսում է խարիզմատիկ եկեղեցիներում՝ իրեն ներկայացնելով որպես Աստծո օծյալ մարգարե և անելով մարգարեություններ, որոնք ակնհայտորեն կեղծ են և հաճախ ակնհայտորեն ծիծաղելի:[5] Հազարավոր դյուրահավատ խարիզմատիկներ դեռևս կախված են նրա յուրաքանչյուր խոսքից, կարծես բոլոր այդ սկանդալներն ու կեղծ մարգարեությունները չեն էլ եղել: Այն փաստը, որ Ջոնսի առցանց կենսագրությունը նրա ծառայությունը համեմատում է Դանիել մարգարեի հետ, միայն ուժեղացնում է ամբողջ ֆիասկոյի հայ-հոյական բնույթը:[6]

Սխալ մարգարեությունը և անսխալական խոսքը

Խարիզմատիկ մարգարեություններում աղաղակող կեղծիքի և տարօրինակ սրբապղծությունների լրացուցիչ օրինակներ գտնելը դժվար չէ: Բենի Հինը 1989 թվականի դեկտեմբերին մի շարք հայտնի մարգարեական արտահայտություններ արեց, որոնցից ոչ մեկն իրականություն չդարձավ: Նա վըստահորեն ասաց Օռլանդոյի քրիստոնեական կենտրոնի իր ժողովում, որ Աստված հայտնել է իրեն, թե Ֆիդել Կաստրոն կմահանա 1990-ականներին, Ամերիկայի համասեռամոլների համայնքը կկործանվի հրդեհից մինչև 1995 թվականը, և մեծ երկրաշարժը 2000 թվականին ավերածություններ կպատճառի Արևելյան ափին: Նա սխալվում էր բոլոր առումներով, բայց դա չխանգարեց Հինին շարունակել իր նոր, համարձակ կեղծ մարգարեությունները:

Նոր հազարամյակի սկզբին նա հայտարարեց իր հեռուստատեսային լսարանին, որ մի մարգարեուհի տեղեկացրել է իրեն, թե Հիսուսը շուտով ֆիզիկապես կհայտնվի Հինի որոշ բժշկության ծառայություններում: Հինն ասաց, որ համոզված էր, որ մարգարեությունն իրական է, և 2000 թվականի ապրիլի 2-ի TBN հեռարձակման ժամանակ նա վստահեցրեց այն սեփական մարգարեությամբ.«Այժմ, լսեք, ես հետևյալն եմ մարգարեանում. Հիսուս Քրիստոսը՝ Աստծո Որդին, պատրաստվում է ֆիզիկապես հայտնվել որոշ եկեղեցիներում, որոշ հանդիպումներում և Իր ժողովրդից շատերին, մեկ պատճառով՝ ասելու, որ ինքը պատրաստվում է երևալ: Արթնացեք: Հիսուսը գալիս է, սրբեր»: [7]

Հինի ծախողված մարգարեությունները ոչ պակաս տարօրինակ են, բայց ոչ այնքան հիշարժան, որքան տխրահռչակ պնդումները, որոնք Օրալ Ռոբերթսն արեց մի քանի տասնամյակ առաջ: 1977թ.-ին Ռոբերթսն ասաց, որ տեսել է ինը հարյուր ոտնաչափ հասակով Հիսուսի տեսիլքը, որը նրան հանձնարարել է կառուցել Հավատքի քաղաքը՝ վաթսուն հարկանի հիվանդանոց հարավային Տուլսայում: Ռոբերթսն ասաց, որ Աստված իրեն ասել է, որ ինքը կօգտագործի կենտրոնը, որպեսզի միավորի բժշկական տեխնոլոգիաները հավատքի բուժման հետ, ինչը կհեղափոխի առողջապահական խնամքը և թույլ կտա բժիշկներին գտնել քաղցկեղի բուժումը:

Շենքը, որը պատրաստ էր 1980-ականների սկզբին, ի սկզբանե հսկայական խնդիր էր: Երբ Հավատքի քաղաքը բացվեց գործունեության համար, հսկայական կառույցի բոլոր հարկերը, բացառությամբ երկուսի, ամբողջովին դատարկ էին: 1987 թվականի հունվարին նախագիծը պատված էր անկառավարելի պարտքով, և Ռոբերթսը հայտարարեց, որ Տերն ասել է՝ եթե Ռոբերթսը ութ միլիոն դոլար չհավաքի պարտքը մինչև մարտի 1-ը վճարելու համար, նա կմահանա: Ըստ երևույթին, չցանկանալով փորձարկել մահվան սպառնալիքի մասին մարգարեությունը, հովանավորները պարտաճանաչ կերպով ժամանակին տրամադրեցին Ռոբերթսին անհրաժեշտ միջոցները (1,3 միլիոն դոլարի օգնությամբ, որը վերջին ժամին նվիրաբերվեց Ֆլորիդայի շների վազքուղու տիրոջ կողմից): Սակայն երկու տարվա ընթացքում Ռոբերթսը ստիպված եղավ, այնուամենայնիվ, փակել բժշկական կենտրոնը և վաճառել շենքը՝ դեռևս աճող պարտքը վերացնելու համար: Շենքի ավելի քան 80 տոկոսը երբեք չզբաղեցվեց: Քաղցկեղի խոստացված բուժումը նույնպես երբեք չիրականացավ:

Կանզաս Սիթիի մեկ այլ մարգարե և Մորնինգսթար ծառայությունների հիմնադիր Ռիկ Ջոյները 1990-ականներին կանխատեսել էր, որ Հարավային Կալիֆորնիայում այնպիսի ուժգնության երկրաշարժ է սպասվում, որ նահանգի մեծ մասը կկլանի Խաղաղ օվկիանոսը: Թեև կանխատեսումը չիրականացավ, Ջոյները շարունակում է պնդել, որ դա ի վերջո տեղի կունենա: 2011 թվականին, Ճապոնիայում 9,0 մագնիտուդով երկրաշարժից հետո, Ջոյները պնդեց (մարգարեական հայտնության հիման վրա), որ նույն դիվային ուժերը, որոնք զորացրել էին Նացիստական Գերմանիային, օգտագործում էին Ճապոնիայի երկրաշարժի հետևանքով առաջացած համաշխարհային իրադարձությունները՝ ներխուժելու Միացյալ Նահանգներ:[8]

Նմանատիպ զավեշտալի և ծախողված խարիզմատիկ մարգարեությունների ցանկը կարող է լրացնել մի քանի հատոր: Կարելի էր մտածել, թե նման կեղծ մարգարեները պետք է ապրեին աստվածային դատաստանի հանդեպ մշտական վախով, բայց զարմանալի է, որ նրանք պարզապես շարունակում են հայտարարություններ տարածել, որոնք ավելի ֆանտաստիկ են, քան երբևէ: Անհավատալիորեն, նրանց ազդեցությունը միայն շարունակում է աճել, նույնիսկ հիմնական ավետարանականների շրջանում: Եվ այն գաղափարը, որ Աստված կանոնավոր կերպով խոսում է Իր ժողովրդի հետ, այսօր, ավելի քան երբևէ, լայն տարածում է գտել եկեղեցու պատմության մեջ:

Խարիզմատիկ շարժումը սկսվել է գրեթե հարյուր տարի առաջ, և դրա ազդեցությունը ավետարանականության վրա դժվար է գերագնահատել: Չարլզ Ֆոքս Փարհամի կողմից շարժման ստեղծման օրվանից մինչև Բենի Հինի ամենահայտնի ժամանակակից ներկայացուցիչը, ամբողջ շարժումը ոչ այլ ինչ է, քան կեղծ կրոն, որը ղեկավարվում է կեղծ նախարարների կողմից: Աստվածաշնչի ճշմարիտ մեկնաբանությունը, առողջ վարդապետությունը և պատմական աստվածաբանությունը ոչ մի ընդհանրություն չունեն շարժման հետ, եթե իհարկե սխալի և կեղծիքի ներհոսքը չդիտվի որպես ներդրում: Ինչպես ցանկացած արդյունավետ կեղծ համակարգ, խարիզմատիկ աստվածաբանությունը բավականաչափ ճշմարտություն է ներառում վստահություն ձեռք բերելու համար: Սակայն, ճշմարտությունը խառնելով մահացու խաբեությունների հետ, այն հորինել է կոռուպցիայի և վարդապետական թույնի մի կոկտեյլ՝ մահացու հորինվածք՝ վտանգի տակ դնելով սրրտերն ու հոգիները:

Սուրբ Գրքի նկատմամբ մարդկանց հետաքրքրությունն ու նվիրվածությունը մեծացնելու փոխարեն խարիզմատիկ շարժման գլխավոր ժառանգությունն աննախադեպ հետաքրքրվածությունն է արտաաստվածաշնչյան հայտնության նկատմամբ: Խարիզմատիկ վարդապետության ազդեցության տակ գտնըվող միլիոնավոր մարդիկ համոզված են, որ Աստված անընդհատ խոսում է իրենց հետ: Իրոք, շատերը կարծես հավատում են, որ ուղղակի հայտնությունն այն *հիմնական* միջոցն է, որի միջոցով Աստված հաղորդակցվում է Իր ժողովրդի հետ: «Տերն ինձ ասաց...». այս խոսքը դարձել է փորձառու ավետարանականների ծեծված արտահայտությունը:

Ոչ բոլորն են, որ հավատում են, որ Աստված խոսում է իրենց հետ և մարգարեական հայտարարություններ անում այնքան տարօրինակ կերպով, որքան նրանք, ովքեր հեռարձակվում են խարիզմատիկ հեռուստաավետարանիչների կամ Կանզաս Սիթիի մարգարեների հաղորդումներում: Բայց նրանք դեռ հավատում են, որ Աստված իրենց արտաաստվածաշնչային ուղերձներ է տալիս կամ լսելի ձայնի, տեսիլքի, իրենց գլխում լսվող ձայնի, կամ պարզապես ներքին տպավորության միջոցով: Շատ դեպքերում նրանց «մարգարեությունները» համեմատաբար չնչին են: Բայց նրանց և Բենի Հինի կանխատեսումների տարբերությունը լոկ մասշտաբային է, ոչ էական:

Այն տեսակետը, թե Աստված քրիստոնյաներին անընդհատ արտաաստվածաշնչային պատգամներ և թարմ հայտնություններ է տալիս, գործնականում խարիզմատիկ հավատքի հիմնական պայմանն է: Համաձայն բնորոշ խարիզմատիկ մտածելակերպի՝ եթե Աստված առանձին, անմիջականորեն և կանոնավոր կերպով չի խոսում յուրաքանչյուր հավատացյալի հետ, ապա Նա իսկապես ներկա (իմմանենտ) չէ, ուստի խարիզմատիկները կատաղի կերպով կպաշտպանեն բոլոր տեսակի մասնավոր մարգարեությունները, թեև անհերքելի փաստ է, որ վերևից այս ենթադրյալ հայտնությունները հաճախ, կարելի է ասել *սովորաբար*, սխալ են, ապակողմնորոշիչ և նույնիսկ՝ վտանգավոր:

Ուեյն Գրուդեմը, օրինակ, գրել է իր դոկտորական թեզը Քեմբրիջի համալսարանում՝ ի պաշտպանություն այն գաղափարի, որ Աստված կանոնավոր կերպով քրիստոնյաներին տալիս է մարգարեական ուղերձներ՝ մտքում բերելով ինքնաբուխ մտքեր: Ուժեղ տպավորությունները պետք է հաղորդվեն որպես մարգարեություն, ասում է նա, թեև ազատորեն ընդունում է, որ նման մարգարեական խոսքերը «հաճախ կարող են սխալներ պարունակել»։[9] Գրուդեմը շարունակում է. «Կա գրեթե միատեսակ վկայություն խարիզմատիկ շարժման բոլոր հատվածներից, որ *մարգարեությունը անկատար է և անմաքուր*, և կարող է պարունակել տարրեր, որոնց չպետք է հնազանդվել կամ վստահել»։[10] Նման խոստովանության լույսի ներքո կարելի է զարմանալ, թե ինչպես կարող են քրիստոնյաները տարբերել աստվածային ծագում ունեցող հայտնությունները սեփական երևակայության մեջ հորինվածից։ Գրուդեմը փորձում է պատշաճ պատասխան գտնել այդ հարցին.

> Արդյո՞ք հայտնությունը Սուրբ Հոգուց ստացած ինչ-որ «կարծեցյալ» բան էր։ Արդյո՞ք այն նման էր Սուրբ Հոգու այլ փորձառություններին, որոնք [անձը] նախկինում զգացել էր երկրպագության ժամանակ... Այս ամենից դուրս դժվար է որևէ բան ավելացնել՝ բացառությամբ նրա, որ ժամանակի ընթացքում ժողովը հավանաբար ավելի կզարգանա մարգարեությունները գնահատելու հարցում, և ավելի հմուտ՝ Սուրբ Հոգուց իսկական հայտնությունը ճանաչելու և այն սեփական մտքերից տարբերելու հարցում։[11]

Մեկ այլ տեղ Գրուդեմը համեմատեց ժամանակակից մարգարեությունների գնահատումը բեյսբոլի հետ. «Դուք այն անվանում եք այնպես, ինչպես տեսնում եք։ Ես պետք է ամերիկյան անալոգիա օգտագործեմ։ Այն նման է մրցավարի, որը գնդակներին է սպասում և հարվածում, երբ գնդակը նետում են դեպի իրեն»։[12] Այլ կերպ ասած՝ չկան խարիզմատիկ շրջանակներում մարգարեական բառերը երևակայականից տարբերելու օբյեկտիվ չափանիշներ։

Չնայած ընդունված անճշտություններին և ակնհայտ սուբյեկտիվիզմին՝ այն գաղափարը, որ Աստված խոսում է Աստվածաշնչից դուրս, շարունակում է ավելի ու ավելի ընդունելի լինել ավետարանական աշխարհում, նույնիսկ ոչ խարիզմատիկների շրջանում։ Հարավային բապտիստներն, օրինակ, ջանասիրաբար կլանել են Հենրի Բլեքաբիի և Կլոդ Քինգի՝ *Աստծուն զգալու* փորձառությունը, ինչը ցույց է տալիս, որ Սուրբ Հոգու՝ հավատացյալներին առաջնորդելու հիմնական միջոցը նրանց հետ ուղիղ խոսելն է։ Ըստ Բլեքաբիի՝ երբ Աստված անհատին տալիս է պատգամ, որը վերաբերում է եկեղեցուն, այն պետք է կիսվի ամբողջ (Քրիստոսի) մարմնով:[13] Արդյունքում, արտաաստվածաշնչյան «Տիրոջ խոսքերը» այժմ սովորական են նույնիսկ հարավային բապտիստական որոշ շրջանակներում:

Ինչո՞ւ են այդքան շատ ժամանակակից քրիստոնյաներ հայտնություն փնտրում Աստծուց Սուրբ Գրքից դուրս այլ միջոցներով: Իհարկե, ոչ այն պատճառով, որ դա ճշմարտությունը բացահայտելու հուսալի միջոց է: Ինչպես տեսանք, բոլոր կողմերն ընդունում են, որ ժամանակակից մարգարեությունները հաճախ լիովին սխալ են: Անհաջողության մակարդակը զարմանալիորեն բարձր է: «*Խարիզմատիկ Քաոսում*» ես մեջբերեցի Կանզաս Սիթիի մարգարեների շարժման երկու բարձրագույն առաջնորդների զրույցը: Նրանք ոգևորված էին, քանի որ հավատում էին, որ խմբի մարգարեությունների երկու երրորդը ճշգրիտ էին: Նրանցից մեկն ասաց. «Դե, դա ավելի լավ է, քան երբևէ եղել է մինչ այժմ, գիտե՞ք: Այն երբևէ եղած ամենաբարձր մակարդակն է»:[14]

Պարզ ասած՝ ժամանակակից մարգարեությունն ավելի հուսալի չէ ճշմարտությունը պարզելու համար, քան կախարդական ութ համարի գնդակը, տարո քարտերը կամ ուիջի տախտակը: Եվ, նաև հավելենք, որ դա նույնքան սնահավատություն է: Սուրբ Գրքում ոչ մի երաշխիք չկա, որ քրիստոնյաներն Աստծուց թարմ հայտնություն կլսեն այն բանից դուրս, ինչ Նա արդեն տվել է մեզ Իր գրավոր խոսքում: Վերադառնալով 2 Օրինաց 18-ին՝ Սուրբ Գիրքն անխնա դատապարտում է բոլոր նրանց, ովքեր թեկուզ մեկ բառ կեղծ կամ ամբարտավանորեն խոսում են Տիրոջ անունով: Բայց նման նախազգուշացումներն այս օրերին պարզապես անտեսվում են նրանց կողմից, ովքեր պնդում են, թե նորից լսել են Աստծուն:

Զարմանալի չէ, որ ամենուր, որտեղ կա շարժում, որը զբաղված է «թարմ» մարգարեությամբ, միշտ տեղի է ունենում Սուրբ գրությունների համապատասխան անտեսում: Ի վերջո, ինչո՞ւ մտահոգվել հին Գրքի ճշգրիտ մեկնաբանմամբ, եթե կենդանի Աստված ամեն օր ուղղակիորեն շփվում է մեզ հետ ներկայիս ժողովրդական լեզվով: «Հայտնության» այս թարմ խոսքերը, բնականաբար, ավելի տեղին ու հրատապ են թվում, քան Աստվածաշնչի ծանոթ խոսքերը: Սառա Յանգը «Հիսուսն է կանչում» բեսթսելերի հեղինակն է, որն ամբողջությամբ բաղկացած է նվիրական գրառումներից, որոնք ըստ նրա՝ ստացել է Քրիստոսից: Ամբողջ գիրքը գրված է Քրիստոսի ձայնով, կարծես Նա մարդկային հեղինակի միջոցով ուղղակիորեն խոսում է ընթերցողի հետ: Իսկապես, դա հենց այն հեղինակությունն է, որի մասին Սառա Յանգը պնդում է իր գրքի վերաբերյալ: Նա ասում է, որ Հիսուսն է տվել իրեն այդ խոսքերը, իսկ ինքը պարզապես «լսող» է եղել: Նա ընդունում է, որ արտաաստվածաշնչյան հայտնության իր որոնումը սկսվել է մի տխուր զգացումով, որ Սուրբ Գիրքը պարզապես բավարար չէ: «Ես գիտեի, որ Աստված ինձ հետ հաղորդակցվում էր Աստվածաշնչի միջոցով,- գրում է նա,- բայց ես ավելին էի ցանկանում: Ավելի ու ավելի էի ուզում լսել, թե Աստված ինչ պետք է ասեր անձամբ ինձ տվյալ օրը»:[15] Միթե զարմանալի չէ, որ նման վերաբերմունքը մարդկանց հեռացնում է Սուրբ Գրքից:

Հենց այդ պատճառով է, որ ժամանակակից ավետարանականության սիրահարվածությունն արտաաստվածաշընչյան հայտնությանն այդքան վտանգավոր է: Այն վերադարձ է միջնադարյան սնահավատությանը և շեղում մեր հիմնարար համոզմունքից, որ Աստվածաշունչը մեր միակ, գերագույն և *բավարար* հեղինակությունն է ողջ կյանքի համար: Այն ներկայացնում է *sola Scriptura* բարեփոխման սկզբունքի լիովին մերժումը:

Սուրբ Գրքի բացարձակ բավարարությունը լավ ամփոփված է *Վեսթմինսթերյան հավատքի դավանանքի* այս բաժնում. «Աստծո ամբողջ խորհուրդը այն ամենի վերաբերյալ, ինչ անհրաժեշտ է Իր փառքի, մարդու փրկության, հավատքի և կյանքի համար, կամ հստակորեն շարադրված է Սուրբ Գրքում, կամ լավ և անհրաժեշտ հետևանքով կարելի է եզրակացնել Սուրբ Գրքից, *որին որևէ բան չի կարելի ավելացնել՝ լինի Հոգու նոր հայտնություններով, թե մարդկանց ավանդույթներով*»:[16] Պատմական բողոքականությունը հիմնված է կանոնի փակ լինելու համոզմունքի վրա: Ոչ մի նոր հայտնություն անիրաժեշտ չէ, քանի որ Սուրբ Գիրքն ամբողջական է և բավարար:

Աստվածաշնչում ինքնին պարզ է, որ այն օրը, երբ Աստված ուղղակիորեն խոսում է եկեղեցու դարաշրջանի մարդկանց հետ տարբեր մարգարեական խոսքերի և տեսիլքների միջոցով, անցել է: Ճշմարտությունը, որ Աստված հայտնել է Հին և Նոր Կտակարանների կանոններում, ամբողջական է (տես Եբր. 1.1–2, Հուդ. 3, Հայտ. 22.18–19): Սուրբ Գիրքը՝ Աստծո գրավոր խոսքը, լիովին բավարար է, այն պարունակում է մեզ անհրաժեշտ բոլոր հայտնությունները: Ուշադրությու́ն դարձրեք 2 Տիմոթեոս 3.15–17 համարներին, որտեղ Պողոսն ասում է Տիմոթեոսին.

> Մանկուց դուք գիտեք Սուրբ Գրքերը, որոնք կարող են ձեզ իմաստուն դարձնել փրկության համար՝ Քրիստոս Հիսուսի հանդեպ հավատքի միջոցով: Ամբողջ Գիրքը տրված է Աստծո ներշնչմամբ և օգտակար է վարդապետության, հանդիմանության, ուղղելու, արդարության մեջ խրատելու համար, որպեսզի Աստծո մարդը լինի ամբողջական, լիովին պատրաստված ամեն բարի գործի համար:

Այդ հատվածը երկու շատ կարևոր հայտարարություն է անում, որոնք վերաբերում են տվյալ խնդրին: Նախ՝ «ամբողջ Սուրբ Գիրքը տրված է Աստծո ներշնչմամբ»: Սուրբ Գիրքը խոսում է հենց Աստծո հեղինակությամբ: Այն հաստատ է; Այն հաստատ է, հուսալի և ճշմարիտ: Հիսուսն Ինքն աղոթեց Հովհ. 17.17-ում. «Քո խոսքը ճշմարտություն է»: Սաղմոս 119.160 –ում ասվում է. «Քո խոսքի ամբողջությունը ճշմարտություն է»: Այդ հայտարարությունները Սուրբ Գիրքը վեր են դասում մարդկային յուրաքանչյուր կարծիքից, յուրաքանչյուր ենթադրությունից և յուրաքանչյուր զգացմունքայնությունից: Միայն Սուրբ Գիրքն է վերջնական ճշմարտությունը: Այն խոսում է մի հեղինակությամբ, որը գերազանցում է յուրաքանչյուր այլ ձայն:

Երկրորդ՝ հատվածն ուսուցանում է, որ Սուրբ Գիրքը միանգամայն բավարար է, «կարող է ձեզ իմաստուն դարձնել փրկության համար» և կարող է ձեզ դարձնել «ամբողջական, հիմնովին պատրաստված յուրաքանչյուր բարի գործի համար»: Սուրբ Գրքի բացարձակ բավարարության ինչ ավելի հստակ հաստատում կարող էր որևէ մեկը խնդրել: Արդյո՞ք Աստծուց ստացած արտաաստվածաշնչյան ուղերձներն անհրաժեշտ են՝ զինելու մեզ Նրան փառավորելու համար: Ակնհայտորեն ոչ: Նրանք, ովքեր փնտրում են Աստծուց թարմ հաղորդագրություններ, փաստորեն հրաժարվել են Աստծո գրավոր խոսքի բացարձակ վստահությունից և ամբողջական բավարարությունից: Եվ նրանք, փոխարենը, դրել են իրենց ընկած ու սխալ երևակայությունները: Եթե եկեղեցին չվերադառնա *sola Scriptura-ի* սկզբունքին, ապա միակ արթնությունը, որը մենք կտեսնենք, անվերահսկելի սնահավատության և հոգևոր պղտորության արթնությունը կլինի:

Արդյո՞ք սա նշանակում է, որ Աստված դադարել է խոսել: Անշուշտ, ո՛չ, բայց Նա այսօր խոսում է Իր ամենաբավ խոսքի միջոցով: Արդյո՞ք Աստծո Հոգին շարժում է մեր սրտերը և տպավորում մեզ հատուկ պարտականություններով կամ կոչումներով: Իհարկե, բայց Նա աշխատում է Աստծո խոսքի միջոցով՝ այդ անելու համար: Նման փորձառությունները ներառում են ոչ թե նոր հայտնություն, այլ լուսավորություն, երբ Սուրբ Հոգին կիրառում է Աստծո խոսքը մեր սրտերին և բացում մեր հոգևոր աչքերն այդ ճշմարտության համար: Մենք պետք է զգույշ լինենք, որպեսզի թույլ չտանք, որ մեր փորձը և մեր սեփական սուբյեկտիվ մտքերն ու երևակայությունները խավարեն ավելի վստահելի Խոսքի հեղինակությունն ու վստահությունը:

Քսաներորդ դարի հայտնի Աստվածաշնչի մեկնիչ, բրիտանացի Դեյվիդ Մարտին Լլոյդ-Ջոնսը տեղին ամփոփեց մարգարեության վերաբերյալ ժամանակակից հավատացյալների պատշաճ նկարագիրը: Մեկնաբանելով Եփեսացիս 4.11 հատվածը՝ Լլոյդ Ջոնսը գրել է.

Երբ Նոր Կտակարանի այս թղթերը գրվեցին, մարգարեի պաշտոնն այլևս անհրաժեշտ չէր: ...Եկեղեցու պատմության մեջ խնդիրներ են ծագել, քանի որ մարդիկ կարծում էին, որ իրենք մարգարեներ են Նոր Կտակարանի իմաստով, և որ իրենք ստացել են ճշմարտության հատուկ հայտնություններ:

Դրա պատասխանն այն է, որ, հաշվի առնելով Նոր Կտակարանի Սուրբ գրությունները, հետագա ճշմարտության կարիք չկա: Սա բացարձակ առաջարկ է: Մենք ունենք ողջ ճշմարտությունը Նոր Կտակարանում, և որևէ հետագա հայտնության կարիք չունենք: Ամեն ինչ տրված է, այն ամենն, ինչ մեզ անհրաժեշտ է՝ առկա է: Հետևաբար, եթե մարդը պնդում է, որ թարմ ճշմարտության բացահայտում է ստացել, մենք պետք է անմիջապես կասկածենք նրան...

Այս ամենի պատասխանն այն է, որ մարգարեների կարիքն ավարտվում է, երբ մենք ունենք Նոր Կտակարանի կանոնը: Մենք այլևս կարիք չունենք ճշմարտության ուղղակի բացահայտումների. ճշմարտությունն Աստվածաշնչում է: Մենք երբեք չպետք է առանձնացնենք Հոգին և Խոսքը: Հոգին խոսում է մեզ հետ խոսքի միջոցով, այնպես որ մենք մշտապես պետք է կասկածենք և ստուգենք ցանկացած ենթադրյալ հայտնություն, որը լիովին չի համապատասխանում Աստծո խոսքին: Իսկապես, իմաստության էությունն այն է, որ մենք ընդհանրապես մերժենք «հայտնություն» տերմինը, որքանով որ վերաբերում է մեզ, և խոսենք միայն «լուսավորության» մասին: Հայտնությունը տրվել է մեկընդմիշտ, և այն, ինչ մեզ անհրաժեշտ է, և այն, ինչ Աստծո շնորհով մենք կարող ենք ունենալ և ունենք, Հոգու լուսավորությունն է՝ Խոսքը հասկանալու համար:[17]

Երկու տեսակի մարգարեներ

Փորձելով շրջանցել Սուրբ Գրքի հստակ պարամետրերը (և պահպանել ժամանակակից մարգարեության ինչ-որ ձև)՝ խարիզմատիկները ստիպված են առաջարկել, որ իրականում կան երկու տեսակի մարգարեներ, որոնք նկարագրված են Սուրբ Գրքում. մեկը՝ անսխալական և հեղինակավոր, իսկ մյուսը՝ ոչ: Առաջին կատեգորիան ներառում է Հին Կտակարանի մարգարեներին, Նոր Կտակարանի առաքյալներին և Սուրբ Գրքի հեղինակներին: Նրանց մարգարեությունները բաղկացած էին Աստծո խոսքերի կատարյալ փոխանցումից Աստծո ժողովրդին: Արդյունքում, նրանց մարգարեական հայտարարությունները և անսխալ էին, և անմիջապես ամրանում էին ուրիշների կյանքում:

Բացի այդ, խարիզմատիկները պնդում են, որ Նոր Կտակարանի եկեղեցում կար մարգարեների երկրորդ աստիճան՝ ժողովական մարգարեներ, որոնք խոսում էին մարգարեության մի ձև, որը *սխալ* էր և *ոչ հեղինակավոր*, և որը գոյություն ուներ Նոր Կտակարանի ժամանակներում: Վաղ եկեղեցու ժողովական մարգարեները (այդպես էլ շարունակվում է փաստարկը), երբեմն սխալներ էին թույլ տալիս աստվածային հայտնության իրենց զեկույցում: Այսպիսով, նրանցից չէր պահանջվում համապատասխանել Հին Կտակարանի մարգարեների և աստվածաշնչյան հեղինակների նույն կատարյալ չափանիշներին: Հետևելով այս տրամաբանական գծին՝ խարիզմատիկները պնդում են, որ ժամանակակից մարգարեությունները չպետք է 100 տոկոս ճշգրտության չափանիշ ունենան:

Նոր Կտակարանի մոլորելի մարգարեներին՝ Աստծո խոսնակների հասկացությունը, ովքեր սխալ և կոռումպացված կերպով խոսել են աստվածային հայտնության մասին, կարող է համապատասխանել ժամանակակից խարիզմատիկ տեսարանին: Բայց այն ճակատագրական թերություն ունի՝ աստվածաշնչյան չէ: Փաստորեն, Աստվածաշունչը միայն և միշտ դատապարտում է սխալ մարգարեներին որպես վտանգավոր խաբեբաներ: *Սխալվող* մարգարեները *կեղծ* մարգարեներ են կամ լավագույն դեպքում՝ մոլորված ոչ մարգարեներ, ովքեր պետք է անմիջապես հրաժարվեն և դադարեն ենթադրաբար ձևացնել, թե խոսում են Աստծուց: Ինչպես մնացած բոլոր դեպքերում, այստեղ էլ խարիզմատիկներն իրենց ժամանակակից փորձառությունները պարտադրում են Սուրբ Գրքին (նշելով իրենց՝ սխալներով լի արտահայտությունները որպես «մարգարեություն»), իրենց փորձառությունները աստվածաշընչյան տեքստի պարզ չափանիշներին հանձնելու փոխարեն: Աստծո Խոսքում ամրագրված հստակ չափանիշների համաձայն ոչինչ, ժամանակակից մարգարեություններից ոչինչ չի համապատասխանում իրականությանը:

Խարիզմատիկները կարող են պնդել, որ Նոր Կտակարանի մարգարեները չեն պահպանվել նույն չափանիշներով, ինչ իրենց Հին Կտակարանի գործընկերները, սակայն նման պնդումը բացարձակապես անհիմն է: Եթե խոսենք Աստվածաշըն-չի հիման վրա, Սուրբ գրություններում ոչ մի տարբերություն չկա Կտակարանների մարգարեների միջև: Փաստորեն, Նոր Կտակարանն օգտագործում է նույն տերմինաբանությունը՝ նկարագրելու ինչպես Հին, այնպես էլ Նոր Կտակարանի մարգարեներին: Գործք Առաքելոց գրքում Հին Կտակարանի մարգարեները հիշատակվում են Գործք Առաքելոց 2.16; 3.24–25; 10.43; 13.27, 40; 15.15; 24.14; 26.22, 27; և 28.23 համարներում: Նոր Կտակարանի մարգարեների հղումները տարածվում են միևնույն բառապաշարի միջոցով՝ առանց որևէ տարբերակման, մեկնաբանության կամ նախազգուշացման (տե՛ս Գործք 2.17–18; 7.37; 11.27–28; 13.1; 15.32; 21.9–11):

Անշուշտ, եթե Նոր Կտակարանի մարգարեական պաշտոնը կտրականապես տարբեր լիներ, ինչպես պնդում են խարիզմատիկները, ապա որոշակի տարբերակում կդրվեր: Ինչպես Սեմ Ուոլդրոնն է իրավացիորեն նշում. «Եթե Նոր Կտակարանի մարգարեությունը, ի տարբերություն Հին Կտակարանի մարգարեությունների, անսխալական չլիներ իր հայտարարություններում, ապա այն բացարձակապես հիմնարար հակադրություն կստեղծեր Հին Կտակարանի հաստատության և Նոր Կտակարանի հաստատության միջև: Ենթադրել, որ այդքան կարևոր տարբերությունը կանցնի առանց բացահայտ մեկնաբանության, աներևակայելի է»:[18]

Իհարկե, Նոր Կտակարանի մարգարեների ճիշտ ըմբռնումը հիմնված չէ միայն լռության փաստարկի վրա: Երբ Պետրոսը խոսեց առաքելական դարաշրջանում եկեղեցուն բնորոշող մարգարեությունների մասին (Գործք. 2.18-ում), նա մեջբերեց Հովել 2.28-ը, որը հստակ հղում է *Հին Կտակարանի տիպի* մարգարեություններին: Եվ երբ աստվածաշնչյան հեղինակները նկարագրում էին Նոր Կտակարանի մարգարեներին (օրինակ՝ Հովհաննես Մկրտիչը, Ագաբոս մարգարեն և Հովհաննես առաքյալը Հայտնության գրքում), նրանք միտումնավոր հիշեցնում էին Հին Կտակարանի մարգարեներին:[19] Նոր Կտակարանի գրողներն այնուհետև շեշտում էին, որ ակնկալիքներն ու գործառույթը երկուսի համար էլ նույնն են եղել:[20] Ակնհայտ է, որ վաղ եկեղեցին մարգարեներին համարում էր իրենց Հին Կտակարանի նախորդների կատեգորիկ համարժեքը: Եկեղեցու պատմության առաջին մի քանի դարերի լայնածավալ հետազոտությունից հետո Նոր Կտակարանի պրոֆեսոր Դեյվիդ Ֆարնելը եզրակացնում է.

> Ամփոփելով, վաղ հետառաքելական եկեղեցին դատում էր Նոր Կտակարանի մարգարեների իրականությունը Հին Կտակարանի մարգարեական չափանիշներով: Նոր Կտակարանի դարաշրջանի հիացական մարգարեները, որոնք սխալ սուրբգրային կիրառություններ կամ կեղծ մարգարեություններ էին անում, համարվում էին կեղծ մարգարեներ, քանի որ նման գործողությունները խախտում էին Հին Կտակարանի դրույթները, որոնք վերաբերում էին Աստծո իսկական մարգարեին (2 Օր. 13.1–5; 18.20-22): ...Վաղ եկեղեցին հաստատում էր Հին Կտակարանի և Նոր Կտակարանի մարգարեների և մարգարեական չափանիշների միջև ուղղակի շարունակականության գաղափարը:[21]

Ճիշտ այնպես, ինչպես Հին Կտակարանի մարգարեներից պահանջվում էր խոսել ճշմարտությունը, երբ նրանք հռչակում էին Աստծո հայտնությունը, այնպես էլ Նոր Կտակարանի մարգարեները պահվում էին այդ նույն չափանիշով: Երբ նրանք հայտարարում էին. «Այսպես է ասում Տերը», հաջորդը պետք է լիներ հենց այն, ինչ ասել էր Աստված (տես Գործք. 21.11): Քանի որ Աստծո իսկական խոսքերը միշտ արտացոլում են Նրա կատարյալ, անթերի բնավորությունը, նման մարգարեությունները պետք է լինեն անբասիր և անսխալական: Փորձարկումն անհրաժեշտ էր, քանի որ կեղծ մարգարեները մշտական սպառնալիք էին ներկայացնում (1 Հովh. 4.1; տես 2 Պետ. 2.1–3; 2 Հովh. 10–11; 3 Հովh. 9–10; Հուդ. 8–23): Ինչպես մարգարեություններն էին ստուգվում Հին Կտակարանի նախորդ հայտնության հիման վրա (2 Օր. 13.1–5), այնպես էլ նրանք պետք է փորձարկվեին Նորում (1 Թես. 5.20–22, տես Գործք. 17.11):

Անկասկած, ինչ-որ մեկը կառարկի՝ մատնացույց անելով Հռոմեացիներ 12.6-ը, որտեղ Պողոսը գրել է. «Ուրեմն ունենալով տարբեր պարգևներ՝ ըստ մեզ տրված շնորհի, եկեք օգտագործենք դրանք. եթե մարգարեություն է, եկեք մարգարեանանք մեր հավատքի համեմատ»: Խարիզմատիկներն օգտագործում են այս հատվածը՝ պնդելով, որ մարգարեության ճշգրտությունը կախված է մարդու հավատքի չափից: Այնուամենայնիվ, դա նույնիսկ մոտ չէ Պողոսի իրական մտքին այդ հատվածում: New King James թարգմանության մեջ «մեր» բառը հունարենում հոդ է: Այն առավել ճշգրիտ թարգմանվում է որպես որոշիչ հոդ: Ուստի Պողոսը հրահանգում է իր ընթերցողներին, որ նրանք, ովքեր ունեն մարգարեության պարգև, պետք է մարգարեանան հավատքի՝ նախապես բացահայտված աստվածաշնչյան ճշմարտության կերպարի համաձայն (տե՛ս Հուդ. 3–4):

Ավելին, *մարգարեություն* բառն այս համատեքստում անպայմանորեն չի վերաբերում ապագա կանխատեսումներին կամ նոր հայտնությանը: Բառը պարզապես նշանակում է «խոսել», և այն վերաբերում է Աստծո խոսքի ցանկացած հեղինակավոր հռչակման, որտեղ Աստծո ճշմարտությունը հռչակելու շնորհված անձը «շինություն, հորդոր և մխիթարություն է խոսում» (1 Կոր. 14.3): Այսպիսով, Հռոմեացիս 12.6-ում տեղին արտահայտությունը կլինի. «Եթե ձեր պարգևը Աստծո խոսքը հռչակելն է, արե՛ք դա ըստ հավատքի»: Կրկին, գաղափարն այն է, որ այն, ինչ հռչակվում է, պետք է կատարելապես համապատասխանի ճշմարիտ հավատքին՝ համապատասխանելով նախորդ աստվածաշնչյան հայտնությանը:

Հավանաբար, խարիզմատիկների կողմից տրված սխալ մարգարեության ամենատարածված փաստարկը վերաբերում է Նոր Կտակարանի մարգարե Ագաբոսին: Գործք Առաքելոց 21.10–11 հատվածներում Ագաբոսը կանխագուշակեց, որ երբ Պողոսը ժամանի Երուսաղեմ, նրան հրեաները կկապեն և կհանձնեն հռոմեացիներին: Խարիզմատիկները մեծապես նշում են այն փաստը, որ Ղուկասը չի կրկնում այդ ճշգրիտ մանրամասներն ավելի ուշ Գործք Առաքելոց 21-ում, երբ արձանագրում է Պողոսի ձերբակալության մանրամասները: Ուեյն Գրուդեմի նման շարունակականների կարծիքով՝ հետևանքն այն է, որ Ագաբոսի «կանխատեսումը հեռու չէր իրականությունից, բայց այն մանրամասների անճշտություններ էր պարունակում, որոնք կասկածի տակ կդնեին Հին Կտակարանի ցանկացած մարգարեի վավերականությունը»:[22] Մեկ այլ տեղ Գրուդեմն ավելի հեռուն է գնում՝ պնդելով, որ սա «մարգարեություն է, որի երկու տարրերը՝ «կապել» և «հանձնել» հրեաների կողմից, բացահայտորեն անհիմն են հետագա պատմության մեջ»:[23] Այսպիսով, ըստ Գրուդեմի, Ագաբոսը ներկայացնում է Նոր Կտակարանի սխալ մարգարեության մի օրինակ և նմուշ, որի վրա հիմնվում է խարիզմատիկ մոդելը:

Բայց արդյո՞ք Ագաբոսի մարգարեության մանրամասները *բացահայտորեն հերքվում* են հետագա պատմությամբ: Տեքստի մանրակրկիտ ուսումնասիրությունն իրականում ցույց է տալիս ճիշտ հակառակը: Այն, որ հրեաները «կապել են» Պողոսին, ինչպես կանխագուշակել է Ագաբոսը Գործք Առաքելոց 21.11-ում, ենթադրվում է այն փաստով, որ նրանք «բռնեցին» (հ. 30), «քաշեցին» (հ. 30) և «ծեծեցին» նրան (հ. 32): Գործք Առաքելոց 26.21-ում, Ագրիպպասի առաջ վկայություն տալիս, Պողոսը կրկնեց այն փաստը, որ հրեաները «բռնեցին» և «փորձեցին սպանել» իրեն: Պողոսին բռնությամբ տանելով և տաճարից դուրս քաշելով՝ դաժան հակառակորդները պետք է զսպեին իրենց անհոժար զոհին այն ամենով, ինչն անմիջապես հասանելի էր իրենց՝ օգտագործելով Պողոսի սեփական գոտին՝ նրան կապելու համար, որպեսզի նա չկարողանար փախչել: Քանի որ Ագաբոսն արդեն ներկայացրել էր այս մանրամասնությունը 10-րդ հատվածում, Ղուկասը հարկ չհամարեց կրկնել այն 30-րդ համարում: Երբ հռոմեացի զինվորները եկան դեպքի վայր (հ. 33), նրանք պաշտոնապես ձերբակալեցին Պողոսին՝ հեռացնելով ժամանակավոր կալանքից և շղթայելով նրան: Ամեն ինչ լիովին համապատասխանում է այն ամենին, ինչ Ագաբոսն ասել էր, որ տեղի կունենա:

Այն, որ հրեաները Պողոսին «հանձնել են» հռոմեացի զինվորներին, ենթադրվում է նաև Գործք Առաքելոց 21-ի արձանագրությունից: 32-րդ հատվածում Պողոսը հարձակման ենթարկվեց զայրացած ամբոխի կողմից, երբ զինվորների խումբը ժամանեց: Տեսնելով հռոմեական իշխանություններին՝ հրեաները դադարեցին ծեծել Պողոսին և թույլ տվեցին զինվորներին ձերբակալել նրան առանց որևէ այլ միջադեպի (հ. 33): Կրկին, Ղուկասի պատմության ենթատեքստն այն է, որ զայրացած ամբոխը նահանջեց և ցրվեց այդ պահին՝ պատրաստակամորեն Պողոսին հանձնելով հռոմեական իշխանությունների ձեռքը:

Տեքստի այս ըմբռնումը հաստատվում է Պողոսի սեփական վկայությամբ: Գործք 28.17-ում Պողոսը բացատրեց, թե ինչ է պատահել իրեն Հռոմում, մի խումբ հրեաների հետ. «Մարդի՛կ և եղբայրնե՛ր, թեև ես ոչինչ չեմ արել մեր ժողովրդի և մեր հայրերի սովորությունների դեմ, բայց *ես որպես գերի Երուսաղեմից մատնվեցի հռոմեացիների ձեռքը*»: Պողոսը ոչինչ չէր արել հրեական օրենքը խախտելու համար, սակայն հրեա առաջնորդների կողմից նրան կեղծ մեղադրանքներ էին ներկայացվում: Այնուհետև նրան *որպես բանտարկյալ* (այսինքն՝ կապված) հանձնեցին հռոմեական իշխանությունների ձեռքը: Հատկանշական է, որ Պողոսի «մատնվել» բառը (Գործք. 28.17) նույն հունարեն բառն էր, որն օգտագործել էր Ագաբոսն իր մարգարեության մեջ (Գործք. 21.11): Այսպիսով, Պողոսի սեփական վկայությունը հաստատեց, որ Ագաբոսի մարգարեության մանրամասները միանգամայն ճիշտ էին:

Ամենից կարևորը, թերևս, այն է, որ երբ Ագաբոսը մարգարեացավ, նա մեջբերեց Սուրբ Հոգուն: Մոտավորապես ճիշտ այնպես, ինչպես Հին Կտակարանի մարգարեն կհայտարարեր. «Այսպես է ասում Տերը», Ագաբոսը սկսեց իր կանխատեսումը հետևյալ խոսքերով. «Այսպես է ասում Սուրբ Հոգին»: Հետագա խոսքերը ուղղակի մեջբերումներ էին հենց Սուրբ Հոգուց, և Ղուկասը դրանք այդպես է գրանցում: Ավելի կարևոր է, որ *Սուրբ Հոգին Ինքը* ներշնչեց Ղուկասին, որ դրանք գրանցի այդպես՝ առանց որևէ շտկման կամ որակավորման: Հետևաբար, ցանկացած պնդում, թե Ագաբոսը սխալվել է իր մարգարեության մանրամասներում, լուռ մեղադրանք է, կարծես՝ Սուրբ Հոգին սխալվել է Իր մարգարեական հայտնության բովանդակության մեջ:

Ակնհայտ է, որ Ագաբոսն այն սխալ մարգարեության օրինակը *չէ*, ինչպիսին խարիզմատիկները դարձնում են նրան:[24] Այդ եզրակացությունը մեծ հարված է արտաասավածաշնչյան մարգարեություններին: Ինչպես բացատրում է Ռոբերտ Սոսին՝ խոսելով Ագաբոսի մասին. «Մարգարեությունն այսպիսով հեշտությամբ մեկնաբանվում է որպես անսխալական՝ չթողնելով սխալ մարգարեության ոչ մի օրինակ, որը կաջակցի [խարիզմատիկ] դիրքորոշմամբ առաջարկվող սխալ մարգարեության հայեցակարգին»:[25]

Ի՞նչ կասեք 1 Թեսաղոնիկեցիս 5.20–22-ի մասին

1 Թեսաղոնիկեցիս 5.20–22-ում Պողոս առաքյալը գրել է. «Մի՛ արհամարհեք մարգարեական խոսքերը: Բայց ուշադիր ուսումնասիրե՛ք ամեն ինչ. ամո՛ւր բռնեք բարին, զե՛րծ մնացեք ամեն տեսակի չարությունից»

Ինչպե՞ս պետք է մեկնաբանենք Պողոսի ցուցումներն այդ հատվածներում՝ կապված Նոր Կտակարանի մարգարեության պարգևի հետ:

Այս տեքստի ճիշտ ըմբռնումը սկսվում է այն գիտակցումից, որ իսկական մարգարեական խոսքերը բաղկացած են աստվածային հայտնությունից: Այսպիսով, նրանք չպետք է անտեսվեն, քանի որ այդպես անտեսվում է հենց Աստծո խոսքը: Ինչպես մեկ այլ տեղ եմ բացատրել.

> Աստծո հայտնության գերակայության հանդեպ հարգանքն այն է, ինչ նկատի ուներ Պողոս առաքյալը՝ զգուշացնելով թեսաղոնիկեցիներին չարհամարհել մարգարեական խոսքերը: Արհամարհելն *(exoutheneō)* արտահայտում է ուժեղ իմաստ՝ «բացարձակապես ոչինչ համարել», «արհամարհանքով վերաբերվել» կամ «վերևից նայել»: Նոր Կտակարանում մարգարեական արտահայտությունները (*prophéteia*) կարող են վերաբերել կամ ասված, կա՛մ գրավոր բառերին: Բայի ձևը (*prophéteuō*) նշանակում է «խոսել կա՛մ հայտարարել հրապարակայնորեն»: Այսպիսով, մարգարեության պարգևն Աստծո բացահայտված ճշմարտությունը հրապարակայնորեն հռչակելու՝ Հոգով օժտված հմտությունն էր: Նոր Կտակարանի մարգարեները երբեմն մատուցում էին բոլորովին նոր հայտնություն, ան-

միջապես Աստծուց (Ղուկ. 2.29–32; տե՛ս հ. 38; Գործք. 15.23–29): Այլ դեպքերում նրանք պարզապես կրկնում էին մի աստվածային հռչակագիր, որն արդեն իսկ արձանագրված էր (տե՛ս Ղուկ. 3.5–6; Գործք. 2.17–21, 25–28, 34–35; 4.25–26; 7.2–53):[26]

Երկու դեպքում էլ, քանի որ այն բաղկացած էր աստվածային հայտնության հռչակումից, իսկական մարգարեությունն անփոփոխ կերպով արտացոլում էր հենց Աստծո բնավորությունը: Այդ իսկ պատճառով այն կարող էր փորձարկվել *հավատքի* չափով (Հռ. 12.6), այսինքն պետք է համաձայնեցվեր նախկինում բացահայտված ճշմարտության հետ (տե՛ս Գործք. 6.7, Հուդ. 3, 20): Մարգարեական խոսքը, որը գալիս էր Աստծուց, միշտ ճշմարիտ էր և համապատասխանում էր Սուրբ Գրքին: Եվ հակառակը, ենթադրյալ մարգարեության խոսքը, որը սխալ էր կամ հակասում էր Աստծո գրավոր խոսքին, մատնում էր իր կեղծ էությունը: Այսպիսով, Պողոսը թեսաղոնիկեցիներին հրահանգեց հոգևոր խորաթափանցություն դրսևորել որևէ ուղերձ լսելիս, որը պնդում են, թե աստվածային ծագում ունի՝ ուշադիր ստուգելով այն, համեմատելով նախորդ գրավոր հայտնության հետ: Պողոսը նկարագրում է այդ մարգարեությունները, որոնք ձախողեցին փորձը, դրսևորվելով որպես «չարիք» (հ.22), ինչից հավատացյալները պետք է խուսափեն:

Չնայած դրան՝ խարիզմատիկները հաճախ մատնանշում են 1 Թեսաղոնիկեցիս 5.20–22 հատվածները՝ պաշտպանելու սխալ մարգարեությունները՝ կարծելով, որ այս հատվածները հաստատում են իրենց այն պնդումը, թե Նոր Կտակարանի մարգարեությունը սխալ է և լի շեղումներով: Ի վերջո, նրանք վիճում են, թե ինչո՞ւ է Պողոսը պատվիրում եկեղեցուն ստուգել մարգարեական խոսքերը, եթե Նոր Կտակարանի մարգարեությունները հավասար են Հին Կտակարանի անսխալ և հեղինակավոր մարգարեություններին:

Տալով այդ հարցը՝ խարիզմատիկները չեն կարողանում ընդունել, որ Հին Կտակարանի մարգարեությունն իրականում նույն տեսակի փորձի է ենթարկվել, ինչ Նոր Կտակարանի մարգարեությունը: Պողոսը թեսաղոնիկեցիներին չէր հրահանգում անել որևէ այլ բան, քան այն, ինչ Աստված միշտ պահանջում էր Իր ժողովրդից: Տերը պատվիրեց իսրայելացիներին ստուգել բոլոր մարգարեությունները ուղղափառության (2 Օր. 13.1–5; Ես. 8.20) և *ճշգրտության* հիման վրա (2 Օր. 18.20–22): Մարգարեությունները, որոնք չէին համապատասխանում այդ որակավորմանը, համարվում էին կեղծ: Քանի որ կեղծ մարգարեները տարածված էին Հին Կտակարանի Իսրայելում (2 Օր. 13.3; Ես. 30.10; Եր. 5.31; 14.14–16; 23.21–22; Եզ. 13.2–9; 22.28; Միք. 3.11), Աստծո ժողովուրդը պետք է կարողանար ճանաչել և դիմակայել նրանց: Այդ նույն իրականությունը վերաբերում էր նաև Նոր Կտակարանի հավատացյալներին, այդ իսկ պատճառով Պողոսը պատվիրեց թեսաղոնիկեցիներին ուշադրությամբ ստուգել մարգարեական խոսքերը:

Նույնիսկ լինելով առաքյալ՝ Պողոսը հորդորում էր ուրիշներին ստուգել իր ուսմունքը նույն չափանիշներով: Գաղատացիների գրքում նա կրկնեց 2 Օրինաց 13.1–5 սկզբունքը, երբ ասաց. «Բայց եթե նույնիսկ մենք, կամ երկնքից մի հրեշտակ, ձեզ այլ Ավետարան քարոզի, քան այն, ինչ մենք ձեզ քարոզեցինք, թող անիծյալ լինի» (Գաղ. 1.8): Մի քանի տարի անց Պողոսն անհապաղ հեռացավ Թեսաղոնիկեից, բայց նախքան նրանց իր առաջին թուղթը գրելը, նա մեկնեց Բերիա: Բերիացիները հեշտությամբ չընդունեցին Պողոսի ուսմունքը, այլ փորձեցին նրա խոսքերը Հին Կտակարանի հայտնության համեմատ: Գործք Առաքելոց գիրքը նրանց մասին ասում է. «Սրանք ավելի արդարամիտ էին, քան Թեսաղոնիկեում գտնըվողները, որովհետև ամենայն պատրաստակամությամբ ընդունեցին խոսքը և *ամեն օր Սուրբ գրություններն էին ուսումնասիրում՝ պարզելու, թե արդյոք այս բաներն այդպես են*» (Գործք. 17.11): Պողոսը գուցե այդ դեպքը նկատի ուներ, երբ կարճ ժամանակ անց գրեց թեսաղոնիկեցիներին ուղղված՝ զգույշ և զգոն խորաթափանցության այս խնդրանքը:

Առաջին դարի եկեղեցում կեղծ մարգարեների առկայությունը փաստ է, որը հստակորեն հաստատված է Նոր Կտակարանում (Մատթ. 7.15; 24.11; 2 Տիմ. 4.3–4; 2 Պետ. 2.1–3; 1 Հովհ. 4.1; Հուդ. 4): Մարգարեությունը ստուգելու հրամանները պետք է հասկանալ այդ ֆոնի վրա: Հավատացյալներին պատվիրված էր տարբերակել նրանց, ովքեր Աստծո իսկական խոսնակներն էին և նրանց, ովքեր վտանգավոր խաբեբաներ էին: Հատկապես թեսաղոնիկեցիներին պետք էր զգուշանալ կեղծ մարգարեներից: Պողոսի՝ նրանց ուղղված երկու նամակները ցույց են տալիս, որ իրենց ժողովում ոմանք արդեն մոլորության մեջ էին՝ և՛ Պողոսի անձնական բնավորության (1 Թես. 2.1–12), և՛ եկեղեցու էսխատոլոգիական ապագայի հետ կապված (1 Թես. 4.13–5.11): Պողոսի խրատների մեծ մասը պատասխան էր այն սխալ ուսմունքին, որն ավերածություններ էր ստեղծում Թեսաղոնիկեի եկեղեցում: Հավանաբար դա էր պատճառը, որ թեսաղոնիկեցիներից ոմանք գայթակղվեցին՝ արհամարհելով բոլոր մարգարեական խոսքերը, այդ թվում՝ ճշմարիտները:

Կարևոր է նաև հիշել, որ Պողոսն այս խոսքերը գրել է այն ժամանակ, երբ մարգարեության հայտնության պարգևը դեռևս ակտիվ էր՝ եկեղեցու հիմնադրման դարաշրջանում (տե՛ս Եփ. 2.20): Նրա պատվիրանը՝ «Մի՛ արհամարհեք մարգարեական խոսքերը», մասնավորապես վերաբերում է այն ժամանակներին, երբ այդ հայտնության պարգևը լիովին գործում էր: Երբ դադարեցման կողմնակիցները վարկաբեկում են ժամանակակից «մարգարեների» կեղծ կանխատեսումները, նրանք չեն խախտում Պողոսի հրահանգը: Ընդհակառակը, նրանք լրջորեն են վերաբերվում աստվածային հայտնությանը՝ կիրառելով ճշգրտության և ուղղափառության աստվածաշնչյան չափանիշները պատգամների վրա, որոնք, ըստ նրանց պնդումների, Աստծուց են գալիս: Իրականում, հենց խարիզմատիկներն են արհամարհում այն, ինչ իսկապես մարգարեական է՝ անխտիր հավանություն տալով պարգևների կեղծ տեսակին:

Թեև մարգարեության հայտնության պարգևը դադարել է, մարգարեական խոսքի հռչակումը դեռ շարունակվում է այսօր, քանի որ քարոզիչները բացահայտում են Սուրբ գրությունները և հորդորում մարդկանց հնազանդվել (2 Տիմ. 2.4): Արդյունքում, 1 Թեսաղոնիկեցիս 5.19–22-ի հետևանքները դեռևս վերաբերում են ժամանակակից եկեղեցուն: Ժամանակակից հովիվների և ուսուցիչների տրված յուրաքանչյուր քարոզ, յուրաքանչյուր ուղերձ, յուրաքանչյուր կիրառում պետք է ուշադրությամբ ուսումնասիրվի Սուրբ Գրքի ոսպնյակի միջոցով: Եթե ինչ-որ մեկը պնդում է, որ խոսում է Աստծո փոխարեն, սակայն նրա ուղերձը չի համապատասխանում աստվածաշընչյան ճշմարտությանը, նա իրեն որպես խաբեբա է դրսևորում: Հենց այստեղ է անհրաժեշտ աստվածաշնչյան խորաթափանցությունը:

Այս ամենը համադրելով՝ մենք տեսնում ենք, որ 1 Թեսաղոնիկեցիս 5.20–22 համարները չեն աջակցում սխալ մարգարեության խարիզմատիկ մեկնաբանությանը: Ավելի շուտ, այն հանգեցնում է հակառակ եզրակացության, քանի որ այն կոչ է անում քրիստոնյաներին ստուգել ցանկացած հաղորդագրություն կամ ուղերձ, որը պնդում են, թե Աստծուց է գալիս: Երբ մենք կիրառում ենք Սուրբ Գրքի փորձերը ժամանակակից խարիզմատիկների ենթադրյալ հայտնությունների վրա, իսկույն տեսնում ենք, թե ինչ է իրականում նրանց «մարգարեությունը»՝ վտանգավոր կեղծիք:

Երբ դիտարկվում են Նոր Կտակարանի մարգարեություններին վերաբերող բոլոր հատվածները, խարիզմատիկ դիրքորոշումն անմիջապես բացահայտվում է որպես անհիմն և արտաաստվածաշնչյան: Նոր Կտակարանի պարզ ուսմունքն այն է, որ առաջին դարի եկեղեցում մարգարեները պետք է ճանաչվեին ճշգրտության նույն չափանիշով, ինչ մարգարեները՝ Հին Կտակարանում: Թեև այդ ամենը կարող է գոյություն ունենալ նրանց մտքերում, ովքեր ցանկանում են արդարացնել իրենց սխալ գործելաոճը, այն ապացույցները, որոնք անհրաժեշտ են սխալական մարգարեների մասին որևէ պատկերացում հաստատելու համար, իսպառ բացակայում են աստվածաշնչյան գրառումներից:

Վտանգավոր խաղ

Այսպիսով, ի՞նչ է ժամանակակից խարիզմատիկ մարգարեությունը, եթե ոչ՝ աստվածաշնչյան պրակտիկա: Նախկին մարգարե Ֆրեդ Լ.Վոլցը խորաթափանց պատասխան է տալիս՝ անդրադառնալով խարիզմատիկ շարժման իր սեփական փորձառություններին.

Ես նկատեցի, որ այս «մարգարեների» կատարած «մարգարեությունների» ճնշող մեծամասնությունը շատ նման էին միմյանց նրանով, որ միշտ աղոտ կերպով կանխատեսում էին մեծ օրհնություններ և ապագա բախտի և հաջողության հնարավորություններ: Այսպիսով, իհարկե, երբ մեկ այլ դրական «մարգարեություն» էր գալիս, այն դիտվում էր որպես ավելի վաղ մարգարեության հաստատում, և մի օր այն կատարվելու էր:

> Երբեմն մարգարեությունը կարող է ուղեկցվել անձի անցյալի կամ ներկայի մասին որոշակի տեղեկություններով, ինչպիսիք են. «Ձեր ընտանիքում կա մեկը, ով պայքարում է ալկոհոլի կամ թմրանյութերի դեմ» կամ «Դու սիրում ես երաժշտությունը» (Օ՜, ինչ մեծ հավանականություն): Սուրբ Գրքի մանրակրկիտ ուսումնասիրությունը, մարգարեությունն Աստծո խոսքի համեմատ փորձելով, հովվին ուղղված հարցերի հետ մեկտեղ, բացահայտում է, թե ինչ է իրականում այս ամենը՝ կեղծիք: [27]

Խարիզմատիկ մարգարեներից շատերը ոչնչով չեն տարբերվում կողմնակի շոուների էքստրասենսներից և ձեռքի ափով գուշակություններ անողներից: Բայց որոշ դեպքերում աղբյուրը կարող է ավելի մութ լինել: Վոլցը շարունակում է՝ համեմատելով խարիզմատիկ մարգարեությունները նոր դարաշրջանի մարգարեների կողմից արված սատանայական կանխատեսումների հետ: Նրա սթափեցնող խոսքերը պետք է վախ առաջացնեն յուրաքանչյուրի սրտում, ով կխաղա օտար կրակի հետ.

> Ես չեմ հավատում, որ սատանան հստակ գիտի ապագան: Եթե նա իմանար, կեղծ մարգարեները շատ ավելի ճշգրիտ կլինեին: Օրինակ՝ կային մարդիկ, ովքեր ակնհայտորեն կեղծ մարգարեներ էին «Նոր դարաշրջանի» բազմազանության մեջ, ովքեր «մարգարեացել» էին 2001թ. սեպտեմբերի 11-ի Առևտրի համաշխարհային կենտրոնի վրա կատարված հարձակումից մի քանի ամիս առաջ: ...Ռազմական փորձագետների կարծիքով՝ այդ հարձակումը տարիներ շարունակ նա-

խապատրաստվել է: Սատանան գիտեր ծրագրի բոլոր մանրամասները դրա սկզբից ի վեր: Ահա թե ինչու, կեղծ մարգարեներն իրենց ճշգրտությամբ անսովոր են թվում: Նա [հազարավոր] տարիներ շարունակ ուսումնասիրել է մարդու վարքագիծը և ունի հրեշտակների և դևերի լեգեոններ, որոնք կարող են նրա աչքերն ու ականջները լինել մեր բոլոր գործերում: Բայց և այնպես, իր բոլոր գիտելիքներով հանդերձ նա չի կարող ճշգրտությամբ տեսնել ապագան: Նա պարզապես երբեմն ճիշտ է կռահում: [28]

Ի հակադրություն՝ *ճշմարիտ* մարգարեությունը մտքում չի գալիս հոգեկան ինտուիցիայի կամ նոր դարաշրջանի միստիցիզմի միջոցով, և այն չի բացահայտվում գուշակությունների միջոցով: «Սուրբ Գրքի ոչ մի մարգարեություն որևէ մասնավոր մեկնաբանություն չունի, քանի որ մարգարեությունը երբեք չի եղել մարդու կամքով, այլ Աստծո սուրբ մարդիկ խոսում են Սուրբ Հոգուց մղված» (2 Պետ. 1.20–21): Նրանք, ովքեր իրենց անձնական տպավորությունները, երևակայությունները և ինտուիցիան նույնացնում են աստվածային հայտնության հետ, մեծապես սխալվում են: Խնդիրն ավելի է մեծանում տարածված խարիզմատիկ պրակտիկայի շնորհիվ՝ գիտակցաբար թույլ տալով, որ մեկը, որ կեղծ մարգարեություն է խոսել, շարունակի պնդել, թե ինքը խոսում է Աստծո անունից: Եթե հնարավորինս պարզ և շիտակ ասենք, ապա «մարգարեության» այս մոտեցումը աստիճանային հերետիկոսության ամենախիստ տեսակն է, քանի որ այն Աստծուն է վերագրում մի բան, ինչը չի եկել Նրանից:

Սխալվող մարգարեություններն օրինական համարելով՝ խարիզմատիկները դուռ են բացում սատանայական հարձակման և խաբեության համար՝ իրենց շարժումը դասելով նույն կատեգորիայի կուլտային խմբերին, ինչպիսիք են Յոթերորդ օրվա ադվենտիստները, մորմոնները և Եհովայի վկաները: Սխալ մարգարեությունը ոչ քրիստոնեական աղանդի կամ կեղծ կրոնի ամենավառ նշաններից մեկն է: Ուիլյամ Միլլերը և Էլեն Գ. Ուայթը՝ Յոթերորդ օրվա ադվենտիզմի հիմնադիրները, կեղծ մարգարեացել են, որ Հիսուսը կվերադառնա 1843 թվականին: Երբ կանխատեսումը ձախողվեց, նրանք փոխեցին ամսաթիվը՝ 1844թ.: Երբ նրանց հաշվարկները դարձյալ անճշտություն դուրս եկան, նրանք պնդում էին, որ իրենց ամսաթիվը սխալ չէր: Փոխարենը, իրադարձությունը, որը նրանք կապում էին ամսաթվի հետ, պետք է սխալ լիներ: Այսպիսով, նրանք հորինեցին նոր վարդապետություն՝ պնդելով, թե Քրիստոսը մտավ Իր երկնային սրբավայրը 1844 թվականին՝ սկսելու քավության երկրորդ աշխատանքը (բացահայտ հակասելով Եբրայեցիս 9.12-ին և Նոր Կտակարանի մի շարք հատվածների):

Մորմոնների պատրիարք Ջոզեֆ Սմիթը նմանապես մարգարեացավ, որ Հիսուսը կվերադառնա մինչև 1891 թվականը: Սմիթի մարգարեությունը ներառում էր այլ կեղծ կանխատեսումներ այն մասին, որ բոլոր ազգերը ներգրավված կլինեն Ամերիկայի քաղաքացիական պատերազմին, որ մի տաճար կկառուցվի Միսսուրիի Ինդիփենդենսում (նման տաճար երբեք չի կառուցվել), և որ մորմոն «առաքյալ» Դեյվիդ Վ. Փաթենը միսիայի կգնա 1839 թվականի գարնանը: (Պաթենը գնդակահարվեց 1838թ. հոկտեմբերի 25-ին՝ այդպիսով զրոյացնելով 1839թ.-ին որևէ բան անելու իր կարողությունը):

Իր հարյուրամյա պատմության ընթացքում «Դիտարան» ընկերությունը բազմիցս սխալ է մարգարեացել Քրիստոսի վերադարձը, սկսած 1914 թվականից և ներառյալ հետագա կանխատեսումները 1915, 1925, 1935, 1951, 1975, 1986 և ընթացիկ 2000 թվականների համար: Եհովայի վկաներն ակնկալում են աշխարհի վերջը 2033 թվականին, քանի որ դա կլինի 120-րդ տարին՝ 1914 թվականի սկզբնական կանխատեսումից հետո: Նույն կերպ Նոյը 120 տարի կառուցեց տապանը: «Դիտարան» ընկերության հետևորդները համոզված են, որ Աստծո դատաստանը կկատարվի այս երկրի վրա Առաջին համաշխարհային պատերազմի սկզբից տասներկու տասնամյակ անց:

Մենք կարող ենք ծիծաղել նման կանխատեսումների խելագարության վրա. և մենք, անշուշտ, պետք է օգտագործենք այդ բացահայտ անճշտությունները՝ որպես պաշտպանություն այդ խմբերի կեղծ ուսմունքների դեմ: Բայց մենք կարող ենք հարցնել, թե ինչո՞վ են այդ կեղծ կանխատեսումները տարբերվում խարիզմատիկ մարգարեությունների մեջ տարածված ծիծաղելի սխալներից: Դրսի տեսանկյունից, էական տարբերակում չկա: Եթե կեղծ կանխատեսումները կարող են օգտագործվել աղանդավոր խմբերի սնանկությունը ցույց տալու համար, նույնը պետք է լինի ժամանակակից խարիզմատիկ մարգարեությունների դեպքում: Անճշտությունների բացահայտումը *սիրո բացակայություն* չէ. այն աստվածաշնչային է՝ տանելով մեզ հետ դեպի 2 Օրինաց 18-ում սահմանված չափանիշին:

Իսկական մարգարեական պարտականությունը 100 տոկոս ճշգրտություն էր պահանջում: Քանի որ նրանք Աստծո կողմից նոր հայտնություն էին հաղորդում եկեղեցուն, Նոր Կտակարանի մարգարեները պահում էին այդ չափանիշը: Անշուշտ, մարգարեական խոսքի *հռչակումն* ու *բացահայտումը* (2 Պետ. 1.19) շարունակվում է այսօր՝ հավատարիմ քարոզչության և ուսուցման միջոցով: Նույն կերպ, ինչպես աստվածաշնչյան մարգարեները հորդորում և խրատում էին մարդկանց լսել աստվածային հայտնությունը, այնպես էլ շնորհալի քարոզիչները եկեղեցու ողջ պատմության ընթացքում մինչև մեր օրերը, ջերմեռանդորեն քաջալերում էին իրենց ժողովներին ականջ դնել Տիրոջ խոսքին: Հիմնական տարբերությունն այն է, որ մինչ աստվածաշնչյան մարգարեները *նոր հայտնություն* էին ստանում անմիջապես Աստծո Հոգուց, ժամանակակից քարոզիչները կոչված են հռչակելու միայն այն, ինչ Աստծո Հոգին հայտնել է Իր ներշնչված խոսքում (տե՛ս 2 Տիմ. 4.2): Հետևաբար, միայն այն միջոցը, որով որևէ մեկը կարող է ասել. «Այսպես է ասում Տերը... » կարող է լինել օրինական, եթե հաջորդ բառերը բխեն անմիջապես աստվածաշնչյան տեքստից: Դրանից զատ որևէ այլ բան հայհոյական ենթադրություն է և, իհարկե, *ոչ* մարգարեություն:

Հիմքում ընկած է նոր հայտնություն ստանալու վրա խարիզմատիկ կենտրոնացումը, որն այդքան վտանգավոր է դարձնում նրանց տեսակետը մարգարեության վերաբերյալ: Բայց Աստվածաշունչը պարզ է. Նոր Կտակարանի դարաշրջանում կենդանի մարգարեների միջոցով *նոր հայտնություն* տալը նախատեսված էր միայն եկեղեցու հիմնադրման ժամանակաշրջանի համար: Ինչպես Պողոսը միանշանակ ասաց եփեսացիս 2.20-ում, եկեղեցին «*կառուցվել է* առաքյալների և մարգարեների *հիմքի վրա*»: Այն, որ Պողոսի նկարագրած մարգարեներն այդ հատվածում վերաբերում են Նոր Կտակարանի մարգարեներին, պարզ է դառնում Եփեսացիս գրքի մնացած ուղերձում, որտեղ Նոր Կտակարանի մարգարեները ուրվագծված են 3.5 և 4.11 հատվածներում:

Խարիզմատիկները լրջորեն չեն գիտակցում, թե ինչպես են լկտիաբար անարգում Աստծուն և Նրա խոսքը, երբ պնդում են, թե հայտնություն են ստացել Նրանից, երբ Նա իրականում չի խոսել՝ հայտարարելով մարգարեական խոսքեր, որոնք լի են սխալներով և ապականությամբ: Երբ Աստված խոսում է, այն միշտ կատարյալ է, ճշմարիտ և անսխալական: Ի վերջո, Աստված չի կարող ստել (Տիտ. 1.2): Եվ նրանք, ովքեր սուտ խոսքեր են ասում Նրա անունով, իրենց դատաստանի տակ են դնում:

Ճշմարտությունը քրիստոնեության արյունն է: Այսպիսով, կեղծ մարգարեությունը (և դրան ուղեկցող կեղծ վարդապետությունը) ներկայացնում է եկեղեցու մաքրության միակ ամենամեծ սպառնալիքը: Խարիզմատիկ շարժումն անպաշտպան անցակետ է ապահովում դեպի եկեղեցի՝ կեղծ մարգարեների և կեղծ ուսուցիչների համար: Ավելին, շարժումը ողջույնի գորգ է փռում նրանց առջև, ովքեր բազմացնում են իրենց սեփական երևակայության սխալները՝ գրկաբաց հրավիրելով նրանց ճամբարից ներս և հաստատելով նրանց մեղքը՝ սրտանց «ամեն» ասելով: Բայց խարիզմատիկ շարժման մարգարեները ճշմարիտ մարգարեներ չեն: Այսպիսով, ինչպիսի՞ն են նրանք դառնում:

Այդ հարցի պատասխանի մի ամբողջ շրջանակ բերում է այս գլուխը: Ըստ 2 Պետ.ի և Հուդայի՝ դրանք չոր ջրհորներ են, անպտուղ ծառեր, կատաղի ալիքներ, թափառող աստղեր, դաժան գազաններ, սարսափելի բծեր, փսխածն ուտող շներ, ցեխասեր խոզեր և ագահ գայլեր:

Հայտնի քարոզիչ Չարլզ Սփերջենը այսպես էր պատասխանել նրանց, ովքեր եկել էին իր մոտ Սուրբ Հոգու ենթադրյալ հայտնության խոսքերով.

Զգո՛ւյշ եղեք, որ երբեք չվերագրեք Նրան [Սուրբ Հոգուն] ձեր ունայն երևակայությունները: Ես տեսել եմ՝ ինչպես է Աստծո Հոգին ամոթալի կերպով անարգվում մարդկանց կողմից, հուսով եմ, որ նրանք, ովքեր ասում էին, որ ստացել են այս կամ այն հայտնությունը, խելագար էին: Մի քանի տարի է, ինչ իմ գլխով չի անցել մի շաբաթ, որ ես չձանձրանամ կեղծավորների կամ մոլագարների հայտնություններից: Կիսախելագարները շատ են սիրում ինձ մոտ գալ Տիրոջից ինձ ուղղված հաղորդագրություններով և նրանք գուցե ազատվեն որոշակի դժվարություններից, եթե ես մեկընդմիշտ ասեմ, որ իրենց անմիտ ուղերձներից ոչ մեկը չեմ ուզում ստանալ: ...Երբեք մի՛ երազեք, որ երկնքից ձեզ համար իրադարձություններ կբացահայտվեն, այլապես դուք կարող եք նմանվել այն հիմարներին, որոնք համարձակվում են իրենց բացահայտ անմտությունները վերագրել Սուրբ Հոգուն: Եթե զգում եք, որ ձեր լեզուն քոր է գալիս անհեթեթություն խոսելու համար, ապա դրա հետևում փնտրե՛ք սատանային, ոչ թե Աստծո Հոգուն: Այն, ինչ պետք է հայտնվի Հոգու կողմից մեզանից որևէ մեկին, արդեն Աստծո խոսքում է, Նա ոչինչ չի ավելացնում Աստվածաշնչին և երբեք չի էլ ավելացնի: Այս, այն և մյուս բացահայտումներն անող մարդիկ *թող պառկեն քնելու և արթնանան իրենց զգացողության մեջ*: Ես միայն կցանկանայի, որ նրանք հետևեին այս խորհրդին և այլևս չվիրավորեին Սուրբ Հոգուն՝ վերագրելով իրենց անհեթեթությունները Նրան:[29]

Սփերջենի խոսքերը կարող են կոպիտ հնչել, բայց դրանք արտացոլում են այն խստությունը, որով Սուրբ Գիրքն ինքն է դատապարտում բոլոր նման ենթադրությունները: Երեմիա 23-ը նմանատիպ նախազգուշացումներ է պարունակում կեղծ մարգարեությունների մասին: Խարիզմատիկ եկեղեցիների մաս կազմող հավատացյալները լավ կանեն ուշադրություն դարձնեն.

Այսպես է ասում զորությունների Տերը. «Մի՛ լսեք ձեզ մարգարեացող մարգարեների խոսքերը. նրանք ձեզ խաբում են, նրանք իրենց մտքի տեսիլքն են խոսում և ոչ թե Տիրոջ բերանից: ...«Ես այդ մարգարեներին չեմ ուղարկել, բայց իրենք վազեցին, ես նրանց հետ չեմ խոսել, բայց իրենք մարգարեացան: Եվ եթե կանգնած լինեին Իմ խորհրդում, այն ժամանակ ժողովրդին լսել կտային Իմ խոսքերը և նրանց հետ կդարձնեին իրենց չար ճանապարհից և իրենց չար գործերից»: ...«Ես լսել եմ, ինչ որ ասում են ստություն մարգարեացող մարգարեներն Իմ անունով՝ ասելով. «Երազ եմ տեսել, երազ եմ տեսել»: Մինչև երբ այս բանը պիտի պատահի ստություն մարգարեացող մարգարեների սրտի մեջ. նրանք իրենց մտքի խաբեությունն են մարգարեանում: ...Ահա Ես այն մարգարեների դեմ եմ,- ասում է Տերը,- որոնք իրենց լեզուն են գործածում և մարգարեություն խոսում: Ահա Ես այն սուտ երազներ մարգարեացողների դեմ եմ,- ասում է Տերը,- որոնք պատմում են դրանք և իրենց ստություններով ու իրենց սնապարծությամբ մոլորեցնում Իմ ժողովրդին: Ես չեմ նրանց ուղարկել և նրանց չեմ հրամայել. նրանք ամենևին օգուտ չեն բերում այս ժողովրդին,- ասում է Տերը:(Եր. 23.16–32)

Յոթերորդ

Ոլորելով լեզուներ

Պենտեկոստական հեռուստաավետարանչուհի և ինքնահռչակ մարգարեուհի Հուանիտա Բայնումը 2011թ.-ին հայտնվեց լուրերի վերնագրերում, երբ իր ֆեյսբուքյան էջում տեղադրեց մի շարք անմիտ սիմվոլներ, ինչպես՝ «CHCNCFURRIR UNGIGNGNGNVGGGNCG», «RFSCNGGUGHURGVHKTGHDKUN HSTNSVHGN» и «NDHDIUBGUGTRUCGNRTUGTIGRTIGRGBNRDRGNGGJNRIC»:

Շատ դեպքերում, սոցիալական մեդիայի կայքում չնչին անհեթեթությունը, հավանաբար, աննկատ կմնար՝ բացատրվելով փոքր-ինչ խճճված մտածողությամբ կամ գուցե կպչուն ստեղնաշարով: Բայց խարիզմատիկների համար Բայնումի տառերի խառնաշփոթը շատ ավելի բարձր բան էր ներկայացնում: «Christian Post»-ում հրապարակված հոդվածում նկարագրված է նրա տարօրինակ կարգավիճակի թարմացումների նշանակությունը հետևյալ վերնագրով. «Հեռուստաավետարանիչ Հուանիտա Բայնումը զարմացնում է «Լեզուների» աղոթքով Facebook-ում»:[1]

Թեև հիսունականների լեզուներով խոսքն, ըստ սահմանման, բանավոր է, այն այս միջադեպում հայտնվել է տպագիր ձևով: Բայնումի ֆեյսբուքյան շաղախությունը ծառայում է որպես այսպես կոչված լեզուների վառ օրինակ, որոնք բնութագրում են ժամանակակից խարիզմատիկ շարժումը: Թեև այս էզոթերիկ վարքագծի նկատմամբ ավելի քիչ հետաքրքրություն կա, քան շոշափելի բարգավաճման ավետարանի (հասկանալի պատճառներով), այն դեռևս որոշիչ բաղադրիչ է շարժման մեջ: Ժամանակակից «լեզուները», որոնք երբեմն կոչվում են «երկնային խոսք», «հրեշտակների լեզուներ» կամ «մասնավոր աղոթքների լեզու», բաղկացած են ամբողջովին անիմաստ հնչյուններից. մի կետ, որը նույնիսկ խարիզմատիկներն են ընդունում:

Անդրադառնալով առաջին անգամ իր՝ լեզուներով խոսելուն՝ Խարիզմա ամսագրի խմբագիր Ջ. Լի Գրեդին գրել է. «Հաջորդ օրը, երբ ես իմ սենյակում էի և աղոթում էի, կարող եմ ասել, որ դրախտային լեզու էր պտտվում իմ ներսում: Ես բացեցի բերանս, և բառերը թափվեցին: *«Իլիա Սկիրիդան տոլա դո սկանտամա»*: Կամ նման մի բան: Ես պատկերացում չունեի, թե ինչ եմ ասում: Այն հնչում էր որպես շաղախություն: Այնուամենայնիվ, երբ ես աղոթում էի լեզուներով, ես ինձ մոտ էի զգում Աստծուն»:[2]

Դեննիս Բենեթը, որի անձնական խարիզմատիկ փորձառություններն օգնեցին առաջացնել 1960-ականների խարիզմատիկ նորացման շարժումը, այդ ամենը բացատրում է այսպես. «Երբեք չգիտես, թե ինչպես կհնչի լեզուն: Ես ունեի մի ծանոթ, որից լսվում էր «ռուբ-ա-դուբ-դուբ», երբ խոսում էր լեզուներով, բայց նա մեծ օրհնություն էր ստանում այդ անելիս»:[3] Ջոյս Մայերը ժամանակակից երևույթը պաշտպանելուց հետո, միայն այն պատճառով, որ «այսօր երկրագնդի վրա միլիոնավոր մարդիկ կան, որ այդպես են անում», եզրակացնում է. «Ես կասկածում եմ, որ շատ մարդիկ լեզուներ են հորինում և իրենց ժամանակն անցկացնում միայն շաղակրատանքներ արտաբերելով՝ կարծելով, թե լեզուներ են խոսում»:[4] Ճակատագրի հեգնանքով, Մայերի անմիտ պաշտպանությունն ակամայից ընդունում է, թե ինչ է իրականում ժամանակակից գլոսոլալիան (լեզու-խոսք). *«Լեզուներ կազմելը և ... շշմած խոսելը»:*

Լեզվաբանները, որոնք ուսումնասիրել են ժամանակակից գլոսոլալիան, համաձայն են այդ նկարագրության հետ: Տարիներ շարունակ ուսումնասիրություններից հետո, տարբեր երկրներում խարիզմատիկ խմբեր այցելելով, Տորոնտոյի համալսարանի լեզվաբանության պրոֆեսոր Ուիլյամ Սամարինը գրել է.

> Գլոսոլալիայի մասին առեղծված չկա: Ժապավենով ձայնագրված նմուշները հեշտ է ձեռք բերել և վերլուծել: Դրանք միշտ նույնն են լինում. *վանկերի հավաքածու, որոնք կազմված են հնչյուններից, որոնք վերցված են այն բոլոր ձայներից, որոնք խոսողը գիտի, հավաքված քիչ թե շատ պատահականորեն, բայց որոնք, այնուամենայնիվ, առաջանում են որպես բառանման և նախադասության նման միավորներ՝ ռեալիստական, լեզվական ռիթմի և մեղեդու պատճառով:* Գլոսոլալիան իսկապես նման է լեզվին որոշ առումներով, բայց միայն այն պատճառով, որ խոսողը (անգիտակցաբար) ցանկանում է, որ այն լինի լեզվի նման: Այնուամենայնիվ, չնայած մակերեսային նմանություններին, գլոսոլալիան սկզբունքորեն լեզու չէ: Գլոսոլալիայի բոլոր նմուշները, որոնք երբևէ ուսումնասիրվել են, չեն տվել այնպիսի հատկանիշներ, որոնք նույնիսկ կարող են ենթադրել, թե դրանք արտացոլում են ինչ-որ հաղորդակցման համակարգ: ...Գլոսոլալիան գերբնական երևույթ չէ: ...Իրականում, ցանկացած մարդ կարող է արտաբերել գլոսոլալիա, եթե արգելված չէ, և եթե նա հայտնաբերի, թե որն է «հնարքը»:[5]

Մեկ այլ տեղ Սամարինն ասում է. «Երբ լեզվաբանական գիտության ամբողջական ապարատը հիմնվում է գլոսոլալիայի վրա, պարզվում է, որ այն լեզվի միայն խաբուսիկ արտաքին տեսք է»: [6]

«Հոգեբանություն և կրոն» հանրագիտարանում այն ավելի հակիրճ է ձևակերպված. «Գլոսոլալիան մարդկային լեզու չէ և

չի կարող մեկնաբանվել կամ ուսումնասիրվել որպես մարդկային լեզու»:[7] *Քեմբրիջի գիտության և կրոնի տեղեկագրի համաձայն*՝ գլոսոլալիան, անկասկած, «լեզու չէ»[8]:

Ի պատասխան ակնհայտ իրականության՝ խարիզմատիկ հեղինակները հրաժարվել են ժամանակակից պարգևը որևէ հայտնի օտար լեզվի հետ փոխկապակցելու փորձերից: Ավելի շուտ, ընթերցողներին ասում են. «600 միլիոն քրիստոնյաներ ստացել են Սուրբ Հոգու պարգևն՝ *իրենց հոգևոր լեզվով*»:[9] Յուրաքանչյուր մարդու լեզու-խոսքը յուրահատուկ է իր համար: Եվ հաճախ այն սկսվում է ոչ այլ ինչով, քան չմտածված կրկնվող վանկերով: Ինչպես հրահանգում է մի հովիվ. «Երբ դուք Սուրբ Հոգին եք խնդրում, ձեր գլխում մի վանկ կարող է պտտվել: Եթե դուք դա հավատքով խոսեք, այնպես կլինի, ասես ամբարտակ եք բացում, և լեզուն դուրս կգա: Ինձ դուր է գալիս տեսնել այն որպես թելի կծիկ ձեր աղիքներում, և թելի ծայրը կամ թելի սկիզբը ակնառու կերպով երևում է ձեր լեզվին, բայց երբ դուք սկսում եք քաշել (խոսել), թելի մնացած մասը դուրս է գալիս»:[10]

Մեկ այլ խարիզմատիկ հեղինակ էլ սա է ավելացնում. «Դուք չեք հասկանում, թե ինչ եք ասում: Բայց դա ավելի շուտ հոգով աղոթել է, քան մտքով»:[11] Ոչ ոք, ավելի լավ չի մատնանշում այս ակնհայտ և մտահոգիչ հեգնանքը, քան Թերահավատների բառարանը. «Երբ շիզոֆրենիկների կողմից է խոսվում, գլոսոլալիան ճանաչվում է որպես բարբաջանք: Խարիզմատիկ քրիստոնեական համայնքներում գլոսոլալիան սուրբ է և կոչվում է «լեզուներով խոսել» կամ «լեզուների պարգև» ունենալ»[12]:

Քանի որ այն, ենթադրաբար, հավատքի էքստատիկ արտահայտություն է, ժամանակակից լեզվական խոսքը կապված չէ օրինական լեզուն կարգավորող կանոններից որևէ մեկի հետ: Բայց խարիզմատիկներն այդ ամենը վերածել են դրականի: Գրողներից մեկի խոսքերով. «Լեզուներով խոսելիս՝ ի նշան Սուրբ Հոգին ունենալու, լեզուն թոթափում է բոլոր քերականական և իմաստային սահմանափակումները՝ անելով այն, ինչ անհնար է որևէ լեզվի համար՝ հաղորդվելով անհասկանալի ձևով»: [13] Այս դրական պտույտն, այնուամենայնիվ, ներկայացնում է մեծ տեղաշարժ 20-րդ դարի սկզբին հիսուննականների առաջին սերնդից: Ինչպես արդեն տեսանք (2-րդ գլխում), Չարլզ Ֆոքս Փարհամը, Ագնես Օզմանը և ամենավաղ հիսունականները կարծում էին, որ ստացել են իսկական, օտար լեզուներով խոսելու գերբնական կարողությունը:

Ինչպես բացատրում է Քենեթ Լ. Նոլանը. «Վաղ հիսունականները հավատում էին, որ գլոսոլալիան տրվել է եկեղեցուն համաշխարհային ավետարանչական նպատակների համար: Նրանցից շատերը մեկնեցին օտարերկրյա առաքելական դաշտեր՝ լիովին ակնկալելով, որ Սուրբ Հոգին գերբնական կերպով նրանց կտա հայրենի ժողովուրդների լեզուն: Այս սկզբնական ակնկալիքը և դրանից բխող փորձը դառը հիասթափություն էին ծգտող միսիոներների համար, որոնք չէին ցանկանում տարիներ ներդնել լեզվի ուսումնասիրության վրա»: [14] Երբ պարզ դարձավ, որ նրանց «լեզուները» չեն համապատասխանում որևէ հայտնի լեզվի, հիսունականները ստիպված եղան ընտրություն կատարել: Նրանք կարող էին հիմարաբար շարունակել պնդել, թե լեզուներն իրական լեզուներ են՝ չնայած հակառակ ճնշող ապացույցներին, կամ վերակառուցել լեզուների իրենց սահմանումը, որպեսզի համապատասխանեն իրենց ձախողված փորձին: Այսօր ոչ լեզվական, իռացիոնալ շաղախությունը մնում է խարիզմատիկ բարբաջանքի փաստացի բացատրությունը:

Արդյո՞ք լեզուների ժամանակակից տարբերակը համապատասխանում է աստվածաշնչյան պարգևին

Խարիզմատիկները պնդում են, որ լեզվի փորձառությունը ստիպում է իրենց ավելի մոտ զգալ Աստծուն: Խարիզմատիկ ծխականին բնորոշ վկայությունը հայտարարում է. «Ինձ գրեթե թվում է, թե ես կարող եմ դիպչել Աստծո սրտին և անել այն ամենն, ինչ Նա ցանկանում է: Ես իսկապես չգիտեմ, թե ինչ եմ ասում, բայց գիտեմ, որ դա այն է, ինչ Աստված ուզում է, որ ես ասեմ և խոսեմ: Այն ավելի շատ լուսավորություն է. դուք կարող եք զգալ Նրան ձեր շուրջը, և կարող եք զգալ, որ Նա խոսում է ձեր ասած բառերի միջոցով»:[15]

Եկեղեցու մեկ այլ այցելու իր մասնակցությունը բացատրեց հետևյալ կերպ. «Ես գիտեմ որոշ մարդկանց, որոնց ներսում ջերմ, մշուշոտ զգացողություն է տիրում: Իմ դեպքում, իրականում, ես փշաքաղվում եմ»:[16] Նման զգացմունքներն, ընդհուպ մինչև (և ներառյալ) փոփոխված գիտակցության էքստազային վիճակները, դիտվում են որպես ապացույց, որ ինչ-որ կարևոր, հավանաբար ինչ-որ դրական բան է տեղի ունենում հոգևոր ոլորտում: Յուրաքանչյուրի համար, ով կարդում և հասկանում է Սուրբ Գիրքը, պետք է ակնհայտ լինի, որ հիմքում ընկած փաստարկը, որ *եթե այդ ամենը լավ է, ապա դուք պետք է անեք դա*, անօգուտ է որպես պաշտպանություն և վտանգավոր՝ որպես պրակտիկա:

Իրականում, գլոսոլալիայի ժամանակակից արտահայտությունները խաբուսիկ են և վտանգավոր՝ առաջարկելով միայն իսկական հոգևորության հավակնություն: Խարիզմատիկները կարող են պնդել, թե Աստված է խոսում իրենց միջոցով, բայց բացարձակապես ոչ մի ապացույց չկա, որը կհաստատի այն գաղափարը, որ ժամանակակից գլոսոլալիան գալիս է Սուրբ Հոգուց կամ օգնում է Նրա՝ սրբություն բերելու աշխատանքին: Ընդհակառակը, պրակտիկայից խուսափելու շատ լավ պատճառներ կան: Այն, ըստ էության, սովորական պրակտիկա է բազմաթիվ աղանդավոր խմբերում և կեղծ կրոններում՝ սկսած Աֆրիկայի վուդու բժիշկներից մինչև բուդդիզմի միստիկ վանականները և մորմոնիզմի հիմնադիրները:[17]

Պատմականորեն իռացիոնալ և էքստատիկ խոսքը կապված է եղել միայն հերետիկոսական եզրային խմբերի հետ՝ մոնտանիստներից մինչև յանսենիստներ և իրվինգիստներ: Այդուհանդերձ, նույն հոգեպես դատարկ փորձը էապես նույնականացել է ժամանակակից խարիզմատիկ պրակտիկայի հետ: Այսօրվա ավետարանականները, որոնք հիմնականում անտեղյակ են պրակտիկայի պատմությանը, թվում է, թե գլոսոլալիան համարում են քիչ թե շատ հիմնական պրակտիկա, որը սկիզբ է առնում եկեղեցու առաքելական դարաշրջանի հաջորդականության անխափան շարքից: Այդպես չէ: Այն, ինչ

Ու. Ա. Քրիսվելն (W. A. Criswell) ասել է լեզուների մասին տարիներ առաջ, դեռևս ճշմարիտ է.

> Եկեղեցու երկար պատմության մեջ, առաքյալների օրերից հետո, որտեղ էլ որ հայտնվել է գլոսոլալիա ֆենոմենը, այն դիտվել է որպես հերետիկոսություն: Գլոսոլալիան հիմնականում սահմանափակվել է 19-րդ և քսաներորդ դարերով: Բայց որտեղ էլ լիներ և ինչ տեսք էլ այն ունենար, երբեք չէր ընդունվելու քրիստոնեական աշխարհի պատմական եկեղեցիների կողմից: Այն համընդհանուր կերպով հերքվել է այս եկեղեցիների կողմից որպես վարդապետական և զգացմունքային շեղում:[18]

Կարճ ասած՝ այսօրվա խարիզմատիկների կողմից կիրառվող *գլոսոլալիան* կեղծիք է, որը որևէ չափանիշով չի համապատասխանում Նոր Կտակարանում նկարագրված լեզուների պարգևին: Այսօրվա լեզուներ խոսողները պնդում են, որ ստացել են աստվածաշնչյան պարգևը, բայց, ի վերջո, նրանք պետք է ընդունեն, որ իրենց ասած շաղախությունը չունի իրական լեզվի որևէ հատկանիշ: Մինչդեռ ժամանակակից «լեզուներով» խոսելը յուրացրած վարքագիծ է, որը բաղկացած է անհասկանալի կակազող և անհեթեթ վանկերից, Նոր Կտակարանի պարգևը ներառում էր օտար լեզվով ճշգրիտ խոսելու գերբնական կարողություն, որը խոսողը երբևէ չէր սովորել: Թեև խարիզմատիկները կարող են առևանգել աստվածաշընչյան տերմինաբանությունը՝ նկարագրելու իրենց պրակտիկան, փաստն այն է, որ նման հորինված վարքագիծը որևէ առնչություն չունի աստվածաշնչյան պարգևի հետ: Ինչպես նշում է Նորմ Գայլերը.

> Նույնիսկ նրանք, ովքեր հավատում են [ժամանակակից] լեզուներին, ընդունում են, որ չփրկված մարդիկ լեզվի փորձառություններ ունեն: Նրանց մեջ գերբնական ոչինչ չկա: Բայց կա մի եզակիություն նրա ամբողջական և բովանդակալից նախադասությունների ու դիսկուրսների մեջ, մի ճանաչելի լեզվով, որը երբեք չի բացահայտվել: Ահա թե ինչ էր ենթադրում Նոր Կտակարանի լեզուների իրական պարգևը: Սրանից պակաս

որևէ բան, ինչպես «անձնական լեզուներն» են, չպետք է համարվի աստվածաշնչյան լեզուների պարգև:[19]

Ինչպե՞ս ենք մենք իմանում լեզուների աստվածաշնչյան պարգևի ճշգրիտ բնույթը: Մասնավորապես, 1 Կորնթացիս 13.1-ում «մարդկանց և հրեշտակների լեզուները» արտահայտությունը հուշո՞ւմ է արդյոք, որ լեզուների պարգևը կարող է լինել այլաշխարհիկ, հրեշտակային լեզվով խոսելու կարողություն: Դա, ինչպես կտեսնենք, խարիզմատիկների մեծամասնության պնդումն է: Նրանք կարծում են, որ դա պատասխանում է այն հարցին, թե ինչու ժամանակակից «լեզուները» չեն կրում իրական լեզվի որևէ հատկանիշ:

Բայց Աստվածաշնչում լեզուների ճշմարիտ պարգևի միակ մանրամասն նկարագրությունը գտնվում է Գործք Առաքելոց 2-ում, Պենտեկոստեի օրը. մի տեքստ, որը հստակորեն նույնացնում է այս պարգևը իսկական, իմաստալից, թարգմանելի լեզուներով խոսելու գերբնական կարողությանը: Գործք Առաքելոց 2.4-ը ճշգրիտ է Հիսուս Քրիստոսի 120 հետևորդների վերաբերյալ, որոնք հավաքվել էին Վերնատանը. «Նրանք բոլորը լցվեցին Սուրբ Հոգով և սկսեցին խոսել այլ լեզուներով, ինչպես որ Հոգին տվեց նրանց խոսել»: Այն, որ աշակերտները խոսում էին վավերական լեզուներով, հաստատվում է ոչ միայն հունարեն *լեզուներ* բառով (*glossa*՝ տերմին, որը վերաբերում է մարդկային լեզուներին)[20], այլ նաև Ղուկասի կողմից *բարբառ* բառի ավելի ուշ օգտագործմամբ (հ. 6–7) և խոսվող օտար լեզուների ցանկի ընդգրկմամբ: (հ. 9–11): Պենտեկոստեի տոնակատարության համար հրեաներն ամբողջ աշխարհից մեկնել էին Երուսաղեմ (հ. 5), այդ թվում՝ բազմաթիվ ուխտավորներ, ովքեր մեծացել էին արամեերենից բացի այլ լեզուներով խոսելով: Այն, որ անկիրթ գալիլեացիների խումբը հանկարծ կարող էր սահուն խոսել բազմաթիվ լեզուներով, անհերքելի հրաշք էր, ուստի ուխտավորները, որոնք լսեցին դրանք, բոլորովին ապշեցին (հ. 7–8):

Բազմության մեջ կային նաև բնիկ հուդայեցիներ, ովքեր չէին խոսում այդ լեզուներով և, հետևաբար, չէին կարողանում հասկանալ, թե ինչ են ասում աշակերտները: Բացատրություն փնտրող իրենց շփոթության մեջ նրանք պատասխանեցին թերահավատությամբ և ծաղրով՝ մեղադրելով աշակերտներին հարբած լինելու մեջ (հ. 13): Բայց Պենտեկոստեին տեղի ունեցածի պատճառը հարբեցողությունը չէր, մի կետ, որը բացատրեց Պետ.ը (հ. 14–15): Ինչպես հաստատեց վաղ եկեղեցու հայրերից մեկը, «Հրաշքը մեծ էր. մի լեզու, որով խոսում էին նրանք, ովքեր այն չէին սովորել»:[21]

Ծննդոց 11-ում, Բաբելոնի աշտարակի պատմության մեջ, Տերը խառնեց աշխարհի լեզուները՝ որպես մարդկության հանդեպ դատաստան: Ի հակադրություն՝ Պենտեկոստեի օրը Բաբելոնի անեծքը հրաշքով չեղյալ հայտարարվեց՝ ցույց տալով, որ Աստծո հրաշալի խոսքերը, ներառյալ Հիսուս Քրիստոսի Ավետարանը, պետք է տարածվեն ողջ աշխարհում բոլոր ազգերի մարդկանց համար: Առաքյալների հաջորդ դարերում հենց այսպես էին վաղ քրիստոնյաները հասկանում լեզուների հրաշքը: Այսպիսով, հին ժամանակների հայտնի քարոզիչ Ջոն Քրիզոստոմը բացատրեց.

> Եվ ինչպես [Բաբելոնի] աշտարակի կառուցման ժամանակ, մեկ լեզուն բաժանվեց տարբեր լեզուների, այնպես էլ այս ժամանակ [Պենտեկոստեին] տարբեր լեզուներ հանդիպեցին մեկ մարդու մեջ, և նույն անձը խոսում էր և՛ պարսկական, և՛ հռոմեական, և՛ հնդկական և շատ այլ լեզուներով, և Հոգին հնչում էր նրա միջից: Այդ նվերը կոչվում էր լեզուների պարգև, քանի որ մարդը կարող էր միանգամից խոսել տարբեր լեզուներով:[22]

Օգոստինոսը նմանապես ավելացնում է.

> Առաջին օրերին Սուրբ Հոգին իջավ հավատացյալների վրա, և նրանք խոսեցին այն լեզուներով, որոնք իրենք չէին սովորել, ինչպես որ Հոգին տվեց նրանց խոսել: Այս նշանները համապատասխան էին ժամանակին: Որովհետև անհրաժեշտ էր, որ Սուրբ Հոգին այդպես նշանակվեր բոլոր լեզուներով, քանի որ Աստծո Ավետարանը պատրաստվում էր անցնելու բոլոր լեզուներով ողջ երկրի վրա: Դա այն նշանն էր, որ տրվեց և անցավ:[23]

Հարկավոր է կրկնել՝ այնքան ակնհայտ է, որ նույնիսկ այլ ուղով շեղված առաջին հիսունականները քսաներորդ դարի արշալույսին հասկացան, որ Գործք Առաքելոց 2-ում նկարագրվածն իրական լեզուների երևույթն է: Նրանք պարզապես Աստվածաշունչը կարդալուց գիտեին, որ Սուրբ Հոգին տվել է օտար լեզուներով խոսելու հրաշագործ, ակնթարթային կարողություն, և նրանք համոզված էին, որ իրենք նույնպես ստացել են միսիոներական աշխատանքն արագացնելու այդ նույն ունակությունը: Նրանց շարժումն, ի վերջո, կոչվել է Պենտեկոստեի օրվա անունով: Միայն ավելի ուշ, երբ պարզ դարձավ, որ ժամանակակից «լեզուները» ճշմարիտ լեզուներ չեն, խարիզմատիկները սկսեցին հորինել Սուրբ Գրքի նոր մեկնաբանություններ՝ աջակցելու իրենց անսովոր գյուտին:

Ղուկասի՝ առաքելական եկեղեցու մասին պատմության մեջ լեզուներով խոսելը կրկին հիշատակվում է Գործք Առաքելոց 10.46 և 19.6-ում: Խարիզմատիկները, փորձելով աստվածաշնչյան զուգահեռներ գտնել իրենց ժամանակակից պրակտիկայի հետ, երբեմն ենթադրում են, որ այն լեզուների շնորհը, որը նկարագրված է ավելի ուշ Գործք Առաքելոցում, տարբերվում էր Պենտեկոստեի ժամանակներից: Բայց նման եզրակացություն տեքստով թույլատրված չէ: Գործք Առաքելոց 2.4-ում Ղուկասն արձանագրում է, որ Վերնատանը գտնըվողները «խոսում էին» (հունարեն laleo բառից) «լեզուներով» (glossa): Ղուկասն օգտագործում է ճիշտ նույն տերմինները Գործք Առաքելոց 10.46 և 19.6 հատվածներում՝ նկարագրելու Կոռնելիոսի և Հովհաննես Մկրտչի աշակերտների փորձառությունները: Ավելին, ցանկացած կարծիք, թե Գործք Առաքելոց 10-ի երևույթը, օրինակ, տարբերվում է Գործք Առաքելոց 2-ի երևույթից, ուղղակիորեն հակասում է Պետ.ի վկայությանը Գործք Առաքելոց 11.15–17 համարներում: Այնտեղ առաքյալը բացահայտորեն ասում է, որ Սուրբ Հոգին հեթանոսների վրա եկավ այնպես, ինչպես Նա եկավ աշակերտների վրա Պենտեկոստեի ժամանակ:

Անհասկանալի խոսքի պաշտպանության ժամանակ խարիզմատիկների մեծ մասը նահանջում է դեպի 1 Կորնթացիս գիրքը՝ պնդելով, որ 1 Կորնթացիս 12–14-ում նկարագրված պարգևը կտրականապես տարբերվում է Գործք Առաքելոցից: Բայց ևս մեկ անգամ նշենք, որ այս պնդումը տեքստով թույլատրված չէ: Պարզ բառերի ուսումնասիրությունը արդյունավետորեն շեշտադրում է այդ միտքը, քանի որ երկու հատվածներն էլ օգտագործում են նույն տերմինաբանությունը՝ նկարագրելու հրաշք պարգևը: Գործք Առաքելոցում Ղուկասն օգտագործում է laleo-ն («խոսել»)՝ glossa-ի («լեզուներ») հետ միասին, չորս տարբեր ժամանակներում (Գործք 2.4, 11; 10.46; 19.6): 1 Կորնթացիս 12-14-ում Պողոսը տասներեք անգամ օգտագործում է նույն համակցության ձևերը (1 Կոր. 12.30; 13.1; 14.2, 4, 5 [2x], 6, 13, 18, 19, 21, 27, 39):

Այս լեզվական զուգահեռները լրացուցիչ նշանակություն ունեն, երբ նկատի ունենք, որ Ղուկասը Պողոսի ճանապարհորդական ուղեկիցն ու մտերիմ ընկերն էր, և նա նույնիսկ Պողոսի առաքելական իշխանության ներքո էր գրել: Քանի որ նա գրել է Գործք Առաքելոց գիրքը մոտ մ.թ. 60-ին, մոտավորապես հինգ տարի անց այն բանից *հետո*, երբ Պողոսը գրեց իր առաջին նամակը կորնթացիներին, Ղուկասը լավ տեղյակ կլիներ լեզուների պարգևի վերաբերյալ նրանց շփոթության մասին: Իհարկե, Ղուկասը չէր ցանկանա ավելացնել այդ շփոթությունը: Այսպիսով, նա չէր օգտագործի Գործք Առաքելոցում ճիշտ նույն տերմինաբանությունը, ինչ Պողոսն արեց 1 Կորնթացիսում, եթե Պենտեկոստեին տեղի ունեցածը չհամապատասխաներ Պողոսի նամակում նկարագրված իրական պարգևին:

Այն փաստը, որ Պողոսը 1 Կորնթացիս 12.10-ում նշել է «տարբեր լեզուների» մասին, չի նշանակում, որ մի քանիսն իրական լեզուներ են, իսկ մյուսները՝ զուտ շաղախություն: Ավելի շուտ, հունարեն *տեսակներ* բառը genos-ն է, որից էլ բխում է genus բառը: Genos-ը վերաբերում է ընտանիքին, խմբին, ռասային կամ ազգին: Լեզվաբանները հաճախ անվանում են լեզվական «ընտանիքներ» կամ «խմբեր», և հենց դա է Պողոսի միտքը. աշխարհում կան տարբեր լեզվաընտանիքներ, և այս պարգևը որոշ հավատացյալների հնարավորություն է տվել խոսել դրանց բազմազանությամբ: Գործք Առաքելոց 2-ում Ղուկասը շեշտեց այդ նույն միտքը 9–11 համարներում, որտեղ նա բացատրեց, որ խոսվող լեզուները գալիս էին առնվազն տասնվեց տարբեր շրջաններից:

Այլ զուգահեռներ կարելի է հաստատել Գործք Առաքելոցի և 1 Կորնթացիս 12–14 հատվածի միջև: Երկու տեղում էլ պարգևի աղբյուրը նույնն է՝ Սուրբ Հոգին (Գործք. 2.4, 18; 10.44–46; 19.6; 1 Կոր. 12.1, 7, 11, և այլն): Երկու տեղում էլ պարգևի ընդունումը չի սահմանափակվում միայն առաքյալներով, այլ նաև եկեղեցական աշխարհականներով (տե՛ս Գործք 1.15; 10.46; 19.6; 1 Կոր. 12.30; 14.18): Երկու տեղում էլ նվերը նկարագրվում է որպես խոսակցական պարգև (Գործք. 2.4, 9–11; 1 Կոր. 12.30; 14.2, 5): Երկու տեղում էլ ստացված հաղորդագրությունը կարող է թարգմանվել և դրանով իսկ հասկացվել՝ կա՛մ նրանց կողմից, ովքեր արդեն գիտեն լեզուն (ինչպես Պենտեկոստեի օրը. Գործք Առաքելոց 2.9–11), կա՛մ թարգմանելու կարողությամբ օժտված որևէ մեկի կողմից (1 Կոր. 12.10; 14.5, 13):

Երկու տեղում էլ պարգևը ծառայեց որպես հրաշք նշան անհավատ հրեաների համար (Գործք. 2.5, 12, 14, 19; 1 Կոր. 14.21–22; տե՛ս Ես. 28.11–12): Երկու տեղում էլ լեզուների պարգևը սերտորեն կապված էր մարգարեության պարգևի հետ (Գործք. 2.16–18; 19.6; 1 Կոր. 14): Եվ երկու տեղում էլ անհավատներն, ովքեր չէին հասկանում, թե ինչ է խոսվում, պատասխանեցին հեգնանքով և ծաղրով (Գործք Առաքելոց 2.13; 1 Կոր. 14.23): Հաշվի առնելով այդքան շատ զուգահեռները, էքսեգետիկորեն անհնար և անպատասխանատու է պնդել, որ 1 Կորնթացիսում նկարագրված երևույթը որևէ կերպ տարբերվում էր Գործք Առաքելոց 2-րդում նշվածից: Քանի որ Պենտեկոստեի օրը լեզուների պարգևը վավերական օտար լեզուներից էր, ապա նույնը ճշմարիտ էր Կորընթոսի հավատացյալների համար:

Երկու լրացուցիչ նկատառումներ այս ըմբռնումը բացարձակապես որոշակի են դարձնում: Նախ՝ պնդելով, որ եկեղեցում խոսվող ցանկացած լեզու պետք է թարգմանվի թարգմանության շնորհ ունեցող մեկի կողմից (1 Կոր. 12.10; 14.27)՝ Պողոսը նշեց, որ պարգևը բաղկացած է բանական լեզուներից: *Մեկնություն* բառը *hermeneuo-ն* է (որից ստանում ենք *հերմենևտիկա* բառը), որը վերաբերում է «թարգմանությանը» կամ «իմաստի ճշգրիտ բացմանը»: Ակնհայտ է, որ անհնար կլինի թարգմանել անհեթեթ շփոթությունը, քանի որ թարգմանությունը կոնկրետ իմաստ է պահանջում մի լեզվի մեջ, որպեսզի թարգմանությունը ճիշտ լինի մեկ այլ լեզվով:

Եթե 1 Կորնթացիս 12-14-ի պարգևը վավերական լեզուներով չլիներ, Պողոսի բազմաթիվ պնդումները թարգմանության վերաբերյալ անիմաստ կլինեին: Ինչպես բացատրում է Նորմ Գայսլերը. «Այն փաստը, որ այն լեզուները, որոնց մասին Պողոսը խոսում էր 1 Կորնթացիսում, կարող էին «մեկնվել», ցույց է տալիս, որ դրանք իմաստալից էին: Հակառակ դեպքում դա կլիներ ոչ թե «մեկնություն», այլ իմաստի ստեղծում: Այսպիսով, «մեկնության» պարգևը (1 Կոր. 12.30; 14.5, 13) հաստատում է այն փաստը, որ լեզուներն իսկական էին, թարգմանվելու ենթակա՝ ի շահ բոլորի, թարգմանության այս հատուկ պարգևով»: [24]

Երկրորդ՝ Պողոսը բացահայտորեն հիշատակել է մարդկային լեզուները 1 Կորնթացիս 14.10–11-ում, որտեղ նա գրել է. «Աշխարհում, հնարավոր է, այնքան շատ տեսակի լեզուներ կան, և դրանցից ոչ մեկն անիմաստ չէ: Հետևաբար, եթե ես չգիտեմ լեզվի իմաստը, ես օտար կլինեմ նրա համար, ով խոսում է, և նա, ով խոսում է, ինձ համար օտար կլինի»: Պենտեկոստեի օրը թարգմանչի կարիք չկար, քանի որ ամբոխի մարդիկ արդեն հասկանում էին խոսվող տարբեր լեզուները (Գործք. 2.5–11): Բայց Կորնթոսի եկեղեցում, որտեղ այդ լեզուները հայտնի չէին, թարգմանիչ էր պահանջվում, հակառակ դեպքում ժողովը չէր հասկանա պատգամը և, հետևաբար, չէր քաջալերվի: Առաքյալի ավելի ուշ կատարած հղումը Եսայիա 28.11–12-ին (հատված, որտեղ «այլ լեզուներ և այլ շուրթերը» վերաբերում է ասորերենին) հաստատում է, որ Պողոսը մարդկային օտար լեզուներ ի նկատի ուներ (1 Կոր. 14.21):

Երբ դիտարկվում են աստվածաշնչյան ապացույցները, կասկած չկա, որ 1 Կորնթացիս 12–14-ում նկարագրված լեզուների իսկական պարգևը հենց նույն հրաշք բանական խոսքն էր, որով աշակերտները խոսեցին Գործք Առաքելոց 2-ում, մասնավորապես, բանախոսի՝ հաղորդակցվելու հոգևոր կարողությունն իրեն օտար լեզվով: Ոչ մի այլ բացատրություն չի թույլատրվում Սուրբ Գրքի տեքստով: Ինչպես նշում է Թոմաս Էդգարը.

> 1 Կորնթացիս 14-ում կան հատվածներ, որտեղ օտար լեզուն իմաստ ունի, բայց անհասկանալի էքստատիկ արտասանությունը՝ ոչ (օրինակ՝ հ. 22): Սակայն հակառակը չի կարելի ասել: Լսողի համար անհասկանալի օտար լեզուն ոչնչով չի տարբերվում նրա աչքին անհասկանալի թվացող խոսքից: Հետևաբար, ցանկացած հատվածում, որտեղ հնարավոր է համարվում նման հիացական խոսքը, հնարավոր է դառնում նաև փոխարինել այն լսողներին անծանոթ լեզվով: Այս հատվածում չկան պատճառներ, առավել ևս՝ հիմնավոր պատճառներ՝ հեռանալու *գլոսսայի* սովորական իմաստից և փախչելու ամբողջովին անաջակից օգտագործման:[25]

Այս եզրակացությունը մահացու հարված է գլոսոլալիայի ժամանակակից խարիզմատիկ տարբերակին, որը ոչ մի ընդհանրություն չունի Նոր Կտակարանի իրական պարգևի հետ, այլ ավելի շուտ արտացոլում է հին հունահռոմեական առեղծվածային կրոնների կատաղի խոսքը՝ հեթանոսական գործելակերպը, որը դատապարտվում է Սուրբ Գրքի կողմից (տե՛ս Մատթ. 6.7):[26]

Պատասխանելով լեզուների պարգևի մասին ընդհանուր հարցերին

Զինվելով ճիշտ սահմանմամբ՝ Սուրբ Գրքի ուսումնասիրողն այժմ կարողանում է ճշգրիտ մեկնաբանել աստվածաշնչյան ուսմունքն այս հրաշք ունակության վերաբերյալ: Այս գլխի մնացած մասում մենք կքննարկենք լեզուների շնորհի վերաբերյալ տասը ընդհանուր հարց:

Ո՞րն էր լեզուների պարգևի նպատակը

Այս պարգևով իրականացվեց և՛ առաջնային նպատակը՝ Աստծո գերիշխան ծրագրի շրջանակներում, և՛ երկրորդական նպատակը՝ առաջին դարի եկեղեցու համատեքստում: Գլխավորապես այն ցույց տվեց, որ անցում է տեղի ունենում Հին ուխտից դեպի Նորը, և որպես այդպիսին, այն ծառայեց որպես նշան անհավատ Իսրայելի համար: Պողոս առաքյալն այդ կետը հստակորեն նշեց 1 Կորնթացիս 14.21–22-ում, իսկ Ղուկասը կրկնեց այդ նույն նպատակը Գործք Առաքելոց 2.5–21 համարներում Պենտեկոստեի իր նկարագրության մեջ: Մարկոսի ավետարանի ավարտը նմանապես բացատրում է, որ Քրիստոսի աշակերտները խոսելու էին իրենց համար նոր լեզուներով (16.17), ինչը կլիներ այն նշաններից մեկը, որը հաստատում էր նրանց՝ ճշմարիտ Ավետարանի սուրհանդակներ լինելը (հ. 20):[27]

Սակայն եկեղեցու համար կար նաև երկրորդական նպատակ՝ հավատակիցների շինությունը: 1 Կորնթացիս 12.7–10-ում Պողոսը հստակ նշեց, որ բոլոր հոգևոր պարգևները տրվել են Սուրբ Հոգու կողմից՝ Քրիստոսի մարմնում ուրիշներին կառուցելու համար (տե՛ս 1 Պետ. 4.10–11): Եկեղեցուց դուրս օգտագործվելով՝ լեզուների պարգևը նշան էր, որը վավերացնում էր Ավետարանը (ինչպես ցույց տվեցին Պենտեկոստեի օրը): Բայց երբ օգտագործվում էր եկեղեցում, այն այլ հավատացյալների շինության համար էր (ըստ Պողոսի ցուցումների՝ ուղղված կորնթացի քրիստոնյաներին): Պարգևն այլ ճանապարհ տվեց, նախքան Նոր Կտակարանի ավարտը, որպեսզի Աստված Իր եկեղեցու համար բացահայտեր ճշմարտությունը, ինչպես մարգարեության դեպքում, բայց լեզվական հրաշքի հավելյալ ազդեցությամբ՝ այն վավերացնելու համար:

Միմյանց հանդեպ սեր ցուցաբերելը միշտ առաջնահերթություն էր, և բոլոր հոգևոր պարգևները նախատեսված էին որպես այդ նպատակին հասնելու միջոց (1 Կոր. 13.1–7; տե՛ս Հռ. 12.3–21): Այսպիսով, եսասիրական նկատառումներից ելնելով ցանկացած պարգևի կիրառումը նույնքան անբարեխիղճ կլինի, որքան աղմկոտ ծնծղան կամ նյարդայնացնող զանգը (1 Կոր. 13.1): Ինչպես Պողոսը բացատրեց կորնթացիներին, սեորը «իրենը չի փնտրում» (1 Կոր. 13.5), իսկ ավելի վաղ՝ նույն նամակում. «Ոչ ոք թող չփնտրի իր բարին, այլ իր մերձավորինը» (1 Կոր. 10.24):

1 Կորնթացիս 14.4-ում, երբ Պողոսը գրեց. «Նա, ով խոսում է լեզվով, շենացնում է իրեն, բայց ով մարգարեանում է, շինում է եկեղեցին», նա չէր հաստատում, որ ինքնաշինությունն ինքնանպատակ է: Այդ դեպքում այն կխաթարեր այն ամենն, ինչ նա գրել էր նախորդ գլխում: Ավելի շուտ, նա ցույց էր տալիս, որ մարգարեությունը (խոսվում է բոլորին հասկանալի լեզվով) էապես գերազանցում է օտար լեզուներով խոսելուն (որը ոչ ոք չի կարող հասկանալ), քանի որ վերջինս թարգմանություն է պահանջում: Քանի որ ցանկացած պարգևի միակ ճիշտ օգտագործումը ամբողջ ժողովի շինության համար էր (1 Կոր. 14.12, 26), շատ կարևոր էր, որ օտար լեզուները թարգմանվեին բոլորի համար (1 Կոր. 14.6–11, 27):

Կորնթացիները լեզուների պարգևը օգտագործում էին անմաքուր և եսասիրական մղումներով՝ բավարարելու հոգևորապես բարձր թվալու մարմնական ցանկությունը: Ժամանակակից դարաշրջանում նույն շարժառիթները հաճախ գերակշռում են՝ առանց այլոց հնարավոր շինության:

Արդյո՞ք բոլոր հավատացյալներն էին ակնկալում խոսել լեզուներով

Շատ խարիզմատիկներ, հատկապես նրանք, ովքեր գտնըվում են դասական հիսունականության ազդեցության տակ, պնդում են, որ բոլոր քրիստոնյաները պետք է խոսեն լեզուներով՝ վիճելով, որ դա Սուրբ Հոգով մկրտության նախնական և համընդհանուր ապացույցն է: Բայց պենտեկոստական օրինակը փշրվում է Պողոսի 1 Կորնթացիս 12-ում գրված ուսմունքով: 13-րդ հատվածում Պողոսը պարզ ցույց է տալիս, որ իր բոլոր ընթերցողները, որպես հավատացյալներ, փրկության պահին ճաշակել են Հոգու մկրտությունը (տես Տիտ. 3.5): Այնուամենայնիվ, հաջորդ համարներում նա նաև բացատրում է, որ նրանցից ոչ բոլորին է տրվել լեզուների պարգև: Հետևանքներն անսխալական են. եթե Կորնթոսի բոլոր հավատացյալները մկրտված են Սուրբ Հոգով (հ. 13), բայց ոչ բոլորն են ունակ լեզուներով խոսելու (հ. 28–30), ապա այդ պարգևը չի կարող լինել Հոգու մկրտության միակ նշանը, ինչպես պնդում են հիսունականները: Սա համահունչ է այն ամենին, ինչ Պողոսն ուսուցանում է ավելի վաղ 12-րդ գլխում, որ Սուրբ Հոգին ինքնիշխան կերպով *տարբեր պարգևներ* է բաժանում *տարբեր մարդկանց*.

> Բայց Հոգու դրսևորումը տրված է յուրաքանչյուրին՝ ի շահ բոլորի, որովհետև մեկին տրվում է իմաստության խոսք Հոգու միջոցով, մեկին՝ գիտության խոսք՝ նույն Հոգով, մեկին՝ հավատ՝ նույն Հոգով, մեկ ուրիշին՝ նույն Հոգով բժշկությունների պարգևները, մյուսին՝ հրաշքներ գործելը, մյուսին՝ մարգարեությունը, մյուսին՝ հոգիների զանազանումը, մյուսին՝ տարբեր լեզուները, մյուսին՝ լեզուների մեկնությունը: Բայց միևնույն Հոգին գործում է այս բոլոր բաները՝ բաժանելով յուրաքանչյուրին անհատապես, ինչպես Ինքն է կամենում: (հ. 7–11)

Եթե նույնիսկ օտար լեզուներով խոսելու գերբնական կարողությունը դեռ հասանելի լիներ այսօր, այն չէր տրվի յուրաքանչյուր քրիստոնյայի: Երբ խարիզմատիկները պնդում են, թե յուրաքանչյուր հավատացյալ պետք է փնտրի լեզուների պարգևը, նրանք բաց են թողնում Պողոսի փաստարկի ամբողջ իմաստը 1 Կորնթացիս 12.14–31 համարներում և, ի վերջո, կեղծիք են ստանում:

Խարիզմատիկները հաճախ մատնանշում են 1 Կորնթացիս 14.5-ը, որտեղ Պողոսն ասաց. «Ես ցանկանում եմ, որ դուք ամենքդ լեզուներով խոսեք»՝ որպես ապացույց իրենց պնդման, որ բոլոր քրիստոնյաները պետք է գլոսոլալիա կիրառեն: Դրանով նրանք չեն կարողանում գիտակցել, որ առաքյալը փաստացի հնարավորության մասին չէր նշում, այլ ավելի շուտ օգտագործում էր հիպոթետիկ չափազանցություն: Այս դեպքում Պողոսը կրկին շեշտում էր մարգարեության գերազանցությունը լեզուների պարգևի նկատմամբ, ինչպես 5-րդ համարի մնացած մասն է պարզ դարձնում. «Ես ցանկանում եմ, որ դուք ամենքդ լեզուներով խոսեք, *իսկ առավել ևս՝ մարգարեանաք*, որովհետև մարգարեացողն ավելի մեծ է, քան լեզուներով խոսողը, միայն եթե թարգմանի, որպեսզի եկեղեցին ամրանա»:

Այսպիսով, նույնիսկ եթե Պողոսը ցանկանում էր նման իրականության գոյությունը, նրա իրական ցանկությունն այն չէր, որ բոլոր կորնթացիները խոսեին լեզուներով, այլ ավելի շուտ՝ մարգարեանային, քանի որ մարգարեական խոսքերը պետք չէ թարգմանել եկեղեցու մյուս անդամների շինության համար:

Քերականորեն Պողոսի հայտարարությունը գրեթե նույնանում է 1 Կորնթացիս 7.7-ում նրա նախկին հայտարարության հետ: Անդրադառնալով իր չամուսնացած կարգավիճակին՝ առաքյալը գրել է. «Որովհետև կուզենայի, որ բոլոր մարդիկ լինեին ինձ պես»: Ակնհայտ է, որ այդ հատվածում Պողոսը կուսակրոնություն չէր պարտադրում բոլոր հավատացյալներին, քանի որ նա գիտեր, որ ոչ բոլորին է տրված ամուրի լինելու պարգևը: Նույնը վերաբերում է 1 Կորնթացիս 14.5-ին՝ լեզուների պարգևին:

Արդյո՞ք Պողոսը կորնթացիներին պատվիրեց ցանկանալ լեզուների պարգևը

Առաջին Կորնթացիս 12.31-ը հաճախ թարգմանվում է որպես պատվիրան. «Բայց դուք նախանձախնդիր եղեք լավագո՛ւյն շնորհներին»: Այնուամենայնիվ, թարգմանության այդ ընտրությունը լուրջ հարց է առաջացնում: Եթե հոգևոր պարգևները տրվում են Հոգու անկախ իրավասությամբ (1 Կոր. 12.7, 18, 28), և եթե յուրաքանչյուր պարգև անհրաժեշտ է Քրիստոսի մարմնի կառուցման համար (հ. 14–27), ապա ինչո՞ւ հավատացյալները ցանկանան նվերներ, որոնք չեն ստացել: Ցանկացած նման հասկացություն կհակասի Պողոսի ամբողջ փաստարկին 1 Կորնթացիս 12-ում, որտեղ յուրաքանչյուր հավատացյալ պետք է երախտապարտ լինի իր յուրահատուկ շնորհի համար՝ գոհունակությամբ օգտագործելով այն ծառայության մեջ՝ եկեղեցու շենացման համար:

Իրականում 1 Կորնթացիս 12.31-ը հրամայական չէ: Քերականորեն *ցանկանալ* բայի ձևը կարող է ներկայացվել նաև որպես փաստի հայտարարություն (ցուցիչ), և համատեքստն այստեղ աջակցում է այդ թարգմանությանը: Ի վերջո, Պողոսի փաստարկի մեջ ոչինչ չկա հրաման ակնկալելու համար, այլ շատ բան՝ որպես գովաբանության ցուցիչը:[28] New International Version-ը իրավացիորեն արտահայտում է առաքյալի միտքը այս համարի այլընտրանքային ընթերցանության մեջ. «Բայց դուք նախանձախնդիր եղեք լավագո՛ւյն շնորհներին»: Սիրիական Նոր Կտակարանում նույնպես ասվում է. «Քանի որ դու նախանձախնդիր ես լավագույն պարգևներին, ես քեզ ցույց կտամ ավելի գերազանց ճանապարհ»: [29]

Պողոսը հանդիմանում էր կորնթացիներին, որովհետև նրանք ագրեսիվ կերպով ցանկանում էին ցուցադրական պարգևներ ստանալ՝ ծաղրելով նրանց, ում համարում էին պակաս տպավորիչ: Առաքյալը ցանկանում էր ցույց տալ նրանց առավել հիանալի ճանապարհ՝ ուրիշների հանդեպ խոնարհ սիրո ուղին, որը սկիզբ դրեց սիրո գերազանցության մասին իր քննարկմանը 1 Կորնթացիս 13-ում:

Հպարտությամբ և եսասիրական փառասիրությունից դրդված՝ կորնթացիները ձգտում էին ձեռք բերել և ցուցադրել ամենատեսանելի, ակնհայտորեն հրաշագործ հոգևոր պարգևները: Նրանք տենչում էին մարդկանց ծափահարություններին՝ ցանկանալով հոգևոր երևալ, երբ իրականում գործում էին մարմնով: (Հաշվի առնելով նրանց ուղղված Պողոսի ցուցումների բնույթը՝ շատ հավանական է, որ Կորնթոսի ժողովում ոմանք նույնիսկ սկսել են ընդօրինակել հունահռոմեական առեղծվածային կրոնների անհասկանալի արտահայտությունները, որոնք շատ նման են ժամանակակից խարիզմատիկ շարժմանը): Սխալ էր այն ժամանակ, և դեռ հիմա, եսասիրաբար փնտրել որևէ հոգևոր պարգև, երբ մեզ ասված է, որ հոգևոր պարգևներն ինքնիշխանորեն ընտրված և բաշխված են Սուրբ Հոգու կողմից: Հատկապես սխալ է փափագել մի պարգև, որը մենք չունենք՝ ելնելով ինքնասպասարկման կամ հպարտության դրդապատճառներից:

Որո՞նք են «հրեշտակների լեզուները»

Խարիզմատիկները հաճախ մատնանշում են Պողոսի հայտարարությունը 1 Կորնթացիս 13.1-ում, որտեղ նա նշում է հրեշտակային լեզուների մասին: Անընդհատ նրանք ցանկանում են պնդել, որ խարիզմատիկ գլոսոլալիայում մեր լսած անհեթեթությունն այլաշխարհիկ լեզու է՝ ինչ-որ սուրբ, երկնային լեզու, որը գերազանցում է մարդկային խոսակցություններին և պատկանում է հրեշտակների խոսակցությանը:

1 Կորնթացիս 13.1-ի այդ մեկնաբանությունը, հրեշտակների համար վիրավորանք լինելուց զատ, ձախողվում է, երբ դիտարկվում է համատեքստը: Ուշադրությո՛ւն դարձրեք, առաջին հերթին, որ Պողոսի թեման 1 Կորնթացիս 13-ում սերն է, ոչ թե հոգևոր պարգևները: Եվ նա թեման ներկայացնում է այսպես. «Եթե մարդկանց ու հրեշտակների լեզուներով խոսեմ, բայց սեր չունենամ, ես նման եմ ձայն արձակող պղնձի կամ ղողանջող ծնծղայի»: Պողոսը նկարագրում է հիպոթետիկ սցենար. (Նրա հաջորդ օրինակները 2–3 համարներում ցույց են տալիս, որ Պողոսն օգտագործում է ծայրահեղ օրինակներ և հիպերբոլիկ լեզու՝ ընդգծելու սիրո արժեքը):[30] Նա սիրո պակաս չուներ. նա խնդրում է կորնթացիներին պատկերացնել, իբր ինքն այդպես է վարվում: Նմանապես, նա չի պնդում, որ ուներ հրեշտակային լեզուներով խոսելու ունակություն, նա ենթադրում է մեկի երևակայական դեպքը, ով կարող էր դա անել, բայց խոսում էր առանց սիրո, առանց ուրիշների շինության մասին մտահոգվելու: Ո՞րն է նրա եզրակացությունը: Արդյունքը ոչ ավելի օգտակար կլիներ, քան պարզապես աղմուկը:

Հեգնանքով, խարիզմատիկները հաճախ այնքան ուշադրությամբ են կենտրոնանում «հրեշտակների լեզուներ» արտահայտության վրա, որ նրանք բաց են թողնում Պողոսի իրական միտքը. այս պարգևի ցանկացած եսասիրական օգտագործումը խախտում էր դրա իրական նպատակը՝ կիրառել այն որպես շինության սիրալիր արտահայտություն այլ հավատացյալների համար: Ուրիշները չեն կերտվում լեզուներով խոսող մեկի հասարակ ցուցադրությամբ (1 Կոր. 14.17), ոչ էլ՝ անհասկանալի շաղակրատություն լսելով: Այս պրակտիկան խախտում է այն ամենը, ինչ Պողոսն ուսուցանում է կորնթացիներին ուղղված իր նամակում:

Իհարկե, նույնիսկ եթե որևէ մեկը պնդում է, թե բառացիորեն ընդունել է «հրեշտակների լեզուներ» արտահայտությունը, օգտակար է նշել, որ ամեն անգամ, երբ հրեշտակները խոսում էին Աստվածաշնչում, նրանք դա անում էին իրական լեզվով, որը հասկանալի էր նրանց համար, ում հետ նրանք խոսում էին: 1 Կորնթացիս 13.1-ում «հրեշտակների լեզուներ» արտահայտության մասին ասված ոչ մի բառը չի արդարացնում իռացիոնալ շաղակրատության ժամանակակից պրակտիկան:

Ի՞նչ կասեք Պողոսի այն հայտարարության մասին, թե լեզուները կլռեն

1 Կորնթացիս 13.8 –ում Պողոսը բացատրեց, որ «լեզուները կլռեն»: Այդ հատվածում օգտագործված հունարեն բայը (pauo) նշանակում է «ընդմիշտ դադարել»՝ ցույց տալով, որ լեզուների շնորհը մեկընդմիշտ կվերջանա: Դասական հիսունականների համար, որոնք ընդունում են, որ հրաշագործ պարգևները դադարել են եկեղեցու պատմության մեջ, բայց պնդում են, որ նրանք վերադարձել են 1901 թվականին, *pauo* բայի բնորոշ մշտականությունը էական խնդիր է ներկայացնում: Եվ ինչպես արդեն ցույց է տրվել՝ այն, ինչ անում են ժամանակակից խարիզմատիկները, լեզուների պարգև չէ: Անծանոթ օտար լեզուներով սահուն խոսելու գերբնական կարողությունը, ինչպես անում էին աշակերտները Գործք Առաքելոց 2-ում Պենտեկոստեի օրը, ցույց տվեց, որ ոչ մի նմանություն չունի ժամանակակից գլոսոլալիային: Նոր Կտակարանի պարգևը դադարել է առաքելական դարաշրջանի ավարտից հետո և երբեք չի վերադարձել:

1 Կորնթացիս 13.10-ում Պողոսը նշեց, որ մասնակի գիտելիքը և մասնակի մարգարեությունը կվերացվեն «երբ *կատարյալը* գա»: Բայց ի՞նչ նկատի ուներ Պողոսը կատարյալ ասելով: Հունարեն (*teleion*) բառը կարող է նշանակել «կատարյալ», «հասուն» կամ «ամբողջական», և մեկնիչները խիստ տարակարծիքն են այդ ճշգրիտ նշանակության վերաբերյալ՝ առաջարկելով բազմաթիվ հնարավոր մեկնություններ: Օրինակ, Ֆ. Ֆ. Բրուսն առաջարկում է, որ կատարյալը հենց ինքը սերն է, Բ. Բ. Ուորֆիլդը պնդում է, որ այն Սուրբ Գրքի փակված կանոնն է (տե՛ս Հակ. 1.25), Ռոբերտ Թոմասը պնդում է, որ այն հասուն եկեղեցին է (տե՛ս Եփ. 4.11–13), Ռիչարդ Գաֆինը պնդում է, որ այն Քրիստոսի վերադարձն է, իսկ Թոմաս Էդգարը եզրակացնում է, որ այն անհատ հավատացյալի մուտքն է դեպի երկնային փառքը (տե՛ս 2 Կոր. 5.8): Հատկանշական է, որ թեև այս գիտնականները տարակարծիք են «կատարյալի»

նույնականացման հարցում, նրանք բոլորն էլ հանգում են նույն եզրակացության, այն է՝ հրաշագործ և հայտնող պարգևները դադարել են:[31]

Այնուամենայնիվ, 1 Կորնթացիս 13.10-ում Պողոսի կողմից «*կատարյալ*» բառի օգտագործմանը հնարավոր մեկնություններից լավագույնս համապատասխանում է հավատացյալի մուտքը Տիրոջ ներկայության մեջ: Սա բացատրում է Պողոսի հետագա հայտարարությունը 12-րդ համարում այն մասին, որ հավատացյալները տեսնում են Քրիստոսին «երես առ երես» և ունեն լիարժեք գիտելիք՝ նկարագրություններ, որոնք հնարավոր չէ իրականացնել փառքի այս կողմում:

Կարևոր է նշել, որ Պողոսի նպատակն այս գլխում պարզելը չէր, թե որքան ժամանակ կշարունակվեն հոգևոր պարգևները եկեղեցու պատմության հետագա դարերում, քանի որ, ըստ էության, դա անիմաստ կլիներ այս նամակի սկզբնական ընթերցողների համար: Ավելի շուտ, նա նշում էր մի կետ, որը հատուկ վերաբերում էր իր առաջին դարի ունկնդիրներին. երբ դուք՝ կորնթացի հավատացյալներդ, մտնեք երկնքում հավիտենության փառավոր կատարելության մեջ,[32] այն հոգևոր պարգևները, որոնք դուք այժմ այդքան բարձր եք գնահատում, այլևս անհրաժեշտ չեն լինի (մասնակի հայտնությունից ի վեր դրանց տրամադրումը կկատարվի ամբողջական ձևով): Բայց սերը հավերժական արժեք ունի, ուստի սիրո՛ն հետամուտ եղեք, քանի որ այն գերազանցում է ցանկացած պարգև (հ. 13): Թոմաս Էդգարն այդ հարցն ամփոփում է հետևյալ խոսքերով.

> Եթե, ինչպես ակնհայտ է թվում հատվածում, teleion-ը [«կատարյալը»] վերաբերում է անհատի ներկայությանը Տիրոջ մոտ, այս հատվածը չի վերաբերում պատմության ինչ-որ մարգարեական կետի: Այս գործոնները նշանակում են, որ հատվածը չի ուսուցանում, թե երբ կդադարեն կամ որքան երկար կտևեն պարգևները: Այն ջանում է հիշեցնել կորնթացիներին սիրո մնայուն էության մասին, ի տարբերություն պարգևների, որոնք իրենց բնածին բնույթով միայն ժամանակավոր են, միայն այս կյանքի համար: [33]

եկեղեցու պատմության մեջ, որոշելու համար, թե երբ կանցնեն հրաշագործ և հայտնության պարգևները, մենք պետք է նայենք ոչ թե 1 Կորնթացիս 13.10-ը, այլ Եփեսացիս 2.20-ի նման հատվածները, որտեղ Պողոսը նշեց, որ և՛ առաքելական, և՛ մարգարեական պաշտոնները միայն եկեղեցու հիմնադրման դարաշրջանի համար են:[34] Այնուամենայնիվ, Պողոսի ավելի լայն սկզբունքը, որ սերը գերազանցում է հոգևոր շնորհներին, դեռևս վերաբերում է ժամանակակից հավատացյալներին, քանի որ մենք նույնպես անհամբերությամբ սպասում ենք մեր երկնային փառաբանությանը:

Ի՞նչ նկատի ուներ Պողոսը, երբ ասաց, որ լեզուներ խոսողները խոսում են Աստծո հետ, ոչ թե մարդկանց

Խարիզմատիկները երբեմն կառչում են 1 Կորնթացիս 14.2-ում այս արտահայտությունից՝ որպես իրենց անհասկանալի գլոսոլալիայի հիմնավորում: Բայց ևս մեկ անգամ համատեքստը հերքում է այդ մեկնաբանությունը: 1–3 հատվածների ամբողջությունն ասվում է հետևյալ կերպ. «Սիրո՛ւն հետևեք ու հոգևոր պարգևների՛ն նախանձախնդիր եղեք, իսկ առավել ևս՝ մարգարեանալուն: Որովհետև լեզուներով խոսողը մարդկանց հետ չի խոսում, այլ Աստծո, քանի որ ոչ ոք չի հասկանում (NRAB), բայց հոգով խորհուրդներ է խոսում (Ararat): Իսկ մարգարեացողը մարդկանց հետ հավատն ամրացնելու, մխիթարության և սփոփանքի մասին է խոսում»:

Այդ համարներում Պողոսը չէր գովաբանում լեզուների պարգևը. ավելի շուտ նա բացատրում էր, թե ինչու է դա զիջում մարգարեության պարգևին: Մինչ մարգարեությունն ասվում էր բոլորին հասկանալի բառերով, օտար լեզուների շնորհը պետք է մեկնաբանվեր, որպեսզի ուրիշները շինվեին: Պողոսը հստակ սահմանեց, թե ինչ նկատի ուներ «մարդկանց հետ չի խոսում, այլ Աստծո» արտահայտությամբ, հենց հաջորդ տողում, «որովհետև ոչ ոք չի հասկանում»: Եթե լեզուն չթարգմանվեր, միայն Աստված կիմանար, թե ինչ է ասվում:

Ակնհայտ է, որ Պողոսը հեռու էր նման սովորությունը գովաբանելուց: Ինչպես նա արդեն հաստատել էր (12-րդ գլխում), պարգևների նպատակը ուրիշների շինությունն էր Քրիստոսի մարմնում: Չթարգմանված օտար լեզուները չեն կատարել այդ նպատակը: Այդ պատճառով էլ առաքյալը նման շեշտադրում է արել մեկնության անհրաժեշտության վրա (հ. 13, 27):

Ինչ վերաբերում է լեզուներով աղոթելուն

1 Կորնթացիս 14.13–17-ում Պողոսը նշեց, որ լեզուների պարգևն օգտագործվում էր հանրային աղոթքի ժամանակ՝ շինության նպատակով: Խարիզմատիկներն, այնուամենայնիվ, փորձել են վերաիմաստավորել լեզուների շնորհը՝ որպես գերբնական արտահայտման հատուկ եղանակ՝ իրենց անձնական նվիրվածությունների և անձնական աղոթքների համար: Բայց ուշադրությո՛ւն դարձրեք, թե որքան տարբեր է Պողոսի նկարագրությունը ժամանակակից լեզուներով խոսողների նկարագրությունից: Նախ՝ Պողոսը չէր գովում շաղախության որևէ ձև, քանի որ նա արդեն հաստատել էր, որ իրական պարգևը բաղկացած է թարգմանելի օտար լեզուներով խոսելուց (հ. 10–11):

Երկրորդ՝ Պողոսը երբեք չէր գովաբանի աղոթքները, որոնք շրջանցում են միտքը, ինչպես անում են շատ խարիզմատիկներ: Դա հեթանոսական սովորություն էր և այսօր էլ այն կա: Հունահռոմեական առեղծվածային կրոններում էքստատիկ արտահայտությունները սովորաբար օգտագործվում էին որպես միտքը շրջանցելու միջոց՝ դիվային էակների հետ հաղորդակցվելու համար: Այսպիսով, հավանական է, որ այս հատվածներում Պողոսի խոսքերը պարունակում են հեգնական երանգ, քանի որ նա հանդիմանում էր կորնթացի քրիստոնյաներին իրենց հեթանոս հարևանների անմիտ սովորությունները ընդօրինակելու փորձի համար: Պողոսի ցուցումներով, յուրաքանչյուր ոք, ով աղոթում էր օտար լեզվով, նախ պետք է իր ուղերձը թարգմանելու և հասկանալու ունակություն խնդրեր (հ. 13): Հակառակ դեպքում, նրա հասկացողությունը «անպտուղ» կլիներ (v. 14), մի բան, որը Պողոսն ակնհայտորեն բացասական էր համարում (Կող. 1.10; Տիտ. 3.14): Այս պարգևի ճիշտ օգտագործումը միշտ ներառում էր և՛ հոգին, և՛ միտքը. «Ուրեմն ի՞նչ անել. կաղոթեմ հոգով, կաղոթեմ նաև մտքով, սաղմոս կասեմ և՛ հոգով, և՛ մտքով» (հ. 15):

Երրորդ՝ աղոթքը, որի մասին Պողոսը խոսեց այստեղ, հանրային աղոթք էր, ոչ թե անձնական նվիրվածության ինչ-որ ձև: 16-րդ համարը պարզ է դարձնում, որ եկեղեցու մյուս անդամները լսում էին այն, ինչ ասվում էր: Այսպիսով, Պողոսը նկատի ուներ եկեղեցում կատարված մի աղոթք, որը պետք է թարգմանվեր, որպեսզի ժողովը կարողանար հաստատել պատգամը և զարգանալ դրա բովանդակությամբ: Չկա Նոր Կտակարանի երաշխիք ժամանակակից խարիզմատիկ պրակտիկայի համար, որն ապարդյուն կերպով կրկնում է շաղախությունը սեփական տանը, կամ *հապկապես* եկեղեցում՝ անվերծանելի զանգվածային ծամածռության խմբակային նիստի ժամանակ:

Արդյո՞ք Պողոսը լեզուների անձնական ձև էր կիրառում

Խարիզմատիկները հաճախ մատնանշում են 1 Կորնթացիս 14.18–19 համարները, որպեսզի պնդեն, որ Պողոսն ինքը օգտագործում էր մասնավոր «աղոթքի լեզու»: Այնտեղ Պողոսն ասաց. «Շնորհակալ եմ Աստծուն, որ ձեր բոլորից ավելի շատ լեզուներով եմ խոսում: Բայց ավելի լավ է՝ եկեղեցում հինգ խոսք ասեմ, որ և՛ իմ միտքը հասկանա, և՛ ուրիշներին էլ սովորեցնեմ, քան բյուրավոր խոսքեր ասեմ լեզուներով»: Քանի որ Պողոսը չհստակեցրեց, թե երբ և որտեղ է խոսել լեզուներով, խարիզմատիկ պնդումը, որ Պողոսը մշակել է անձնական «աղոթքի լեզու», գյուտ է, որը հիմնված է բացառապես ենթադրությունների վրա: Գործք Առաքելոց գրքում մենք տեսնում ենք, որ առաքյալները խոսում են այլ լեզուներով՝ որպես անհավատների համար իրենց ավետարանչական ծառայության մի մաս (Գործք. 2.5–11): Ելնելով այդ նախադեպից՝ լավագույնս կարելի է եզրակացնել, որ Պողոսն օգտագործեց իր պարգևը նույն միսիոներական ձևով, որպես նշան, որը հաստատում էր իր առաքելական ծառայությունը (տես Մարկ.16.20, 2 Կոր. 12.12):

1 Կորնթացիս 14-ում Պողոսն, անշուշտ, թույլտվություն չէր շնորհում լեզուների պարգևի անձնական, ինքնասպասարկող օգտագործմանը: Ընդհակառակը, նա դիմակայում էր Կորնթոսի ժողովի հպարտությանը: Նրանք կարծում էին, որ գերազանցում են, քանի որ նրանցից ոմանք խոսում էին իրենց անծանոթ բարբառներով, բայց Պողոսը, որը հրաշալիորէն ավելի շատ էր խոսել օտար լեզուներով, քան նրանցից որևէ մեկը,

ուզում էր, որ նրանք հասկանային, որ սերը գերազանցում է ցանկացած պարգև, անկախ նրանից, թե որքան տպավորիչ է այն: Երբ Պողոսը գործադրում էր իր շնորհները Քրիստոսի մարմնում, նրա առաջնահերթությունը միշտ եկեղեցում ուրիշների շինությունն է եղել: Պարգևի եսակենտրոն օգտագործման մասին ցանկացած պատկերացում կխաթարի առաքյալի ողջ փաստարկը 1 Կորնթացիս 12–14-ում:

Ինչպես պետք է գործեին լեզուները վաղ եկեղեցում

Լեզուների պարգևի մասին 1 Կորնթացիս 14-ում քննարկելիս Պողոսը կոնկրետ ցուցումներ տվեց եկեղեցում այն գործածելու համար: 26–28 հատվածներում առաքյալը բացատրեց. «Ուրեմն ինչ անել, եղբայրնե՛ր: Երբ մեկտեղ եք հավաքվում, և ձեզանից յուրաքանչյուրը սաղմոս ունենա, կամ ուսուցում, կամ հայտնություն կամ լեզու, կամ թարգմանություն, թող ամենը եկեղեցու ամրության համար լինի: Եթե որևէ մեկը լեզվով խոսի, և երկուսը կամ ավելի շատ՝ երեքը լինեն, թող մեկը մյուսից հետո խոսի, իսկ մեկն էլ՝ թարգմանի: Բայց եթե թարգմանող չկա, թող եկեղեցում լռի, ինքն իր մտքում Աստծո հետ խոսի»:

Այդ համարներում Պողոսը մի քանի դրույթներ տվեց լեզուների օգտագործման համար. (1) եկեղեցական ծառայության ընթացքում չպետք է խոսեն ավելի քան երեք հոգի, (2) նրանք պետք է խոսեն մեկ առ մեկ, 3) նրանց ուղերձը պետք է թարգմանվի եկեղեցու շինության համար, և (4) եթե ոչ ոք չի կարող մեկնաբանել, նրանք պետք է լռեն: 34-րդ համարում Պողոսն ավելացրեց հինգերորդ դրույթը. (5) կանանց արգելվում է խոսել եկեղեցում: Հաշվի առնելով տիպիկ հիսունական և խարիզմատիկ եկեղեցական ծառայությունները՝ միայն այդ վերջին դրույթին հետևելը վերջ կդնի ժամանակակից կեղծարարությանը:

Հակադրվելով հեթանոսական հիացական խոսքին՝ Սուրբ Հոգին չի գործում այն մարդկանց միջոցով, որոնք իռացիոնալ են կամ վերահսկողությունից դուրս: «Մարգարեների հոգիները մարգարեներին հնազանդվում են, որովհետև Աստված խռովության Աստված չէ, այլ խաղաղության, ինչպես լինում է սրբերի բոլոր եկեղեցիներում» (հ. 32–33): Ինչպես բացատրեց վաղ քրիստոնյա աստվածաբաններից մեկը, անդրադառնալով այդ հատվածներին. «Անձը, որ խոսում է Սուրբ Հոգով, խոսում է, երբ ցանկանում է դա անել, և հետո կարող է լռել, ինչպես մարգարեները: Բայց անմաքուր հոգով պատվածները խոսում են նույնիսկ այն ժամանակ, երբ չեն ուզում: Նրանք ասում են բաներ, որոնք չեն հասկանում»:[35]

Միայն երկու կամ երեք բանախոսների է թույլատրվում արտասանել իրենց հայտնությունները յուրաքանչյուր եկեղեցու ժողովում, և նրանցից պահանջվում է հերթով խոսել: Այն գաղափարը, որ ժողովում բոլորը պետք է միաժամանակ ներխուժեն անհեթեթության մեջ, ինչպես հաճախ տեղի է ունենում ժամանակակից խարիզմատիկ եկեղեցիներում, Պողոսը երբեք չէր թույլատրի կամ չէր վերագրի Սուրբ Հոգուն: Իրականում, ժամանակակից խարիզմատիկ շարժման դեմ ուղղված ամենաուժեղ մեղադրանքներից մեկը անկարգ, եսասիրական և քաոսային ձևն է, որով կիրառվում է կեղծ գլոսոլալիան:

Ինչպես արդեն նշվեց, այն օտար լեզուները, որոնք խոսվում էին Կորնթոսի ժողովում, պետք է թարգմանվեին: Պարտադիր էր, որ լեզուները թարգմանվեին, որպեսզի բոլորը հասկանային իմաստը: Եկեղեցին պետք է ճանաչեր նրանց, ովքեր ունեին այդ շնորհը, և եթե ներկա չլիներ մեկնաբանելու կարողություն ունեցող մեկը, բանախոսին հանձնարարվելու էր լռել: Պողոսի այս հայտարարությունը՝ «ինքն իր մտքում Աստծո հետ խոսի» զուգահեռ էր նախորդ պատվիրանին՝ «լռել եկեղեցում» (v. 28): Առաքյալը չէր առաջարկում լեզուներով խոսելու անձնական ձև, որը տեղի էր ունենալու տանը, ավելի շուտ, նա կրկնում էր իր պատվիրանը բանախոսին՝ ասելով, որ ժողովում լուռ մնա և լուռ աղոթի առ Աստված:

Այսպիսով, լեզուների շնորհը պետք է կանոնավոր կերպով գործածվեր եկեղեցում (տես հ. 39–40): Ցանկացած խանգարող կամ անկարգապահ մոտեցում խախտում է այն ձևը, որով Աստված նախատեսել էր օգտագործել այդ պարգևը: Ակնհայտ է, որ այդ պահանջները տրվել են այն ժամանակ, երբ պարգևը դեռևս գործում էր: Թեև այդ պարգևն այժմ դադարել է, հավատացյալներն այսօր դեռ պետք է կարգուկանոն ու պարկեշտություն պահպանեն մյուս պարգևներն օգտագործելու և իրենց երկրպագությունը կատարելու մեջ:

Արդյո՞ք հավատացյալները պետք է հետ կանգնեն այս կեղծ պարգևը փնտրելուց

Լեզուների պարգևի վերաբերյալ իր քննարկումը Պողոս առաքյալն ավարտեց հետևյալ խոսքերով. «Ուրեմն, եղբայրնե՛ր, նախանձախնդի՛ր եղեք մարգարեանալուն և լեզուներով խոսելը մի՛ արգելեք: Ամեն բան վայելուչ կերպով և կարգով թող լինի» (1 Կոր. 14.39–40): Քանի որ բոլոր պարգևները դեռևս ակտիվ էին, երբ գրվում էր այդ հավաքական հրամանը, կորնթացի հավատացյալները չպետք է արգելեին լեզուների պարգևի օրինական և կանոնավոր կիրառումը: Հրամանի հավաքական բնույթը կարևոր է. սա Կորնթոսի ժողովի յուրաքանչյուր անհատի համար մարգարեության պարգևը փնտրելու հանձնարարական չէր: Ընդհակառակը, եկեղեցին, որպես ամբողջություն, պետք է առաջնահերթություն տար մարգարեություններին, քան լեզուներին, քանի որ այն թարգմանություն չէր պահանջում ուրիշներին շենացնելու համար:

Խարիզմատիկները երբեմն օգտագործում են 39-րդ համարը՝ պնդելու համար, որ ցանկացած ոք, ով այսօր արգելում է խարիզմատիկ գլոսոլալիայի կիրառումը, խախտում է Պողոսի հրահանգը: Բայց առաքյալի պատվիրանը ոչ մի կապ չունի ժամանակակից խաբեության հետ: Այն ժամանակ, երբ օտար լեզուների իրական պարգևը դեռևս գործում էր, իհարկե, հավատացյալները չպետք է արգելեին դրա օգտագործումը: Սակայն այսօր եկեղեցիների պարտականությունն է դադարեցնել հոգևոր կեղծիքի կիրառումը: Քանի որ անհասկանալի խոսքը ճշմարիտ պարգև չէ, ինչ-որ մեկին նման սովորությունից հետ պահելը չի խախտում Պողոսի պատվիրանը 1 Կորնթացիս 14.39-ում: Ճիշտ հակառակը: Ժամանակակից գլոսոլալիայի խայտառակ խառնաշփոթը և իռացիոնալ բարբաջանքն իրականում խախտում է 40-րդ համարը, և նրանք, ովքեր հավատարիմ են եկեղեցու պարկեշտությանն ու կարգին, պարտավոր են ճնշել այն:

Ի մի բերելով այս ամենը

Երբ մենք դիտարկում ենք աստվածաշնչյան հատվածնե-
րը, որոնք նկարագրում են լեզուների պարգևը՝ Մարկոսից,
Գործք Առաքելոցից և 1 Կորնթացիսից, մենք ամեն կերպ տես-
նում ենք, որ ժամանակակից խարիզմատիկ տարբերակը կեղ-
ծիք է: [36] Իսկական պարգևը մարդուն օժտել է չսովորած օտար
լեզուներով խոսելու հրաշք ունակությամբ՝ հանուն Աստծո
խոսքը հռչակելու և Ավետարանի ուղերձը վավերացնելու: Երբ
այն օգտագործվում էր եկեղեցում, այն պետք է թարգմանվեր,
որպեսզի մյուս հավատացյալները կարողանային շինվել այդ
ուղերձով:

Ի հակադրություն՝ ժամանակակից խարիզմատիկ տարբե-
րակը բաղկացած է ոչ հրաշագործ, անհեթեթ շփոթությունից,
որը չի կարող թարգմանվել: Դա սովորած վարքագիծ է, որը չի
համապատասխանում իրական մարդկային լեզվի որևէ ձևի:
Եկեղեցին շենացնելու գործիք լինելու փոխարեն՝ ժամանա-
կակից խարիզմատիկներն օգտագործում են կեղծիքը որպես
մասնավոր «աղոթքի լեզու»՝ ինքնագոհացման նպատակով:
Թեև նրանք արդարացնում են իրենց պրակտիկան, քանզի
այն ստիպում է իրենց ավելի մոտ զգալ Աստծուն, նման ան-
հասկանալի բարբաջանքների համար աստվածաշնչյան որև-
է երաշխիք չկա: Դա կեղծ հոգևոր բարձրություն է՝ առանց
սրբագործման արժեքի: Այն փաստը, որ ժամանակակից գլո-
սոլալիան զուգահեռ է հեթանոսական կրոնական ծեսերին,
պետք է ծառայի որպես սարսափելի նախազգուշացում այն
հոգևոր վտանգների մասին, որոնք կարող են ներմուծվել այս
ոչ աստվածաշնչյան պրակտիկայի միջոցով:

222

Ութերորդ

Կեղծ բժշկություններ և կեղծ հույսեր

Երբ 2009 թվականի դեկտեմբերի 15-ին հայտնի հեռուստաավետարանիչ Օրալ Ռոբերթսը հավերժական քուն մտավ, կրոնական աշխարհում շատերը ծաղկեցին մահախոսականներով, որոնք գովաբանում էին «բարգավաճման ավետարանի» առաջամարտիկ քարոզչին[1] ամերիկյան քրիստոնեության մեջ իր համընդհանուր ավանդի համար: Լինելով ոչ հանրաճանաչ՝ իմ կարծիքը Օրալ Ռոբերթսի կյանքի և ժառանգության մասին չէր կարող ավելի հակադիր լինել: Նրա մահից ընդամենը մի քանի օր հետո հրապարակված մի հոդվածում ես ասացի այնքան հստակ, որքան կարող էի. «Օրալ Ռոբերթսի ազդեցությունն այնպիսին չէ, որ Աստվածաշնչին հավատացող քրիստոնյաները գովաբանեն այն: Գործնականում 1950-ից հետո ծագած հիսունական և խարիզմատիկ շարժումների ցանկացած շեղված գաղափար այս կամ այն կերպ կարելի է կապել Օրալ Ռոբերթսի ազդեցության հետ»:[2]

Գուցե կոպիտ հնչի: Բայց այն հազիվ թե այնքան ուժեղ լինի, որքան Նոր Կտակարանը, որտեղ նրանք, ովքեր խեղաթյուրում են ճշմարտությունը, դատապարտվում են ամենադաժան լեզվով, որ կարելի է պատկերացնել: Օրալ Ռոբերթսը ոչ միայն ընդունեց առողջության և հարստության կեղծ ավետարանը, այլև այն տարածեց հիմնական հոսքի մեջ՝ օգտագործելով հեռուստատեսությունն՝ իր վարդապետական թույնը զանգվածներին հեռարձակելու համար: Շատ իրական իմաստով, նա խաբեբա բժիշկներից առաջինն էր, որ գրավեց հեռուստատեսությունը՝ ճանապարհ հարթելով իր հետևից եկած հոգևոր խարդախների շքերթի համար:[3]

«*Օրալ Ռոբերթս. ամերիկյան կյանք*»-ում կենսագիր Դեյվիդ Էդվին Հարել կրտսերը նկարագրում է, թե ինչպես Ռոբերթսը բացահայտեց բարգավաճման ավետարանը և ինչպես այն դարձավ իր ուղերձի առանցքը: Մի օր նա պատահականորեն բացեց իր Աստվածաշունչը և նկատեց 3 Հովհ. 2-ը. «Սիրելի՛ս, աղոթում եմ քո բոլոր հաջողությունների, քո առողջության համար, ինչպես քո հոգին է հաջողության մեջ»: Նա ցույց տվեց այն իր կնոջը՝ Էվելինին, և բացարձակապես բաժանելով այդ մի հատվածը իր համապատասխան համատեքստից, զույգը «ոգևորված խոսեց այս հատվածի հետևանքների մասին: Արդյո՞ք դա նշանակում էր, որ նրանք կարող էին ունենալ «նոր մեքենա», «նոր տուն», «բոլորովին նոր ծառայություն»: Հետագա տարիներին Էվելինը հետ էր նայում՝ այդ առավոտն ընդունելով որպես սկզբնակետ. «Ես իսկապես հավատում եմ, որ հենց այդ առավոտն էր սկիզբն այս համաշխարհային ծառայության, որը նա ունեցավ, քանի որ այն բացեց նրա մտածելակերպը»: [4] Ռոբերթսը վկայեց, որ փայլուն նոր Buick, որը ձեռք բերվեց անսպասելի միջոցներով այդ փորձառությունից անմիջապես հետո, «ինձ համար դարձավ խորհրդանիշ, թե ինչ կարող է անել մարդը, եթե հավատա Աստծուն»:[5]

Իր բարգավաճման ուսմունքը հորինելուց հետո Օրալ Ռոբերթսը հետագայում հորինեց իր ամենահայտնի և ամենաhեռավոր մտահղացումը՝ հավատքի սերմի ուղերձը: Ռոբերթսն ուսուցանում էր, որ հավատքի սերմը բարգավաճման միջոց է: Նրա կազմակերպությանը նվիրաբերված գումարն ու նյութական բաները նման էին տնկված միջուկների, որոնք նյութական օրհնությունների բերք կբերեին Տիրոջից: Ռոբերթսը հայտարարում էր, որ Աստված հրաշքով կբազմապատկի այն, ինչ տրվում էր Ռոբերթսի ծառայությանը, և բազմապատիկ ավելին կտա նվիրատուին: Դա պարզ, հազիվ թե հոգևոր, արագ հարստանալու սխեմա էր, որը գրավում էր հիմնականում աղքատ, անապահով և հուսահատ մարդկանց: Այն միլիոններ ստեղծեց Ռոբերթսի մեդիա կայսրության համար:

Երբ արդյունքներն ակնհայտ դարձան, սխեման արագ ընդունվեց մի շարք նմանատիպ ուղղվածությամբ հիսունական և խարիզմատիկ լրատվամիջոցների ծառայությունների կողմից: Հավատքի սերմերի սկզբունքը գլխավոր դրամական կառույցն է, որը կազմավորել և աջակցել է քարոզիչների և հեռուստաավետարանիչների հսկայական ցանցերին, որոնք փողի դիմաց իրենց հեռուստադիտողներին տալիս են «հրաշքների» եռանդուն խոստումներ, իսկ ամենապահանջված հրաշքներն, անշուշտ, առողջություն և հարստություն պարունակող հրաշքներն են:

Ցավալիորեն, հավատքի սերմի ուղերձը յուրացվեց և լիովին փոխարինեց Ավետարանի այն բովանդակությանը, որ կարող էր լինել Օրալ Ռոբերթսի քարոզչության մեջ: Ես բազմիցս տեսել եմ նրան հեռուստացույցով և մեկ անգամ չէ, որ լսել եմ նրա քարոզը: Նրա ուղերձն, ամեն անգամ, հավատքի սերմի մասին էր: Դրա պատճառն ակնհայտ է. խաչի պատգամը՝ մեղքերի քավող զոհաբերությունը, որը կատարվել է Հիսուսի չարչարանքներով, չի համընկնում այն մտքի հետ, որ Աստված երաշխավորում է առողջություն, հարստություն և բարգավաճում այն մարդկանց, որոնք փող են ուղարկում հեռուստատեսային քարոզիչներին: Մեր մասնակցությունը Հիսուսի չարչարանքներին (Փիլ.3.10) և Նրա քայլերին հետևելու մեր պարտականությունը (1 Պետ. 2.20–23) նույնպես հակասում են բարգավաճման վարդապետության հիմնական սկզբունքներին: Ինչպես նախկինում քննարկվել է 2-րդ գլխում, բարգավաճման ուղերձն այլ ավետարան է (տե՛ս Գաղ. 1.8–9):

Ռոբերթսի ծառայության առաջնային շեշտադրումներից մեկը նրա կենտրոնացումն էր ենթադրյալ բժշկության հրաշքների վրա, մի հնարք, որն անհրաժեշտ էր մարդկանց դրամապանակները թուլացնելու համար: Ինչպես ասել է հիսունականների պատմաբան Վինսոն Սինանը Ռոբերթսի մահից անմիջապես հետո. «Ավելի շատ, քան ցանկացած այլ մարդու, նրա՛ն պետք է վերագրել հիմնական կրոնում խարիզմատիկ շարժման սկզբնավորումը: Նա [աստվածային] բժշկություն բերեց ամերիկյան գիտակցության մեջ»:[6] Թեև նա խուսափում էր պիտակավորումից, Ռոբերթսը 1950-ականներին իր հիմնական համբավը ձեռք բերեց հեռուստատեսությամբ՝ որպես հավատքի բժիշկ, և նա նույնիսկ պնդում էր, որ բազմաթիվ մարդկանց հարություն է տվել մեռելներից: Արդյո՞ք այդ «հրաշքներն» իրական էին և ստուգելի: Իհարկե, ո՛չ: Այնուամենայնիվ, նա ճանապարհ հարթեց բոլոր խարիզմատիկ քարոզիչների, հեռուստաավետարանիչների, հավատքի բժիշկների, խաբեբաների և շառլատանների համար, ովքեր այսօր գերիշխում են կրոնական լրատվամիջոցներում:

Իրականում, Ռոբերթսն ավելին արեց, քան որևէ մեկը վաղ պենտեկոստական շարժման մեջ՝ ազդելով հիմնական ավետարանականության վրա՝ ընդունելու այս խաբուսիկ գաղափարները: Նա իր հեռուստատեսային ծառայությունը վերածեց հսկայական կայսրության, որը խոր հետք է թողել եկեղեցու վրա ամբողջ աշխարհում: Այսօր շատ վայրերում, ներառյալ աշխարհի ամենաանգրագետ և աղքատ շրջաններից մի քանիսը, Օրալ Ռոբերթսի հավատքի սերմ հայեցակարգն իրականում ավելի հայտնի է, քան հավատքով արդարացման վարդապետությունը: Առողջության և հարստության մասին ուղերձն այժմ այն հաղորդագրությունն է, որի մասին մտածում են բազմությունները, երբ լսում են *Ավետարան* բառը: Աշխարհում անհամար մարդիկ Ավետարանն ընդունում են որպես նյութական հարստության և ֆիզիկական բժշկության մասին հաղորդագրություն, ոչ թե մեղքից ներման անսահման մեծ ողորմություն և Քրիստոսի հետ հավատացյալի հոգևոր միության հավերժական օրհնություն: Սրանք բոլորը ողբալու պատճառներ են, ոչ թե գովաբանելու Օրալ Ռոբերթսի համբավն ու ազդեցությունը:

Օրալ Ռոբերթսը առաջին բժշկող ավետարանիչը չէր. նրան նախորդել են հիսունական ծառայողներ, ինչպիսիք են Ջոն Գ. Լեյքը, Սմիթ Ուիգլսվորթը, Էմի Սեմփլ Մաքֆերսոնը և Ա. Ա. Ալենը: Ոչ էլ Ռոբերթսը քսաներորդ դարի կեսերի միակ հավատքի բժիշկն էր: Նրա ընկերները՝ Քենեթ Հեյգինը և Քեթրին Կուլմանը հայտնի ժամանակակիցներ էին: Այդուհանդերձ, Ռոբերթսն ավելին արեց, քան որևէ մեկը, որպեսզի ժամանակակից բժշկությունը դառնա հիմնական՝ սխրանք, որը նա իրագործեց հեռուստատեսության միջոցով: 1950-ականների ընթացքում փոշոտ վրանային հանդիպումների կոպիտ սև-սպիտակ հեռարձակումներից նա անցավ մինչև 1970-ականների և դրանից հետո փայլուն, բարդ, բարձրորակ գունավոր ստուդիայի ծրագրավորմանը:

Ռոբերթսի ուշագրավ հաջողությունը հեռուստատեսությամբ առաջ բերեց մի շարք պատահական արդյունքներ և կրկնօրինակումներ: Հավատքի բժիշկների և խարիզմատիկ դրամահավաքների երամը գտնվում էր Ռոբերթսի հայրենի Տուլսա քաղաքում, Օկլահոմայում: Քենեթ Հեյգինը և Թ. Լ. Օսբորնն այնտեղ կառուցեցին մեծ ծառայություններ: Տուլսայի Օրալ Ռոբերթսի համալսարանը, որը հիմնադրվել է 1963 թվականին, դարձավ նոր սերնդի հեռուստաավետարանիչների և հավատքի բժիշկների բուծման հիմքը: Ջոել Օսթինը, Կրեֆլո Դոլարը, Թեդ Հագարդը, Քենեթ Քոուփլենդը, Քարլթոն Փիրսոնը և Բիլլի Ջո Դահերթին ՕՌՀ-ի շրջանավարտներ են:

Ի վերջո, Օրալ Ռոբերթսի իրական ժառանգությունը չափելու լավագույն միջոցը, հավանաբար, ուսումնասիրելն է այն մարդկանց շարունակական ազդեցությունը, որոնք հետևել են նրան: Հաջորդ էջերում մենք կքննարկենք այդպիսի անհատներից մեկին. մի մարդու, ով ըստ էության զբաղեցրել է Ռոբերթսի տեղը՝ որպես ժամանակակից հավատքի բժշկի ամենատեսանելի և հաջողակ օրինակ:

Գալիս է Բենի Հինը

Օրալ Ռոբերթսի բոլոր պիղծ իրավահաջորդներից ոչ մեկն ավելի տարածված չէ, քան Թուֆիկ Բեննեդիկտուս (Բենի) Հինը: Ռոբերթսը կարող է անհետանալ, բայց նրա ազդեցությունը դեռ կարելի է տեսնել Հինի և հինանմանների ծառայությունների միջոցով: [7] Բենի Հինն իրեն համարում է Ռոբերթսի հովանավորյալը: Օրալ Ռոբերթսի մահից անմիջապես հետո հրապարակված փառաբանության մեջ Բենի Հինը պարտավորվեց Ռոբերթսի առաջ և ընդգծեց իր հիացմունքը հանգուցյալ հեռուստաավետարանչի հանդեպ. «Նա շատ առումներով հսկա էր, և ես պատիվ ունեցա նրան երկար տարիներ ճանաչել որպես սիրելի, թանկագին ընկեր: ... Տարիների ընթացքում ես հաճախ եմ մտածել այն չափանիշի մասին, որը նա սահմանել է այդքան շատ սպասավորների և հավատացյալների համար, ովքեր հետևել են իրեն... Ես հավերժ շնորհակալ եմ նրա բացած ուղու համար»:[8]

Ռոբերթսն ու Հինը պարզապես ընկերներ չէին, այլև ծառայության դաշնակիցներ: Բազմաթիվ առիթներով դուետը միասին հանդես է եկել հեռուստատեսային հաղորդումներում: Երբ *NBC Dateline*-ը 2002-ին ավերիչ բացահայտում արեց Հինի ծառայության վերաբերյալ, Օրալ Ռոբերթսը հրապարակայնորեն պաշտպանեց նրան,[9] իսկ Հինն, իր հերթին, տարիներ շարունակ ծառայեց որպես Օրալ Ռոբերթսի համալսարանի ժամանակավոր կառավարիչ:[10] Թերևս տեղին է, որ Բենի Հինը զբաղեցրեց Օրալ Ռոբերթսի տեղը՝ որպես ամենուրեք հայտնի հավատքի բժիշկներից ամենահայտնի դեմքը:

Իրականում, Բենի Հինը կարող է արժանահավատորեն պնդել, որ իր համբավը փոխարինել է Ռոբերթսի համբավին՝ հիմնվելով նրա կատարած հեռուստատեսային հեռարձակումների քանակի և դիտողների հսկայական լսարանի վրա, որը նա հրավիրում է: Հինի «*Սա քո օրն է*» հեռուստաշոուն աշխարհի ամենահայտնի քրիստոնեական հեռուստատեսային հաղորդումներից մեկն է, որը հասանելի է ավելի քան քսան միլիոն մարդկանց Միացյալ Նահանգներում և աշխարհի երկու հարյուր երկրներում:[11] Հինի գրքերի շապիկի պատճենը նրան ներկայացնում է որպես «Մեր ժամանակի մեծ բժշկող ավետարանիչներից մեկը»,[12] և նրա կայքը պարծենում է, որ իր «խաչակրաց արշավանքները Հնդկաստանում ներառել են մինչև 7,3 միլիոն հանդիսատես (երեք ծառայություններով), որը պատմության մեջ գրանցված ամենամեծ բժշկության ծառայությունն է եղել»:[13] Ըստ Հինի՝ «Տարատեսակ բժշկություններ են տեղի ունենում, և Աստված Իրեն զորեղ կերպով հայտնի է դարձնում»[14] ամենամյա հրաշք խաչակրաց արշավանքների ժամանակ, ինչը բացատրում է հուսահատ և մահամերձ մարդկանց ուղղված նրանց կոչը:

Գրեթե ամեն երեկո տարբեր խարիզմատիկ ցանցերում (և շատ անկախ սեփականություն հանդիսացող աշխարհիկ կայաններում) կարելի է տեսնել, թե ինչպես է Բենի Հինը կատաղի զանգվածային ամբոխների մեջ, «Հոգով սպանում մարդկանց» և պահանջում բժշկություն՝ բոլոր տեսակի անտեսանելի հիվանդություններից: Միլիոնավոր հեռուստադիտողներ կարծում են, որ Օրալ Ռոբերթսի թիկնոցն ընկել է Բենի Հինի վրա, և նրանք լիովին համոզված են, որ նա ունի արտասովոր բժշկող և հրաշագործ ուժ, ինչպես իր հանգուցյալ դաստիարակը, գուցե նույնիսկ ավելի մեծ:

Փայլուն հեռուստատեսային արտադրությունների հետեվում գտնվող իրականությանն ուշադիր նայելով՝ բոլորովին այլ պատկեր է բացահայտվում:

Բժիշկնե՞ր, թե՞ հերետիկոսներ

Երբ Ռաֆայել Մարտինեսը հեռանում էր Հյուսիսային Քլիվլենդի եկեղեցուց հոկտեմբերյան մի պարզ երեկո, նա չէր կարող չնկատել երիտասարդ ամուսնական զույգին, որոնք իրենց հիվանդ փոքրիկին դուրս էին բերում սրբավայրից: Տղայի «թուլացած մարմինը խցանված էր ճկուն խողովակների և շրնչառական սարքերի մեջ, և ծայնային ազդանշաններ էին լըսվում, թարթող կենսապահովման տուփերը կախված էին նրա քայլակից»: Տղայի ծնողները նրան բերել էին եկեղեցի՝ բժըշկության ծառայության՝ հույս ունենալով և աղոթելով հրաշքի համար: Հանդիպումն այդ գիշեր անցկացնում էր ոչ այլ ոք, քան Բենի Հինը: Մթնոլորտը հուզիչ էր. էմոցիաները աննկարագրելի էին, իսկ սպասելիքներն՝ ավելի մեծ: Բայց մի քանի ժամ անց ամեն ինչ ավարտվեց, իսկ նրանց որդին չապաքինվեց: Հիմա ժամանակն էր, որ նրանք վերադառնային տուն՝ իրենց հետ տանելով իրենց փլուզված հույսերը: Սրտաճմլիկ պահը հեղեղեց Մարտինեսին՝ սրտաճմլիկ հարցերով: Անդրադառնալով այդ պահին՝ նա գրել է.

Հետաքրքրվեցի՝ արդյո՞ք հարցրել են, թե ինչու է իրենց երեխան հեռանում նույն կերպ, ինչպես որ եկել էր: Արդյո՞ք նրա ծնողները տանջվում էին այն փաստից, որ իրենց հավատքը թերի էր կամ ոչ լիարժեք: Ի՞նչ մեղք կարող էին նրանք գործած լինել: Սերունդների ո՞ր անեծքը պետք է կոտրվեր: Երբ Հինն ասաց նրանց, որ հավատան Աստծուն հրաշքների համար, ինչո՞ւ Աստված չմտավ այդ տեղը և չվերցրեց այդ գեղեցիկ փոքրիկ տղային Իր՝ մեծ մեխերով խոցված ձեռքերի մեջ և չբժշկեց նրա մարմինը և չխնայեց նրան անորոշ ապագայից, որը նրա առջևում էր: Ես չէի կարողանում կտրել հայացքս և չեմ մոռացել այդ պահի դաժանությունն ու տարակուսանքը:[15]

Այդ փոքրիկ տղայի հուսահատ ծնողներն այդ երեկո կեղծ հույսի միակ զոհը չէին: Մարտինեսը նկատեց նաև ուրիշներին. ոտքի ամրակապով տարեց տղամարդ, որը վայր ընկավ բեմից՝ բուժվելու փոխարեն, մի հիվանդ կին Ատլանտայից, որը մեկնել էր Քլիվլենդ առանց տուն վերադառնալու միջոցի, որպեսզի անփոփո՛խ մնար: Ծառայության վերջում Մարտինեսը նայեց շուրջը և տեսավ. «Այդ մարդիկ դեռևս ցրված էին ամբողջ սրբավայրով մեկ՝ հանգիստ նստած իրենց անվասայլակների վրա կամ հենված իրենց ձեռնափայտերին, հենակներին և հենարաններին»: Նա հստակ հարցադրում արեց. «Ինչպե՞ս կարող է որևէ մեկը, ով ունի քրիստոնեական հովվական սիրտ, չափսոսալ այն բանից, թե ինչպիսի հոգևոր ցնցումների, ցավի, ապակողմնորոշման և շփոթության մեջ հենց նոր ընկղմվեց այս վիրավոր ժողովուրդը»:[16]

Իհարկե, նմանատիպ պատմություններ կարելի էր պատմել Բենի Հինի յուրաքանչյուր բժշկության ծառայությունից հետո: Ինչպես հայտնում է *Լոս Անջելես Թայմսի* կրոնական թղթակից Ուիլյամ Լոբդելը, Կալիֆորնիայի Անահեյմում Հինի անցկացրած խաչակրաց արշավանքներից մեկը լուսաբանելուց հետո. «Իսկական դրաման տեղի ունեցավ այն բանից հետո, երբ հովիվը լքեց բեմը, և երաժշտությունը դադարեց: Մշտապես հիվանդ մարդիկ մնացին նախկինի պես հիվանդ: Պարկինսոնի հիվանդությամբ տառապող մարդիկ կային, որոնց վերջույթները դեռ ոլորված էին և դողում էին: Կային քառապլեգիկներ, որոնք չէին կարողանում որևէ մկան շարժել իրենց պարանոցի տակ: Այս մարդիկ, և յուրաքանչյուր խաչակրաց արշավանքի ժամանակ հարյուրավոր, գուցե հազարավոր մարդիկ, նստած էին իրենց աթոռներին՝ շփոթված և ջախջախված, որ Աստված չի բուժել իրենց»:[17] Հիմնվելով նրա դիտարկման վրա՝ Լոբդելը խելամտորեն եզրակացրեց «Հինի գործառույթների պարզ տրամաբանությունը կեղծ հույսեր արթնացնելն ու փող կորզելն է»:[18]

Որպես ինքնահռչակ հավատքի բժիշկ՝ Հինը պնդում է, որ հետևում է Քրիստոսի և առաքյալների օրինակին: Օրինակ՝ նա պաշտպանում է հանրային բժշկության իր մոտեցումը՝ նշելով ժամանակներ, երբ Հիսուսը պարզապես խոսում էր մարդկանց բուժելու համար, ոչ թե դնում Իր ձեռքերն առանձին մարդկանց վրա:[19] Իսկ առաքյալների վերաբերյալ նա ասում է. «Ես գիտեմ, Տերն ինձ ասել է, որ աղոթեմ հիվանդների համար որպես Ավետարանը քարոզելու մաս, *ճիշտ ինչպես նա ասաց աշակերտներին* Մարկոս 16.18-ում. «Նրանք ձեռք կդնեն հիվանդների վրա, և նրանք կառողջանան»:[20] Պնդելով, որ «բժշկությունը ոչ միայն անցյալի, այլև ներկայի համար է»,[21] Հինն ասում է, որ «ինքը միջոց է [Սուրբ Հոգուց], որն օծվում և օգտագործվում է՝ Աստծո բուժիչ զորությունն ու ներկայությունը վիրավորվածներին և հոգևոր քաղց ունեցողներին հասցնելու համար»:[22]

Բայց նման պնդումները ոչ այլ ինչ են, քան թեժ օդ՝ բորբոքված աստիճանային ամբարտավանության և բացահայտ խաբեության բոցով: Հինը կարող է ունենալ ցուցամոլության, թատերական ներկայացման, ամբոխի մանիպուլյացիայի, խարդախության և, հնարավոր է, նույնիսկ զանգվածային հիպնոսի «պարգևներ»: Բայց մի բան, որ նա, անշուշտ, չունի, Նոր Կտակարանի բժշկության պարգևն է: Լավագույն դեպքում, Հինի ենթադրյալ բուժումները էյֆորիկ պլացեբոյի էֆեկտի արդյունք են, որի ժամանակ մարմինը ժամանակավորապես արձագանքում է մտքի և զգացմունքների վրա խաղացած հնարքին: Վատագույն դեպքում, Հինի բժշկությունները բաղկացած են բացահայտ ստերից և դիվային ուժ ունեցող կեղծիքներից: Երկու դեպքում էլ աստվածաշնչյան պարզևի և Բենի Հինի մշակված բեմական արտադրության միջև պարզ համեմատությունը ցույց է տալիս, թե վերջինս ինչ է իրենից ներկայացնում իրականում՝ խաբեություն:

Բենի Հինն ընդդեմ Աստվածաշնչի

Թերևս, Սուրբ Գրքում ոչ մի տեղ նշանների և հրաշքների ժամանակակից խարիզմատիկ որոնումը չի մեղադրվում այնպես, ինչպես մեր Տիրոջ՝ փարիսեցիներին ուղղված հանդիմանության մեջ, Մատթեոս 16.4-ում. «Չար և շնացող սերունդը նշան է փնտրում»: Թեև ամբոխը շրջապատեց Հիսուսին՝ ցանկանալով հրաշք տեսնել կամ բժշկություն ապրել, Տերը «Իրեն չհանձնեց նրանց, որովհետև բոլոր մարդկանց ճանաչում էր» (Հովհ. 2.24): Հիսուսը գիտեր, որ գոյություն ունի հավատքի կեղծ տեսակ, որը փոքր-ինչ ավելին է, քան մակերեսային հետաքրքրությունը գերբնականի նկատմամբ, այն անկեղծ սեր չէ Փրկչի հանդեպ:

Ժամանակակից խարիզմատիկ շարժումը բնութագրվում է նույն տեսակի մակերեսային հավատքով: Թերևս, դա շատ ավելի վատ է: Հիսուսի և առաքյալների օրերում իսկական հրաշքներ էին կատարվում: Մեր օրերում, թեև խարիզմատիկ առաջնորդները պնդում են, թե ունեն այդ նույն գերբնական ուժը, նրանց միջոցով իրականում ոչ մի հրաշք չի արվում: Այսօրվա հավատացյալների և հեռուստաավետարանիչների այսպես կոչված ծառայությունները ոչ այլ ինչ են, քան ցուցադրություն: Բենի Հինի նման բժշկողները ակնհայտ ստահակներ են, ովքեր հարստանում են դյուրահավատ և հուսահատ մարդկանց միջոցով:

Ուրեմն ինչո՞ւ մի ամբողջ գլուխ նվիրել Բենի Հինին, եթե նա հրապարակայնորեն և բազմիցս վարկաբեկվել է: Պատասխանը երկակի է. նախ չնայած իր բազմաթիվ գայթակղություններին, կոպիտ սխալներին և սկանդալներին՝ Հինը մնում է հանրաճանաչ խարիզմատիկ հեռուստաավետարանիչների և հավատքի բժիշկների ամենահայտնի դեմքը: Նրա «ծառայությունը» շարունակում է ազդել հարյուր միլիոնավոր մարդկանց վրա ամբողջ աշխարհում՝ միաժամանակ հավաքելով հարյուր միլիոնավոր դոլարներ: Երկրորդ՝ Հինի պնդումը հրաշքով բժշկության շարունակականության վերաբերյալ այսօր տեղին կերպով ցույց է տալիս այն կործանարար ծայրահեղությունները, որոնց տրամաբանորեն հանգեցնում է բժըշկության խարիզմատիկ դիրքորոշումը: Հինի նման հավատքի բժիշկները պնդում են, որ կարող են կրկնօրինակել առաքելական դարաշրջանի բժշկությունները: Իրականում, նրանց ապշեցուցիչ տեսարաններին Նոր Կտակարանի բժշկության իրական պարգևի որևէ հատկանիշ բնորոշ չէ: Այս գլխի մնացած մասում մենք կքննարկենք Սուրբ Գրքում արձանագրված բժշկությունների և ժամանակակից կեղծիքի վեց խիստ հակադրություն:

Նոր Կտակարանի բժշկությունները կախված չէին ստացողի հավատքից

Բենի Հինի նման խարիզմատիկ բուժողները պատրաստակամորեն իրենց անհամար ձախողումների մեղքը գցում են հավատքի պակասի վրա, իհարկե, ոչ թե իրենց սեփական հավատքի, այլ նրանց հավատքի, ովքեր չեն բուժվում: Արդյունքում, «շատ մարդիկ հավատում են, ինչպես Հինն է քարոզում, որ Աստված չի կարող բուժել իրենց, քանի որ նրանց հավատքը բավականաչափ ուժեղ չէ: Միգուցե նրանք բավական գումար չեն տվել Հինի ծառայությանը: Կամ գուցե նրանք պարզապես բավականաչափ չեն հավատացել»:[23] Այսպիսով, մինչ Հինն ստանում է ենթադրյալ հաջողությունների ողջ շահույթը, նա իր անթիվ անհաջողությունների համար մեղավորություն չի ստանձնում:

Անհաջող բժշկությունների համար հիվանդ մարդկանց մեղադրելը կարող է «բժշկողի» համար պատրվակ լինել, բայց դա չի համապատասխանում Աստվածաշնչին: Քրիստոսի և առաքյալների բժշկության ծառայության արագ ուսումնասիրությունը տեղին է մատնանշում այս միտքը: Ժամանակ առ ժամանակ մարդիկ բժշկվում էին առանց անձնական հավատքի արտահայտման: Դիտարկենք ընդամենը մի քանի օրինակ:

Ղուկաս 17.11–19 հատվածներում տասը բորոտներից միայն մեկն էր հավատք արտահայտում, սակայն բոլորը մաքրվեցին: Մատթեոս 8.28–29 և Մարկոս 1.23–26 հատվածների դիվահարները հավատք չէին արտահայտում նախքան ազատվելը, Բեթեզդայի ավազանի կողքին գտնվող հաշմանդամը նույնիսկ չգիտեր, թե ով է Հիսուսը, մինչև որ բժշկվեց (Հովհ. 5. 13), և Հովհ. 9-ի կույրը նմանապես բժշկվեց՝ առանց իմանալու Հիսուսի ինքնությունը (Հովհ. 9.36): Մի քանի անգամ Հիսուսը մեռելներից հարություն տվեց մարդկանց, օրինակ՝ Հայրոսի աղջկան և Ղազարոսին: Ակնհայտ է, որ մահացած մարդիկ ի վիճակի չեն որևէ «դրական դավանություն» անել, առավել ևս արձագանքել հավատքի դրսևորմամբ: Մեր Տերը նաև բժշկեց բազմաթիվ այլ մարդկանց, չնայած՝ ոչ բոլորն էին հավատում (տես Մատթ. 9.35; 11.2–5; 12.15–21; 14.13–14, 34–36; 15. 29–31; 19.2):

Առաքյալների բժշկության ծառայությունները նույնպես հիվանդներից հավատք չեն պահանջում արդյունավետ լինելու համար: Պետ.ը բժշկեց մի կաղ մարդու՝ չպահանջելով նրանից հավատք (Գործք 3.6–8): Ավելի ուշ նա վերակենդանացրեց Տաբիթա անունով մի կնոջ (Գործք 9.36–43): Պողոսը նույնպես դիվահարությունից ազատեց մի անհավատ աղախնի (Գործք. 16.18) և հետագայում հարություն տվեց Եվտիքոսին (Գործք. 20.7–12): Հավատքի դավանանքը նախապայման չէր այդ բուժիչ հրաշքներից որևէ մեկի համար:

Այդպես չէ Հինի ու նրա սերնդի դեպքում, որոնք իրենց պարտականությունը բարդում են օգնություն հայցող անձի հավատքի վրա: Ըստ Հինի՝ «Հավատքը կենսական նշանակություն ունի ձեր հրաշքի համար: Բուժումն ընդունվում է հավատքով, այն պահվում է հավատքով»:[24] Կրկին, «պահանջվում է եռանդուն հավատք: ...փրկություն բերելու այդ հիվանդությունից»:[25] Եվ կրկին. «Դուք չեք կարող բժշկություն ստանալ, եթե ձեր սիրտն ուղիղ չէ Աստծո հետ: ...Բժշկությունը հեշտությամբ է ձեռք բերվում, երբ Աստծո հետ ձեր ուղին ճըշմարիտ է»:[26] Մեկ այլ տեղ նա գրել է.

Հաճախ մեր խաչակրաց արշավանքների ժամանակ ես մարդկանց ասում եմ, որ դիպչեն իրենց մարմնի այն հատվածին, որը նրանք ցանկանում են, որ Աստված բուժի: Ես քաջալերում եմ նրանց սկսել շարժել իրենց վնասված ձեռքերը կամ թեքել իրենց ցավող ոտքերը: Այս գործողություններն ինքնին ոչինչ չեն անում, բայց ցույց են տալիս, որ մարդը հավատում է Աստծո բուժիչ զորությանը: Եվ Սուրբ գրություններում դուք կրկին ու կրկին տեսնում եք, որ երբ Տեր Հիսուսը բժշկում էր հիվանդներին, Նա խնդրում էր նրանց ինչ-որ բան *անել նախքան* հրաշքը տեղի կունենար:[27]

Այս գաղափարը, որ մարդիկ իրենք են մեղավոր, երբ չեն բժշկվում, Հինի ուսմունքի հետևանքն է, որ Աստծո կամքը միշտ բժշկելն է: Նրա կարծիքով՝ բուժման համար ցանկացած աղոթք, որը ներառում է «եթե քո կամքը լինի» արտահայտությունը անբավարար հավատքի արտահայտություն է: Ինչպես Հինն է ասում. «Երբե՛ք, երբե՛ք, երբե՛ք մի գնա Տիրոջ մոտ և ասա՝ «եթե Քո կամքն է»: Թույլ մի՛ տուր, որ քո բերանից ասվեն հավատքը կործանող խոսքեր: Երբ դու աղոթես «եթե Քո կամքն է, Տե՛ր», հավատքը կկործանվի»:[28]

Հետևանքն ակնհայտ է և կործանարար. եթե Աստծո կամքն է միշտ բժշկել, ապա հիվանդներն ու տկարներն են մեղավոր իրենց տառապանքների համար: Նրանք պետք է որ բավարար հավատք չունենան: Ուղղակիորեն կենտրոնանալով այս խնդրի վրա՝ ինքը՝ Հինն, անընդհատ փորձում է հետ կանգնել (կամ հերքել) իր իսկ ուսմունքի անողոք հետևանքներից: Բայց ինչպես իրավացիորեն նկատում է Ջասթին Փիթերսը.

> Եթե հետևենք Հինի տրամաբանությանը, ինչպես անասելի միլիոնավորների դեպքում, եթե մեկը հիվանդ է, ապա այդ անձի ապաքինումը կախված է իր սեփական հավատքից: Եթե բուժումը չի գալիս, մարդը կանգ է առնում անխուսափելի եզրակացության վրա, որ մեղքն իրենն է: Նրա քայլքը Աստծո հետ բավականաչափ մաքուր չէ, նրա հավատքը բավականաչափ ուժեղ չէ: Չնայած Հինն ասում է, որ ինքը «չի պատրաստվում կոշտ հայտարարություններ անել՝ մեղադրելով մարդկանց և թողնելով նրանց մտածել, որ իրենք են մեղավոր, եթե չեն բժշկվում», այնուամենայնիվ նա հենց այդպես է վարվում: [29]

Չնայած Հիսուսը հաճախ արձագանքում էր մարդկանց հավատքին Իր ծառայության ընթացքում, Նրա բուժիչ զորության հաջողությունը, անշուշտ, կախված չէր նրանց հավատքի մակարդակից: «Քո հավատքը քեզ բժշկեց» արտահայտությունը (հմմտ. Մատթ. 9.22; Մարկ. 5.34; 10.52; Ղուկ. 7.50; 8.48; 18.42) ավելի լավ է թարգմանվում՝ «Քո հավատքը փրկեց քեզ»: Տիրոջ մտահոգությունը հավատքի մասին կապված էր հոգիների փրկության, ոչ թե ֆիզիկական մարմինների զուտ վերանորոգման հետ: Բայց ճշմարիտ Ավետարանի այս շեշտադրումը ձախողում է խարդախ բժիշկներին, ինչպիսին Բենի Հինն է: Ինչպես Ռաֆայել Մարտինեսը պատմեց Հինի բժշկության ծառայության իր փորձից.

> Թեև զոհասեղանի կանչ չկար փրկության համար, անշուշտ, կար նվիրատվության մի տեսակ: ... Հորդորում Հինն անհասկանալի կերպով նշել է, որ ինքը հենց նոր է կնքել 23 միլիոն դոլարի պայմանագիր՝ իրեն տեղափոխելու համար անհրաժեշտ մասնավոր ինքնաթիռ գնելու և վարելու համար: ... Նա ասաց, որ սա այն մեծ բաների մի մասն էր, որ Աստված նախատեսել էր որպես վերջին ժամանակի «Հարստության փոխանցում»՝ օգնելու ֆինանսավորել «բերքահավաքը», և որ մենք պետք է պատրաստ լինենք ապացուցել ինքներս մեզ՝ տալով, որպեսզի Աստված կարողանա մեզ տալ աշխարհի հարստությունը՝ Ավետարանը քարոզելու համար:[30]

Հինը կարող է խոսել աշխարհին տիրանալու մասին, բայց նա ակնհայտորեն հետաքրքրված չէ ճշմարիտ Ավետարանը քարոզելով: Նրա հռչակած «ավետարանը» հիմնված է բարգավաճման ավետարանի նյութապաշտական մանտրայի վրա՝ առողջության և հարստության մասին ուղերձ, որը նա ժառանգել է Օրալ Ռոբերթսից և նրա նման ուրիշներից: Այն ոչ մի հիմք չունի Սուրբ Գրքում, բայց Հինին բերել է զգալի հարըստություն, ինչը մեզ բերում է մեր երկրորդ հակադրման կետին:

Նոր Կտակարանի բժշկությունները չեն արվել փողի կամ փառքի համար

Տեր Հիսուսը երբեք ոչ ոքի չի բժշկել նյութական շահի համար: Առաքյալները՝ նույնպես: Իրականում, մի անգամ, երբ Պետ.ին փող առաջարկեցին բժշկարար զորության դիմաց, նա սաստեց Սիմոն մոգին՝ խիստ պախարակելով. «Կորի՛ր քո արծաթի հետ միասին, որովհետև կարծեցիր, թե Աստծո պարգևը կարելի է փողով առնել» (Գործք 8.20): Քրիստոսն ու առաքյալներն իրենց բժշկության ծառայությունը կենտրոնացնում էին հասարակության ամենաաղքատ և ամենակարոտ անդամների՝ փոխհատուցման միջոցներ չունեցող մարդկանց վրա. կույր մուրացկաններ (Մատթ. 9.27–31; 20.29–34; 21.14; Մարկ. 8.22–26), բորոտներ (Մատթ. 8.2–3, Ղուկ. 17.11–21) և աղքատ հաշմանդամներ (Մատթ. 9.1–8; 21.14; Հովհ. 5.1–9; Գործք 3.1–10; 14.8–18), հասարակության ամենացածր խավը, որ հիվանդությունը կապում էր մեղքի հետ (տե՛ս. Հովհ. 9.2-3): Այնուամենայնիվ, նրանք մարդիկ էին, ում Հիսուսը և Նրա աշակերտները կարեկցեցին: Եվ դրա դիմաց երբեք գումար չխնդրեցին: Նոր Կտակարանի պարտադրանքը, որը հետևում էր բժշկության հրաշքներին, ակնհայտորեն ֆինանսական չէր: Ճիշտ հակառակը: Ցանկացած այսպես կոչված ծառայող, ով դրդված էր փողասիրությունից, դատապարտվում էր որպես կեղծ ուսուցիչ (1 Տիմ. 6.5, 9–10): Հիսուսն ասաց. «Դուք չեք կարող ծառայել Աստծուն և մամոնային» (Մատթ. 6.24):

Մեր Տերը նաև խուսափում էր արտաքին հրապարակայնությունից և հետաքրքրասիրությունից, որն առաջանում էր Նրա հրաշագործության շուրջը: Նա հաճախ պատվիրում էր նրանց, ում բուժում էր, ոչ ոքի չպատմել կատարվածը (տե՛ս Մատթ. 8.4; 9.30; Մարկ. 5.43): Երբ ամբոխը ցանկացավ Նրան թագավոր դարձնել, ոչ թե այն պատճառով, որ իսկապես հավատում էին Նրան, այլ որովհետև նրանք ցանկանում էին ավելի շատ հրաշքներ, Հիսուսը գնաց դեպի Գալիլեայի ծովի մյուս ափը (Հովհ. 6.15): Ղուկաս 10.20-ում Նա հրահանգեց Իր աշակերտներին ուրախանալ իրենց հավիտենական փրկությամբ, և ոչ թե հրաշքներ գործելու ունակությամբ: Թեև ամբոխ էր հավաքվում Հիսուսի մոտ Իր ծառայության ընթացքում, մեր Տերը երբեք չէր հետաքրքրվում հանրաճանաչությամբ: Ի վերջո, չնայած Նրա կատարած հրաշքներին, ամբոխն աղաղակում էր Նրա խաչելության համար:

Բեննի Հինի բժշկության ծառայությունը, ընդհակառակը, նրան մեծ ժողովրդականություն և անձնական բարգավաճում բերեց: Ինչպես նա նշել է իր ինքնակենսագրության մեջ, «Ինչպե՞ս կարող եմ քննադատել մամուլին, երբ նրանք հարյուր հազարավոր մարդկանց գրավում են մեր խաչակրաց արշավանքներին՝ Խոսքը լսելու համար»:[31]

«Լսելու Խո՞սքը»: Այդ պնդումը Բեննի Հինի տիպիկ կեղծիքն է: Նրա միջոցառումների ժամանակ ամբոխը ակնհայտորեն չի գալիս խոսք լսելու, և նա հավատարմորեն չի քարոզում Աստծո անարատ խոսքը: Ինչպես ինքը Հինն է ընդունում, «մարդկանց մեծամասնությունը գիտի, թե ինչ են ակնկալում իրենց շրջապատողները. նրանք սպասում են հրաշքների»:[32] Ուրիշ տեղ նա ավելացնում է. «Մարդիկ պարզապես չեն գալիս լսելու ձեր քարոզչությունը. նրանք ուզում են ինչ-որ բան տեսնել»:[33]

Զինված լինելով նույն հավատքի սերմ ուղերձով, ինչ Օրալ Ռոբերթսը՝ Հինն ավելի քան ուրախությամբ հրաշք փնտրողներին վեածում է ծառայության նվիրատուների: Ինչպես նա ասաց 2000 թվականին TBN *Praise-a-Thon-ի* հանդիսատեսին, «Ես հավատում եմ, որ Աստված բուժում է մարդկանց, մինչ նրանք այս երեկո խոստում են տալիս: Կան մարդիկ, որոնք բժշկվում են խոստում տալով»:[34] Հինի ուղերձը մեկ այլ *Praise-a-Thon-ում* նույնքան համարձակ էր. «Գրա՛վ դիր, նվիրի՛ր: Որովհետև դա միակ ճանապարհն է, որով դու կարող ես հասնել քո հրաշքին: ...Հենց որ տաս՝ հրաշքը կսկսվի»:[35] Նման կոչերը հիմնված են հավատքի սերմ աստվածաբանության նյութապաշտական աբսուրդության վրա, ինչպես Հինը բացատրեց իր հեռուստատեսային լսարաններից մեկին.

Ձեր աղոթքի հարցում կոնկրետ եղեք, այնուհետև նվե՛ր ուղարկեք: Ահա թե ինչու. Աստծո խոսքն ասում է «տո՛ւր»: ...Խոսքն ասում է՝ ցանի՛ր և հետո կհնձես: Դուք չեք կարող բերք ակնկալել, քանի դեռ սերմ [փող] չեք ցանել: ...Այսպիսով, ուղարկեք այդ սերմն այսօր: Ինչքա՛ն էլ լինի, և իսկապես դա կախված է ձեր կարիքից: ...Վերջերս ինչ-որ մեկը եկավ ինձ մոտ եկեղեցում և ասաց. «Դե, հովի՛վ, ինչքա՞ն պետք է տամ Աստծուն»: Ասացի՝ դե ի՞նչ բերք ես ակնկալում:[36]

Գովազդային սխեման ավելի քան նուրբ է: Եթե ցանկանում եք բուժվել, ուղարկեք ձեր գումարը. և եթե չբժշկվեք, ուրեմն բավականաչափ չեք ուղարկել: Ինչպես Ղուկաս 20-ում դատապարտված ամբարիշտ կրոնական առաջնորդները, Բենի Հինն էլ խժռում է «այրիների տները»՝ փողի դիմաց կեղծ հույսեր տալով, և ինչպես Ղուկաս 21-ի աղքատ այրին, շատերը պատասխանում են՝ ուղարկելով նրան իրենց վերջին երկու լուման:

Մինչ Բենի Հինը հերքում է, որ իր դրդապատճառները դրամական են,[37] նրա ապրելակերպը ցույց է տալիս իր ագահության և ընչաքաղցության իրական չափը: Նա մի քանի տարի առաջ հայտնվեց սկանդալի հորձանուտում, երբ պարզվեց, որ Կոնկորդով իր հետ Եվրոպա է տարել անձնակազմի և թիկնապահների մեծ բանակ՝ բոլորը հովանավորների հաշվին: Կոնկորդի առաջին կարգի տոմսերն արժեն 8850 դոլար յուրաքանչյուրը, և այդ ժամանակ Հինն ու իր խումբը հանգրվանեցին հինգաստղանի հյուրանոցներում, որոնց արժեքը մեկ գիշերվա համար կազմում էր ավելի քան 2000 դոլար: CNN-ը ցուցադրեց այդ պատմությունը՝ ամբողջական տեսագրությամբ, որտեղ Հինն ու նրա շքախումբը նստում էին Կոնկորդ:[38] Սկիզբ առավ կարճ սկանդալ, որում հանրային քննադատության թիրախը ժամանակավորապես Հինի հանդուգն շռայլությունն էր:

Դրանից հետո շատ բան չի փոխվել: «Հինն, ըստ տեղեկությունների, տարեկան վաստակում է ավելի քան 1 միլիոն դոլար, ապրում է օվկիանոսի ափին գտնվող առանձնատանը, վարում է նորագույն շքեղ մեքենաներ և ճամփորդում մասնավոր ինքնաթիռով, իսկ Կոնկորդի կարիք այլևս չկա»:[39] Միևնույն ժամանակ, նա ունի շքեղ աքսեսուարներ, ինչպիսիք են «ադամանդե Rolex ժամացույցը, ադամանդե մատանիները, ոսկյա թևնոցներն ու հատուկ կոստյումները, որոնք բոլորն են տեսնում»:[40] Նման ցուցադրական ապրելակերպը կարող է համապատասխանել բարգավաճման ավետարանի պարադիգմին, որտեղ նյութական հարստությունն ամբարտավանորեն ցուցադրվում է որպես Աստծո օրհնության ենթադրյալ նշան: Բայց հակադրությունը Նոր Կտակարանի ոճի ծառայության հետ չէր կարող ավելի վատ լինել: Հինի բժշկության խարդախությունները տարեկան բերում են մոտ 100 միլիոն դոլարի եկամուտ,[41] քանի որ նա դատարկում է հուսահատ մարդկանց գրպանները, որոնք հրաշքի համար պատրաստ են նվիրաբերելու վերջին լուման:

Նոր Կտակարանի բժշկությունները լիովին հաջող էին

Հիսուսի բժշկարար հրաշքները երբեք չեն ձախողվել: Գործք Առաքելոց գրքում առաքյալների կողմից արված հրաշքները՝ նույնպես: Մատթեոս 14.36-ում բոլոր նրանք, ովքեր հպվեցին Քրիստոսի հանդերձի ծայրին, «կատարյալ առողջացան»: Երբ բորոտները բժշկվեցին, նրանց ապաքինումը լիակատար էր, այնպես, որ նրանք կարող էին մանրակրկիտ զննում անցնել քահանայի կողմից (տե՛ս Ղև. 14.3, 4, 10): Կույրերին տրվել է 20/20 տեսողություն, կաղերը կարող էին վազել և ցատկել, խուլերը կարող էին լսել քորոցի կաթիլը, իսկ մահացածներին վերականգնվել էր լիարժեք առողջություն: Նոր Կտակարանում չի եղել մի հրաշք, որը ձախողվեր կամ, ի վերջո, չունենար լիակատար հաջողություն:

Ոմանք կարող են հակադարձել՝ մատնանշելով Մատթեոս 17.20 հատվածում դևին դուրս հանելու աշակերտների անկարողությունը կամ Մարկոս 8.22–26 հատվածներում կույր մարդուն երկու փուլով բուժելու Տիրոջ որոշումը: Բայց այդ բացառությունները միայն ապացուցում են կանոնը, քանի որ երկու դեպքում էլ, ի վերջո, իրականացվել է լիարժեք բժշկություն: Աշակերտների դեպքում հատկանշական է, որ ձախողումը պայմանավորված էր նրանց (ոչ թե հիվանդ երեխայի) հավատքի պակասով: Եթե ժամանակակից բուժողները ցանկանում են զուգահեռներ տանել այդ միջադեպի հետ, ապա նրանք պետք է գիտակցեն, որ խնդիրը *նրանց սեփական հավատքի պակասն է*:

Կույրի դեպքում Հիսուսը երկու փուլով բժշկեց նրան՝ հոգևոր իմաստ դնելու համար՝ ընդգծելով աշակերտների հոգևոր անհեռատեսությունը (տե՛ս Մարկ. 8.21): Ի վերջո, Տերը լիովին վերականգնեց մարդու տեսողությունը: Այսպիսով, բոլոր դեպքերում, և՛ ավետարաններում, և՛ Գործք Առաքելոցում, Քրիստոսն ու առաքյալները 100 տոկոս հաջողության ցուցանիշ են ունեցել: Ինչպես իրավացիորեն նշում է Թոմաս Էդգարը, «Ձախողումներ չեն եղել: Բժշկության ամեն մի փորձ հաջող էր»: [42]

Ակնհայտ է, որ ոչ մի ժամանակակից բուժիչ ծառայություն չի մոտենում այս աստվածաշնչային ստանդարտին: Բենի Հինի խայտաբղետ պատմությունը որպես օրինակ է ծառայում: Ինչպես հաղորդում է *ABC Nightline-ը* 2009թ. «Հինը խոստովանում է, որ չունի որևէ ապաքինման բժշկական հաստատում: Փաստորեն, նրա ենթադրյալ բժշկություններից մի քանիսը պարզվել է, որ իրական չեն եղել»: [43] *Nightline-ի* զեկույցը շարունակում է. «2001 թվականին Հինի խաչակրաց արշավանքի ժամանակ 9-ամյա Վիլյամ Վանդենկոլկը՝ վնասված տեսողությամբ, պնդում էր, որ իր տեսողությունը վերականգնվել է: Վանդենկոլկն այժմ 17 տարեկան է և իրականում դեռ կույր է»: [44]

Փաստերի հետ առերեսվելով՝ Հինն ստիպված է խոստովանել. «Ես չգիտեմ, թե ինչու յուրաքանչյուրի վրա չի ազդում ձեռքի դիպչելը, և բոլորը չեն բժշկվում»:[45] Նա պատմում է ժամանակների մասին, որ ինքը ձեռքը բարձրացրել է մարդկանց վրա «և ոչինչ չի պատահել», [46] իսկ լուրերը պատմում են չորս ծանր հիվանդների մասին, որոնք դուրս էին գրվել Քենիայի հիվանդանոցից՝ մասնակցելու Հինի հրաշք խաչակրաց արշավանքներից մեկին՝ բժշկվելու հույսով: Չորսն էլ բուժվելու փոխարեն մահացան խաչակրաց արշավանքի ժամանակ:[47] Նման իրողությունները հակասում են Հինի գրավոր պնդումներին:

Իր «Վե՛ր կաց և բժշկվի՛ր» գրքում Հինն ասում է Աստծո մասին. «Նա խոստանում է բուժել բոլորին՝ ամեն մեկին և ցանկացած հիվանդություն: Դա նշանակում է, որ նույնիսկ գլխացավ, ոսկրային խնդիր, նույնիսկ ատամի ցավ՝ ոչինչ է: Ոչ մի հիվանդություն չպետք է առաջանա ձեր ճանապարհին: Աստված կբուժի ձեր բոլոր հիվանդությունները»:[48] Բայց նույնիսկ Հինն իսկապես չի հավատում դրան: «Լոս Անջելես Թայմս»-ի հոդվածներից մեկում Հինը ցավալի դիտարկում է արել սեփական անհաջողության մասին՝ հասկանալու այն պատճառները, որ բուժումը հաճախ խուսափողական է.

Թեև նա հազվադեպ է նշում այդ մասին բեմում, բայց հաջորդ օրը Four Seasons-ում Հիննն ասում է, որ զարմանում է, թե ինչու Աստված չի բուժում որոշ մարդկանց: Դա մի հարց է, որի հետ հովիվը ստիպված է եղել անձամբ պայքարել: Նա ասում է, որ ունի սրտի հիվանդություն, որը Աստված չի բուժել, և իր ծնողները լուրջ առողջական խնդիրներ են ունեցել: «Դա շատ դժվար բան է ինձ համար, որովհետև ես հորս ասացի, որ հավատա», - ասում է Հինը: «Բայց նա մահացավ: Հիմա ես չգիտեմ, թե ինչու»: Այն բացթողումը, որ որոշ մարդիկ չեն բուժվում, համեմատաբար նոր է նրա համար: «Իմ կյանքում եղել է մի պահ... ես երբեք չէի ասի այդ բաները», - խոստովանում է Հինը,- «բայց , նկատի ունեմ՝ պարտավոր եմ, Աստված իմ: Մայրս շաքարախտ ունի, հայրս մահացել է քաղցկեղից: Սա է կյանքը.» [49]

Թեև նա այժմ դժկամորեն ընդունում է, որ իր որոշ բժշկություններ ձախողվել են, Հիննն այնուամենայնիվ պնդում է, որ ինքը դավաճան չէ, ով փող է փնտրում: «Եթե ես կեղծ լինեի, ես բացարձակապես նրանց կվերադարձնեի իրենց գումարները»: [50] Իսկապե՞ս: Այսպիսով, նա ստախոս և շառլատան չէ. ապացույցն այն է, որ նա շարունակում է առանց խղճի խայթի հոշոտել կարիքավոր և դյուրահավատ մարդկանցանառակ ապրելակերպ վարելով նրանցից վերցրած գումարներով: Այդպիսին է Բենի Հինի տրամաբանությունը:

2002 թվականին նա նմանապես ասաց հեռուստադիտողներին. «Հիմա, նայեք իմ աչքերին հենց այստեղ: Եկեք մոտիկ, եթե կամենաք, և նայեք այս աչքերին: Ես ձեզ երբեք չեմ ստել: Երբե՛ք: Ես երբեք չեմ ստի: Ես նախընտրում եմ մեռնել, քան ստել Աստծո ժողովրդին: Դա է ճշմարտությունը»: [51] Իրականում դա ամեն ինչ էր, բացի ճշմարտությունից: Իր շարժառիթները պաշտպանելու Հինի եռանդուն փորձերը ցնդում են ավելի ուշադիր ուսումնասիրելուց հետո: *Լոս Անջելես Թայմսից* Ուիլյամ Լոբդելը Հինի հետ հարցազրույց անցկացնելուց հետո եզրակացրեց.

Եթե չլիներ աստվածային կոչումը, Հիննն ասաց, որ մի ակնթարթում կհեռանար աշխատանքից: Ես չկարողացա նայել Հինի հոգու մեջ, բայց այնտեղից, որտեղ նստած էի, տեսա շնորհալի դերասանի, ով իր թատերական հմտություններն ու մարդկային վիճակի զգացումը փոխանցեց կինոաստղի նյութական կյանքին: Ես մի պահ անգամ չեմ մտածել, որ նա հավատում էր իր քարոզած որևէ խոսքի, կամ որ իրեն անհանգստացնում էր, որ նրանք, ովքեր չեն ստացել իրենց հրաշք բուժումը, մահացել են: Ես պատկերացրի նրան ժայռի գագաթին գտնվող «Դանա Փոյնթ» առանձնատան դռների հետևում, երբ նա ժպտում էր իր բախտին՝ նայելով հատակից մինչև առաստաղ ձգվող պատուհաններից դուրս՝ Խաղաղ օվկիանոսի 180 աստիճանի տեսարանին, որտեղ սերֆինգիստները թրթռում էին ալիքների մեջ, դելֆինները լողում էին սերֆինգի գծից անմիջապես դուրս և առագաստանավերը լցնում էին հորիզոնը: Նա շահել էր վիճակախաղը, իր գործողությունները պաշտպանված էին օրենքի Առաջին Փոփոխությամբ:[52]

Նոր Կտակարանի բժշկություններն անհերքելի էին

Ի տարբերություն Բենի Հինի ենթադրյալ բժշկությունների, որոնց համար չկա հեղինակավոր երաշխիք՝ Քրիստոսի և առաքյալների կատարած հրաշագործ բժշկությունները չեն կարող հերքվել նույնիսկ Ավետարանի բացահայտ հակառակորդների կողմից: Երբ Հիսուսը հանեց դևերին, փարիսեցիները չկարողացան ուրանալ Նրա գերբնական զորությունը: Այսպիսով, փոխարենը, նրանք փորձեցին վարկաբեկել Նրան՝ պնդելով, որ Նրա զորությունը սատանայից է (տե՛ս Մատթ. 12.24): Ավելի ուշ, երբ Տերը հարություն տվեց Ղազարոսին մեռելներից, Իսրայելի կրոնական առաջնորդները դարձյալ չկարողացան հերքել կատարվածը (Հովհ. 11.47–48): Բայց հավատալու փոխարեն նրանք որոշեցին մահապատժի ենթարկել Նրան: Գործք Առաքելոց գրքում այդ նույն առաջնորդները չկարողացան հերքել այն փաստը, որ Պետ.ը բժշկել էր մի կաղ մարդու (Գործք. 4.16–17): Ոչ էլ դիվահար աղախնի հեթանոս տերերը կարող էին հերքել Պողոսի իշխանությունը՝ դուրս հանելու նրան պատուհասած դևին (Գործք. 16.19):

Ի հավելումն անհավատների վկայությունների՝ ավետարանների և Գործք Առաքելոցի հեղինակները հատուկ ուշադրություն են դարձրել իրենց պատմությունների ճշգրիտ արձանագրության վրա (տե՛ս Ղուկ. 1.1–4): Այն փաստը, որ Ղուկասը բժիշկ էր (Կող. 4.14), արժանահավատության շերտ է ավելացնում Նոր Կտակարանի հրաշքների զեկույցների բժըշկական արժանիքներին: Անշուշտ, բոլոր ավետարանագիրները ներշնչված էին Սուրբ Հոգուց (2 Տիմ. 3.16–17), ինչը նրանց հնարավորություն տվեց ճշգրտորեն հիշել այն մանրամասները, որոնք նրանք ներառել էին իրենց տարբեր պատմություններում (տե՛ս Հովհ. 14.26): Արդյունքում մենք կարող ենք բացարձակ վստահությամբ ապավինել աստվածաշնչյան արձանագրությանը:

Բենի Հինի բուժիչ խաչակրաց արշավանքները բոլորովին այլ հարց են: Թեև Հինը պնդում է, որ «հարյուրավոր ստուգված բժշկություններ և հազարավոր դարձեր են տեղի ունեցել», պարզ է, որ դա սուտ է: Թեև նա պարբերաբար պարծենում է, որ «մարդիկ կանգնում են անվասայլակներից և թողնում հենակները: . . .Կույր աչքերը և խուլ ականջները [որոնք] բացվում են և ստուգվում»,[53] այդ պնդումները հաստատող ապացույցներ պարզապես գոյություն չունեն: Մայք Թոմասը հետաքննել է Հինի հրաշք խաչակրաց արշավանքները: Նա գրել է.

> Չնայած Հինի կողմից հայտարարված բոլոր հազարավոր հրաշքներին, եկեղեցում կարծես թե դժվար է գտնել որևէ մեկին, ով կկարողանա համոզել խիստ թերահավատին: Երբ Աստված բուժում է Հինի միջոցով, չեն բժշկվում այնպիսի հիվանդություններ, ինչպիսիք են մշտական կաթվածը, ուղեղի վնասվածքը, հետամընացությունը, ֆիզիկական դեֆորմացիան, բացակայող աչքերը կամ այլ ակնհայտ հիվանդություններ: [54]

Թեև նա տարիների ընթացքում հարյուրավոր խաչակրաց արշավանքներ է անցկացրել, Հինի ենթադրյալ բժշկությունները դեռևս հաստատված չեն: Երբ Հինը Քրիստոնեական Հետազոտությունների Ինստիտուտին (ՔՀԻ) տրամադրեց իր երեք լավագույն փաստագրված դեպքերը, արդյունքները բացարձակապես տպավորիչ չէին: «Բոլոր երեք դեպքերն էլ վատ փաստագրված և խառն են», - գրել է Հենք Հանեգրաաֆը (ՔՀԻ)-ից: «Եթե նման ապացույցները լավագույնն են, որ Հինը կարող է հավաքել տարիներ շարունակ անցկացվող «հրաշք հավաքներից» հետո, որի անձնակազմը աշխատում է յուրաքանչյուր հանրահավաքի վրա՝ փաստագրելու բժշկության դեպքերը, ապա չկա որևէ հավաստի ապացույց, որ նա երբևէ մասնակից է եղել բարեխիղճ բժշկության»: [55]

Թեև ֆանտաստիկ պնդումների և անհավատալի բժշկության պատմությունների ցանկը շարունակում է աճել կատաղի տեմպերով, իսկական հրաշքների որևէ իրական ապացույց ակնհայտորեն գոյություն չունի: 2001 թվականին HBO-ի «Հրաշքների հարցը» վավերագրական ֆիլմը մեկ տարի հետեվել է յոթ մարդկանց կյանքին, այն բանից հետո, երբ նրանք ենթադրաբար բժշկվել են Բենի Հինի խաչակրաց արշավանքից հետո: Այդ ընթացքի վերջում Էնթոնի Թոմասը՝ ֆիլմի ռեժիսորը, եզրակացրեց, որ ոչ ոք իրականում չի բժշկվել:[56]

Նյու Յորք Թայմսին տված հարցազրույցում Թոմասը տվել է հետևյալ հումքային գնահատականը. «Եթե ես հրաշքներ տեսած լինեի [Հինի խաչակրաց արշավանքների ժամանակ], ես ուրախ կլինեի շեփորահարել դրանք: ... բայց հետադարձ հայացք գցելով՝ ես կարծում եմ, որ նրանք ավելի շատ վնաս են հասցնում քրիստոնեությանը, քան ամենաեռանդուն աթեիստը»:[57]

Նոր Կտակարանի բժշկությունները եղել են անմիջական և ինքնաբուխ

Երբ Հիսուսը կամ Նրա աշակերտները բժշկում էին մեկին, հիվանդներն անմիջապես առողջանում էին: Վերականգնման շրջանի կարիք չկար՝ ֆիզիկական թերապիա, վերականգնման ընթացք չէր պահանջվում: Բորոտներն ակնթարթորեն մաքրվեցին (Մարկ. 1.42), կույրերին անմիջապես տեսողություն տրվեց (Մարկ. 10.52), իսկ անդամալույծները կարող էին ուրախությունից մի տեղից մյուսը ցատկել (Գործք. 3.8): Ոմանք կարող են պնդել, որ ուշացած բժշկություններ են տեղի ունեցել Մարկոս 8.22–26 հատվածներում (որտեղ կույրը բժշկվել է երկու փուլով), Ղուկաս 17.11–19 (ուր տասը բորոտները մաքրվել են, երբ գնում էին քահանայի մոտ), և Հովհ. 9.1–7 (որտեղ մի կույր մարդ բժշկվեց Սիլովամի ավազանում լվացվելուց հետո): Բայց այդ դեպքերը ներառում էին ընդամենը մի քանի րոպեի հետաձգումներ, ոչ թե շաբաթներ կամ օրեր, և ուշացումները նպատակաուղղված էին այն միջոցին, որով Հիսուսը մտադիր էր իրականացնել բժշկության հրաշքը: Նրանք դարձյալ այն բացառություններն են, որոնք ապացուցում են կանոնը. Նոր Կտակարանում գրանցված հրաշք բժշկությունները տեղի են ունեցել անմիջապես:

Բենի Հինն, ընդհակառակը, գովաբանում է «մի տիկնոջ, որը տասնմեկ անգամ գնաց Քեթրին Կուլմանի հանդիպումներին՝ նախքան բժշկվելը: Տասնմեկ անգամ»:[58] Այս ամենը համապատասխանում է Հինի Հավատքի խոսքի աստվածաբանությանը: Ինչպես բացատրում է Դ. Ռ. Մաքքոնելը.

> «Հավատքի» շարժման մեջ հավատացյալին հրահանգվում է, որ բժշկությունն իրագործված «հավատքի փաստ է», բայց այն ակնթարթորեն, որպես ֆիզիկական ապացույց, չի դրսևորվում հավատացյալի մարմնում: Բժշկության դավանության և դրա դրսևորման միջև ընկած ժամանակահատվածում հավատացյալը կարող է հանդիպել հիվանդության «ախտանիշների»: Այս ախտանշանները ինքնին հիվանդությունը չեն [այլ ավելի շուտ] հոգևոր խաբեություններ, որոնցով սատանան փորձում է հավատացյալին դրդել բացասական դավանությունների՝ դրանով իսկ կորցնելով նրա բժըշկությունը:[59]

Այսպիսով, նույնիսկ եթե թվում է, թե դուք դեռ հիվանդ եք, դուք իրականում բժշկված եք: Դուք պարզապես պետք է սպասեք, որ ձեր մարմինը հասնի այդ իրականությանը: Ահա, թե ինչու Հինն իր հետևորդներին կարող է ասել. «Ձեր հրաշքը ստանալուց հետո հեռացեք նրանցից, ովքեր դեմ են հրաշքներին: ...Շարունակեք ինքներդ ձեզ լավ և առողջ տեսնել՝ բժշկված Հիսուսի անունով»:[60] Նման ծիծաղելի արտահայտություն երբեք չէր ասվի աստվածաշնչյան բժշկությունների մասին: Անմիջական արդյունքները միշտ ակնհայտ էին բոլորի համար:

Ավելին, Նոր Կտակարանում արձանագրված բժշկություններն ինքնաբուխ էին: Դրանք նախապես պայմանավորված չեն եղել, այլ կատարվել են կյանքի բնականոն ընթացքի մեջ: Մատթեոս 8.14–15 համարներում Տերը պարզապես ժամանեց Պետրոսի տուն և, Պետրոսի զոքանչին հիվանդ տեսնելով, բժշկեց նրան: Մատթեոս 9.20-ում գրված է մի կնոջ բժշկության մասին, որը գաղտնի դիպավ Հիսուսի հանդերձի ծայրին, երբ Նա անցնում էր կողքով: Պետ.ը և Հովհաննեսը հենց տաճարի ճանապարհին էին, երբ հաշմանդամ մուրացկանն ընդհատեց նրանց (Գործք. 3.6–7): Բազմաթիվ այլ օրինակներ կարելի է մեջբերել այս նույն առնչությամբ. Նոր Կտակարանի բժշկությունները խնամքով կազմված, նախապես պլանավորված իրադարձություններ չէին, որոնք տեղի էին ունենում մարզադաշտերում և հանդիպումների սրահներում: Հիսուսի բժշկությունները երբեք չեն «բեմադրվել» կամ չեն արվել տեսարան ստեղծելու հույսով, որպեսզի հնարավոր լինի դիմել նվիրատուներին:

Ի հակադրություն՝ Բենի Հինն իր՝ նախապես պայմանավորված հրաշք հանդիպումները դարձրեց ծառայության ապրուստի միջոցը: Ծառայությունները հետևում են նախապես սահմանված ժամանակացույցին և մանրակրկիտ բեմադրված են: Ինչպես բացատրում է Ռիչարդ Ֆիշերը. «Ոչ միայն այն, ինչ տեսնում է հեռուստադիտողը, մոնտաժված է, այլ այն, ինչ տեսնում է կենդանի հանդիսատեսը, խնամքով բեմադրված է: Նրանք, ովքեր ահավոր դեֆորմացված են, Դաունի համախտանիշով երեխաները, անդամահատվածները և այլն, պահվում են բեմից և հեռուստատեսային տեսախցիկների աչքից հեռու»: [61] Կանադական ալիքով 2004 թվականին հեռարձակված հետաքննական վավերագրական ֆիլմը թաքնված տեսախցիկներով ցույց էր տալիս, որ լուրջ առողջական խնդիրներ ունեցողներին, ինչպիսիք են քառապլեգիկները, մտավոր հաշմանդամները և ակնհայտ ֆիզիկական հիվանդություններ ունեցողները, թույլ չէին տալիս բեմ դուրս գալ. նրանք հետ էին ուղարկվում դեպի իրենց նստատեղերը զգոն հսկիչների թիմի կողմից:[62] Նման զգույշ ընտրողականությունն անհրաժեշտ չէր լինի, եթե Հինն իսկապես ունենար բժշկության պարգև:

Իհարկե, եթե Բենի Հինն իսկապես կարողանար անել այն, ինչ պնդում է, նա կարող էր դատարկել հիվանդանոցները և զսպել հիվանդությունները Երրորդ աշխարհի երկրներում: Հիսուսի պես՝ նա կկարողանար վանել հիվանդություններն ու տառապանքները, որտեղ էլ որ այցելեր: Բայց քանի որ նա չի տիրապետում իրական պարգևին, Հինը պահանջում է, որ մարդիկ գան իր մոտ՝ այնտեղ, որտեղ նա կարող է շահարկել հանդիսատեսին և վերահսկել բոլոր մանրամասները: Դա ակնհայտորեն հակասում է Նոր Կտակարանի օրինակին: Ինչպես Ռոբերտ Բոումենն է իրավացիորեն նշում. «Հինգշաբթի երեկոյան, ժամը 7-ին Սուրբ Հոգու այցը եկեղեցի՝ բժշկություն անելու համար, պլանավորելը խորթ է Աստվածաշնչին»:[63]

Նոր Կտակարանի բժշկությունները վավերացրել են ճշմարիտ ուղերձը

Նոր Կտակարանի բժշկությունների վերջին հատկանիշն այն է, որ դրանք ծառայում էին որպես Քրիստոսի և առաքյալների կողմից քարոզված Ավետարանի ուղերձի իսկությունը հաստատելու նշան: Ինչպես Պետ.ը բացատրեց Պենտեկոստեի օրը, Տեր Հիսուսին «Աստված ձեզ ցույց տվեց զորությամբ, հրաշքներով ու նշաններով...» (Գործք. 2.22): Ինքը՝ Քրիստոսը, թերահավատ փարիսեցիներին ասաց. «Թեկուզ ինձ չհավատաք, գոնե գործերի՛ն հավատացեք, որպեսզի իմանաք ու ճանաչեք, որ Հայրն Իմ մեջ է, ու Ես՝ Հոր մեջ» (Հովհ. 10.38): «Հիսուսն Իր աշակերտների առաջ ուրիշ շատ այլ հրաշքներ էլ գործեց, որոնք այս գրքում գրված չեն: Բայց սրանք գրվեցին, որպեսզի հավատաք, որ Հիսուսն է Քրիստոսը՝ Աստծո Որդին, և որպեսզի հավատաք ու Նրա անունով հավիտենական կյանք ունենաք» (Հովհ. 20.30–31):

Առաքյալները, որպես Քրիստոսի դեսպաններ, նմանապես հաստատվեցին իրենց կատարած հրաշագործ նշաններով (տե՛ս Հռ. 15.18–19, 2 Կոր. 12.12): Խոսելով առաքելական այդ վկայության մասին՝ Եբրայեցիս գրքի հեղինակը բացատրեց. «Ապա մենք ինչպե՞ս պիտի խուսափենք, եթե այսպիսի մեծ փրկության նկատմամբ անտարբեր լինենք, որը սկզբից Տիրոջ կողմից հռչակվեց, հետո մեր մեջ հաստատվեց Նրան լսողների միջոցով: Աստված այն վկայեց նշաններով, հրաշքներով, տեսակ-տեսակ զորություններով և Սուրբ Հոգու պարգևներով. ըստ Իր կամքի կամեցավ»(Եբր. 2.3–4): Այդ նշանները հաստատում էին այն փաստը, որ առաքյալներն իսկապես այնպիսին էին, ինչպիսին իրենք էին պնդում՝ Աստծո լիազորված ներկայացուցիչներ, ովքեր քարոզում էին ճշմարիտ Ավետարանը:

Նրանք, ովքեր քարոզում են որևէ այլ ուղերձ, բացի այն Ավետարանից, որը հաստատվել է Քրիստոսի կողմից և հռչակվել է առաքյալների կողմից, ցույց են տալիս, որ իրենք «կեղծ առաքյալներ» և «խաբեբայություն գործողներ» են (2 Կոր. 11.13): Պողոսն այդպիսի մարդկանց երկու անգամ անընդմեջ անիծեց, որպեսզի հնարավորինս ընդգծի այդ միտքը. «Բայց եթե նույնիսկ մենք, կամ երկնքից մի հրեշտակ, ձեզ այլ ավետարան քարոզի, քան այն, ինչ մենք ձեզ քարոզեցինք, թող անիծյալ լինի: Ինչպես նախկինում ասացինք, հիմա էլ եմ ասում, եթե որևէ մեկը ձեզ այլ ավետարան քարոզի, քան ձեր ստացածը, անիծյալ լինի» (Գաղ. 1.8–9): Ճշմարտության Աստվածը միայն վավերացնում է ճշմարիտ Ավետարանը: Նա չէր հաստատի վատ աստվածաբանությունը կամ գերբնական ուժ չէր տա մարդկանց, ովքեր վատ աստվածաբանություն են սովորեցնում: Այսպիսով, ինքնահռչակ հրաշագործները, որոնք կեղծ ավետարան են ուսուցանում, ոչ հրաշքներ կարող են գործել, ո՛չ էլ՝ անել դա զորությամբ, որն Աստծուց չի գալիս (տե՛ս 2 Թես. 2.9):

Թեև Բենի Հինը պնդում է, որ ցանկանում է «ինչ-որ կերպ Ավետարանը հասցնել յուրաքանչյուր երկրի տներ»,[64] նրա «ավետարանը» փրկության ուղերձը չէ, որը ձևակերպված է Նոր Կտակարանում: Փոխարենը, այն առողջության, հարըստության և բարգավաճման կեղծ ավետարանն է՝ գրոտեսկային դեֆորմացիա, որն իրականում պախարակելի սուտ է: Դրամական շահի համար ականջները ծակծկելը ոչ միայն ամփոփում է Հինի կարիերան, այլ նաև կեղծ ուսուցչի նշանն է (2 Տիմ. 4.3; Տիտ. 1.11): Տարօրինակ վարդապետական գյուտերը, որոնք Հինը հռչակել է Սուրբ Հոգու ենթադրյալ ազդեցության տակ, միայն հաստատում են նրա իրական էությունը: Ի՞նչ պետք է եզրակացնենք մեկի մասին, որը պնդում է, որ Երրորդությունը բաղկացած է ինը հոգուց,[65] որ Հայր Աստված «քայլում է հոգևոր մարմնով»՝ ամբողջական ձեռքերով, բերանով, մազերով և աչքերով,[66] որ Տեր Հիսուսը խաչի վրա ընդունեց սատանայական բնույթ,[67] և որ հավատացյալները պետք է իրենց պատկերացնեն որպես փոքրիկ Մեսիաներ:[68] Ծիծաղելի է կարծել, որ Սուրբ Աստված կհաստատեր նման ահավոր սխալը՝ Բենի Հինի նման կեղծ ուսուցչին հրաշագործ զորություն տալով: Այդ կերպ մտածելով՝ Աստծուն մասնակից կդարձնենք Հինի խաբեությանը: Բայց ակնհայտ է, որ այդպես չէ:

Թեև Հինը հետագայում հեռացավ այդ տեսակետներից, սակայն մնում է մեկ անխուսափելի փաստ. հասարակական խայտառակությունից խուսափելու համար արված հապճեպ *հերքումը* նույնը չէ, ինչ իրական *ապաշխարությունը*, որը դրսևորվում է փոփոխված կյանքով: Մինչ օրս Հինն իրական ապաշխարության ապացույց չի տվել: Նա մնում է կեղծ ծառայության խարդախ դեմքը, որը գնում է դեպի հավիտենական կործանում՝ իր հետ տանելով բազմաթիվ հուսահատ մարդկանց:

Բժշկության ճշգրիտ տեսակետ

Յուրահատուկ էին Քրիստոսի և առաքյալների հրաշագործ ծառայությունները: Ինչպես տեսանք այս գլխում, նրանց կատարած բժշկությունները գերբնականորեն հզոր էին, լիովին հաջողակ, անհերքելի, անմիջական, ինքնաբուխ և նպատակաուղղված՝ ծառայելով որպես Ավետարանի ուղերձի իսկությունը հաստատող նշաններ: Դրանք հիմնված չէին ստացողի հավատքի վրա, դրանք չեն կատարվել հանուն փողի կամ ժողովրդականության, և դրանք ոչ մի կերպ նախապես ծրագրված կամ բեմադրված չեն եղել: Դրանք իսկական հրաշքներ էին, որոնց արդյունքում իսկական հիվանդություններն ակընթարթորեն բուժվում էին. կույրերը տեսնում էին, կաղերը քայլում, խուլերը լսում և նույնիսկ մահացածները հարություն էին առնում:

Աստվածաշնչյան նմանատիպ բժշկության հրաշքներ այսօր չեն կատարվում: Բենի Հինը կարող է պնդել, որ առաքելական բժշկության ծառայություն ունի, բայց նա ակնհայտորեն չունի այն: Ավետարաններում և Գործք Առաքելոցում արձանագրված նման բժշկության հրաշքները եզակի էին առաջին դարի եկեղեցու համար: Առաքյալների ժամանակներից հետո նման բժշկությունները դադարեցին և այդ ժամանակվանից երբեք այլևս եկեղեցու պատմության մաս չեն կազմել:

Թեև Տերը դեռ պատասխանում է աղոթքներին և աշխատում է նախախնամությամբ՝ բուժելու մարդկանց ըստ Իր կամքի, չկա որևէ ապացույց, որ հրաշքով բժշկություններ են տեղի ունենում այսօր, ինչպես տեղի էին ունենում առաքելական դարաշրջանում:[69] Քառապլեգիկները, անդամալույծները, անդամահատվածները և այլ նշանակալի ֆիզիկական արատներ ունեցող մարդիկ այսօր ակնթարթորեն չեն վերականգնվում լիարժեք առողջությամբ, ինչպես Նոր Կտակարանի ժամանակներում: Ակնհայտ է, որ պատմության մեջ ոչ մի զուգահեռ չի եղել այն եզակի բժշկության հրաշքներին, որոնք տեղի են ունեցել Քրիստոսի և առաքյալների ժամանակ: Այսօր էլ բացառություն չէ: Բժշկության առաքելական պարգևը դադարել է:

Թեև Նոր Կտակարանը հրահանգում է հավատացյալներին աղոթել նրանց համար, ովքեր հիվանդ են և տառապում են, վստահելով Մեծ Բժշկին՝ անելու այն, ինչը համապատասխանում է Նրա գերիշխան նպատակներին (տես Հակ. 5.14–15), այդ ամենը համարժեք չէ Սուրբ Գրքում նկարագրված բժշկության գերբնական պարգևին: Ով հակառակն է պնդում, ինքն իրեն է խաբում: Բենի Հինն ու նրա նման ուրիշները, որոնք պնդում են, թե հատուկ օծված են բուժիչ պարգևով, տեղին են ցույց տալիս այս կետը: Նրանք պարզապես *չեն կարող* առաքելական որակի հրաշքներ անել, և երբ փորձում են հնարքներ, խարդախություններ, ցուցամոլություն, խաբեություն և կեղծարարություն անել իբրև իսկական նշաններ և հրաշքներ, կորցնում են իրենց վստահությունը մեծամասնության մոտ, խաթարում են Սուրբ Գրքի հեղինակությունը շատերի մտքում, մոլորեցնում են դյուրահավատ բազմություններին և իրենց դատապարտում են որպես կեղծ մարգարեներ և ստախոսներ հենց Աստծո առաջ: Ընդհանուր առմամբ, այս փորձառության մեջ ամեն ինչ հոգեպես կործանարար է:

ՄԱՍ ԵՐՐՈՐԴ

Վերագտնելով Հոգու ճշմարիտ աշխատանքը

Իններորդ

Սուրբ Հոգին և Փրկությունը

Մ.թ.ա. մոտ 600 թվականի հունական մետաղադրամների գյուտից մինչև տասներեքերորդ դարում թղթադրամների ներմուծումը Չինաստանում, կեղծիքը մշտապես դիտվել է որպես լուրջ հանցագործություն: Պատմականորեն այն հաճախ պատժվում էր մահապատժով: Գաղութային Ամերիկայում, օրինակ, Բենջամին Ֆրանկլինը տպեց թղթային արժույթ, որը ներառում էր չարագուշակ նախազգուշացում. «Կեղծելը մահ է»: Անգլիայի պատմության տարեգրությունը պատմում է բազմաթիվ կեղծարարների մահապատիժների մասին, որոնցից շատերը կախաղան են բարձրացվել, իսկ ոմանք այրվել են խարույկի վրա: Հատուցման այդ մակարդակը կարող է խիստ հնչել մեր ժամանակակից ականջներին, սակայն կեղծարարության հանցագործությունը խստորեն պատժվում էր երկու հիմնական պատճառով:

Նախ՝ օրենքը դա համարում էր սպառնալիք պետության տնտեսական կայունության և այնտեղ ապրողների ընդհանուր բարեկեցության համար: Եվ երկրորդ՝ Անգլիայի նման երկրներում արժույթի թողարկումը համարվում էր արտոնություն, որը պատկանում էր միայն թագավորին: Այսպիսով, կեղծարարությունը պարզապես մանր գողություն չէր այն անձի դեմ, ով խաբվելով կեղծ արժույթ էր վերցնում. այն շատ ավելի լուրջ էր ընդունվում՝ վտանգ ամբողջ հասարակության համար և խռովարար դավաճանություն թագավորական իշխանության դեմ:

Իսկ ի՞նչ կարելի է ասել նրանց մասին, ովքեր կեղծում են Աստծո գործը: Փող կեղծելու հանցագործությունը խամրում է Սուրբ Հոգու ծառայությունը կեղծելու դավաճանական արարքի համեմատ: Եթե կեղծ արժույթի տպագրումը վտանգ է ներկայացնում հասարակության համար, ապա կեղծ կրոնական փորձառությունների խթանումը շատ ավելի մեծ է: Եվ եթե կեղծ մետաղադրամների արտադրությունը դավաճանություն է մարդկային կառավարության դեմ, ապա կեղծ ավետարանի քարոզչությունը որքա՜ն ավելի մեծ վիրավորանք է թագավորների թագավորի դեմ: Ավելին, Աստծո խոսքը չի լռում նման հանցագործությունների հետևանքների մասին: Եթե պատմության ընթացքում ֆինանսական կեղծարարների և խարդախների հանդեպ դաժան են վարվել, կեղծ կրոնի հեղինակներին շատ ավելի խիստ դատաստան է սպասվում:

Հաշվի առնելով նման հանցագործությունների լրջությունը՝ հավատացյալները պետք է պատրաստ լինեն բացահայտելու և նախազգուշացնելու այն, ինչը կեղծ է: Բայց սխալը հերքելու պատրաստակամության համար անհրաժեշտ է իմանալ, թե որն է ճշմարիտը: Բոլոր կեղծիքների մասին վստահ լինելու միակ միջոցը իրականին մոտիկից ծանոթ լինելն է: 3-րդ և 4-րդ գլուխներում մենք ուսումնասիրեցինք Հոգու իրական աշխատանքի հինգ նշանները՝ ի տարբերություն կեղծ արթնության և հոգևոր նմանակումների: Այս բաժնում մենք նորից կանդրադառնանք այդ նույն թեմաներից մի քանիսին՝ ավելի խորը նայելով Սուրբ Հոգու իսկական ծառայությունը: Այդպես վարվելով՝ մենք կբարձրացնենք իսկական արտեֆակտի փառահեղ շքեղությունը, մինչդեռ ժամանակակից իմիտացիաների կեղծ հավակնությունները համեմատաբար կփլուզվեն:

Վերագտնելով Սուրբ Հոգուն

Եթե նախորդ գլուխները ցույց տվեցին որևէ բան, ապա դա այն է, որ եկեղեցին այսօր խիստ կարիք ունի վերագըտնելու Սուրբ Հոգու իսկական անձը և գործը: Երրորդության երրորդ անդամը կոպտորեն խեղաթյուրված, վիրավորված և վշտացած է կեղծ շարժումից, որը քարոզվում է Նրա անունով: Գործելով կեղծ պատրվակից և սուտ մարգարեություններից մղված՝ խարիզմատիկ ջրհեղեղն արագորեն ողողել է քրիստոնեական ավելի լայն լանդշաֆտը և իր հետևից թողել վարդապետական սխալների ու հոգևոր կործանման մի մեծ ալիք: Վաղուց ժամանակն է, որ նրանք, ովքեր սիրում են Սուրբ Հոգուն, համարձակ դիրքորոշում ցուցաբերեն և դիմակայեն ցանկացած սխալի, որը բացահայտ և հայհոյաբար անարգում է Աստծո Հոգուն:

Քանի որ եռամիասնական Աստծո մասին ճշմարիտ տեսակետն էական է ճշմարիտ երկրպագության համար, Սուրբ Հոգու ճշգրիտ ըմբռնումը միանգամայն կենսական է: Ինչպես Ա. Վ. Թոզերն է նկատել իր դասական *«Սուրբ գիտելիքը»* աշխատության մեջ.

> Այն, ինչ գալիս է մեր մտքում, երբ մենք մտածում ենք Աստծո մասին, ամենակարևորն է մեր մասին: ...Երկըրպագությունը մաքուր է կամ ստոր, կախված նրանից՝ երկրպագողը բա՛րձր, թե՛ ցածր մտքեր ունի Աստծո մասին: Այդ իսկ պատճառով եկեղեցու առաջ ամենալուրջ հարցը միշտ Ինքն՝ Աստված է, և ցանկացած մարդու մասին ամենավառ փաստն այն չէ, թե ինչ կարող է նա ասել կամ անել տվյալ պահին, այլ այն, թե ինչպիսին է նա իր սրտի խորքում պատկերացնում Աստծուն: Մենք հակված ենք հոգու գաղտնի օրենքով շարժվել դեպի Աստծո՝ մեր մտավոր պատկերը: Սա ճշմարիտ է ոչ միայն անհատ քրիստոնյայի, այլև եկեղեցին կազմող քրիստոնյաների խմբի մասին: Եկեղեցու ամենաակնառու երևույթը Նրա պատկերացումն է Աստծո մասին:[1]

Թոզերի խոսքերը և՛ հզոր են, և՛ ճշգրիտ: Աստծո մասին մեր տեսակետը մեր մտածողության հիմնարար իրականությունն է և ներառում է այն ամենը, ինչ մենք հավատում ենք

Սուրբ Հոգու մասին: Նրա և Նրա աշխատանքի մասին ճիշտ մտածողությունը էական նշանակություն ունի մեր երկրպագության, վարդապետության և առօրյա վարքի մեջ աստվածաբանության պատշաճ կիրառման համար:

Մենք արդեն նշել ենք, որ Սուրբ Հոգու հիմնական աշխատանքն է մարդկանց ուղղորդել դեպի Հիսուս Քրիստոսը (Հովհ. 15.26; 16.14)՝ Ավետարանի միջոցով մեղավորներին բերելով Փրկչի մասին ճշմարիտ գիտությանը և Սուրբ Գրքի միջոցով նրանց համապատասխանեցնելով Աստծո Որդու փառավոր պատկերին: (2 Կոր. 3.17–18): Այսպիսով, Նրա ծառայության կիզակետը Տեր Հիսուսն է, և նրանք, ովքեր առաջնորդվում են Հոգով և լցված են Հոգով, նույնպես կլինեն քրիստոսակենտրոն: Բայց դա չի նշանակում, որ մենք պետք է անտեսենք այն, ինչ Սուրբ Գիրքը սովորեցնում է մեզ Հոգու մասին կամ ձեռքերը ծալած կանգնենք, մինչ Նրա սուրբ անունն արատավորվի հոգևոր խարդախների կողմից: Նրան խեղաթյուրելը նշանակում է զրպարտել Աստծուն:

Սուրբ Հոգին Իր էությամբ, վեհությամբ և զորությամբ հավասար է և՛ Հորը, և՛ Որդուն: Բայց հիմնական խարիզմատիկ շարժումը ծաղրում է Նրա իրական էությունը, կարծես նման բացահայտ սրբապղծության համար հետևանքներ չեն լինելու: Ցավոք, ավետարանականության շրջանակներում շատերը լուռ հետևում են, թե ինչպես է տեղի ունենում այդ սրբապղծությունը: Եթե Հայր Աստծուն կամ Որդուն այս կերպ ծաղրեին, ավետարանականներն, անկասկած, բողոքելու էին: Ինչո՞ւ մենք չպետք է ավելի նախանձավոր լինենք Հոգու փառքի և պատվի նկատմամբ:

Խնդրի էությունը, թվում է, այն է, որ ժամանակակից եկեղեցին կորցրել է Սուրբ Հոգու աստվածային վեհությունը: Թեև խարիզմատիկները Նրան վերաբերվում են որպես էքստատիկ էներգիայի անանձնական մի ուժ, ավետարանականները նրան սովորաբար վերածում են խաղաղ աղավնու ծաղրանկարի, որը հաճախ պատկերված է Աստվածաշնչի շապիկների և կպչուն պիտակների վրա, ասես՝ Ամենակարողի Հոգին անվնաս սպիտակ թռչուն լինի, որը հանգիստ թռչում է զեփյուռի հետ: Յուրաքանչյուր ոք, ով այդպես է մտածում, պետք է ապաշխարի և վերընթերցի Աստվածաշունչը:

Թեև Նա իջավ Հիսուսի վրա մկրտության ժամանակ այնպես, ինչպես աղավնին կիջներ ինչ-որ մեկի վրա, Սուրբ Հոգին աղավնի չէ: Նա կենդանի Աստծո ամենակարող, հավերժական, սուրբ և փառավոր Հոգին է: Նրա զորությունն անսահման է, Նրա ներկայությունն անխուսափելի, իսկ մաքրությունը՝ սպառող կրակ: Նրանք, ովքեր փորձում են Նրան, ենթարկվում են դաժան դատաստանի, ինչպես ջրհեղեղը Նոյի օրերում (Ծննդ. 6.3): Եվ նրանք, ովքեր ստում են Նրան, բախվում են մոտալուտ մահվան իրական հնարավորությանը, ինչպես Անանիայի և Սափիրայի դաժան փորձը (Գործք. 5.3–5):

Դատավորաց 15.14–15 համարներում Տիրոջ Հոգին եկավ Սամսոնի վրա, երբ նա էշի ծնոտով սպանեց հազար փղշտացիների: Իսկ Եսայիա 63.10-ում մարգարեն բացատրում է Սուրբ Հոգուն տրտմեցնելու ծանր հետևանքները: Խոսելով իսրայելացիների մասին՝ Եսայիան գրեց. «Բայց նրանք ապստամբեցին և վշտացրին նրա Սուրբ Հոգուն, Նա էլ թշնամի դարձավ նրանց և պատերազմեց նրանց դեմ»: Սրանից ավելի պարզ չէր կարող լինել. Սուրբ Հոգուն անարգանքով վերաբերվելը նշանակում է թշնամի դառնալ Աստծուն: Միթե մարդիկ իսկապես կարծում են, որ կարող են նսեմացնել Սուրբ Հոգուն և դուրս գալ դրա տակից:

Սուրբ Հոգին Աստծո զորությունն է աստվածային անձնավորության մեջ, որը գործում է արարչագործությունից մինչև ավարտ և ամեն ինչի մեջ (տե՛ս Ծնն. 1.2, Հայտ. 22.17): Նա ամբողջովին Աստված է՝ տիրապետելով Աստծո բոլոր հատկանիշներին այն լիությամբ, որը պատկանում է Աստծուն: Անիմաստ է ասել, որ Նա որևէ կերպ պակաս է Աստծուց: Նա լիովին մասնակցում է Աստծո բոլոր գործերին: Նա սուրբ է և զորեղ, ինչպես Հայրը, և ողորմած ու սիրող, ինչպես Որդին: Նա աստվածային կատարելությունն է Իր ողջ լիությամբ: Այսպիսով, Նա արժանի է մեր պաշտամունքին նույնքան լիարժեք, որքան Հայրը և նույնքան լիարժեք, որքան Որդին: Չարլզ Սփերջենը, արտահայտելով Հոգու պատվի հանդեպ իր սեփական ավյունը, իր ժողովին դիմեց հետևյալ խոսքերով.

> Հավատացյալին. Սիրելի՛ եղբայրներ, պատվե՛ք Աստծո Հոգուն, ինչպես կպատվեիք Հիսուս Քրիստոսին, եթե Նա ներկա լիներ: Եթե Հիսուս Քրիստոսը բնակվեր ձեր տանը, դուք չէիք անտեսի Նրան, չէիք զբաղվի ձեր գործերով, կարծես Նա այնտեղ չլիներ: Մի՛ անտեսեք Սուրբ Հոգու ներկայությունը ձեր հոգում: Ես աղաչում եմ ձեզ, մի՛ ապրեք այնպես, կարծես չեք լսել, թե Սուրբ Հոգի կա: Նրա՛ն մատուցեք ձեր մշտական պաշտամունքները: Հարգե՛ք օգոստոսյան հյուրին, որը հաճեցավ դարձնել ձեր մարմինն Իր սուրբ բնակավայրը: Սիրե՛ք Նրան, հնազանդվե՛ք Նրան, երկրպագե՛ք Նրան:[2]

Եթե մենք ցանկանում ենք պատվել մեր աստվածային Հյուրին՝ վերաբերվելով Նրան ակնածանքով և հարգանքով, որը Նրա թագավորական արժանիքն է, մենք պետք է ճիշտ ըմբռնենք Նրա իսկական ծառայությունը՝ մեր սրտերը, միտքը և կամքը համապատասխանեցնելով Նրա հրաշալի աշխատանքին:

Ի՞նչ է իրականում անում Սուրբ Հոգին այսօր աշխարհում: Նա, ով ժամանակին ակտիվորեն մասնակցում էր նյութական տիեզերքի ստեղծմանը (Ծնն. 1.2), այժմ կենտրոնացած է հոգևոր ստեղծագործության վրա (տե՛ս 2 Կոր. 4.6): Նա ստեղծում է հոգևոր կյանք՝ վերստին ծնունդ տալով մեղավորներին Հիսուս Քրիստոսի Ավետարանի միջոցով և նրանց վերածելով Աստծո զավակների: Նա սրբացնում է նրանց, զինում ծառայության համար, պտուղներ է տալիս կյանքում և զորացնում՝ հաճեցնելու իրենց Փրկչին: Նա ապահովում է նրանց հավիտենական փառքի համար և հարմարեցնում է նրանց երկնային կյանքի համար: Պայթուցիկ ուժի նույն Աղբյուրը, որը գոյության է բերել աշխարհը ոչնչից, այսօր գործում է փրկագնվածների սրտերում և կյանքում: Եվ ինչպես որ արարչագործությունն էր զարմանալի հրաշք, այնպես էլ ամեն նոր ստեղծագործություն, քանի որ Հոգին գերբնական կերպով փրկություն է բերում նրանց, ովքեր այլապես դատապարտվելու էին հավերժական կործանման: Մարդիկ, որոնք ցանկանում են այսօր հրաշքներ տեսնել, պետք է դադարեն հետևել կեղծ բժշկողներին և սկսեն զբաղվել աստվածաշնչյան ավետարանչությամբ: Տեսնել հոգևորապես մեռած մեղավորին, որ Հոգու զորությամբ կենդանանում է Քրիստոս Հիսուսում, նշանակում է ականատես լինել Աստծո *իրական* հրաշքին:

Այս գլխում մենք կքննարկենք այդ զարմանալի իրողությունը: Այս կերպ մենք կբացահայտենք Հոգու աշխատանքի վեց ոլորտները փրկության մեջ՝ սկսած Նրա համոզիչ աշխատանքից՝ մեղավորներին փրկության կանչելու հարցում, մինչև Նրա կնքման աշխատանքը՝ ապահովելով հավատացյալներին հավիտենական փառքի համար:[3]

Սուրբ Հոգին դատապարտում է մեղավոր անհավատներին

Վերնատանն, Իր խաչելության նախօրեին, Տեր Հիսուսը մխիթարեց Իր աշակերտներին՝ խոստանալով նրանց, որ Իր համբարձումից հետո կուղարկի Սուրբ Հոգուն՝ ծառայելու նրանց մեջ և նրանց միջոցով: Ինչպես Նա ասաց Իր վշտացած հետևորդներին. «Բայց Ես ճշմարտությունն եմ ասում եմ ձեզ. ձեր օգտին է, որ Ես հեռանում եմ, որովհետև եթե Ես չգընամ, Մխիթարիչը ձեզ մոտ չի գա, բայց եթե գնամ, Նրան կուղարկեմ ձեզ մոտ» (Հովh. 16.7): Աշակերտները պետք է որ մտածեին. «Ինչպե՞ս կարող է ավելի լավ բան լինել, քան Աստծո մարմնացած Որդու ֆիզիկական ներկայությունը մեր մեջ»: Այնուամենայնիվ, Հիսուսը պնդեց, որ նրանց ձեռնտու կլինի, որ Ինքը համբարձվի երկինք, և Սուրբ Հոգին գա:

Տերը շարունակեց՝ բացատրելով այն կենսական աշխատանքը, որը Սուրբ Հոգին կկատարի՝ զորացնելով առաքյալների Ավետարանի հայտարարությունը, երբ նրանք դուրս էին գալիս քարոզելու փրկության ճշմարտությունը թշնամական աշխարհին: Հոգին կգնա նրանց առջևից՝ ուղղելով քարոզչությունը նրանց սրտերին, ովքեր լսեցին և հավատացին այդ ուղերձին: Տերը բացատրեց դա այսպես. «Եվ երբ Նա գա, աշխարհին կհանդիմանի մեղքի, արդարության և դատաստանի համար, մեղքի համար, որովհետև Ինձ չեն հավատում, արդարության համար, որովհետև ես Հոր մոտ եմ գնում, ու Ինձ այլևս չեք տեսնի, և դատաստանի համար, որովհետև այս աշխարհի իշխանը դատապարտված է» (Հովh. 16.8–11):

Երբ Ավետարանի ընդհանուր, արտաքին կանչն առաջ է գալիս փրկության ուղերձի քարոզչության միջոցով, աշխարհի անհավատներն առերեսվում են իրենց մեղքի իրականության և իրենց անհավատության հետևանքների հետ: Նրանց համար, ովքեր մերժում են Ավետարանը, Սուրբ Հոգու դատապարտող աշխատանքը կարող է դատախազի աշխատանքի նմանվել: Նա դատապարտում է նրանց այն իմաստով, որ նրանք մեղավոր են համարվում Աստծո առաջ և, հետևաբար, հավերժ կորսված են (Հովh. 3.18): Հոգու դատապարտող աշխատանքի նպատակը ոչ թե չզղջացող մեղավորների վատ զգալն է, այլ նրանց դեմ իրավական դատավճիռ կայացնելը: Այն ներառում է ամբողջական մեղադրական եզրակացություն նրանց կարծրասիրտ հանցագործությունների վերաբերյալ՝ հիմնավոր անհերքելի ապացույցներով և մահվան դատավճռով:

Այնուամենայնիվ, նրանց համար, ում Հոգին ձգում է դեպի Փրկիչը, Նրա աշխատանքը համոզիչ է, քանի որ Նա խոցում է նրանց խիղճը և արագորեն ողկում նրանց: Այսպիսով, ընտրյալների համար համոզմունքի այս աշխատանքն Աստծո փրկարար, արդյունավետ կանչի սկիզբն է:

Մեր Տիրոջ խոսքերը ցույց են տալիս, որ Սուրբ Հոգու համոզմունքի ծառայությունը ներառում է երեք ոլորտներ: Նախ՝ Նա դատապարտում է չփրկագնվածներին իրենց մեղքի համար՝ բացահայտելով նրանց վիճակի ողբալի իրականությունն Աստծո առաջ: Մասնավորապես, Նա դատապարտում է մեղավորներին Ավետարանի հանդեպ իրենց անհավատության համար, քանի որ, ինչպես Հիսուսը բացատրեց, «նրանք Ինձ չեն հավատում» (Հովh. 16.9): Ընկած տղամարդկանց և կանանց բնական արձագանքն է՝ մերժել Տեր Հիսուս Քրիստոսի անձը և գործը: Բայց Հոգին դիմակայում է աշխարհի կարծրասիրտ անհավատությանը:

Երկրորդ՝ Սուրբ Հոգին դատապարտում է անհավատներին արդարության մեջ՝ նրանց առերեսելով Աստծո *սուրբ չափանիշի ճշմարտությանը* և Հիսուս Քրիստոսի *կատարյալ ար-*

դարության: Մեկնաբաններից մեկի խոսքերով. «աշխարհը ներկայացվում է որպես արդար, և հակառակը հաստատող ցանկացած ապացույց ճնշվում է, և նման վարքագիծը պահանջում է, որ իր մեղքը Հոգին բացահայտի»:[4] Քանդելով ինքնահավանության ճակատը՝ Հոգին բացահայտում է նրանց իրական վիճակը, ովքեր չեն կատարել Աստծո կատարյալ պահանջները: Այնուհետև Նա շրջում է նրանց աչքերը, որպեսզի հաշվի առնեն Հիսուս Քրիստոսի՝ Աստծո անարատ Գառան, անբիծ արդարությունը:

Երրորդ՝ Սուրբ Հոգին համոզում է մեղավորներին, որ աստվածային դատաստանի հետևանքներն արդար են և անհրաժեշտ, մասնավորապես, որ մեղավորները մի օր դատվելու են ճիշտ այնպես, ինչպես «այս աշխարհի տիրակալն է դատապարտվելու» (հ. 11): Ինչպես սատանան դատապարտված է հավերժական կործանման՝ պարտվելով խաչի վրա, այնպես էլ բոլոր նրանք, ովքեր սատանայի տիրույթի մաս են կազմում, Աստծո դատաստանի տակ են, և նրանց դատաստանը ոչ միայն բարոյականորեն արդարացված է, այլև արդար աստվածության միակ ընթացքն է: Ինչպես բացատրեց Եբրայեցիս գրքի հեղինակը, նրանք, ովքեր «ոտնահարում են Հիսուսի արյունը»՝ անտեսելով Ավետարանի ողորմած առաջարկը, «վիրավորում են շնորհի Հոգուն» և իրենց համար դաժան պատիժ են պատրաստում (տե՛ս Եբր. 10.29): Այսպիսով, «սարսափելի բան է կենդանի Աստծո ձեռքն ընկնելը» (հ. 31): Ապագա դատաստանի իրականության մասին անհավատներին նախազգուշացնելը Հոգու և՛ վախեցնող, և՛ ողորմած աշխատանքն է, որը զգուշացնում է սարսափելի հետևանքների մասին, որ սպասվում են բոլոր նրանց, ովքեր չեն ապաշխարում:

Ինչպես ցույց են տալիս Հիսուսի խոսքերը, աշակերտների համար կարևոր էր հասկանալ Սուրբ Հոգու այս ծառայությունը: Ինչո՞ւ: Քանի որ նրանք, ում հանձնարարված էր հասնել մեղավորներին պատգամով, որը աշխարհը դաժանորեն մերժելու էր (Հովh. 15.18–25), այսինքն՝ առաքյալները, պետք է իմանային, որ Սուրբ Հոգին ուղեկցելու է իրենց քարոզչությանը Իր զորությամբ: Երբ նրանք սկսեին դիմակայել մեղավորների անհավատությանը, բարձրացնել Քրիստոսի արդարությունը և նախազգուշացնել Աստծո դատաստանի մասին, Սուրբ Հոգին համոզելու էր այն սրտերին, որոնք լսում էին և դարձի բերեր ընտրյալներին:

Այս ծառայությունը վառ կերպով նկարագրվեց Պենտեկոստեի օրը, այն բանից հետո, երբ Պետ.ը քարոզեց իր հզոր Ավետարանի ուղերձը: Ղուկասն արձանագրում է ամբոխի պատասխանը. «Երբ նրանք այս լսեցին, իրենց սրտում զղջացին և Պետրոսին ու մյուս առաքյալներին ասացին.«Ի՞նչ պիտի անենք, եղբայրնե՛ր» (Գործք. 2.37): Նրանց սրտերը խոցված էին ճշմարտությունից. և այդ ամբոխի երեք հազար մարդկանց համար Հոգու համոզման աշխատանքը նրանց սըրտերում վերածնվելու Իր աշխատանքի մի մասն էր (հ. 31):

Երկու հազարամյակ անց, կորած աշխարհին ուղղված մեր ուղերձը պետք է արտացոլի այդ նույն թեմաները՝ շեշտը դնելով հոգևոր մահվան, իսկական արդարության և աստվածային դատողության վրա: Ճիշտ է, մարդկային այլասերվածության, Աստծո սրբության և հավիտենական պատժի մասին քարոզելը տարածված չէ, հատկապես պոստմոդեռն հասարակության մեջ, որը հանդուրժողականություն է դրսևորում: Բայց այն Սուրբ Հոգով լիազորված միակ ծառայությունն է: Նա է Ավետարանի քարոզչության հիմքում ընկած զորությունը (1 Պետ. 1.12), որն օգտագործում է Իր խոսքը մեղավորներին դեպի Փրկիչը քաշելու և նրանց վերստին ծնունդ տալու համար:

Արթուր Վ. Փինքն այսպես է ասել. «Ոչ ոք երբեք չի ձգվի դեպի Քրիստոսը ...նախ պետք է լինեն Հոգու գերբնական գործողությունները՝ բացելու մեղավորի սիրտը, որպեսզի *սպանա* ուղերձը»:[5] Մինչ մենք հռչակում ենք Սուրբ Գրքի ճշմարտությունը, Աստծո Հոգին օգտագործում է այն՝ խոցելու չփրկագընվածների սրտերի մեջ՝ հանդիմանելով նրանց ճշմարտության մասին և դարձի բերելով նրանց, բարկության զավակներից վերածելով Աստծո զավակների (Եբր. 4.12; 1 Հովհ. 5.6):

Սուրբ Հոգին վերստին ծնունդ է տալիս մեղավոր սրտերին

Ընտրյալների արդյունավետ կանչը սկսվում է Հոգու համոզիչ աշխատանքից, երբ Նա արթնացնում է նրանց խիղճը մեղքի, արդարության և դատաստանի իրականության հանդեպ: Բայց Նա դրանով չի սահմանափակվում: Անհավատ սիրտը պետք է վերակենդանանա՝ փոխակերպվի, մաքրվի և նորոգվի (Եփ. 2.4): Եվ Սուրբ Հոգին է, որ վերստին ծնունդ է տալիս մեղավորներին, այնպես որ նրանք, ովքեր նախկինում ողորմելի թշվառներ էին, վերածնվում են որպես նոր ստեղծագործություններ Քրիստոսում (2 Կոր. 5.17):

Ինչպես Պողոսը բացատրեց Տիտ. 3.4–7-ում. «Բայց երբ մեր Փրկիչ Աստծո քաղցրությունը և մարդասիրությունը հայտնվեց, Նա ոչ թե ըստ մեր կատարած գործերի մեզ փրկեց, այլ Իր ողորմությամբ, վերստին ծննդյան ավազանի միջոցով և Սուրբ Հոգու նորոգությամբ, որ առատությամբ մեզ վրա թափվեց մեր Փրկիչ Հիսուս Քրիստոսի միջոցով, որպեսզի Նրա շնորհով արդարացած՝ ժառանգներ լինենք հավիտենական կյանքի հույսով»:

Հովհ. 3-ում Տեր Հիսուսը բացատրեց Հոգու ծառայության այս կողմը՝ ասելով Նիկոդեմոսին, որ փրկվելու համար մեղավորը պետք է նորից ծնվի: Այդ ճշմարտության հետևանքներից շփոթված՝ Նիկոդեմոսը հարցրեց. «Ինչպե՞ս կարող է մարդը ծնվել, երբ ծեր է: Կարո՞ղ է նա երկրորդ անգամ մըտնել իր մոր արգանդը և ծնվել» (հ. 4): Հիսուսը պատասխանեց հետևյալ խոսքերով. «Ճշմարիտ ասում եմ ձեզ, եթե մեկը ջրից և Հոգուց չծնվի, չի կարող մտնել Աստծո արքայությունը: Մարմնից ծնվածը մարմին է, իսկ Հոգուց ծնվածը՝ հոգի: Մի՛ զարմացիր, որ քեզ ասացի՝ «Դու պետք է նորից ծնվես»: Քամին փչում է այնտեղ, որտեղ ուզում է, և դու լսում ես նրա ձայնը, բայց չես կարող ասել, թե որտեղից է այն գալիս և ուր է գնում: Այդպես է ամեն ոք, ով ծնվել է Հոգուց» (հ. 5–8):

Ինչպես պարզ է դառնում Տիրոջ խոսքերից, վերստին ծնընդյան աշխատանքը Հոգու գերիշխան իրավասությունն է: Ֆիզիկական ոլորտում երեխաներն իրենք իրենց չեն գոյանում: Նմանապես, հոգևոր ոլորտում մեղավորները չեն նախաձեռնում կամ չեն իրականացնում իրենց սեփական վերածնունդը. այն ամբողջությամբ Հոգու աշխատանքն է:

«Վերստին ծնված» արտահայտությունը կարող է թարգմանվել նաև «վերևից ծնված», և երկու թարգմանություններն էլ արտահայտում են Հիսուսի տեսակետի ճշմարտացիությունը: Փրկվելու համար մեղավորները պետք է ապրեն երկնային ծագման բոլորովին նոր սկիզբ, որտեղ նրանք արմատապես փոխակերպվում են Աստծո Հոգու կողմից: Ի վերջո, Աստված է, որ «իր մեծ ողորմությամբ մեզ վերստին ծնեց կենդանի հույսի համար՝ Հիսուս Քրիստոսի՝ մեռելներից հարության միջոցով» (1 Պետ. 1.3):

Ինչպես Հիսուսը բացատրեց Նիկոդեմոսին, փրկության թագավորությունը չի կարող վաստակվել մարդկային ջանքերի կամ ինքնահավանության միջոցով: Միայն ի վերուստ ծընվածները կարող են փրկվել: Նույնիսկ Նիկոդեմոսի պես հարգված և արտաքուստ կրոնավոր մեկը՝ Իսրայելի ամենահայտնի աստվածաշնչագետներից, չէր կարող որևէ բանով նպաստել իր փրկությանը: Աստծո տեսանկյունից, մեղավորի լավագույն ջանքերը նման են կեղտոտ լաթի (Ես. 64.6):

Մեղավորը կարող է միայն աղաղակել առ Աստված ողորմության համար, ինչպես Ղուկաս 18.13–14-ի հարկահավաքը: Նա չի կարող փրկել իրեն, ուստի պետք է լիովին հանգիստ գտնի Փրկչի շնորհի և կարեկցանքի մեջ: Սուրբ Գրքի խոստումն այն է, որ բոլոր նրանք, ովքեր գալիս են Քրիստոսին իսկական հավատքով՝ շրջվելով մեղքից և դառնալով դեպի Նրան, կփրկվեն (Հռ. 10.9–10): Ինչպես Տերն Ինքն է խոստացել Հովհ. 6.37-ում, «Այն ամենը, ինչ Հայրն Ինձ տալիս է, կգա Ինձ մոտ, և նրան, ով Ինձ մոտ գա, Ես բնավ դուրս չեմ հանի»:

Հոգու՝ վերստին ծնունդ տալու աշխատանքը մեղավորին նոր սիրտ է տալիս (Եզեկ. 36.26–27), որտեղ նա կարող է անկեղծ սիրել Աստծուն և սրտանց հնազանդվել Քրիստոսին (տե՛ս Հովհ. 14.15): Այդ վերափոխման պտուղը կերևա փոխված կյանքում, որը կհայտնվի ապաշխարության պտուղներով

(Մատթ. 3.8) և Հոգու պտուղով. «սեր, ուրախություն, խաղաղություն, երկայնամտություն, քաղցրություն, բարություն, հավատ, հեզություն, ժուժկալություն» (Գաղ. 5.22–23): Այս հրաշք գործն իրականացնելու համար Հոգին օգտագործում է Իր խոսքը: Այսպիսով, Հակոբոս 1.18-ն ասում է Աստծո մասին. «Նա Իր կամքով ծնեց մեզ ճշմարտության խոսքով, որպեսզի մենք Նրա արարածների երախայրին լինենք»: Փրկության պահին Աստված օգտագործեց Իր խոսքը մեր սրտերը համոզելու և մեզ կյանքի կոչելու համար, այնպես որ մենք այժմ նոր արարածներ ենք Քրիստոսում:

Վերածնունդը մարդու էության փոխակերպումն է, քանի որ հավատացյալին տրվում է նոր կյանք, մաքրություն և մշտապես անջատում մեղքից (տես 2 Թես. 2.13): Նրանք, ովքեր նախկինում գործում էին մարմնով, այժմ գործում են Հոգով (Հռ. 8.5–11): Թեև նրանք մեռած էին, կենդանացան՝ բնակվելով հենց այն Հոգու կողմից, որը հարություն տվեց Քրիստոս Հիսուսին մեռելներից (v. 10, տես 6.11): Կյանքի Հոգին եկել է նրանց վրա՝ զորացնելով նրանց դիմադրելու գայթակղությանը և ապրելու արդարությամբ: Ահա թե ինչ է նշանակում լինել «Հոգուց ծնված» (Հովհ. 3.8):

Սուրբ Հոգին ապաշխարության է բերում մեղավորներին

Չի կարող լինել ապաշխարություն կամ հավատք, քանի դեռ սիրտը չի վերստեղծվել: Սակայն վերածննդի պահին Սուրբ Հոգին ապաշխարող հավատքի պարգև է հաղորդում մեղավորներին՝ նրանց բերելով Քրիստոսի հանդեպ փրկարար հավատքի և հնարավորություն տալով նրանց հեռանալ մեղքից: Արդյունքը դրամատիկ փոխակերպումն է:

Դրա վառ օրինակը կարելի է գտնել Գործք Առաքելոց 11.15–18 հատվածներում, որտեղ Պետ.ը Կոռնելիոսի դարձի մասին հայտնում է Երուսաղեմի մյուս առաքյալներին.

> «Երբ սկսեցի խոսել, Սուրբ Հոգին իջավ նրանց վրա, ինչպես սկզբում մեզ վրա: Այն ժամանակ ես հիշեցի Տիրոջ այն խոսքը, որ ասում էր. «Յովհաննեսը մկրը-

տեց ջրով, բայց դուք կմկրտվեք Սուրբ Հոգով»: Ուրեմն, եթե Աստված նրանց տվեց նույն պարգևը, ինչ տվել էր մեզ, երբ մենք հավատացինք Տեր Հիսուս Քրիստոսին, ապա ո՞վ էի ես, որ կարողանայի արգելել Աստծուն»: Երբ այս բաները լսեցին, լռեցին. և նրանք փառաբանում էին Աստծուն՝ ասելով. «Ուրեմն Աստված հեթանոսներին ևս դեպի կյանք տանող ապաշխարություն տվեց»:

Ինչպես Պետ.ը և մյուսները հասկացան, անհերքելի ապացույցը, որ Կոռնելիոսը և նրա ընտանիքը իսկապես ապաշխարել էին, այն էր, որ նրանք ստացել էին Սուրբ Հոգին: Նրանք դատապարտված էին իրենց մեղքի համար, նրանց սրտերը վերածնվեցին, նրանց աչքերը բացվեցին Պետ.ի քարոզչության ճշմարտության հանդեպ, և նրանց տրվեց ապաշխարող հավատքի պարգևը (տե՛ս Եփ. 2.8; 2 Տիմ. 2.25). այս ամենը Սուրբ Հոգու գործն էր:

Հռոմեացիս 8-ը հավատացյալի կյանքում Սուրբ Հոգու ծառայության մասին ամենահարուստ աստվածաշնչյան հայտնություններից մեկն է: Այս հզոր գլուխը սկսվում է փրկության ճշմարտության խորը խոսքերով. «Ուրեմն հիմա դատապարտություն չկա նրանց համար, ովքեր Քրիստոս Հիսուսում են, ովքեր չեն քայլում ըստ մարմնի, այլ՝ ըստ Հոգու: Որովհետև Քրիստոս Հիսուսով կենարար Հոգու օրենքը ինձ ազատեց մեղքի և մահվան օրենքից»: Հավատացյալներից շատերը հիշում են այդ հատվածները, բայց քանի՞սն են ճանաչում Սուրբ Հոգու դերը աստվածային փրկության գործողության մեջ: Կյանքի Հոգին է, որ ազատում է փրկագնվածներին մեղքի և մահվան սկզբունքից՝ արդարության սիրահարների վերածելով նրանց, ովքեր մեղքի ստրուկներ էին:

Հռոմեացիներ 8.3–4 հատվածներում Պողոսը բացատրում է, որ Սուրբ Հոգին ոչ միայն ազատում է հավատացյալներին մեղքի զորությունից, այլև նրանց հնարավորություն է տալիս ապրել Աստծուն հաճելի ձևով: Արդյունքում նրանք կարող են ցույց տալ ապաշխարության (Մատթ. 3.8) և Հոգու պտուղը (Գաղ. 5.21–22): Մենք կքննարկենք Սուրբ Հոգու դերը մեր սրբացման մեջ հաջորդ գլխում: Սակայն փրկության համատեքստում կարևոր է ընդգծել, որ Սուրբ Հոգին դարձի է բերում մեղավորներին՝ համոզելով նրանց սրտերը, կյանք տալով նրանց, ինչը նրանց հնարավորություն է տալիս ապաշխարել և հավատալ Ավետարանին:

Սուրբ Հոգին հնարավորություն է տալիս հաղորդակցվել Աստծո հետ

Հովհ. 17.3-ում Տեր Հիսուսը սահմանում է հավիտենական կյանքը հետևյալ խոսքերով. «Այս է հավիտենական կյանքը, որ ճանաչեն Քեզ իբրև միակ ճշմարիտ Աստծո և Նրան, Ում ուղարկել ես՝ Հիսուս Քրիստոսին»: Քրիստոսի միջոցով Աստծո հետ հաղորդակցությունը փրկության սիրտն է. և Սուրբ Հոգին է, որ հնարավորություն է տալիս հավատացյալներին վայելել այդ մտերմիկ հաղորդակցությունը:

Կողոսացիս 1.13–14 հատվածներում Պողոսը բացատրում է, որ Հայր Աստված «ազատել է մեզ խավարի իշխանությունից և մեզ փոխադրել Իր սիրելի Որդու արքայության մեջ, որի միջոցով ունենք փրկություն՝ մեղքերի թողություն»: Մեզ լրացուցիչ պատկերացում է տրվում այդ փոխադրման բնույթի մասին Հռոմեացիս 8.14–17 հատվածներում, որտեղ Պողոսն օգտագործում է ոչ թե թագավորության, այլ ընտանիքի փոխաբերությունը: Նա գրել է. «Որովհետև նրանք, ովքեր առաջնորդվում են Աստծո Հոգով, Աստծո որդիներն են: Որովհետև դուք ստրկության հոգին չստացաք՝ դարձյալ վախենալու համար, այլ ստացաք որդեգրության Հոգին, որով մենք աղաղակում ենք՝ «Աբբա, Հա՛յր»: Հոգին ինքն է վկայում մեր հոգու հետ, որ մենք Աստծո զավակներ ենք, և եթե զավակներ ենք, ապա ժառանգներ՝ Աստծո ժառանգներ և Քրիստոսի ժառանգակիցներ, որպեսզի եթե Նրա չարչարանքներին կցորդ ենք, փառքին էլ հաղորդակից լինենք»:

Այսպիսով, մենք ոչ միայն նոր թագավորության քաղաքացիներ ենք (Փիլ. 3.20), այլև նոր ընտանիքի անդամներ: Որդեգրման Հոգու միջոցով մենք ստացել ենք Աստծո ընտանիքի մաս դառնալու հսկայական արտոնությունը: Մենք նույնիսկ կարող ենք տիեզերքի ամենակարող Արարչին դիմել ընտանեկան քնքուշ սիրո տերմինով՝ «Աբբա» կամ «Պապա»: Հոգին ազատում է մեզ այն վախից և ահից, որ մեղավորը բնականաբար մոտենալու է սուրբ Աստծուն: Փոքր երեխաների նման, մենք կարող ենք անհամբերությամբ վազել Ամենակարողի ներկայության մեջ և մտերմիկ ձևով խոսել մեր Հոր հետ:

Հոգին վերստին ծնվածների սրտերում առաջացնում է Աստծո հանդեպ խորը սիրո վերաբերմունք: Նրանք իրենց ձգված են զգում դեպի Աստված, և չեն վախենում Նրանից: Նրանք ցանկանում են հաղորդակցվել Նրա հետ՝ խորհրդածել Նրա խոսքի շուրջ և հաղորդակցվել Նրա հետ աղոթքով: Նրանք ազատորեն գցում են իրենց հոգսը Նրա վրա և բացահայտորեն խոստովանում են իրենց մեղքերն առանց վախի,՝ իմանալով, որ ամեն ինչ ծածկվել է Նրա շնորհով Քրիստոսի զոհաբերության միջոցով: Այսպիսով, Հոգին հնարավորություն է տալիս հավատացյալներին վայելել Աստծո հետ ընկերակցությունը՝ այլևս չվախենալով Նրա դատաստանից կամ բարկությունից (1 Հովh. 4.18): Արդյունքում, քրիստոնյաները կարող են օրհներգեր երգել Աստծո սրբության և փառքի մասին՝ առանց սարսափից թուլանալու՝ իմանալով, որ ապահով կերպով որդեգրված են իրենց երկնային Հոր ընտանիքում:

Սուրբ Հոգին նաև հնարավորություն է տալիս հավատացյալներին ընկերակցություն վայելել բոլոր մյուս հավատացյալների հետ: Աստծո յուրաքանչյուր զավակ փրկության պահին անմիջապես մկրտվում է Հոգով Քրիստոսի մարմնում (1 Կոր. 12:13): Եվ հենց այդ եկեղեցական մարմնում է, որ Հոգին ինքնիշխանորեն յուրաքանչյուր հավատացյալի պարգևում է բոլոր հնարավորությունները, որոնք անհրաժեշտ են ուրիշներին ծառայելու համար (h. 7): Թեև արտասովոր պարգևները (ինչպիսիք են մարգարեությունները, լեզուները և բժշկությունը) սահմանափակված էին եկեղեցու պատմության առաքելական դարաշրջանով, Հոգին դեռևս Իր ժողովրդին ուսուցանող և ծառայողական պարգևներ է տալիս եկեղեցու կառուցման համար (տես Հռ. 12.3-8, 1 Կոր. 12–14): Հարուստ միջանձնային ընկերակցությունը, որը հավատացյալները վայելում են եկեղեցում, հնարավոր է միայն Տեր Հիսուս Քրիստոսի հետ ունեցած խորը ընկերակցության շնորհիվ: Սուրբ Հոգին երկուսին էլ հնարավորություն է տալիս՝ թույլ տալով նրանց, ովքեր վայելում են Աստծո հետ հաղորդակցությունը, վայելել «Հոգու միասնությունը» միմյանց հետ (Եփ. 4.3):

Սուրբ Հոգին բնակվում է հավատացյալի մեջ

Փրկության ժամանակ Սուրբ Հոգին ոչ միայն վերստին ծնունդ և փրկարար հավատք է տալիս մեղավորին, այլև մշտապես բնակվում է այդ նոր հավատացյալի կյանքում: Պողոս առաքյալը Հռոմեացիս 8.9-ում բացատրեց այսպես. «Բայց դուք մարմնով չեք, այլ Հոգով, *եթե իսկապես Աստծո Հոգին է բնակվում ձեր մեջ*: Իսկ եթե որևէ մեկը չունի Քրիստոսի Հոգին, նա Իրենը չէ»: Հրաշալի և անհասկանալի կերպով Աստծո Հոգին Իր տունն է դարձնում յուրաքանչյուր մարդու կյանքը, ով ապավինում է Հիսուս Քրիստոսին:

Կյանքը Հիսուս Քրիստոսում տարբեր է, քանի որ Աստծո Հոգին այժմ ներսում է: Նա այնտեղ է, որպեսզի զորացնի, զինի ծառայությունն ու սպասավորին այն պարգևների միջոցով, որոնք Նա տվել է մեզ: Սուրբ Հոգին մեր Մխիթարիչն ու Օգնականն է: Նա պաշտպանում, զորացնում և քաջալերում է մեզ: Իրականում ճշմարիտ փրկության վճռական ապացույցն Աստծո Հոգու մշտական ներկայությունն է՝ այդ բնակության պտուղը, որը երևում է նրանով, որ հավատացյալները չեն քայլում ըստ մարմնի, այլ՝ ըստ Հոգու (տես Գաղ. 5:19–22):

1 Կորնթացիս 3.16-ում Պողոսը հարցրեց Կորնթոսի հավատացյալներին. «Չգիտե՞ք, որ դուք Աստծո տաճարն եք, և որ Աստծո Հոգին է բնակվում ձեր մեջ»: Մի քանի գլուխ անց, հորդորելով նրանց խուսափել սեռական անբարոյականությունից, նա կրկին հիշեցրեց նրանց. «Չգիտե՞ք, որ ձեր մարմինը Սուրբ Հոգու տաճարն է, որը ձեր մեջ է, որին դուք Աստծուց ունեք, և դուք ձերը չեք: Որովհետև դուք գնով գնվեցիք, ուստի փառավորեցե՛ք Աստծուն ձեր մարմնով և ձեր հոգով, որոնք Աստծունն են» (1 Կոր. 6.19–20): Հոգու բնակելի ներկայության իրականությունը կյանք փոխող հետևանքներ ունեցավ նրանց ապրելակերպի վրա (տես 1 Կոր. 12.13):

Կարևոր է ընդգծել, որ չկա իրական հավատացյալ, ով չունի Սուրբ Հոգին: Սարսափելի սխալ է, որ հիսունականության մեջ շատերի կողմից ողբերգականորեն առաջ է քաշվել այն պնդումը, որ մարդը կարող է ինչ-որ կերպ փրկվել, սակայն չըստանալ Սուրբ Հոգին: Հոգու աշխատանքից զերծ, ոչ ոք չի կարող լինել այլ կերպ, քան թշվառ մեղավորը: Կրկնելով Պողոսի հայտարարությունը Հռոմեացիներ 8.9-ում. «Եթե որևէ մեկը չունի Քրիստոսի Հոգին, նա Իրենը չէ»: Պարզ ասած, նրանք, ովքեր չունեն Սուրբ Հոգին, չեն պատկանում Քրիստոսին: Իսկական հավատացյալները՝ մարդիկ, որոնց մեջ Սուրբ Հոգին բնակվում է, այլ կերպ են մտածում, խոսում և գործում: Նրանք այլևս չեն բնութագրվում աշխարհի հանդեպ սիրով. փոխարենը, նրանք սիրում են Աստծո բաները: Այդ փոխակերպումը վկայում է Հոգու զորության մասին, որը գործում է նրանց կյանքում, ում մեջ Նա բնակվում է:

Սուրբ Հոգին կնքում է փրկությունը հավիտյան

Աստվածաշունչը հստակ ձևակերպում է, որ մեղավորներն, որոնք փրկագնված են, երբեք չեն կարող կորցնել իրենց փըրկությունը: Հռոմեացիներ 8.30-ի անկոտրում շղթան ցույց է տալիս, որ բոլոր նրանք, ում Աստված արդարացնում է, փառավորվելու են: Ինչպես Տեր Հիսուսն Ինքն է ասել. «Իմ ոչխարները լսում են Իմ ձայնը, և Ես ճանաչում եմ նրանց, և նրանք հետևում են Ինձ: Եվ Ես նրանց հավիտենական կյանք եմ տալիս, և նրանք երբեք չեն կորչի, ոչ ոք նրանց իմ ձեռքից չպիտի խլի: Իմ Հայրը, որ նրանց Ինձ տվեց, բոլորից մեծ է, և ոչ ոք չի կարող խլել նրանց Իմ Հոր ձեռքից» (Հովհ. 10.27–29):

Պողոս առաքյալը կրկնեց այդ մեծ իրականությունը Հռոմեացիների 8-րդ գլխի վերջում, որտեղ նա գրում է. «Որովհետև հաստատ գիտեմ, որ ո՛չ մահը, ո՛չ կյանքը, ո՛չ հրեշտակները, ո՛չ իշխանությունները, ո՛չ զորությունները, ո՛չ ներկա բաները, ո՛չ գալիք բաները, ո՛չ բարձրությունը, ո՛չ խորությունը, ո՛չ էլ որևէ այլ ստեղծված բան չեն կարող մեզ բաժանել Աստծո սիրուց, որ մեր Տեր Հիսուս Քրիստոսի մեջ է» (հ. 38–39): Ոչ մի մարդ կամ ուժ երբևէ չի կարող խզել Աստծո և Նրան պատկանողների միջև կապը:

Սուրբ Հոգին անձամբ է երաշխավորում այդ փաստը: Ինչպես Պողոսն ասաց եփեսացիներին. «Նրանով դուք էլ հուսացիք, երբ ճշմարտության խոսքը լսեցիք՝ ձեր փրկության Ավետարանը, որին հավատացիք, խոստացված Սուրբ Հոգով կնքվեցիք, որը մեր ժառանգության գրավականն է մինչև ժողովրդի փրկությունը, որպեսզի Նրա փառքը գովերգենք» (Եփ. 1.13–14): Հավատացյալները կնքվում են Սուրբ Հոգով մինչև փրկագնման օրը: Նա ապահովում է նրանց հավիտենական փառքի համար:

Կնիքը, որն ակնարկում է Պողոսը, ներառում էր նամակի, պայմանագրի կամ այլ պաշտոնական փաստաթղթի վրա դրված՝ անձը հաստատող պաշտոնական նշան: Կնիքը սովորաբար պատրաստում էին փաստաթղթի վրա տաք մոմ լցնելով, այնուհետև դրոշմելով մատանիով: Արդյունքում կնիքը պաշտոնապես ներկայացնում էր նրա լիազորությունները, ում պատկանում էր ստորագրությունը:

Հռոմեական կնիքը վավերականություն, անվտանգություն, սեփականություն և իշխանություն էր փոխանցում: Եվ Աստծո Հոգին ներկայացնում է այդ նույն իրողություններն Իր զավակների կյանքում: Նրանք, ովքեր ստացել են Սուրբ Հոգին, կարող են վստահ լինել, որ իրենք իսկապես փրկված են (վավերականություն) և որ փրկությունը երբեք չեն կարող կորցնել կամ գողանալ նրանցից (անվտանգություն): Ավելին, Հոգու ներկայությունը նրանց կյանքում ցույց է տալիս, որ Աստված նրանց Տերն ու Տիրակալն է (սեփականություն): Երբ նրանք առաջնորդվեն Հոգու կողմից, նրանք Քրիստոսի հանդեպ հնազանդության կյանք կցուցաբերեն (իշխանություն): Այս ամենը Հոգու կնքման աշխատանքի մի մասն է:

Հոգին ոչ միայն վկայում է, որ հավատացյալներն Աստծո զավակներն են (Հռ. 8:16), այլ նաև երաշխավորում է, որ նրանք երբեք չեն հեռացվի ընտանիքից: Ավելին, Նա ապահովում է նրանց ապագա հարությունը կյանքի համար: Ինչպես Հռոմեացիս 8.11-ում է բացատրվում. «Եթե Նրա Հոգին, ով հարություն տվեց Հիսուսին մեռելներից, բնակվում է ձեր մեջ, Նա, ով հարություն տվեց Քրիստոսին մեռելներից, նույնպես կյանք կտա ձեր մահկանացու մարմիններին Իր Հոգու միջոցով, որը բնակվում է ձեր մեջ»:

Ցավոք սրտի, շատ խարիզմատիկ խմբեր ամբողջովին բաց են թողնում Սուրբ Հոգու այս իրական ծառայությունը: Հոգու ապահովության մեջ հանգստանալու փոխարեն՝ նրանք սովորեցնում են, որ հավատացյալները կարող են կորցնել իրենց փրկությունը: Արդյունքում, նրանց ժողովուրդն ապրում է անորոշ ապագայի մշտական վախով և հրաժարվում է Սուրբ Հոգուն պատիվ տալուց, որը հավատացյալներին ապահով է պահում:

Ինչպիսի՜ ազատություն և ուրախություն կա Հոգու իրական ծառայության բացահայտման մեջ. կնքել նրանց, ովքեր պատկանում են Իրեն: Ի վերջո, ընկած աշխարհում կյանքի իրականությունն այն է, որ մենք բոլորս մի օր մահանալու ենք: Բայց մեր մահվան օրը ավելի լավ կլինի, քան մեր ծննդյան օրը, քանի որ առաջին անգամ մենք ծնվեցինք մեղքի մեջ: Բայց երբ մեռնենք, մենք արթնանալու ենք Քրիստոսի փառավոր ներկայության մեջ (2 Կոր. 5:8): Եվ հարության օրը Սուրբ Հոգին հարություն կտա հավատացյալներին մեռելներից՝ տալով նրանց նոր, փառավորված մարմիններ, որոնք հավերժ բնակվելու են Նոր Երկրի վրա (2 Պետ. 3.13; Հայտ. 21.1, 22–27):

Ուրախանալով Հոգու փրկարար աշխատանքով

Սուրբ Հոգին ներգրավված է փրկության բոլոր ասպեկտներում՝ արդարացումից (1 Կոր. 6.11) մինչև սրբացում (Գաղ. 5.18–23) և փառաբանություն (Հռ. 8.11): Այնուամենայնիվ, հատուկ և եզակի ձևերով Աստվածաշունչն ընդգծում է Նրա աշխատանքը դատապարտելու, վերստին ծնունդ տալու, դարձի բերելու, որդեգրելու, բնակվելու և ապահովվելու գործում:[6]

Որպես փրկագնվածներ՝ մեր պատասխանը փրկության հրաշքին պետք է լինի հիասքանչ երկրպագությունը՝ գովաբանելով Աստվածության յուրաքանչյուր անդամի՝ փրկագնման փառահեղ իրագործման մեջ ունեցած Իր մասնակցության համար: Ճիշտ է երկրպագել Հորը Նրա ընտրյալ սիրո համար՝ նախասահմանելով մեր փրկությունն աշխարհի հիմնադրումից առաջ: Ճիշտ է երկրպագել Որդուն Նրա կատարյալ զոհաբերության համար՝ ապահովելով այն միջոցները, որոնցով ընկած տղամարդիկ և կանայք կարող են հաշտվել Աստծո հետ: Եվ հավասարապես պահանջվում է, որ մենք երկրպագենք Սուրբ Հոգուն մեղավորների փրկության գործում Նրա ակտիվ դերակատարության համար՝ կյանք հաղորդելով մահացած սրտերին և տեսողություն՝ հոգևորապես կույր աչքերին:

Որքա՜ն պերճախոս է պուրիտան Թոմաս Գուդվինի ձևակերպումը.

> Մարդու հաղորդակցությունն ու խոսակցությունը... երբեմն Հոր, հետո Որդու և Սուրբ Հոգու հետ է. երբեմն նրա սիրտը ցանկանում է դիտարկել Հոր ընտրյալ սերը, իսկ հետո՝ Քրիստոսի փրկագնող սերը, այնուհետև՝ Սուրբ Հոգու սերը, որը քննում է Աստծո խորը բաները և բացահայտում դրանք մեզ, և տանում բոլոր ցավերը, և այսպիսով, մարդը հստակորեն անցնում է մի վկայությունից մյուսը: [Վստահությունը] գիտելիք չէ՝ հիմնված փաստարկի կամ բացառման վրա, որով մենք ենթադրում ենք, որ եթե մեկը սիրում է ինձ, ապա մյուսն էլ է սիրում ինձ, բայց այն ինտուիտիվ է՝ կախված նրանից, թե ինչպես ես կարտահայտեմ այն, և մենք երբեք չպետք է գոհ լինենք մինչև բոլոր երեք անձինք հանգրվանեն մեր մեջ և բնակություն հաստատեն մեզ հետ, և մենք կնստենք նրանց ներկայության մեջ, մինչ նրանք կարտահայտեն իրենց սերը մեր նկատմամբ:[7]

Թեև նա ապրել է տասնյոթերորդ դարում, Գուդվինի տեսակետն այսօր էլ կարևոր է եկեղեցու համար: Հավատացյալները պետք է հասկանան Երրորդության յուրաքանչյուր անդամի աշխատանքը, որպեսզի առավելագույնս լիարժեք երկրպագեն Աստծուն: Փոխառենք Գուդվինի խոսքերը. «Մենք երբեք չպետք է գոհ լինենք մինչև բոլոր երեք անձինք հանգրվանեն մեր մեջ»: Որքա՜ն գեղեցիկ միջոց է արտահայտելու այդ վեհ ճշմարտությունը, որ մենք պետք է «նստենք, ինչպես դա լիներ նրանց ներկայության մեջ» և զարմանքով խորհենք Հոր, Որդու և Սուրբ Հոգու կողմից մեր հանդեպ ցուցաբերած ան-

սահման սիրո մասին: Նման փառահեղ մտորումները ճշմա-
րիտ երկրպագության հիմքն են:

Ավելորդ է ասել, որ նման մտորումները լիովին գերազան-
ցում են ցանկացած տեսակի իռացիոնալ էքստազի կամ ան-
միտ խարիզմատիկ փորձառության: Երկուսն էլ կարող են հու-
զական արձագանք առաջացնել, բայց միայն մեկն է հիմնված
ճշմարտության վրա: Իսկական երկրպագությունը պահան-
ջում է և հոգի, և ճշմարտություն (Հովհ. 4:23): Սրանից պակաս
ամեն բան սրբապիղծ կեղծիք է:

275

Տասներորդ

Հոգին և սրբացումը

Ի՞նչ է նշանակում լցվել Հոգով: Իսկ որո՞նք են այն ակնհայտ իրողությունները, որոնք նշանավորում են Հոգով լցված քրիստոնեական կյանքը: Այս գլխում մենք կփորձենք գտնել այդ հարցերի պատասխաններն Աստծո խոսքում: Բայց նախ՝ եկեք ուսումնասիրենք խարիզմատիկ մոտեցումը:

Քանի որ նրանք, ովքեր պնդում են, որ ունեն «Հոգով լըցված քրիստոնյաներ» տիտղոսի առաջնային, եթե ոչ բացառիկ իրավունքը, խարիզմատիկները միշտ սահմանում են Հոգով լցված լինելը էքստատիկ փորձառությունների տեսանկյունից: Ընդհանուր բացատրությունը, հատկապես դասական հիսունականների կողմից, կենտրոնանում է ժամանակակից լեզուներով խոսելու վրա: Պենտեկոստական հեղինակներից մեկի խոսքերով. «Երբ մենք լցվում ենք Հոգով, այս պարգևի արտաքին դրսևորումը լեզուներով խոսելն է»:[1] Այնուամենայնիվ, ինչպես տեսանք 7-րդ գլխում, լեզուների ժամանակակից «պարգևն» անհեթեթ կեղծիք է. այն ոչ մի կապ չունի Նոր Կտակարանում նկարագրված լեզուների հնագույն պարգևի հետ: Խարիզմատիկները սխալվում են, երբ Հոգով լցված լինելը կապում են անհեթեթություն խոսելու հետ:

Իհարկե, լեզուներ խոսելը խարիզմատիկ պարադիգմում Հոգով լցվելու միակ ենթադրյալ նշանը չէ, ոչ էլ ամենադրամատիկականը: Նույնիսկ ավելի ապշեցուցիչ է «Հոգու մեջ հանգըստանալը» կամ «Հոգու զորության տակ ընկնելը». մի երևույթ, որն ավելի հաճախ կոչվում է «Հոգով սպանվել»: Նրանք, ովքեր տարվում են, դրսևորում են էքստազային վարքագիծ՝ սովորաբար մեռածի պես ընկնելով հատակին: Ուրիշ ժամանակ «Հոգով հաղթահարվածներն» արձագանքում են անզուսպ ծիծաղով, խառը աղաղակներով, անկանոն կծկումներով և հարբած լինելու տարօրինակ ախտանիշներով:[2] Ոչ մի վարքագիծ չի համարվում չափազանց տարօրինակ՝ վերագրվելու Սուրբ Հոգու «սպանող» զորությանը:

Համոզված լինելով, որ դա Հոգով լցված լինելու արդյունք է, խարիզմատիկները խանդավառությամբ հավանություն են տալիս «Հոգով սպանված լինելու» գործելակերպին: Խարիզմատիկ գրականությունը առատ է երևույթի օրինակներով, որոնք բոլորը ներկայացված են դրական լույսի ներքո: Ահա տիպիկ օրինակ.

> Մենք խնդրեցինք Սուրբ Հոգուն, որ գա և նորից լըցնի նրան: Հանկարծ դա տեղի ունեցավ: Ջեյմսը նորից ընկավ հատակին՝ գլորվելով և լաց լինելով և ձեռքերը սեղմելով դեմքին: Սուրբ Հոգին ուժի հզոր ջրհեղեղով էր եկել՝ շտապելով դեպի վիրավոր տեղերը և լցնելով նրան Իր փառքով: Ջեյմսը ծիծաղեց: Նա լացեց ...Նրա դեմքը կարմրեց փառքից, և նրա մարմինը ցնցվեց Աստծո զորության ներքո: Եվ երբ նա վերջապես իջավ հատակին, ինչպես Պենտեկոստեի օրը, նա հարբեց Սուրբ Հոգով:[3]

Մյուս տեսակետները նույնքան գունեղ են: Հոգեգալըստական մի այցելու խանդավառությամբ հայտնում է, որ Հոգու ենթադրյալ ազդեցության տակ նա հայտնվեց իր մեջքի վրա, արտասանելով հիացական խոսքեր և սահեց եկեղեցու նստարանների տակ, մինչև վերջապես հասավ ճեմասրահ:[4]

Մի կաթոլիկ խարիզմատիկ հավատքի բժիշկ պնդում է, որ իր հանդիպումներից մեկում մի կույր կին Հոգով սպանվել է իր գերմանական հովվաշան հետ միասին:[5] Խարիզմատիկ մարգարեուհին հիշում է, որ պառկել էր եկեղեցու ժողովի հատակին՝ ամաչելով այն փաստից, որ նա անզուսպ ծիծաղում էր, երբ իրեն «պայթեցրեց» Սուրբ Հոգու զորության ալիքը:[6] Եվ Երրորդ ալիքի հովիվը պատմում է մի ժամերգության մասին, որտեղ հարյուրից ավելի մարդ անսպասելիորեն վրաերթի է ենթարկվել: Նա գրել է. «Երբ մարդիկ ժամանեցին երկրորդ ծառայության համար, նրանք չէին հավատում իրենց աչքերին: Աստծո կողմից հաղթահարված մարմինները թափված էին հատակին: Ոմանք ծիծաղում էին, ոմանք՝ դողում»[7]:

Բենի Հինը, որն իր բժշկության ծառայություններին կիրառում է «Հոգով սպանվելը», նմանատիպ հեքիաթներ է առաջարկում: Անդրադառնալով Հարավային Ամերիկայում եռօրյա հրաշք խաչակրաց արշավանքին՝ Հինը գրել է. «Իմ ուղերձի կեսին ես զգացի, որ Սուրբ Հոգու զորությունը շարժվում է ծառայության մեջ: Ես զգացի Նրա ներկայությունը, դադարեցրի քարոզը և ասացի մարդկանց. «Նա այստեղ է»: Հարթակի վրա գտնվող ծառայողները և հանդիսատեսը նույն բանն էին զգում. այն նման էր քամու պոռթկման, որը ներս մտավ և պտտվեց այդ վայրում: Մարդիկ ոտքի կանգնեցին գովասանքի ինքնաբուխ պոռթկումով: Բայց նրանք երկար չդիմացան: Բոլոր մարդիկ սկսեցին փլվել և ընկնել հատակին Սուրբ Հոգու զորության ներքո»:[8] Մեկ այլ հանդիպման մասին, Հինն ասում է. «Այդ երեկո հարյուրավոր մարդիկ հավաքվեցին կենտրոնում: Կարճ ուղերձից հետո Հոգին ինձ առաջնորդեց առաջ կանչել մարդկանց: Առաջինը, որ արձագանքեցին, վեց մեծ հոլանդացիներ էին. նրանք բարձրացան ինձ մոտ: Ես աղոթեցի և, բո՜ւմ, իջավ, նրանք բոլորն ընկան»:[9]

Ընկնել հատակին, անզուսպ ծիծաղել, անհեթեթություններ խոսել և հարբած գործել՝ արդյո՞ք Հոգով լցված քրիստոնյա լինելն այդպիսի տեսք ունի: Ի՞նչ կարելի է ասել մարդկանց մասին, ովքեր օրերով կանգնել են արձանների պես սառած կամ նրանց, որոնք, ըստ տեղեկությունների, բարձրացել են եկեղեցում՝ Հոգու ենթադրյալ զորության ներքո:[10] Թեև խարիզմատիկները այդ տեսակի հիպնոսական վարքագիծը կապում են Սուրբ Հոգու հետ, ճշմարտությունն այն է, որ դա կապ չունի Նրա հետ: Սուրբ Գիրքը լի է խարդախ նշանների և հրաշքների մասին նախազգուշացումներով:

Հիսուսն ասաց. «Կեղծ քրիստոսներ և սուտ մարգարեներ կբարձրանան և մեծ նշաններ ու հրաշքներ կցուցադրեն՝ խաբելու, եթե հնարավոր է, նույնիսկ ընտրյալներին: Ահա, ես նախապես ասում եմ ձեզ» (Մատթ. 24.24, տես 7.22, Մարկ. 13.22, 2 Թես. 2.7–9, Հայտ. 13.13–14): Հիսուսն ակնհայտորեն ակնկալում էր, որ մենք լրջորեն կվերաբերվեինք այդ նախազգուշացումներին և կզգուշանայինք այն դյուրահավատությունից, որ Բենի Հինը և այլ խարիզմատիկ հրաշագործներ միտումնավոր խրախուսում են:

Ինչպես տեսանք, մարգարեության, լեզուների և բժշկության ժամանակակից խարիզմատիկ տարբերակները բոլորն էլ աստվածաշնչյան իսկական պարգևների կեղծ ձևեր են: Բայց «հոգով սպանված» լինելը ժամանակակից խարիզմատիկ հորինվածք է: Այս պրակտիկան Աստվածաշնչում ոչ մի տեղ չի հիշատակվում. այն ամբողջովին զուրկ է սուրբգրային երաշխիքից: Ժամանակակից ֆենոմենը դարձել է այնքան սովորական և հանրաճանաչ տեսարան, որ այսօր սովորական խարիզմատիկն ընդունում է այն որպես կանոն՝ ենթադրելով, որ այն պետք է ունենա ինչ-որ հստակ աստվածաշնչյան կամ պատմական ծագում: Բայց այս երևույթը ոչ միայն իսպառ բացակայում է վաղ եկեղեցու աստվածաշնչյան արձանագրությունից, այլև ոչ մի կապ չունի Սուրբ Հոգու հետ:

Խարիզմատիկները երբեմն փորձում են պաշտպանել պրակտիկան՝ մատնանշելով Սուրբ Գրքի այն հատվածները, որտեղ մարդիկ ընկան Տիրոջ առջև (ինչպես ամբոխը, որը եկել էր ձերբակալելու Հիսուսին Հովհ. 18-ում, կամ Պողոսին՝ Դամասկոսի ճանապարհին Գործք 9.4-ում, կամ Հովհաննեսը, երբ նա հանդիպեց հարություն առած Քրիստոսին Հայտնություն 1.17-ում): Բայց այդ օրինակները ոչ մի կապ չունեն «հոգով սպանվելու» ժամանակակից երևույթի հետ:[11] Նույնիսկ *Պենտեկոստալ և խարիզմատիկ շարժումների պրոխարիզմատիկ բառարանն* է ընդունում այդ փաստը. «Աստվածաշնչի ապացույցների մի ամբողջ գումարտակ է հավաքագրված՝ երևույթի օրինականությունը պաշտպանելու համար, թեև Սուրբ Գիրքն ակնհայտորեն չի աջակցում դրան՝ որպես սպասված մի երևույթ սովորական քրիստոնեական կյանքում»:[12]

Ենթադրյալ ապացույց-տեքստերի՝ հատվածների, ուսումնասիրությունը, որոնցում անձը կամ մարդկանց խումբը վայր է ընկել Աստծո փառքի ներկայությամբ, վկայում է աստվածաշընչյան դեպքերի և ժամանակակից երևույթի միջև առնվազն երեք էական տարբերությունների մասին: Նախ՝ երբ Աստվածաշնչի մարդիկ վայր ընկան Աստծո փառքի առջև, միջնորդներ չկային, ինչպես կան ժամանակակից խարիզմատիկ ծառայություններում: Աստված (Ծնն. 17.3; 3 Թագ. 8.10–11), Տեր Հիսուս Քրիստոսը (Մատթ. 17.6; Գործք 26.14) կամ երբեմն հրեշտակն էր (Դան. 8.17; 10.8-11) ուղղակիորեն շփվում մարդկանց հետ՝ համակելով նրանց երկնային փառքով այնպես, որ նրանք ընկնում էին գետնին:[13]

Երկրորդ՝ նման հանդիպումներ շատ հազվադեպ են եղել: Նոր Կտակարանում, բացի մի քանի առաքյալներից (որոնք իրենց երեսի վրա ընկան ակնածալից երկրպագության համար, տե՛ս Մատթ. 17.6, Հայտ. 1.17), միայն անհավատներն են տապալվել այն բանից հետո, երբ բախվել են Քրիստոսի փառքին (Հովհ. 18.1–11; տե՛ս Գործք 9.4): Նման նոքաութները երբեք չեն ներկայացվում Սուրբ Գրքում որպես հավատացյալների սովորական փորձառություն: Ոչ էլ այդ տեսակետները զուգահեռ են «սպանված» լինելուն, ինչպես ցույց են տալիս ժամանակակից խարիզմատիկները:

Երրորդ, և հավանաբար, ամենակարևորը՝ Նոր Կտակարանը ներկայացնում է Հոգով զորացած վարքագիծը որպես ինքնատիրապետման դրսևորում (Գաղ. 5.22–23; 1 Կոր. 14.32), որը սթափ մտածողությամբ զգոնություն է պահպանում (1 Պետ. 1.13; 5.8) և նպաստում եկեղեցու կարգուկանոնին (1 Կոր. 14.40): Ակնհայտ է, որ էքստազային տարբեր փուլերում գետնին ընկած մարմիններ ունենալը չի համապատասխանում Աստծուն հարգող այդ հատկություններից և ոչ մեկին, ավելի շուտ՝ ճիշտ հակառակը:

Ժամանակակից երևույթն ընդգրկված է մի շարժման մեջ, որը սահմանում է հոգևորությունը այնպիսի վարքագծերի առումով, որոնք շրջանցում կամ գերազանցում են ռացիոնալությունը, ինչպիսիք են նոպաները, հիպնոսը և հիստերիան, որոնք բոլորն առաջ են մղվում որպես Հոգու իրական աշխատանք: Բայց սա Աստծո արածը չէ: Ոչ մի աստվածաշնչյան նախադեպ գոյություն չունի «Հոգով սպանված» լինելու ժամանակակից հասկացության համար, եթե, իհարկե, չբացառենք Անանիային և Սափիրային, որոնք Նրա կողմից բառացիորեն սպանվեցին իրենց կանխամտածված խաբեության համար (Գործք 5.5, 10):

Իրականում, ժամանակակից խարիզմատիկ երևույթը բնութագրող անհանգստությունը ավելի շատ հեթանոսական գործելակերպ է արտացոլում, քան քրիստոնեական որևէ երևույթ:[14] Այս պրակտիկայի հետ զուգահեռներ հեշտությամբ կարելի է գտնել կեղծ կրոններում և պաշտամունքային խմբերում: Ինչպես բացատրում է Հենք Հանեգրաաֆը.

> «Հոգով սպանվելու» երևույթն ավելի շատ ընդհանրություններ ունի օկուլտիզմի, քան աստվածաշնչյան աշխարհայացքի հետ: Ինչպես անկեղծորեն խոստովանում է «հոգով սպանված» պրակտիկանտ Ֆրենսիս ՄաքՆաթն իր «Հոգով հաղթահարված» գրքում, այս երևույթն արտաքուստ նման է «վուդուի և այլ կախարդական ծեսերի դրսևորմանը» և «այսօր հանդիպում է արևել.ի տարբեր աղանդների, ինչպես նաև Աֆրիկայի և Լատինական Ամերիկայի նախնադարյան ցեղերի մեջ»:[15]

Խոսելով դիվահարության մասին ցեղային Աֆրիկայում՝ միսիոլոգ Ռիչարդ Ջ. Գեհմանը հայտնում է. «Երբ ինչ-որ մեկը բռնվում է, նա դրսևորում է անսովոր ուժեր, փոխվում է անհատականությունը, և մարդը հայտնվում է հոգու կամ հոգիների լիակատար վերահսկողության ներքո: Այս մեթոդները նաև հիշեցնում են մեզ նույն երևույթների մասին, որոնք տեղի են ունենում խարիզմատիկ քրիստոնյաների մոտ, որոնք «սպանվում են Հոգով»: Հիպնոսային զորությունների միջոցով նրանք ընկնում են էքսազի մեջ և ապրում ուրախության անարտահայտելի զգացումներ»:[16]

Զուգահեռներ կան նաև մորմոնիզմի նման աղանդավոր խմբերում: Ոչ այլ ոք, քան մորմոնների հիմնադիր Ջոզեֆ Սմիթն անձամբ է զգացել այդ երևույթը: Ինչպես բացատրում են հեղինակներ Ռոբ և Քեթի Դացկոները. «Հոգով սպանված» լինելը Ջոզեֆ Սմիթի ունեցած փորձառությունն է և նկարագրված է Ջոզեֆ Սմիթի պատմություն 1.20 հատվածում: Երբ լույսը հեռացավ, ես ուժ չունեի, բայց շուտով, որոշ չափով ապաքինվելով, ես գնացի տուն»:[17] Հեղինակները շարունակում են բացատրել. «Մորմոնի գրքում բազմաթիվ մարդիկ սպանվեցին Հոգով: ... Հոգով սպանված լինելու փորձառությունը, հետևաբար, բացառիկ չէ [խարիզմատիկ քրիստոնեության] համար, այլև գրանցված է ինչպես Վերջին օրերի սրբերի գրություններում, այնպես էլ պատմության մեջ»:[18] Ոչ քրիստոնեական նման զուգահեռները բացահայտում են լուրջ հոգևոր վտանգը, որը բնորոշ է այս փորձառության խարիզմատիկ տարբերակներին:

Այս ամենը տեղին հարց է առաջացնում. եթե Սուրբ Հոգին չէ ժամանակակից «սպանությունների» հետևում կանգնած ուժը, ապա ո՞վ է: Շատ դեպքերում, երևույթը, հավանաբար, հոգեբանական մանիպուլյացիայի արդյունք է, որն առաջացել է հուզական ակնկալիքներով, հասակակիցների ճնշման, խմբային դինամիկայի և մանիպուլյատիվ մեթոդների հետևանքով, որոնք օգտագործվում են հավատքի բժիշկների և խարիզմատիկ առաջնորդների կողմից: Բայց երևույթի համար կարող է լինել նաև ավելի չարաբաստիկ բացատրություն: Ինչպես իրավացիորեն զգուշացնում է քրիստոնյա ապոլոգիստ Ռոն Ռոդսը. «Խավարի զորությունները նույնպես կարող են ներգրավված լինել այս փորձառության մեջ (2 Թես. 2.9): Արևելյան կրոններին պատկանող որոշ մարդիկ պըն-դում են, որ կարող են մարդկանց ուշագնացության հասցնել միայն նրանց դիպչելով»:[19]

Նույնիսկ որոշ մտածող խարիզմատիկների շրջանում «Հոգով սպանված» լինելու պրակտիկան քննադատության է արժանացել: Խոսելով հավատքի բժիշկների կողմից դրա օգտագործման մասին՝ Մայքլ Բրաունը լուրջ մտահոգություններ է հայտնում. «Ինչ-որ բան այն չէ: *Մարդկանց մեծամասնությունը հիվանդ է, երբ ընկնում է... և հիվանդ է, երբ վեր է կենում:* Թեև տառապող մարդիկ փլուզվում են և ցնցվում, Աստծո էությունը կարծես թե մասնակից չէ այս ամենին: Օծումը, կամ գոնե այն, ինչ մենք անվանում ենք օծություն, բավականաչափ ուժեղ էր, որպեսզի տապալեր նրանց, բայց ոչ այնքան ուժեղ, որ վերականգներ: Նրանք ստացան իրենց հուզմունքը, բայց այդքան էլ լավ չստացվեց: Սա՞ է Աստծո զորությունը»:[20] Նրա հռետորական հարցի պատասխանն ակնհայտ է: *Խարիզմա* ամսագրի խմբագիր Ջ. Լի Գրեդիի քննադատությունն էլ ավելի կործանարար է: Ընդլայնված բաժնում նա գրել է.

> Այս երևույթը կարող է հաճախ կեղծվել: Եվ մենք պետք է ափսոսանք կեղծիքի համար: ... Մենք երբեք չպետք է օգտագործենք օծությունը ամբոխը շահարկելու համար: Մենք երբեք չպետք է կեղծենք Աստծո զորությունը, որպեսզի ստիպենք ուրիշներին զգալ, որ մենք օծված ենք: Եթե մենք դա անում ենք, մենք վերցնում ենք ինչ-որ սուրբ բան և դարձնում այն սովորական և չնչին: Եվ արդյունքում սուրբ կրակը դառնում է այլ բան՝ «օտար կրակ», որը սրբացնելու զորություն չունի:
>
> Հենց այս տարօրինակ հրդեհն է այսօր տարածվում: Որոշ խարիզմատիկ եկեղեցիներում մարդիկ բեմ են բարձրանում և միմյանց վրա նետում երևակայական «օծման հրե գնդիկներ», իսկ հետո վայր են ընկնում՝ ձևացնելով, թե սպանված են աստվածային զորության գնդերից: Մի երիտասարդ շրջագայող քարոզիչ մարդկանց խրախուսում է զոհասեղանին մոտենալիս ձևական ասեղներ ներարկել իրենց, որպեսզի կարողանան «բարձրանալ Հիսուսով»: Նա իրականում Հոգով լցված լինելը համեմատում է կոկաին ընդունելու հետ. նա նաև մսուրի տեսարանից պլաստիկ արձանիկ է դնում իր բերանում և խրախուսում է մարդկանց «ծխել մանուկ Հիսուսին», որպեսզի նրանք կարողանան զգալ «Եհովա-խուանա», որը վերաբերում է մարիխուանային: Սա

ավելի լուրջ է, քան Աստծո բաները մանրացնելը: Սա նույնն է, ինչ Տիրոջ անունն իզուր արտաբերելը:

Ես ներկա եմ եղել նաև այլ հանդիպումների, որտեղ կանայք ոտքերը բացած պառկած էին հատակին: Նրանք բարձր հառաչանքներ էին հնչեցնում և պնդում էին, որ աղոթում և «Հոգով ծնվում են», կարծես թե Աստված իրենց կառաջնորդեր այդպիսի անպարկեշտ բան անել հասարակական վայրում:

Աստված օգնական լինի մեզ: Մենք Աստծո սուրբ կրակը վերածել ենք կրկեսի կողմնակի շոուի, և միամիտ քրիստոնյաները տրվում են դրան՝ չհասկանալով, որ նման նենգություններն իրականում հայհոյանք են:[21]

Քանի որ այս տեսակ տարօրինակ խեղկատակությունները ծաղրում են Սուրբ Հոգու ճշմարիտ զորությունն ու լիությունը, *իրականում* ի՞նչ է նշանակում լցված լինել Հոգով: Հաջորդ էջերում մենք կքննարկենք այդ հարցի պատասխանը, երբ նայենք Հոգու աշխատանքին Իր սրբերին մաքրագործելու հարցում՝ նրանց համապատասխանեցնելով Փրկչի կերպարին:

Լինելով Հոգով լցված

Հոգով լցվելու վերաբերյալ Նոր Կտակարանի հիմնական հատվածը Եփեսացիս 5.18-ն է, որտեղ Պողոսը գրել է. «Մի՛ հարբեք գինով, որի մեջ անառակություն կա, այլ լցվե՛ք Հոգով»: Ի տարբերություն հարբեցողության, որը դրսևորվում է իռացիոնալ և վերահսկողությունից դուրս պահվածքով, նրանք, ովքեր Հոգով են լցված, գիտակցաբար ենթարկվում են Նրա սուրբ ազդեցությանը:

Հատկանշական է, որ «լցվել» հրամանը ներկա ժամանակով է, ինչը ցույց է տալիս, որ սա շարունակական փորձառություն է յուրաքանչյուր քրիստոնյայի կյանքում: Ինչպես արդեն տեսանք, բոլոր հավատացյալները փրկության պահին մկրտվում (1 Կոր. 12.13; Գաղ. 3.27), բնակեցվում (Հռ. 8.9) և կնքվում են (Եփ. 1.13) Սուրբ Հոգով:[22] Այդ իրողությունները լինում են միայն մեկ անգամ: Բայց եթե հավատացյալներն ուզում են աճել քրիստոսանմանությամբ, նրանք պետք է անընդհատ լցվեն Հոգով, թույլ տալով, որ Նրա զորությունը թափանցի իրենց կյանքի մեջ այնպես, որ այն ամենը, ինչ նրանք մտածում են, ասում և անում, արտացոլի Նրա աստվածային ներկայությունը:

Գործք Առաքելոց գիրքը մի քանի օրինակ է տալիս այն փաստի մասին, որ Հոգով լցված լինելը կրկնվող փորձառություն է:[23] Թեև Պենտեկոստեի օրը նա սկզբում լցված էր, Պետ.ը կրկին լցվեց Հոգով Գործք Առաքելոց 4.8 համարում, երբ նա քաջաբար քարոզում էր Սինեդրիոնի առջև: Նույն մարդկանցից շատերն, ովքեր լցված էին Հոգով Գործք Առաքելոց 2-ում, կրկին լցվեցին Գործք Առաքելոց 4.31-ում, որտեղ «նրանք համարձակությամբ խոսեցին Աստծո խոսքը»: Գործք 6.5-ում Ստեփանոսը նկարագրվում է որպես «հավատքով և Սուրբ Հոգով լի մարդ»: Գործք 7.55-ը կրկնում է այն փաստը, որ նա «լի էր Սուրբ Հոգով», երբ նա իր բուռն պաշտպանությունն էր հայտնում զայրացած կրոնական առաջնորդների առջև:

Պողոս առաքյալը Հոգով լցվեց Գործք 9.17-ում, իր դարձից անմիջապես հետո և կրկին Գործք 13.9-ում, երբ համարձակորեն առերեսվեց կեղծ մարգարե Ելիմասին: Երբ լցվեցին Սուրբ Հոգով, առաքյալները և նրանց գործընկերները զորություն ստացան եկեղեցում հավատակիցներ կառուցելու (տես Գործք Առաքելոց 11.22–24) և անվախորեն հռչակելու Ավետարանը, նույնիսկ եթե աշխարհի կողմից դաժան հալածանք լինի եկեղեցու հանդեպ: (հմմտ. Գործք 13.52):

Երբ մենք դիտարկում ենք Նոր Կտակարանի նամակները, որտեղ հավատացյալներին եկեղեցական կյանքի համար նախատեսված հրահանգներ են տրված, մենք գտնում ենք, որ Հոգով լցված լինելը դրսևորվում է ոչ թե հիացական փորձառությունների, այլ հոգևոր պտղի դրսևորման միջոցով: Այլ կերպ ասած՝ Հոգով լցված քրիստոնյաները ցուցադրում են Հոգու պտուղը, որը Պողոսը նույնացնում է «սիրո, ուրախության, խաղաղության, երկայնամտության, քաղցրության, բարության, հավատի, հեզության, ժուժկալության» հետ (Գաղ. 5.22–23): Նրանք «առաջնորդվում են Հոգով» (Հռ. 8.14), այսինքն՝

նրանց վարքն առաջնորդվում է ոչ թե իրենց մարմնական ցանկություններով, այլ Սուրբ Հոգու սրբագործող զորությամբ: Ինչպես Պողոսը բացատրեց Հռոմեացիս 8.5–9 հատվածներում.

> Որովհետև ովքեր ըստ մարմնի են, մարմնական բաներ են մտածում, իսկ ըստ Հոգու եղողները՝ հոգևոր: Որովհետև ըստ մարմնի խորհելը մահ է, իսկ ըստ Հոգու խորհելը՝ կյանք ու խաղաղություն: Որովհետև մարմնի խորհուրդը Աստծո դեմ թշնամություն է, քանի որ Աստծո օրենքին չի հնազանդվում և չի էլ կարող: Եվ նրանք, որ մարմնին են հետևում, Աստծուն չեն կարող հաճելի լինել: Բայց դուք մարմնին չեք հետևում, այլ Հոգուն, եթե Աստծո հոգին ձեր մեջ է բնակվում: Իսկ եթե մեկը Քրիստոսի Հոգին չունի, նա Նրան չի պատկանում:

Առաքյալի միտքն այն է, որ նրանք, ովքեր լցված են Հոգով, ձգտում են հաճեցնել Աստծուն՝ հետապնդելով գործնական սրբությանը (տե՛ս 2 Կոր. 3.18, 2 Պետ. 3.18):

Ողբերգական զավեշտն այն է, որ իրեն «հոգով լցված» պիտակավորող շարժումն իր ամենաակնառու առաջնորդների կյանքում հայտնի է սեռական անբարոյականությամբ, ֆինանսական անպատշաճությամբ և ցուցադրական աշխարհիկությամբ: Ինչպես տեսանք 4-րդ գլխում, խարիզմատիկ շարժումը պարբերաբար պատվում է սկանդալներով: Անկախ նրանից, թե քանի անգամ են մարդիկ «սպանվում Հոգով» կամ «խոսում լեզուներով»՝ նրանց կյանքի պտուղն է բացահայտում նրանց սրտի իրական էությունը: Նրանք, ում վարքագիծը բնութագրվում է մարմնի գործերով (Գաղ. 5.19–21), լցված չեն Հոգով, անկախ նրանից, թե որքան էքստատիկ դրվագներ են նրանք վերապրել՝ ըստ իրենց պնդման:

Եփեսացիս 5.18-ում հավատացյալներին Հոգով լցվել պատվիրելուց հետո Պողոսը շարունակում է հաջորդ հատվածներում՝ տալով կոնկրետ օրինակներ, թե ինչ տեսք ունի դա: Նրանք, ովքեր լցված են Հոգով, բնութագրվում են երկրպագության մեջ ուրախ երգեցողությամբ (5.19), երախտագիտությամբ լի սրտերով (5:20) և ուրիշների հանդեպ անձնուրացությամբ (5.21): Եթե նրանք ամուսնացած են, նրանց ամուսնությունը պատվում է Աստծուն (5.22–33), եթե նրանք երեխաներ ունեն, նրանց դաստիարակությունը համբերատար կերպով բացում է Ավետարանը (6.1–4), եթե նրանք աշխատում են երկրային տիրոջ համար, նրանք քրտնաջան աշխատում են տիրոջ պատվի համար (6.5–8), և եթե նրանք ունեն իրենց համար աշխատող մարդիկ, նրանք իրենց ենթակաների հետ վարվում են բարեսրտությամբ և արդարությամբ (6.9): *Ահա, թե* ինչ է նշանակում լինել Հոգով լցված քրիստոնյա: Նրա ազդեցությունը մեր կյանքում ստիպում է մեզ ճիշտ հարաբերություններ ունենալ Աստծո և ուրիշների հետ:

Կողոսացիս 3.16–4.1 հատվածում, որը Եփեսացիս 5.18–6.9-ին զուգահեռ հատված է, Պողոսը բացատրում է, որ եթե հավատացյալները «թողնեն Քրիստոսի խոսքն առատորեն բնակվի [իրենց] մեջ», նրանք նույնպես կպատասխանեն սաղմոսներով, շարականներով և հոգևոր երգերով: Նրանք ամեն ինչ կանեն Տեր Հիսուսի անունով՝ «շնորհակալություն հայտնելով Հայր Աստծուն Նրա միջոցով»: Կանայք հնազանդ կլինեն իրենց ամուսիններին, իսկ ամուսիններն էլ իրենց հերթին կսիրեն իրենց կանանց: Երեխաները կհնազանդվեն իրենց ծնողներին, և ծնողները չեն զայրացնի իրենց երեխաներին: Ծառաները ջանասիրաբար կաշխատեն իրենց տերերի համար, իսկ տերերը կպատասխանեն՝ արդարացիորեն վերաբերվելով իրենց աշխատողներին:

Կողոսացիս 3.16-ի համեմատությունը Եփեսացիս 5.18-ի հետ ցույց է տալիս երկու հատվածների միջև անքակտելի կապը, քանի որ յուրաքանչյուր դեպքում ստացված պտուղը նույնն է: Այսպիսով, մենք կարող ենք տեսնել, որ Հոգով լցվելու պատվիրանին հնազանդվելը չի ներառում էմոցիոնալ աղմուկ կամ առեղծվածային հանդիպումներ: Այն գալիս է կարդալուց, խորհրդածելուց և Քրիստոսի խոսքին ենթարկվելուց՝ թույլ տալով, որ Սուրբ գրությունները թափանցեն մեր սրտերն ու մտքերը: Այլ կերպ ասած՝ մենք լցվում ենք Սուրբ Հոգով, երբ լցվում ենք խոսքով, որը Նա ոգեշնչել և զորացրել է: Երբ մենք մեր մտածողությունը համապատասխանեցնում ենք աստվածաշնչյան ուսմունքի հետ՝ կիրառելով դրա ճշմարտությունը մեր առօրյա կյանքում, մենք ավելի ու ավելի ենք հայտնվում Հոգու վերահսկողության ներքո:

Ուստի Հոգով լցվել նշանակում է մեր սրտերը հանձնել Քրիստոսի իշխանությանը՝ թույլ տալով, որ Նրա խոսքը տիրի մեր վերաբերմունքին և գործողություններին: Նրա մտքերը դառնում են մեր միջնորդության առարկան, Նրա չափանիշները դառնում են մեր ամենաբարձր ձգտումը, իսկ Նրա կամքը՝ մեր ամենամեծ ցանկությունը: Երբ մենք ենթարկվում ենք Աստծո ճշմարտությանը, Հոգին մեզ առաջնորդում է ապրել այնպես, որ պատվենք Տիրոջը: Ավելին, քանի որ Սուրբ Հոգին խոսքի զորությամբ մաքրագործում է առանձին սրբերին, Նա ուժ է տալիս նրանց՝ սեր ցուցաբերելու միմյանց հանդեպ Քրիստոսի միասնական մարմնի ներսում (1 Պետ. 1.22–23): Իրականում, եկեղեցու ներսում հավատակիցներին դաստիարակելու համատեքստում է, որ Նոր Կտակարանի նամակները քննարկում են Հոգու պարգևները (տես 1 Պետ. 4.10–11): Հատկանշական է, որ հոգևոր պարգևները Հոգով լցված լինելու նշան չեն: Սրբացումն է նշանը: Քանի որ հավատացյալները սրբացվում են՝ անցնելով Հոգու հսկողության տակ, նրանք պատրաստ են իրենց հոգևոր պարգևներն արդյունավետորեն օգտագործել ուրիշներին ծառայելու նպատակով:

Ամեն անգամ, երբ Նոր Կտակարանի նամակները քննարկում են հոգևոր պարգևները, շեշտը դրվում է միմյանց հանդեպ սեր դրսևորելու և ոչ երբեք ինքնագոհացման կամ ինքնագովազդման վրա (Հռ. 12; 1 Կոր. 13): Ինչպես Պողոսը բացահայտորեն ասաց կորնթացիներին. «Հոգու դրսևորումը տրվում է յուրաքանչյուրին՝ *ի շահ բոլորի*» (1 Կոր. 12.7): Թեև նշանակալից ազդեցիկ նվերները չշարունակվեցին եկեղեցու հիմնադար դարաշրջանից հետո (մի կետ, որը մենք հաստատեցինք 5–8 գլուխներում), հավատացյալներն այսօր էլ դեռ Քրիստոսի մարմինը կառուցելու նպատակով՝ ուսուցման, առաջնորդության, կառավարման և այլ շնորհների միջոցով: Ծառայելով ուրիշներին, օգտագործելով իրենց օժտվածությունը, որպեսզի շենացնեն եկեղեցին Հոգու զորությամբ՝ հավատացյալները սրբացնող ազդեցություն են ձեռք բերում իրենց հավատակից քրիստոնյաների կյանքում (Եփ. 4.11–13; Եբր. 10.24–25):

Քայլելով Հոգով

Նոր Կտակարանը նկարագրում է Հոգով լցված կյանքն՝ օգտագործելով Հոգով քայլելու անալոգիան: Պողոսն այսպես ասաց Գաղատացիս 5.25-ում. «Եթե ապրում ենք Հոգով, եկեք նաև ընթանանք Հոգով»: Ճիշտ այնպես, ինչպես քայլելը պահանջում է քայլ առ քայլ գնալ, այնպես էլ Հոգով լցվելը ներառում է ապրել Հոգու հսկողության տակ՝ մտածելով որոշում առ որոշում: Նրանք, ովքեր իսկապես Հոգով են լցված, ամեն քայլը զիջում են Նրան:

Նոր Կտակարանի ուսումնասիրությունը ցույց է տալիս, որ որպես հավատացյալներ մեզ պատվիրված է քայլել կյանքի նորության, մաքրության, բավարարվածության, հավատքի, բարի գործերի, Ավետարանի, սիրո, լույսի, իմաստության, քրիստոսանմանության և ճշմարտության մեջ:[24] Բայց որպեսզի այդ հատկությունները բնութագրեն մեր քայլվածքը, մենք նախ պետք է քայլենք Հոգով: Նա է, որ տալիս է արդարության պտուղը մեր մեջ և մեր միջոցով:

Ինչպես բացատրեց Պողոսը. «Քայլե՛ք Հոգով, և չեք կատարի մարմնի ցանկությունը: Որովհետև մարմինը հոգու դեմ է ցանկանում, և Հոգին՝ մարմնի դեմ, և դրանք հակասում են միմյանց, որպեսզի չանեք այն, ինչ ցանկանում եք» (Գաղ. 5.16–17): *Քայլելու* հասկացությունը վերաբերում է մարդու կանոնավոր ապրելակերպին: Նրանք, ում կյանքը բնութագրվում է մարմնով քայլելով, ցույց են տալիս, որ դեռևս փրկված չեն: Ի հակադրություն՝ նրանք, ովքեր քայլում են Հոգով, վկայում են այն փաստի մասին, որ իրենք պատկանում են Քրիստոսին:

Հռոմեացիս 8.2–4-ում Պողոս առաքյալը մանրամասնեց այդ նույն թեման. «Որովհետև Քրիստոս Հիսուսով կենարար Հոգու օրենքը մեզ ազատեց մեղքի և մահվան օրենքից: Այն, ինչ անհնար էր օրենքի համար, քանի որ մարմինն այն տկար էր դարձնում, Աստված հնարավոր դարձրեց՝ ուղարկելով Իր

Որդուն մեղավոր մարմնի նմանությամբ ու մեղքի համար, և մեղքը դատապարտեց այդ մարմնի մեջ, որպեսզի օրենքի արդարությունը կատարվի մեր մեջ, որ ոչ թե ըստ մարմնի ենք վարվում, այլ ըստ Հոգու»:

Քանի որ մեղքի զորությունը ջախջախված է հավատացյալների համար, նրանք կարող են կատարել Աստծո օրենքը Սուրբ Հոգու զորությամբ: Որպես մարդիկ, որոնք քայլում են ըստ Հոգու, նրանք կարող են անել այնպիսի բաներ, որոնք հաճելի են Աստծուն: Ընդհակառակը, չփրկագնվածները թշնամաբար են տրամադրված Աստծո հանդեպ և գերակշռում են մարմնական հետապնդումներով (տե՛ս հ. 5–9):

Տերը հիանում է Իրեն պատկանողների բարոյական և հոգևոր գերազանցությամբ (Տիտ. 2.14): Ինչպես Պողոսն ասաց եփեսացիներին. «Որովհետև մենք Նրա գործն ենք՝ ստեղծված Քրիստոս Հիսուսով բարի գործերի համար, որոնք Աստված նախապես պատրաստեց, որ մենք քայլենք դրանցով» (Եփ. 2:10): Պետ.ը կրկնեց այդ ճշմարտությունը հետևյալ խոսքերով. «Ինչպես Նա, ով կանչեց ձեզ սուրբ է, դուք նույնպես սո՛ւրբ եղեք ձեր բոլոր վարքերում, որովհետև գրված է. «Սո՛ւրբ եղեք, որովհետև Ես սուրբ եմ»» (1 Պետ. 1.15–16; տե՛ս Եբր. 12.14): Գործերից զատ, վերածնվելով շնորհքով, հավատացյալներն անհամբեր ցանկանում են հետևել Քրիստոսին (1 Թես. 1.6), և Սուրբ Հոգին նրանց հնարավորություն է տալիս այդպես վարվելու: Այսպիսով, նրանց խորը ուրախությունն է՝ Հոգու զորությամբ «ուրանալ անաստվածությունը և աշխարհիկ ցանկությունները և ապրել խելամտորեն, արդարությամբ և աստվածավախությամբ ներկա դարում» (Տիտ. 2.12):

Իհարկե, դա չի նշանակում, որ քրիստոնյաներն այլևս չեն պայքարում մեղքի և գայթակղության դեմ: Թեև մենք Քրիստոսով նոր ստեղծագործություններ ենք (2 Կոր. 5.17), բոլոր հավատացյալները դեռևս պայքարում են մեղավոր մարմնի դեմ՝ մեր ընկած մարդկության դեռևս չփրկագնված մասի դեմ, որը գայթակղում է մեզ մեղք գործելու: Մարմինը ներսի թշնամին է, հին մարդու մնացորդը, որ պատերազմում է աստվածապաշտ ցանկությունների և արդար ապրելու դեմ (Հռ. 7.23):

Ձոհ դառնալ մարմնին նշանակում է տրտմեցնել Սուրբ Հոգուն (Եփ. 4.28–31):

Եվ հակառակը, եթե հավատացյալները ցանկանում են հաղթանակ տանել իրենց մարմնի ցանկությունների նկատմամբ և աճել սրբության մեջ, պետք է գործեն Հոգու զորությամբ: Հրամայական է, որ մենք «հագնենք Աստծո ամբողջ սպառազինությունը» (Եփ. 6.11), ներառյալ «Հոգու սուրը, որն Աստծո խոսքն է» (հ. 17), որպեսզի պաշտպանվենք չարի կրակոտ հարձակումներից և մաշեցնենք մարմինը: Ինչպես Պողոսը բացատրեց Հռոմեացիս 8.13–14 հատվածներում՝ «...եթե Հոգով մարմնի գործերը սպանեք, կապրեք: Ովքեր առաջնորդվում են Աստծո Հոգով, նրանք Աստծո որդիներն են»:

Մեղքի մշտական հարձակումից հավատացյալի միակ ապահովությունը Սուրբ Հոգու կողմից տրամադրված պաշտպանությունն է, որը զինում է Իր սրբերին Սուրբ Գրքի ճշմարտությամբ: Մյուս կողմից, հոգևոր աճի համար հավատացյալի միակ զորությունը Հոգու սրբագործող աշխատանքն է, երբ Նա աճում և զորացնում է Իր ժողովրդին խոսքի մաքուր կաթի միջոցով (1 Պետ. 2.1–3; տես Եփ. 3.16): Թեև քրիստոնեական կյանքն անձնական հոգևոր կարգապահություն է պահանջում (1 Տիմ. 4.7), կարևոր է հիշել, որ մենք չենք կարող սրբագործվել մեր սեփական ջանքերով (Գաղ. 3.3; Փիլ.2.12–13): Սուրբ Հոգին էր, որ փրկության պահին մեզ առանձնացրեց մեղքից (2 Թես. 2.13): Եվ երբ մենք ամեն օր ենթարկվում ենք Նրա ազդեցությանը, Նա զորացնում է մեր հաղթանակը մարմնի նկատմամբ:

Այսպիսով, քայլել Հոգով՝ խոսքի մշտական ազդեցության միջոցով, նշանակում է իրականացնել այս երկրի վրա մեր կյանքի առանցքային ներուժն ու կարողությունը որպես Աստծո զավակներ:

Համապատասխանելով Քրիստոսի պատկերին

Եթե մենք ուզում ենք իմանալ, թե ինչպիսի տեսք ունի Հոգով լցված կյանքը, մենք պետք է փնտրենք ոչ ավելի հեռուն, քան Տեր Հիսուս Քրիստոսը: Նա է միակ գլխավոր օրինակը, ով լիովին և կատարյալ գործում էր Հոգու հսկողության ներքո:[25] Հիսուսի երկրային ծառայության ընթացքում Հոգին Նրա անբաժան ուղեկիցն էր: Իր մարմնավորման ժամանակ Աստծո Որդին կամավոր դատարկեց Իրեն՝ մի կողմ թողնելով Իր աստվածային հատկանիշների անկախ օգտագործումը (Փիլ.2.7–8): Նա վերցրեց մարդկային մարմին և ամբողջությամբ ենթարկվեց Իր Հոր կամքին և Սուրբ Հոգու զորությանը (հմմտ. Հովհ. 4.34): Ինչպես Նա ասաց կրոնական առաջնորդներին Մատթեոս 12.28-ում. «Ես դևերին հանում եմ Աստծո Հոգով»: Բայց նրանք ժխտեցին Նրա զորության իրական աղբյուրը՝ պնդելով, որ իրականում սատանան էր, որ աշխատում էր Նրա միջոցով: Ի պատասխան՝ Տերը զգուշացրեց նրանց, որ նման հայհոյանքը գալիս է հավերժական հետևանքներով. «Ուստի ասում եմ ձեզ, ամեն մեղք և հայհոյանք կներվեն մարդկանց, բայց Հոգու դեմ հայհոյանքը մարդկանց չի ներվի» (հ. 31):

Սուրբ Հոգին այնքան հստակ զորացրեց Հիսուսի ծառայության բոլոր ասպեկտները, որ ժխտել Նրան որպես Քրիստոսի զորության աղբյուր, նշանակում էր աններելի մեղք գործել կարծրասիրտ, չզղջացող անհավատությամբ: Սուրբ Հոգին գործում էր կույսի ծննդաբերության ժամանակ, ինչպես Գաբրիել հրեշտակը բացատրեց Մարիամին. «Սուրբ Հոգին կգա քեզ վրա, և Բարձրյալի զորությունը հովանի կլինի քեզ, դրա համար քեզնից ծնվողն էլ սուրբ է և Աստծո Որդի կկոչվի» (Ղուկ. 1.35): Հոգին գործում էր Հիսուսի գայթակղության ժամանակ՝ տանելով Նրան անապատ (Մարկ. 1.12) և զինելով Նրան՝ օգտագործելու Հոգու սուրը՝ սատանայի հարձակումներից պաշտպանվելու համար (Մատթ. 4.4, 7, 10): Հոգին գործում էր Հիսուսի հանրային ծառայության մեկնարկի ժամանակ (Ղուկ. 4.14)՝ զորացնելով Նրան դուրս հանել դևերին և կատարել բժշկության հրաշքներ (Գործք 10.38): Հիսուսի ծառայության վերջում Սուրբ Հոգին դեռ գործում էր՝ զորացնելով Աստծո կատարյալ Գառին՝ համբերելու խաչին (Եբր. 9.14):

Նույնիսկ Քրիստոսի մահից հետո Հոգին սերտորեն ներգրավված էր մեր Տիրոջ հարության գործում (Հռ. 8.11):

Ամեն պահի մեր Տիրոջ կյանքը Սուրբ Հոգու զորության ներքո էր: Հիսուս Քրիստոսը կատարյալ լցված էր Սուրբ Հոգով, միշտ գործում էր Հոգու լիակատար վերահսկողության ներքո: Նրա բացարձակ հնազանդության և Հոր կամքին կատարյալ համապատասխանության կյանքը վկայությունն է այն փաստի, որ երբեք չի եղել մի ժամանակ, երբ Նա չքայլեր Հոգով: Այսպիսով, մեր Տեր Հիսուսը կատարյալ նախատիպն է այն բանի, թե ինչ տեսք ունի Հոգով լցված կենսակերպը՝ լիակատար հնազանդությամբ և Աստծո կամքին լիակատար համապատասխանությամբ:[26]

Արդյո՞ք զարմանալի է, որ Սուրբ Հոգին ակտիվորեն գործում է Իր սրբերի սրտերում՝ համապատասխանեցնելու նրանց Հիսուս Քրիստոսի պատկերին: Հոգու մեծ հաճույքն է՝ վկայություն տալ Աստծո Որդու մասին (Հովh. 15.26): Նա փառաբանում է Քրիստոսին՝ ուղղորդելով մարդկանց դեպի Նրան (Հովh. 16.14) և ստիպելով նրանց ուրախությամբ ենթարկվել Նրա տիրակալությանը (1 Կոր. 12.3): Դա այն է, ինչ հետաքրքրում է Սուրբ Հոգուն, ոչ թե զարկել մարդկանց, թափել նրանց հատակին, ստիպել նրանց չխկչխկացնել անհեթեթությունից և հուզական ձայներ արձակել: Խառնաշփոթության խարիզմատիկ կրկեսը ոչ մի կերպ չի համապատասխանում Քրիստոսի կերպարին, որ ինքն է կատարելապես արտացոլել Իր Հոր կերպարը (Կող. 1.15): Այսպիսով, դա սրբացման բոլորովին կեղծ օրինակ է:

Պողոսն ընդլայնեց Հոգու ծառայության այս քրիստոսակենտրոն կողմը 2 Կորնթացիս 3.18-ում: Այնտեղ նա գրեց. «Սակայն մենք բոլորս, բաց երեսով Տիրոջ փառքը հայելու մեջ տեսնելով, նույն պատկերով կերպարանափոխվում ենք փառքի մի աստիճանից դեպի մյուսը՝ առաջնորդվելով Տիրոջ կողմից, որ է Հոգին»: Երբ հավատացյալները ենթարկվում են Քրիստոսի փառքին, ինչպես բացահայտված է Նրա խոսքում՝ անդրադառնալով Նրա կատարյալ հնազանդ կյանքին և կատարյալ զոհաբերության մեջ հանգիստ գտնելով մեղքից, Հոգին ավելի ու ավելի է փոխակերպում նրանց իրենց Փրկչի կերպարանքին:

Սրբացումը, հետևաբար, Հոգու աշխատանքն է, որով Նա ուղղորդում է մեզ դեպի Քրիստոսը՝ Իր խոսքով, և այնուհետև աստիճանաբար ձևավորում է մեզ այդ նույն պատկերով: Այսպիսով, Հոգու զորությամբ, երբ մենք նայում ենք Փրկչի փառքին, մենք ավելի ու ավելի ենք նմանվում Նրան: Սուրբ Հոգին ոչ միայն հավատացյալներին ներկայացնում է Տեր Հիսուս Քրիստոսին նրանց փրկության պահին՝ աշխուժացնելով նրանց հավատքն Ավետարանի հանդեպ, այլև շարունակում է բացահայտել Քրիստոսի փառքը՝ լուսավորելով Նրա խոսքը նրանց սրտերում: Այդ կերպ Նա աստիճանաբար աճեցնում է նրանց քրիստոսանմանության մեջ ողջ կյանքի ընթացքում:

Հռոմեացիս 8.28–29-ում, Հոգու ծառայության մասին խոսքը զրույցի ընթացքում, առաքյալը գրել է. «Բայց գիտենք, որ ամեն ինչ գործակից է լինում նրանց բարիքի համար, ովքեր սիրում են Աստծուն և կանչված են Նրա կամքով: Որովհետև նրանց, ում սկզբում ճանաչեց, նախասահմանեց կերպարանակից լինել Իր Որդու պատկերին, որպեսզի Նա անդրանիկը լինի բազում եղբայրների մեջ»: Այդ ծանոթ հատվածներն ընդգծում են մեր փրկության մեծ նպատակը, որն է՝ համապատասխանեցնել մեզ Հիսուս Քրիստոսի կերպարին, որպեսզի Նա հավերժ փառավորվի որպես առաջնակարգ մեկը շատերի մեջ, ովքեր նմանվել են Իրեն:

Հռոմեացիս 8-ի նախորդ համարներն ընդգծում են այն փաստը, որ Սուրբ Հոգին ազատում է հավատացյալներին օրենքի ուժից (հ. 2–3), բնակվում է նրանց մեջ (հ. 9), սրբացնում է նրանց (հ. 12–13), ընդունում է նրանց Աստծո ընտանիքի մեջ (հ. 14–16), օգնում է նրանց իրենց թուլություններում (հ. 26) և բարեխոսում նրանց օգտին (հ. 27): Այս ամենի նպատակը մեզ Հիսուս Քրիստոսի կերպարին համապատասխանեցնելն է: Այդ համապատասխանությունը լիովին կիրականացվի միայն գալիք կյանքում (Փիլ. 3.21; 1 Հովհ. 3.2): Բայց նույնիսկ երկնքի այս կողմում Հոգին հնարավորություն է տալիս մեզ աճել քրիստոսանմանությամբ՝ ավելի ու ավելի նմանվելով Տիրոջն, որին սիրում ենք (տե՛ս Գաղ. 4.19): Այսպիսով, նրանց համար, ովքեր մտածում են, թե արդյոք իրենք իսկապես լցված են Սուրբ Հոգով, ճիշտ հարցը չէ.«Արդյո՞ք ես հիացմունքի փորձ եմ ունեցել»: Ավելի շուտ, այդ հարցն է՝ «Արդյո՞ք ես ավելի ու ավելի նման եմ Հիսուսին»:

Այս ամենում Աստծո նպատակն է հավատացյալներին դարձնել Իր Որդուն նման, որպեսզի ստեղծի փրկագնված և փառավորված մարդկության մեծ բազմություն, որի վրա Տեր Հիսուս Քրիստոսը կթագավորի հավիտենական գերակայությամբ: Հավերժ փրկագնվածները կփառավորեն Փրկչին, որի նմանությամբ ստեղծվել են: Նրանք ընդմիշտ կմիանան երկնքում գտնվող հրեշտակներին՝ բացականչելով.

> «Մորթված Գառն արժանի է ընդունելու զորություն, հարստություն, իմաստություն, ուժ, պատիվ, փառք և օրհնություն»: Լսեցի նաև, որ երկնքում, երկրի վրա, երկրի տակ և ծովում եղած բոլոր արարածները, դրանց մեջ եղած ամեն բան ասում էին. «Գահի վրա նստողին ու Գառանը լինի օրհնություն, փառք ու իշխանություն հավիտյանս հավիտենից» (Հայտ. 5.12–13)

Հոգու սրբագործման աշխատանքը

Ինչպես պարզ է դառնում Նոր Կտակարանից, «հոգով լցված» քրիստոնյա լինելը ոչ մի կապ չունի անմիտ շփոթություն արտասանելու, հիպնոսական տրանսի մեջ գորգին բախվելու կամ ենթադրյալ էքստատիկ ուժի որևէ այլ առեղծվածային դրսևորման: Ավելի շուտ, այն լիովին կապ ունի մեր սրտերն ու մտքերը Քրիստոսի խոսքին հնազանդեցնելու, Հոգով և ոչ թե մարմնով քայլելու և Տեր Հիսուսի հանդեպ ամեն օր սիրո և հիացմունքի մեջ աճելու հետ՝ Նրա ամբողջ մարմնի՝ եկեղեցու ծառայության համար:

Իրոք, քրիստոնեական կյանքն իր ամբողջ լիարժեքությամբ ցանկալի կյանք է, որն ապրում է Սուրբ Հոգու զորությամբ: Նա պետք է լինի գերիշխող ազդեցությունը մեր սրտերում և կյանքում: Միայն նա է մեզ հնարավորություն տալիս հաղթական տանել մեղքի նկատմամբ, Հոգու պտուղ բերել և հաճելի լինել մեր երկնային Հորը: Սուրբ Հոգին է, որ մեզ ավելի մեծ մտերմության մեջ է բերում Աստծո հետ: Նա լուսավորում է Սուրբ Գիրքը, փառավորում Քրիստոսին մեր մեջ և մեր հանդեպ, առաջնորդում է մեզ Աստծո կամքի մեջ, զորացնում մեզ և նաև ծառայում մեզ այլ հավատացյալների միջոցով: Հոգին մշտապես և անդադար բարեխոսում է մեզ համար Հոր առջև, միշտ Աստծո կատարյալ կամքին համապատասխան: Եվ Նա անում է այս ամենը, որպեսզի մեզ համապատասխանեցնի մեր Տիրոջ և Փրկչի կերպարին, երաշխավորելով, որ մի օր մենք լիովին կատարելագործված կլինենք, երբ տեսնենք Քրիստոսին դեմ առ դեմ:

Խարիզմատիկ կեղծիքներով անհույս շեղվելու փոխարեն հավատացյալները պետք է վերագտնեն Սուրբ Հոգու իրական ծառայությունը, որն է՝ ակտիվացնել Նրա զորությունը մեր մեջ Նրա խոսքի միջոցով, որպեսզի մենք իսկապես կարողանանք հաղթահարել մեղքը՝ հանուն Քրիստոսի փառքի, Նրա եկեղեցու օրհնության և ի հոգուտ կորսվածների:

Տասնմեկերորդ

Հոգին և Սուրբ Գիրքը

Բողոքական ռեֆորմացիան իրավամբ համարվում է եկեղեցու պատմության վերջին հազարամյակի ամենամեծ արթնությունը: Շարժումն այնքան զանգվածային էր, որ արմատապես փոխեց արևմտյան քաղաքակրթության ընթացքը: Մարտին Լյութերի, Ջոն Կալվինի և Ջոն Նոքսի նման անունները դեռևս հայտնի են այսօր՝ նրանց ապրելուց հինգ դար անց: Իրենց գրվածքների և քարոզների միջոցով այս խիզախ բարեփոխիչները և նրանց նման ուրիշները մնայուն ժառանգություն են թողել իրենց հետևող հավատացյալ սերունդների համար:

Սակայն ռեֆորմացիայի հետևում կանգնած իրական ուժը չի բխում որևէ մարդուց կամ մարդկանց խմբից: Անշուշտ, բարեփոխիչները համարձակ դիրքորոշումներ ընդունեցին և իրենց զոհաբերեցին Ավետարանի գործի համար, բայց և այնպես, տասնվեցերորդ դարի վերածննդի աhռելի հաղթանակն, ի վերջո, չի կարող վերագրվել ո՛չ նրանց անհավատալի քաջագործություններին, ո՛չ էլ նրանց փայլուն գիտական աշխատանքներին: Ո՛չ, ռեֆորմացիան կարող է բացատրվել միայն շատ ավելի խորը բանով. մի ուժով, որն անսահմանորեն ավելի հզոր է, քան այն ամենը, ինչ հասարակ մահկանացուները կարող էին ինքնուրույն ստեղծել:

Ինչպես ցանկացած իրական արթնություն, ռեֆորմացիան Աստծո խոսքի անխուսափելի և պայթյունավտանգ հետևանքն էր, որը հսկայական մակընթացային ալիքի պես բախվեց մարդածին ավանդույթների և կեղծավոր կրոնի բարիկադներին: Երբ Սուրբ գրությունները հասանելի դարձան Եվրոպայի հասարակ ժողովրդին իրենց լեզվով, Աստծո Հոգին օգտագործեց այդ հավիտենական ճշմարտությունը՝ համոզելու նրանց սրտերը և դարձի բերելու նրանց հոգիները: Արդյունքը լիովին փոխակերպիչ էր ոչ միայն առանձին մեղավորների կյանքի, այլև ամբողջ մայրցամաքի համար, որտեղ նրանք բնակվում էին:

Sola Scriptura-ի (միայն Սուրբ Գիրքը) սկզբունքը բարեփոխիչների ուղին էր՝ ընդունելու, որ կրոնական բարեփոխումների պայթյունավտանգ առաջխաղացման հիմքում ընկած անկասելի ուժն Աստծո Հոգով զորացած խոսքն էր: Խոսելով ռեֆորմացիայի մասին՝ պատմաբաններից մեկը նշում է.

> Նման փոփոխության պատմությունը խոսվում է նրանց կյանքով, ովքեր [մասնակցեցին] դրան, իսկ կենտրոնում Աստվածաշունչն էր: Ժնևի Սուրբ Պետ.ի տաճարում տեղադրված հուշատախտակը նկարագրում է բարեփոխիչ Ջոն Կալվինին որպես «Աստծո խոսքի ծառա»: [Մարտին] Լյութերն ասում է. «Այն ամենը, ինչ ես արել եմ, հետևյալն է՝ առաջ քաշել, քարոզել և գրել Աստծո խոսքը, և դրանից զատ ես ոչինչ չեմ արել: ... Խոսքն է, որ մեծ բաներ է արել: ...Ես ոչինչ չեմ արել: Խոսքն ամեն ինչ արել և նվաճել է»:[1]

Բարեփոխիչների համար Sola Scriptura-ն նշանակում էր, որ Աստվածաշունչը միակ աստվածային բացահայտված խոսքն էր և, հետևաբար, հավատացյալի ճշմարիտ իշխանությունը առողջ վարդապետության և արդար ապրելու համար: Նրանք հասկացան, որ Աստծո խոսքը զորեղ է, կյանք փոխող և լիովին բավարար «վարդապետության, հանդիմանության, ուղղելու, արդարության մեջ խրատելու համար, որպեսզի Աստծո մարդը լինի ամբողջական, լիովին պատրաստված ամեն բարի գործի համար» (2 Տիմ. 3.16–17): Եկեղեցու հայրերի պես, որոնք եկել էին իրենցից առաջ, նրանք իրավամբ Աստծո խոսքը համարում էին իրենց քրիստոնեական հավատքի հեղինակավոր հիմքը:[2] Նրանք առանց կասկածի ընդունեցին Սուրբ Գրքի անսխալականությունը, իրավացիությունը և պատմական ճշգրտությունը՝ հաճույքով ենթարկվելով դրա աստվածային ճշմարտությանը:

Թեև սոցիալական մեծ ցնցումների մաս էին կազմում, բարեփոխիչները հասկացան, որ իրական պայքարը քաղաքականության, փողի կամ հողի համար չէ: Այն պայքար էր աստվածաշնչյան ճշմարտության համար: Եվ երբ Ավետարանի ճշմարտությունը փայլեց՝ Սուրբ Հոգուց զորացած, այն վառեց վերածննդի բոցը:

Ռեֆորմացիայից դեպի կործանում

Կեսգիշերին շողացող ջահի պես, ռեֆորմացիոն ճշմարտության լույսը բոցավառվեց հռոմեակաթոլիկական կոռուպցիայի ստվերային խավարի դեմ: Սակայն դարերի ընթացքում կրոնական բարեփոխումների կրակներն սկսեցին դանդաղորեն սառչել Եվրոպայում, այնքան, որ պատմության մեծագույն արթնության ծննդավայրն ի վերջո սկիզբ դրեց աստվածաբանական ազատականության կեղծ ավետարանին: Մարտին Լյութերի մահից երկու հարյուր քսաներկու տարի անց ծնվեց մեկ այլ ազդեցիկ գերմանացի աստվածաբան՝ Ֆրիդրիխ Շլայերմախեր անունով: Բայց ի տարբերություն Լյութերի՝ Շլայերմախերը թույլ տվեց, որ կասկածը տիրի իր հոգուն, և արդյունքում նա մերժեց Ավետարանի ճշմարտությունը, որի սովորեցրել էին իր լյութերական ծնողները: Շլայերմախերի հավատքի ճգնաժամը նրան սուզեց անհավատության չարաբաստիկ խորքերը, և երբ նա սուզվում էր, նա իր հետ քաշեց ուրիշներին՝ ստեղծելով անհավատության ալիք, որը շուտով խարխլելու էր աստվածաշնչյան քրիստոնեության հիմքերը: Իսկապես, այն ի վերջո կլանելու էր աստվածաբանական կըրթության ողջ աշխարհը և խեղդեր դավանանքներն Աստվածաշնչի մասին ստերի հորձանուտում:

Հալլեի համալսարանում ուսանելու տարիներին Շլայերմախերը ենթարկվել է լուսավորվածության մտածողների հակաաստվածաշնչյան հարձակումներին՝ անհավատ թերահավատների, որոնք հերքում էին Աստվածաշնչի պատմական ճշգրտությունը և աշխարհիկ փիլիսոփաների, որոնք մարդկային բանականությունը վեր էին դասում աստվածային հայտնությունից: Նրանց հարձակումը չափազանց մեծ էր, որպեսզի տպավորվող երիտասարդ Շլայերմախերը կարողանար դիմանալ: Նրա կասկածը շուտով տեղի տվեց բացահայտ ժխտմանը: Նրա կենսագիրը պատմում է ողբերգական այդ հեքիաթը.

> Իր հորն ուղղված նամակում Շլայերմախերը թույլ է տալիս մեղմ ակնարկել այն մասին, որ իր ուսուցիչները չեն կարողանում հաղթահարել այն տարածված կասկածները, որոնք անհանգստացնում են մեր օրերի շատ երիտասարդների: Նրա հայրը բաց է թողնում ակնարկը: Նա ինքն է կարդացել թերահավատ գրականության մի մասը, ասում է նա, և կարող է վստահեցնել Շլայերմախերին, որ չարժե ժամանակ վատնել: Ուղիղ վեց ամիս նրա որդուց ոչ մի խոսք չկար: Այնուհետև գալիս է ռումբը: 1787 թվականի հունվարի 21-ի հուզիչ նամակում Շլայերմախերը խոստովանում է, որ կասկածներն իրենն են: Նրա հայրն ասել էր, որ հավատքը «Աստվածության ռեգալիան» է, այսինքն՝ Աստծո արքայական պարտքը:
>
> Շլայերմախերը խոստովանեց. «Դուք ասում եք՝ հավատքն աստվածության ռեգալիան է: Ավա՜ղ: Սիրելի՛ հայր, եթե հավատում ես, որ առանց այս հավատքի ոչ ոք չի կարող հասնել փրկության հաջորդ աշխարհում, ոչ էլ հանգստության այս աշխարհում, և ես գիտեմ, որ այդպիսին է քո համոզմունքը, ո՜հ, ապա աղոթի՛ր Աստծուն, որ այն ինձ շնորհի, որովհետև այն հիմա կորած է ինձ համար: Ես չեմ կարող հավատալ, որ Նա, ով Իրեն անվանեց Մարդու Որդի, ճշմարիտ, հավիտենական

Աստված էր: Ես չեմ կարող հավատալ, որ Նրա մահը փոխարինող քավություն էր»:[3]

Շլայերմախերի խոսքերը թնդում են տխրությամբ: Բայց դա պարզապես մերժման վիշտ էր, ոչ թե ապաշխարություն: Որպես տասնութերորդ դարի Հուդա Իսկարիովտացի, Շլայերմախերը դավաճանեց իր ժառանգության հավատքը. նա թողեց Սուրբ Գրքի ճշմարտության պնդումները և մերժեց Ավետարանը՝ ժխտելով և՛ Քրիստոսի աստվածությունը, և՛ Նրա փոխարինող գործը խաչի վրա:

Զարմանալիորեն, չնայած նա երես թեքեց աստվածաշնչյան Ավետարանից, Շլայերմախերը չցանկացավ ընդհանրապես հրաժարվել կրոնից: Փոխարենը, նա փնտրեց նոր իշխանություն, որի վրա կհիմներ իր «քրիստոնեությունը»: Եթե Սուրբ գրություններն այլևս չլինեին նրա հիմքը, Շլայերմախերը պետք է նորը գտներ: Նա դա արեց ռոմանտիզմի միջոցով:

Ռոմանտիզմը, որն ընդգծում էր գեղեցկությունը, զգացմունքները և փորձառությունը, փիլիսոփայական պատասխան էր Լուսավորության ռացիոնալիստական կենտրոնացմանը էմպիրիկ գիտության և մարդկային բանականության վրա: Լուսավորչական ռացիոնալիզմն էր (և դրա բնորոշ հակագերբնականությունը) պատճառ դարձել, որ առաջին հերթին Շլայերմախերը կասկածի տակ առներ իր քրիստոնեական հավատքը: Այժմ, փորձելով վերականգնել այդ քրիստոնեության որոշակի տեսքը, նա դիմեց ռոմանտիզմի փիլիսոփայական սկզբունքներին: Նրա հիմնական աշխատությունը՝ *«Կրոնի մասին. ելույթներ նրա կուլտուրական արհամարհողներից»*, առաջին անգամ հրատարակվել է 1799 թվականին: Այն հիմք է հանդիսացել նրա հետագա «Քրիստոնեական հավատքը» տրակտատի համար, որը հրատարակվել է 1821–22-ին, այնուհետև վերանայվել և վերահրատարակվել է 1830–31-ին:

Այս աշխատություններում Շլայերմախերը փորձել է պաշտպանել կրոնը լուսավորչական քննադատներից՝ պնդելով, որ Աստծուն հավատալու հիմքը ոչ թե Սուրբ Գրքի օբյեկտիվ ճշմարտության պնդումներում է (ռացիոնալիստական հարձակման հիմնական կետ), այլ կրոնական գիտակցության անձնական զգացումներում (անհասանելի մի կետ ռացիոնալիզմի սահմաններից դուրս):[4] Ճակատագրի հեգնանքով, փորձելով պաշտպանել իր հավատքը զգացմունքային հաստատման միջոցով, նա ոչնչացրեց հենց այն, ինչը պնդում էր, թե պաշտպանում է:

Շլայերմախերը հիմարաբար փորձում էր փոխարինել այն հիմքը, որի վրա հիմնված է քրիստոնեությունը՝ փոխանակելով Սուրբ Գրքի օբյեկտիվ ճշմարտությունները սուբյեկտիվ հոգեվոր փորձառությունների հետ: Այդ տեսակի աստվածաբանական կեղծիքներն անխուսափելիորեն հանգեցնում են աղետալի հետևանքների (Սաղ. 11.3): Շլայերմախերի դեպքում նրա թունավոր գաղափարների սերմանումը հանգեցրեց աստվածաբանական լիբերալիզմի մահացու բերքին՝ կրոնի մի ձև, որն իրեն անվանեց «քրիստոնեական»՝ միաժամանակ ժխտելով Աստվածաշնչի ճշգրտությունը, հեղինակությունը և գերբնական բնույթը:

Շլայերմախերի ժամանակներից ի վեր նրա առաջամարտիկ գաղափարի մի քանի կրկնություններ են եղել՝ փորձելով գտնել քրիստոնեության համար հեղինակավոր հիմքեր մեկ այլ տեղ, քան Աստծո բացահայտված խոսքն է: Ավելի ուշ, օրինակ, Ալբրեխտ Ռիչլ անունով մի գերմանացի պնդում էր, որ քրիստոնեությունը պետք է սահմանվի *հասարակության մեջ բարոյական վարքագծի տեսանկյունից*: Ռիչլի գաղափարները ծնեցին սոցիալական ավետարանը, որը փոխարինեց աստվածաշնչյան Ավետարանին բազմաթիվ հիմնական բողոքական եկեղեցիներում, ինչպես Եվրոպայում, այնպես էլ Ամերիկայում: Անձնական մեղքը և հավիտենական դատաստանից փրկությունը շեշտելու փոխարեն, սոցիալական ավետարանը Աստվածաշունչը զրկեց իր իսկական պատգամից և, փոխարենը, կենտրոնացավ անզոր բարոյականության վրա, որը նպատակ ունի փրկել հասարակությունը մշակութային հիվանդություններից:

Սոցիալական ավետարանը ոչ ոքի չփրկեց Աստծո բարկությունից: Բայց այն դարձավ քսաներորդ դարում լիբերալ քրիստոնեության գերակշռող ձևը, քանի որ հիմնական ուղղությունների մեծ մասը նավաբեկության ենթարկվեցին անհավատության սուր ժայռերի վրա: Հանրաճանաչ հեղինակները և նշանավոր հովիվները Ռիչլի գաղափարները տարածեցին զանգվածներին: Բայց լիբերալիզմի առանցքը վերադառնում էր Շլայերմախերին և նրա սխալ պնդմանը, որ քրիստոնեությունը կարող է կառուցվել աստվածաշնչյան ճշմարտությունից բացի մեկ այլ հիմքի վրա:

Ինչպես կեղծ կրոնի ցանկացած ձև, աստվածաբանական լիբերալիզմն սկսվեց որպես Աստծո խոսքի հեղինակության մերժում: Դարեր առաջ միջնադարյան հռոմեական կաթոլիկ եկեղեցին նման, թեև ավելի աստիճանական հեռացում էր ապրել՝ փոխարինելով Սուրբ Գրքի հեղինակությունը եկեղեցական ավանդույթի և պապական հրամանագրի հեղինակությամբ: Դրա համար անհրաժեշտ էր ռեֆորմացիան: Հրաժարվելով Սուրբ Գրքի միակ հեղինակությունից՝ և՛ հռոմեական կաթոլիկությունը, և՛ աստվածաբանական լիբերալիզմը դարձան ճշմարիտ քրիստոնեության թշնամիները՝ հենց այն ամենի խարդախ տարբերակները, ինչն իրենք պնդում էին, թե ներկայացնում են:

Ժամանակակից խարիզմատիկ կեղծարարը գնում է այդ նույն վտանգավոր ճանապարհով՝ հիմնելով իր հավատքի համակարգը Սուրբ Գրքի միակ հեղինակությունից դուրս մեկ այլ բանի վրա և թունավորելով եկեղեցին հավատքի խեղաթյուրված պատկերացումներով: Ինչպես միջնադարյան կաթոլիկ եկեղեցին, այն խառնում է Սուրբ Գրքի հստակ ուսմունքը և մթագնում ճշմարիտ Ավետարանը, և ինչպես Շլայերմախերը, այն սուբյեկտիվ զգացմունքներն ու անձնական փորձառությունները դնում է ամենակարևոր տեղում: Այն չափը, որով այդ երկու կոռումպացված համակարգերը ոչնչացրին միլիոնավոր կյանքեր, համընկնում է խարիզմատիկ սխալի և շփոթության հետևանքով տարածվող վարդապետական ավերածությունների հետ:

Թեև շատ խարիզմատիկներ խոսում են Սուրբ Գրքի գերակայության մասին, գործնականում նրանք ժխտում են դրա հեղինակությունը և բավարարությունը: Զբաղված լինելով առեղծվածային հանդիպումներով և հուզական էքստազներով՝ խարիզմատիկները շարունակական հայտնություն են փնտրում երկնքից, ինչը նշանակում է, որ նրանց համար միայն Աստվածաշունչը պարզապես բավարար չէ: Խարիզմատիկ պարադիգմի շրջանակներում աստվածաշնչյան հայտնությունը պետք է լրացվի անձնապես ստացած «Աստծո խոսքերով», Սուրբ Հոգուց ենթադրյալ տպավորություններով և այլ սուբյեկտիվ կրոնական փորձառություններով: Այդպիսի մտածելակերպը Սուրբ Գրքի հեղինակության և բավարարության բացահայտ մերժումն է (2 Տիմ. 3.16–17): Դա հեռուն գնացող աստվածաբանական աղետի բաղադրատոմսն է:

Պատվելով Խոսքի Հեղինակին

Ցանկացած շարժում, որը չի հարգում Աստծո խոսքը, չի կարող իրավացիորեն պնդել, որ հարգում է Նրան: Եթե մենք ուզում ենք ակնածանք ունենալ տիեզերքի ամենակարող Գերիշխանի հանդեպ, պետք է ամբողջությամբ ենթարկվենք Նրա ասածներին (Եբր. 1.1–2): Այսքանից պակաս ցանկացած քայլ կնշանակի արհամարհանքով վերաբերվել Նրան ու ապստամբել Նրա տերության դեմ: Ոչինչ ավելի վիրավորական չէ Սուրբ Գրքի Հեղինակի համար, քան Նրա բացահայտած ճշմարտությունն արհամարհելը, ժխտելը կամ խեղաթյուրելը (Հայտ. 22.18–19): Աստծո խոսքը սխալ գործածելը նշանակում է խեղաթյուրել այն գրողին: Նրա պնդումները մերժելը նշանակում է Նրան ստախոս անվանել: Անտեսել պատգամը նշանակում է նվաստացնել այն, ինչ Սուրբ Հոգին ներշնչել է:

Որպես Աստծո կատարյալ հայտնություն՝ Աստվածաշունչն արտացոլում է իր Հեղինակի փառավոր բնավորությունը: Քանի որ Նա ճշմարտության Աստվածն է, Նրա խոսքն անսխալական է: Քանի որ Նա չի կարող ստել, Նրա խոսքն անբասիր է: Քանի որ Նա թագավորների Թագավորն է, Նրա խոսքը բացարձակ է և գերագույն: Նրանք, ովքեր ցանկանում են հաճեցնել Նրան, պետք է հնազանդվեն Նրա խոսքին: Եվ հակառակը, նրանք, ովքեր չեն հարգում Սուրբ գրություններն ավելի, քան այլ ճշմարտության պնդումները, անպատվում են հենց Աստծուն:

Գուցե պատահաբար ինչ-որ մեկը ենթադրի, որ Սուրբ Գրքի նկատմամբ այդքան բարձր տեսակետով Աստվածաշունչն ինքնին այն դարձնում է երկրպագության առարկա: Մատնանշեք, որ Սուրբ Գիրքը շատ ավելի բարձր է (և անսահմանորեն ավելի հեղինակավոր), քան ժամանակակից խարիզմատիկների երազանքներն ու տեսիլքները, և դուք գործնականում երաշխավորված եք պիտակավորվել որպես մատենագրապաշտ:

Նման մեղադրանքը բացարձակապես սխալ է ընկալում, թե ինչ է նշանակում հարգել Աստծո խոսքը: Մենք ոչ թե ֆիզիկական գիրքն ենք հարգում, այլ Աստծուն, որ անսխալականորեն հայտնվեց այնտեղ: Ավելին, Սուրբ Գիրքը 2 Տիմոթեոս 3.16-ում պատկերված է որպես Աստծո շունչ, ինչը նշանակում է, որ այն խոսում է Նրա իշխանությամբ: Ճշմարտության ավելի հուսալի աղբյուր չի կարող լինել: Սուրբ Գրքի վերաբերյալ որևէ ցածր տեսակետ ունենալը (կամ ենթադրել, որ Աստվածաշնչի բացարձակ վստահելիության նկատմամբ հավատը կռապաշտության կերպ է) լուրջ վիրավորանք է Աստծո հանդեպ: Նա Ինքն է բարձրացրել Իր խոսքը մինչև ամենաբարձր տեղը: Դավիթը հստակորեն ասաց սա Սաղմոս 138.2–ում: Խոսելով Աստծո հետ՝ նա բացականչեց. «Դու Քո ամեն անունից Քո խոսքը բարձրացրիր»:[5]

Քանի որ նրանք միայն Հիսուս Քրիստոսին էին ճանաչում որպես եկեղեցու Գլուխ, բարեփոխիչները հաճույքով ենթարկվում էին Նրա խոսքին՝ որպես եկեղեցու միակ հեղինակություն: Այսպիսով, նրանք ընդունում էին այն, ինչ հաստատել են բոլոր ճշմարիտ հավատացյալները ողջ պատմության ընթացքում, որ միայն Աստծո խոսքն է մեր գերագույն կանոնը կյանքի և վարդապետության համար: Հետևաբար, նրանք նաև դիմակայեցին ցանկացած կեղծ իշխանության, որը կարող էր փորձել յուրացնել Սուրբ Գրքի օրինական տեղը, և դրանով իսկ բացահայտեցին ողջ հռոմեական կաթոլիկ համակարգի կոռուպցիան:

Այսօրվա հավատացյալները նույնպես կոչված են պաշտպանելու ճշմարտությունը բոլոր նրանց դեմ, ովքեր կձգտեն խարխլել Սուրբ Գրքի հեղինակությունը: Ինչպես գրել է Պոդոսը. «Մենք ոչնչացնում ենք փաստարկները և Աստծո գիտության դեմ բարձրացված ամեն վեհ կարծիք, և գերի ենք վերցնում ամեն միտք՝ հնազանդվելու Քրիստոսին» (2 Կոր. 10.4–5): Հուդան նմանապես հրահանգեց իր ընթերցողներին «ջերմորեն պայքարել հավատքի համար, որը մեկընդմիշտ տրվել է սրբերին» (հ. 3): Անդրադառնալով «հավատքին»՝ Հուդան չէր մատնանշում կրոնական վարդապետությունների մի անորոշ խումբ. ավելի շուտ, նա խոսում էր Սուրբ Գրքի օբյեկտիվ ճշմարտությունների մասին, որոնք ներառում են քրիստոնեական հավատքը (տես Գործք. 2.42; 2 Տիմ. 1.13–14): Ինչպես հատվածի մնացած մասն է պարզ դարձնում.

> Հուդան *հավատքը* սահմանում է հակիրճ, կոնկրետ տերմիններով, որպես մի բան, *որը մեկընդմիշտ փոխանցվել է սրբերին*: «Մեկընդմիշտ» արտահայտությունը վերաբերում է մի բանի, որն իրականացվում կամ ավարտվում է մեկ անգամ, կայուն արդյունքներով՝ կրկնության կարիք չունենալով: Սուրբ Հոգու միջոցով Աստված հայտնեց քրիստոնեական հավատքն (հմմտ. Հռ. 16.26, 2 Տիմ. 3.16) առաքյալներին և նրանց գործակիցներին առաջին դարում: Նրանց ուսմունքները, Հին Կտակարանի Սուրբ գրությունների հետ համատեղ, կազմում են Հիսուս Քրիստոսի «ճշմարիտ գիտելիքը» և այն ամենը, ինչ հավատացյալներին անհրաժեշտ է կյանքի և աստվածապաշտության համար (2 Պետ. 1.3, տես 2 Տիմ. 3.16–17):
>
> Նոր Կտակարանի հեղինակները քրիստոնեական հավատքի ճշմարտությունները չեն հայտնաբերել միստիկ կրոնական փորձառությունների միջոցով: Ավելի շուտ, Աստված վերջնականորեն և հաստատակամորեն փոխանցել է Իր ամբողջական հայտնությունը Սուրբ Գրքում: Ցանկացած համակարգ, որը նոր հայտնություն կամ նոր վարդապետություն է քարոզում, պետք է անտեսվի որպես կեղծիք (Հայտն. 22.18–19): Աստծո խոսքը լիովին բավարար է. այն ամենն է, ինչ պետք է հավատացյալներին, քանի որ նրանք պայքարում են հավատքի համար և դեմ են ուրացությանը եկեղեցու ներսում:[6]

Ի սկզբանե բարու և չարի պայքարը եղել է ճշմարտության պայքար: Օձը Եդեմի պարտեզում սկսեց իր գայթակղությունը՝ կասկածի տակ դնելով Աստծո նախորդ հրահանգի ճշմարտացիությունը. «Այժմ օձը ավելի խորամանկ էր, քան դաշտի բոլոր գազանները, որ Տեր Աստված էր ստեղծել: Եվ նա ասաց կնոջը. «Իսկապե՞ս Աստված ասել է. «Պարտեզի ամեն ծառից չպիտի ուտե՛ս»: ...Այն ժամանակ օձն ասաց կնոջը. «Դու հաստատ չես մեռնի, որովհետև Աստված գիտի, որ այն օրը, երբ դուք դրանից ուտեք, ձեր աչքերը կբացվեն, և դուք Աստծո պես կլինեք՝ իմանալով բարին և չարը» (Ծնն. 3.1, 4–5): Աստծո ուղղակի հայտնությունը կասկածի տակ դնելը սատանայի մարտավարությունն է եղել դեռ այդ ժամանակներից (տե՛ս Հովհ. 8.44; 2 Կոր. 11.44):

Հավերժության վտանգի տակ լինելով՝ զարմանալի չէ, որ Սուրբ Գիրքն Իր ամենակոշտ խոսքերով դատապարտում է նրանց, ովքեր սուտ կդնեն Աստծո բերանում՝ յուրացնելով Նրա խոսքը վտանգավոր փորձառությամբ, որը համեմատության մեջ չնչին է: Օձը անիծվեց Եդեմի պարտեզում (Ծնն. 3.14), և սատանան պատմեց նրա անխուսափելի վախճանի մասին (հ.15): Հին Կտակարանի Իսրայելում կեղծ մարգարեությունը մեծ հանցագործություն էր (2 Օր. 13.5, 10). մի կետ, որը վառ կերպով արտացոլված է Եղիայի կողմից Բահաղի 450 մարգարեների կոտորածով, Կարմեղոս լեռան վրա տեղի ունեցած բախումից հետո (3 Թագ. 18.19, 40): Բայց իսրայելացիները հաճախ չէին կարողանում վտարել կեղծ մարգարեներին, և ընդունելով սխալն իրենց մեջ՝ նրանք նաև հրավիրեցին Աստծո դատաստանը (Եր. 5.29–31): Նկատի՛ առեք Տիրոջ վերաբերմունքը նրանց հանդեպ, որոնք Իր ճշմարիտ խոսքը փոխարինեցին կեղծիքով.

> Քանզի դա ապստամբ ժողովուրդ է, խաբեբա որդիներ, որդիներ, որոնք չեն ուզում լսել Տիրոջ ուսուցումը, որոնք տեսանողներին ասում են՝ «Մի՛ տեսեք», և մարգարեներին. «Մեզ համար ճշմարիտը մի՛ մարգարեացեք, մեզ ախորժելի՛ բաներ ասացեք, խաբեություններ մարգարեացեք, հեռացե՛ք ճանապարհից, շեղվե՛ք ուղուց, վերացրե՛ք մեր առաջից Իսրայելի Սրբին»: Դրա

համար այսպես է ասում Իսրայելի Սուրբը. «Քանի որ մերժեցիք այս խոսքը և ապավինել եք բռնությանն ու խաբեությանը և դրանց հենվեցիք, դրա համար էլ այս անօրենությունը ձեզ համար կլինի բարձր պարսպի նման, որն ուռած և ճաքած է, որը փլուզման ենթակա է, և որի կործանումը վրա կհասնի հանկարծակի, միանգամից» (Ես. 30.9–13):

«Չպատժեմ նրանց այս բաների համար»: Այսպես է ասում Տերը. «Միթե ես վրեժ չեմ լուծելու նման ազգից: Երկրում ապշեցուցիչ և սարսափելի բան է կատարվել. մարգարեները սուտ են մարգարեանում, իսկ քահանաները կառավարում են իրենց ուժով. և Իմ ժողովուրդը սա է սիրում» (Եր. 5.29–31):

Եվ Տերն ասաց ինձ. «Մարգարեներն Իմ անունով ստություն են մարգարեանում. նրանց Ես չեմ ուղարկել, չեմ պատվիրել և չեմ խոսել նրանց. նրանք ձեզ համար մարգարեանում են սուտ տեսիլքներ և սնոտի գուշակություն, իրենց սրտի խաբեությունները: Ուստի Տերն այսպես է ասում մարգարեների համար. «Նրանք մարգարեանում են Իմ անունով, թեև նրանց Ես չեմ ուղարկել, և նրանք, որ ասում են՝ «Սուր և սով չի լինելու այս երկրում», այդ մարգարեները սրով ու սովով պիտի ոչնչանան» (Եր. 14.14–16):

Այսպես է ասում Տեր Աստված. «Վա՜յ անմիտ մարգարեներին, որոնք հետևում են իրենց հոգուն և ոչինչ չեն տեսնում: ...Նրանք ունայնություն և սուտ գուշակություն են տեսնում՝ ասելով. «Այսպես է ասում Տերը», բայց Տերը նրանց չի ուղարկել, սակայն նրանք հույս ունեն, որ խոսքը կարող է կատարվել: Միթե ունայն տեսիլք չտեսաք և սուտ գուշակություն չխոսեցիք, երբ ասացիք «Տերն է ասում», բայց Ես չէի խոսել»:

Ուրեմն այսպես է ասում Տեր Աստված. «Քանի որ ձեր խոսքերն ունայն են և ձեր գուշակությունները՝ սուտ, ուստի Ես ձեզ դեմ եմ»:

«Իմ ձեռքը կլինի մարգարեների դեմ, որոնք ունայն տեսիլք են տեսնում և սուտ գուշակություն են անում. նրանք չեն լինի իմ ժողովրդի խորհրդի մեջ, չեն գրվի Իսրայելի տան արձանագրության մեջ և չպետք է մըտնեն Իսրայելի երկիրը: Այն ժամանակ դուք կիմանաք, որ Ես եմ Տեր Աստված» (Եզ. 13.3–9):

Այդ հատվածների իմաստն անսխալական է: Աստված ատում է նրանց, ովքեր խեղաթյուրում են Իր խոսքը կամ Իր անունով սուտ խոսում: Նոր Կտակարանը նույն խստությամբ պատասխանում է կեղծ մարգարեներին (տե՛ս 1 Տիմ. 6.3–5; 2 Տիմ. 3.1–9; 1 Հովh. 4.1–3; 2 Հովh. 7–11): Աստված չի հանդուրժում նրանց, ովքեր աղավաղում կամ կեղծում են աստվածային հայտնությունը: Դա վիրավորանք է, որը Նա անձամբ է ընդունում, և Նրա հատուցումն արագ է և մահացու: Աստվածաշնչի ճշմարտությունը որևէ կերպ նենգադուլելը՝ ավելացնելով, հանելով կամ սխալի հետ խառնելով, նշանակում է աստվածային բարկություն հրահրել (Գաղ. 1.9; 2 Հովh. 9–11): Խոսքի ցանկացած աղավաղում վիրավորանք է Երրորդության և հատկապես Աստծո Հոգու դեմ՝ Սուրբ գրությունների հետ Նրա մտերիմ հարաբերությունների պատճառով:

Մարտին Լյութերն այսպես արտահայտվեց. «Երբ լսում եք, որ որևէ մեկը պարծենում է, որ ինքը Սուրբ Հոգու ներշնչմամբ ինչ-որ բան ունի, և դա Աստծո խոսքում որևէ հիմք չունի, ինչ էլ որ լինի, ասեք նրան, որ դա սատանայի գործն է:»[7] Եվ մեկ այլ տեղ՝ «Այն, ինչ չի սկզբնավորվում Գրքերից, անշուշտ, հենց սատանայից է»:[8] Այս գլխի մնացած մասում, որտեղ կդիտարկենք Սուրբ Հոգու ճշմարիտ ծառայությունը, մենք կքննարկենք Նրա աշխատանքի երեք կողմերը Սուրբ գրությունների մեջ և նրանց միջոցով՝ ոգեշնչում, լուսավորություն և զորացում:

Սուրբ Հոգին ներշնչել է Սուրբ գրությունները

Երրորդության ներսում Սուրբ Հոգին գործում է որպես փոխանցման և հաղորդակցության աստվածային գործակալ: Նա Սուրբ Գրքի աստվածային Հեղինակն է՝ Նա, ում միջոցով

Աստված հայտնեց Իր ճշմարտությունը (1 Կոր. 2.10): Թեև Հոգին գործել է բազմաթիվ մարդկային հեղինակների միջոցով, ստացված ուղերձն ամբողջությամբ Նրանն է: Այն Աստծո կատարյալ և մաքուր խոսքն է:

Այն գործընթացը, որով Սուրբ Հոգին մարդկային գործակալների միջոցով փոխանցեց աստվածային ճշմարտությունը, կոչվում է *ներշնչում*: Պետրոս առաքյալը 2 Պետ. 1.20–21 համարներում մեր հայացքն ուղղում է այդ գործընթացի: Այստեղ նա գրում է. «Սուրբ Գրքի ոչ մի մարգարեություն որևէ մասնավոր մեկնաբանություն չունի, քանի որ մարգարեությունը երբեք չի եղել մարդու կամքով, այլ Աստծո սուրբ մարդիկ խոսում են Սուրբ Հոգուց մղված»: Պետ.ի միտքն այն է, որ Աստվածաշունչը մարդկային ըմբռնումների սխալ հավաքածու չէ. ավելի շուտ, այն բաղկացած է հենց Աստծո կատարյալ հայտնությունից, քանի որ Սուրբ Հոգին գործում էր աստվածապաշտ մարդկանց միջոցով՝ փոխանցելու աստվածային ճշմարտությունը: *Մեկնաբանություն* բառը թարգմանվում է հունարեն *epilusis* բառից, որը խոսում է մի բանի մասին, ինչը թողարկվում կամ ուղարկվում է:[9] Պետրոսի միտքն, ուրեմն, այն է, որ Սուրբ Գրքի ոչ մի մարգարեություն չի առաջացել կամ չի ծագել մարդկանց անձնական մտորումներից, այն մարդկային նախաձեռնության կամ կամքի արդյունք չէր, այլ Աստծո սուրբ մարդկանց միջոցով Հոգու գերբնական աշխատանքի արդյունք:

Քանի որ այդ աստվածավախ մարդիկ տարվում էին Սուրբ Հոգով, Նա վերահսկում էր նրանց խոսքերը և օգտագործում դրանք Սուրբ գրությունները պատրաստելու համար: Ինչպես առագաստանավն է քամու միջոցով տարվում դեպի իր վերջնական նպատակակետը, այնպես էլ Աստվածաշնչի մարդկային հեղինակներն են մղվել Աստծո Հոգու կողմից՝ փոխանցելու հենց այն, ինչ Նա ցանկանում էր: Այդ գործընթացում Հոգին լցրեց նրանց մտքերը, հոգիները և սրտերը աստվածային ճշմարտությամբ՝ ինքնիշխան և գերբնական կերպով խառնելով այն նրանց յուրահատուկ ոճերի, բառապաշարների և փորձառությունների հետ և առաջնորդելով նրանց՝ ստեղծելու կատարյալ, անսխալ արդյունք:

Եբրայեցիս 1.1–2-ում մեզ տրվում է լրացուցիչ պատկերացում այն մասին, թե ինչպես է Աստված հայտնել Իր ճըշմարտությունը ինչպես Հին, այնպես էլ Նոր Կտակարանում: Եբրայեցիների թղթի հեղինակը գրել է. «Աստված, որ տարբեր ժամանակներում և տարբեր ձևերով նախկինում խոսեց հայրերի հետ մարգարեների միջոցով, այս վերջին օրերում խոսեց մեզ հետ Իր Որդու միջոցով, որին Նա նշանակեց ամեն բանի ժառանգորդ, որի միջոցով նաև ստեղծեց աշխարհը»:

Ինչպես ցույց է տալիս 1-ին համարը, Հին Կտակարանի հայտնությունը տրվել է մարգարեների միջոցով, երբ նրանք խոսում էին այն, ինչ Աստված պատվիրել էր նրանց խոսել: Նմանապես, 2-րդ համարը բացատրում է, որ Նոր Կտակարանի հայտնությունը եկավ Տեր Հիսուս Քրիստոսի միջոցով (տե՛ս Հովh. 1.1, 18) և, ընդարձակվելով Նրա առաքյալների միջոցով, որոնց Նա լիազորել էր հաղորդել աստվածային ճշմարտությունը եկեղեցուն (տե՛ս Հովh. 14–16): Թե՛ Հին, թե՛ Նոր Կտակարաններում Սուրբ Գիրքը բաղկացած է Աստծո անսխալական ինքնաբացահայտումից՝ Նրա կատարյալ հայտնությունից, որը տրվել է Նրա ընտրյալ խոսնակների միջոցով և գրվել ճիշտ այնպես, ինչպես Ինքն էր ցանկանում:

Աստծո Հոգին սերտորեն ներգրավված էր այս ամենի մեջ: Ըստ 1 Պետ. 1.11-ի՝ հատկապես Սուրբ Հոգին էր, որ գործում էր Հին Կտակարանի մարգարեների միջոցով (տե՛ս 1 Թագ. 19.20; 2 Թագ. 23.2; Ես. 59.21; Եզ. 11.5, 24; Մարկ. 12.36): Ավելին, Հոգին էր, որ վերահսկում էր Հին Կտակարանի հեղինակներին իրենց արածը գրելիս (տե՛ս Գործք. 1.16; 2 Պետ. 1.21): Վերնատանը Տեր Հիսուսը վստահեցրեց Իր աշակերտներին, որ Նա կուղարկի Սուրբ Հոգին, որպեսզի հիշեցնի նրանց այն բաները, որոնք Նա ասել էր իրենց (Հովh. 14.17, 26), խոստում, որը կատարվեց ավետարանները գրելիս: Նա նաև խոստացավ, որ Հոգին նրանց լրացուցիչ հայտնություն կտա (Հովh. 16.13–15; տե՛ս 15.26): Այդ հայտնությունը, որը տրվել է առաքյալներին Սուրբ Հոգով, կազմում է Նոր Կտակարանի նամակները: Այսպիսով, Սուրբ Գրքի յուրաքանչյուր մաս՝ Հին Կտակարանից մինչև Նոր, կազմում է Հոգով ներշնչված Աստծո խոսքը:

2 Տիմոթեոս 3.16–17-ում Պողոսը գրել է. «Ամբողջ Գիրքը տրված է Աստծո ներշնչմամբ և օգտակար է վարդապետության, հանդիմանության, ուղղելու, արդարության մեջ խրատելու համար, որպեսզի Աստծո մարդը լինի ամբողջական, լիովին հագեցած՝ ամեն լավ գործի համար»: «Աստծո ներշընչմանբ» արտահայտությունը բառացիորեն նշանակում է «Աստծո շնչից դուրս եկած» և, անկասկած, ներառում է անուղղակի հղում Սուրբ Հոգուն՝ Ամենակարողի ամենակալ շնչին (Հոբ 33.4, տես Հովհ. 3.8, 20.22): Իհարկե, այդ հատվածում Պողոսի շեշտը դրված է այն լիաբավ օգուտների վրա, որոնք հավատացյալները վայելում են Աստծո կողմից ներշնչված Սուրբ գրությունների միջոցով: Այն ամենը, ինչ մեզ անհրաժեշտ է կյանքի և աստվածապաշտության համար, բացահայտված է խոսքում, որպեսզի հավատացյալները կարողանան լիարժեք և լիովին պատրաստ լինել Տիրոջը ամեն ինչում պատվելուն:

Աստվածաշունչը գերբնական գիրք է, որն ապահովում է գերբնական օգուտներ: Այն տրվել է մեզ որպես Սուրբ Հոգու պարգև: Նա, ով բացահայտեց Իր ճշմարտությունները աստվածավախ մարդկանց՝ ներշնչելով նրանց խոսել և գրել Աստծո խոսքն առանց որևէ սխալի կամ անհամապատասխանության: Բայց Հոգին ավելին է արել, քան պարզապես Աստվածաշունչը մեզ տալը: Նա նաև խոստացել է օգնել մեզ հասկանալ և կիրառել դրա ճշմարտությունները. մի կետ, որը մեզ բերում է երկրորդ ճանապարհին, որով Հոգին գործում է Սուրբ Գրքի միջոցով:

Սուրբ Հոգին լուսավորում է Սուրբ գրությունները

Աստվածային հայտնությունն անօգուտ կլիներ մեզ համար, եթե մենք չկարողանայինք այն հասկանալ: Ահա, թե ինչու Սուրբ Հոգին լուսավորում է հավատացյալների միտքը, որպեսզի նրանք կարողանան հասկանալ Սուրբ Գրքի ճշմարտությունները և ենթարկվել դրա ուսմունքներին: Պողոս առաքյալը բացատրեց Հոգու լուսավորության ծառայությունը 1 Կորնթացիս 2.14–16-ում: Այնտեղ նա գրեց. «Բայց շնչավոր մարդը չի ընդունում Աստծո Հոգու բաները, որովհետև նրանք հիմարություն են նրա համար. ոչ էլ կարող է ճանաչել նրանց, քանի որ նրանք հոգևորապես ճանաչված են: Բայց նա, ով հոգևոր է, դատում է ամեն ինչ, բայց ինքը ոչ ոքի կողմից արդարացիորեն չի դատվում: Որովհետև «ո՞վ իմացավ Տիրոջ միտքը, որ սովորեցնի Նրան, իսկ մենք Քրիստոսի միտքն ունենք»: Խոսքի լուսավորության միջոցով Սուրբ Հոգին հնարավորություն է տալիս հավատացյալներին զանազանելու աստվածային ճշմարտությունը (տե՛ս Սաղ. 119.18)՝ հոգևոր իրողություններ, որոնք անհավատները չեն կարողանում իսկապես ըմբռնել:

Սթափեցնող իրականությունն այն է, որ հնարավոր է ծանոթ լինել Աստվածաշնչին և դեռևս չհասկանալ այն: Հիսուսի օրերի կրոնական առաջնորդները Հին Կտակարանի գիտնականներ էին, սակայն նրանք լիովին բաց թողեցին Սուրբ Գրքի իմաստը (Հովհ. 5.37–39): Ինչպես Քրիստոսը հարցրեց Նիկոդեմոսին՝ բացահայտելով վերջինիս անտեղյակությունն Ավետարանի հիմնական դրույթների վերաբերյալ. «Դու Իսրայելի ուսուցիչն ես և չգիտես այս բաները» (Հովհ. 3.10): Սուրբ Հոգուց զուրկ՝ անհավատները գործում են միայն շնչավոր մարդու տիրույթում: Նրանց համար Աստծո իմաստությունն անմտություն է թվում: Նույնիսկ այն բանից հետո, երբ Հիսուսը հարություն առավ մեռելներից, փարիսեցիներն ու սադուկեցիները դեռ հրաժարվում էին հավատալ (Մատթ. 28.12–15): Ստեփանոսն ասաց նրանց հետևյալ խոսքերը. «Ո՜վ կոշտ պարանոցներ և սրտով և ականջներով անթլփատներ: Դուք միշտ ընդդիմանում եք Սուրբ Հոգուն. ինչպես ձեր հայրերն արեցին, այնպես էլ դո՛ւք արեք» (Գործք. 7.51, տե՛ս Եբր. 10.29):

Ճշմարտությունն այն է, որ ոչ մի մեղավոր չի կարող հավատալ և ընդունել Սուրբ գրություններն առանց Սուրբ Հոգու աստվածային հնարավորությունների: Ինչպես նկատել է Մարտին Լյութերը. «Հոգևոր և աստվածային բաներում, որոնք վերաբերում են հոգու փրկությանը, մարդը նման է աղի սյունի, ինչպես Ղովտի կինը, այո, ինչպես գերանն ու քարը, ինչպես անշունչ արձանը, որը չի օգտագործում ո՛չ աչքեր, ո՛չ բերան, ո՛չ էլ զգայարան կամ սիրտ: ...Ողջ ուսուցումն ու քարոզչությունը ձախողվում են, մինչև որ նա լուսավորվի, դարձի գա և վերածնվի Սուրբ Հոգով»:[10]

Քանի դեռ Սուրբ Հոգին չի միջամտել անհավատի սրտին, մեղավորը կշարունակի մերժել Ավետարանի ճշմարտությունը: Յուրաքանչյուրը կարող է անգիր անել փաստեր, լսել քարոզներ և ձեռք բերել որոշակի մակարդակի մտավոր ըմբռնում աստվածաշնչյան վարդապետության հիմնական կետերի վերաբերյալ: Բայց Հոգու զորությունից զուրկ՝ Աստծո խոսքը երբեք չի կարող թափանցել մեղավոր հոգու մեջ:[11]

Հավատացյալները, մյուս կողմից, վերակենդանացել են Աստծո Հոգով, որն այժմ բնակվում է նրանց մեջ: Այսպիսով, քրիստոնյաներն ունեն մշտական ճշմարտության ուսուցիչ, որը լուսավորում է խոսքի նրանց ըմբռնումը, ինչը նրանց հնարավորություն է տալիս իմանալու և ենթարկվելու Սուրբ Գրքի ճըշմարտությանը (տե՛ս 1 Հովh. 2.27): Թեև Հոգու ներշնչման աշխատանքը վերաբերում է միայն Սուրբ Գրքի հեղինակներին, Նրա լուսավորության ծառայությունը տրվում է բոլոր հավատացյալներին: Ներշնչումը մեզ է տալիս Սուրբ Գրքի էջերում գրված ուղերձը: Լուսավորությունը դրոշմում է այդ ուղերձը մեր սրտերում՝ հնարավորություն տալով մեզ հասկանալու, թե ինչ է դա նշանակում, քանի որ մենք ապավինում ենք Աստծո Հոգուն՝ մեր մտքերում լուսավորելու ճշմարտության ճրագը (տե՛ս 2 Կոր. 4.6):

Ինչպես բացատրեց Չարլզ Սփերջենը. «Եթե չես հասկանում հեռավոր հեղինակի գիրքը, չես կարող նրան հարցնել իմաստը, բայց Հոգին, որը ներշնչել է Սուրբ Գիրքը, ապրում է հավիտյան, և Նա հաճույքով բացում է խոսքը նրանց համար, ովքեր փնտրում են Նրա խրատը»:[12] Սուրբ Հոգու փառավոր ծառայությունն է, որ բացում է Իր սրբերի մտքերը Սուրբ գրությունները հասկանալու համար (հմմտ. Ղուկ. 24.45), որպեսզի մենք կարողանանք իմանալ և հնազանդվել Նրա խոսքին:

Իհարկե, լուսավորության վարդապետությունը չի նշանակում, որ հավատացյալները կարող են բացել ամեն աստվածաբանական գաղտնիք (2 Օր. 29.29), կամ որ մենք աստվածապաշտ ուսուցիչների կարիք չունենք (Եփ. 4.11–12): Այն նաև չի խանգարում խրատել ինքներս մեզ աստվածապաշտության նպատակով (1 Տիմ. 4.8) կամ կատարել Աստվածաշնչի մանրակրկիտ ուսումնասիրության ծանր աշխատանքը (2 Տիմ.

2.15):[13] Այնուամենայնիվ, կարող ենք մոտենալ Աստծո խոսքի մեր ուսումնասիրությանն ուրախությամբ և եռանդով՝ իմանալով, որ երբ մենք ուսումնասիրենք Սուրբ գրություններն աղոթքով և ջանասիրությամբ, Սուրբ Հոգին կլուսավորի մեր սրտերը՝ ըմբռնելու, ընդունելու և կիրառելու մեր ուսումնասիրած ճշմարտությունները: Իր ներշնչման ծառայության միջոցով Սուրբ Հոգին տվել է մեզ Աստծո խոսքը: Եվ Իր լուսավորության ծառայության միջոցով Նա բացել է մեր աչքերը՝ հասկանալու և ենթարկվելու աստվածաշնչյան ճշմարտությանը: Այնուամենայնիվ, Նա կանգ չի առնում դրանով:

Հոգին զորացնում է Սուրբ գրությունները

Իր լուսավորության ծառայության հետ կատարյալ ներդաշնակության մեջ, Սուրբ Հոգին զորացնում է Իր խոսքը, այնպես որ, երբ այն դուրս է գալիս, համոզում է անհավատներին և սրբացնում փրկագնվածների սրտերը: Նախորդ երկու գլուխներում մենք դիտարկեցինք Հոգու աշխատանքը փրկության և սրբացման մեջ: Այստեղ հարկ է կրկնել, որ Նրա խոսքն այն գործիքն է, որը Նա օգտագործում է այդ երկու ծառայություններն էլ հզոր կերպով իրականացնելու համար:

Ավետարանչության մեջ Սուրբ Հոգին էներգիա է տալիս աստվածաշնչյան Ավետարանի հռչակմանը (1 Պետ. 1.12)՝ օգտագործելով Նրա խոսքի քարոզչությունը սրտեր խոցելու և մեղավորին դատապարտելու համար (տես Հռ. 10.14): Ինչպես Պողոսն ասաց թեսաղոնիկեցիներին. «Որովհետև մեր Ավետարանը ձեզ չեկավ միայն խոսքով, այլ նաև զորությամբ, Սուրբ Հոգով և մեծ վստահությամբ» (1 Թես. 1.5): Մեկ այլ տեղ նա բացատրեց Կորնթոսի հավատացյալներին. «Եվ իմ խոսքը և իմ քարոզը մարդկային իմաստության համոզիչ խոսքերով չէին, այլ Հոգու և զորության դրսևորման համար, որպեսզի ձեր հավատքը լինի ոչ թե մարդկանց իմաստության, այլ Աստծո զորության մեջ» (1 Կոր. 2: 4–5): Եթե Հոգին չզորացներ Իր խոսքի հռչակումը, ոչ ոք երբեք չէր արձագանքի փրկարար հավատքով: Չարլզ Սփերջենը վառ կերպով ցույց տվեց այդ կետը հետևյալ խոսքերով.

Եթե Սուրբ Հոգին չօրհնի խոսքը, մենք, ովքեր քարոզում ենք Ավետարանը, բոլոր մարդկանցից ամենաթշվառը կլինենք, քանի որ մենք կփորձենք լուծել մի խնդիր, որն անլուծելի է: Մենք մտել ենք մի ոլորտ, որտեղ գերբնականից բացի ոչինչ չի ստացվի: Եթե Սուրբ Հոգին չնորոգի մեր լսողների սրտերը, մենք չենք կարող դա անել: Եթե Սուրբ Հոգին վերստին ծնունդ չտա նրանց, մենք չենք կարող դա անել: Եթե նա ճշմարտությունը չուղարկի նրանց հոգիների մեջ, մենք խոսելիս կլինենք կարծես դիակի ականջին:[14]

Սուրբ Հոգին ամենակարող ուժն է Տիրոջ՝ Եսայիա 55.11-ի խոստման հիմքում. «Այսպես էլ կլինի Իմ բերանից դուրս եկած խոսքը, նա պիտի պարապ ետ չդառնա Ինձ մոտ, այլ կատարի Իմ ուզածը և հաջողվի նրանում, ինչի համար որ Ես նրան ուղարկեցի»: Առանց Նրա աստվածային զորության, Ավետարանը քարոզելը ոչ այլ ինչ կլիներ, քան մահացած տառեր, որոնք ընկնում էին մահացած սրտերի վրա: Բայց Հոգու զորությամբ Աստծո խոսքը. «Կենդանի և զորեղ է, և ավելի սուր, քան ցանկացած երկսայրի սուր, որը թափանցում է մինչև հոգու խորքը, հոդերի և ծուծի բաժանումը և զանազանում է սրտի մտքերն ու մտադրությունները» (Եբր. 4.12):

Սուրբ Հոգուց զերծ, ամենախոսուն քարոզը ոչ այլ ինչ է, քան տաք օդ, դատարկ աղմուկ և անկենդան հռետորություն, բայց երբ ուղեկցվում է Աստծո Ամենակարող Հոգով, նույնիսկ ամենապարզ ուղերձը կտրատում է անհավատության գորշ սրտերը և փոխակերպում կյանքը:

Պողոս առաքյալը նմանապես Աստծո խոսքը որպես «Հոգու սուր» նկարագրեց Եփեսացիս 6.17-ում: Այդ համատեքստում Սուրբ Գիրքը պատկերված է որպես Հոգով օժտված զենք, որը հավատացյալները պետք է օգտագործեն մեղքի և գայթակղության դեմ պայքարում (տես Մատթ. 4.4, 7, 10): Աստծո խոսքը ոչ միայն այն միջոցն է, որով վերականգնվում են մեղավորները (տես Եփ. 5.26, Տիտ. 3.5, Հակ. 1.18), այլ նաև այն միջոցը, որով հավատացյալները դիմադրում են մեղքին և աճում սրբության մեջ: Ինչպես Հիսուսն աղոթեց Հովհ. 17.17-ում՝ խոսելով

Իր Հոր հետ նրանց մասին, ովքեր կհավատան Իրեն. «Սրբի՛ր նրանց Քո ճշմարտությամբ: Քո խոսքը ճշմարտություն է»:

Մենք արդեն տեսանք Աստծուց ներշնչված խոսքի սրբագործող ազդեցությունները 2 Տիմոթեոս 3.16–17 համարներում, որտեղ Պողոսը բացատրեց, որ ներշնչված Սուրբ գրությունները բավարար են լիովին զինելու հավատացյալներին հոգևոր հասունության համար:

1 Պետ. 2.1–3 հատվածներում Պետ.ը նման միտք արտահայտեց. «Ուրեմն, մի կողմ դնելով ամեն չարություն, ամեն խաբեություն, կեղծավորություն, նախանձ և ամեն չարախոսություն, ինչպես նորածին երեխաներ, ցանկացե՛ք խոսքի մաքուր կաթը, որպեսզի դրանով աճեք, եթե իսկապես ճաշակել եք, որ Տերը քաղցր է»: Նրանք, ովքեր ճաշակել են Աստծո շնորհը փրկագնման մեջ, շարունակում են աճել սրբացման մեջ՝ Նրա խոսքի յուրացման միջոցով: Ճշմարիտ հավատացյալները նշանավորվում են Սուրբ Գրքի հանդեպ քաղցով՝ ուրախանալով Աստծո խոսքով այն ինտենսիվությամբ, որով երեխան կաթ է ուզում (տե՛ս Հոբ 23.12, Սաղ. 119): Այս ամենի մեջ մենք կերպարանափոխվում ենք Քրիստոսի կերպարին. ծառայություն, որն իրականացնում է Հոգին՝ մեր սրտերը բացելով Փրկչի մասին աստվածաշնչյան հայտնությանը (2 Կոր. 3.18): Նա հնարավորություն է տալիս « [որ] Քրիստոսի խոսքը բնակվի ձեր մեջ առատորեն» (Կող. 3.16). արտահայտություն, որը զուգահեռում է Պողոսի «Հոգով լցվելու» պատվիրանին (Եփ. 5.18), որպեսզի փոխակերպված կյանքի պտուղը երևա Աստծո և ուրիշների հանդեպ մեր սերն արտահայտելու միջոցով (տե՛ս Եփ. 5.19–6.9; Կող. 3.17–4.1):

Այնտեղ, որտեղ դրսևորվում է Սուրբ Հոգու զորությունը, այն չի առաջացնում անմիտ անկումներ գետնին, ցայտուն անհասկանալի բամբասանք, էքստատիկ բզզոց կամ զգացմունքների թեժ բռնկում: Այդ բոլոր վարքագծերը կապ չունեն Նրա իսկական ծառայության հետ: Իրականում դրանք ծաղր են Նրա իրական աշխատանքին: Երբ Սուրբ Հոգին շարժվում է, մեղավոր մարդիկ սրբացվում են Նրա խոսքի զորությամբ՝ վերածվելով Քրիստոսի նոր ստեղծագործությունների: Նրանք ոգևորվում են սրբությամբ, եռանդ են ստանում երկրպագության համար, զորանում են ծառայության համար և ցանկանում են սովորել Սուրբ գրությունները: Քանի որ նրանք սիրում են Հոգու ճշմարիտ աշխատանքը, նրանք սիրում են Գիրքը, որը Նա տվել է եկեղեցուն: Այսպիսով, նրանց կյանքը բնութագրվում է ակնածանքով, խորը և հավատարիմ սիրով թե՛ Աստծո խոսքի և թե՛ խոսքի Աստծո հանդեպ:

Պատվել Հոգուն՝ հարգելով Սուրբ գրությունները

Թեև խարիզմատիկները պնդում են, որ ներկայացնում են Սուրբ Հոգին, նրանց շարժումն աչքի է ընկնում Նրան Սուրբ գրությունների դեմ հակադրելու համառ միտումամբ, կարծես աստվածաշնչյան ճշմարտության հանդեպ հավատարմությունը ինչ-որ կերպ կարող է հանգցնել, վշտացնել կամ այլ կերպ արգելակել Հոգու ծառայությունը:[15] Աստվածաշունչը Սուրբ Հոգու գիրքն է: Դա այն գործիքն է, որը Նա օգտագործում է՝ դատապարտելու անհավատներին մեղքի, արդարության և դատաստանի համար: Դա այն սուրն է, որով Նա ուժ է տալիս Ավետարանի հռչակմանը՝ խոցելով հոգևորապես մահացածների սրտերը և բարձրացնելով նրանց դեպի հոգևոր կյանք: Դա այն միջոցն է, որով Նա սանձազերծում է Իր սրբագործող զորությունը նրանց կյանքում, ովքեր հավատում են՝ աճեցնելով նրանց շնորհով, աստվածաշնչյան ուսուցման մաքուր կաթի միջոցով:

Այսպիսով, Սուրբ գրությունները մերժելը նշանակում է մերժել Հոգուն: Անտեսել, արհամարհել, շրջել կամ չհնազանդվել Աստծո խոսքին նշանակում է անարգել Նրան, ով ներշնչել, լուսավորել և զորացրել է այն: Բայց ամբողջ սրտով աստվածաշնչյան ճշմարտությունն ընդունելն ու հնազանդվելը նշանակում է վայելել Հոգու ծառայության լիությունը՝ լցված լինելով Նրա սրբացնող զորությամբ, առաջնորդվելով Նրա կողմից արդարությամբ և զինվելով Նրա սպառազինությամբ մեղքի և սխալի դեմ պայքարում: Չարլզ Սփերջենը բացատրեց այդ ամենն իր ժողովին հետևյալ կերպ.

> Մենք ունենք վկայության ավելի վստահ խոսք, ճըշմարտության մի ժայռ, որի վրա հենվում ենք, քանի որ մեր անսխալական չափանիշն այն է, ինչ «գրված է...»: Աստվածաշունչը, ամբողջ Աստվածաշունչը, և ոչ այլ ինչ, քան Աստվածաշունչը, մեր կրոնն է: ... Ասում են, որ այն դժվար է հասկանալ, բայց դա այդպես չէ նրանց համար, ովքեր փնտրում են Աստծո Հոգու առաջնորդությունը: ...Աստծո Հոգով ուսուցանված շնորհքով անգամ մանուկը կարող է իմանալ Տիրոջ միտքը փրըկության վերաբերյալ և գտնել իր ճանապարհը դեպի երկինք միայն խոսքի առաջնորդությամբ: Բայց լինի խորը, թե պարզ. հարցը դա չէ, այն Աստծո խոսքն է և մաքուր, անսխալական ճշմարտություն է: Այստեղ է անսխալականությունը, և ոչ մի այլ տեղ: ...Այս մեծ, անսխալական գիրքը... մեր միակ վերաքննիչ դատարանն է:... [Այն] Հոգու սուրն է հոգևոր հակամարտությունների մեջ, որոնք սպասում են: ...Սուրբ Հոգին խոսքի մեջ է, և, հետևաբար, այն կենդանի ճշմարտությունն է: Ո՜վ քրիստոնյաներ, դուք համոզվա՛ծ եղեք դրանում և դրա պատճառով խոսքը ձեր ընտրած պատերազմի զե՛նքը դարձրեք:[16]

Աստվածաշունչը կենդանի գիրք է, քանի որ Աստծո կենդանի Հոգին էներգիա է տալիս և զորացնում այն: Խոսքը դատապարտում է մեզ, խրատում, զինում, զորացնում, պաշտպանում և հնարավորություն է տալիս աճելու: Ավելի ճիշտ՝ Սուրբ Հոգին անում է այդ ամենը, երբ ակտիվացնում է Սուրբ Գրքի ճշմարտությունը մեր սրտերում:

Որպես հավատացյալներ, մենք պատվում ենք Հոգուն, երբ հարգում ենք Սուրբ գրությունները՝ ջանասիրաբար ուսումնասիրելով դրանք, ուշադիր կիրառելով դրանք, զինելով մեր միտքը նրանց պատվիրաններով և ընդունելով նրանց ուսմունքը մեր ամբողջ սրտով: Հոգին տվել է մեզ խոսքը: Նա բացել է մեր աչքերը՝ հասկանալու նրա իսկայական հարստությունը: Եվ Նա զորացնում է այդ ճշմարտությունը մեր կյանքում, երբ մեզ համապատասխանեցնում է մեր Փրկչի կերպարին:

Դժվար է պատկերացնել, թե ինչպես կարող է որևէ մեկը երբևէ արհամարհել կամ անտեսել այս Գրքի խոսքերը՝ հատկապես աստվածայնորեն խոստացված օրհնությունների լույսի ներքո, որոնք գալիս են այն փայփայելով: Ինչպես սաղմոսերգուն հայտարարեց.

Երանելի է այն մարդը, որ ամբարիշտների խորհրդի մեջ չի գնում և մեղավորների ճանապարհի մեջ չի կանգնում և ծաղր անողների աթոռի վրա չի նստում: Այլ նրա կամքը Տիրոջ օրենքի մեջ է և ցերեկ ու գիշեր Նրա օրենքի վրա է մտածում: Եվ նա ջրերի գնացքումը տնկված ծառերի պես է, որ իր պտուղը տալիս է իր ժամանակին, և նրա տերևը չի թափվում, և ամեն ինչ որ անում է, հաջողվում է նրան: (Սաղ. 1.1–3)

Տասներկուերորդ

Բաց նամակ իմ շարունակական ընկերներին

Այս վերջին գլուխն անձնական կոչ է պահպանողական ավետարանական շարժման գործընկեր առաջնորդներին, ովքեր հռչակում են ճշմարիտ Ավետարանը, սակայն ծգփում բաց մնալ ժամանակակից դարաշրջանում բացահայտող և հրաշագործ պարգևների շարունակության համար:

Ես այս գլուխը վերնագրեցի «Բաց նամակ իմ շարունակական ընկերներին», քանի որ ի սկզբանե ուզում եմ ընդգծել, որ բոլոր նրանց, որոնք հավատարիմ գործընկերներ են Աստծո խոսքի և Ավետարանի մեջ, համարում եմ եղբայրներ Քրիստոսով և ընկերներ ծառայության մեջ, նույնիսկ եթե նրանք օրինական տեղ են տալիս խարիզմատիկ փորձին: Նրանց մեջ ես լավ ընկերներ ունեմ, որոնք իրենց պիտակավորում են որպես «բարեփոխված խարիզմատիկներ» կամ «ավետարանական շարունակականներ»:

Խարիզմատիկ շարժումը լցված է կեղծ ուսուցիչներով և ամենավատ տեսակի հոգևոր շաղլատաններով, ինչը կարելի է դիպուկ պատկերացնել՝ միացնելով TBN ալիքը (կամ մի քանի փոքր խարիզմատիկ հեռուստատեսային ցանցեր): Անշուշտ, ես իմ շարունակական ընկերներին չեմ դիտարկում այն հոգևոր լեռնաշղթաների և բացահայտ խարդախությունների տեսանկյունից: Այս գլխում ես գրում եմ քրիստոնյա առաջնորդներին, որոնք տարիների ընթացքում ապացուցել են իրենց նվիրվածությունը Քրիստոսին և Նրա խոսքին: Նրանց հավատարմությունը Սուրբ գրության իշխանությանը և Ավետարանի հիմունքներին եղել է հետևողական և ազդեցիկ, և այդ հիմքի վրա է, որ մենք հարուստ ընկերակցություն ենք կիսում ճշմարտության մեջ:

Ես շնորհակալ եմ եկեղեցու ճշմարտացիության և կյանքի օգտին նրանց կատարած մեծ ներդրման համար: Ես անձամբ, իմ ժողովի հետ միասին, օգուտ եմ քաղել շարունակական հեղինակների կողմից գրված գրքերից՝ ներառյալ համակարգված աստվածաբանությունները, աստվածաշնչյան մեկնաբանությունները, պատմական կենսագրությունները, նվիրական աշխատությունները և տրակտատները, որոնք պաշտպանում են այնպիսի հիմնարար վարդապետություններ, ինչպիսիք են փոխարինող քավությունը, աստվածաշնչյան անսխալականությունը և Աստծո կողմից տղամարդկանց և կանանց տրված դերերը:

Ինչ վերաբերում է խարիզմատիկ խնդրին, շատ ավետարանական շարունակականներ խիզախորեն դատապարտում են այդ շարժման որոշ ասպեկտներ, որոնք նրանք ընդունում են, որ ուղղակիորեն հակասում են Աստծո Խոսքին՝ ներառյալ բարգավաճման ավետարանի աղաղակող պնդումները: Ավելին, այստեղ չեն հանդուրժվում շարժումն ամբողջությամբ բնութագրող տարօրինակ ավելորդությունները: Նույնիսկ շարունակական տերմինն անուղղակի բողոք է համատարած կոռուպցիայի դեմ, որը բնութագրում է հիմնական խարիզմատիկ ուսմունքը: Ինչպես բացատրեց մի շարունակական հեղինակ. «Խարիզմատիկ տերմինը երբեմն ասոցացվում է վարդապետական սխալի, բժշկության չհիմնավորված պընդումների, ֆինանսական անպատշաճության, տարօրինակ և չիրականացած կանխատեսումների, խոսքի պարգևների գերշեշտադրման և որոշ տխրահռչակ սանրվածքների հետ: ...Ահա թե ինչու ես սկսել եմ ինձ ավելի հաճախ ճանաչել որպես շարունակական, ոչ թե խարիզմատիկ»:[1]

Նման հեռավորությունը կարևոր է, քանի որ այն տարբերակիչ անհրաժեշտ պատ է դնում հիմնական խարիզմատիկների և պահպանողական ավետարանականների միջև, որոնք հավատում են պարգևների շարունակականությանը: Այնուամենայնիվ, ես չեմ հավատում, թե դա բավական հեռու կգնա: Ես երախտապարտ եմ, որ վարդապետությունները, որոնց շուրջ մենք համաձայնում ենք, գերազանցում են այն բաներին, որոնց շուրջ մենք համակարծիք չենք: Բայց դա չի նշանակում, որ այս վերջին խնդիրները կարող են հեշտությամբ լուծվել:

Այսպիսով, չնայած ես երախտապարտ եմ, որ միասին ենք Ավետարանի գործում, ես նույնքան համոզված եմ, որ միասնությունը, որը մենք կիսում ենք Ավետարանի առանցքում, չպետք է խանգարի մեզ անդրադառնալ Ավետարանի այլ ընդլայնված հարցերին, ավելի շուտ, այն պետք է մղի մեզ բարելավելու միմյանց՝ հանուն աստվածաշնչյան ճշգրտության: Ճշմարտության հանդեպ սերը, առանց անձնական գթության պակասության, ինձ դրդում է այսպիսի գիրք գրել: Այն նաև ինձ ստիպում է պարզ ասել, որ իմ կարծիքով՝ շարունակական դիրքորոշումն ավետարանական եկեղեցուն ենթարկում է խարիզմատիկ մուտացիայի շարունակական վտանգի:

Դադարեցման գաղտնի կողմնակիցները

Նախքան պահպանողական խարիզմատիկ դիրք զբաղեցնելու վտանգավոր հետևանքները (օրինակ՝ շարունակականությունը) քննարկելը, կարևոր է նշել այդ դիրքորոշման մեծ հեգնանքներից մեկը, այն է՝ շարունակականներն իրականում հավատարիմ են դադարեցման սկզբնական ձևին: Թույլ տվեք բացատրել, թե ինչ նկատի ունեմ:

Շարունակական դիրքորոշումը պնդում է, որ ժամանակակից մարգարեությունները սխալական են և ոչ հեղինակավոր, այն ընդունում է, որ ժամանակակից լեզուներով խոսելու տարածված պրակտիկան բաղկացած չէ վավերական օտար լեզուներից, և այն ընդհանրապես հերքում է, որ ավետարաններում և Գործք Առաքելոցում արձանագրված բժշկության հրաշքներն այսօր կրկնվում են: Ավելին, շարունակականներն ընդունում են, որ առաքելության եզակի պաշտոնը դադարեցվել է եկեղեցու պատմության առաջին դարից հետո: Այսպիսով, շարունակականները համաձայն են, որ վերջին տասնինը հարյուրամյակների ընթացքում առաքյալներ չեն եղել, և որ Նոր Կտակարանի ժամանակների ցանկացած անսխալ մարգարեական պարգև դադարեցվել է (անսխալ հայտնությունը շարունակվում էր միայն Աստվածաշնչում):

Շարունակականները հիմնականում ընդունում են, որ վավերական օտար լեզուներով սահուն խոսելու հրաշագործ կարողությունը, ինչպես նկարագրված է Գործք 2-ում, չի գոյատևել առաքելական դարից հետո: Եվ նրանք, ընդհանուր առմամբ, ընդունում են, որ ակնթարթային, անհերքելի, հրապարակային և ամբողջական բժշկությունները, ինչպիսիք կատարում էին Քրիստոսը և Նրա առաքյալները, չեն կրկնվել առաջին դարից ի վեր: Վերջերս տված հարցազրույցում հայտնի շարունակական մի հովիվ ասաց. «Ինձ թվում է՝ և՛ աստվածաշնչյան, և՛ փորձառական է, որ (Քրիստոսի) մարմնացման շուրջ տեղի է ունեցել գերբնական օրհնության արտասովոր արտահոսք, որը պատմության ոչ մի կետում չի կրկնվել: Ոչ ոք երբևէ չի բժշկել այնպես, ինչպես Հիսուսը բժշկեց: Նա երբեք չձախողվեց, Նա դա կատարյալ արեց, Նա մարդկանց մեռելներից հարություն տվեց, Նա հպվեց և բոլոր վերքերը վերացան, և Նա երբեք չձախողվեց»:[2]

Այդ դիտարկումը միանգամայն ճիշտ է. Քրիստոսի և, ավելին, Նրա առաքյալների հրաշքները եզակի էին և անկրկնելի: Ընդունել այդ պարզ փաստը նշանակում է տեղ տալ դադարողականության հիմնարար նախադրյալին:

Նրանք, ովքեր ցանկանում են արդար և անկեղծ համեմատություն անել այսօրվա խարիզմատիկ երևույթների և Քրիստոսի ու Նրա առաքյալների հրաշքների միջև, արագ հայտնաբերում են, որ անհնար է լինել այդ ամենի անորակ շարունակողը: Չափազանց ակնհայտ է, որ առաքելության, մարգարեության, լեզուների և բժշկության ժամանակակից խարիզմատիկ տարբերակները չեն համապատասխանում աստվածաշնչյան նախադեպերին: Յուրաքանչյուր ոք, ով փոքր-ինչ ազնվություն ունի, ստիպված կլինի դա խոստովանել: Բայց այդքանը զիջելով՝ նրանք հաստատում են դադարեցման փաստարկի հիմքը՝ անկախ նրանից, թե ինչ բողոքներ են հնչում ի հակադրություն:

Այնուամենայնիվ, շարունակականները կառչում են աստվածաշնչյան տերմինաբանության օգտագործումից՝ ժամանակակից խարիզմատիկ պրակտիկաները նկարագրելու համար, որոնք *չեն համապատասխանում* աստվածաշնչյան իրականությանը: Այսպիսով, ցանկացած անձնական տպավորություն կամ անցողիկ երևակայություն կարող է պիտակավորվել որպես «մարգարեության պարգև», անհեթեթ խոսելը կոչվում է «լեզուների պարգև», յուրաքանչյուր ուշագրավ նախախնամություն պիտակավորվում է որպես «հրաշք», իսկ բժշկության համար աղոթքների յուրաքանչյուր դրական պատասխան դիտվում է որպես ապացույց, որ ինչ-որ մեկն ունի *բժշկելու պարգև*: Այդ ամենը մեծ խնդիր է ստեղծում, քանի որ Նոր Կտակարանում այդ նվերներն այդպես *չեն* նկարագրված: Ցանկացած ավետարանական հովվի կամ եկեղեցու առաջնորդի համար աստվածաշնչյան տերմինաբանությունը կիրառելն այն բանի վրա, որը չի համապատասխանում աստվածաշնչյան պրակտիկային, պարզապես շփոթեցնող չէ. դա պոտենցիալ վտանգավոր ուսուցում է, որի համար այդ մարդն, անշուշտ, մեղավոր է:

Շարունակական դիրքորոշման վտանգավոր հետևանքները

Որոշ պահպանողական շարունականներ կարող են այս հարցը համեմատաբար աննշան, երկրորդական խնդիր համարել, որը միայն փոքր հետևանքներ ունի ընդհանուր եկեղեցու համար: Մյուսները կարծես թե հարմարավետորեն անտարբեր են այս հարցի նկատմամբ՝ գրեթե ընդհանրապես չմտածելով դրա մասին: Իրականում առնչությունը զանգվածային է, իսկ հետևանքները՝ պոտենցիալ աղետալի: Ահա ութ պատճառ, թե ինչու.

1. Շարունակական դիրքորոշումը օրինականության պատրանք է տալիս ավելի լայն խարիզմատիկ շարժմանը:

Թեև աստվածաբանորեն հարգված պահպանողական շարունակականները շատ չնչին փոքրամասնություն են կազմում խարիզմատիկ շարժման ներսում, նրանք ամբողջ շարժմանը աստվածաբանական վստահության և հարգանքի աուրա են տալիս:

Երբ ես գրում էի «Խարիզմատիկ քաոսը» ավելի քան քսան տարի առաջ, մարդիկ ինձ մեղադրում էին միայն խարիզմատիկ շարժման խելագար եզրին անդրադառնալու մեջ: Համոզված եմ, որ ոմանք նույնը կասեն այս գրքի մասին: Իրականում, սակայն, այս գիրքը վերաբերում է խարիզմատիկ շարժման հիմնական հատվածին: Բարեփոխված շարունակականները նրանք են, ովքեր իրականում գտնվում են եզրին, քանի որ նրանք չեն հանդիսանում խարիզմատիկների ճնշող մեծամասնության օրինակը: Այնուամենայնիվ, երբ նշանավոր շարունակող գիտնականները վստահություն են տալիս խարիզմատիկ մեկնաբանություններին կամ չեն կարողանում ուղղակիորեն դատապարտել խարիզմատիկ պրակտիկան, նրանք աստվածաբանական ծածկույթ են ապահովում մի շարժման համար, որը պետք է բացահայտվի իր վտանգներով և ոչ թե պաշտպանվի:

Ավետարանական աշխարհում Նոր Կտակարանի ամենահարգված գիտակներից մեկը հենց այս օրինակն է բերում: Որպես զգուշավոր մեկնաբան, ով ձգտում է հավատարիմ մնալ Նոր Կտակարանի տեքստին, այս մարդը ճշմարիտ կերպով նույնացնում է լեզուների պարգևը վավերական լեզուների հետ: Այնուամենայնիվ, շարունակական ենթադրությունները խանգարում են նրան եզրակացնել, որ լեզուների շնորհը դադարել է: Արդյունքում, նա ստիպված է հորինել շփոթեցնող վարկած, որում պնդում է, որ ժամանակակից շատախոսությունը կարող է շփոթություն թվալ, բայց միևնույն ժամանակ՝ ռացիոնալ լեզու լինել: Այս կետի շուրջ ծավալված քննարկման ժամանակ նա հետևյալ օրինակն է բերում ՝ իր տեսակետը լուսաբանելու համար.

Ենթադրենք հաղորդագրությունը հետևյալն է.

Օրհնեցե՛ք Տիրոջը, որովհետև նրա ողորմությունը հավիտյան է:

Հեռացրե՛ք ձայնավորները.

ՐՀՆՑՔ ՏՐՋ ՐՀՏՎ ՆՐ ՂՐՄԹՅՆ ՀՎՏՅՆ

Սա կարող է մի փոքր տարօրինակ թվալ, բայց երբ հիշում ենք, որ ժամանակակից եբրայերենը գրվում է առանց ձայնավորների մեծ մասի, մենք կարող ենք պատկերացնել, որ պրակտիկայի դեպքում սա կարելի է կարդալ բավականին սահուն: Այժմ հեռացրե՛ք բացերը և, սկսած առաջին տառից, վերաշարադրեք հաջորդականությունը՝ օգտագործելով յուրաքանչյուր երրորդ տառը, մի քանի անգամ անցնելով հաջորդականությունը, մինչև բոլոր տառերը սպառվեն: Արդյունքը հետևյալն է.

ՐՀՅՔՐՋՀՏՆՐՐՄԹՆՀՅՅՆ

Այժմ յուրաքանչյուր բաղաձայնից հետո ավելացրեք «ա» ձայնավորը և բաժանեք միավորը կամայական հատվածների.

ՐԱՀԱ ՅԱՔԱՐԱ ՋԱՀԱ ՏԱՆԱՐԱ ՐԱՄԱԹԱ ՆԱՀԱ-ՅԱՅԱՆ

Կարծում եմ, որ այն չի տարբերվում որոշ ժամանակակից լեզուների տառադարձումից: Անշուշտ, այն շատ նման է իմ լսած որոշ մարդկանց հնչյուններին: Բայց կարևոր կետն այն է, որ այն տեղեկատվություն է փոխանցում, *եթե իմանաք կոդը*: Յուրաքանչյուր ոք, ով իմանա իմ ձեռնարկած քայլերը, կարող է դրանք հակադարձել՝ սկզբնական հաղորդագրությունը ստանալու համար:…

Այսպիսով, թվում է, որ լեզուները կարող են ճանաչողական տեղեկատվություն կրել, թեև դրանք հայտնի չեն որպես մարդկային լեզուներ, ճիշտ համակարգչային ծրագրի նման. այն ունի «լեզու», որը փոխանցում է մեծ քանակությամբ տեղեկատվություն, թեև դրանով որևէ մեկն իրականում չի խոսում:[3]

Թեև նման առաջարկը նորարարական է, այն չունի էկզեգետիկ հիմք և անհարկի բարդության շերտեր է ավելացնում, որոնք երաշխավորված չեն լեզուների պարգևի Նոր Կտակարանի նկարագրությամբ: Նման եզակի բացատրությունները, թեև լավ են նպատակադրված, փորձում են անել անհնարինը: Օտար լեզուներով խոսելու աստվածաշնչյան հրաշքը անհեթեթ շատախոսության ժամանակակից պրակտիկայի հետ հաշտեցնելու բոլոր ջանքերը ձախողվում են:

Եթե այդ մեկնաբանությունը չհնչեր մեր օրերի ամենահարգված ակադեմիական հեղինակներից մեկի կողմից, ապա այն հավանաբար որևէ լուրջ ֆորումում ուշադրության չէր արժանանա: Բայց հենց այդ գրողի՝ ականավոր ավետարանական գիտնականի հեղինակության պատճառով, շատ խարիզմատիկներ կառչում են նրա գաղափարից, կարծես այն իրենց դիրքի վստահելի պաշտպանությունը լինի: Բայց ոչ: Այն անպաշտպանելին պաշտպանելու թափանցիկ հուսահատ փորձ է: Հարգված աղբյուրների նման անհավանական տեսությունները միայն ծառայում են օրինականացնելու մի շարժում, որն իրականում կառուցված է անհիմն փաստարկների և էկզեգետիկ մոլորությունների վրա:

Առցանց հարցազրույցում մեկ այլ շարունակական հովիվ պնդում է, որ էքստատիկ խոսքի ժամանակակից տարբերակը պարգևի օրինական արտահայտությունն է, թեև նա ընդունում է, որ այն հաճախ կեղծվում է խարիզմատիկ շրջանակներում: Պատմելով լեզուներով խոսելու սեփական ցանկության մասին՝ նա ասում է.

> Հենց այս առավոտ ես քայլում էի իմ հյուրասենյակում: ...[և] մտածեցի լեզուների մասին: Ես ասացի. «Ես երկար ժամանակ լեզու չեմ խնդրել»: Եվ այսպես, ես պարզապես ընդհատեցի: ... Եվ ես ասացի. «Տե՛ր, ես դեռ ցանկանում եմ խոսել լեզուներով: Ինձ կտա՞ս այդ պարգևը»:
>
> Այսպես, եթե ցանկանում եք, կարող եք փորձել «բանան» բառը հակառակ ձևով ասել: Նախկինում ես նստում էի մեքենան եկեղեցուց դուրս և երգում էի լեզուներով, բայց գիտեի, որ այդպես չէ: Ես պարզապես հորինում էի այն: Եվ ես ասացի, որ սա այն չէ: Ես գիտեմ, որ սա այն չէ:
>
> Բայց սա այն է, ինչ նրանք փորձում են ձեզ ստիպել անել, եթե դուք այդ որոշակի խմբերի մեջ եք: Եվ ես պարզապես ամեն ինչ արեցի, որպեսզի փորձեմ բացել ինքս ինձ դրա համար, և Տերը միշտ առանց խոսքերի ասում էր ինձ՝ «Ո՛չ»: «Ո՛չ»:... Բայց ես չեմ ենթադրում, որ սա Նրա վերջին խոսքն է: Եվ այսպես, երբեմն, ես պարզապես երեխայի պես վերադառնում էի Նրա մոտ և ասում. «Իմ եղբայրներից և քույրերից շատերն ունեն այս խաղալիքը, ունեն այս նվերը: Ես էլ կարո՞ղ եմ ունենալ»: [4]

Այս վկայությունը ցույց է տալիս այն տագնապը, որն առաջանում է պարգևների սխալ ըմբռնման հետևանքով՝ ցանկանալ, որ Աստված տա մի բան, որը Նա վաղուց հեռացրել է եկեղեցուց: Մի կողմից, ես շնորհակալ եմ, որ այս հովիվը բավականաչափ ազնիվ է՝ խոստովանելով, որ ինքը երբեք չի զգացել ժամանակակից երևույթը, հատկապես, որ ժամանակակից տարբերակը կեղծ փորձ է: Մյուս կողմից, այս հարգված հովվի համոզմունքը, որ անհասկանալի էքստազը կարող է լինել հոգևոր շնորհի իրական արտահայտությունը, օրինականություն է տալիս բոլոր նրանց, ովքեր անմիտ շատախոսությունը կապում են Աստծո Հոգու հետ: Թեև այս հովիվը շատ կարևոր առումներով առողջ վարդապետության հայտնի պաշտպան է, նրա դիրքորոշումը լեզուների վերաբերյալ հավաստիության հարթակ է ապահովում միլիոնավոր խարիզմատիկների համար, որոնք շատ ավելի քիչ են պատասխանատու, քան նա:

2. Շարունակական դիրքորոշումը նսեմացնում է այն ճշմարիտ պարգևների հրաշագործ բնույթը, որոնք Աստված շնորհել է առաջին դարի եկեղեցուն:

Ավետարանի պատմությունները, Գործք Առաքելոց գրքի հետ մեկտեղ, արձանագրում են ամենածավալուն և դրամատիկ հրաշքները, որոնք երբևէ տեղի են ունեցել մարդկության ողջ պատմության ընթացքում: Աստված նոր հայտնություն տվեց եկեղեցուն՝ Իր առաքյալների և մարգարեների միջոցով, որպեսզի Նոր Կտակարանը գրի առնվի: Սուրբ Հոգին հնարավորություն տվեց լեզուների պարգև ունեցողներին խոսել օտար բառեր, որոնք երբեք չէին սովորել: Եվ Նա շնորհեց բժշկության պարգևն ընտրյալ անհատների՝ հնարավորություն տալով նրանց բուժել կույր, հաշմանդամ, խուլ և բորոտ մարդկանց՝ վավերացնելու իրենց ուղերձը: Այդ հրաշքների նպատակը և դրանց կապն Ավետարանի ճշմարտության սկզբնական բացահայտման հետ պարզ է դառնում Եբրայեցիս 2.3–4 հատվածներում. «[Ավետարանը] սկզբում Տիրոջ կողմից հռչակվեց, հետո մեր մեջ հաստատվեց Նրան լսողների միջոցով: Աստված այն վկայեց նշաններով, հրաշքներով, տեսակ-տեսակ զորություններով և Սուրբ Հոգու պարգևներով. ըստ Իր կամքի կամեցավ»: Այդ տեքստն անիմաստ է ներկայացվում այն խարիզմատիկ հասկացության պատճառով, որ նշանները, հրաշքները և լեզուների պարգևները, մարգարեությունները և բժշկությունը պատկանում են բոլոր քրիստոնյաների ամենօրյա փորձին:

Ավելին, երբ շարունակականներն օգտագործում են Նոր Կտակարանի պարգևների տերմինաբանությունը, իսկ հետո սահմանում այդ տերմինները՝ համապատասխանեցնելով խարիզմատիկ պրակտիկային, նրանք արժեզրկում են *հրականի* ուշագրավ էությունը: Արդյունքում, նրանք նվազեցնում են Սուրբ Հոգու փառահեղ գործելաոճը եկեղեցու պատմության հիմնարար փուլերում: Եթե այսօր խարիզմատիկ եկեղեցիներում կիրառվող պարգևները համարժեք են Նոր Կտակարանում նկարագրված շնորհներին, ապա այդ բնօրինակ նվերներն ամենևին էլ հրաշք չէին: Սխալներով լի բաներ ասելը չի համապատասխանում մարգարեության աստվածաշնչյան պարգևին: Անմիտ խոսելը լեզուների իրական պարգև չէ: Եվ ապաքինման համար աղոթելը, գիտենալով, որ այդ աղոթքները կարող են չպատասխանվել, բժշկության առաքելական պարգև չէ:

Որպես ավետարանական քրիստոնյաներ, մենք ցանկանում ենք հարգված տեսնել եռամիասնական Աստծուն, իսկ Նրա խոսքը՝ վեհացված: Երբ խարիզմատիկները հափշտակում են Նոր Կտակարանի տերմինաբանությունը և վերասահմանում աստվածաշնչյան պարգևները, նրանք նսեմացնում են այն, ինչ Աստված հրաշքով անում էր առաջին դարում: Պահպանողական շարունակականներն աջակցում են այս խեղաթյուրմանը:

3. Շարունակական դիրքորոշումը խիստ սահմանափակում է իր պաշտպանների կարողությունը՝ դիմակայելու ուրիշներին, որոնք ընկնում են խարիզմատիկ շփոթության մեջ:

Վստահություն տալով դեգրադացված շարժման հիմնական սկզբունքներին՝ շարունակականներն ի վերջո հրաժարվում են այլ ավետարանական առաջնորդներին դիմակայելու կարողությունից, որոնք տարօրինակ խարիզմատիկ վարքագիծ են դրսևորում կամ արտասովոր պնդումներ են անում՝ հիմնված Աստծո ենթադրյալ հայտնությունների վրա:

Դրա վառ օրինակն ի հայտ եկավ մի քանի տարի առաջ, երբ հանրաճանաչ, բայց սադրիչ երիտասարդ մի հովիվ սկսեց պնդել, որ Աստված իրեն ցույց է տալիս կոնկրետ մարդկանց պատկերավոր տեսիլքներ, որոնք զբաղվում են սեռական ակտերով՝ ներառյալ բռնաբարություն, պոռնկություն և մանկապղծություն:[5] Վստահ խրոխտությամբ հովիվն իր ենթադրըրյալ տեսիլքներն իր ունկնդիրներին նկարագրեց աղաղակող մանրամասնությամբ, այնպես որ ռենտգենյան արդյունքն ակնհայտորեն խախտում էր Եփեսացիս 5.12, 1 Տիմոթեոս 4.12 և մի շարք այլ աստվածաշնչյան հատվածներ: Այդ հաղորդագրություններն այնուհետև հանրությանը հասանելի դարձան նրա ծառայության կայքի միջոցով:

Ակնհայտ է, որ նման տեսիլքներն Աստծուց չեն, այլ ծագում են երևակայությունից, որը չափից դուրս ենթարկվել է աշխարհիկ ազդեցություններին: Մինչ դադարի կողմնակիցները շտապում էին մատնանշել հովվի պոռնոգրաֆիկ կանխավարկածը, որոշ շարունակական առաջնորդներ հայտնվեցին տարակուսանքի մեջ: Մի կողմից, նրանք չէին կարող հարմարավետ զգալ իրենց այն անառակ պատկերների առկայությամբ, որոնք այս երիտասարդը պնդում էր, որ իրեն Աստծուց են եկել: Մյուս կողմից, նրանք չէին կարող վերջնականապես հերքել նրա այն պնդումը, որ Սուրբ Հոգին նոր հայտնություն է տալիս նրան, անկախ նրանից, թե որքան աղմկոտ է այդ ամենը կամ շքեղ: Ի վերջո, նրանք անհարմար կերպով լռեցին, և նրանց լռությունը մեկնաբանվեց որպես համաձայնություն:

Կարելի է նաև թվարկել այլ օրինակներ, որոնք ցույց են տալիս, որ չնայած բարեփոխված խարիզմատիկները ցանկանում են հեռու մնալ հիմնական խարիզմատիկ շարժումից, նրանք իրենց դրել են այնպիսի դիրքում, որը գրեթե անհնար է դարձնում նրանց արդյունավետ քննադատությունը: Ազդեցիկ ավետարանական մի հովիվ վերջերս կրկնեց այն փաստը, որ իրեն բացահայտորեն հետաքրքրել էր Երրորդ ալիքի շարժումը 1990-ականների սկզբին՝ տեսնելով Ջոն Ուիմբերի Խաղողի այգու շարժումը որպես իսկական արթնություն:[6] Հայտնի սիստեմատիկ մի աստվածաբան ակնարկում է, որ Հոգով սպանվելը կարող է լավ բան լինել, քանի դեռ այն դրական արդյունքներ է տալիս մարդկանց կյանքում: [7]Մեկ այլ լայնորեն ընթերցված ավետարանական հեղինակ հրաժարվեց իր հովվությունից 1993 թվականին՝ դառնալով Կանզաս Սիթիի մարգարեների աստվածաբանական ուսուցիչը:[8] Երբ այդ խումբը մասնատվեց, նրանց նախկին ուսուցիչը հեռացավ Կանզաս Սիթիից և հիմնեց իր ծառայությունը, որը շատ ավելի ցածր մակարդակի մոտեցում է ցուցաբերում խարիզմատիկ պարգևների նկատմամբ: Բայց նա դեռ պնդում է, որ սխալ մարգարեությունը վավերական է:[9]

Խարիզմատիկ սխալների դեմ առճակատման փոխարեն՝ շարունակական առաջնորդները բազմիցս հայտնաբերվում են սիրախաղի մեջ մի շարժման ասպեկտների հետ, որը լի է լուրջ սխալներով և կոռումպացված ղեկավարությամբ: Թույլ տալով ժամանակակից խարիզմատիկ շարժմանը վերասահմանել իրենց պարգևները՝ նրանք լրջորեն թուլացրել են այդ սխալին հեղինակավոր կերպով հակազդելու իրենց կարողությունը: Բայց ամենևին հարկ չկա հրաժարվել այդ էքկզեգետիկ բարձր դիրքից:

4. Պնդելով, որ Աստված այսօր էլ նոր հայտնություն է տալիս քրիստոնյաներին՝ շարունակական շարժումը բացում է շփոթության և սխալի դարպասները:

Սխալական մարգարեությունների ընդունումը շարունակական շրջանակներում ողջ ավետարանական շարժմանը ենթարկել է սխալ վարդապետությունների, որոնք ուղեկցում են այդ մարգարեություններին:

Ջեք Դիրի, Փոլ Քեյնի, Բոբ Ջոնսի և Կանզաս Սիթիի մարգարեների անհամար կեղծ մարգարեությունները բավարար են այս կետը լուսաբանելու համար: Երբ 1992թ.-ին ես իմ գրասենյակում հանդիպեցի Դալլասի աստվածաբանական սեմինարիայի նախկին պրոֆեսոր Ջեք Դիրի և ինքնահռչակ մարգարե Փոլ Քեյնի հետ, Դիրը փորձեց համոզել ինձ, որ ինքը ներկայացնում է խարիզմատիկ շարժման վարդապետական առումով հիմնված հատվածը: Նա բերեց Քեյնին, որպեսզի ապացուցի ինձ և իմ երկու երեք ընկերներին, որ մարգարեության պարգևը դեռ գործում է եկեղեցում: Մեր հանդիպման ժամանակ Քեյնը գրեթե ամբողջովին անհետևողական էր՝ վարվելով հարբած մարդու պես: Թեև Դիրը ներողություն խնդրեց Քեյնի տարօրինակ պահվածքի համար, նա ուզում էր, որ մենք հավատանք, որ դա Հոգու օծման արդյունքն էր:

Երբ մեր զրույցը շարունակվում էր, երկուսն էլ ընդունեցին, որ իրենց մարգարեությունները հաճախ սխալ են եղել: Իհարկե, մենք նշեցինք, որ Սուրբ Գիրքը վերջնականապես դատապարտում է բոլոր կեղծ մարգարեությունները: Աստվածաշնչի մարգարեները պահվում էին 100 տոկոս ճշգրտությամբ: Դիրի պաշտպանությունը մատնանշում էր նշանավոր մի ավետարանականի աշխատանք, ով պնդում էր մարգարեական պարգևի շարունակականությունը:[10] Պնդելով սխալական մարգարեության հավանականությունը՝ այս հարգված ավետարանական աստվածաբանը Դիրին և Քեյնին օրինականության երես տվեց, չնայած այն փաստին, որ նրանք ակնհայտորեն խախտում էին 2 Օրինաց 13 և 18 հատվածներում տրված մարգարեության աստվածաշնչյան պահանջները: Հանրաճանաչ շարունակականության նախադրյալը, որ Նոր Կտակարանի մարգարեության պարգևը հաճախ սխալ է, բացահայտորեն եկեղեցի է հրավիրում կեղծ մարգարեների (տե՛ս Մատթ. 7.15)՝ միաժամանակ առաջ մղելով ժողովական դյուրահավատության մի ձև, որի դեպքում նույնիսկ անկեղծ քրիստոնյաները կարող են համոզվել, որ Աստված խոսում է (երբ իրականում Նա չի խոսում):

Մի քանի տարի անց Փոլ Քեյնի ծառայությունը վարկաբեկվեց, երբ նա խոստովանեց թե՛ երկարաժամկետ հարբեցողության, թե՛ համասեռամոլության մասին: Ճակատագրի հեգնանքով, այդ շարժման մյուս այսպես կոչված մարգարեներից ոչ մեկը չէր կանխատեսել նրա անկումը: Իրականում, նրանք ողջունել էին նրան որպես մեծագույն պարգև ունեցող գերագույն մարգարեի: Այսքանը մարգարեական խորաթափանցության վերաբերյալ: Եթե նման խարիզմատիկ մարգարեները չգիտեն ճշմարտությունն իրենց գործընկերների մասին, մարդիկ, որոնց վրա նրանք ազդում են, նույնպես հույս չունեն այն իմանալու:

Չնայած Փոլ Քեյնի բացահայտմանը՝ որոշ շարունակական առաջնորդներ դեռ պնդում են, որ նա *իսկապես մարգարեացել է*, նույնիսկ եթե հետագայում բացահայտվել է որպես անբարոյական շաղատան: Ավետարանական առաջնորդներից մեկի խոսքերով.

Փոլ Քեյնն այդ օրերին մարգարե էր և լիովին վարկաբեկված էր: Եվ ես գնացի Փոլ Քեյնի մի արարողությանը, և նա մարգարեացավ ինձ վրա: Եվ նա բաց թողեց այն: Ես երկու անգամ նայեցի, թե ինչպես է նա քարոզում և ինչպես է օգտագործում Աստվածաշունչը. որպես այբբենարան՝ իրականին հասնելու համար, իսկ իրականը հետևյալն էր. «Կարմիր մարգաշապիկով տղամարդը հետևի կողմում, նա երեք շաբաթից մեկնում է Ավստրալիա, և նա նյարդայնացած է, և ես ուզում եմ վստահեցնել նրան, որ նրա վիզան իրականություն կդառնա»: Հիմա դա եղավ, և ես հավատում եմ, որ դա իսկապես եղել է: Ես իմ աստվածաբանության մեջ ընդունում եմ, որ Սուրբ Հոգին կարող է դա անել, իսկ Փոլ Քեյնը կարող է լինել շառլատան: Կարծում եմ՝ նա շառլատան էր: Բայց նա իսկապես մարգարեացավ.[11]

Թեև ճիշտ է, որ կեղծ մարգարեները երբեմն կարող են ճշգրիտ կանխատեսումներ անել (օրինակ՝ Բաղաամը [Թվ. 23.6–12], Կայիափան [Հովհ. 11.49–51]), այդ անեկդոտը ցույց է տալիս շարունակականության դիրքորոշմանը բնորոշ խառնաշփոթը: Ինչո՞ւ որևէ մեկը չպետք է անբարոյական Փոլ Քեյնին կեղծ մարգարե անվանի, երբ նա կեղծ մարգարեություններ է տալիս: Բառերը, որոնք կարող են լինել դևերից, Սուրբ Հոգուն վերագրելը, այն էլ կեղծ մարգարեի բերանով՝ խիստ սխալ դատողություն է, որն ընդգծում է այն վտանգավոր խաղը, որը ստիպված են խաղալ շարունակականները:

Շարունակականության դիրքորոշումը հրավիրում է ցանկացած քրիստոնյայի՝ մեկնաբանելու ցանկացած անձնական տպավորություն կամ սուբյեկտիվ զգացում որպես Աստծո կողմից հնարավոր հայտնություն: Ավելին, այն վերացնում է ցանկացած հեղինակավոր, օբյեկտիվ չափանիշ՝ կասկածի տակ դնելով Աստծո կողմից ինչ-որ մեկի ենթադրյալ հայտնության օրինականությունը: Շարունակական հարացույցի շրջանակներում նորմալ է, որ մարդը հստակորեն չիմանա, թե արդյոք տպավորությունը ստացվել է Աստծուց, թե որևէ այլ աղբյուրից: Բայց դա կոռումպացված խարիզմատիկ աստվածաբանության անմիջական հետևանքն է, որը նսեմացնում և զեղչում է խորաթափանցությունը և շեղում մարդկանց ճշմարտությունից:

Այդ կետը վառ կերպով երևաց մի հայտնի շարունակական հովվի փորձառության մեջ, որի կյանքը ցնցվել է իր ժողովի մի կնոջ պատճառով, որ մոտեցել է նրան Աստծո ենթադրյալ խոսքով: Նա պատմում է այսպես.

Ինձ մոտ մի կին եկավ, երբ կինս հղի էր չորրորդ երեխայով: Եվ նա ասաց.

«Ես շատ ծանր մարգարեություն ունեմ ձեզ համար»: Ես ասացի. «լավ»: Նա ասաց, նա իրականում գրեց և տվեց ինձ. «Ձեր կինը մահանալու է ծննդաբերության ժամանակ, իսկ դուք դուստր եք ունենալու»: Ես վերադարձա իմ աշխատասենյակ, շնորհակալություն հայտնեցի նրան, ասացի. «Ես գնահատում եմ դա»: Ես մոռացել եմ, թե ինչ եմ ասել, բայց այդպես չէր կարող լինել, ես չէի ուզում դա լսել: Ես վերադարձա իմ աշխատասենյակ, իջա և ուղղակի լաց եղա: ...Եվ երբ կինս ծննդաբերեց մեր չորրորդ տղային, ոչ թե աղջկան, ես «ճչացի», ինչը ես միշտ անում եմ, բայց այս ճիչը մի փոքր արտասովոր էր, որովհետև ես գիտեի, որ հենց որ տղա ծնվի, մարգարեությունը սխալ դուրս կգա:[12]

Եթե կեղծ մարգարեությունները կարող են նման ազդեցություն ունենալ այս ավետարանական առաջնորդի կյանքում, պատկերացրեք, թե ինչ կործանարար ազդեցություն կարող են թողնել այն աշխարհիկ մարդկանց վրա, որոնք չունեն աստվածաշնչյան խորաթափանցության այս մակարդակը:

Խարիզմատիկ շարժման ավելի լայն շրջանակներում այս խնդիրը շատ ավելի վատ է, քան աստվածաբանորեն պահպանողական շարունակականների մոտ, քանի որ այն զսպըված չէ բարեփոխված աստվածաբանության հիմնավոր ուսմունքով: Այն փաստը, որ խարիզմատիկ աշխարհը լցված է կեղծ ուսուցիչներով և հոգևոր խաբեբա նկարիչներով, անշուշտ, պատահական չէ: Երևակայական փորձառությունների և սուբյեկտիվ տպավորությունների բարձրացումը դուռ է բացել բոլոր տեսակի խաբեությունների համար: Այն գաղափարը, որ քրիստոնյաները պետք է կանոնավոր կերպով ակնկալեն հայտնություն ստանալ Աստծուց արտաաստվածաշնչյան առեղծվածային փորձառությունների միջոցով, զուգորդված այն աղաղակող գաղափարի հետ, որ նույնիսկ սխալ հայտնություններն են մարգարեական պարգևի իսկական արտահայտություններ, ստեղծել է աստվածաբանական գնացքի խորտակումը, որը խարիզմատիկ շարժումն է: Ցավոք սրտի, որոշ պահպանողական շարունակական գիտնականներ ի վիճակի չեն կանգնեցնելու կոտորածը:

5. Պնդելով, որ Աստված այսօր էլ նոր հայտնություն է տալիս քրիստոնյաներին՝ շարունակական շարժումը լուռ հերքում է *sola Scriptura*-ի վարդապետությունը:

Այստեղ ամբողջ շարժումն առավել հակիրճ է սահմանվում: Իր հիմքում այն շեղվում է Սուրբ Գրքի միակ հեղինակությունից:

Ակնհայտ է, որ ոչ մի պահպանողական շարունակական չէր հերքի փակ կանոնը: Նա նաև չէր հերքի Սուրբ Գրքի հեղինակությունը կամ բավարարությունը: Իրականում, իմ շարունակական ընկերներն աստվածաշնչյան անսխալականության ամենաբացահայտ պաշտպաններից են, և ես երախտապարտ եմ նրանց նվիրվածության համար Սուրբ Գրքի գերակայությանը և նրանց անսասան համոզմունքին այն փաստի վերաբերյալ, որ միայն Սուրբ Գիրքն է մեր կյանքի և վարդապետության հեղինակավոր ուղեցույցը:

Այդուհանդերձ, իրականում շարունակական հայացքը փաստացի հիմնված է Սուրբ Գրքի միակ լիաբավության վրա՝ առավել գործնական մակարդակներում, քանի որ այն սովորեցնում է հավատացյալներին Աստծուց լրացուցիչ հայտնություն փնտրել Աստվածաշնչից դուրս: Արդյունքում մարդիկ տրամադրվում են Աստծուց տպավորություններ և խոսքեր ակնկալել՝ ավելի, քան գրված է Սուրբ Գրքի էջերում: Օգտագործելով այնպիսի տերմիններ, ինչպիսիք են *մարգարեությունը, հայտնությունը* կամ *Տիրոջից խոսք*՝ շարունակական դիրքորոշումն իրական ներուժ ունի վնասելու մարդկանց՝ կապելով նրանց խիղճը սխալ հաղորդագրության հետ կամ շահարկելով նրանց անխոհեմ որոշումներ կայացնելու համար (քանի որ նրանք կարծում են, որ Աստված է նրանց ուղղորդում այդպես անել): Թեև շարունակականները պնդում են, որ ժողովական մարգարեությունները հեղինակավոր չեն (առնվազն, ոչ կորպորատիվ մակարդակում), դժվար չէ պատկերացնել անհամար եղանակներ, որոնք կարող են չարաշահվել եկեղեցու անբարեխիղճ առաջնորդների կողմից:

Մի կողմից, շարունակականները պնդում են, որ ժամանակակից մարգարեությունն Աստծո հայտնությունն է: Մյուս կողմից, նրանք ընդունում են, որ այն հաճախ լի է սխալներով և անճշտություններով, այդ իսկ պատճառով նրանք զգուշացնում են մարդկանց երբեք չհիմնավորել ապագա որոշումները մարգարեական խոսքով: Նման երկխոսությունը միայն ուժեղացնում է աստվածաբանական շփոթությունը, որը բնորոշ է շարունակականության դիրքորոշմանը:

Ըստ էության, շարունակական հայացքը թույլ է տալիս մարդկանց ասել. «Այսպես է ասում Տերը» (կամ «Ես խոսք ունեմ Տիրոջից»), ապա տալ մի հաղորդագրություն, որը լի է սխալներով, և որը հետևաբար, իրականում Տերը չի ասել: Արդյունքում, այն մարդկանց թույլ է տալիս ճշմարտության Հոգուն վերագրել հաղորդագրություններ, որոնք ճշմարիտ չեն: Այս ամենը սահմանակից է սրբապիղծ ենթադրություններին և իր աջակիցներին դնում է հոգևորապես անկայուն վիճակում: Ակնհայտ է, որ այդ տեսակի սխալը չի կարող հաստատվել Սուրբ Գրքով: Հետևաբար, ժամանակակից մարգարեության կողմնակիցներն, ի վերջո, ստիպված են պաշտպանել իրենց տեսակետը՝ դիմելով միջադեպերին: Նրանք հեղինակություն են դարձնում իրենց սեփական փորձը, ոչ թե Սուրբ Գրքի հստակ ուսուցումը, և դա կրկին խաթարում է *sola Scriptura*-ի բարեփոխման սկզբունքը:

6. Լեզուներով խոսելու իռացիոնալ ձևն ընդունելով (սովորաբար որպես մասնավոր աղոթքի լեզու)՝ շարունակական շարժումը դուռ է բացում խարիզմատիկ պաշտամունքի անմիտ էքստազի համար:

Շարունակականներն, ընդհանուր առմամբ, սահմանում են լեզուների պարգևը որպես նվիրական աղոթքի լեզու, որը հասանելի է յուրաքանչյուր հավատացյալի: Ի տարբերություն առաքելական պարգևի (նկարագրված է Գործք. 2-ում)՝ լեզուները հիմնականում բաղկացած չեն իսկական մարդկային օտար լեզուներից: Ավելի շուտ, դրանք բնութագրվում են վանկերի անհամապատասխան տողերի ձայնավորմամբ, որոնք հետագայում պիտակավորվում են որպես «հրեշտակների լեզուներ» կամ «երկնային լեզու»: Թեև եկեղեցական ծառայություններում գլոսոլալիայի պրակտիկան վերահսկելու հարցում շարունակականներն ավելի զգույշ են, քան հիմնական խարիզմատիկները, լեզուները դեռ խրախուսվում են անձնական աղոթքներում օգտագործելու համար:

Ժամանակակից գլոսոլալիայի ցանկացած հաստատում, նույնիսկ եթե այն իրականացվում է միայն աղոթքի սենյակում, քաջալերում է հավատացյալներին ավելի խորը հոգևոր մտերմություն փնտրել Աստծո հետ *առեղծվածային, խճճված* և նույնիսկ *անմիտ* փորձառությունների միջոցով: Սա վտանգավոր պրակտիկա է հավատացյալների համար, որոնք կոչված են նորոգելու իրենց միտքը, ոչ թե շրջանցելու իրենց ինտելեկտուալ ունակությունները կամ հպատակեցնելու բանականությունը հում հույզերին: Լեզուների վրա ցանկացած շեշտադրում կարող է նաև հոգևոր հպարտություն առաջացնել եկեղեցում (ինչպես կորնթացիների դեպքում): Նրանք, ովքեր զգացել են «պարգևը», հեշտությամբ կարող են իրենց ավելի լավը համարել, քան նրանք, ովքեր չեն զգացել: Ավելին, լեզուների շարունակական հայացքը հաստատում է պարգևների եսասիրական օգտագործումը: 1 Կորնթացիս 12-ում պարզ է դառնում, որ բոլոր պարգևները տրվել են ուրիշների շինության համար Քրիստոսի մարմնում, և ոչ թե ինքնագովեստի որևէ նպատակով՝ ներառյալ սեփական կրքերը շահարկելը:

Շատախոսության հաստատումը դուռ է բացում դեպի ավելի լայն հիսունականություն, քանի որ «լեզուներով խոսելը» պենտեկոստական շարժման հատկանիշն է: Այդտեղից այն ճանապարհ է հարթում դեպի էկումենիզմ, քանի որ այս երևույթը նկատվում է վարդապետական առումով տարբեր խմբերում (ներառյալ հռոմեական կաթոլիկները և նույնիսկ ոչ քրիստոնեական կրոնները): Կրկին շարունակականությունը հայտնվում է վարդապետական երկընտրանքի առջև. եթե ժամանակակից լեզուները Սուրբ Հոգու պարգև են, ապա ինչո՞ւ են դա անում հռոմեական կաթոլիկները և ոչ քրիստոնյա խմբերը, որոնք զուրկ են Հոգուց:

Հիսուսն ասաց, որ ճշմարիտ աղոթքը չպետք է բնութագրվի ապարդյուն կրկնությամբ, իսկ Պողոս առաքյալը շեշտեց, որ ճշմարիտ Աստված անկարգությունների Աստված չէ: Այնուամենայնիվ, անիմաստ հնչյունների խառնաշփոթ խանգարումը և անիմաստ կրկնությունն ուղղակիորեն հակասում են աստվածաշնչյան այդ հրահանգներին: Շարունակական տեսակետը (որ լեզուները կարող են լինել այլ բան, քան իսկական մարդկային լեզուները) խորթ է ոչ միայն Սուրբ Գրքի իրստակ նկարագրությանը, այլև եկեղեցու պատմության համընդհանուր վկայությանը: Եկեղեցու պատմության մեջ ոչ ոք չէր նույնացնում «լեզուների պարգևը» խաբեբայության հետ մինչև ժամանակակից խարիզմատիկ շարժումը: Միակ հնարավոր բացառությունները գալիս են հերետիկոսներից, աղանդավոր խմբերից և կեղծ կրոններից՝ բոլոր այն աղբյուրներից, որոնցից պահպանողական ավետարանականներն իրենք իրավամբ կցանկանային հեռանալ:

7. **Պնդելով, որ բժշկության պարգևը շարունակվում է մինչ օրս՝ շարունակական դիրքորոշումը հաստատում է նույն հիմնական նախադրյալը, որն ընկած է խարիզմատիկ հավատքի բժիշկների խարդախ ծառայության հիմքում:**

Շարունակականները բժշկության պարգևը սահմանում են որպես ժամանակ առ ժամանակ բուժելու կարողություն (ինչպես Աստված է հրահանգում) հիմնականում աղոթքի միջոցով: Նման բժշկությունները միշտ չէ, որ արդյունավետ, տեսանելի կամ անմիջական են իրենց նախատեսված արդյունքներով. սակայն նրանք, ովքեր ունեն բժշկության կամ հավատքի պարգև, կարող են տեսնել, որ իրենց աղոթքները հիվանդների համար ավելի հաճախ կամ ավելի արագ են պատասխանվում:

Շարունակականները շտապում են տարբերել այս ժամանակակից պարգևը Քրիստոսի և առաքյալների բժշկության ծառայություններից (ինչպես արձանագրված է Գործք Առաքելոց գրքում): Քանի որ այդ բժշկություններն ակնհայտորեն հրաշք էին, անմիջական, հրապարակային և անհերքելի, ապա բժշկության շարունակական ըմբռնումն էապես նվազեցնում է բժշկության պարգևն ինչ-որ մեկի առողջանալուն ուղղված աղոթքի աստիճանի, ինչը *կարող է* երկար ժամանակ պահանջել: Ես ամբողջ սրտով հավատում եմ աղոթքի զորությանը: Բոլոր դադարողականները՝ նույնպես: Բայց աստվածային նախախնամության հատուկ գործողություններն՝ ի պատասխան աղոթքի, համարժեք չեն Նոր Կտակարանում նկարագրված բժշկության հրաշագործ պարգևին: Այդ կերպ նվազեցնել պարգևը նշանակում է նսեմացնել այն, ինչ տեղի էր ունենում եկեղեցու պատմության առաջին դարում:

Թեև նրանք փորձում են հեռու մնալ հիմնական խարիզմատիկ շարժման հավատքի բժիշկներից, այնուամենայնիվ շարունակականները հավատքի բժիշկ խարդախներին անհարկի օրինականություն են տալիս՝ հաստատելով բժշկության աստվածաշնչյան պարգևի որոշակի շարունակականությունը: Բացահայտ դժանություն է որևէ վստահություն տալ խարդախ բժիշկներին, որոնք հափշտակում են հուսահատ մարդկանցից՝ կեղծ հույս վաճառելով: Արդարացիորեն նշենք, որ երբ ավետարանական շարունակողներն անդրադառնում են առողջության և հարստության բարգավաճման ավետարանի թեմային, նրանք հիմնականում գերազանցում են այդ սխալը դատապարտելու հարցում: Ես շնորհակալ եմ նրանց կողմից նման կեղծ ավետարանի դատապարտման համար, և միայն կցանկանայի, որ նրանք ավելի շատ խոսեին այդ թեմայի շուրջ: Բայց ինչո՞ւ ընդհանրապես պաշտպանել ժամանակակից «բժշկության պարգևը»: Այդպես վարվելը հարթակ է տրամադրում չարախոսների և խաբեբաների համար: Թող բժշկության պարգևը մնա այնպիսին, ինչպիսին այն իրականում եղել է. հրաշագործ, Աստծո կողմից տրված կարողություն՝ անմիջապես բժշկելու մարդկանց այնպես, ինչպես Քրիստոսն ու Նրա առաքյալները: Այսօր ոչ ոք նման պարգև չունի: (Կա պատճառ, թե ինչու այսօր ոչ մի ենթադրյալ բժշկող չի բուժում հիվանդանոցներում կամ պատերազմի վիրավորների շրջանում):

Ինչպես մարգարեության պարգևի դեպքում (որտեղ մարգարեության ճշգրտությունը կախված է մարգարեի հավատքից), շարունակողները հակված են բժշկությունների հաջողությունը կապել բժշկողի հավատքի հետ: Թեև սա ավելի լավ է, քան պատասխանատվությունը բժշկվողի հավատքի վրա գցելը (ինչպես անում են Բենի Հինը և հավատքի այլ խարիզմատիկ բժիշկներից շատերը), այն, այնուամենայնիվ, հարմար արդարացում է, երբ հիվանդները չեն բուժվում: Բայց ցանկացած «բժշկություն», որը մարդկանց *մեծամասնությանը* թողնում է հիվանդ, ոչ թե բժշկված և առողջ, հազիվ թե համապատասխանի աստվածաշնչյան պարգևին: Ինչպե՞ս կարելի է չգիտակցել այս ամենը:

8. Շարունակական դիրքորոշումն, ի վերջո, անպատվում է Սուրբ Հոգուն՝ շեղելով մարդկանց Նրա իրական ծառայությունից, միաժամանակ հրապուրելով նրանց կեղծիքներով:

Բոլոր ճշմարիտ հավատացյալները սիրում են Հայր Աստծուն, Տեր Հիսուս Քրիստոսին և Սուրբ Հոգուն: Նրանք խորապես երախտապարտ են Հոգու աշխատանքի՝ վերածննդի, բնակության, վստահության, լուսավորության, համոզմունքի, մխիթարության, լցվելու և սրբագործելու հնարավորությունների համար: Նրանք երբեք չէին ցանկանա անել որևէ բան, որը կպատվազրկեր Նրա անունը, ոչ էլ երբևէ կցանկանային շեղել այլոց ուշադրությունը Նրա իրական աշխատանքից: Թեև ակամա, բայց շարունակական դիրքորոշումը հենց այդ է անում:

Հիմնական գործիքը, որը Սուրբ Հոգին օգտագործում է հավատացյալներին սրբացնելու համար, Նրա ներշնչված խոսքն է: Պնդելով, որ Աստված խոսում է ուղղակիորեն ինտուիտիվ հայտնության, առեղծվածային փորձառությունների և կեղծ նվերների միջոցով՝ շարունակականներն իրականում նվազեցնում են Աստծո իրական սրբացնող միջոցները: Արդյունքում հավատացյալները գայթակղվում են՝ շեղվելով խոսքից և դրանով իսկ կորցնելով իրական հոգևորությունը՝ փոխարենն ընտրելով սուբյեկտիվ զգացմունքների, հուզական փորձառությունների և երևակայական հանդիպումների անպտուղությունը: Բայց, իսկապես, Հոգով լցվելը գալիս է Աստծո խոսքով բնակեցված լինելուց (Եփ. 5.18; Կող. 3.16–17): Հոգով քայլելը երևում է փոփոխված կյանքի պտուղներից (տես Գաղ. 5.22–23): Հոգու աշխատանքի վկայությունը չափվում է սրբության և քրիստոսանմանության աճի, ոչ թե հուզական պոռթկումների կամ էքստատիկ փորձառությունների տեսանկյունից:

Իրականում, շարունակական դիրքորոշումը գայթակղիչ խոչընդոտներ է դնում սրբացման և հոգևոր աճի ճանապարհին, քանի որ այն հաստատում է պարադիգմը այնպիսի պրակտիկաներով, որոնք չեն առաջնորդում դեպի ավելի մեծ սրբություն կամ քրիստոսանմանություն: Այդ կերպ այն շեղում և խաթարում է Հոգու իրական աշխատանքը հավատացյալների կյանքում:

Գործելու վերջնական կոչ

Համոզված եմ, որ շարունակական դիրքորոշմանը բնորոշ վտանգներն այնպիսին են, որ պետք է հստակ նախազգուշացում անել: Չափազանց մեծ վտանգ կա իմ բարեփոխված խարիզմատիկ և ավետարանական շարունակող ընկերների համար՝ անտեսելու իրենց տեսակետի հետևանքները: Որպես ավետարանական աշխարհի առաջնորդներ՝ նրանք մեծ ազդեցություն ունեն. նրանց սահմանած հետագիծը որոշելու է երիտասարդ ծառայողների հաջորդ սերնդի ընթացքը և ավետարանականության ապագան: Ահա, թե ինչու պետք է գիծ քաշել ավազի վրա, և նրանք, ովքեր ցանկանում են կանգնել և պաշտպանել Հոգու իրական աշխատանքը, պետք է անեն դա:

Նոր Կտակարանը կոչ է անում մեզ զգուշությամբ հսկել այն, ինչը մեզ է վստահված (2 Տիմ. 1.14): Մենք պետք է ամուր կանգնենք Ավետարանի ճշմարտության վրա, այն է՝ մեկընդմիշտ սրբերին հանձնված հավատքը (Հուդ. 3): Ով փոխզիջման է գնում խարիզմատիկ աստվածաբանության սխալականության և սուբյեկտիվիզմի հետ, թույլ է տալիս թշնամուն մտնել ճամբար: Համոզված եմ, որ խարիզմատիկ շարժումն ավելի լայն բացեց դուռը աստվածաբանական սխալի համար, քան քսաներորդ դարի որևէ այլ վարդապետական շեղում (ներառյալ լիբերալիզմը, հոգեբանությունը և էկումենիզմը): Դա համարձակ հայտարարություն է. ես գիտեմ: Բայց ապացույցը մեր շուրջն է: Երբ թույլատրվում է հենվել փորձառականությանը, չկա հերետիկոսություն կամ ամբարշտություն, որն այն չմտցնի եկեղեցի:

Խարիզմատիկ աստվածաբանությունը մեր սերնդի օտար կրակն է, և ավետարանական քրիստոնյաները դրա հետ որևէ մակարդակում սիրախաղ անելու գործ չունեն: Ես չեմ կարող հասկանալ, թե ինչու պետք է որևէ մեկը ցանկանար օրինականացնել մի պրակտիկա, որը չունի աստվածաշնչյան նախադեպ, հատկապես, երբ ժամանակակից պրակտիկան իրեն դրսևորել է որպես բոլոր տեսակի աստվածաբանական սխալների դարպաս: Շարունակողները, կարծես, երանելի կերպով անտեղյակ և անտարբեր են այս ամենի հանդեպ: Նրանց անտարբերությունը, թե ինչպես է իրենց ուսմունքը խաթարում Սուրբ Գրքի հեղինակությունը, բավարարությունն ու եզակիությունը, հավասարազոր է անփույթ անօրինականության:

Ինչպես ասացի այս գրքի ներածության մեջ՝ ճիշտ ժամանակն է, որ ճշմարիտ եկեղեցին արձագանքի: Այն ժամանակ, երբ կա աստվածաշնչյան ավետարանի արթնություն և նոր հետաքրքրություն ռեֆորմացիայի *սոլաների* նկատմամբ, անգործ մնալն անընդունելի է: Բոլոր նրանք, ովքեր հավատարիմ են Սուրբ գրություններին, պետք է ոտքի կանգնեն և դատապարտեն այն ամենը, ինչը ոտնձգություն է ենթադրում Աստծո փառքի հանդեպ: Մենք պարտավոր ենք կիրառել ճշմարտությունը Սուրբ Հոգու սուրբ անվան համարձակ պաշտպանության համար: Եթե մենք հավատարմություն ենք պահանջում բարեփոխիչներից, պետք է վարվենք նրանց քաջության և համոզմունքի մակարդակով, քանի որ մենք ջերմեռանդորեն պայքարում ենք հավատքի համար: Պետք է հավաքական պատերազմ լինի Աստծո Հոգու նկատմամբ համատարած ոտնձգությունների դեմ: Այս գիրքը կոչ է՝ միանալ ի պատիվ Նրա:

Ես աղոթում եմ, որ իմ շարունակական ընկերները (և բոլոր նրանք, ովքեր ցանկանում են միանալ այս գործին) տեսնեն խարիզմատիկ աստվածաբանության վտանգները, որ նրանք համարձակորեն մերժեն այն, ինչը Աստվածաշունչը դատապարտում է որպես սխալ, և որ մենք միասին կիրառենք Հուդա 23-ի մանդատը՝ փրկելով հոգիները կեղծ հոգևորության օտար կրակից:

Երախտագիտություն

Մագիստրոսական ճեմարանի աստվածաբանության և եկեղեցու պատմության պրոֆեսոր Նաթան Բուսենիցի աշխատանքը վճռորոշ նշանակություն ունեցավ այս աշխատանքի պլանավորման, կազմավորման և իղկման համար: Պենտեկոստալիզմի վարդապետական և պատմական արմատների ըմբռնումը, գրական և աստվածաբանական իմտությունների հետ միասին, անչափելի կերպով ավելացվեցին նախագծին: Առանց նրա համագործակցության և սկզբից մինչև վերջ անմնացորդ ջանասիրության, անհնար կլիներ բավարարել հրատարակչի վերջնաժամկետը և ընթերցողների ակնկալիքները: Ես խորապես երախտապարտ եմ Նաթանին և պատիվ ունեմ համագործակցելու նրա հետ: Շնորհակալություն նաև Ֆիլ Ջոնսոնին, որն իր հմուտ խմբագրական ձեռքը կիրառեց վերջնական նախագծի վրա: Եվ հատկապես շնորհակալություն Բրայան Նորմանին և Թոմաս Նելսոնի խմբագրակազմին խմբագրական ուղղորդման, խրախուսման և օգտակար առաջարկների համար:

Հավելված

Ձայներ եկեղեցու պատմությունից

Ավանդաբար, խարիզմատիկներն ընդունում են, որ առաջին դարի եկեղեցու հրաշագործ պարգևները դադարեցվել են վաղ եկեղեցու պատմության մեջ: Վիճելու փոխարեն, թե պարգևները շարունակվել են դարերի ընթացքում, նրանք պնդում են, որ պարգևները վերադարձել են 1901 թվականին, երբ Ագնես Օզմանը իբր խոսում էր լեզուներով: Նրանք, ովքեր հավատում են այս տեսակետին, հաճախ դիմում են Հովել 2.23-ի «նախկին անձրևին և վերջին անձրևին»՝ պնդելով, որ նախկին անձրևը Հոգու գալն էր Պենտեկոստեին, իսկ վերջին անձրևը Հոգու երկրորդ արտահոսքն էր քսաներորդ դարում: Այն, ինչ նրանք չեն կարողանում գիտակցել, այն է, որ Հովել 2-ի համատեքստում 23-րդ համարը խոստում է հազարամյա թագավորության ընթացքում բառացիորեն տեղումների վերաբերյալ: Առաջին անձրևը վերաբերում է աշնանային անձրևին, իսկ երկրորդը՝ գարնանային անձրևին: Համատեքստում Հովելը բացատրում էր, որ հազարամյա երկրի վրա այդ երկու անձրևներն էլ կտեղան «առաջին ամսում»: Նրա միտքն այն էր, որ Աստծո օրհնության շնորհիվ այդ ապագա դարաշրջանում մշակաբույսերը կճաղկեն և բուսականությունը առատությամբ կաճի: Հետևյալ հատվածները (հ. 24–26) շատ պարզ են դարձնում այդ կետը: Այսպիսով, «նախկին և վերջին անձրևը» ոչ մի կապ չունի ո՛չ Պենտեկոստեի, ո՛չ էլ ժամանակակից պենտեկոստական շարժման հետ: Հիմնավորել ամբողջ շարժումը հատվածի դիտավորյալ խեղաթյուրմամբ՝ ծանր է:

Գիտակցելով այդ ավանդական դիրքորոշման խաբեությունը՝ այլ խարիզմատիկներ փորձել են հետևել հրաշագործ պարգևների մի գծի, որը շարունակվել է եկեղեցու պատմության ողջ ընթացքում: Դա անելու համար նրանք կա՛մ պետք է վերասահմանեն շնորհները, որպեսզի դրանք համապատասխանեն պատմական իրադարձություններին (ինչպես նրանք վերասահմանում են պարգևները՝ համապատասխանեցնելով ժամանակակից փորձառություններին), կա՛մ ստիպված են լինում հավասարվել այնպիսի ծայրահեղ խմբերի հետ, ինչպիսիք են մոնտանիստները, ռեֆորմացիայի ծայրահեղ արմատականները, քվակերները, շեյքերները, յանսենիստները, իրվինգիտները կամ նույնիսկ մորմոնանման պաշտամունքային խմբերը: Այնուամենայնիվ, որոշ շարունակականներ պնդում են, որ խարիզմատիկ դիրքորոշումը նորմատիվ է եղել եկեղեցու պատմության ընթացքում, և որ դադարեցման կողմնակիցներն են, որ նոր մոտեցում են ներկայացնում քրիստոնեական կյանքին: Ոմանք նույնիսկ այնքան հեռուն են գնացել՝ պնդելով, որ դադարապաշտությունն ինքնին լուսավորության նատուրալիստական ռացիոնալիզմի արդյունք է:

Այսպիսով, այս հավելվածը նախատեսված է օգնելու շտկել արձանագրությունը: Այն ոչ միայն ապացուցում է, որ դադարողականությունը լուսավորության արդյունք չէ, այլ նաև ցույց է տալիս, թե ինչպես են եկեղեցու նշանավոր առաջնորդները պատմության ընթացքում հասկացել աստվածաշնչյան ուսմունքը այս կարևոր թեմայի վերաբերյալ: Որո՞նք էին նրանց եզրակացություններն առաքելական դարաշրջանի հայտնության և հրաշագործ պարգևների հավերժացման վերաբերյալ: Դատե՛ք ինքներդ:

Հովհաննես Ոսկեբերան (մոտ 344–407)

[Մեկնաբանելով 1 Կորնթացիս 12:] «Այս ամբողջ տեղը շատ մութ է, բայց անհայտությունն առաջանում է հիշատակված փաստերի մեր անտեղյակությունից և դրանց դադարեցումից` լինելով այնպիսին, ինչպիսին նախկինում, բայց այժմ այլևս չի ստացվում»:[1]

Օգոստինոս (354–430)

«Ամենավաղ ժամանակներում Սուրբ Հոգին իջավ նրանց վրա, ովքեր հավատում էին, և նրանք խոսում էին լեզուներով, որոնք չէին սովորել, ինչպես որ Հոգին էր արտաբերում: Սրանք ժամանակին հարմարեցված նշաններ էին: Որովհետև Սուրբ Հոգու այս նշանը կար բոլոր լեզուներով, որպեսզի ցույց տար, որ Աստծո Ավետարանը պետք է անցներ բոլոր լեզուներով` ամբողջ երկրի վրա: Այդ բանը նշանի համար արվեց և անցավ»:[2]

«Որովհետև ո՛վ է ակնկալում, որ այս օրերում նրանք, ովքեր ձեռնադրվում են, որպեսզի ստանան Սուրբ Հոգին, անմիջապես կսկսեն խոսել լեզուներով: Բայց հասկանալի է, որ անտեսանելիորեն և աննկատելիորեն խաղաղության կապի պատճառով աստվածային սեր է ներշնչվում նրանց սրտերում, որպեսզի նրանք կարողանան ասել. «Որովհետև Աստծո սերը թափվում է մեր սրտերում Սուրբ Հոգով, որը տրված է մեզ»»:[3]

Թեոդորետ Կյուրոսացի (մոտ 393–մոտ 466)

«Նախկին ժամանակներում նրանց, ովքեր ընդունում էին աստվածային քարոզչությունը և մկրտվում իրենց փրկության համար, նրանց մեջ գործում էին Սուրբ Հոգու շնորհի տեսանելի նշանները: Ոմանք խոսում էին այնպիսի լեզուներով, որոնք իրենք չգիտեին, և որոնք ոչ ոք նրանց չէր սովորեցրել, իսկ

349

մյուսները հրաշքներ էին գործում կամ մարգարեանում: Կորնթացիները նույնպես արեցին այս բաները, բայց նրանք չօգտագործեցին պարգևներն այնպես, ինչպես պետք է անեին: Նրանք ավելի շատ շահագրգռված էին ցուցադրելու, քան գործածելու դրանք եկեղեցու շենացման համար: ...Նույնիսկ մեր ժամանակներում շնորհը տրվում է նրանց, ովքեր արժանի են համարվում սուրբ մկրտության, բայց դա կարող է չկրել նույն ձևը, ինչ այն ժամանակներում էր»:[4]

Մարտին Լյութեր (1483–1546)

«Վաղ եկեղեցում Սուրբ Հոգին ուղարկվել է տեսանելի կերպով: Նա Քրիստոսի վրա իջավ աղավնու տեսքով (Մատթ. 3.16), իսկ կրակի նմանությամբ՝ առաքյալների և այլ հավատացյալների վրա: Սուրբ Հոգու այս տեսանելի հեղումը անհրաժեշտ էր վաղ եկեղեցու ստեղծման համար, ինչպես նաև հրաշքների, որոնք ուղեկցում էին Սուրբ Հոգու պարգևին: Պողոսը բացատրեց Հոգու այս հրաշք պարգևների նպատակը 1 Կորնթացիս 14.22-ում. «Լեզուները նշան են ոչ թե նրանց, ովքեր հավատում են, այլ նրանց, ովքեր չեն հավատում»: Երբ եկեղեցին հաստատվեց և պատշաճ կերպով գովազդվեց այս հրաշքներով, Սուրբ Հոգու տեսանելի արտաքինը դադարեց»: [5]

«Ամեն անգամ, երբ լսում եք, որ որևէ մեկը պարծենում է, որ ինքը Սուրբ Հոգու ներշնչմամբ ինչ-որ բան ունի, և դա որևէ հիմք չունի Աստծո խոսքում, ինչ էլ որ լինի, ասեք նրան, որ դա սատանայի գործն է»:[6]

«Այն, ինչ իր ծագումը չունի Սուրբ գրություններում, անշուշտ, հենց սատանայից է»:[7]

Ջոն Կալվին (1509–1564)

«Թեև Քրիստոսը հստակ չի ասում, թե արդյոք Ինքը ցանկանում էր, որ [հրաշագործությունը] լիներ ոչ մշտական պարգև, թե հավիտյան մնար Իր եկեղեցում, այնուամենայնիվ, ավելի հավանական է, որ հրաշքները խոստացվել են միայն այն ժամանակի համար՝ լույս ավելացնելու նոր և դեռ անհայտ Ավետարանին: ...Մենք, անշուշտ, տեսնում ենք, որ դրանց օգտագործումը դադարեցվել է [առաքելական դարաշրջանից] շատ չանցած, կամ, համենայնդեպս, դրանց դեպքերն այնքան հազվադեպ են եղել, որ կարող ենք ենթադրել, որ դրանք հավասարապես հատուկ չեն եղել բոլոր դարաշրջաններին: Դա անհեթեթ ագահության և ինքնասիրության արդյունք էր նրանց մեջ, ովքեր [եկեղեցու հետագա պատմության մեջ] հետևում էին, դատարկ հերյուրանքներ էին հորինում, որպեսզի ընդհանրապես չզրկվեին հրաշքներից: Սա լայն դուռ բացեց սատանայի ստերի համար, ոչ միայն հավատքի տեղը գրավող մոլորություններով, այլև պարզ մարդկանցով, որոնք նշանների պատրվակով շեղվում են ճշմարիտ ճանապարհից»:[8]

«Բժշկության այդ պարգևը, ինչպես մնացած հրաշքները, որոնք Տերը կամեցավ, որ որոշ ժամանակ առաջ բերվեն, անհետացել է, որպեսզի հավերժ սքանչելի դարձնի Ավետարանի նոր քարոզչությունը»:[9]

Ջոն Օուեն (1616–1683)

«Պարգևներ, որոնք իրենց բնույթով գերազանցում են մեր բոլոր կարողությունների ողջ զորությունը. Հոգու այդ բաշխումը վաղուց դադարել է, և որտեղ որևէ մեկը ձևացնում է, թե ստացել է, ապա դա կարող է արդարացիորեն կասկածի տակ դրվել որպես խանդավառ մոլորություն»: [10]

Թոմաս Ուոթսոն (1620–1686)

«Իհարկե, այժմ ձեռնադրության կարիք կա նույնքան, որքան Քրիստոսի և առաքյալների ժամանակներում, այն ժամանակ եկեղեցում կային արտասովոր պարգևներ, որոնք այժմ դադարել են»:[11]

Մեթյու Հենրի (1662–1714)

«Թե ինչ էին այս պարգևները, մեզ ընդհանուր առմամբ ասվում է [1 Կորնթացիս 12] գլխում. մասնավորապես՝ արտակարգ պաշտոններ և լիազորություններ, որոնք տրվել են առաջին դարերում սպասավորներին և քրիստոնյաներին՝ անհավատներին համոզելու և Ավետարանը տարածելու համար»:[12]

«Լեզուների պարգևը մարգարեության Հոգու մի նոր արդյունք էր՝ տրված հատուկ պատճառով, որպեսզի հրեական ցանկապատը ցած իջեցվի, բոլոր ազգերը բերվեն եկեղեցի: Մարգարեության այս և այլ պարգևները, լինելով նշան, վաղուց դադարել և մի կողմ են դրվել, և մենք ոչ մի քաջալերանք չունենք արթնություն ակնկալելու. բայց, ընդհակառակը, դրանք ուղղված են Սուրբ գրությունները մարգարեության ավելի հաստատուն խոսք անվանելու, ավելի վստահ, քան երկնքից եկած ձայները. և նրանց հանդեպ ուղղորդված ենք ուշադիր լինելու, զննելու և ամուր բռնելու, 2 Պետ. 1.19»:[13]

Ջոն Գիլ (1697–1771)

«Վաղ ժամանակներում, երբ շնորհվում էր հրաշքներ գործելու պարգևը, այն տրվում էր ոչ բոլորին, այլ միայն ոմանց. և հիմա չկան այնպիսիք, որ կարող են տիրել դրանց»:[14]

Ջոնաթան Էդվարդս (1703–1758)

«[Հիսուսի] մարմնավոր օրերում նրա աշակերտներն ունեին Հոգու հրաշագործ պարգևների կիրառություն՝ հնարավորություն ունենալով ուսուցանել և հրաշքներ գործել: Բայց հարությունից և համբարձումից հետո տեղի ունեցավ Հոգու ամենալիարժեք և ուշագրավ արտահոսքը Նրա հրաշագործ պարգևների մեջ, որը երբևէ եղել է, սկսած Պենտեկոստեի օրվանից, Քրիստոսի հարությունից և երկինք համբարձվելուց հետո: Այդ պատճառով, ոչ թե արտասովոր մարդիկ էին օժտվում այս արտասովոր պարգևներով, այլ դրանք սովորական էին եկեղեցում և այդպես շարունակվեցին առաքյալների կյանքի օրոք կամ մինչև նրանցից վերջինի՝ Հովհաննես առաքյալի մահը, որը տեղի ունեցավ Քրիստոսի ծնունդից մոտ հարյուր տարի հետո, այնպես որ քրիստոնեական դարաշրջանի առաջին հարյուր տարին կամ առաջին դարը հրաշքների ժամանակաշրջան էր:

«Բայց դրանից անմիջապես հետո, երբ փակվեց Սուրբ Գրքի կանոնը, երբ Հովհաննես առաքյալը գրեց Հայտնության գիրքը՝ իր մահից ոչ շատ առաջ, այս հրաշագործ նվերներն այլևս չշարունակվեցին եկեղեցում: Որովհետև այժմ ավարտված էր Աստծո մտքի և կամքի հաստատված գրավոր հայտնությունը, որտեղ Աստված ամբողջությամբ արձանագրել էր իր եկեղեցու համար մշտական և բավարար կանոնը բոլոր դարերում: Եվ հրեական եկեղեցու և ազգի տապալմամբ, ինչպես նաև քրիստոնեական եկեղեցու հաստատմամբ և Աստըծո եկեղեցու վերջին բաշխմամբ, այլևս կարիք չկար Հոգու հրաշագործ պարգևների, և հետևաբար, դրանք դադարեցին, որովհետև թեև նրանք այդքան դարեր շարունակ մնացել էին եկեղեցում, այնուամենայնիվ նրանք մարեցին, և Աստված այնպես արեց, որ նրանք մարեն, քանի որ նրանց համար հետագա առիթ չկար: Եվ այսպես կատարվեց գրվածը. «Թեև լինեն մարգարեություններ, դրանք կձախողվեն. եթե լեզուներ լինեն, պիտի դադարեն, եթե գիտելիք լինի, այն կվերանա»: Եվ հիմա թվում է, թե Հոգու բոլոր այն պտուղներն, ինչպիսին սրանք են, վերջ ունեն, և մենք այլևս պատճառ չունենք դրանք ակնկալելու»:[15]

«Հոգու արտասովոր պարգևները, ինչպիսիք են լեզուների պարգևը, հրաշքները կամ մարգարեությունը և այլն, կոչվում են արտասովոր, քանի որ դրանք այնպիսին են, որ տրված չեն Աստծո նախախնամության սովորական ընթացքի մեջ: Դրանք շնորհվում են ոչ թե Աստծո սովորական նախախնամությամբ իր երեխաներին տրվելով, այլ միայն արտասովոր դեպքերում, ինչպես տրվել են մարգարեներին և առաքյալներին, որպեսզի նրանց հնարավորություն ընձեռվի բացահայտելու Աստծո միտքն ու կամքը նախքան Սուրբ Գրքի կանոնի ավարտը, և այսպես շարունակ՝ մինչ նախնական եկեղեցին կհիմնադրվի և կհաստատվի աշխարհում: Բայց, քանի որ Սուրբ Գրքի կանոնն ավարտված է, իսկ քրիստոնեական եկեղեցին՝ լիովին հիմնված և հաստատված, այս արտասովոր պարգևները դադարեցված են»:[16]

Ջեյմս Բյուքենան (1804–1870)

«Հոգու հրաշագործ պարգևները վաղուց վերացել են: Դրանք օգտագործվել են ժամանակավոր նպատակով: Դրանք այն փայտամածներն էին, որոնք Աստված օգտագործեց հոգևոր տաճար կառուցելու համար: Երբ դրա կարիքն այլևս չկար, փայտամածը իջեցրին, բայց տաճարը դեռ կանգուն է և զբաղված է Նրա բնակվող Հոգով. «Չգիտեք, որ դուք Աստծո տաճարն եք, և որ Աստծո Հոգին է բնակվում ձեր մեջ» (1 Կոր. 3.16):[17]

Ռոբերտ Լ. Դաբնի (1820–1898)

«Վաղ եկեղեցու հաստատումից հետո գերբնական նշանների նույն անհրաժեշտությունն այլևս չկար, և Աստված, որ երբեք վատնում Իր նպատակները, հետ կանչեց դրանք: ... Եթե հրաշքները սովորական դառնան, կդադարեն հրաշք լինել և մարդկանց կողմից կհանձնվեն սովորության օրենքի»:[18]

Չարլզ Սփերջեն (1834–1892)

«Սիրելի՛ եղբայր, պատվի՛ր Աստծո Հոգուն, ինչպես կպատվեիր Հիսուս Քրիստոսին, եթե Նա ներկա լիներ: Եթե Հիսուս Քրիստոսը բնակվեր քո տանը, դու չէիր անտեսի նրան, չէիր զբաղվի քո գործերով, կարծես Նա այնտեղ չլիներ: Մի՛ անտեսիր Սուրբ Հոգու ներկայությունը քո հոգում: Ես աղաչում եմ քեզ, մի՛ ապրիր այնպես, կարծես չես լսել, թե Սուրբ Հոգի կա: Նրա՛ն մատուցիր քո մշտական պաշտամունքները: Հարգի՛ր օգնության հյուրին, որ հաճեցավ քո մարմինը դարձնել Իր սուրբ բնակավայրը: Սիրի՛ր Նրան, հնազանդվի՛ր Նրան, երկըրպագի՛ր Նրան»:

«Զգո՛ւյշ եղիր, որ երբեք չվերագրես Նրան քո ունայն երևակայությունները: Ես տեսել եմ, ինչպես է Աստծո Հոգին ամոթալի կերպով անարգվում մարդկանց կողմից, հուսով եմ, որ նրանք, ովքեր ասում էին, որ ստացել են այս կամ այն հայտնությունը, խելագար էին: Մի քանի տարի է, ինչ իմ գլխով չի անցել մի շաբաթ, որ ես չձանձրանամ կեղծավորների կամ մոլագարների հայտնություններից: Կիսախելագարներին շատ են դուր գալիս Տիրոջ կողմից ինձ ուղղված հաղորդագրությունները, և նրանք գուցե ազատվեն որոշակի դժվարություններից, եթե ես մեկընդմիշտ ասեմ, որ իրենց անմիտ ուղերձներից ոչ մեկը չեմ ուզում ստանալ: ...Երբեք մի՛ երազիր, որ երկնքից քեզ համար իրադարձություններ կբացահայտվեն, այլապես դու կարող ես նմանվել այն հիմարներին, որոնք համարձակվում են իրենց բացահայտ անմտությունները վերագրել Սուրբ Հոգուն: Եթե զգում ես, որ քո լեզուն քոր է գալիս անհեթեթություն խոսելու համար, ապա դրա հետևում փնտրի՛ր սատանային, ոչ թե Աստծո Հոգուն: Այն, ինչ պետք է հայտնվի Հոգու կողմից մեզանից որևէ մեկին, արդեն Աստծո խոսքում է, Նա ոչինչ չի ավելացնում Աստվածաշնչին և երբեք չի էլ ավելացնի: Այս, այն և մյուս բացահայտումներն անող մարդիկ թող պառկեն քնելու և արթնանան իրենց զգացողության մեջ: Ես միայն կցանկանայի, որ նրանք հետևեին այս խորհրդին և այլևս չվիրավորեին Սուրբ Հոգուն՝ վերագրելով իրենց անհեթեթությունները Նրան»:[19]

«Նրանք հասել էին բարեպաշտության գագաթնակետին: Նրանք ստացել էին «գալիք աշխարհի զորությունները»: Ոչ թե հրաշք պարգևները, որոնք հերքված են այս օրերին, այլ բոլոր այն զորությունները, որոնցով Սուրբ Հոգին օժտում է քրիստոնյային»:[20]

«Սուրբ Հոգու գործերը, որոնք այս պահին լիազորված են Աստծո եկեղեցուն, ամեն կերպ նույնքան արժեքավոր են, որքան այն նախկին հրաշագործ պարգևները, որոնք հեռացել են մեզանից: Սուրբ Հոգու աշխատանքը, որով մարդիկ կենդանանում են մեղքի մեջ իրենց մահից, ստորադաս չէ այն զորությանը, որը մարդկանց ստիպեց խոսել լեզուներով»:[21]

«Քրիստոսի՝ երկինք համբարձվելու արդյունքում եկեղեցին ընդունեց առաքյալներին՝ տղամարդկանց, որոնք ընտրրվեցին որպես վկաներ, քանի որ նրանք անձամբ տեսել էին Փրկչին. մի պաշտոն, որն անպայմանորեն մարում է, և ճիշտ է, որովհետև հրաշագործ զորությունը նույնպես հետ է վերցված: Նրանք ժամանակավոր անհրաժեշտություն ունեին և տրվեցին համբարձյալ Տիրոջ կողմից՝ որպես ընտրյալ ժառանգություն: Մարգարեները նույնպես եղել են վաղ եկեղեցում»:[22]

«Մենք պետք է դարձի բերենք հեթանոսներին. Աստված նրանց մեջ անհամար ընտրյալներ ունի, մենք պետք է գնանք և ինչ-որ կերպ փնտրենք նրանց: Շատ դժվարություններ այժմ վերացել են, բոլոր ուղիները բաց են մեզ համար, և հեռավորությունը գրեթե ոչնչացված է: Ճիշտ է, մենք չունենք հիսունական լեզուներ, բայց լեզուներ այժմ հեշտությամբ են ձեռք բերվում, մինչդեռ տպագրության արվեստը լիովին համարժեք է կորցրած պարգևին»:[23]

Ջորջ Սմիթոն (1814–1889)

«Գերբնական կամ արտասովոր պարգևները ժամանակավոր էին և նախատեսված էին անհետանալու, երբ պետք է հիմնվեր եկեղեցին և փակվեր Սուրբ Գրքի ներշնչված կանոնը, քանի որ դրանք ներքին ոգեշնչման արտաքին ապացույցն էին»:[24]

Աբրահամ Կույպեր (1837–1920)

«Հետևաբար, հոգևոր պարգևները պետք է դիտարկել տնտեսական առումով: Եկեղեցին մեծ ընտանիք է՝ բազմաթիվ կարիքներով. հաստատություն, որը պետք է արդյունավետ դարձնել շատ միջոցներով: Նրանք եկեղեցու համար նույնն են, ինչ լույսն ու վառելիքը՝ տան համար, գոյություն ունենալով ոչ թե իրենք իրենց, այլ ընտանիքի համար և մի կողմ քաշվելով, երբ օրերը երկար են ու տաք: Սա ուղղակիորեն վերաբերում է հոգևոր պարգևներին, որի շատ դրսևորումներ՝ տրված առաքելական եկեղեցուն, չեն ծառայում ներկայիս եկեղեցուն»:[25]

Ուիլյամ Ջ. Թ. Շեդդ (1820–1894)

«Ներշնչման և հրաշքների գերբնական պարգևները, որոնք ունեին առաքյալները, չշարունակվեցին նրանց ծառայության իրավահաջորդների համար, քանի որ դրանք այլևս անհրաժեշտ չէին: Քրիստոնեության բոլոր վարդապետությունները բացահայտվել էին առաքյալներին և գրավոր հանձնվել եկեղեցուն: Այլևս անսխալական ներշնչման կարիք չկար: Իսկ քրիստոնեության առաջին քարոզիչներին զարմանահրաշ գործերով տրված հավատարմագրերն ու իշխանությունը դարից դար շարունակական կրկնության կարիք չունեին: Լավ վավերացված հրաշքների մեկ դարը բավական է Ավետարանի աստվածային ծագումը հաստատելու համար: Մարդկային դատարանում վկաների անորոշ շարք չի պահանջվում: «Երկու-երեք վկաների բերանով» փաստերն արդեն իսկ հաստատված են: Մեկ անգամ որոշված գործը չի վերաբացվում»:[26]

Բենջամին Բ. Ուորֆիլդ (1887–1921)

«Այս նվերները ...եղել են առաքյալների հավատարմագրերի մի մասը՝ որպես Աստծո հեղինակավոր գործակալներ եկեղեցու հիմնադրման գործում: Այդ գործառույթն, այսպիսով, սահմանափակվեց առանձնահատուկ Առաքելական եկեղեցում, և նրանք անպայմանորեն մարեցին նրա հետ»:[27]

Արթուր Վ. Փինք (1886–1952)

«Ինչպես մեր տնտեսության սկզբում կային արտասովոր պաշտոններ (առաքյալներ և մարգարեներ), այնպես էլ եղան արտասովոր պարգևներ, և քանի որ առաջինների համար իրավահաջորդներ չեն նշանակվել, ուստի վերջինների համար երբեք շարունակություն չի նախատեսվում: Նվերները կախված էին աստիճանավորներից. տե՛ս Գործք 8.14–21; 10.44–46; 19.6; Հռ. 1.11; Գաղ. 3.5; 2 Տիմ.1.6: Մենք այլևս առաքյալներ չունենք մեր մեջ և, հետևաբար, գերբնական պարգևները (որոնց հաղորդակցումը «առաքյալի նշանների» էական մասն էր, 2 Կոր. 12.12) բացակայում են»:[28]

Դ. Մարտին Լլոյդ-Ջոնս (1899–1981)

«Երբ այս Նոր Կտակարանի փաստաթղթերը գրվեցին, մարգարեի պաշտոնն այլևս անհրաժեշտ չէր: Հետևաբար, հովվական թղթերում, որոնք վերաբերում են եկեղեցու պատմության ավելի ուշ փուլին, երբ ամեն ինչ ավելի կարգավորված և շտկված էր, մարգարեների մասին խոսք չկա: Հասկանալի է, որ նույնիսկ այդ ժամանակ մարգարեի պաշտոնն այլևս անհրաժեշտ չէր և ուսուցիչներին, հովիվներին և այլոց կոչ էր արվում բացատրել Սուրբ գրությունները և փոխանցել ճշմարտության գիտելիքը»:

Կրկին, մենք պետք է նշենք, որ եկեղեցու պատմության մեջ հաճախ անախորժություններ են ծագել, քանի որ մարդիկ կարծում էին, որ իրենք մարգարեներ են Նոր Կտակարանի իմաստով, և որ իրենք ստացել են ճշմարտության հատուկ հայտնություններ: Դրա պատասխանն այն է, որ հաշվի առնելով Նոր Կտակարանի Սուրբ գրությունները՝ հետագա ճշմարտության կարիք չկա: Այն բացարձակ առաջարկ է: Մենք ունենք ողջ ճըշմարտությունը Նոր Կտակարանում և որևէ հետագա հայտնության կարիք չունենք: Ամեն ինչ տրված է, այն ամենը, ինչ մեզ անհրաժեշտ է՝ առկա է: Հետևաբար, եթե մարդը պնդում է, որ ստացել է թարմ ճշմարտության բացահայտում, մենք պետք է անմիջապես կասկածենք նրան: ...

«Այս ամենի պատասխանն այն է, որ մարգարեների անհրաժեշտությունն ավարտվում է, երբ մենք ունենք Նոր Կտակարանի կանոնը: Մենք այլևս ճշմարտության ուղղակի հայտնությունների կարիք չունենք. ճշմարտությունն Աստվածաշնչում է: Մենք երբեք չպետք է առանձնացնենք Հոգին և խոսքը: Հոգին խոսում է մեզ հետ խոսքի միջոցով, ուստի մենք միշտ պետք է կասկածենք և քննենք ցանկացած ենթադրյալ հայտնություն, որը լիովին համահունչ չէ Աստծո խոսքին: Իրական իմաստության էությունն այն կլինի, որ ամբողջությամբ մերժենք «հայտնություն» տերմինը, որքանով որ վերաբերում է մեզ, և խոսենք միայն «լուսավորության» մասին: Հայտնությունը տրվել է մեկընդմիշտ, և այն, ինչ մեզ անհրաժեշտ է, և այն, ինչ Աստծո շնորհով մենք կարող ենք ունենալ և ունենք, Հոգու լուսավորությունն է՝ խոսքը հասկանալու համար»:[29]

Ծանոթագրություններ

Ներածություն. Նրա անվան համար

1. Ինչպես Ջ.Ք. Ռայլն է արտահայտել ավելի քան մեկ դար առաջ, «Սուրբ Հոգուն անարգելը նույնքան վտանգավոր է, որքան Քրիստոսին անարգելը»: (Ջ. Ք. Ռայլ, «Ունեք արդյոք Հոգին» *Գլխավոր ճշմարտություններ* [Լոնդոն. Վերթհեյմ և ՄակԻնթոշ, 1854], 142.)

2. Այս գրքում ժամանակակից հիսունական և խարիզմատիկ շարժման բոլոր երեք ալիքներն ընդհանուր առմամբ գործում են միասին՝ օգտագործելով խարիզմատիկ կամ *«խարիզմատիկ շարժում»* լայն տերմինները՝ որպես դասական հիսունականների, խարիզմատիկ նորացման և երրորդ ալիքի շարժումների ամբողջականությանը վերաբերելու եղանակներ:

3. «Խարիզմատիկ շարժումն ուղղակիորեն վտանգում է առաքելության աստվածաշնչյան ըմբռնումը: Որովհետև այստեղ տեղաշարժ կա կենտրոնական հռչակման մեջ՝ խաչված Քրիստոսից հեռու (1 Կոր. 1.22–23; 2.2) դեպի Սուրբ Հոգու դրսևորումները և պարգևները: Սա հանգեցնում է հոգևոր իրականության և հա-

վաարակչության որոշակի կորստի»: Խոստովանական ընկերակցությունների եվրոպական կոնվենցիայի հայտարարությունից Ֆրանկֆուրտում, 1990 թվականի մարտի իր հանդիպման ժամանակ, «Սան Անտոնիոյին և Մանիլային հաջորդող համաշխարհային առաքելությունները», *«Հիմնադրամներ. Ավետարանական աստվածաբանության ամսագիր»*, h. 26 (Բրիտանական Ավետարանական Խորհուրդ, 1991թ. Գարուն): 16–17

4. Օրինակ՝ Դալլասի աստվածաբանական սեմինարիայի վաղ առաջնորդներից ոմանք «չվարանեցին հիսունականությունն անվանել և՛ աղանդ, և՛ սատանայական գործակալություն. մի տեսակետ, որը հազվադեպ չէր 1920-ականների ավետարանականների շրջանում» (Ջոն Հաննա, *Անսովոր միություն* [Գրանդ Ռափիդս. Զոնդերվան, 2009], 327n61):

5. Ջոն Դարտ, «Խարիզմատիկ և գլխավոր», Քրիստոնեական դար, 7 մարտի, 2006, 22–27:

6. Ջորջ Մ. Մարսդեն, *ֆունդամենտալիզմի բարեփոխում* (Գրանդ Ռափիդս. Էրդմանս, 1987) մանրամասն նկարագրություն է այն մասին, թե ինչպես Ֆուլեր Սեմինարիան հրաժարվեց աստվածաշնչյան անսխալականության սկզբունքից: Գրքի վերջում Մարսդենը զեկուցում է 1980-ականներին Ք. Փիթեր Վագների կողմից դասավանդվող դասընթացի մասին (Նույն տեղում, 292–95): Մարսդենն այդ դասընթացը, որը վերնագրված էր «Նշաններ, հրաշալիքներ և եկեղեցու աճ», դիտարկեց որպես «անոմալիա» Ֆուլերում՝ հաշվի առնելով սեմինարիայի շարժումը դեպի «առաջադեմ» վարդապետություններ: Մարսդենը գրել է. «Դասընթացի եզակի առանձնահատկությունն այն էր, որ ոչ միայն վերլուծում էր «նշաններն ու հրաշքները» այսօր քրիստոնեական եկեղեցիներում, այլ նաև ներառում էր «գործնական նիստեր», որոնց ընթացքում նշաններն ու հրաշքները, ներառյալ իրական բժշկությունները, կատարվում էին դասարանում»: (Նույն տեղում, 292):

7. Աշխարհի մեծ մասում խարիզմատիկ շարժումն իր աստվածաբանության մեջ անխտիր կերպով ներքաշում է տեղական կեղծ կրոնների հեթանոսական գաղափարները: Օրինակ՝ Աֆրիկայում կախարդների, դիվային ոգիների և նախնիների պաշտամունքի հանդեպ ավանդական մոլուցքը հիմնականում յուրացվել է այնտեղ գտնվող հիսունական եկեղեցիների կողմից: Ստացված խառնուրդն իրեն անվանում է «քրիստոնյա», բայց իրականում արմատավորված է ցեղային հեթանոսության մեջ: Այս մասին ավելին տես Կոնրադ Մբվե, «Ինչո՞ւ է խարիզմատիկ շարժումը ծաղկում Աֆրիկայում»: *Grace to You բլոգ* (հուլիսի 24, 2013), http://www.gty.org/Blog/B130724:

Գլուխ 1. Ծաղրելով Հոգուն

1. 1. Առաքյալ Քվամենա Աhինֆուլ, «Ժամանակակից հիսունականություն. որոշ զվարճալի տարօրինակություններ, որոնք պետք է դադարեցվեն», *Ժամանակակից Գանա*, սեպտեմբերի 3, 2011, http://www.modernghana.com/newsthread1/348777/1/153509; էլիպսները բնօրինակով.
2. Օրինակ, 1986թ. սեպտեմբերին մի կին մահացավ վնասվածքներից, որոնք ստացվել էին, երբ Բենի Հինի հանրահավաքում «հոգով սպանված» ինչ-որ մեկն ընկավ նրա վրա (Ուիլիամ Մ. Էլնոր, «*News Watch*», *CRI ամսագիր,* 10 մայիսի, 1994 թ.): Վերջերս Իլինոյսում մի ամերիկուհի դատի տվեց այն եկեղեցուն, որն այցելում էր, երբ մեկ այլ ծխական հետ ընկավ «Հոգու զորության տակ» և վիրավորեց նրան (տես Լինեկա Լիթլ, «Ավետարանական եկեղեցիները բռնում են կոստյումները «Հոգու ջրվեժից», ABC News. , հունվարի 27, 2012, <http://abcnews.go.com/blogs/headlines /2012/01/evangelical-churches-catch-suits-from-spirit-falls/>:
3. Ջ. Լի Գրեդի, մեջբերված Ջեյմս Ա. Բեռլիի կողմից, «Սյուզան Հինն ամուսնալուծության դիմում է ներկայացնում», «*Քրիստոնեությունն այսօր*» բլոգ, փետրվա-

րի 19, 2010 թ., մուտք է գործել օգոստոսին 2102, http://blog.christianitytoday.com/ctliveblog/archives/2010/02/suzanne_hinn_fi.html.

4. «Ամերիկացի ավետարանական քրիստոնյաների հետ կապված սկանդալների ցանկ», Վիքիպեդիա, մուտք գործած 2013 թվականի մայիսին, http://en.wikipedia.org/wiki/List_of_scandals_involving_evangelical_Christian. Այս գրելու պահին թվարկված երեսունհինգ խարիզմատիկ առաջնորդներն էին. 1. Էմի Սեմփլ Մաքֆերսոն; 2. Լոնի Ֆրիսբի; 3. Մարջո Գորտներ; 4. Նեիլ Ջոնսոն; 5. Ջիմի Սվագգարթ; 6. Մարվին Գորման; 7. Ջիմ և Թամմի Բեյքեր; 8. Փիթեր Փոփոֆ; 9. Մորիս Սերուլլո; 10. Մայք Ուորնկե; 11. Ռոբերտ Թիլթոն; 12. Մելիսա Սքոթ; 13. Ջիմ Ուիլյամս; 14. Վ.Վ.Գրանտ; 15. Յան Բիլբի; 16. Ֆրենկ Հյուսթոն; 17. Ռոբերթս Լիարդոն; 18. Պատ Մեսիտի; 19. Փոլ Կրաուչ; 20. Դուգլաս Գուդման; 21. Փոլ Քեյն; 22. Ուեյն Հյուզ; 23. Թեդ Հագարդ; 24. Գիլբերտ Դեյա; 25. Էրլ Փոլկ; 26. Թոմաս Ուեսլի Ուիքս, III; 27. Իրա Պարմենտեր; 28. Մայքլ Ռիդ; 29. Թոդ Բենթլի; 30. Մայքլ Գուլիելմուչի; 31. Էդդի Լոնգ; 32. Մարկուս Լամբ; 33. Սթիվեն Գրին; 34. Ալբերտ Օդուլելե և 35. Կոնգ Հի: Հոդվածում ներառված էին նաև ևս հինգը, ովքեր 2007 թվականին ենթարկվել էին Կոնգրեսի հետաքննությանը հնարավոր ֆինանսական անպատշաճության համար՝ Քենեթ Քոուփլենդը, Բենի Հինը, Ջոյս Մայերը, Կրեֆլո Դոլարը և Պաուլա Ուայթը:

5. YouTube-ի այս տեսանյութերը հայտնի են: Փաստեր փնտրողները կարող են հեշտությամբ գտնել այս և նմանատիպ օրինակները YouTube-ի որոնման համակարգի միջոցով:

6. Բենի Հին, *Բարի լույս Սուրբ Հոգի* (Նեշվիլ: Թոմաս Նելսոն, 2004), 12:

7. Չե Ան, *Հոգու առաջնորդությամբ ավետարանականություն* (Grand Rapids: Chosen, 2006), 135:

8. Քենեթ Հեյգին, *Օծության ըմբռնումը* (Տուլսա, Հավատքի գրադարան, 1983), 114–17: Ռոդնի Հովարդ Բրաուն, *Հոսելով Սուրբ Հոգով*, rev. խմբ. (Շիպենսբուրգ, Պ.Ա. Ճակատագրի պատկեր, 2000), 64: Բենի Հինի հետ

կապված միջադեպի մասին լրացուցիչ տեղեկությունների համար տե՛ս «Սպանված տարեց կինը՝ «Հոգով սպանված» անձի՝ իր վրա ընկնելու պատճառով», *Ազգային և միջազգային կրոնի զեկույց*, սեպտեմբերի 21: 1987, 4:

9. *«Թոդ Բենթլիի բռնության ծառայությունը»*, հասանելի՝ 2013 թվականի ապրիլից, http://www.youtube.com/watch?v=yN9Ay4QAtW8 (մեջբերված հատվածը սկսվում է 5:06-ից):
10. «Թոդ Բենթլիի վերածնունդը Լեյքլենդում հավաքում է 400,000 մարդ և դեռ շարունակում է մնալ», *The Tampa Bay Times*, հունիսի 30, 2008, http://www.tampabay.com/news/religion/article651191.ece: Վագները Բենթլիին հանձնարարություն տվեց հետևյալ խոսքերով. «Ձեր հզորությունը կավելանա: Ձեր հեղինակությունը կավելանա: Ձեր բարեհաճությունը կավելանա»: Կարճ ժամանակ անց Վագները հեռացավ Բենթլիից, երբ հրապարակվեցին Բենթլիի ոչ պատշաճ հարաբերությունների ապացույցները անձնակազմի իգական սեռի ներկայացուցիչների հետ:
11. Բենի Հին, *Praise-a-Thon*, TBN, ապրիլ 1990 թ.
12. Սյուզան Հինը Համաշխարհային օգնության կենտրոնում, 1997 թվականի հուլիս: Նրա խոսքերը հեռարձակվել են Comedy Central, *The Daily Show*, «God Stuff», 1999 թվականի հունիսի 21-ին:
13. Քենեթ Դ. Ջոնս, «Հեռավետարանականություն. հզոր կախվածություն» (Բլումինգթոն, Ին. Xlibris, 2006), 12:
14. Ռոնդա Բիրն, *Գաղտնիքը* (Նյու Յորք: Atria Books, 2006), 46. 59-րդ էջում Բիրնը նմանապես գրել է. «Եվ այսպես, Տիեզերքի ջինն ասում է. Դևիսը նշում է, որ Բիրնը «պնդում է, որ մարդկային միտքը, ոչ թե անձնական և ինքնիշխան Աստված, ղեկավարում է տիեզերքը և մանիպուլյացիա է անում մարդկանց, հանգամանքները և իրադարձությունները, որպեսզի կատարի մարդկային ցանկությունը: Ճակատագրի հեգնանքով սա հնչում է որպես նույն հերետիկոսության տարբերակ, որն առաջ է քաշվել այսօրվա բարգավաճման քարոզիչների կող-

միջ» (*Օփրա աստվածաբանություն* [Բլումինգթոն, Ին: Քրոսբուքս, 2011], 74):

15. Քեննեթ Քոուփլենդ, *Աստծո հետ մեր ուխտը* (Ֆորտ Ուորթ, Տեխաս. ՔԿՊ, 1987), 32, շեշտն ավելացված է.
16. *Աշխատել մեծ հավատ*, TBN հեռարձակում, 16 նոյեմբերի, 1990 թ.
17. Ալլան Անդերսոն, Հիսունականության ներածություն (Քեմբրիջ. Քեմբրիջի համալսարանի հրատարակչություն, 2004), 221:
18. Մայքլ Հուդման, խմբ., *Հարցեր Աստծո մասին*. (Enumclaw, WA: Հաճելի խոսք, 2009), 547. Տես. Թիմ Սթաֆֆորդ, *Հրաշքներ* (Գրանդ Ռափիդս. Բեյքեր, 2012), 162, որը գրել է. «Բարգավաճման ավետարանում հարստությունը դառնում է նպատակ, Աստված՝ նպատակին հասնելու միջոց»:
19. Որպես Սիմոն մոգի ժամանակակից տարբերակներ բարգավաճման քարոզիչները պնդում են, որ Հոգու զորությունն ու օրհնությունը կարելի է գնել փողի տասանորդով (տես Գործք 8.18–24):
20. Փոլ Քրաուչ, «Մենք ամեն ինչ տվեցինք»: TBN տեղեկագիր, հոկտեմբեր 2011, http://www.tbn.org/about-us/newsletter?articleid=1440:
21. Փոլ Քրաուչ, «Արդյո՞ք Հիսուսը գովասանք ուներ»: TBN տեղեկագիր, հոկտեմբեր 2008, http://www.tbn.org/about-us/newsletter?articleid=1218:
22. Ուիլյամ Լոբդել, «TBN-ի խոստումը. ուղարկի՛ր գումար և տես հարստությունը», Մաս 2, *Լոս Անջելես Թայմս*, 20 սեպտեմբերի, 2004 թ., <http://articles.latimes.com/2004/sep/20/local/me-tbn20>:
23. Քրաուչի Trinity Broadcasting Network-ը գնահատվում է ավելի քան մեկ միլիարդ դոլար: Մարկ Ի. Փինսկի, «Տեֆլոնային հեռուստաավետարանիչներ», *Հարվարդի աստվածային տեղեկագիր* 36, համար. 1 (Ձմեռ 2008):
24. Նմանապես, երբ Բեննի Հինի խաչակրաց արշավանքից հիասթափված մարդկանց ուղարկում են առանց բուժվելու, Հինը պատասխանատվություն չի կրում: Նա ասում է. «Ես միայն գիտեմ, որ աղոթում եմ նրանց համար: Այն, ինչ տեղի է ունենում նրանց և Աստծո միջև,

նրանց և Աստծո միջև է» (Բեննի Հին, մեջբերում Ուիլյամ Լոբդելում, «Բժշկության արժեքը», *Լոս Անջելես Թայմս,* հուլիսի 27, 2003 թ., http://www.trinityfi.org/press/latimes02.html.

25. Քեննեթ Հեյգինն իր՝ *«Ինչպես պահել քո բժշկությունը»* գրքույկում լռելյայն խոստովանեց, որ իր «բժշկություններից» շատերը լավագույն դեպքում ժամանակավոր են, իսկ վատագույն դեպքում՝ պատրանքային: Նա այդ առիթով ապաքինում փնտրող անձին մեղադրեց հավատքի պակասի համար. «Եթե բավականաչափ հավատք չունես քո հանդեպ, որպեսզի կառչես այն ամենից, ինչ ունես, ապա սատանան պատրաստվում է գողանալ այն քեզանից» (Հեյգին, *«Ինչպես պահել քո բժշկությունը»* [Տուլսա. Ռեմա, 1989], 20–21):
26. Նկատի ունենալով այն փաստը, որ բարգավաճման ավետարանը սնվում է և՛ կարիքներով, և՛ ագահությամբ՝ Փոլ Ալեքսանդրը գրել է. «Աշխարհը լի է տառապանքով. փաստ է: Աստված պետք է հոգա. փաստ է: Բարեկեցության ավետարանը միավորում է այս երկու փաստերը տնտեսական հույսի քարոզվող աստվածաբանության մեջ, որն ունի պայքարող այրու վերջին դոլարը վերցնելու համար: Մեկ այլ դժվարությունն այն է, որ մարդկանց, որոնք շատ բան ունեն, մարքեթոլոգները սովորեցնում են չբավարարվել կամ չգոհանալ, այնպես որ բավարարից ավելին ունեցող մարդիկ դեռ կարող են ավելին ցանկանալ: Բարեկեցության ուսուցումը սրում է այս խնդիրը, երբ այն ընդգծում է չափազանցությունը՝ ագահությունը կապելով Աստծո օրհնության հետ» (Փոլ Ալեքսանդր, *Նշաններ և հրաշքներ* [Սան Ֆրանցիսկո. Ջոսեյ-Բաս, 2009], 69):
27. Մայքլ Հորթոն, *Անքրիստոսական քրիստոնեություն* (Գրանդ Ռափիդս. Բեյքեր, 2008), 68.
28. Հավատքի խոսքի ուսուցման շրջանակներում մարդկանց աստվածացման վերաբերյալ ընդլայնված քննարկման համար տե՛ս Հենք Հանեգրաաֆ, *Քրիստոնեությունը ճգնաժամի մեջ. 21-րդ դար* (Նեշվիլ: Թոմաս Նելսոն, 2009), 129–66:

29. Փոլ Քրաուչ, *Փառք Տիրոջը*, TBN, հուլիսի 7, 1986թ.: Նմանապես, վերջին անձրևի «առաքյալ» կոմս Փոլկն այսպես է ասում. «Ինչպես շներն ունեն շնիկներ, իսկ կատուները՝ փիսիկներ, այնպես էլ Աստված ունի փոքրիկ աստվածներ: Մինչև չհասկանանք, որ մենք փոքրիկ աստվածներ ենք և չսկսենք գործել փոքրիկ աստվածների պես, մենք չենք կարող ցույց տալ Աստծո թագավորությունը» (Էրլ Փոլք, *Դիմակազերծելով սատանային*, [Ատլանտա Ք. Հարթություն, 1984], 96–97):

30. Քենեթ Քոուփլենդ, «*Սիրո ուժը*» (Ֆորտ Ուորթ. Քենեթ Քոուփլենդի ծառայություններ, 1987), ժապավեն #02-0028:

31. Կրեֆլո Դոլար, «Փոխելով քո աշխարհը», LeSea հեռարձակում, 17 ապրիլի, 2002 թ. շեշտն ավելացված: Մեկ այլ առիթով Դոլարը հայտարարեց. «Հիմա ես պետք է հենց սկզբից շատ ուժեղ հարվածեմ այս կետին, որովհետև ժամանակ չունեմ այս ամենի միջով անցնելու համար, բայց ես հենց հիմա ձեզ կասեմ, որ դուք աստվածներ եք, փոքրիկ աստվածներ. դուք աստվածներ եք, քանի որ եկել եք Աստծուց, և դուք աստվածներ եք» (Կրեֆլո Դոլար, *«Պատրաստված Իր պեսակով»*, 2002 թ. սեպտեմբերի 15, 22, շեշտն ավելացված է):

32. Ինչպես բացատրում է Ալան Անդերսոնը, «Բացի այն, որ այս ուսմունքը խրախուսում է կապիտալիզմի «ամերիկյան երազանքը» և խթանում է հաջողության էթիկան, դրա առավել կասկածելի հատկանիշներից է այն, որ մարդկային հավատքը վեր է դասվում Աստծո գերիշխանությունից և շնորհից»: (Անդերսոն, *Պենտեկոստալիզմի ներածություն*, 221):

33. Մայլս Մյունռո, *Փառք Տիրոջը*, Trinity Broadcasting Network, 23 փետրվարի, 2000 թ.

34. Էնդրյու Ուոմաք. «Հավատացյալի իշխանությունը», *Ավետարանի ճշմարտությունը*, 27 ապրիլի, 2009, http://www.awmi.net/tv/2009/week17: Տես. Էնդրյու Ուոմաք, Հավատացյալի իշխանությունը (Տուլսա, Օկլահոմա. Հարիսոն Հաուս 2009), 58–59:

35. Փիթեր Մաստերս, *Էպիդեմիկի բժշկությունը* (Լոնդոն: Ուեյքմեն Թրասթ, 1992), 11–12:

36.Ջոն ՄաքԱրթուր, *Խարիզմատիկ քաոս* (Գրանդ Ռափիդս. Զոնդերվան, 1993):
37.1991թ.-ի տեղեկագրում Յան Քրաուչը հայտնում էր. «Աստված պատասխանեց երկու փոքրիկ տասներկու տարեկան աղջիկների աղոթքներին՝ մեր ընտանի կենդանուն՝ հավին, մեռելներից բարձրացնելու համար»: («Կոստա Ռիկացիներն ասում են՝ «Շնորհակալություն քրիստոնեական հեռուստատեսություն ուղարկելու համար»» *Փառք Տիրոջը* տեղեկագիր [սեպտեմբեր 1989], 14–15): 2009 թվականի տեղեկագրում նրա հավի պատմությունը փոխվել է: Նա գրել է. «Ես *տեսա*, թե ինչպես է Նա բուժում իմ ընտանի հավին, որի կյանքը թելից էր կախված, երբ ես 12 տարեկան էի ... բժշկված *Հիսուսի անունով*» («Ժան Քրաուչի զարմանահրաշ պատմությունը», TBN տեղեկագիր, հունիս 2009, http://www.tbn.org/about/newsletter/index.php/1280.html; շեղագիր և էլիպս բնօրինակում):
38.Բենի Հին, *Փառք Տիրոջը*, TBN, հոկտեմբերի 19, 1999 թ.
39.Տես. Թաբիտի Անյաբվիլե, *Աֆրոամերիկյան ապվածաքանության անկումը* (Դաուներս Գրոով, ԻԼ. ԻնտերՎարսիթի, 2007), 96.
40.Բենի Հին, *Սա քո օրն է*, TBN, 3 հոկտեմբերի, 1990 թ.
41. «About» Trinity Broadcasting Network-ի պաշտոնական ֆեյսբուքյան էջում, հասանելի՝ 2013 թվականի ապրիլից, https://www.facebook.com/trinitybroadcastingnetwork/info:
42.«TBN-ը հասնում է անհանգիստ աշխարհին Ավետարանի հույսով», TBN հայտարարություն, ապրիլի 12, 2012, http://www.tbn.org/announcements/tbn-is-reaching-a-troubled-world-with-the-hope-of-the-gospel.
43.Ինչպես նշում է Քենդի Գյունթեր Բրաունը, «Այն, ինչ թվում է ամենաառարկելին և «շամանիստականը», ոչ հիսունական քրիստոնյա քննադատների և ամերիկյան շահախնդիր սպառողականության աշխարհիկ քննադատների համար հիսունականների մտահոգությունն է, «ստորին», «եսասեր», «այս աշխարհի» օրհնություններով, ինչպիսիք են բժշկությունը կամ ֆինանսական

բարգավաճումը, որոնք հաճախ ծաղրանկարվում են որպես «բարգավաճման աստվածաբանություն» կամ «առողջության և հարստության ավետարան», որը ԱՄՆ ագահ «հավատքի բժիշկները» արտահանել են աշխարհով մեկ՝ ժամանակակից հաղորդակցման միջոցների անհանգստացնող հաջող օգտագործման միջոցով» (Քենդի Գյունթեր Բրաուն, «Ներածություն. Համաշխարհային Պենտեկոստալիստական և խարիզմատիկ բժըշկություն», Օքսֆորդ, Օքսֆորդի համալսարանի հրատարակչություն, 2011], 11):

44. Փոլ Ալեքսանդրը նշում է այս աստվածաբանության տեսակետը. «Հիսունականների բարգավաճման ավետարանը կոչ է անում հարստության դարաշրջանում քաղցած քրիստոնյաներին և հայտարարում, որ եթե հավատք ունեք առ Աստված, ֆինանսապես ապահով կլինեք: Նիգերիայում, Հարավային Աֆրիկայում, Հնդկաստանում և Ֆիլիպիններում հիսունականների և խարիզմատիկների ավելի քան 90 տոկոսը հավատում է, որ «Աստված նյութական բարգավաճում կշնորհի բոլոր այն հավատացյալներին, որոնք բավականաչափ հավատք ունեն» (Ալեքսանդր, *Նշաններ և հրաշքներ*, 63–64):
45. Ջոն Ալան, *Ապագա եկեղեցին* (Նյու Յորք: Դաբլդեյ, 2009), 382–83: Ալանը «Առողջություն և հարստություն» է վկայակոչում *«Հոգի և ուժ»* գրքում. *Պենտեկոստալների 10 երկրների հետազոտություն*, եկեղեցական նստաժողով կրոնի և հասարակական կյանքի մասին, հոկտեմբերի 2006, 30, http://www.pewforum.org/uploadedfiles/Orphan_Migrated_Content/pentecostals-08.pdf.
46. Ալան Անդերսոնը գրել է. «Որքանո՞վ են հիսունականության ժամանակակից ձևերը դարձել «ժողովրդական կրոն», այնքանով, որ նրանք ներկայացնում են միայն այն, ինչը զանգվածները ցանկանում են լսել և բաց են թողնում Քրիստոսի ավետարանի կարևոր հիմունքները: Մարդկանց ամբոխի մոտ նոր եկեղեցիներ հավաքելու պատճառները կապված են ոչ միայն Հոգու զորության հետ: ...Ավելի լավ և բարեկեցիկ կյանքի

առաջարկը հաճախ հույս է տալիս աղքատության և հուսահատության դեմ պայքարող մարդկանց» (Անդերսոն, *Պենտեկոստալիզմի ներածություն,* 280):

47. Հարվի Քոքսը, խոսելով պենտեկոստալիզմի համաշխարհային աճի մասին, նշել է. «Հիսունական և խարիզմատիկ խմբերը հայտնի են իրենց էմոցիոնալ բացահայտ պաշտամունքով և իրենց հիացական արտասանությամբ, որը հայտնի է որպես «լեզուներով խոսել» կամ «սրտի աղոթք»: Նրանց նաև հաճախ բնորոշում է հարակից երևույթ, որի մասին հոգեբանները խոսում են որպես «տրանս» կամ «դիսոցիատիվ վարքագիծ»: Բայց, ինչպես այս գիրքը հստակ ցույց է տալիս, պրակտիկան, որն ի սկզբանե մարդկանց մեծամասնությանը ձգում է դեպի այս խմբերը, և այն, ինչը բնութագրում է նրանց ավելի քան որևէ այլ բան, այն է, որ նրանք առաջարկում են բժշկություն՝ մտքի, մարմնի և հոգու «ամբողջականացում»: Բուժման պրակտիկաները ոչ միայն անբաժանելի են, այլ նաև հաճախ ծառայում են որպես շեմ, որով նորակոչիկներն անցնում են դեպի շարժման այլ հարթություններ» (Հարվի Քոքս, *Գլոբալ հիսունական և խարիզմատիկ բժշկության նախաբան* [Օքսֆորդ, Օքսֆորդի համալսարանի հրատարակչություն, 2011], xviii) .
48. Ինչպես նշում են երկու գիտնականներ. «Պենտեկոստալիզմի ներսում ամենաարագ զարգացող շարժումը կոչվում է «Բարգավաճման ավետարան» կամ առողջության և հարստության եկեղեցիներ: [...Արտաքին դիտորդների համար այս եկեղեցիները հաճախ առևտուր են անում կախարդական մտածողության և հոգեբանական մանիպուլյացիայի մեջ]»: (Դոնալդ Է. Միլլեր և Տեցունաո Յամամորին,*Համաշխարհային Պենտեկոստալիզմ,* [Բերքլի, Կալիֆորնիա, Կալիֆորնիայի համալսարանի հրատարակչություն, 2007], 29):
49. Վինսոն Սինան, *Ականատեսը հիշում է Սուրբ Հոգու դարաշրջանը* (Գրանդ Ռափիդս: Ընտրված, 2010), 114–15:
50. Մարտին Լինդհարդ, *Գործադրելով հավատքը* (Նյու Յորք. Բերգհան, 2011), 25–26.

51. «Հավատքի խոսքը» եղել է ԱՄՆ հիսունականության ամենահայտնի շարժումներից մեկը: Այն ոչ միայն տարածվել է խարիզմատիկ շրջանակներում, այլև ազդել է դասական հիսունականների վրա» (Անդերսոն, *Պենտեկոստալիզմի ներածություն*, 221):
52. Դեյվիդ Ջոնս և Ռասել Վուդբրիջ, *Առողջություն, հարստություն և երջանկություն* (Գրանդ Ռափիդս. Քրեջել, 2011), 16:
53. «1980-ականներին այս ամուսնությունը կապված էր հեքստերների և շառլատանների հետ՝ քարոզիչներ, ովքեր կողոպտում էին իրենց հետևորդներին, քնում մարմնավաճառների հետ և լաց էին լինում տեսախցիկների առաջ: Սակայն քսանմեկերորդ դարի Ամերիկայում հասունացավ հարստության ավետարանը: Ավետարանի տարածումը կապելով ձեռնարկատիրական կապիտալիզմի սովորությունների և բարքերի հետ և բացահայտորեն մկրտելով աշխարհիկ շահի հետապնդումը՝ բարգավաճման աստվածաբանությունն օգնեց միլիոնավոր հավատացյալների հաշտեցնել իրենց կրոնական հավատքն իրենց ազգի ոչ աստվածաշնչյան թվացող հարստության և ոչ քրիստոնեական սպառողական մշակույթի հետ»: (Ռոս Դաութհաթ, *Վատ կրոն* [Նյու Յորք. Սայմոն և Շուստեր, 2012], 183):
54. Նույնիսկ դասական հիսունականների շրջանում բարգավաճման ավետարանը դարձել է ավելի տարածված, քան լեզուներով խոսելը. «Ինչպես 2006 թվականին նշել է *Քրիստոնեությունն այսօր*- ում Թեդ Օլսենը, ամերիկացի հիսունականների միայն կեսն է ասում, որ խոսել է լեզուներով, բայց 66 տոկոսը համաձայն է այն ենթադրության հետ, որ «Աստված» հավատացյալներին հարստություն է տալիս» (Ռոս Դաութհաթ, *Վատ կրոն* 194):
55. Ալան Անդերսոն, *Ներածություն ասիականների և հիսունականների*, խմբագրված Ալան Անդերսոնի և Էդմոնդ Թանգի կողմից (Կոստա Մեսսա, CA: Rengum Books, 2005), 2: Այս վիճակագրությունը գալիս է Դեյվիդ Բ. Բարեթից, Ջորջ Թ. Կուրիանից և Թոդ Մ. Ջոնսոնից, *Համաշխարհային քրիստոնեական հանրագիտարանից*,

2-րդ հրատ., հ. 1. (Նյու Յորք: Օքսֆորդի համալսարանի հրատարակչություն, 2001): Պատրիկ Ջոնսթոունի և Ջեյսոն Մանդրիկի *Գործունեությունն աշխարհում* (Կարլայլ, Մեծ Բրիտանիա.Պատերնոստեր, 2001), 21, 32, 34, 41, 52 ունեն զգալիորեն ցածր ցուցանիշներ: Նրանք գնահատում են 87 միլիոն հիսունականներ և խարիզմատիկներ Ասիայում, մինչդեռ Հյուսիսային Ամերիկայում՝ 72 միլիոն, Լատինական Ամերիկայում՝ 85 միլիոն, Աֆրիկայում՝ 84 միլիոն և Եվրոպայում՝ 14 միլիոն:

56. Թոդ Մ. Ջոնսոն, «Դա կարող է կատարվել». արդիականության և հետմոդեռնության ազդեցությունը եկեղեցիների և գործակալությունների համաշխարհային առաքելության պլանների վրա», *Անցյալի և ապագայի միջև*, Ջոնաթան Ջ. Բոնկ, խմբ. (Փասադենա, Կալիֆորնիա: Ավետարանական միսիոլոգիական ընկերություն, 2003), 10.42. Ջոնսոնը նշում է. «1900 թվականին միայն մի քանի քրիստոնյաներ էին ներգրավված նորացման շարժումներում: Մ.թ. 2000 թվականին ավելի քան 500 միլիոնը, կամ բոլոր քրիստոնյաների 25 տոկոսը, մասնակիցներ էին պենտեկոստալ / խարիզմատիկ նորացմանը»:

57. Մայքլ Հորթոնը ճիշտ է նշել. «Քրիստոնեության շատ գովազդվող ընդլայնման տոնակատարությունը երկու երրորդ աշխարհում (առավել ուշագրավ վերջին տարիներին Ֆիլիպ Ջենքինսի «*Հաջորդ քրիստոնեական աշխարհը*») պետք է առնվազն մեղմանա այն փաստով, որ բարգավաճման ավետարանն այս երևույթի ամենապայթուցիկ տարբերակն է» (Հորթոն, *Անքրիստոսական քրիստոնեություն*, 67):

58. Թեդ Օլսեն, «Ինչն է իրականում միավորում հիսունականներին»: *Քրիստոնեությունն այսօր*, դեկտեմբերի 5, <http://www.christianitytoday.com/ct/2006 /december/16.18.html>. Օլսենը շարունակում է մի քանի կոնկրետ օրինակներ. «Նիգերիայում հիսունականների 95 տոկոսը համաձայն է այդ հայտարարության հետ, և 97 տոկոսը համաձայն է, որ «Աստված լավ առողջություն և հիվանդությունից ազատագրում կտա հավատացյալներին, որոնք բավականաչափ հավատք ունեն»: Ֆիլի-

պիններում պենտեկոստալների 99 տոկոսը համաձայնել է վերջին հայտարարության հետ»:

59. Ջոնս և Վուդբրիջ, *Առողջություն, հարստություն և երջանկություն*, 14–15:

60. Ջոն Անկերբերգը և Ջոն Ուելդոնը, գրելով երկու տասնամյակ առաջ, զգուշացրել են խարիզմատիկ աստվածաբանության այս կույր կետի մասին. «Խարիզմատիկ շարժումը որպես ամբողջություն դեռ պետք է ինտեգրի Սուրբ Գրքի մեծ վարդապետական ճշմարտությունները իր ժողովրդի կյանքում: Սուրբ Հոգու հետ ունեցած փորձի վրա իր մեծ շեշտադրմամբ՝ աստվածաբանության ջանասիրաբար ուսումնասիրության արժեքը հաճախ անտեսվում է» (Ջոն Անկերբերգ և Ջոն Ուելդոն, *Cult Watch* [Յուջին, ՕՐ. Բերքի տուն, 1991], viii):

61. Դրա վառ օրինակը երևում է հիսունականների պատմության մեջ: Առաջին հիսունականներն ի սկզբանե հավատում էին, որ իրենք խոսում են վավերական օտար լեզուներով, ինչպես առաքյալներն էին անում Գործք Առաքելոցում 2-ում: Երբ ակնհայտ դարձավ, որ նրանց «լեզուներն» իրականում բաղկացած են իռացիոնալ խոսքից, ակնհայտ էր, որ ինչ-որ բան պետք է տրվեր: Ցավոք սրտի, փոխվեց ոչ թե փորձը, այլ Աստվածաշնչի նրանց մեկնաբանությունը:

62. Ռենե Պաշե. *Սուրբ Գրքի ներշնչանքն ու հեղինակությունը* (Չիկագո. Մուդի, 1969), 319:

63. «Իրականացված էսխատոլոգիայի» խոստումներում կան ակնթարթային ապաքինման, ամբողջականության և բարգավաճման իրական վտանգներ բոլորի համար: Այս երկրային մտահոգություններով զբաղվածությունը հաճախ գալիս է քրիստոնեական առաքինությունների հաշվին, ինչպիսիք են խոնարհությունը, համբերությունը և խաղաղությունը: Հոգու ազատությունը, որը ճանաչվում է բոլոր հիսունականների կողմից, հաճախ նրանց խոցելի է դարձնում ավտորիտար առաջնորդների համար, ովքեր կարող են շահագործել իրենց անդամներին և հետագա բաժանում առաջացնել» (Անդերսոն, *Պենտեկոստալիզմի ներածություն*, 280):

64. Բացի այդ, ինչպես նշում է Ռոս Դաութիաթը. «Հիսունականության ձեռնարկատիրական կառույցը, որում յուրաքանչյուր եկեղեցի փաստորեն սկսնակ է, միշտ գրավել է սպասավորներին, որոնք հակված են ինքնագովեստի, որն ավելի հեշտությամբ արդարացվում է բարգավաճման աստվածաբանությամբ, քան քրիստոնեական հավատքի ավելի ուղղափառ թելերի կողմից»: (Դաութիաթ, *Վատ կրոն*, 194):
65. Նույնիսկ այնպիսի տարրական և պարզ բանը, ինչպիսին Նոր Կտակարանի արգել.ն է կին հովիվների նկատմամբ (1 Տիմ. 2.12–14), խարիզմատիկ եկեղեցիների մեծ մասի կողմից ամբողջությամբ անտեսվում է: Ամենահայտնի խարիզմատիկ հեռուստաավետարանիչներից մի քանիսը կանայք են, ինչպիսիք են Ջոյս Մայերը և Պաուլա Ուայթը:
66. Քրիստոֆեր Ջ.Հ. Ռայթ, *Ճանաչել Սուրբ Հոգուն Հին Կտակարանի միջոցով* (Դաուներս Գրոուվ, ԻԼ. ԻնտերՎարսիթի, 2006), 73:

Գլուխ 2. Հոգու նոր գո՞րծ

1. Աստվածաշնչի դպրոցը, որը հայտնի է Բեթել անունով, Աստվածաշնչի ուսումնասիրության հարցում կիրառում էր արդիական մոտեցում: Պատմաբան Վինսոն Սինանը բացատրում է, որ դպրոցն ընդգծել է «Շղթայական հղում» գաղափարը, որն այն ժամանակ տարածված էր: Հիմնական թեմաները պետք է ուսումնասիրվեին՝ հետևելով թեմայի վերաբերյալ հաջորդական ընթերցումներին, որքանով դրանք կհայտնվեին Սուրբ Գրքում» (Վինսոն Սինան, «Հպումը զգացվում էր ամբողջ աշխարհում», *Խարիզման և քրիստոնեական կյանքը*, հունվարի 1991, 84): Արդյունքում, Աստվածաշնչի ոչ մի գիրք չի ուսումնասիրվել որպես միավոր, և անտեսվել է տվյալ հատվածների ավելի լայն համատեքստը:
2. Ինչպես բացատրում են Ռալֆ Հուդ կրտսերը և Վ. Փոլ Ուիլյամսոնը. «Աստվածաշնչյան իր դպրոցում, գիշերային ծառայության ժամանակ, Փարհամի աշակերտներից մեկը՝ Ագնես Ն. Օզմանը, ստացավ Սուրբ Հոգու

մկրտությունը և անմիջապես հետո խոսեց լեզուներով, 1901 թվականի հունվարի 1-ի կեսգիշերին, այդպիսով դառնալով առաջին մարդը, որը երբևէ ստացել է նման փորձ այս նոր աստվածաբանության համաձայն» (Ռալֆ Հուդ կրտսերը և Վ. Փոլ Ուիլյամսոն, *Նրանց, ովքեր հավատում են*, [Բերքլի, Կալիֆորնիա, Կալիֆորնիայի համալսարանի հրատարակչություն, 2008] , 18–19:

3. Չարլզ Փարհամ, մեջբերված Վինսոն Սինանից, *Սրբության հիսունական ավանդույթը* (Գրանդ Ռափիդս. Էերդմանս, 1997), 44:
4. Սինան. «*Հպումը զգացվում էր ամբողջ աշխարհում*», 84:
5. Ինչպես բացատրում է Վինսոն Սինանը. «Պենտեկոստական շարժումն առաջացավ որպես սրբության շարժման պառակտում և կարող է դիտվել որպես սրբության խաչակրաց արշավանքի տրամաբանական արդյունք, որն անհանգստացրեց ամերիկյան բողոքականությանը, մասնավորապես, մեթոդիստական եկեղեցուն, ավելի քան քառասուն տարի: 1894-ից հետո սրբության ղեկավարության կրկնվող կոչերը «նոր Պենտեկոստեի» վերաբերյալ անխուսափելիորեն ստեղծեցին մտքի շրջանակը և մտավոր հիմքերը հենց այդպիսի «Պենտեկոստեի» կայանալու համար» (Վինսոն Սինան, *Սրբության հիսունական ավանդույթը* , 105–6):
6. Ինչպես նշում է Ջեյմս Ռ. Գոֆը, «Փարհամը, հետևաբար, պենտեկոստական ծագման ցանկացած մեկնաբանության բանալին է: Նա ձևակերպեց կապը Սուրբ Հոգու մկրտության և լեզուների միջև, վերահսկեց սկզբնական աճը և կազմակերպումը և նախաձեռնեց այլատյաց առաքելությունների հովվերգական տեսլականը: Նրա կյանքի և ծառայության պատմությունը բացահայտում է հիսունականության սոցիոլոգիական և գաղափարական արմատները» (Ջեյմս Ռ. Գոֆ, *Դաշտերը սպիտակ են մինչև բերքահավաքը* [Ֆայեթվիլ, Արկանզաս, Արկանզասի համալսարանի հրատարակչություն, 1988], 16):
7. Ըստ Ագնես Օզմանի՝ «Հունվարի 2-ին մեզանից ոմանք իջան Թոփեքա՝ միսիայի: Երբ մենք երկրպագում էինք

Տիրոջը, ես աղոթում էի անգլերենով, իսկ հետո աղոթում էի լեզուներով»: Տպագրվել է *Առաքելական հավատքում*, 1951; մեջբերված՝ http://apostolicarchives.com/Research_Center.html կայքից: Տես. Նիլս Բլոխ-Հոել, *Պենտեկոստական շարժում* (Օսլո, Նորվեգիա. Universitetforlaget, 1964), 24.

8. Տես. Ջեք Վ. Հեյֆորդ և Ս. Դեյվիդ Մուր, *«Խարիզմատիկ դար»* (Նյու Յորք: Հաչեթ, 2006), 38:
9. Նույն տեղում:
10. Մարտին Է. Մարտի, *Ժամանակակից ամերիկյան կրոն*, հատոր 1. *Ամեն ինչի հեգնանքը*. 1893–1919 (Չիկագո: Չիկագոյի համալսարանի հրատարակչություն, 1987), 240–41:
11. Ջո Նյուման, *Ասպծո եկեղեցու մրցավազքը և ժողովները* (Յանգսթաուն, Նյու Յորք: Քեմբրիա, 2007), 50.
12. Տես. Մայքլ Բերգունդեր. «Կառուցելով հնդկական հիսունականությունը», *Ասիական և հիսունական*, Ալլան Անդերսոն և Էդմոնդ Թանգ, խմբ. (Կոստա Մեսա, CA: Regnum Books, 2005), 181: Բերգունդերը գրել է. «Վաղ օրերում հիսունականները կարծում էին, որ իրենց գլոսոլալիան իրականում օտար լեզուներ է միսիոներական նպատակներով: Սա մինչ այժմ բավականին անտեսված էր, քանի որ հիսունականների շարժումը հետագայում հանգիստ հրաժարվեց քսենոգլոսիայի գաղափարից»:
13. Չարլզ Շումվեյ անունով մի ասպիրանտ ապարդյուն փորձում էր ապացուցել, որ վաղ հիսունականների լեզուները բաղկացած էին իսկական օտար լեզուներից: Նա չկարողացավ գտնել մեկ մարդու, որ հաստատեր վաղ հիսունականների պնդումները (տես Գոֆֆ, *Ապիպակ դաշտերը մինչև բերքահավաք*, 76): Ի պատասխան այն պնդումների, որ պետական թարգմանիչները վավերացրել են ենթադրյալ լեզուները, Գոֆն ասում է. «Իր 1919 թ. ատենախոսության մեջ Շումվեյը դատապարտեց տեղական Հյուսթոնի տարեգրությունը՝ դյուրահավատ զեկույցների համար և հայտարարեց, որ «նամակներ կան մի քանի մարդկանցից, որոնք պետական թարգմանիչներ էին Հյուսթոնում կամ մերձակայ-

քում այն ժամանակ [երբ Փարհամն այնտեղ դասավանդում էր], և նրանք միահամուռ հերքում են ենթադրյալ փաստերի ողջ իմացությունը» (էջ 98): Ազուսա փողոցի «լեզուները» նմանապես ոչ լեզուներ են ճանաչվել դրանք ուսումնասիրած ականատեսների կողմից (տես Գ.Ֆ. Թեյլոր, *Հոգին և հարսնացուն* [Falcon, NC: n.p., 1907], 52):

14. Տես. Սինան, *Սրբության հիսունական ավանդույթը*, 92. Վինսոն Սինանը գրել է. «Փարհամն անմիջապես սկըսեց ուսուցանել, որ միսիոներներն այլևս ստիպված չեն լինի ուսումնասիրել օտար լեզուներ՝ միսիոներական դաշտերում քարոզելու համար: Այսուհետ նա ուսուցանում է, որ պետք է միայն ստանալ Սուրբ Հոգով մկրտությունը, և նա կարող է գնալ աշխարհի ամենահեռավոր անկյունները և քարոզել բնիկներին խոսողին անհայտ լեզուներով»:
15. Չարլզ Փարհամ, ինչպես նշված է *Թոփեքա պետական ամսագրում*, 7 հունվարի, 1901 թ.
16. Չարլզ Փարհամ, ինչպես նշված *Կանզաս Սիթի Թայմսում*, հունվարի 27, 1901 թ.
17. «Նոր տեսակի միսիոներներ. հեթանոսների բանագընացները պետք է ունենան լեզուների պարգև», *Հավայան թերթ*, 1901 թվականի մայիսի 31, 10: Առցանց՝ http://chroniclingamerica.loc.gov/lccn/sn83025121/1901-05-31/ed-1/seq-8/.
18. Հեյֆորդ և Մուր, *Խարիզմատիկ դարը*, 42. Ինչպես Ռենե Լորենտինն է նշում Փարհամի տեսակետը, «Լեզուների ստուգման կրկնվող ձախողումները վարկաբեկել են գլոսոլալիայի այս ֆունկցիոնալ մեկնաբանությունը» (Ռենե Լորենտին, *Կաթոլիկ Պենտեկոստալիզմ* [Նյու Յորք. Դաբլդեյ, 1977], 68):
19. Ռոբերտ Մեյփս Անդերսոն, *Ժառանգյալների տեսլականը. Ամերիկյան հիսունականության սպեղծումը* (Նյու Յորք: Օքսֆորդի համալսարանի հրատարակչություն, 1979), 90–91:
20. Ինչպես նշում է Ժան Գելբարտը, «Հունվարի 6-ին *Թոփեքա Դեյլի Քեփիթըլը* հրապարակեց մի ծավալուն հոդված, որը ներառում էր Ագնես Օզմանի՝ ոգեշնչված

«չինարենի» մի օրինակ: Երբ այն տարվել էր չինացու մոտ թարգմանության համար, նա պատասխանել էր. «Չեմ հասկանում, գուցե ճապոներեն փնտրեք»: Ժան Գելբարտ, «Հիսունականների շարժումը՝ Կանզասի բնօրինակ», *Կրոնական Կանզաս. Գլուխներ պատմության մեջ*, Թիմ Միլլեր, խմբ. (Լոուրենս, ԿԶ. Կանզասի համալսարան, առանց ամսաթվի) http://web.ku.edu/~ksreligion/docs/history/pentecostal_movement.pdf.

21. «Լեզուներով գրելու» օրինակ *Լոս Անջելեսի Դեյլի Թայմսից*, երևույթի ընդարձակ բացատրության հետ մեկտեղ, տես Սեսիլ Մ. Ռոբեկ, Ազուսա փողոց, *Առաքելություն և վերածնունդ* (Նեշվիլ: Թոմաս Նելսոն, 2006), 111–14.
22. «Ավելի շատ դժվարություններ», *Ժողովրդավարական ժամանակներ,* [Լիմա, ՕՀ], սեպտեմբերի 26, 1906, 2:
23. Գոֆ, *Սպիտակ դաշտերը մինչև բերքահավաք*, 5.
24. «Ֆանատիկներն ընդունում են Սիոնի սպանությունը», Օքլենդի տրիբունա, սեպտեմբերի 22, 1907, 21–23: Աղբյուրը՝ <http://www.newspaperarchive.com/oakland-tribune /1907-09-22/page-17>.
25. Նույն տեղում:
26. Տես Նյուման, *Ասպծո եկեղեցու մրցավազքը և ժողովները*, 51: Նյումանը նշում է. «Նեթթի Սմիթի մահը [1904 թվականին]՝ 9 տարեկան, որի ծնողները հրաժարվեցին բուժօգնություն փնտրել, բայց փոխարենը բժշկություն էին փնտրում Փարհամի առաքելական հավատքի ուսմունքների միջոցով, դժգոհություն առաջացրեց Փարհամի դեմ, որ դրդեց նրան տեղափոխվել Տեխաս»:
27. Ճակատագրի հեգնանքով, «Փարհամը Ազուսա փողոցում տեսածի մեծ մասը համարում էր կեղծ և վարկաբեկում էր նրանց փորձը հոգեբանական առումով» (Էնն Թեյվս,*Համապատասխանություններ, փրանսներ և տեսիլքներ* [Փրինսթոն, Նյու Ջերսի. Փրինսթոնի համալսարանի հրատարակչություն, 1999], 330):
28. Նյուման, *Ասպծո եկեղեցու մրցավազքը և ժողովները,* 53:
29. Ռ.Գ. Ռոբինս, *Պենտեկոստալիզմն Ամերիկայում* (Սանտա Բարբարա, Կալիֆորնիա: ABC-CLIO, 2010), 36.

30. Տես. Քրեյգ Բոըլաս, *Ուիլյամ Սեյմուր. Կենսագրություն* (Լեյք Մերի, Ֆլորիդա. Խարիզմա տուն, 2006), 180: Փարհամի առաջարկած արշավախումբը համակարծիք էր նախկինում արված պնդումներին: Ինչպես բացատրում է Ջո Նյումանը, «Նա պնդում էր, որ կօգտագործի հին իրեական փաստաթղթում իր գտած տեղեկատվությունը Ուխտի տապանակը գտնելու համար: Ըստ Փարհամի՝ տապանի պարունակությունը հրահրելու է հսկայական թվով իրեաների վերադարձը Սուրբ Երկիր: Փարհամը կարծում էր, որ անգլախոս ժողովուրդը Իսրայելի տասը կորած ցեղերի ժառանգներն են, որոնք անհետացել են ասորեստանցիների գերության մեջ մ.թ.ա. 722 թվականին: Հետևաբար, նա կարծում էր, որ ամերիկացիները պետք է աջակցեն սիոնիզմին» (Նյուման, *Ասպծո եկեղեցու մրցավազքը և ժողովները*, 51–52):

31. Գոֆ, *Սպիտակ դաշտերը մինչև բերքահավաքը*, 146.

32. «Նրա տեսակետները հավերժական կյանքի վերաբերյալ, ինչպես նաև այլ վարդապետությունների վերաբերյալ նրա կարծիքները, զարգացել են մի քանի տարվա ընթացքում: 1902թ.-ին նա հանդես եկավ կցկտուր հայտարարությամբ՝ պնդելով, որ մարդկության մեծամասնությունը կստանա «հավիտենական մարդկային կյանք», «Մարդկության համար խոստացված Փրկիչ. ծրագիրն էր՝ վերականգնել մարդկային ցեղի զանգվածին այն, ինչ նրանք կորցրեցին Ադամի անկման ժամանակ, և որը կստանան չսրբագործված մարդիկ և շատ հեթանոսներ՝ հավիտենական մարդկային կյանք: Ուղղափառությունն այս ամբողջ ընկերությունը կնետի հավերժական վառվող դժոխքի մեջ, բայց մեր Աստված սիրո և արդարության Աստված է, և կրակը կհասնի միայն նրանց, ովքեր լիովին անարգված են»: Էդիթ Վալդվոգել Բլումհոֆեր, *Վերականգնելով հավատքը. Ասպծո ժողովները, հիսունականությունը և ամերիկյան մշակույթը* (Քեմփեյն, Իլինոյս. Իլինոյսի համալսարան, 1998), 45.

33. Նույն տեղում, 46:

34. Նույն տեղում, 47:

35. Անգլոիսրայելականությունն այսօր ագրեսիվորեն առաջ է մղվում սպիտակամորթների գերակշռող քվազիկրոնական փիլիսոփայության «Քրիստոնեական ինքնություն» շարժման կողմից:
36. *Հյուսթոնի ամենօրյա գրառում*, օգոստոսի 13, 1905: Մեջբերումը՝ Բորլաս, *Ուիլյամ Սեյմուր. Կենսագրություն*, 74–75:
37. Գրանթ Վակեր, *Դրախտը՝ ներքևում* (Քեմբրիջ, Մասաչուսեթս. Հարվարդի համալսարանի հրատարակչություն, 2003), 232:
38. Ֆրեդերիկ Հարիս, *Տոմսի գինը* (Նյու Յորք: Օքսֆորդի համալսարանի հրատարակչություն, 2012), 89. Գրանթ Վակերը փոքր-ինչ զսպում է այն, երբ նշում է. «Ի վերջո, Փարհամը նույնքան անվստահ էր թվում աֆրոամերիկացիներին, որքան իրենք էին թվում նրան» (Վակեր, *Դրախտը՝ ներքևում*, 232):
39. Հեյֆորդ և Մուր, *Խարիզմատիկ դար*, 46:
40. Նույն տեղում: Հեղինակները գրում են. «Նախնական ապացույցները, ինչպես կոչում ենք, թեև ոչ բոլոր հիսունական խմբերի կողմից են ընդունված, դարձան քսաներորդ դարի առաջին տասնամյակում ծնված նոր ձևավորվող շարժման ամենահայտնի բնութագիրը: Փարհամը դրա ճարտարապետն էր:
41. Էնթոնի Ք. Այսելթոն, *Վարդապետության հերմենևտիկան* (Գրանդ Ռափիդս. Էրդմանս, 2007), 438: Որոշ հիսունականներ պնդում են, որ թեև Փարհամը շարժումների աստվածաբանական հիմնադիրն էր, Սեյմուրը հավասարապես արժանիքներ ունի այդ շարժումը հանրահռչակ դարձնելու գործում (տես Հեյֆորդ և Մուր, *Խարիզմատիկ դար*, գլ. 3). Հարկ է նշել, սակայն, որ Փարհամը Սեյմուրի ուսուցիչն ու պնևմատոլոգիական դաստիարակն էր, և հենց Փարհամն էր, որ ապահովեց Ազուսա փողոցի վերածննդի վարդապետական շրջանակը: Ինչպես նշում է Մայքլ Բերգունդերը, Չարլզ Փարհամը ստեղծեց աստվածաբանական եռակի բանաձևը, որն օգտագործվում էր Ազուսա փողոցում. 1) Լեզուների խոսքը՝ որպես Սուրբ Հոգու մկրտության նախնական վկայություն, 2) Հոգով լցված հավատացյալները՝

որպես Քրիստոսի կնքված հարսնացու և 3) քսենոգլոսական լեզուները՝ որպես վերջին ժամանակների դրամատիկ վերածննդի գործիք (Բերգունդեր, Կառուցելով հնդկական հիսունականությունը, 181):

42. 19-րդ դարի Սրբության շարժման և Պենտեկոստալիզմի սերտ կապերի համար տես Դոնալդ Վ. Դեյթոն, Մեթոդիզմ և հիսունականություն, *Օքսֆորդի մեթոդիստական ուսումնասիրությունների ձեռնարկ*, (Նյու Յորք. Օքսֆորդի համալսարանի հրատարակչություն, 2009), 184–86.

43. Ռոջեր Է. Օլսոնը նշում է. «Սրբազան քրիստոնյաները հավատում են, որ Հիսուս Քրիստոսի ցանկացած ճշմարիտ հավատացյալ կարող է լիակատար մաքրվել սկզբնական մեղքից և մարմնական բնույթից (մեղավոր, ընկած մարդկային բնությունը), որը պատերազմում է Հոգու դեմ: Այս փորձառությունը հայտնի է որպես ամբողջական սրբացում, մեղսավոր էության վերացում և քրիստոնեական կատարելություն» (Ռոջեր Է. Օլսոն, *Վեսթմինսթերյան ձեռնարկ ավետարանական աստվածաբանության վերաբերյալ* [Լուիսվիլ, Կենտուկի, Վեսթմինսթեր, Ջոն Նոքս, 2004], 79):

44. Ինչպես բացատրում է Վինսոն Սինանը, իր՝ 1891 թվականի *«Պենտեկոստե»* գրքում, [Ռ. Գ.] Հորներն ուսուցանել է, որ Սուրբ Հոգու մկրտությունն իրականում շնորհի երրորդ գործն էր՝ հաջորդելով փրկությանը և սրբագործմանը, որը զորացնում էր հավատացյալին ծառայության համար: Այս տեսակետը մշակվել է նրա *«Աստվածաշնչի վարդապետություններ»* երկհատոր աշխատության մեջ, որը լույս է տեսել 1909թ.-ին: Հորների հանդիպումների ժամանակ աչքի են ընկել նաև այնպիսի ֆիզիկական դրսևորումներ, ինչպիսիք են խոնարհումը, էքստազը և անմիջական ծիծաղը, ինչը հանգեցրեց նրան, որ նա բաժանվեց մեթոդիստական եկեղեցուց: Հորների ուսուցման ամենահեռավոր ազդեցությունը ժամանակի և նպատակի մեջ առանձնացնելն էր երկրորդ օրհնության սրբացման և Սուրբ Հոգով մկրտության երրորդ օրհնության փորձառությունները աստվածաբանական տարբերակում, որը վճռորոշ

դարձավ հիսունականության զարգացման համար (Սինան, *Սրբության հիսունական ավանդույթ*, 50):

45. Է.Վ. Քենյոն, մեջբերված Սայմոն Քոլմանում, *Խարիզմատիկ քրիստոնեության գլոբալիզացիան* (Քեմբրիջ. Քեմբրիջի համալսարանի հրատարակչություն, 2000), 45.

46. Դեյվիդ Ջոնսը և Ռասել Ս. Վուդբրիջը բացատրում են այս դպրոցի ազդեցությունը Քենյոնի մտածողության վրա. «Չարլզ Էմերսոնը՝ դպրոցի նախագահը, եղել է Նոր Անգլիայի ունիտար և ունիվերսալիստական եկեղեցիների սպասավորը և հետագայում դարձել քրիստոնեական գիտության պրակտիկանտ: ... [Նաև] Ռալֆ Ուալդո Թրինը՝ Նոր Մտքի ավետարանիչը, Քենյոնի դասընկերն էր Էմերսոնի դպրոցում: Թեև հստակ չէ, թե Քենյոնը որքան բան է նկատել Էմերսոնի խնամակալության ժամանակ, ինչպես ցույց է տալիս նրա հետագա միտքը, նա ակնհայտորեն ծանոթացավ Նոր մտքի հիմնական սկզբունքներին» (Ջոնս և Վուդբրիջ, *Առողջություն, հարստություն և երջանկություն*, 51):

47. Տես. Դենիս Հոլինգեր, «Հավերժ վայելել Աստծուն», *Ավետարանը և ժամանակակից հեռանկարները*, հ. 2, խմբ. Դուգլաս Ջ. Մու (Գրանդ Ռափիդս. Կրեգել, 1997), 22.

48. Նույն տեղում:

49. Քոլման, *Խարիզմատիկ քրիստոնեության գլոբալիզացիան*, 45:

50. Տես. Ալլան Անդերսոն, «Պենտեկոստալիզմ», *Աստվածաբանության համաշխարհային բառարան*, խմբ. Ուիլյամ Ա. Դիրնես և Վելի-Մատի Կարկկայնեն (Դաուներս Գրոուվ, ԻԼ. ԻնտերՎարսիթի, 2008), 645:

51. Է.Վ. Քենյոն, *Հիսուս Բժիշկը* (Սիեթլ. Քենյոնի Ավետարանի հրատարակչական ընկերություն, 1943), 26. Մեջբերված՝ Ջոնս և Վուդբրիջ. *Առողջություն, հարստություն և երջանկություն*, 52:

52. Է.Վ. Քենյոն, մեջբերված Դեյլ Հ. Սիմոնսում, *Է.Վ. Քենյոնը և խաղաղության, իշխանության և առատության հետքողքը* (Լանհեմ, ԲԳԴ՝ Սքեյրքրոու, 1997), 172:

53. Քենյոնը մի անգամ ասել է. «Կարևոր չէ, թե ինչ ախտանիշներ կարող են լինել մարմնում: Ես ծիծաղում եմ նրանց վրա և Հիսուսի անունով ես պատվիրում եմ հիվանդության հեղինակին լքել իմ մարմինը» (մեջբերված՝ Հոլինգեր. «Հավերժ վայելել Աստծուն» 23):
54. Ե. Վ. Քենյոն, մեջբերված Սիմոնսում, Ե. Վ. Քենյոն, 235; շեշտն ավելացված է.
55. Նույն տեղում, 246:
56. Հոլինգեր, «Հավերժ վայելել Աստծուն», 23.
57. Տես. Անդերսոն, «Պենտեկոստալիզմ», 645: Ալլան Անդերսոնը նշում է, «Շարժման զարգացումը խթանվել է բժշկող ավետարանիչների ուսմունքներով, ինչպիսիք են Ուիլյամ Բրանհեմը և Օրալ Ռոբերթսը, ժամանակակից հանրաճանաչ հեռուստաավետարանիչները և խարիզմատիկ շարժումը»:
58. Տես. Դ.Ռ., *Տարբեր Ավետարան* (Պիբոդի, Մասաչուսեթս. Հենդրիքսոն, 1988), 8–12.
59. Հարվի Քոքս, «Նախաբան», *Համաշխարհային հիսունական և խարիզմատիկ բժշկություն*, Քենդի Գունթեր Բրաունի կողմից (Օքսֆորդ. Օքսֆորդի համալսարանի հրատարակչություն, 2011), xviii:
60. Թիմոթի Ս. Թեննենտ, *Ասփվածաբանությունը համաշխարհային քրիստոնեության համատեքստում* (Գրանդ Ռափիդս. Զոնդերվան, 2007), 2. Ալան Անդերսոն, ով գրել է Աֆրիկայի շարժման մասին. «Աֆրիկյան քրիստոնեության «հոգեգալստականացումը» կարելի է անվանել քսաներորդ դարի «աֆրիկյան ռեֆորմացիա», որը հիմնովին փոխել է աֆրիկյան քրիստոնեության բնույթը՝ ներառյալ ավելի հին, «առաքելության» եկեղեցիները» (Պենտեկոստալիզմի ներածություն [Քեմբրիջ. Քեմբրիջի համալսարանի հրատարակչություն, 2004], 104):
61. Վինսոն Սինան, *Ականափեսը հիշում է Սուրբ Հոգու դարաշրջանը* (Գրանդ Ռափիդս, Ընտրված, 2010), 157:
62. Ինչպես նշում է Ռոբին Է. Լեբրոնը, «Պենտեկոստական ռահվիրաները քաղցած էին իսկական քրիստոնեությանը, և նրանք ոգեշնչման համար նայեցին նախկին հոգևոր հեղումներին, ինչպիսիք են Առաջին մեծ արթ-

նությունը (1730-1740-ական թթ.) և Երկրորդ մեծ արթնությունը (1800-1830-ականներ), ոգեշնչման և ուսուցման համար» (Ռոբին Է. Լեբրոն, *Հոգևոր միասնության որոնում* [Բլումինգթոն, Ին. Քրոսբուքս, 2012], 27):

63. Ռասել Շարոկը գրել է. «Մինչ աստվածաբանորեն մեթոդիզմը ամենաառաջնային ազդեցությունն է ունեցել Պենտեկոստական շարժման վրա, մեթոդոլոգիական վերածնունդն (մասնավորապես ամերիկյան վերածընունդը) ունեցել է ամենավճռորոշ ազդեցությունը: Մեթոդիզմի ամերիկյան նախորդողը և ժամանակակիցը՝ Մեծ արթնությունը, և նրա եզակի զավակը՝ սահմանային վերածնունդը, կտրուկ փոխեցին քրիստոնեական հավատքի ամերիկյան ըմբռնումը, գործածումը և կիրառումը: ... Վերածննդի հստակ ներդրումը ամերիկյան կրոնում, և, հետևաբար, հիսունականության մեջ, քրիստոնեական հավատքի անհատականացումն ու հուզականացումն էր» (Ռասել Շարոկ, *Հոգևոր պատերազմ* [Մորիսվիլ, Հյուսիսային Կարոլինա, Լուլու ձեռնարկություններ, 2007], 115):

64. Խուստո Լ. Գոնսալես, *Քրիստոնեության պատմությունը*, հ. 2 (Գրանդ Ռափիդս, Զոնդերվան, 2010), 289:

65. Դուգլաս Գորդոն Յակոբսեն, Ներածություն. Հիսունական *աստվածաբանության ընթերցող*, (Բլումինգթոն, Ինդիանա: Ինդիանայի համալսարանի հրատարակչություն), 6.

66. Չարլզ Չոնսի, մեջբերված Մայքլ Ջ. ՄաքՔլիմոնդում, «Վերածննդի աստվածաբանություն» *Քրիստոնեության հանրագիտարան*, հ. 5, խմբ. Էրվին Ֆալբուշ (Գրանդ Ռափիդս. Էրդմանս, 2008), 437:

67. Ջորջ Մարսդեն, *Ջոնաթան Էդվարդսի կարճ կյանքը* (Գրանդ Ռափիդս. Էրդմանս, 2008), 68:

68. Նույն տեղում, 65–66:

69. Տես. Ֆիլիպ Ֆ. Գուրա, *Ջոնաթան Էդվարդս. Ամերիկայի Ավետարանականը* (Նյու Յորք. Հիլ և Վանգ, 2005), 119–20.

70. Մարսդեն, *Ջոնաթան Էդվարդսի կարճ կյանքը*, 70–71.

71. Օրինակ՝ Պողոս առաքյալը 2 Կորնթացիս 7.10-ում նշում է, որ վշտի զգացմունքները կարող են լինել կամ

Աստծուց (ապաշխարության տանող), կամ աշխարհից (մահվան տանող):

72. *Ջոնաթան Էդվարդսի կարճ կյանքը*, 71.

73. Դուգլաս Սուինի, Ջոնաթան Էդվարդս (Դաուներս Գրոուվ, ԻԼ. ԻնտերՎարսիթի, 2009), 120–21: Սուինին նշում է, որ Էդվարդսը շարունակել է այս թեման «վերածննդի մասին հրապարակումների մի շարքով. *Աստծո Հոգու աշխատանքի տարբերակիչ նշանները* (1741), *Նոր Անգլիայում կրոնի ներկայիս վերածննդի վերաբերյալ որոշ մտքեր* (1743), *Կրոնական հակումներ* (1746) և *Ճշմարիտ շնորհը, որը տարբերվում է դևերի փորձից* (1753 թ.), միասին վերցրած, ներկայացնում են ողջ քրիստոնեական պատմության մեջ ամենակարևոր գրականությունը՝ Սուրբ Հոգու իսկական ստեղծագործությունը բացահայտելու մարտահրավերի վերաբերյալ»:

74. Էդվարդսը նմանապես նշել է, որ զգացմունքային արձագանքները անձնական դարձի ճշմարիտ թեստը չեն: Ավելի շուտ, իսկական վերածնունդը երկարաժամկետ պտուղներ կտա՝ տեսանելի փոփոխություն Հոգու աշխատանքից տուժածների վարքագծի և ապրելակերպի մեջ: Իր *Կրոնական հակումների* մեջ Էդվարդսը բացատրեց. «Քրիստոնեական պրակտիկան նշանների նշանն է, այս իմաստով այն մեծ ապացույց է, որը հաստատում և պսակում է աստվածապաշտության մյուս բոլոր նշանները: Աստծո Հոգու ոչ մի շնորհ չկա, բայց քրիստոնեական պրակտիկան դրա ճշմարտացիության ամենաճշմարիտ ապացույցն է»: (Ջոնաթան Էդվարդս, *Կրոնական հակումներ* [New Haven: Yale, 1959], 444):

75. Ինչպես նշում է Դուգլաս Ա. Սվինին, «[Էդվարդսի] բեռը իր վերածննդի մնացած ծառայության ընթացքում այն էր, որ օգներ ուրիշներին տարբերել Հոգու ներկայությունը իրենց կյանքում՝ «փորձել հոգիները», տարբերելով Աստծո Հոգին կեղծիքներից» *(Սվինի, Ջոնաթան). Էդվարդս*, 120):

76. Տես. Ռ. Գ. Սփրուլ և Արչի Փերիշ, *Վերածննդի հոգին. Բացահայտելով Ջոնաթան Էդվարդսի իմաստությունը* (Ուիթոն. ԻԼ Քրոսվեյ, 2008) ներածություն:

77. Ջոնաթան Էդվարդս, «Աստծո հոգու աշխատանքի տարբերակիչ նշանները»: Այս հատվածը ժամանակակից ընթերցողների համար հարմարեցված և կրճատված տարբերակից է Ջոն ՄաքԱրթուրի Հավելված 2-ում, *Անխոհեմ հավատք* (Ուիթոն. ԻԼ Քրոսվեյ, 1994), 219:

Գլուխ 3. Փորձելով հոգիները (մաս 1)

1. Մարմնավորումը, որով Աստծո Որդին դարձավ իրական մարդ, Ավետարանի էական մասն է: Եթե Հիսուս Քրիստոսն իսկապես մարմնով չգար, Նա չէր կարողանա վճարել մեղքի պատիժը խաչի վրա, քանի որ Նրա ֆիզիկական մահը պարզապես պատրանք կլիներ: Նա չէր կարողանա հանդես գալ որպես կատարյալ միջնորդ Աստծո և մարդու միջև, մինչև որ Ինքը իրականում չփորձեր մարդկային գոյությունը (տես Եբր. 2.17–18):
2. Ջոնաթան Էդվարդս, «Աստծո Հոգու աշխատանքի տարբերակիչ նշանները», *«Մեծ արթնությունը»* (Նյու Հեյվեն. Յեյլ, 1972), 249:
3. Նույն տեղում, 250:
4. Ջեք Ու. Հեյֆորդը և Ս. Դեյվիդ Մուր, *«Խարիզմատիկ դար»* (Նյու Յորք. Ուորներ Ֆեյթ, 2006), գլ. 1. Ես, շեշտադրումը՝ բնօրինակից.
5. Սթիվեն Ջ. Լոուսոն, *Մարդիկ, որոնք հաղթում են* (Կոլորադո Սփրինգս. NavPress, 1992), 173:
6. Տես. Լի Է. Սնուկ, *Ինչ է անում Ասրված աշխարհում*: (Միննեապոլիս. Աուգսբուրգ ամրոց, 1999), 28. Սնուկը գրել է. «Գործնականում այս եկեղեցիները հաճախ են ստորադասում Որդուն, Աստծո մարմնավորված խոսքը Հոգուց՝ կրկին ակնարկելով, որ եթե մարդը չի ստացել Հոգին, ինչպես այս եկեղեցիներն են հասկանում, նույնիսկ Քրիստոսի հանդեպ հավատքն է կասկածի տակ դրվում որպես ֆորմալիստական, ոչ անկեղծ և կասկածելի բավարարություն փրկության համար»:
7. Քենեթ Դ. Ջոնս, *Պենտեկոստալ պարադիգմը* [Բլումինգթոն, Ին. Xlibris, 2007], 23. Այս ամենի առնչությամբ Թոմաս Էդգարը հայտնում է Դոնալդ Վ. Դեյթոնի տեսակետը. «Դեյթոնն ասում է, որ սա ավելին է,

քան տերմինաբանության մեջ պարզապես փոփոխություն, քանի որ «երբ «քրիստոնեական կատարելությունը» դառնում է «Սուրբ Հոգու մկրտություն», տեղի է ունենում աստվածաբանական մեծ վերափոխում: Նրա նշած փոփոխություններից մի քանիսն են՝ «քրիստոնկենտրոնից անցում դեպի Սուրբ Հոգու վրա շեշտադրում, որն իրապես բավականին արմատական բնույթ ունի», «ուժի նոր շեշտադրում» և «շեշտադրում նպատակի և բնույթի վրա» և «սուրբ» կյանքի նպատակի և բնույթի շեշտադրումից անցում դեպի իրադարձություն, որտեղ այն տեղի է ունենում» (Թոմաս Ռ. Էդգար, *Հոգու խուսրումով բավարարված* [Գրանդ Ռափիդս. Կրեգել,, 1996], 218): Ըստ Դեյթոնի, անցումը սկսեց տեղի ունենալ «մտքի քրիստոսակենտրոնից օրինաչափությունից և ավելի մոտ պնևմատոկենտրոնին»՝ սկսած Ջոն Ֆլետչերից՝ Ջոն Ուեսլիի մեթոդիստական ժառանգորդից (Դոնալդ Վ. Դեյթոն, Պենտեկոստալիզմի աստվածաբանական արմատները [Պիբոդի, Մ.Ա. Հենդրիքսոն, 1987], 52): Դեյթոնը և Ֆոփելն այնուհետև պնդում են, որ «հիսունականության մեջ տեղի է ունեցել անցում քրիստոսաբանությունից դեպի պնևմատոլոգիա, որն ընդգծում է Հոգին՝ Քրիստոսի փոխարեն»: (Փիթեր Ալթհաուս, Վերջին օրերի ոգին [Լոնդոն. T&T Clark, 2003], 63): Տես. Կարլա Օ. Փաուե, «Մարդաբանության հարաբերությունը գիտության և կրոնի հետ վերաիմաստավորելը», *Խարիզմատիկ քրիստոնեությունը որպես համաշխարհային մշակույթ* [Կոլումբիա, ՀԿ: Հարավային Կարոլինայի համալսարանի հրատարակչություն, 1994], 239, որը նշում է, որ խարիզմատիկ եկեղեցիները «շեշտը դնում են «Սուրբ Հոգու» (ոչ թե Քրիստոսի) վրա»:

8. Ջոնս, *Պենտեկոստական պարադիգմը*, 23:
9. Ֆրենկ Վիոլա, *Հավերժությունից մինչև այստեղ* (Կոլորադո Սփրինգս. Դեյվիդ Ս. Քուք, 2009), 295:
10. Ռոնալդ Ի. Բաքսթեր, *Լեզուների խարիզմատիկ պարգևը* (Գրանդ Ռափիդս. Կրեգել, 1981), 125–26:
11. Խարիզմատիկ հեղինակ Թիմոթի Սիմսն ընդունում է. «Եթե մենք, որպես խարիզմատիկ քրիստոնեական հա-

մայնքի անդամներ, ցանկանում ենք եկեղեցու ներսում վերադառնալ հավասարակշռության և վստահելի դիրքի, պետք է հասկանանք մի բան: Մենք պետք է գիտակցենք, որ ավելորդ շեշտադրումն ի վերջո հանգեցնում է սխալի: Ուստի մենք պետք է նորից սկսենք շեշտը դնել Քրիստոսի քավիչ աշխատանքի և իրական հարստության վրա, որը հասանելի է Նրա մահվան, թաղման և հարության միջոցով: Միայն այդ դեպքում մենք կարող ենք հուսալ, որ կվերականգնենք և կվերագտնենք մեր կորցրած վստահելիության մի մասը՝ դրանով իսկ բժշկություն բերելով նրանց, ովքեր տուժել են մեր սխալ հաղորդագրություններից» (Թիմոթի Սիմս, *Ի պաշտպանություն հավատքի խոսքի* [Բլումինգթոն, Ին. Հեղինակային տուն, 2008], 131): Ջ. Լի Գրեդին՝ *Խարիզմա* ամսագրի խմբագիրն, ընդունում է այս նույն խնդիրը. «Հոգին չի եկել Իրեն բարձրացնելու, Նա ուղարկվել է փառաբանելու Քրիստոսին: Սուրբ Հոգու ծառայության, պարգևների ու զորության վրա մեր ամբողջ շեշտադրմամբ՝ եկե՛ք զգույշ լինենք մեծարելու Նրան, ում Հոգին եկավ պատվելու»: (Ջ. Լի Գրեդի, *Ի՞նչ պատահեց կրակին.* [Գրանդ Ռափիդս: Ընտրված, 1994], 172):

12. Ռիկ Մ. Նանյես, *Ամբողջական Ավետարան. Կորված Մրքեր*, (Գրանդ Ռափիդս. Զոնդերվան, 2005), 76. Ըստ Նանեզի՝ Ջին քննադատել է նաև Պենտեկոստական շարժման այլ ասպեկտներ, ինչպիսիք են. «Մեկուսի տեքստերից քաղված վարդապետության պատրաստումը, սուրբ գրությունների մեկնաբանությունը՝ հիմնըված սոսկ կարծիքի վրա, հավատքի հանդեպ սխալ զգացմունքները և այսպես կոչված Հոգևոր առաջնորդների փոխարեն պատասխանատվությունը շրջանցելը, բոլորն էլ մեղադրանքներ էին, որոնք այն առաջադրեց իր դարաշրջանի ամբողջական ավետարանական ընկերակցություններին»:

13. Ջ.Հեմփթոն Քիթլի, *էյ Բի Սի-ներ քրիստոնեական աճի համար* (Ռիչարդսոն, Տեխաս. Աստվածաշնչի ուսումնասիրությունների հիմնադրամ, 2002), 204. Քիթլին գրել է. «Սուրբ Հոգին ուշադրություն չի հրավիրում ո՛չ Իր վրա, ո՛չ էլ մարդու վրա, այլ ամբողջ ուշադրությունը

կենտրոնացնում է Տեր Հիսուս Քրիստոսի և այն ամենի վրա, ինչ Աստված արել է Իր Որդու մեջ և նրա միջոցով: Նրա նպատակն է Իր ողջ ծառայության միջոցով զարգացնել մեր հավատքը, հույսը, սերը, երկրպագությունը, հնազանդությունը, ընկերակցությունը և *նվիրվածությունը Քրիստոսին*: Այս ճշմարտությունը և այս կիզակետը դառնում են չափանիշ, որով մենք կարող ենք դատել ցանկացած հոգևոր շարժում և դրա աստվածաշնչյան իսկությունը» (Շեշտադրումը՝ բնօրինակից):

14. Ինչպես նշում է Ֆլոյդ Հ. Բարաքմանը. «Մենք պետք է կասկածանքով վերաբերվենք ցանկացած շարժմանը կամ ծառայությանը, որը վեր է դասում Սուրբ Հոգուն Տեր Հիսուսից, քանի որ Սուրբ Հոգու նպատակն է վկայել Հիսուսի մասին և մեծացնել Նրան (Հովհ. 15.26; 16.14–15)»: (Ֆլոյդ Հ. Բարաքման, *Գործնական քրիստոնեական աստվածաբանություն* [Գրանդ Ռափիդս. Կրեգել, 2001], 212):
15. Պետք է նշել, որ կենտրոնանալով Սուրբ Հոգու վրա՝ խարիզմատիկները հիմնականում ընդգծում են միայն Հոգու ենթադրյալ շնորհներն ու զորությունը: Ընթացքում նրանք անտեսում են Հոգու պտուղը, ինչպես նաև Հոգու՝ վերածննդի, սրբացման, լուսավորության, կնքման և այլ աշխատանքը: Ինչպես նշում է Մայքլ Քեթը, խոսելով խարիզմատիկների մասին. «Քսաներորդ դարի սկզբից ի վեր հավատացյալները տարվել են ավելի շատ Հոգու պարգևներով, քան Հոգու պտուղով» (Մայքլ Քաթ,*Հանձնվելու ուժը* [Նեշվիլ, B&H, 2005], 188):
16. Մեթյու Հենրի, *Մեթյու Հենրիի մեկնաբանությունը Նոր Կտակարանի վերաբերյալ*, մեկնաբանեք Հովհ. 16.16–22 համարները:
17. 17. Քևին ԴեՅանգ, *Սուրբ Հոգին* (Ուիթոն, ԻԼ: Քրոսվեյ, 2011): 17. Ներքին մեջբերումը՝ Ջ. Ի. Փաքերից, *Քայլ արա Հոգու հետ* (Գրանդ Ռափիդս. Բեյքեր, 2005), 57 (շեղագիր բնագրում):
18. Ինչպես բացատրում է Սելվին Հյուզը. «Հոգու գալստյան ամբողջ նպատակը փառավորելն էր, ոչ թե Իրեն կամ Իրեն ընդունողին, այլ Հիսուսին: ... Եթե Նա փառաբա-

ներ Իրեն, ապա քրիստոնեությունը կդարձներ ավելի շատ հոգեկենտրոն, քան քրիստոսակենտրոն: Քրիստոնեությունը, որը կապված չէ մարմնավորման հետ, չի կարող հստակ պատկերացում ունենալ, թե իրականում ինչպիսին է Աստված: Հոգեկենտրոն քրիստոնեությունը մեզ թույլ կտա շոշափել սուբյեկտիվության բոլոր տարօրինակ ոլորտները»: (Սելվին Հյուզ, *Ամեն օր Հիսուսի Աստվածաշնչի* հետ [Նեշվիլ. Հոլման Աստվածաշունչ, 2003], 745):

19. Բրյուս Ուեր, *Հայր, Որդի և Սուրբ Հոգի* (Ուիթոն, ԻԼ. Քրոսվեյ, 2005), 123:
20. Դ. Մարտին Լլոյդ-Ջոնս, *Աստվածաշնչի մեծ վարդապետություններ. Սուրբ Հոգի Աստված* (Ուիթոն, IL: Քրոսվեյ, 2003), 2:20; շեշտն ավելացված է.
21. Ջեյմս Մոնտգոմերի Բոյս, *Քրիստոնեական հավատքի հիմքերը* (Դաուներս Գրոուվ, ԻԼ. ԻնտերՎարսիթի,1986), 381.
22. Չարլզ Ռ. Սվինդոլ, *Խորանալով քրիստոնեական կյանքում* (Պորտլենդ, Օրեգոն. Մուլթնոմա, 1986), 188:
23. Դեն Ֆիլիպս, *Աշխարհի թեքված ավետարանը* (Գրանդ Ռափիդս. Կրեգել, 2011), 272–73:
24. Ալեքսանդր ՄաքԼարենը նմանապես սովորեցնում էր. «Փորձեք հոգիները: Եթե որևէ երևույթ, որն իրեն անվանում է քրիստոնեական ուսմունք, ի հայտ է գալիս և չի փառավորում Քրիստոսին, այն ինքնադատապարտվում է: Որովհետև ոչ ոք չի կարող Նրան բարձրացնել այնքան վեր, և ոչ մի ուսմունք չի կարող Նրան չափազանց բացառիկ և հրատապ կերպով ներկայացնել որպես ամբողջ երկրի միակ Փրկությունն ու Կյանքը: Եվ եթե, ինչպես իմ տեքստն է մեզ ասում, որ մեծ ուսուցողական Հոգին պիտի գա, որը պետք է «առաջնորդի մեզ դեպի ողջ ճշմարտությունը», և այնտեղ պետք է փառավորի Քրիստոսին և ցույց տա մեզ այն, ինչ Նրանն է, ապա ճշմարիտ է. «Սրանով մենք ճանաչում ենք Աստծո Հոգին: Ամեն հոգի, որ խոստովանում է, որ Հիսուս Քրիստոսը մարմնով է եկել, Աստծուց է, և ամեն հոգի, որը չի խոստովանում, որ Հիսուս Քրիստոսը մարմնով է եկել, Աստծուց չէ: Եվ սա Նեռի ոգին է»: (Ալեքսանդր

Մաքլարեն, *Սուրբ Հովհաննեսի ցուցադրությունները, 15–21 գլուխներ* [ներկ. Քեսինջերը, առանց ամսաթվի], 81):

25. Կորեացի հովիվ Դեյվիդ (Փոլ) Յոնգի Չոն «մահանում էր տուբերկուլյոզից [երբ նա] ընդունեց քրիստոնեությունը: Նա ապաքինվեց և ձգտում էր բժիշկ դառնալ, բայց Հիսուսը ավելի ուշ հայտնվեց նրան կեսգիշերին, հրշեջի հագուստով, կանչեց նրան քարոզելու և լցրեց նրան Սուրբ Հոգով»: (Դ.Ջ. Վիլսոն, «Չո, Դեյվիդ Յոնգի», *Պենտեկոստական և խարիզմատիկ շարժումների նոր միջազգային բառարան*, խմբ. Սթենլի Մ. Բուրջես [Գրանդ Ռափիդս. Զոնդերվան, 2002], 521):
26. «Օրալ Ռոբերթսը պատմում է 900 ոտնաչափ Հիսուսի հետ խոսելու մասին», *Տուլսա Վորլդ*, 16 հոկտեմբերի, 1980 թ., http://www.tulsaworld.com/news/article.aspx?articleid=20080326_222_67873.
27. Լինդա Քենոն, *Հափշտակություն* (Բլումինգթոն, Ին. Հեղինակային տուն, 2011), 16, 63, 107–8:
28. Հայդի և Ռոլան Բեյքեր, *Աշխարհը հսկա է* (Գրանդ Ռափիդս: Ընտրված, 2003), գլ. 4.
29. Եպիսկոպոս Թոմ Բրաունը հայտնում է, որ նա տեսել է Հիսուսին «նստած անվասայլակի վրա՝ վերմակը ոտքերին»: (Թոմ Բրաուն, «Ինչպիսի՞ն է Հիսուսն իրականում» [Էլ Պասո, Տեխաս. Թոմ Բրաունի ծառայություններ, առանց ամսաթվի], հասանելի՝ 2012 թվականի սեպտեմբերից http://www.tbm.org/whatdoes.htm.
30. Չո Թոմաս, *Դրախտն այնքան իրական է* (Լիճ Մերի, Ֆլորիդա: Խարիզմա, 2006), 23:
31. Ջեֆ Փարքս, մեջբերված Բրենդա Սավոկայում, *Ջրի վրայով քայլողները* (Մեյթլենդ, FL: Խուլոն, 2010), 163:
32. Կրեֆլո Դոլարի խոսքերով. «Եթե Հիսուսը եկավ որպես Աստված, ապա ինչո՞ւ Աստված պետք է օծեր Նրան: Հիսուսը եկավ որպես մարդ, դրա համար օրինական էր Նրան օծելը: Աստված օծման կարիք չունի, Նա է օծում: Հիսուսը եկավ որպես մարդ, և 30 տարեկանում Աստված այժմ պատրաստվում է ցույց տալ մեզ և տալ մեզ օրինակ, թե ինչ կարող է անել օծված մարդը» (Կրեֆլո

դոլար, *«Հիսուսի աճը որդիության մեջ»* աուդիո, 8 դեկտեմբերի, 2002):

33. Տես. Քենեթ Քոուփլենդ, «Ինչո՞ւ Հիսուսը բացահայտորեն իրեն Աստված չհայտարարեց երկրի վրա իր 33 տարիների ընթացքում: Մեկ պատճառով. Նա երկիր չէր եկել որպես Աստված, նա եկել էր որպես մարդ» (Քենեթ Քոուփլենդ, մեջբերումը՝ Ջոնս և Վուդբրիջ, *Առողջություն, հարստություն և երջանկություն*, 70):

34. Բենի Հինի խոսքերով. «Նա [Հիսուսը], ով արդար է ընտրությամբ, ասաց. «Միակ ճանապարհը, որով ես կարող եմ կանգնեցնել մեղքը, այն է, որ ես Ինքս դառնամ այդպիսին: Ես չեմ կարող պարզապես կանգնեցնել այն՝ թույլ տալով, որ դիպչի ինձ, ես և այն պետք է մեկ դառնանք: Լսե՛ք: Նա, ով Աստծո բնությունն է, կրեց սատանայի բնությունը՝ մեղք դառնալով»: (Բենի Հին, *Սա քո օրն է*, TBN, դեկտեմբերի 1, 1990): Քենեթ Քոուփլենդը նմանապես ուսուցանել է. «Աստծո արդարությունը ստեղծվել է որպես մեղք: Նա ընդունեց սատանայի մեղքի էությունը Իր իսկ Հոգով: Եվ այն պահին, երբ Նա դա արեց, Նա լաց եղավ. «Աստված իմ, Աստված իմ, ինչո՞ւ ինձ լքեցիր»: Դուք չգիտեք, թե ինչ է տեղի ունեցել խաչի վրա: Ձեր կարծիքով՝ ինչո՞ւ Մովսեսը, Աստծո ցուցումով, գառան փոխարեն օձին բարձրացրեց այդ ձողի վրա: Դա ինձ խանգարում էր: Ես ասացի, «Ախր ինչո՞ւ ցանկացար այնտեղ օձ դնել. սատանայի նշանը. Ինչո՞ւ գառ չդրեցիր այդ ձողի վրա: Եվ Տերն ասաց. «Որովհետև սատանայի նշանն էր, որ կախված էր խաչից»: Նա ասաց. «Ես Իմ Հոգով ընդունեցի հոգևոր մահը. և լույսն անջատվեց» (Քենեթ Քոուփլենդ, «Ինչ տեղի ունեցավ խաչից մինչև գահը», 1990, աուդիոժապավեն #02-0017, կողմ 2):

35. Քենեթ Հեյգինի խոսքերով՝ «Յիսուսը հոգևոր մահ ճաշակեց յուրաքանչյուր մարդու համար: Եվ նրա Հոգին և ներքին մարդը իմ փոխարեն դժոխք գնաց: Չե՞ք տեսնում դա: Ֆիզիկական մահը չի վերացնի ձեր մեղքերը: Նա ճաշակել է մահը յուրաքանչյուր մարդու փոխարեն: Նա խոսում է հոգևոր մահը ճաշակելու մասին» (մեջբերված է Ջոնս և Վուդբրիջ, *Առողջություն, հարստություն և*

երջանկություն, 70)։ Հավատքի խոսքի շրջանակներում այս ուսմունքի ամբողջական ակադեմիական վերաբերմունքի համար տե՛ս Ուիլյամ Պ. Աթկինսոն, *Հիսուսի «հոգևոր մահը»* (Լեյդեն, Նիդեռլանդներ. Բրիլ, 2009)։

36. Քենեթ Քոուփլենդ, *Հավատացյալների հաղթանակի ձայնը*, TBN, 21 ապրիլի, 1991թ.։

37. Դոլար, *«Հիսուսի աճը որդիության մեջ»*։

38. Այս մասին ավելին տե՛ս գլուխ 1-ում։

39. Քենեթ Քոուփլենդ, «Ժամանա՛կ հատկացրու աղոթքին», *«Հավատացյալի հաղթանակի ձայնը»*,15 հ. 2 (փետրվար 1987). 9։

40. Ջերեմի Մորիս, *Եկեղեցին ժամանակակից դարաշրջանում* (Նյու Յորք. I. B. Թաուրիս, 2007), 197։

41. Անդերսոն, *Պենտեկոստալիզմի ներածություն*, 152։

42. «Բժշկելը, մարգարեանալը և լեզուներով խոսելը սովորական բաներ են, որոնք կարելի է տեսնել խարիզմատիկ կաթոլիկական արարողությունների ժամանակ։ ... Խարիզմատիկ կաթոլիկները ոչնչով չեն տարբերվում կաթոլիկ հավատացյալների այլ տեսակներից՝ հոգևոր առաջնորդության առումով։ Բոլորն էլ նայում են Իտալիայի Վատիկան քաղաքի և Հռոմի կաթոլիկ եկեղեցու համաշխարհային առաջնորդին՝ Պապին» (Քեթի Մեյեր, «Խարիզմատիկ կաթոլիկներ», *Նույն Աստված, տարբեր եկեղեցիներ* [Նեշվիլ։ Թոմաս Նելսոն, 2005], n.p. Google Books հրատարակություն՝ http://books.google.com/books?isbn=1418577685։

43. Լատիներեն *ex opere operato* արտահայտությունը նշանակում է «կատարած աշխատանքով» կամ (ըստ կաթոլիկ եկեղեցու կատեխիզմի) բառացի՝ «իրականացվող գործողությունների փաստով»։ Հռոմեական կաթոլիկ համակարգում, ուրեմն, հաղորդությունները պարզապես նշաններ, խորհրդանիշներ և հավատացյալների հանդեպ աստվածային շնորհքի վկաներ չեն, դրանք էական գործիքային պատճառներ են շնորհի գործադրման համար։ Կաթոլիկ վարդապետությունը խորհուրդները դիտարկում է որպես վաստակավոր գործեր, որոնք անհրաժեշտ են փրկության համար։ Յոթ խորհուրդներն են՝ մկրտությունը, հաստատումը, հաղորդու-

թյունը, ապաշխարությունը, հիվանդների օծումը, սուրբ կարգերը և ամուսնությունը: Այդ յոթից միայն մկրտությունն ու պատարագն են եկեղեցու համար պատշաճ արարողություններ: Բայց «[Հռոմեական կաթոլիկ] եկեղեցին հաստատում է, որ հավատացյալներին Նոր ուխտի [յոթ] խորհուրդներն անհրաժեշտ են փրկության համար» (ԱՄՆ կաթոլիկ եկեղեցի, Կաթոլիկ եկեղեցու կաթողիկոսություն, 2-րդ հրատ. [Նյու Յորք: Երկօրյա կրոն, 2006], 319):

44. Էմիլիո Անտոնիո Նունյես, *Ճգնաժամ և հույս Լատինական Ամերիկայում* (Փասադենա, Կալիֆորնիա, Ուիլյամ Քերի գրադարան, 1996), 306. Նունեզը գրել է. «Թվում է, թե կաթոլիկ խարիզմատիկների մեծամասնությունը չի լքել իրենց մարիամական նվիրվածությունը: Նրանք շարունակում են հավատալ Մարիամի հանդեպ ունեցած իրենց սիրուն: Նրանք հարգում են նրան, ինչպես երբեք»:

45. Թ. Պ. Թիգպեն, «Կաթոլիկ խարիզմատիկ նորացում», *Պենտեկոստալ և խարիզմատիկ շարժումների նոր միջազգային բառարան* (Գրանդ Ռափիդս, Զոնդերվան 2002), 465:

46. Ազգային և Միջազգային կրոնական զեկույց, *Նշանացույց*, Ձմեռ 1996; մեջբերումը՝ Ուոլթեր Ջ. Վեյթ, *Ճշմարտությունը կարևոր է* (Դելտա, մ.թ.ա. Զարմանալի բացահայտումներ, 2007), 298:

47. Այդ գծերով Ռ. Էնդրյու Չեսնուտը բացատրում է, որ «խարիզմատիկ կաթոլիկությունը և հիսունականությունը կիսում են օդակենտրոնության ընդհանուր տարրը. և Հոգու հիմնական գործառույթներից մեկը առանձին հավատացյալներին բուժելն է իրենց երկրային չարչարանքներից»: (Ռ. Էնդրյու Չեսնուտ, «Բրազիլական խարիզմա», *Ներկայացնելով համաշխարհային քրիստոնեությունը*, խմբ. Չարլզ Է Ֆարհադյան [Օքսֆորդ. Ուայլի-Բլեքվել, 2012], 198):

48. Դեյվիդ Կ. Բերնարդ, «Միասնական հիսունականության ապագան», *«Պենտեկոստալիզմի ապագան Միացյալ Նահանգներում»*, խմբ. Էրիկ Պատերսոն և Էդ-

մունդ Ռիբարչիկ (Լանհեմ, ԲԳԴ: Լեքսինգթոն, 2007), 124:

49. Ինչպես նշում է Փիթեր Հոքենը. «Թեև Միասնական եկեղեցիները (օրինակ՝ սպիտակ Միավորված պենտեկոստական եկեղեցին, Աշխարհի սև հիսունականների ժողովները) հիմնականում ակտիվ ընկերակցության մեջ չեն եղել Երրորդության հիսունականների հետ, որոնք իրենց վարդապետությունը համարում են շեղված, նրանք մշտապես ինչ-որ կերպ դիտարկվել են պենտեկոստական շարժման շրջանակներում»: (Փիթեր Հոքեն, *Հիսունական, խարիզմատիկ և մեսիական իրեական շարժումների մարտահրավերները* [Բերլինգթոն, ՎՍ. Աշգեյթ, 2009], 23):

50. Ուիլյամ Կ. Քեյ, *Պենտեկոստալիզմ* (Լոնդոն: SCM, 2009), 14. Ջոն Անկերբերգը և Ջոն Ուելդոնը նմանապես նշում են. «Հիսունականների, խարիզմատիկ և դրական դավանանքի շարժումներն այս երկրում կարող են լինել ավելի լուրջ հոգևոր վիճակում, քան նրանք պատկերացնում են: Այն քրիստոնյաները, որոնք այս շարժումների մաս են կազմում, պետք է ուշադիր գնահատեն այն, ինչ իրենց առաջնորդները սովորեցնում են (կամ չեն սովորեցնում): Օրինակ, բոլոր հիսունականների առնվազն մեկ չորրորդը, որոնք ներկայացնում են ավելի քան 5000 եկեղեցիներ և միլիոնավոր դավանանքի քրիստոնյաներ, Միացյալ պենտեկոստական եկեղեցու անդամներն են, մի կազմակերպություն, որը կտրականապես ժխտում է Երրորդությունը և սովորեցնում այլ լուրջ սխալներ» (Ջոն Անկերբերգ և Ջոն Ուելդոն, *Cult Watch* [Յուջին, Օր. Բերքի տուն, 1991], viii):

51. Գրեգ Ալիսոն, *Պատմական աստվածաբանություն* (Գրանդ Ռափիդս. Զոնդերվան), 235–36:

52. Հարցազրույց Ջոել Օսթին, *Larry King Live*, CNN, հեռարձակվել է 2005 թվականի հունիսի 20-ին: Տառադարձումը հասանելի է՝ <http://transcripts.cnn.com/TRANSCRIPTS /0506/20/lkl.01.html>:

53. Հարցազրույց Ջոել Օսթինի հետ, *Fox News Sunday Քրիս Ուոլասի հետ*, FOX News, հեռարձակվել է 2007 թվականի դեկտեմբերի 23-ին: Մասնակի սղագրությու-

նը հասանելի է այստեղ՝ http://www.foxnews.com/story/0,2933,318054,00.html.

54. Ջոզեֆ Սմիթ, *Հիսուս Քրիստոսի Վերջին օրերի սրբերի եկեղեցու պատմություն*, 7 հատոր, ներածություն և նշումներ Բ. Հ. Ռոբերթսի կողմից (Սոլթ Լեյք Սիթի: Հիսուս Քրիստոսի Վերջին օրերի սրբերի եկեղեցին, 1932–1951), 2:428: Սմիթը հայտնել է. «եղբայր Ջորջ Ա. Սմիթը վեր կացավ և սկսեց մարգարեանալ, երբ լսվեց մի աղմուկ, որը սրընթաց ուժեղ քամու ձայնի պես լցրեց Տաճարը, և ամբողջ ժողովը միևնույն ժամանակ վեր կացավ՝ անտեսանելի ուժով շարժվելով. շատերը սկըսեցին խոսել լեզուներով և մարգարեանալ. ուրիշները տեսան փառավոր տեսիլքներ, և ես տեսա, որ տաճարը լցված էր հրեշտակներով, ինչի մասին ես հայտարարեցի ժողովում»:
55. Ջորջ Ա. Սմիթ, մեջբերումը՝ *Դիսկուրսների հանդես*, 26 հ. (Լոնդոն. Վերջին օրերի սրբերի գրքերի պահեստ, 1854–1886), 11:10:
56. Բենջամին Բրաուն, «Վկայություն ճշմարտության համար», *Գանձեր երիտասարդների համար* (Սոլթ Լեյք Սիթի: Անչափահասների ուսուցչի գրասենյակ, 1881), 65:
57. Անդերսոն, *Պենտեկոստալիզմի ներածություն*, 24-ը բացատրում է, որ «մորմոնները առաջին տարիներին սովորում էին լեզուներով խոսել, բայց հետագայում հրաժարվում էին այդ պրակտիկայից»: Տես. Դոնալդ Գ. Բլեշ, Սուրբ Հոգին (Դաուներս Գրուվ, ԻԼ. ԻնտերՎարսիթի, 2000), 180–81:
58. Տես. էդգար, *Հոգու խոսքումով բավարարված*, 218, 108:
59. Ռոբ Դացկո և Քեթի Դացկո, *Կառուցելով կամուրջներ Հոգով լցված քրիստոնյաների և վերջին օրերի սրբերի (մորմոնների) միջև* (eBookIt, 2011), 16:
60. Տես. Գրանթ Վակեր, *Դրախտը՝ ներքևում* (Քեմբրիջ, Մասաչուսեթս. Հարվարդի համալսարանի հրատարակչություն, 2003), 180:
61. Տես Ֆուլեր ճեմարանի նախագահ Ռիչարդ Մոուի գիրքը, վերնագրված՝ *Զրույց մորմոնների հետ. հրավեր*

ավետարանականներին (Գրանդ Ռափիդս. Էրդմանս, 2012): Ինչպես վերնագիրն է հուշում, այն խրախուսանք է ավետարանական քրիստոնյաների համար՝ երկխոսության մեջ մտնելու մորմոնների հետ՝ ավելի մեծ միասնության նպատակով:

62. Ջոն Թ. Ալեն, *Ապագա եկեղեցին* (Նյու Յորք: Դաբլդեյ, 2009), 382–83: Ալենը բացատրում է.«Հիսունականների տեսակետի ամենավիճելի տարրը, հավանաբար, այսպես կոչված «բարգավաճման ավետարանն» է, որը նշանակում է, որ Աստված կպարգևատրի բավարար հավատք ունեցողներին և՛ նյութական բարգավաճմամբ, և՛ ֆիզիկական առողջությամբ: Որոշ վերլուծաբաններ տարբերակում են «նեոհիսունականությունը», որը նրանք համարում են բարգավաճման ավետարանի վրա կենտրոնացած, և դասական հիսունականությունը՝ ուղղված դեպի Հոգու պարգևները, ինչպիսիք են բժշկությունները և լեզուները: Այնուամենայնիվ, Փյու ֆորումի տվյալները ցույց են տալիս, որ բարգավաճման ավետարանը իրականում ողջ հիսունականության որոշիչ հատկանիշն է: Հիսունականների մեծամասնությունը, որը գերազանցում է 90 տոկոսը շատ երկրներում, հավատում է այս համոզմունքներին»:

63. Անդերսոն, *Պենտեկոստալիզմի ներածություն*, 221: Անդերսոնը գրել է. «Բացի այն, որ այս ուսմունքը խրախուսում է կապիտալիզմի «ամերիկյան երազանքը» և խթանում է հաջողության էթիկային, դրա առավել կասկածելի հատկանիշներից է այն, որ մարդկային հավատքը վեր է դասվում Աստծո գերիշխանությունից և շնորհից: Հավատքը դառնում է Աստծո գործողության պայման, և հավատքի ուժը չափվում է արդյունքներով: Նյութական և ֆինանսական բարգավաճումը և առողջությունը երբեմն դիտվում են որպես հոգևորության վկայություն, և հալածանքի ու տառապանքի դրական և անհրաժեշտ դերը հաճախ անտեսվում է»:

64. Դանիել Ջ. Բենեթ, *Ավյուն որբերի համար* (Գրանդ Ռափիդս: Կրեգել, 2011), 86:

65. Բրյուս Բիկել և Սթեն Յանց, *Ես լավ եմ Ասպծո հետ: ...Այն քրիստոնյաները, որոնց ես տանել չեմ կարող* (Յուջին, Օր. Բերքի տուն, 2008), 94:
66. Տես. Ջոն Ֆիլիպս, *Ուսումնասիրելով հովվական նամակները* (Գրանդ Ռափիդս: Կրեգել, 2004), 349–50: Ֆիլիպսը նշում է. «Աստվածաշնչյան ժամանակներում ոչ ոք չի քարոզել այն, ինչ մեր փառահեղ դարաշրջանում կոչվում է բարգավաճման ավետարան: Այս կեղծ ավետարանը պաշտպանում է «անվանի՛ր և պահանջի՛ր այն» փիլիսոփայությունը: Այն ասում է, որ առողջությունն ու հարստությունը յուրաքանչյուր հավատացյալի իրավունքն է՝ ի ծնե: Ամբողջ հայեցակարգը խորթ է Նոր Կտակարանի, անձնական փորձառության և եկեղեցու պատմության համար: «Բարգավաճման ավետարանը հիմնված է Հին Կտակարանի օրհնության և Նոր Կտակարանի օրհնության, Իսրայել ազգի և Աստծո եկեղեցու միջև, ինչպես նաև Աստծո երկրային ժողովրդի և Նրա երկնային ժողովրդի միջև տարբերակման լիակատար ձախողման վրա»:
67. *Ասպծո Հոգու աշխապանքի պարբերակիչ նշանների մասին* իր տրակտատում Էդվարդսը նաև թվարկեց մի շարք չափանիշներ, որոնք, նրա կարծիքով, վերջնականապես չէին ապացուցում կամ հերքում Հոգու ներգրավվածությունը: Օրինակ՝ Էդվարդսը պնդում էր, որ միայն այն պատճառով, որ շարժման որոշ ասպեկտներ արտասովոր են կամ նոր, այն ինքնաբերաբար չի կարող որակավորվել որպես Հոգու իրական գործ: Այն, որ մարդիկ արձագանքում են լացով և զգացմունքների այլ ֆիզիկական դրսևորումներով, նույնպես ոչինչ չի ապացուցում: Ոչ էլ այն փաստը, որ գործն ուժեղ տպավորություն է թողնում մարդկանց երևակայության վրա. մի բան, որն ըստ Էդվարդսի՝ կտրականապես տարբերվում է աստվածաշնչյան մարգարեների տեսիլքներից: Էդվարդսը նույնիսկ առաջարկեց, որ միայն այն պատճառով, որ ներգրավված մարդկանցից ոմանք վարվում են տարօրինակ և անխոհեմ ձևերով, կամ նույնիսկ եթե նրանցից ոմանք ընկնում են կոպիտ սխալների և սկանդալային պրակտիկայի մեջ, այդ ամենը ստույգ ապա-

ցույց չէ, որ աշխատանքն *ամբողջությամբ* Հոգուց չէ: (Հետաքրքիր է, որ Էդվարդսը բողոքական ռեֆորմացիայի ժամանակ ներառել է արմատական ռեֆորմատորների արտաաստվածաշնչական խարիզմատիկ շեշտադրումները՝ որպես սխալ գործելակերպի օրինակ, որն, այնուամենայնիվ, չի հերքել ռեֆորմացիայի իսկությունը:) Այս դրույթները կատարելիս Էդվարդսն ակնհայտորեն խոսում էր անօրինական և անցանկալի *բացառությունների* մասին, ոչ թե *կանոնի*: 1 Հովհ. 4.1-8 հատվածներում հայտնաբերված «դրական նշանների» մասին նրա քննարկումը պարզ է դարձնում, որ Էդվարդսը երբեք չի վերագրի այս շարժումը, որը *բնութագրվում է* կեղծ վարդապետությամբ կամ սկանդալային վարքագծով, Սուրբ Հոգու զորությանը: Նույն կերպ, ինչպես նա դատապարտում էր քվակերների և նրանց նմանների էքստատիկ և միստիկ փորձառությունները, Էդվարդսն, անկասկած, կդատապարտեր այն, ինչ կատարվում է հիմնական խարիզմատիկ շրջանակներում:

Գլուխ 4. Փորձելով հոգիները (Մաս 2)

1. Ջոնաթան Էդվարդս, «Տարբերակիչ նշաններ», 250–51: Իր *Կրոնական հակումներ* տրակտատում Էդվարդսը կրկնեց այն ճշմարտությունը, որ սուրբ կյանքը անձնական վերածննդի միակ ստույգ նշանն է:
2. Մարկ Ջ. Քարթլեջը պենտեկոստալիզմի մասին ասում է. «Այն հիմնականում աղքատների կրոն է, որտեղ հիսունականների մոտ 87 տոկոսն ապրում է աղքատության շեմից ցածր (Բարեթ և Ջոնսոն 2002: 284): Բայց այն նաև ավանդույթ է, որը հաճախ կապվում է առողջության և հարստության ավետարանի հետ, հատկապես զարգացող երկրներում և տարածաշրջաններում» (Մարկ Ջ. Քարթլեջ, «Պենտեկոստալիզմ», *Ուայլի Բլեքվելի Գործնական աստվածաբանության ուղեկից* [Չիչեսթեր, Արևմտյան Սասեքս, Մեծ Բրիտանիա: Բլեքվել, 2012], 587):

3. Պոլ Ալեքսանդր, *Նշաններ և հրաշքներ* (Սան Ֆրանցիսկո. Ջոսեյ-Բաս, 2009), 63–64:
4. Սթիվ Բրյուս, *Աստված մեռած է* (Մալդեն, Մասաչուսեթս. Բլեքվել, 2002), 182:
5. Ֆիլիպ Ջենկինս, *Քրիստոնեության նոր դեմքերը* (Նյու Յորք: Օքսֆորդի համալսարանի հրատարակչություն, 2006), 93:
6. Քևին Սթար, *Նյութական երազանքներ* (Նյու Յորք: Օքսֆորդի համալսարանի հրատարակչություն, 1991), 142–43:
7. Նույն տեղում:
8. Ֆրիսբիի գաղտնի կյանքը լավ հայտնի էր նրա ընկերներին և գործընկեր խարիզմատիկ ծառայողներին: Այս կետը բազմիցս կրկնվում է վավերագրական ֆիլմում՝ *Ֆրիսբի. Հիպի քարոզչի կյանքն ու մահը*: Վավերագրական ֆիլմի 39:55-ի հատվածում Ֆրիսբիի մտերիմ ընկերն ասում է. «Ամուսնության վերջում նա ինձ ասաց, որ ինքը մինչև ուշ գիշեր մնացել է տարբեր գեյ-բարերում: Ինձ համար դժվար էր հասկանալ, թե ինչպես կարող էր նա երեկույթներ կազմակերպել շաբաթ երեկոյան և քարոզել կիրակի առավոտյան»: Ցնցող է, որ հաջորդ ասված տողը, վայրկյան անց, հետևյալն է. «Եվ Աստծո Հոգին շարժվեց, և դրա մասին կասկած չկար»:
9. Նույն տեղում, 41:19:
10. Մեթ Քոքեր, *“The First Jesus Freak,”* OC շաբաթաթերթ, 2005 թվականի մարտի 3, http://www.ocweekly.com/2005-03-03/features/the-first-jesus-freak/:
11. Տես. Յան Գ. Քլարկ, *Պենտեկոստե Երկրի ծայրերում. Ապծո ժողովների պատմությունը Նոր Զելանդիայում* (1927–2003) (Բլենհայմ, NZ: Քրիստոնեական ճանապարհային ծառայություններ, 2007), 186:
12. Ջոնաթան Ք. Սմիթ, *Կեղծ գիտությունը և պարանորմալ արտասովոր պնդումները* (Մալդեն, Մասաչուսեթս. Ջոն Ուայլի և որդիներ, 2010), 290:
13. Հաննա Ռոզին, «Սև ցանցում նորից ծնված սպիտակ քարոզիչներ; Հեռուստատեսության ավետարանիչները ձգտում են վերակենդանացնել ծառայությունները» *Վաշինգտոն Փոսթ*, 3 սեպտեմբերի, 1998 թ.:

14. Տես. «Վկայություններ», Փիթեր Փոփոֆ ծառայությունների կայքէջ, հասստատված՝ 2012 թվականի հոկտեմբերին, http://peterpopoff.org/testimonials:
15. Սմիթ, *Կեղծ գիտությունը և պարանորմալ արտասովոր պնդումները*, 290:
16. Սյուզան Ուայս Բաուեր, *Հանրային քննանքի արվեստը. Սեռական մեղքը և հանրային խոստովանությունն Ամերիկայում* (Փրինսթոն, Նյու Ջերսի. Փրինսթոնի համալսարան, 2008), 238:
17. Մարկ Սիլք, *Ոչ աշխարհիկ լրատվամիջոցներ* (Քեմթեյն, Իլինոյս. Իլինոյսի համալսարան, 1998), 83:
18. Դեյվիդ Քլաուդ, «Վերջին հիսունական սկանդալներ», Հիմնարար բապտիստական տեղեկատվական ծառայություն, «Կյանքի ճանապարհի գրականություն, 29 դեկտեմբերի, 2008 թ., http://www.wayoflife.org/database/pentecostalscandals.html: Տես. Փամ Սոլներ, «Ծառայողը հեռացվել է սեռական ոտնձգության մասին խոստովանությունից հետո», Olathe News, 30 նոյեմբերի, 1991 թ. http://www.religionnewsblog.com/16929/minister-removed-after-confession-of-sexual-misconduct :
19. ABS News, *Փրայմթայմ ուղիղ եթեր* , 21 նոյեմբերի, 1991 թ.:
20. «Քլարենս Մաքքլենդոնը խզում է կապերը Ֆորսքուերի հետ, ամուսնալուծության լուրերից հետո», *Խարիզմա*, հուլիսի 31, 2000, <http://www.charismamag.com/component /content/article/134-j15/peopleevents/people-events/92-clarence-mcclendon-cuts-ties-with-foursquare-after-divorce-news.> Տես. Լի Գրեդի, «Մեղքը ճամբարում», *Խարիզմա*, փետրվար 2002, http://www.charismamag.com/site-archives/130-departments/first-word/560-sin-in-the-camp:
21. Սթիվեն Լոուսոն, «Ուսանողների, եկեղեցու անդամների մեծամասնությունը պաշտպանում են Լիարդոնին խոստովանությունից հետո», *Խարիզմա*, փետրվարի 28, 2002 թ., http://www.charismamag.com/site-archives/134-peopleevents/people-events/568-most-students-church-members-defend-liardon-after-confession:

22. Ուիլյամ Լոբդել, «Հեռուստաավետարանիչ Փոլ Քրաուչը փորձում է լռեցնել մեղադրողին», *Լոս Անջելես Թայմս*, 12 սեպտեմբերի, 2004 թ., http://articles.latimes.com/2004/sep/12/local/me-lonnie12 :
23. Փոլ Քեյն, *«Խոստովանության նամակ»*, վերցված՝ 2005 թ. փետրվարին, հասանելի է 2012 թվականի հոկտեմբերից, http://web.archive.org/web/20050225053035/http://www.paulcain.org/news.html :
24. CNN, *Պաուլա Զան Նաու*, 19 հունվարի, 2006 թ.
25. Քևին Ռուզ, *«Թեդի վերջին գայթակղությունը»*, GQ, փետրվար 2011, http://www.gq.com/news-politics/newsmakers/201102/pastor-ted-haggard :
26. Լիլիան Կվոն, «Թեդ Հագարդը պարզության է ձգտում նոր եկեղեցում», *Քրիստոնեական գրառում*, հուլիսի 26, 2010, <http://www.christianpost.com/news/ted -haggard-aims-for-simplicity-with-new-church-46055/>:
27. Տեմ Օդրի Բարրիկ. «Ավետարանչի ամուսինը ներողություն է խնդրում, իրեն մեղավոր է ճանաչում հարձակման մեջ», *Քրիստոնեական գրառում*, 12 մարտի, 2008 թ. http://www.christianpost.com/news/evangelist-s-husband-apologizes-pleads-guilty-to-assault-31498/:
28. Թրեյսի Սքոթ, «Խուանիտա Բայնումը կիսվում է «լեսբիական» վկայությամբ», S2S ամսագիր, Հուլիսի 17, 2012. <http://s2smagazine.com/18050/juanita-bynum-shares-lesbian -testimony/>:
29. Դեյվիդ Ռոուչ, «Հավատքի բժիշկ Թոդ Բենթլին բաժանվում է կնոջից, քննադատվում խարիզմատիկներից», Բապտիստական լրատվական հրատարակչություն, օգոստոսի 19, 2008թ. http://www.sbcbaptistpress.net/BPnews.asp?ID=28727
30. Էլիսա Լոուրենս, «Խայտառակ հովիվ Մայքլ Գուլիելմուչի՝ պոռնոամոլ», *Ավստրալացին*, օգոստոսի 24, 2008 թ. <http://www.theaustralian.com.au/news/fraud-pastor-a-porn-addict-says-shocked-dad/story-e6frg6n6-1111117284239>:
31. Տեմ Լաուրա Սթրիքլեր, «Սենատի հանձնաժողովը հետաքննում է 6 լավագույն հեռուստաավետարանիչնե-

րին», CBS News, 11 փետրվարի, 2009 թ., http://www.cbsnews.com/8301-500690_162-3456977.html :

32. Նաիմա Ջաբալի-Նաշ, «Եպիսկոպոս Էդդի Լոնգ Հիթ երրորդ սեռի հայցով, Գա. Եկեղեցին հայտարարություն չի արել», CBS News, 22 սեպտեմբերի, 2010 թ. http://www.cbsnews.com/8301-504083_162-20017328-504083.html :

33. Ջիմ Գոլդ, «Հեռուստաավետարանիչ Կրեֆլո դոլարը ձերբակալվել է դստերը խեղդամահ անել փորձելու պատճառով», NBC News, հունիսի 8, 2012թ., http://usnews.nbcnews.com/_news/2012/06/08/12126777-tel-evangelist-creflo-dollar-arrested-in-alleged-choking-at-tack-on-daughter :

34. «Ավետարանիչներ Հին. Սպիտակները հերքում են գործի մեղադրանքները», CBN News, հուլիսի 26, 2010, <http://www.cbn.com/cbnnews/us/2010/July/Evange-lists-Hinn-White -Deny-Affair-Allegations/>:

35. Ադրիեն Ս. Գեյնս. «Բենի Հինն ընդունում է «ընկերությունը» Պաուլա Ուայթի հետ, բայց հեռուստադիտողին ասում է, որ այն ավարտված է», *Խարիզմա*, օգոստոսի 10, 2010, http://www.charismamag.com/site-archives/570-news/featured-news/11683-benny-hinn-admits-friendship-with-paula-white-but-tells-tv-audience-its-over :

36. Ստոյան Զաիմով, «Բենի Հինն ասում է, որ կնոջ թըմրամիջոցների հետ կապված խնդիրները հանգեցրել են ամուսնալուծության, փառք Աստծո հաշտեցնող զորությանը», Christian Post, հունիսի 13, 2012 թ. http://global.christianpost.com/news/benny-hinn-says-wifes-drug-problems-ledto-divorce-praises-gods-reconciling-power-76585/ :

37. Կարելի է բերել նաև լրացուցիչ օրինակներ: Օրինակ՝ 2010 թվականին հեռուստաավետարանիչ Մարկուս Լամբը՝ Daystar Television Network-ի հիմնադիրը, հրապարակայնորեն խոստովանեց, որ մի քանի տարի առաջ նա ներգրավվել է արտաամուսնական կապի մեջ: 2011 թվականին Լոնդոնում բնակվող հիսունական հովիվ Ալբերտ Օդուլեն խոստովանել է, որ սեռական ոտնձգություն է կատարել թե՛ տասնչորս տարեկան

տղայի, թե՛ քսանմեկամյա երիտասարդի նկատմամբ: 2012թ.-ին Իրա Պարմենթերը՝ Քոլվուդի պենտեկոստական եկեղեցու երիտասարդական հովիվը, հայտնըվեց լուրերում, երբ ձերբակալվեց տասնվեցամյա աղջըկա հետ երկարատև սիրավեպ ունենալու համար (Սեմ Հոջես, «Նախկին աշխատակիցը դատի է տալիս Daystar-ի հիմնադիր Մարկուս Լամբին՝ մեկ այլ աշխատակցի հետ իր արտաամուսնական կապի համար, *Dallas Morning News*, 3 դեկտեմբերի, 2010 թ. http://www.dallasnews.com/incoming/20101203-exclusive-former-employee-sues-daystar-founder-marcus-lamb-over-his-extramarital-affair-with-another-employee.ece , Ջանեթ Շանը, «Լոնդոնաբնակ հովիվ Ալբերտ Օդուլելն իրեն մեղավոր է ճանաչում 14-ամյա տղայի նկատմամբ սեռական ոտնձգության մեջ, ասում է, որ նա տարիներ շարունակ «պայքարել է» սեռականության դեմ» *Հինթերլենդ թերթ*, 11 մարտի 2011 թ. http://hinterlandgazette.com/2011/03/london-based-pastor-albert-odulele.html, Մարկհեմ Հիսլոպ, «Բ.Թ.-ի նախկին երիտասարդ հովիվ Իրա Պարմենթերը ձերբակալվել է երիտասարդ աղջկա սեռական շահագործման համար», Կալգարի Բիկոն, մայիսի 15, 2012թ. http://beaconnews.ca/calgary/2012/05/former-bc-youth-pastor-ira-parmenter-arrested-for-sexual-exploitation-of-young-girl/):

38. Դեյվիդ Վան Բիեմա, «Մեգա-քարոզիչները սկանդալային են»: *Թայմ*, 28 սեպտեմբերի, 2007 http://www.time.com/time/nation/article/0,8599,1666552,00.html:
39. Ջ. Լի Գրեդի, *Սուրբ Հոգին չի վաճառվում* (Գրանդ Ռափիդս. Բեյքեր, 2010), 87:
40. Չադ Բրենդ, ինչպես նշված է Ռոուչում, «Հավատքի բժիշկ Թոդ Բենթլին բաժանվում է կնոջից»:
41. Նույն տեղում:
42. Ջոնաթան Էդվարդս, «Աստծո Հոգու աշխատանքի տարբերակիչ նշանները», *«Մեծ արթնություն»* (Նյու Հեյվեն. Յեյլ1972), 253:
43. Էրլ Ռադմախեր, *Փրկություն* (Նեշվիլ. Թոմաս Նելսոն, 2000), 150. Ռադմախերն ավելացնում է. «Աստծո խոսքն անշունչ է առանց Աստծո Հոգու: Մյուս կողմից, Աստծո

Հոգին առանց Աստծո խոսքի համր է: Այլ կերպ ասած՝ Աստծո խոսքի վրա կենտրոնանալն առանց Աստծո Հոգու, հանգեցնում է ֆորմալիզմի, մինչդեռ Աստծո Հոգու վրա կենտրոնանալը՝ Աստծո խոսքից առանձին, հանգեցնում է ֆանատիզմի: Բայց երկուսի՝ Աստծո խոսքի և Աստծո Հոգու վրա կենտրոնանալը կհանգեցնի Քրիստոսի կերպարի աճին»:

44. Մարտին Փերսին գրել է. «Ավետարանականների հասցեին հաճախակի կրկնվող քննադատությունն այն էր, որ նրանք հավատում էին այլ Երրորդության, քան մնացած քրիստոնեական աշխարհը՝ Հայրը, Որդին և Սուրբ Գիրքը»: («Այնուամենայնիվ, ո՞ւմ ժամանակն է», *Քրիստոնեական հազարամյակներ*, խմբ. Սթիվեն Հանթ [Բլումինգթոն, Ինդիանա. Ինդիանայի համալսարանի հրատարակչություն, 2001], 33):
45. Ք.Փիթեր Վագներ, «Նոր առաքելական ռեֆորմացիան պաշտամունք չէ» *Charisma News*, օգոստոսի 24, 2011թ., <http://www.charismanews.com/opinion /31851-the-new-apostolic-reformation-is-not-a-cult:
46. Փիթեր Վագների ծառայության մասին ավելին տես գլուխ 5:
47. Ջեք Դիրը, մեջբերումը՝ Մարկ Թոմփսոն. «Հոգևոր պատերազմ. ի՞նչ է տեղի ունենում, երբ ես հակասում եմ ինքս ինձ», *Ճեպազրույց* թիվ. 45/46 (ապրիլի 24, 1990): 11. Այս մեջբերումը վերցված է 1990 թվականին Ջեք Դիրի համաժողովի ելույթից:
48. Ջեք Դիր, *Մարգարեության պարգևը* (Վենտուրա, Կալիֆորնիա. Ավետարանի լույս, 2008), 141:
49. Դոնալդ Գ. Բլեշ, *Սուրբ Հոգին* (Դաուներս Գրոուվ, ԻԼ. ԻնտերՎարսիթի, 2000), 187–88:
50. Ինչպես Ջոնաթան Էդվարդսը բացատրեց. «Մեկ այլ կանոն կա, որով կարելի է դատել հոգիների մասին... դիտելով ժողովրդի մեջ գործող հոգու գործելաոճը: ... [Եթե] այն գործում է որպես ճշմարտության հոգի, որը մարդկանց առաջնորդում է դեպի ճշմարտությունը, համոզելով նրանց այդ ճշմարտության մեջ, մենք կարող ենք ապահով կերպով որոշել, որ այն ուղիղ և ճշմարիտ հոգի է»: (*Ափենապես Էդվարդսի աշխատանքները*

չորս հատորով [Նյու Յորք. Ռոբերտ Քարթեր և եղբայրներ, 1879], I:542):

51. Ֆրեդերիկ Դեյլ Բրուներ, *Սուրբ Հոգու աստվածաբանությունը. Հոգեգալստական փորձառությունը և Նոր Կտակարանի վկայությունը* (Գրանդ Ռափիդս. Էրդմանս, 1970), 21.
52. Ջեք Քոթրելը գրել է. «Չնայած բոլոր բողոքներին, փաստն այն է, որ գործնական, եթե ոչ տեսական մակարդակում, շարունակականները փորձառությունը վեր են դասում Աստծո խոսքից՝ որպես հավատքի և պրակտիկայի վերջնական նորմ»: (*Սուրբ Հոգին* [Ջոփլին, Միսսուրի. Քոլեջի հրատարակչություն, 2007], 445):
53. Տես, օրինակ, «Բարև: Ես Քեթին եմ, ես վերստին ծնված, Հոգով լցված, խարիզմատիկ մորմոն եմ» Mormon.org-ում, հասանելի՝ 2013 թվականի մարտից, http://mormon.org/me/6kpv:
54. Ջոն Անկերբերգ և Ջոն Ուելդոն, *Cult Watch* (Յուջին, Օր. Բերքի տուն, 1991), viii:
55. Ուիլյամ Մենզիս, մեջբերումը՝ Սթիվեն Յուջին Փարքեր, *Հոգու գլխավորությամբ* (Շեֆիլդ, Մեծ Բրիտանիա: Շեֆիլդի Ակադեմիա, 1996թ.), 21:
56. Ջոն Առնոթ, *Հոր օրհնությունը* (Մարիա լիճ, Ֆլորիդա. Խարիզմա տուն, 1995), 127: 119-րդ էջում Առնոթը նմանապես գրել է. «Եթե վախենում եք ցնցվելուց, ծիծաղից կամ հատակին ընկնելուց, խոսեք Աստծո հետ այդ մասին:... Ապաշխարեք և ընտրեք խոնցելիությունը: ...Դուք կարող եք վերլուծել այն, հետո փորձարկել»:
57. Ուիլյամ Ի. Բրաուն, *Ձեր հավատքի իմաստավորումը* (Ուիթոն, ԻԼ. Վիկտոր, 1989), 55:
58. Էդվարդս, «Աստծո հոգու աշխատանքի տարբերակիչ նշանները», 256:
59. Թելֆորդ Գ. Ուորք, «Աստվածաբանական հաճախ տրրվող հարցեր. Ինչի՞ մասին է Պենտեկոստալիզմը»: 2003 թվականի մարտի 7, http://www.westmont.edu/~work/faq/pentecostal.html:
60. Տես Գորդոն Ֆի, խարիզմատիկ մեկնաբան, ով պնդում է, որ «Պողոսը հավատում էր Աստծո հետ անմիջական հաղորդակցությանը Սուրբ Հոգու միջոցով, որը երբեմն

շրջանցում էր միտքը»: (Գորդոնի Ֆի, *Ասրծո զորացնող ներկայությունը* [Փիբոդի, Մասաչուսեթս. Հենդրիքսոն, 2009], 219):

61. Տես. Ք. Ջ.Քնիփեր, Ես եմ ... պատասխանատու (Սամերսվիլ, Հ.Կ. Սուրբ կրակ, 2008), 8. Թոնի Կամպոլոն և Մերի Ալբերտ Դարլինգը նմանապես աղոթքի միտքը դատարկող մեթոդեն առաջարկում իրենց «*Միանալով Հիսուսի նման*» գրքում (Սան Ֆրանցիսկո. Ուայլի, 2010), 59:
62. Անետ Ուեր-Մալոն, *Կյանքի ձեռքբերումները երեխայի մահից հետո* (Բլումինգթոն, Ին. Հեղինակային տուն, 2007), 5–6:
63. Մարգարիտ Մ. Պոլոմա, *Գլխավոր փողոցի միստիկները* (Օքսֆորդ. ԱլտաՄիրա, 2003), 5:
64. Նկատի ունենալով այն ձևը, որով Ազուսա փողոցն ընկալվել է կողմնակի անձանց կողմից, հեղինակներից մեկը հայտնում է. «*Լոս Անջելես Թայմսի* Ազուսայի հանդիպման վերնագրում ասվում է. «Լեզուների տարօրինակ խառնաշփոթ. Ֆանատիկոսների նոր աղանդը ծախողվում է. Վայրի տեսարան Ազուսա փողոցում անցյալ գիշեր» (Մեյ Լինգ Թան-Չոու, *Հոգեգալստական աստվածաբանությունը քսանմեկերորդ դարում* [Բուրլինգթոն, Վ.Տ. Աշգեյթ, 2007], 43):
65. Չարլզ Փարհամ, մեջբերված՝ Գրանթ Վակեր, *Դրախտը ներքևում*, 125:
66. Փիթեր Մասթերս, «Առողջ մտքի օրենքը», *Երրորդության գրախոսություն* No. 272 (նոյ./ դեկտ. 2007), http://www.trinityfoundation.org/PDF/The%20Trinity%20Review%2000246%20Review272masters.pdf:
67. Իր «Միտքը» տրակտատում Ջոնաթան Էդվարդսը հասկացրեց, որ Աստված չի շրջանցում միտքը՝ ճշմարտությամբ սրտին հասնելու համար: Տես Ջոնաթան Էդվարդս, «Միտքը», *«Ջոնաթան Էդվարդսի փիլիսոփայությունը նրա անձնական նոթատետրից»*, խմբ. Հարվի Գ. Թաունսենդ (Յուջին: Օրեգոնի համալսարան, 1955), 21ff.
68. Մարկ Է. Մուր, «Նայելով լեզվին», *Վառելով կրակը* (Ջոփլին, Միսսուրի. Քոլեջի հրատարակչություն 2003), 218:

69. Ռայմոնդ Գ. Օրթլունդ Կրտսեր, *Առակներ* (Ուիթոն, ԻԼ. Քրոսվեյ, 2012), 60:
70. Այս տեսակետը հիմնված է 1 Կորնթացիս 14.4-ի թյուրըմբռնման վրա: Ինչպես գրել եմ խարիզմատիկ քաոսում. «Պողոսը ոչ թե գովաբանում էր լեզուների օգտագործումը ինքնազարգացման համար, այլ դատապարտում էր մարդկանց, որոնք օգտագործում էին նվերը՝ խախտելով դրա նպատակը և անտեսելով սիրո սկզբունքը: ... Կորնթացիները լեզուներն օգտագործում էին՝ լինելով ինքնասիրահարված: Նրանց շարժառիթները առողջարար չէին, այլ՝ եսակենտրոն: Լեզուների հանդեպ նրանց կիրքն առաջացել է այլ հավատացյալների առջև ամենադիտարժան, ցուցադրական նվերները կիրառելու ցանկության պատճառով: Պողոսի միտքն այն էր, որ ոչ ոք չի շահում նման ցուցադրությունից, բացի այն մարդուց, որը խոսում է լեզուներով, և գլխավոր արժեքը, որը նա ստանում է դրանից, սեփական էգոյի կառուցումն է»: (Ջոն ՄաքԱրթուր, *Խարիզմատիկ քաոս* [Գրանդ Ռափիդս. Զոնդերվան, 1992], 279): Լեզուների պարգևի մասին ավելի մանրամասն կքննարկենք 7-րդ գլխում:
71. Ուիլյամ Ջ. Մաքրեյ, *Հոգևոր պարգևների դինամիկան* (Գրանդ Ռափիդս. Զոնդերվան, 1976), 33.
72. Տես. Հարրի Լոուեն, *Լյութերը և արմափականները* (Վաթերլո, Վիլֆրիդ Լաուրիեր Համալսարանի հրատարակչություն, 1974), 32:
73. Էդվարդս, «Աստծո Հոգու աշխատանքի տարբերակիչ նշանները», 256–57:
74. Օրինակ, Ջոն Ուիմբերը՝ Խաղողի այգի շարժման հիմնադիրը, երբ առաջին անգամ հանդիպեց Հոգու զորության տեսանելի դրսևորումներին, արդարացրեց դրանք՝ մտաբերելով. «Ջոնաթան Էդվարդսի, Ջոն Ուեսլիի և Ջորջ Ուայթֆիլդի կողմից նկարագրված իրադարձությունները», այսինքն՝ Մեծ արթնությունը (Ջոն Ուայթ, *Երբ Հոգին գալիս է ուժով* [Դաուներս Գրոուվ, ԻԼ. ԻնտերՎարսիթի, 1988], 159):
75. Այն, որ Սուրբ Հոգին գործում էր Կորնթոսի ժողովում, չնայած նրանց հոգևոր պարգևների սխալ ըմբռնմանը,

երևում է 1 Կորնթացիս 2.12-ի նման հատվածներից. 3.16; 6.11,19:

Գլուխ 5. Առաքյալները մեր մեջ

1. Ք. Փիթեր Վագներ, *Փոփոխվող եկեղեցին* (Վենտուրա, Կալիֆորնիա: Ավետարանի լույս, 2004), 9:
2. Նույն տեղում, 10:
3. Ըստ հիսունականների պատմաբան Վինսոն Սինանի՝ «2004 թվականին իր «*Հեփցնցում. ինչպես է Երկրորդ առաքելական դարաշրջանը փոխում եկեղեցին*» գրքում Վագներն այս նոր շարժման վերաբերյալ մեծահոչակ պնդումներ արեց: Նա պնդում էր, որ խարիզմատիկ շարժումը «չիրագործված տեսլական է», և որ Նոր առաքելական նորացման շարժումը իր տեղը զբաղեցրել է որպես ապագայի ալիք» (Վինսոն Սինան, *Ականատեսը հիշում է Սուրբ Հոգու դարաշրջանը*, ներկ. [Գրանդ Ռափիդս. Ընտրված գրքեր, 2011], 185):
4. Ք. Փիթեր Վագներ, *Փոփոխվող եկեղեցին*, 12:
5. Նույն տեղում, 10:
6. Նույն տեղում, 12:
7. Ք.Փիթեր Վագներ, նշված՝ Դավիթ Կաննիստրացի, *Առաքյալները և ձևավորվող առաքելական շարժումը* (Վենտուրա, Կալիֆորնիա. Renew, 1996), 12:
8. Ք. Փիթեր Վագներ, *Ըմբշամարտ ալիգատորների, մարգարեների և աստվածաբանների հետ* (Վենտուրա, Կալիֆորնիա. Ավետարանի լույս, 2010), 207:
9. Նույն տեղում, 208:
10. Նույն տեղում, 243:
11. «Եվրոպան գրեթե զերծ է կատաղած կովերի հիվանդությունից», *EUbusiness*, 16 հուլիսի, 2010 թ., http://www.eubusiness.com/news-eu/madcow-food-safety.517:
12. «ԱՄԿ-ի պատմություն», Առաքյալների միջազգային կոալիցիայի կայքէջ, հասանելի՝ 2012 թվականի նոյեմբերից, <http://www.coalitionofapostles.com/about-ica/history-of -ica/>:

13. Սինան, *Ականատեսը հիշում է Սուրբ Հոգու դարաշրջանը*, 183:
14. Նույն տեղում, 184:
15. «Rates», առաքյալների միջազգային կոալիցիայի կայքէջ, հասանելի՝ 2012 թվականի նոյեմբերից, http://www.coalitionofapostles.com/membership/rates/:
16. Ք. Փիթեր Վագներ, *Առաքյալներն այսօր* (Վենտուրա, Կալիֆորնիա. Ավետարանի լույս, 2007), 79:
17. Տես Սինան, *Ականատեսը հիշում է Սուրբ Հոգու դարաշրջանը*, 183:
18. Փիթեր Հոքեն, *Հիսունական, խարիզմատիկ և մեսիական հրեական շարժումների մարգարեավերները* (Կորնուոլ, Մեծ Բրիտանիա. MPG, 2009), 43.
19. Ք. Փիթեր Վագներ, *Փոփոխվող եկեղեցին*, 15:
20. Նույն տեղում:
21. Նույն տեղում, 17:
22. Նույն տեղում, 18:
23. Նույն տեղում:
24. Նույն տեղում, 9:
25. Սինան, *Ականատեսը հիշում է Սուրբ Հոգու դարաշրջանը*, 183:
26. Փիթեր Հոքեն, *Հիսունական, խարիզմատիկ և մեսիական հրեական շարժումների մարգարեավերները*, 43–44:
27. Ինչպես բացատրում է Ֆրեդերիկ Դեյլ Բրուները. «Հիսունականները հաճախ իրենց շարժումն են համարում արժանի և, հնարավոր է, նույնիսկ գերազանցող ժառանգորդը տասնվեցերորդ դարի բարեփոխման և տասնութերորդ անգլիական ավետարանական վերածննդի, ինչպես նաև առաջին դարի առաքելական շարժման հավատարիմ վերարտադրությունը»: (Ֆրեդերիկ Դեյլ Բրուներ, *Սուրբ Հոգու աստվածաբանությունը* [Գրանդ Ռափիդս. Էրդմանս, 1970], 27):
28. Իր *«Սեղանային ելույթում»* Մարտին Լյութերը բացատրեց. «Հռոմի պապի հետ վեճի հիմնական պատճառը սա էր. Պապը պարծենում էր, որ ինքը եկեղեցու գլուխն է և դատապարտում էր այն ամենը, ինչ նրա հեղինակության և իշխանության տակ չէր գտնվում: ...Այնուհետև

նա իր վրա վերցրեց զորությունը, ղեկավարությունը և իշխանությունը քրիստոնեական եկեղեցու և Սուրբ Գրքի՝ Աստծո խոսքի վրա. [պնդելով, որ] ոչ ոք չպետք է ենթադրի, թե բացատրում է Սուրբ գրությունները, այլ միայն ինքը, և ըստ իր ծիծաղելի ինքնահավանության՝ նա այդ կերպ իրեն տեր դարձրեց եկեղեցու վրա»: (Մարտին Լյութեր, *Մարտին Լյութերի սեղանային ելույթը*, թարգմ. և խմբ. Ուիլյամ Հազլիթի կողմից [Լոնդոն. Բել & Դալդի, 1872], 203–4):

29. Ք. Փիթեր Վագներ, *Փոփոխվող եկեղեցին* 21.
30. Դավիթ դյու Պլեսիս, «Պենտեկոստեն Պենտեկոստեից դուրս», բրոշյուր, 1960, 6:
31. Սամուել Ուոլդրոն, *Շարունակելի՞*: (Ամիթվիլ, Նյու Յորք. Calvary, 2007), 27:
32. Ուեյն Գրուդեմ, *Սիստեմատիկ աստվածաբանություն* (Գրանդ Ռափիդս: Զոնդերվան, 1994), 911:
33. Մեջբերումը՝ Էռնեստ Լ. Վերմոնտ, *Ճշմարտության մարտավարություն* (Մեյթլենդ, Ֆլորիդա. Խուլոն, 2006), 94n19:
34. Վաղ եկեղեցու պատմության մեջ հավատացյալները հասկանում էին, որ «առաքյալների վարդապետությունն» այն է, ինչին պետք է ուշադրություն դարձնել և պահպանել (տես Իգնատիոս, *Թուղթ Մագնեսացիներին*, 13; *Թուղթ Անտիոքիացիներին*, 1): Այսպիսով, «առաքյալների հուշերը» կանոնական և հեղինակավոր էին համարվում վաղ եկեղեցու ներսում (տես Իրենեոս. *Հերետիկոսների դեմ*, 2.2.5; Հուստին. *Առաջին ներողություն*, 67; Վիկտորինուս. *Մեկնություն Ապոկալիպսիսի մասին*, 10.9):
35. Գրուդեմ, *Սիստեմատիկ աստվածաբանություն*, 905–6:
36. Տես Նաթան Բուզենից, «Կա՞ն արդյոք առաքյալներ այսօր», *Հաշմանդամը*, հուլիսի 21, 2011, http://thecripplegate.com/are-there-still-apostles-today/:
37. Իգնատիոս, *Թուղթ Մագնեսացիներին*, շեշտն ավելացված է:
38. Իրենեոս, *Ընդդեմ հերետիկոսությունների*, 4.21.3:
39. Տերտուղիանոս, *Ընդդեմ Մարկիոնի*, 21, շեշտն ավելացված է:

40. Լակտանտիուս, *Աստվածային ինստիտուտներ*, 4.21:
41. *Թուղթ Դիոգնետոսին*, 11, *Պապիաների բեկորներ*, 5, տե՛ս. Պոլիկարպ, *Թուղթ Փիլիպպեցիներին*, 6, Իգնատիոս, *Ընդդեմ հերետիկոսությունների*, 1.10:
42. Կղեմես, *Կղեմեսի առաջին թուղթը Կորնթացիներին*, 42:
43. Իգնատիոս, *Թուղթ Անտիոքիացիներին*, 11, շեշտն ավելացված է:
44. Տե՛ս Օգոստինոս, *Քրիստոնեական վարդապետության մասին*, 3.36.54, *Պատասխան Փավստոսին*, 32.13, *Մկրտության մասին*, 14.16; Յովհաննես Քրիզոստոմ, *Քարոզ 1 Թես. 1.8–10; քարոզ Եբր. 1.6–8:*
45. Եվսեբիոս, *Եկեղեցական պատմություն*, 8, ներածություն:
46. Վասիլ, *Հոգու մասին*, 29.72:
47. Տերտուղիանոս, *Ընդդեմ Մարկիոնի*, 21:
48. Գրուդեմ, *Սիստեմատիկ աստվածաբանություն*, 911:
49. «Գտնելով ձեր տեղն առաքելական տեսիլքում», փետրվար 1999 թ, մեջբերումը՝ «Քրիստոնյա տեսանողն է խոսում», *Պատրանք և ուրացություն. լուրեր*, հասանելի՝ 2013 թվականի ապրիլից, http://www.cephas-library.com/apostasy/facilitators_of_change_1.html:
50. Էդգար, *Հոգու խոսքումով բավարարված*, 232:

Գլուխ 6. Սխալվող մարգարեների անմտությունը

1. Բիլ Համոն, *Մարգարեներ և անձնական մարգարեություն* (Շիպենսբուրգ, ՊԱ. Ճակատագրի պատկեր,1987), 176:
2. Ջեք Դիր, *Սկսնակների ուղեցույցը դեպի մարգարեության պարգևը* (Վենտուրա, Կալիֆորնիա. Ռեգալ, 2008), 131–32:
3. Մայք Բիքլ և Բոբ Ջոնս, «Տեսիլքներ և հայտնություններ», աուդիոժապավեն #5: MP3 վերնագիր՝ «4-Տեսիլք և հայտնություններ - 1988», ժամադրոշմ՝ 10:32– 15:58, http://archive.org/details/VisionsAndRevelations-MikeBickleWithBobJones1988:

4. Պեմ Սոլներ, «Ծառայողը հեռացվել է սեռական ոտնձըգությունների մասին խոստովանությունից հետո», Olathe News (Կանզաս), նոյեմբերի 30, 1991, http://www.religionnewsblog.com/16929/minister-removed-after-confession-of-sexual-misconduct:
5. Քսանհինգ տարի կամ ավելի երկար ժամանակ Ջոնսը հրապարակելիս է եղել ամենամյա մարգարեություն, որը նա անվանում է «Հովվի գավազան»: Դրա մեծ մասը կցկտուր է, և այն հատվածները, որոնք հասկանալի են, հիմնականում սխալ են: Միակ արտահայտությունները, որոնք ակնհայտորեն սխալ չեն, կամ ընդհանուր կանխատեսումներ են, որոնք գրեթե յուրաքանչյուրը կարող է անել, կամ երկիմաստ կանխատեսումներ, որոնք բաց են բազմաթիվ մեկնաբանությունների համար: Ահա, մի օրինակ, թե որքան կցկտուր և զավեշտալի են Ջոնսի գուշակությունները սովորաբար: Հետևյալ մեջբերումը քաղված է նրա՝ 2012 թվականի «Հովվի գավազան» կանխատեսումից: Բանականության դերը նվաստացնելուց հետո աստվածայնորեն բացահայտված ճշմարտությունը հասկանալու շուրջ նա ասում է. «Ահա, թե ինչով է Նա [Սուրբ Հոգին] սկսում զբաղվել, որպեսզի դուք բառացիորեն սիրո ստրուկներ դառնաք, որ միտքը դառնա սիրո ստրուկ Աստծո Հոգու համար, որը ձեր մեջ է: Երբ ձեզանից յուրաքանչյուրը ծնվեց, Հայր Աստծո մի կտոր դուրս եկավ ձեր բեղմնավորման ժամանակ: Դուք բեղմնավորվել եք հավիտյան ապրելու համար, և դուք պատրաստվում եք հավիտյան ապրել ինչ-որ տեղ: Եվ դուք որոշում եք, թե որտեղ եք պատրաստվում ապրել: Եվ երբ ձեր մեջ այդ սերմը պատրաստվում է առաջանալ, այդ ժամանակ դուք սկսում եք տեսնել Քրիստոսին: Դուք առաջինը Նրան տեսնում եք գրավոր խոսքում: Բայց հիմա ժամանակն է, որ մենք շարունակենք և գնանք՝ խոսքն իր տեղում, բայց թող Աստծո Հոգին գա մեր մեջ, որտեղ Սուրբ Հոգին կարող է բացահայտել մեր հոգու ապագան: Եվ հետո, երբ սա [մատնացույց է անում դեպի գլուխը] դառնում է սիրո ստրուկը, անում է միայն այն, ինչ դուք լսում եք այստեղ [մատնացույց է անում դեպի որովայնը]»: Բոբ Ջոնսի

2012 թվականի «Հովվի գավազան» կանխատեսումներից, ներկայացված՝ Մորնինգսթար ծառայություններ, 2011 թվականի հոկտեմբերի 2-ին Տեսանյութը առցանց՝ http://www.youtube.com/watch?v=CYJmgmbSHP0 (հատվածը սկսվում է 4.23-ից):

6. «Բոբ Ջոնս», Մորնինգսթար ծառայությունների կայք, Բերքի փառատոն 2012 թ. հասանելի է 2012 թվականի դեկտեմբերից, http://www.morningstarministries.org/biographies/bob-jones:
7. Բենի Հին, *Սա քո օրն է*, TBN, 2 ապրիլի, 2000թ.:
8. Ռիկ Ջոյների տեսահոլովակը, հասանելի է Քայլ Մանտիլա, «Ջոյներ. Ճապոնիայի երկրաշարժը սանձազերծելու է դիվային նացիզմն Ամերիկայում», Right Wing Watch, մարտ 16, 2011, http://www.rightwingwatch.org/content/joyner-japan-earthquake-will-unleash-demonic-nazism-america:
9. Ուեյն Գրուդեմ, «Մարգարեություն», *Թագավորության և զորության մեջ*, խմբ. Գարի Գրեյգ (Վենտուրա, Կալիֆորնիա. Ավետարանի լույս, 1993), 84:
10. Ուեյն Գրուդեմ, *Մարգարեության պարգևը Նոր Կտակարանում և այսօր*, խմբ. (Ուիթոն, ԻԼ. Քրոսվեյ, 2000), 90, շեշտն ավելացված է:
11. Նույն տեղում, 100, շեշտն ավելացված է:
12. Ուեյն Գրուդեմ, «Բանավեճ մարգարեության շարունակականության մասին», Յան Համիլթոնի հետ, 2010 Ավետարանական ծառայության ժողով, հասանելի՝ 2012 թ. դեկտեմբերից, http://thegospelcoalition.org/blogs/justintaylor/2012/02/23/a-debate-on-the-continuation-of-prophecy/. Գրուդեմի մեկնաբանությունները գտնվում են 59:53-ին:
13. Հենրի Բլեքաբի, *Աստծուն զգալով* (Նեշվիլ. Լայֆվեյ, 1990), 168:
14. Ջոն ՄաքԱրթուր, *Խարիզմատիկ քաոս* (Գրանդ Ռափիդս. Զոնդերվան, 1992), 67:
15. Սառա Յանգ, *Հիսուսն է կանչում. կանանց հրապարակություն* (Նեշվիլ՝ Թոմաս Նելսոն, 2011), xii.
16. *Վեստմինսթերյան հավատքի խոստովանություն*, 1.6, շեշտն ավելացված է:

17. Դ. Մարտին Լլոյդ-Ջոնս, *Քրիստոնեական միասնություն* (Գրանդ Ռափիդս. Բեյքեր, 1987), 189–91:
18. Ուոլդրոն, *Շարունակելի*, 65:
19. Այս հարցի լայնածավալ ուսումնասիրության համար (որը կործանում է խարիզմատիկ դիրքը) տես Դեյվիդ Ֆ. Ֆարնելի բազմամասնական շարքը, «Արդյո՞ք մարգարեության պարգևն այսօրվա համար է», *Բիբլիոթեկա սակրա,* 1992–93: Ագաբոս մարգարեի վերաբերյալ Ֆարնելը գրել է. «Այս շարունակականությունը Հին Կտակարանի և Նոր Կտակարանի մարգարեությունների միջև նույնպես ցուցադրվում է Ագաբոսի կողմից: Ագաբոսն իր մարգարեական ոճը մոդելավորել է անմիջապես Հին Կտակարանի մարգարեներից հետո: ... Սա կարելի է տեսնել մի քանի կերպ. Նա իր մարգարեությունը ներկայացրեց բանաձևով. «Ահա թե ինչ է ասում Սուրբ Հոգին» (Գործք Առաքելոց 21.11), որը սերտորեն զուգահեռ է Հին Կտակարանի մարգարեական բանաձևին՝ «այսպես է ասում Տերը», որն այնքան հաճախ հռչակվում է Հին Կտակարանի մարգարեների կողմից (օրինակ՝ Ես. 7.7, Եզ. 5.5, Ամ. 1.3, 6, 11, 13, Աբդ. 1, Միք. 2.3, Նաում 1.12, Զաք. 1.3–4): Այս նույն ներածական արտահայտությունը ներկայացնում է Տեր Հիսուսի խոսքերը Հայտնության Գրքի յոթ եկեղեցիների մասին (տես Հայտ. 2.1, 8, 12, 18; 3.1, 7, 14): Ինչպես Հին Կտակարանի շատ մարգարեներ, Ագաբոսն իր մարգարեությունները ներկայացրեց խորհրդանշական գործողությունների միջոցով (Գործք. 21.11; տես 3 Թագավորաց 11.29–40; 22.11; Ես. 20.1–6; Եր. 13.1–11; Եզ. 4.1–17; 5.1–17): Ինչպես Հին Կտակարանի մարգարեները, Ագաբոսը Սուրբ Հոգու կողմից զորացվեց որպես մարգարեական առաքյալ (Գործք. 11.28, տես Թվ. 11.25–29; 1 Թագ. 10.6, 10; 2 Թագ. 23.2, Ես. 42.1; 59.21; Զաք. 7.12; Նեեմ. 9.30): Հին Կտակարանի մարգարեների նման, Ագաբոսի մարգարեությունները ճշգրտությամբ իրականացվեցին (Գործք. 11.27–28; 21.10–11; տես 28.17):
20. Ֆարնել, «Արդյո՞ք մարգարեության պարգևն այսօրվա համար է», *Բիբլիոթեկա սակրա*, 1992–93: Ինչ վերաբերում է Նոր Կտակարանի մարգարեների գործառույ-

թին եկեղեցու ներսում, Ֆարնելը բացատրում է. «Հին Կտակարանում մարգարեները ծառայել են որպես Եհովայի ձայնը Իսրայելի աստվածապետական համայնքի համար: Նրանք հայտնություններ էին ստանում անմիջապես Եհովայից, որոնք նրանք հռչակեցին ազգին (Ես. 6.8–13; Եր. 1.5–10; Եզ. 2.1–10): Ինչպես Հին Կտակարանի մարգարեներն էին ծառայում որպես մարգարեական հաղորդակցության և խրատների ձայն Եհովայից, այնպես էլ Նոր Կտակարանի մարգարեներն էին գործում նույն կարգավիճակով: Եփեսացիս 2.20-ը նշում է, որ Նոր Կտակարանի մարգարեները նույնպես գործում էին որպես մարգարեական ձայներ հավատացյալ համայնքի համար: ... Եփեսացիս 2.20-ը, հետևաբար, մատնանշում է Նոր Կտակարանի մարգարեների ռազմավարական, հիմնարար դերը եկեղեցու ձևավորման գործում: Մարգարեներն, ընկերակցելով առաքյալների հետ, ունեին կարևոր կարգավիճակ՝ օգնելու եկեղեցու հիմքը դնելու հարցում: Սա ցույց է տալիս այն բարձր հեղինակությունը, որ վայելում են Նոր Կտակարանի մարգարեները քրիստոնեական համայնքում: 1 Կորնթացիս 12.28-ում դասվելով շնորհալի մարդկանց շարքին՝ նրանք երկրորդն են միայն առաքյալներից հետո՝ Քրիստոսի մարմնի հանդեպ օգտակարությամբ: Ավելին, Պողոսն իր ընթերցողներին հորդորեց մարգարեությունը ցանկանալ ավելի, քան մյուս պարգևները (տես 1 Կոր. 14.1)»:

21. Նույն տեղում:
22. Ուեյն Գրուդեմ, *Աստվածաշնչի վարդապետություն*, խմբ. Ջեֆ Փուրսվել (Գրանդ Ռափիդս: Զոնդերվան, 1999), 411:
23. Գրուդեմ, *Մարգարեության պարգևը Նոր Կտակարանում և այսօր*, 80:
24. Ագաբոսի մասին ավելին տես Նաթան Բուսենից, «Գցելով մարգարեությունն Ագաբոսի անվան տակ», *Հաշմանդամը* (բլոգ), մարտի 15, 2012, հասանելի՝ 2012 թվականի դեկտեմբերից. http://thecripplegate.com/throwing-prophecy-under-the-agabus/:

25. Ռոբերտ Սաուսի, «Բաց, բայց զգուշավոր արձագանք», *«Արդյո՞ք հրաշագործ պարգևներն այսօրվա համար են»*: Չորս դիտարկում, խմբ. Ուեյն Գրուդեմ (Գրանդ Ռափիդս. Զոնդերվան, 1996), 231:
26. Վերցված է Ջոն ՄաքԱրթուրից, 1 Թեսաղոնիկեցիներ. «Առաքյալները և նրանց համախոհները ստացան, խոսեցին և գրեցին Նոր Կտակարանի տեքստը, իսկ մյուս խոսնակները որոշ ժամանակավոր հարցերի համար գործնական հայտնության գերբնական արտահայտություններ խոսեցին (տես Գործք. 11.27–30): Բայց մարգարեությունը ներառում էր նաև Աստծո՝ նախկինում հայտնված խոսքի հռչակումը: Հռոմեացիս 12.6-ը հաստատում է այս պնդումը. «Եթե մարգարեություն՝ մեր հավատքին համապատասխան»: Բնագրում վերջին արտահայտությունը կարդում է՝ «հավատքին համաչափ», ինչը ցույց է տալիս, որ մարգարեության պարգև ունեցող անձը պետք է խոսեր քրիստոնեական վարդապետության աստվածային բացահայտված էությանը համապատասխան: Նոր Կտակարանը միշտ համարում էր, որ հավատքը հոմանիշ է նախկինում բացահայտված հավաքական ճշմարտությանը (Գործք. 6.7; Հուդ. 3, 20): Այսպիսով, Պողոսը հռոմեացիներին հրահանգեց, որ մարգարեական խոսքերը պետք է լիովին համապատասխանեն «հավատքի» հետ, որն Աստծո խոսքն է: Նմանապես, Հայտնություն 19.10-ը եզրակացնում է. «Որովհետև Հիսուսի վկայությունը մարգարեության հոգին է»: Իսկական մարգարեությունը հայտնում է Աստծո կողմից Քրիստոսի հայտնության մասին և երբեք չի շեղվում Սուրբ Գրքի ճշմարտությունից»:
27. Ֆրեդ Լ. Վոլց, *Տարօրինակ կրակ. Կեղծ մարգարեի խոստովանությունները* (Ալոհա, Օր. ՏՐԻՈՆ, 2003), 41:
28. Նույն տեղում, 43:
29. Չարլզ Սփերջեն, «Պարակլետը», 6 հոկտեմբերի, 1872 թ. *Մետրոպոլիտեն Թաբերնաքլի Ամբիոն. Քարոզված և վերանայված քարոզներ*, հ. 18 (Փասադենա, Տեխաս. Պիլիգրիմ հրատարակություններ, 1984), 563. Շեղագիր բնագրում:

Գլուխ 7. Ոլորելով լեզուներ

1. Նիկոլա Մենցի, «Հեռուստաավետարանիչ Խուանիտա Բայնումը զարմացնում է «Լեզուների» աղոթքով Facebook-ում», *Christian Post*, օգոստոսի 31, 2011, http://www.christianpost.com/news/televangelist-juanita-bynum-raises-brows-with-tongues-prayer-on-facebook-54779/:
2. Ջ. Լի Գրեդի, *Սուրբ Հոգին չի վաճառվում* (Գրանդ Ռափիդս. Ընտրված գրքեր, 2010), 184:
3. Դենիս Բենեթ, *Ինչպես աղոթել Սուրբ Հոգու արձակման համար* (Ալաչուա, Ֆլորիդա. Բրիջ-Լոգոս, 2008), 106:
4. Ջոյս Մայեր, *Ասփծուն մոփիկից ճանաչելը* (Նյու Յորք. Ուորներ Ֆեյթ, 2003), 147:
5. Ուիլյամ Սամարին, *Մարդկանց և հրեշփակների լեզուները* (Նյու Յորք. ՄաքՄիլան, 1972), 227–28: Տես Ֆելիսիտաս Դ. Գուդման «Գլոսոլալիա», *Կրոնի հանրագիտարան*, խմբ. Միրչա Էլիադ (Նյու Յորք: ՄաքՄիլան, 1987), 5:564: Դամբորիենան համաձայնվում է, ասելով. «Լեզուները, որոնք ես լսել եմ, բաղկացած են ձայնի և բառերի բոլորովին անհասկանալի փրփրոցներից, որոնք նույնիսկ ինձ շրջապատող հիսունականները (իսկ նրանցից ոմանք արդեն օրհնված էին այդ պարգևով) չեն կարողացել ընկալել»: Պրուդենսիո Դամբորիենա, *Լեզուները կրակի փեսքով*. Պենտեկոստալիզմը ժամանակակից քրիստոնեության մեջ (n.p.: Corpus Books, 1969), 105:
6. Սամարին, *Մարդկանց և հրեշփակների լեզուները*, 127–28:
7. Քենեթ Լ.Նոլեն, «Գլոսոլալիա», *Հոգեբանության և կրոնի հանրագիտարան*, խմբ. Դեյվիդ Ա. Լիմինգ, Քեթրին Մեդեն և Ստենթոն Մարլան (Նյու Յորք, Սփրինգեր 2010), 2:349:
8. Ֆրեյզեր Ուոթս, «Հոգեբանություն և աստվածաբանություն», *«Քեմբրիջի գիփության և կրոնի փեղեկագիր»*, խմբ. Փիթեր Հարիսոն (Քեմբրիջի համալսարանի հրատարակչություն, 2010), 201 թ.:
9. Նկարագիր, *Լեզուներով խոսելու 70 պափճառների մասին. Ձեր սեփական ներկառուցված հոգևոր դինամոն,*

Բիլ Համոնի կողմից (Թաբոր) , SD: Փարսոնս, 2010), http://www.books.google.com/books?isbn=160273013X:
10. Ջոն Բիվեր, *Մոտենալով* (Նեշվիլ. Նելսոն, 2004), 243:
11. Լարի Քրիստենսոն, «Շրջանցելով միտքը», *Սուրբ Հոգին այսօրվա եկեղեցում*, խմբ. Էրլինգ Յորնստադ (Նեշվիլ. Աբինգդոն, 1973), 87:
12. Ռոբերտ Քերոլ, *Թերահավատի բառարան* (Հոբոկեն, Նյու Ջերսի. Ջոն Ուայլի և որդիներ, 2003), 155:
13. Սալվատորե Կուչիարի, «Ամոթի և սրբացման միջև», *Ամերիկացի էթնոլոգ* 17, թիվ. 4 (1990). 691:
14. Ինչպես Քեննեթ Լ. Նոլենն է բացատրում, «Հիսունականների մեծամասնությունը հասկացել է, որ Աստծո նպատակը չէ լեզուներ շնորհել միսիոներական աշխատանքի համար, և նրանք ստիպված են եղել վերագընահատել գլոսոլալիայի աստվածաշնչյան ըմբռնումը» (Նոլեն, «Գլոսոլալիա», *Հոգեբանության և կրոնի հանրագիտարան*, 349):
15. Վիկի Մաբրեյ և Ռոքսաննա Շերվուդ, «Լեզուներով խոսելը. այլընտրանքային ձայներ՝ հավատքով», *Nightline*, ABC, 2007 թ. մարտի 20, http://abcnews.go.com/Nightline/story?id=2935819&page=1:
16. Նույն տեղում:
17. Նոլեն, «Գլոսոլալիա», *«Հոգեբանության և կրոնի հանրագիտարան»,* 349. «Ոմանք վուդու կախարդների, աֆրիկացի անիմիստների և տիբեթյան բուդդայական վանականների երգերը, հինդու սուրբ մարդկանց աղոթքները և ուրիշների կողմից արտադրված հիմնական սկզբնական հնչյուններն իրենց կրոնական միջավայրերում ընդունում են որպես գլոսոլալիա: Այս երկրպագուներից շատերը հնչյուններ և արտահայտություններ են հնչեցնում, որոնք մոտիկ են ենթադըրյալ լեզուներին, որոնք գտնվում են հիսունական և խարիզմատիկ երկրպագության ծառայությունների գլոսոլալիայում: ... Գլոսոլալիան կարող է առաջանալ որոշ հայտնի հոգեբուժական պայմաններում, ինչպիսիք են շիզոֆրենիան և մանիակալ-դեպրեսիվ փսիխոզը կամ որպես նյարդաբանական խանգարումների հետևանք»: Տես Ռոբերտ Գրոմացկի, *Ժամանակակից լե-*

զուների շարժում (Գրանդ Ռափիդս. Բեյքեր Բուքս, 1976), 5–10. Գրոմացկին նկատի ունի կատաղի խոսքը (գլոսոլալիա), որը առկա է եղել հին հունական և վաղ փյունիկյան կրոնների, հունահռոմեական առեղծվածային կրոնների, իսլամի, էսկիմոսների և տիբեթական ու չինական հեթանոսության մեջ: Նշենք՝ Ժերարդ Ֆ. Հասել, *Լեզուներով խոսելը* (Բերիեն Սփրինգս, Միսուրի. Ադվենտիստ Աստվածաբանական հասարակություն, 1991), 14, 18 հեթանոս լեզվախոսների ցանկում ընդգրկում է նաև «շամաններ» և «կախարդ բժիշկներ»:

18. Վ.Ա. Քրիսվել, «Փաստեր ժամանակակից գլոսոլալիայի վերաբերյալ», *Սուրբ Հոգին այսօրվա եկեղեցում*, խմբ. Էրլինգ Յորնստադ (Նեշվիլ. Աբինգդոն, 1973), 90–91:
19. Նորման Գեյսլեր, *Նշաններ և հրաշքներ* (Ուիթոն, Իլ. Թինդեյլ, 1998), 167:
20. Երբեմն *գլոսան* կարող է վերաբերել նաև լեզու օրգանին: Այնուամենայնիվ, այն ամենից հաճախ վերաբերում է Սուրբ Գրքի մարդկային լեզուներին: Օրինակ, *գլոսա* բառը նույնպես հայտնվում է մոտ երեսուն անգամ Յոթանասնից թարգմանության կամ Սեպտուագինտայի մեջ (Հին Կտակարանի հունարեն տարբերակը) և բոլոր տեղերում նշանակում է մարդկային լեզու:
21. Գրիգոր Նազիանզացի, *Պենտեկոստեի մասին պատգամը*,15–17, մեջբերումը՝ Ֆիլիպ Շաֆ, *Նիկիական և հետնիկիական հայրերը* (NPNF), 2-րդ սեր., հ. 7 (Քրիստոնեական դասականների եթերային գրադարան, 2009), 384–85: Այս նույն հատվածում Գրիգորը նշում է, որ լեզուների շնորհը տապալեց այն, ինչ տեղի ունեցավ Բաբելոնի աշտարակաշինության ժամանակ:
22. Հովհաննես Քրիզոստոմ, *Պարագներ Առաջին Կորնթացիների մասին*, 35.1. Մեջբերումը՝ Ֆիլիպ Շաֆ, *Նիկիական և հետնիկիական հայրերը* (NPNF), Առաջին Սերիա, 12:209:
23. Օգոստինոս, *Հովհաննեսի առաջին նամակի քարոզները*, 6.10. Մեջբերումը՝ Օգոստինոս, *Հովհաննեսի Ավետարանի քարոզները*, թարգմ. Բոնիֆաս Ռեմսի (Հայդ Պարկ, Նյու Սիթի, 2008), 97:

24. Գեյլեր, *Նշաններ և հրաշքներ*, 167: Նույնիսկ երբ երկու կամ ավելի տարբեր հիսունական թարգմանիչներ լսում են լեզուներով խոսողի միևնույն ձայնագրությունը, նրանց մեկնաբանությունները բոլորովին տարբեր են՝ ենթադրելով, որ այդ լեզուներն իրական չեն և նույնիսկ ենթակա չեն թարգմանության: (տես Ջոն Պ. Քիլդահլ, «Վեց վարքագծային դիտարկումներ լեզուներով խոսելու մասին», *«Հոգու պարգևները և Քրիստոսի մարմինը»*, խմբ. Էլմո Ջ. Ագրիմոսոն [Միննեապոլիս. Աուգսբուրգ, 1974], 77):
25. Թոմաս Էդգար, *Հոգու խոստումով բավարարված* (Գրանդ Ռափիդս: Կրեգել, 1996), 147:
26. Տես Գրոմացկի, *Ժամանակակից լեզուների շարժում*, 5–10:
27. Իհարկե, Մարկոսի ավետարանի ավարտին վերաբերող ցանկացած հիշատակման պետք է զգույշ վերաբերվել, քանի որ հավանական է, որ Մարկոս 16.9–21 հատվածները սկզբնական տեքստի մաս չեն կազմում: Թեև Մարկոսի համար օրիգինալ չեն, դրանք, այնուամենայնիվ, արտացոլում են վաղ եկեղեցու տեսակետը և, հետևաբար, օգտակար են այս քննարկմանը:
28. Խարիզմատիկ մեկնաբան Գորդոն Ֆին ընդունում է ցուցիչ տեսակետի օրինականությունը Գորդոն Դ. Ֆի, *Առաջին թուղթը Կորնթացիներին* [Գրանդ Ռափիդս. Էրդմանս, 1987], 624): Ֆին թվարկում է մի շարք լրացուցիչ գիտնականների, որոնք նույն տեսակետն ունեն:
29. Մեջբերումը՝ Ալբերտ Բարնս, *Նշումներ Նոր Կտակարանի վերաբերյալ.* 1 Կորնթացիս, ներկ. (Գրանդ Ռափիդս. Բեյքեր, 1975), 240:
30. 2–3 հատվածների մյուս օրինակներից պարզ է դառնում, որ Պողոսն օգտագործում էր գրական արտոնությունը՝ ընդգծելու սիրո գերակայությունը հոգևոր շնորհների նույնիսկ ամենատպավորիչ ձևի նկատմամբ, որը կարելի է պատկերացնել: Այսպիսով, հավանաբար լավագույնը կլինի հասկանալ «հրեշտակների լեզուները» որպես հիպերբոլիա:
31. Ինչպես նշում է Էնթոնի Թիզելթոնն այս հատվածի վերաբերյալ իր մեկնաբանության մեջ. «Այստեղ պետք

է նշել մեկ կարևոր կետ, որ «դադարողական» լուրջ փաստարկներից քչերը կամ գուցե ոչ մեկը կախված չէ 1 Կորնթացիս 13.8–11-ի հատուկ բացատրությունից: … Այս հատվածները կողմերից ոչ մեկի համար չպետք է օգտագործվեն որպես հակասություն այս բանավեճում» (*Հունարեն Նոր Կտակարանի նոր միջազգային մեկնաբանություն*, 1063–64):

32. Ինչպես ես բացատրել եմ մեկ այլ տեղ այս հատվածի վերաբերյալ, «Քրիստոնյաների համար հավիտենական վիճակը սկսվում է կա՛մ մահից, երբ նրանք գնում են Տիրոջ հետ լինելու, կա՛մ հափշտակության ժամանակ, երբ Տերը վերցնում է Իրենը, որպեսզի Իր հետ լինեն: … Ներկա կյանքում, նույնիսկ Աստծո խոսքի ամբողջականությամբ և Նրա Հոգու լուսավորությամբ, մենք հայելու մեջ աղոտ ենք տեսնում: Մեր ներկա վիճակում մենք ի վիճակի չենք ավելին տեսնել: Բայց երբ մենք մտնենք Տիրոջ ներկայության մեջ, այն ժամանակ կտեսնենք Նրան դեմ առ դեմ: Այժմ մենք կարող ենք միայն մասամբ իմանալ, բայց այն ժամանակ [մենք] լիովին կիմանանք, ինչպես [մենք] ենք լիովին ճանաչված»: (Ջոն ՄաքԱրթուր, *Առաջին Կորնթացիս* [Չիկագո: Մուդի, 1984], 366):
33. Էդգար, *Հոգու խուսփումով բավարարված*, 246:
34. Ակնհայտ է, որ առաջին դարի հայտնության պարգևների բովանդակությունը փոխանցվել է եկեղեցու պատմության հետագա սերունդներին Նոր Կտակարանի Սուրբ գրություններում: Այսպիսով, շնորհալի հովիվները կարողանում են հռչակել մարգարեական խոսքը, երբ նրանք հավատարմորեն քարոզում և ուսուցանում են Աստծո գրավոր խոսքը: Այդ առումով, մարգարեությունը դեռ շարունակվում է այսօր (և կշարունակվի ամբողջ եկեղեցական դարաշրջանում), թեև Աստված այլևս նոր մարգարեական հայտնություն չի տալիս Իր եկեղեցուն: Մի օր, երբ եկեղեցական դարաշրջանն ավարտվի, Աստված կրկին նոր հայտնություն կտա մարգարեների միջոցով (Նեղության և հազարամյա թագավորության ժամանակ, տե՛ս Ես. 11.9; 29.18; Եր. 23.4; Հայտ. 11.3): Եկեղեցու դարաշրջանում, սակայն, նոր հայտնություն

տալը սահմանափակվում էր եկեղեցու հիմնադրման փուլով (Եփ. 2.20):

35. Սևերիան Գաբալացի, *Պողինյան մեկնաբանություն հունական եկեղեցուց*, մեջբերումը՝ 1–2 *Կորնթացիս*, Հին քրիստոնեական մեկնաբանությունների շարք, 144, հղում անելով 1 Կորնթացիս 14.28-ին:
36. Թեև որոշ խարիզմատիկներ փորձում են պարտադրել լեզուները Հռոմեացիներ 8.26 և 2 Կորնթացիս 5.13 համարներով, այդ հատվածների համատեքստը պարզ է դարձնում, որ լեզուների պարգևը տեսանելի չէ:

Գլուխ 8. Կեղծ բժշկություններ և կեղծ հույսեր

1. Քեթի Լին Գրոսման, «Օրալ Ռոբերթսը բերեց առողջության և հարստության ավետարանի հիմնական հույսը», *ԱՄՆ-ն այսօր*, 15 դեկտեմբերի, 2009 թ. <http://content.usatoday.com/communities/Religion/post/2009/12/oral-roberts-health-wealth-prosperity -gospel/1>:
2. Ջոն ՄաքԱրթուր, «Չափելով Օրալ Ռոբերթսի ազդեցությունը», *Grace to You* (բլոգ), դեկտեմբերի 18, 2009, http://www.gty.org/Blog/B091218:
3. Ճիշտ է, մեղքի մի մասը նաև պատկանում է Քենեթ Հեյգինին: Բայց պետք է նշել, որ Հեյգինը և Ռոբերթսը հաճախ միասին ծառայում էին և հաստատում միմյանց ծառայությունները: Ավելին, Հեյգինի պաշտոնավարման ժառանգորդը հավատքի խոսքի քարոզիչ Քենեթ Քոուփլենդն է, որը հեռուստատեսային ծառայության է անցել Օրալ Ռոբերթսի մոտ որպես վարորդ և օդաչու աշխատելուց հետո: Այսպիսով, թեև այնքան էլ ճշգրիտ չէր լինի Օրալ Ռոբերթսին ներկայացնել որպես հավատքի խոսքի վարդապետության խանդավառ ջատագով, նա ավելի շատ հանդես եկավ որպես շարժման դաշնակից, քան հակառակորդ: Կարելի է ասել, որ նրա հարաբերություններն այդ շարժման հետ հիշեցնում էին բարեհոգի մի պապիկի, որը հրաժարվում էր ուղղել վերահսկողությունից դուրս գտնվող թոռանը:

4. Դեյվիդ Է. Հարել կրտսեր, Օրալ Ռոբերթս. *Ամերիկյան կյանք* (Բլումինգթոն, Ինդիանա: Ինդիանայի համալսարան, 1985 թ.), 66:
5. Նույն տեղում:
6. Վինսոն Սինան, մեջբերումը՝ Ուիլյամ Լոբդել, «Օրալ Ռոբերթսը մահանում է 91 տարեկանում», *Լոս Անջելես Թայմս*, դեկտեմբերի 16, 2009 թ., <http://www.articles.latimes.com/2009/dec/16/local /la-me-oral-roberts16-2009dec16>:
7. Բացի Օրալ Ռոբերթսի ազդեցությունից, Բենի Հինն ընդունել է Քեթրին Կուլմանի՝ Օրալ Ռոբերթսի ընկերներից և հավատակից բուժողներից մեկի, ազդեցությունն իր կյանքի վրա:
8. Բենի Հին. «Հովիվ Բենի Հինը միանում է հավատացյալներին ամբողջ աշխարհում՝ հարգանքի տուրք մատուցելու մեծ առաջնորդին և ընկերոջը», Բենի Հին ծառայությունների կայք, հասանելի՝ 2013 թվականի հունվարից, http://www.bennyhinn.org/articles/article-desc.cfm?id=6858:
9. *Dateline NBC* հաղորդումը հեռարձակվել է 2009 թվականի դեկտեմբերի 27-ին: 2009 թվականի դեկտեմբերի 29-ին Հինը հեռարձակել է հերքող հաղորդում, որտեղ ցուցադրվում էր Օրալ Ռոբերթսի տեսանյութը, պնդելով. «Բենիի ծառայությունն ինձ համար բնութագրվում է Սուրբ Հոգու օծմամբ» (*Փառք Տիրոջը*, TBN, դեկտեմբերի 29, 2002):
10. Հինը հրաժարական տվեց ՕՌՀ-ի ռեգենտի պաշտոնից 2008 թվականին: Տես Լաուրա Սթրիքլեր, «Մեծ ցընցումներ Օրալ Ռոբերթսի համալսարանում», CBS News, 15 հունվարի, 2008 թ. http://www.cbsnews.com/8301-501263_162-3716774-501263.html:
11. «Հեռուստատեսություն», Բենի Հինի ծառայությունների գլխավոր էջը, հասանելի՝ 2013 թվականի հունվարից, http://www.bennyhinn.org/television/weeklyguide:
12. Բենի Հին, *Նա հպվեց ինձ* (Նեշվիլ. Թոմաս Նելսոն, 1999), ետնաշապիկ:

13. «Այն մասին» Բենի Հինի ծառայությունների գլխավոր էջը, հասանելի՝ 2013 թվականի հունվարից, http://www.bennyhinn.org/about-us:
14. Բենի Հին, *Օծություն*, 86–87:
15. Ռաֆայել Դ. Մարտինես, «Հրաշքներն այսօր. Հիշեց Բենի Հինի հանգիստը Քլիվլենդում, Թենեսի»: Spirit Watch ծառայություններ, հասանելի՝ 2013 թվականի հունվարից, www.spiritwatch.org/firehinncrusade.htm: Մարտինեսը հայտնում էր 2007 թվականի հոկտեմբերին անցկացված բժշկության ծառայության մասին:
16. Նույն տեղում:
17. Ուիլյամ Լոբդել, *Կորցնելով իմ կրոնը* (Նյու Յորք.Հարփեր Քոլինս, 2009), 183. Տես Ուիլյամ Լոբդել, «Բուժման գինը», *Լոս Անջելես Թայմս*, հուլիսի 27, 2003, http://www.trinityfi.org/press/latimes02.html:
18. Նույն տեղում, 181:
19. Բենի Հին, *Սա քո հրաշքի օրն է* (Լեյք Մերի, Ֆլորիդա. Արարման տուն, 1996), 21:
20. Բենի Հին, *Օծություն*, (Նեշվիլ. Թոմաս Նելսոն, 1997), 49, շեշտն ավելացված է:
21. Հին, *Սա քո օրն է*, 29:
22. Բենի Հին, *Բժշկության հրաշքը* (Նեշվիլ. Ջ. Քանթրիմեն, 1998), 91:
23. Լոբդել, *Կորցնելով իմ կրոնը*, 183–84:
24. Հին, *Բժշկության հրաշքը*, 89:
25. 25. Բենի Հին, *Փառք Տիրոջը*, TBN, 6 դեկտեմբերի, 1994 թ.:
26. Բենի Հին, Հրաշք խաչակրաց արշավանք, Բիրմինգհեմ, AL, 28 մարտի, 2002 թ.:
27. Հին, *Բժշկության հրաշքը,* 79:
28. Բենի Հին, *Վեր կաց և բժշկվի՛ր* (Օռլանդո: Տոնակատարություն, 1991), 47:
29. Ջասթին Փիթերս, *Բենի Հինի կյանքի, բժշկության ավետարանական ծառայության և աստվածաբանության քննություն և քննադատություն*, չհրապարակված ThM թեզ (Ֆորտ-Ուերտ. Հարավարևմտյան մկրտական սեմինարիա, 2002),68. Ներդիր մեջբերում Սթիվեն Սըթ-

րենգից. «Բեննի Հինն է խոսում», *Խարիզմա*, օգոստոսի 1993, 29:
30. Ռաֆայել Մարտինես, «Հրաշքեր այսօր» http://www.spiritwatch.org/firehinncrusade.htm:
31. Հին, *Նա հպվեց ինձ*, 177:
32. Հին, *Օծություն*, 181:
33. Սթրենգ, «Բեննի Հինն է խոսում», 29:
34. Բեննի Հին, *Praise-a-Thon*, TBN, 2 ապրիլի, 2000 թ.:
35. Ռիչարդ Ֆիշեր, *Բեննի Հինի շփոթեցնող աշխարհը* (Սենթ Լուիս. Անձնական ազատության տարածում, 1999), 146:
36. Բեննի Հին, *Սա քո օրն է*, TBN, 15 օգոստոսի, 1996 թ.:
37. 2009 թվականին Հինն ասաց ABC's Nightline-ին. «Ես դա փողի համար չէի անի:...Այն, ինչ դուք հարցնում եք, այն է, որ ես օգտագործում եմ այսպես կոչված սուտը, թե իսկապես բժշկություններ են տեղի ունենում, որպեսզի կարողանամ գումար աշխատել: Իհարկե ոչ»: Դեն Հարիս, «Բեննի Հին. «Ես դա չէի անի փողի համար», *Nightline*, ABC, հոկտեմբերի 19, 2009 թ. <http://abcnews.go.com/Nightline/benny-hinn-evangelical-leader-senate-investigation-speaks/story?id=8862027>:
38. Ուիլյամ Լոբդել, «Առաջ, քրիստոնյա զինվոր», *Լոս Անջելես Թայմս*, 8 դեկտեմբերի, 2002 թ., http://articles.latimes.com/2002/dec/08/magazine/tm-lobdell49/2:
39. Լոբդել, *Կորցնելով իմ կրոնը*, 182:
40. Մայք Թոմաս, «Զորությունը և փառքը», Օռլանդո Սենտինել, 24 նոյեմբերի, 1991 թ. http://articles.orlandosentinel.com/1991-11-24/news/9111221108_1_benny-hinn-holy-spirit-slain. Տես, Դեն Հարիսը, որը Հինի մասին ասում է. «Նա թռչում է մասնավոր ինքնաթիռով, մնում է շքեղ հյուրանոցներում, կրում է գեղեցիկ հագուստ և զարդեր» (Հարիս, «Բեննի Հին. «Ես դա չէի անի փողի համար»):
41. Լոբդել, *Կորցնելով իմ կրոնը*, 182:
42. Թոմաս Էդգար, *Հրաշք նվերներ* (Նեպտուն, Նյու Ջերսի. Լուազո եղբայրներ, 1983), 99:
43. Հարիս, «Բեննի Հին. «Ես դա չէի անի փողի համար»:
44. Նույն տեղում:

45. Հին, *Օծություն*, 179:
46. Նույն տեղում, 81:
47. Տես. Գրեգ Լոք, *Բեննիի կողմից կուրացած* (Մուրֆրիսբոռո, TN. Տիրոջ սուրը, 2005), 41. Ըստ Լոքի, այս դեպքը տեղի է ունեցել 2000 թվականի ապրիլի 30-ին, կիրակի օրը և հաղորդվել է *Քենյա Թայմս*-ում:
48. Հին, *Վեր կաց և բժշկվի՛ր*, 32:
49. Ուիլյամ Լոբդել, «Բժշկության գինը», *Լոս Անջելես Թայմս*, 27 հուլիսի, 2003 թ., http://www.trinityfi.org/press/latimes02.html:
50. Հարիս, «Բեննի Հին. «Ես դա չէի անի փողի համար»»:
51. Բեննի Հին, *Փառք Տիրոջը*, TBN, 29 դեկտեմբերի, 2002 թ.:
52. Լոբդել, *Կորցնելով իմ կրոնը*, 185–86:
53. Հին, *Օծություն*, 95:
54. Մայք Թոմաս, «Զորությունը և փառքը», 12:
55. Հենք Հանեգրաաֆ, *Քրիստոնեությունը ճգնաժամի մեջ* (Յուջին, Օր. Բերքի տուն, 1993), 341:
56. Էնթոնի Թոմաս, մեջբերումը՝ «Արդյո՞ք հրաշքներ իրականում տեղի են ունենում» գրքում: *Կիրակի առավոտ*, CNN, 15 ապրիլի, 2001թ., <http://transcripts.cnn.com/TRANSCRIPTS/0104 /15/sm.13.html>:
57. Ռոբին Ֆին, «Ուզում եք պաթոս, ցավ և քաջությո՞ւն. դարձե՛ք իրական», *Նյու Յորք Թայմս*, 15 ապրիլի, 2001 թ., http://www.nytimes.com/2001/04/15/tv/cover-story-want-pathos-pain-and-courage-get-real.html:
58. Հին, *Բժշկության հրաշքը*, 53:
59. Դ. Ռ. ՄաքՔոնել, *Տարբեր Ավետարան* (Պիբոդի, Մասաչուսեթս. Հենդրիքսոն, 1995), 151:
60. Հին, *Բժշկության հրաշքը*, 69:
61. Ֆիշեր, *Բենի Հինի շփոթեցնող աշխարհը*, 222:
62. Բոբ ՄաքՔեուն, «Դուք հավատո՞ւմ եք հրաշքներին»: *Հինգերորդ իշխանություն* (Կանադական հեռարձակման կորպորացիա), http://www.cbc.ca/fifth/main_miracles_multimedia.html:
63. Ֆիշեր, *Բենի Հինի շփոթեցնող աշխարհը*, 224:
64. Հին, *Նա հպվեց ինձ*, 184:

65. Բենի Հին, Օռլանդոյի քրիստոնեական կենտրոնի հեռարձակում, TBN, 9 դեկտեմբերի, 1990 թ.:
66. Նույն տեղում:
67. Տես Ֆիշեր, *Բենի Հինի շփոթեցնող աշխարհը*, 7:
68. Բենի Հին, *Փառք Տիրոջը*, TBN, 6 դեկտեմբերի, 1990 թ.:
69. Իհարկե, վերածննդի և փրկության հրաշքը գերբնական գործ է, որն Աստված անում է մինչ օրս:

Գլուխ 9. Սուրբ Հոգին և փրկությունը

1. Ա.Վ. Թոզեր, *Գիտելիք սրբության մասին* (Նյու Յորք. ՀարփերՔոլինս, 1978), 1.
2. Չարլզ Սփերջեն, «Պարակլետ», Մետրոպոլիտեն Թաբերնաքլի ամբիոն, h. 18 (Լոնդոն. Պասմոր և Ալաբաստր, 1872), 563:
3. Իր *Սիստեմատիկ աստվածաբանության* մեջ (Գրանդ Ռափիդս. Զոնդերվան, 2000թ.), Ուեյն Գրուդեմը թվարկում է «Փրկության կարգը» հետևյալ կերպ. (1) Ընտրություն (Աստծո ընտրությունը այն մարդկանց, որոնք կփրկվեն), (2) Ավետարանի կոչը (Ավետարանի ուղերձի հռչակումը), (3) վերածնունդ (վերստին ծնվել), (4) դարձ (հավատք և ապաշխարություն), (5) արդարացում (ճիշտ իրավական դիրք), (6) որդեգրում (Աստծո ընտանիքին անդամակցություն), (7) սրբացում (կյանքի ճիշտ վարք), (8) հարատևություն (Քրիստոնյա մնալը), (9) մահ (Տիրոջ հետ լինելը) և (10) փառավորում (հարության մարմին ստանալը): Ընդունելով Գրուդեմի կարգը՝ մենք տեսնում ենք, որ ընտրությունը տեղի է ունեցել հավերժական անցյալում: Ավետարանի կանչը տեղի է ունենում այս կյանքում, քանի որ մեղավորները դատապարտված են Աստծո խոսքի կողմից: Վերածնունդը, դարձը, արդարացումը և որդեգրումը տեղի են ունենում միասին փրկության պահին: Առաջադիմական սրբացումը սկսվում է փրկությունից և շարունակվում է հավատացյալի ողջ կյանքի ընթացքում: Հավատացյալների համար մահը բերում է անմիջապես դրախտ մըտ-

նելու և մեղքի դեմ ցանկացած պայքարի ավարտ: Վերջապես, հավատացյալի հարության մարմնի ընդունումը բերում է եկեղեցու հափշտակությունը: Փրկության այս ասպեկտներից յուրաքանչյուրում գործում է Սուրբ Հոգին: Մեր նպատակն այս գլխում մանրամասն վերլուծություն տալը չէ, թե ինչն են աստվածաբաններն անվանում *ordo salutis* (*փրկության կարգը*): Ավելի շուտ, այն պետք է ընդգծի մի շարք ուղիներ, որոնցով Հոգին հատուկ գործում է Իր սրբերի փրկության շուրջ:

4. Անդրեաս Ջ.Կոստենբերգեր, *Հովհաննեսը Բեյքերի Նոր Կտակարանի էկզեգետիկ մեկնաբանության մեջ* (Գրանդ Ռափիդս. Բեյքեր, 2004), 471:
5. Արթուր Վ. Փինք, Սուրբ Հոգին (Գրանդ Ռափիդս. Բեյքեր, 1970), գլ. 15, http://www./books/pink/Holy_Spirit/spirit_15.htm:
6. Մեկնաբաններից մեկը եռամիասնական Աստծո մասնակցությունը փրկությանը բացատրեց հետևյալ կերպ. «Մեր փրկությունը ներառում է Աստվածության բոլոր երեք Անձանց (Եփ. 1.3–14; 1 Պետ. 1.2): Դուք չեք կարող փրկվել առանց Հոր ընտրող շնորհի, Որդու սիրառատ զոհաբերության և Հոգու համոզմունքի և վերածննդի ծառայության»:(*Ուորեն Վիրսբե, Վիրսբեի Աստվածաշնչի մեկնաբանություն. Նոր Կտակարան* [Կոլորադո Սփրինգս. Դեյվիդ Գ. Կուկ, 2007], 460):
7. Թոմաս Գուդվին, *Թոմաս Գուդվինի գործերը, հ. 8, Հավատքի արդարացման առարկան և գործողությունները* (Էդինբուրգ: Ջեյմս Նիկոլ, 1864), 378–79:

Գլուխ 10. Հոգին և սրբացումը

1. Մաhեշ Չավդա, *Լեզուներով խոսելու թաքնված ուժը* (Շիպենսբուրգ, Պ.Ա. Ճակատագրի պատկեր, 2011), 44:
2. Մերեդիտ Բ. Մակգուայր, *Ապրած կրոն* (Օքսֆորդ.Օքսֆորդի համալսարանի հրատարակչություն, 2008), 253n63. Մակգուայրը բացատրում է, որ 1990-ականների «Տորոնտոյի օրհնությունը» ցուցադրել է «Սուրբ Հոգու օրհնության հզոր, անմիջական փորձառությունը,

որը դրսևորվում է «Հոգու պարգևներով», ինչպիսիք են հիստերիկ ծիծաղը, ցնցումները, լեզուներով խոսելը, պարելը, «հոգով սպանված լինելը» և հաճախ ուղեկցվում է ներքին բժշկության կամ վերափոխման խորը զգացումով»:
3. Սենդի Դևիս Քըրք, *Խոցված սերունդը* (Չեմբերսբուրգ, Պ.Ա. էԳեն, 2013), 63:
4. Ուիլյամ Էլվուդ Դևիս, *Քրիստոնեական պաշտամունք* (Բլումինգթոն, Ին. Հեղինակային տուն, 2004), 99–100:
5. Ֆրենկ Սայզեր, Նրա ներկայությամբ (Շիպենսբուրգ, Պ.Ա. Ճակատագրի պատկեր, 2007), 102:
6. Պատրիսիա Քինգ, «Հանդիպում Երկնային թագավորության հետ», *Հզոր Հանդիպումներ* (Մարիկոպա, AZ: XP, 2011), 116:
7. Ուեսլի Քեմփբել, *Ողջունելով Սուրբ Հոգու այցը* (Լեյք Մերի, Ֆլորիդա: Խարիզմա տուն, 1996), 24:
8. Բենի Հին, *Բարի լույս, Սուրբ Հոգի* (Նեշվիլ: Թոմաս Նելսոն, 1990), 103:
9. Բենի Հին, *Նա հպվեց ինձ* (Նեշվիլ: Թոմաս Նելսոն, 1999), 83:
10. Քենեթ Հեյգին, «Ինչո՞ւ են մարդիկ ընկնում իշխանության տակ»: (Տուլսա. Հավատքի գրադարան, 1983), 4–5, 9–10: Հեյգինը պատմում է ինչպես մի կնոջ մասին, որը երեք օր արձանի պես կանգնել է, այնպես էլ մեկ այլ կնոջ մասին, որը թռավ բեմից: Այդ մասին ավելին իմանալու համար տես 7-րդ գլուխը իմ *«Խարիզմատիկ քաոս»* գրքում (Գրանդ Ռապիդս. Զոնդերվան, 1992):
11. Ինչպես Ռոն Ռոդսն է բացատրում. «Շատերը, որոնք հավատում են այս երևույթին, սիրում են մեջբերել որոշ հատվածներ՝ ի աջակցություն դրա, ինչպիսիք են Ծննդոց 15.12–21, Թվոց 24.4, 1 Թագ. 19.20 և Մատթեոս 17.6: Բայց ամեն դեպքում, նրանք կարդում են իրենց սեփական միտքը տեքստի միջոցով» (Ռոն Ռոդս, *5-րոպեանոց ապոլոգետիկա այսօրվա համար* [Յուջին, Օր. Բերքի տուն, 2010], 222):
12. *Հոգեգալստական և խարիզմատիկ շարժումների բառարան* (Գրանդ Ռապիդս. Զոնդերվան, 1988), 790. Մեջբերումը՝ Հենք Հանեգրաաֆ, *Աստվածաշնչի պա-*

պատասխանների գիրք (Նեշվիլ: Թոմաս Նելսոն, 2004), 82:

13. Մենք կարող ենք ավելացնել, որ այն հատվածներում, որտեղ արձանագրված է նրանց անկման ուղղությունը, նրանք, ովքեր ընկան Աստծո փառքի առաջ, ընկան իրենց երեսի վրա (Հես. 5.14; Թվ. 22.31; Դատ. 13.20): Եզ. 1.28; 3.23; 43.3; 44.4): Նրանք չեն ընկել դեպի հետ, որպեսզի մեջքի հետևում դրվեր մեկը, որը «կբռներ» նրանց: Սրա միակ բացառությունը կարող են լինել այն զինվորները, որոնք ձերբակալել են Հիսուսին Հովհ. 18.6-ում: Բայց նրանք անհավատներ էին՝ սարսափելի հանցագործության մասնակիցներ. հետ քաշվելու և գետնին ընկնելու նրանց փորձառությունը դժվար թե օրինակ լինի քրիստոնյաների համար:
14. Խարիզմատիկները հաճախ մատնանշում են որոշ ֆիզիկական դրսևորումներ, որոնք տեղի են ունեցել Մեծ արթնության ժամանակ՝ որպես իրենց ժամանակակից պրակտիկայի նախադեպ: Այդ առիթով Էրվին Լյուցերը պատասխանում է. «Չկա՞ն արդյոք դեպքեր, երբ մարդիկ «հոգով սպանվել են» անցյալ արթնությունների ժամանակ: Հաշիվները, որոնք մեզ հասել են Ջոնաթան Էդվարդսի և Ջոն Ուեսլիի ժամանակներից, հաճախ օգտագործվում են արդարացնելու ներկա երևույթները, որոնք այդքան հաճախ դիտվում են հեռուստատեսությամբ: Այո, կան տարատեսակ «դրսևորումների» մասին հաղորդումներ, բայց հիշեք, որ (1) շատերը, ովքեր «ընկել են», դա արել են մեղքի խորը համոզմամբ, և (2) վերածննդի ներկայացուցիչները ոչ միայն ձախողել են այդ պրակտիկան, այլև կարծում են, որ այդ դեպքերը հաճախ շեղվում են բուն Ավետարանի ուղերձից: Եվ (3) այս դրսևորումները տեղի չեն ունեցել այն պատճառով, որ մարդկանց հուզել է մի ավետարանիչ, որը նրանց հոգևոր զորության ցնցում է տվել: Վերջապես, (4) երբեք այս դրսևորումները չեն արվել հանրային ցուցադրության համար՝ քաջալերելու ուրիշներին ունենալ նույն փորձը», (Էրվին Վ. Լյուցեր, *Ո՞վ ես դու, որ դատես* [Չիկագո: Մուդի, 2002], 101–2):

15. Հանեգրաաֆ, *Ասփվածաշնչի պափասխանների գիրք*, 83:
16. Ռիչարդ Ջ. Գեհման, *Աֆրիկյան ավանդական կրոնը աստվածաշնչյան փեսանկյունից* (Նայրոբի, Քենիա. Արևելյան Աֆրիկայի կրթական հրատարակիչներ, 2005), 302:
17. Ռոբ Դացկո և Քեթի Դացկո, *Կառուցելով կամուրջներ Հոգով լցված քրիստոնյաների և Վերջին օրերի սրբերի միջև* (Սադբերի, MA: eBookit!, 2011), 82:
18. Նույն տեղում, 83:
19. Ռոդս, *5 րոպեանոց ապոլոգետիկա այսօրվա համար*, 222:
20. Մայքլ Բրաուն, *Ինչ է պատահել Աստծո զորությանը* (Շիպենսբուրգ, Պ.Ա. Ճակատագրի պատկեր, 2012), 69:
21. Ջ. Լի Գրեդի, *Սուրբ Հոգին չի վաճառվում* (Գրանդ Ռափիդս. Ընտրված գրքեր, 2010), 47–48:
22. Ինչպես ես բացատրել եմ մեկ այլ տեղ. «Նոր Կտակարանում յոթ հիշատակումներ կան Հոգով մկրտության վերաբերյալ: Հատկանշական է, որ այս հղումները բոլորն էլ ինդիկատիվ տրամադրության մեջ են: Դրանցից ոչ մեկը հրամայական կամ նույնիսկ հորդորական բնույթ չունի: ... Հիմնական բանը, որը պետք է հասկանա յուրաքանչյուր քրիստոնյա, այն է, որ Պողոսը երբեք չի ասել. «Մկրտվի՛ր Հոգով»: Հավատացյալներն արդեն Հոգով մկրտվել են Քրիստոսի մարմնում, ինչպես Պողոսը պարզ ասաց 1 Կորնթացիս 12.13-ում: Երկրորդ շնորհքի գործ չկա: Չկա լրացուցիչ փորձ»(Ջոն ՄաքԱրթուր, *Խարիզմատիկները* [Գրանդ Ռափիդս. Լեմփլայթեր, 1978], 189, 191):
23. Կարևոր է հիշել, որ աստվածաշնչյան պատմությունը միշտ չէ, որ նորմատիվ է: Այսպիսով, ավետարաններում և Գործք Առաքելոցում կատարված հրաշքների պատմությունները պետք է ընկալվեն որպես *նկարագրական, ոչ թե հրահանգիչ*, ինչը նշանակում է, որ դրանք արձանագրում են առաջին դարում տեղի ունեցածի եզակի պատմությունը և նպատակ չունեն օրինաչափություն ուրվագծելու հավատացյալների հետագա սերունդների համար: (Ինչպես տեսանք 6-րդ գլխում,

առաքյալների ներկայությունը եկեղեցում եզակի հատկանիշ էր, որը սահմանափակվում էր առաջին դարով:) Նոր Կտակարանի նամակներն, այնուամենայնիվ, մեզ հրահանգում են լցվել Հոգով: Իսկ Եփեսացիս գրքում Պողոս առաքյալը մեզ հստակ ասում է, թե ինչպես է այդ ամենը տեղի ունենում մեր կյանքում:

24. Հավատացյալները պետք է քայլեն կյանքի նորությամբ (Հռ. 6.3–5), մաքրությամբ (Հռ. 13.13), գոհունակությամբ (1 Կոր. 7.17), հավատքով (2 Կոր. 5.7), բարի գործերով (Եփ. 2:10), Ավետարանին արժանի ձևով (Եփ. 4.1), սիրով (Եփ. 5.2), լույսով (Եփ. 5.8–9), իմաստությամբ (Եփ. 5.15–16), քրիստոսանմանությամբ (1 Հովհ. 2.6) և ճշմարտությամբ (3 Հովհ. 3–4):
25. Տեր Հիսուս Քրիստոսի երկրային ծառայության ժամանակագրական ուսումնասիրության համար տես ավետարանների իմ ուսումնասիրությունը՝ *Մեկ կատարյալ կյանք* վերնագրով (Նեշվիլ: Թոմաս Նելսոն, 2013):
26. Այն փաստը, որ Հոգով լցված Տեր Հիսուսն Ինքը երբեք չի դրսևորել տարօրինակ վարքագիծ, որը հաճախ դրսևորում են խարիզմատիկները, գոնե մեզ համար պետք է հաստատի այն փաստը, որ այս ենթադրյալ փորձառությունները Աստծո Հոգուց չեն:

Գլուխ 11. Հոգին և Սուրբ Գիրքը

1. Լարի Սթոուն, *Աստվածաշնչի պատմությունը* (Նեշվիլ: Թոմաս Նելսոն, 2010 թ.), 65, շեշտն ավելացված է:
2. Վաղ եկեղեցու հայրերի՝ *sola Scriptura*-ի սկզբունքին նվիրվածության խորը հետազոտության համար տես Ուիլյամ Վեբսթեր, Սուրբ Գրություն, հ. 2 (Բաթլ Գրաունդ, Վ.Ա. Քրիստոնեական ռեսուրսներ, 2001):
3. Բրայան Ա. Գերիշ, Եկեղեցու իշխանը (Ֆիլադելֆիա: Ամրոց, 1984), 25:
4. 1968 թվականի մարտի 8-ի հոդվածը Թայմ-ում, որը վերնագրված էր «Աստվածաբանություն. անսահմանության համը», http://www.time.com/time/magazine/article/0,9171,899985,00.html Շլայերմախերի մոտեցումն

ամփոփվում է հետևյալ խոսքերով. «Եթե Աստված մեռած չէ, ինչպես կարող է մարդն ապացուցել, որ ապրում է: Ռացիոնալ ապացույցները չեն կարող համոզել թերահավատին: Միայն Աստվածաշունչն է հեղինակություն համոզված հավատացյալի համար, ապաառասպելականացված տիեզերքն այլևս մատնացույց չի անում անտեսանելի արարչի: Պատասխան մոտեցումներից մեկը, որն ավելի ու ավելի է գրավում ժամանակակից բողոքական մտածողներին, կրոնական փորձառության անհերքելի ապացույցն է. մարդկանց ինտուիցիան կախվածության մեջ է Աստծուց: Այս խորաթափանցության հանրաճանաչությունն իր հերթին բերում է աստվածաբան Ֆրիդրիխ Շլայերմախերի ուսումնասիրությանը, որն առաջին անգամ մշակել է այն որպես քրիստոնեական հավատքի հիմք»:

5. Աստծո խոսքի գերագույն իշխանության մասին ավելին տես Ջոն ՄաքԱրթուր, *2 Տիմոթեոսը ՄաքԱրթուրի Նոր Կտակարանի մեկնաբանության մեջ*, նշումներ 2 Տիմոթեոս 3.16-ից:
6. Վերցված՝ Ջոն ՄաքԱրթուր, *Հուդան ՄաքԱրթուրի Նոր Կտակարանի մեկնաբանության մեջ*, Հուդա 3:
7. Մարտին Լյութեր, *Լյութերի աշխատությունները*, հ. 23, խմբ. Յարոսլավ Պելիկան (Սենթ Լուիս. Կոնկորդիա, 1959), 173–74:
8. Նույն տեղում, հ. 36, 144:
9. Բառը նաև դրված է սեռական հոլովով, քերականական կառուցվածք, որն օգտագործվում է աղբյուրը կամ ծագումը նշելու համար:
10. Մարտին Լյութեր, մեջբերումը՝ Համաձայնության բանաձևի հիմնավոր հայտարարությունը, 2.20–22. Մեջբերումը՝ *Եռագլուխ համաձայնություն. Ավետարանական լյութերական եկեղեցու խորհրդանշական գրքերը. գերմաներեն-լատիներեն-անգլերեն* (Սենթ Լուիս. Կոնկորդիա, 1921):
11. Տես. Թոմաս Ուոթսոն, *Պուրիտանական ոսկե գանձարան*, համ. Ի Դ. Է. Թոմաս (Կարլայլ, ՊԱ. Ճշմարտության դրոշակ, 2000), 143. Ուոթսոնը գրել է. «Բնական մարդը կարող է հիանալի պատկերացումներ ունենալ

աստվածության մասին, բայց Աստված պետք է սովորեցնի մեզ իմանալ Ավետարանի խորհուրդները հոգևոր ձևով: Մարդը կարող է տարբերել պատկերները, բայց նա չի կարող ասել, թե ինչպես է անցնում օրը, քանի դեռ արևը չի շողում. այնպես որ, մենք կարող ենք շատ ճշմարտություններ կարդալ Աստվածաշնչում, բայց մենք չենք կարող ճանաչել դրանք փրկարար կերպով, քանի դեռ Աստված Իր Հոգով չի փայլել մեր հոգու վրա: ... Նա ոչ միայն հայտնում է այդ ամենը մեր մըտքին, այլ հակում այն մեր կամքին»:

12. Չարլզ Սփերջեն, *Մեկնություն և մեկնաբանություններ* (Լոնդոն. Շելդոն, 1876), 58–59:
13. Պուրիտան Ռիչարդ Բաքսթերն արտահայտեց այդ ճըշմարտությունը այս սթափ նախազգուշացմամբ. «Հոգու գործն է ոչ թե ասել ձեզ Սուրբ Գրքի իմաստը և տալ ձեզ աստվածային գիտելիք՝ առանց ձեր սեփական ուսումնասիրության և աշխատանքի, այլ օրհնել այդ ուսումնասիրությունը և դրանով ձեզ գիտելիք տալ: ... Հրաժարվել Հոգու բավարարությամբ ուսումնասիրությունից նշանակում է մերժել հենց Սուրբ Գիրքը»: (Ռիչարդ Բաքսթեր. *Պուրիտանական ոսկե գանձարան*, համ. Ի Դ. Է. Թոմաս [Կարլայլ, Պ.Ա. Ճշմարտության դրոշակ, 2000], 143):
14. Չարլզ Սփերջեն, «Մեր ամենակարող առաջնորդը», քարոզ թիվ. 2465 (քարոզվել է 1896 թվականի մայիսի 17-ին), http://www.ccel.org/ccel/spurgeon/sermons42.xx.html: Մեկ այլ տեղ Սփերջենն ավելացրել է. «Ավետարանի մեջ եղած զորությունը քարոզչի պերճախոսության մեջ չէ, այլապես մարդիկ հոգիների փոխակերպիչներ կլինեին, ոչ էլ քարոզչի ուսուցման մեջ է, այլապես այն բաղկացած կլիներ մարդկանց իմաստությունից: Մենք կարող ենք քարոզել այնքան ժամանակ, քանի դեռ մեր լեզուն չի փտել, մեր թոքերը չեն հյուծվել, և չենք մահացել, բայց երբեք ոչ ոք դարձի չի գա, եթե Սուրբ Հոգին Աստծո խոսքի հետ չլինի՝ զորություն տալու Նրան, որպեսզի դարձի բերի հոգիները». (Չարլզ Սփերջեն, «Ընտրություն. պաշտպանությունն ու ապա-

ցույցները» [1862 քարոզ], http://www.biblebb.com/files/spurgeon/2920.htm):

15. Այս կետի մասին ավելին տես գլուխ 4-ում: Պետք է նշել, որ ոչ բոլոր նրանք, ովքեր հավատում են արտասովոր խարիզմատիկ պարգևների շարունակականությանը, նման պնդումներ կանեն: Ես շնորհակալ եմ այն պահպանողական ավետարանական շարունականներին, որոնք խիստ դիրքորոշում են արտահայտել այս հարցում: Ջոն Փայփերը բացարձակապես ճիշտ է, երբ բացատրում է. «Հոգին ներշնչեց խոսքը և հետևաբար Նա գնում է այնտեղ, ուր Բանն է գնում: Որքան շատ Աստծո խոսք իմանաք և սիրեք, այնքան ավելի շատ կզգաք Աստծո Հոգուն»: (Ջոն Փայփեր, Ցանկանալով Աստծուն [Քոյրեր, Օր. Մուլթնոմա, 1996], 127): Բոբ Քաուֆլինը նմանապես գրել է. «Մեր եկեղեցիները չեն կարող առաջնորդվել Հոգով, քանի դեռ դրանք չեն սընվում Աստծո խոսքով: Եկեղեցին, որն իր երկրպագության մեջ կախված է Հոգու զորությունից, նվիրված կլինի Աստծո խոսքի ուսումնասիրությանը, հռչակմանը և կիրառմանը իր անձնական և ժողովական երկրպագության մեջ: Խոսքն ու Հոգին երբեք նախատեսված չէին բաժանվելու: Իրականում Աստծո Հոգին է, որ ներշնչել է Աստծո խոսքը: ...Աստծո Հոգին և Նրա խոսքը միասին են» (Բոբ Քաուֆլին, *Երկրպագությունը կարևոր է* [Ուիթոն, ԻԼ. Քրոսվեյ, 2008], 89–90):

16. Չարլզ Սփերջեն, «Անսխալականություն. որտեղ գտնել և ինչպես օգտագործել այն», *Մետրոպոլիտեն Թաբերնաքլի ամբիոն*, հ. 20 (Լոնդոն. Պասմոր և Ալաբաստր, 1874), 698–99, 702:

Գլուխ 12. Բաց նամակ իմ շարունակական ընկերներին

1. Բոբ Կաուֆլին, *Երկրպագությունը կարևոր է* (Ուիթոն, ԻԼ. Քրոսվեյ, 2008), 86:
2. Ջոն Փայփերը Դեյվիդ Սթերլինգի հետ հարցազրույցում, «Զրույց Ջոն Փայփերի հետ», *Ճեպազրույցը*, Հոկտեմբերի 27, 2011, <http://matthiasmedia.com/briefing/2011/10/a-conversation-with-john-piper/>:
3. Դ. Ա. Քարսոն, *Հոգին ցույց տալով* (Գրանդ Ռափիդս. Բեյքեր Բուքս, 1987), 85–86:
4. Ջոն Փայփեր, «Ինչ է լեզուներով խոսելը», առցանց տեսանյութ՝ ձայնագրված 2012 թվականի դեկտեմբերին, տեղադրվել է Դեյվիդ Մաթիսի կողմից, «Փայփերը մարգարեության և լեզուների մասին», *Ցանկանալով Աստծուն* (բլոգ), հունվարի 17, 2013, http://www.desiringgod.org/blog/posts/piper-on-prophecy-and-tongues:
5. Մարկ Դրիսկոլի աղմկահարույց մարգարեությունների մասին ավելին տես Ֆիլ Ջոնսոն, «Պոռնոգրաֆիկ գուշակություն», Պիրոմականներ (բլոգ), օգոստոսի 15, 2011, http://teampyro.blogspot.com/2011/08/pornographic-divination.html:
6. Ջոն Փայփերի հարցազրույցը Դեյվիդ Սթերլինգի հետ:
7. Ուեյն Գրուդեմ, *Սիստեմատիկ աստվածաբանություն* (Գրանդ Ռափիդս. Զոնդերվան, 1994), 640:
8. Սեմ Սթորմսի՝ Մայք Բիքլի և KCP-ի հետ կապի վերաբերյալ, տես Մայք Բիքլ, *Աճելով մարգարեության մեջ* (Մարիա լիճ, Ֆլորիդա. Խարիզմա տուն, 2008), 120–21:
9. Տես. Սեմ Սթորմս, «Երրորդ ալիքի տեսարան», *Հրաշք նվերների չորս տեսակետ*, խմբ. Ուեյն Գրուդեմ (Գրանդ Ռափիդս: Զոնդերվան, 1996), 207–12:
10. Տես. Ուեյն Գրուդեմ, *Մարգարեության պարգևը* (Ուիթոն, ԻԼ. Քրոսվեյ, 1988):
11. Ջոն Փայփերի հարցազրույցը Դեյվիդ Սթերլինգի հետ:
12. Ջոն Փայփեր, «Ինչ է մարգարեության պարգևը Նոր ուխտում», առցանց տեսանյութ՝ ձայնագրված 2012 թվականի դեկտեմբերին, տեղադրվել է Դեյվիդ Մաթի-

սի կողմից, «Փայփերը մարգարեության և լեզուների մասին», *Յանկանալով Աստծուն* (բլոգ), հունվարի 17, 2013, http://www.desiringgod.org/blog/posts/piper-on-prophecy-and-tongues:

Հավելված. Ձայներ եկեղեցու պատմությունից

1. Հովհաննես Ոսկեբերան, *քարոզներ 1 Կորնթացիների մասին*, 36.7. Ոսկեբերանը մեկնաբանում է 1 Կորընթացիս 12.1–2 հատվածները և ներկայացնում ամբողջ գլուխը: Մեջբերված Ջերալդ Բրեյից, խմբ.,1–2 Կորնթացիս, Սուրբ Գրությունների հին քրիստոնեական մեկնաբանություն (Դաուներս Գրոուվ, ԻԼ. ԻնտերՎարսիթի, 1999), 146:
2. Օգոստինոս, *Հովհաննեսի առաջին նամակի քարոզներ*, 6.10. Մեջբերվում է Ֆիլիպ Շաֆից, *Նիկիական և հետնիկիական հայրերը*, 1-ին սերիա (Պիբոդի, ՄԱ. Հենդրիքսոն, 2012), 7:497–98:
3. Օգոստինոս, *Մկրտության մասին. Դոնատիստների դեմ*, 3.16.21. Մեջբերվում է Ֆիլիպ Շաֆից, NPNF, 1-ին սերիա, 4:443: Տես նաև *Պետիլյանի նամակները, Դոնատիստը*, 2.32.74:
4. Թեոդորետ Կյուրոսացի, *Կորնթացիներին ուղղված առաջին նամակի մեկնություն*, 240, 243; հղում անելով 1 Կորնթացիս 12.1, 7. Մեջբերումը՝ Բրայ, 1–2 Կորնթացիս, ACCS, 117:
5. Մարտին Լյութեր, *Գաղատացիս 4-ի մեկնություն*, թարգմ. Թեոդոր Գրեբներ (Գրանդ Ռափիդս. Զոնդերվան, 1949), 150–72: Սա Գաղատացիս 4.6-ի Լյութերի մեկնաբանությունից է:
6. Մարտին Լյութեր, *Լյութերի աշխատությունները*, h. 23, խմբ. Յարոսլավ Պելիկան (Սենթ Լուիս. Կոնկորդիա, 1959), 173–74:

7. Մարտին Լյութեր, *Լյութերի աշխատությունները*, հ. 36, խմբ. Յարոսլավ Պելիկան (Սենթ Լուիս. Կոնկորդիա, 1959), 144:
8. Ջոն Կալվին, *Մատթեոսի, Մարկոսի և Ղուկասի ավետարանների ներդաշնակությունը*, Կալվինի մեկնաբանությունները, թարգմ. Ա Վ. Մորիսոն (Գրանդ Ռափիդս, Զոնդերվան, 1972), III. 254: (Այս մեկնաբանությունը վերաբերում է Մարկոս 16.17-ին):
9. Ջոն Կալվին, *Քրիստոնեական կրոնի ինստիտուտներ*, 1536 հրատ., թարգմ. Ֆորդ Լյուիս Ճակատամարտեր (Գրանդ Ռափիդս. Զոնդերվան, 1986), 159:
10. Ջոն Օուեն, *Ջոն Օուենի աշխատությունները*, խմբ. Ուիլյամ Հ.Գոլդ (ներկ. Էդինբուրգ. Ճշմարտության դրոշակ, 1981), 4.518:
11. Թոմաս Ուոթսոն, *Երանիները* (Էդինբուրգ. Ճշմարտության դրոշակ, 1994), 14:
12. Մեթյու Հենրի, *Մեթյու Հենրիի մեկնաբանությունը ամբողջ Աստվածաշնչի վերաբերյալ* (Հին Թափպան, Նյու Ջերսի. Ֆլեմինգ Հ. Ռևել, առանց ամսաթվի), 6.567: Այս մեկնաբանությունը Հենրիի ներածական խոսքում է 1 Կոր. 12.1–11:
13. Նույն տեղում, 4:ix. Այս մեկնաբանությունը Հենրիի նախաբանում է, Հին Կտակարանի մարգարեների վերաբերյալ իր մեկնաբանության մեջ:
14. Ջոն Գիլ, *Գիլի մեկնաբանությունը* (Գրանդ Ռափիդս. Բեյքեր Բուքս, 1980), VI:237. Գիլը մեկնաբանում է 1 Կոր. 12.29-ը:
15. Ջոնաթան Էդվարդս, *Բարեգործությունը և դրա պտուղները* (Նյու Յորք. Ռոբերտ Քարվեր և եղբայրներ, 1854), 447–49:
16. Նույն տեղում: 42–43:
17. Ջեյմս Բյուքենան, *Սուրբ Հոգու պաշտոնը և աշխատանքը* (Նյու Յորք. Ռոբերտ Քարվեր, 1847), 67:
18. Ռոբերտ Լ. Դաբնի, «Առաջնորդարանը սխալմունք է», *Քննարկումներ. Ավետարանական և աստվածաբանական* (Ռիչմոնդ, Վ.Ա. Հրապարակման պրեսբիտերական կոմիտե, 1891), 2:236–37:

19. Չարլզ Սփերջեն, քարոզ «Պարակլետը» վերնագրով, Հոկտեմբերի 6, 1872, *Մետրոպոլիտեն Թաբերնաքլի ամբիոն* (Փասադենա, Տեխաս. Պիլիգրիմ հրատարակություններ, 1984), 18.563: Շեղատառերը՝ բնօրինակից:
20. Չարլզ Սփերջեն, քարոզ «Վերջնական հաստատակամություն» վերնագրով, 20 ապրիլի, 1856 թ. *Նոր զբոսայգու փողոցի ամբիոն* (Փասադենա, Տեխաս: Պիլիգրիմ հրատարակություններ, 1981), 2.171:
21. Չարլզ Սփերջեն, քարոզ «*Սուրբ Հոգին սպանալով*» վերնագրով, 1884թ. հուլիսի 13, *Մետրոպոլիտեն Թաբերնաքլի ամբիոն* (Փասադենա, Տեխաս. Պիլգրիմ հրատարակություններ, 1985), 30:386:
22. Չարլզ Սփերջեն, քարոզ «Քրիստոսի Համբարձումը» վերնագրով, 1871 թվականի մարտի 26, *Մետրոպոլիտեն Թաբերնաքլի ամբիոն* (Փասադենա, Տեխաս. Պիլիգրիմ հրատարակություններ, 1984), 17:178:
23. Չարլզ Սփերջեն, «Առաջ». *Համակողմանի ծառայություն* (Կարլայլ, Պ.Ա. Ճշմարտության դրոշակ, 2000), 55–57:
24. Ջորջ Սմիթոն, *Սուրբ Հոգու վարդապետությունը* (Էդինբուրգ. Տ և Թ Քլարկ, 1882), 51:
25. Աբրահամ Կույպեր, *Սուրբ Հոգու գործը*, թարգմ. Անրի Դե Վրիս (Նյու Յորք. Ֆանկ և Վագնալս, 1900), 182:
26. Վ.Գ.Տ. Շեդդ, *Դոգմատիկ աստվածաբանություն* (Նյու Յորք. Չարլզ Սկրիբների որդիները, 1888), 2:369:
27. Բենջամին Բ. Ուորֆիլդ, *Կեղծ հրաշքներ* (Նյու Յորք. Չարլզ Սկրիբների որդիները, 1918), 6:
28. Արթուր Վ. Փինկ, *Ուսումնասիրություններ Սուրբ գրություններում* (Լաֆայետ, Ին. Ինքնիշխան Շնորհք, 2005), 9:319:
29. Դ. Մարտին Լլոյդ-Ջոնս, *Քրիստոնեական միասնություն* (Գրանդ Ռափիդս. Բեյքեր, 1987), 189–91:

Ցանկ

A

Ահարոն, որդիները, ix
ABC News, 62
Աբիուդ, ix–xi
պատասխանատվություն
խարիզմատիկ շարժման, 73
առաջնորդների, 65
Ադեբոյե, Ենոք, 14
Աֆրիկա
Խարիզմատիկ շարժման աճ, 14
դիվահարություն, 201 թ
Հոգեգալստականներ, 270n55
Ագաբոս, 296n19
կանխատեսում Պողոսի մասին, 121–123
ալկոհոլիզմ, 63
Ալեքսանդր, Փոլ, 266n26, 268n44
Ալեն, Ջոն Թ., 14, 285n62
Անանիաս, xi
Անդերսոն, Ալլան, 49, 267n32
Անդերսոն, Ռոբերտ Մեյփս, 23
հրեշտակներ, լեզուներ, 147–148
Անգելուս տաճար (Լոս Անջելես), 29
Անգլոիսրայելականություն, 26
Անկերբերգ, Ջոն, 270n60
օծում, 202
նեռ, 48

ոգին, 45, 46
հակագերբնականություն, 216
առաքյալներ. Տես նաև Պողոս (առաքյալ); Պետ. (առաքյալ) որպես եկեղեցական գրասենյակ
վերականգնելու փորձեր, 89
իշխանությունը, 94–96
աստվածաշնչյան չափանիշները, 91–100
եփեսացիս 4.11–13 և 100–102
Հիսուսի լիազորությունը որպես առաջնորդներ, 95
եկեղեցու առաջնորդներին պիտակավորելով որպես, 17
Նոր առաքելական շարժման կատեգորիաներ, 88
Պողոսը որպես վերջին, 93–94
վերադարձ, 85
առաքելականություն
գրասենյակ ընդդեմ նվերի, 103
դադարեցման նշանակությունը, 102–103
առաքելական եկեղեցի, Ղուկասի պատմությունը,140
Առաքելական հավատքի շարժում, 21, 24
Ուխտի տապանակ, 274n30
Աստծո սպառագինություն, 208
Ասիա
Խարիզմատիկ շարժման աճ, 14
Հոգեգալստականներ, 270n55
Աստծո ժողովներ, 61
Օգոստինոս, 98, 252–253
լեզուներով խոսելու մասին, 139
իսկականություն, վերածննդի, 34–35
իշխանություն, առաքյալների, 94–96
Ազուսայի փողոցի վերածնունդ
(Լոս Անջելես, 1906– 1909), 25, 32, 77, 275n41, 291n64

B
Բելքեր, Ջիմ, 6, 62
մկրտություն, 19, 203, 307n22
Բարաքման, Ֆլոյդ Հ., 280n14
Բարսեղ Կեսարացի, 98 թ
Բաքսթեր, Ռիչարդ, 308n13
Բաքսթեր, Ռոնալդ, 42

հավատ առ Աստված, Շլայերմախերի հիմքը, 216
Բենեթ, Դենիս, xv, 134
Բենթլի, Թոդ, 6, 7, 64, 265n10
Բերիա, 125
Բերգունդեր, Մայքլ, 275n41
Բեթելի Աստվածաշնչի ինստիտուտ, 29, 271n1
Աստվածաշունչը. Տես Սուրբ Գիրք
Աստվածաշնչի ուսումնասիրություն, շղթայական հղման
գաղափար, 271n1
աստվածաշնչյան ճշմարտություն, 71
մատենագիր, 219
Բիկել, Բրյուս, 52
Բիքլ, Մայք, 109–111
Բլեքաբի, Հենրի, Աստծո փորձառություն, 115
հայհոյանք, xi, xiii, xvi
Բոյս, Ջեյմս Մոնտգոմերի, 45
Բոնկե, Ռայնհարդ, 14
Բրենթ, Չադ, 65
Բրանհեմ, Ուիլյամ, 30
Բրենթ, Փեթեր, 3–4
Բրաուն, Քենդի Գյունթեր, 268n43
Բրաուն, Ռոդնի Հովարդ, 7
Բրյուս, Ֆ.Ֆ., 148
Բրուներ, Ֆրեդերիկ Դելլ, 71–72, 293n27
Բյուքենան, Ջեյմս, 257
Հոգով լցված կամուրջների կառուցում
Քրիստոնյաները և Վերջին Օրերի Սրբերը (Datsko
և Դացկո), 51
Բայնում, Խուանիտա, 63, 133
Բիրն, Ռոնդա, Գաղտնիքը, 8

C
Քեյն, Փոլ, 63, 240–241
Կալիֆորնիայի ոսկու տենդ, 55
Գողգոթայի մատուռ, 60
Քելվին, Ջոն 214, 254–255
Քեմբրիջի ուղեկից գիտության և Կրոն, 135
Սուրբ Գրքի կանոն, որպես փակ, 96

կանոնականություն, վարդապետություն, 95

Կարեռ, Ջոն, 63

Կաթոլիկ խարիզմատիկ նորացում, 49. Տես նաև
Հռոմի կաթոլիկ եկեղեցի Քեֆ, Մայքլ, 280n15

դաղարապաշտություն, 96

դաղարողներ, պահարան, 233–234

քաոս, խարիզմատիկ պաշտամունքի մեջ, 75, 76

Խարիզմա ամսագիր, 5, 65, 202

Խարիզմատիկ կաթոլիկական ծառայություններ, 283n42

Խարիզմատիկ քաոս (MacArthur), 115

խարիզմատիկ կեղծիք, հավատքի հիմք
համակարգ, 217–218

Խարիզմատիկ շարժում, xi, xii, 263n2

հեթանոսական գաղափարների կլանում, 264n7

հայտնի հովիվներ, 5

քաոս երկրպագության մեջ, 75

Հոգևոր զորությունը սրբացնելու մասին պնդումները, 5

ընդունմման պահանջ, xiv

վարդապետության նսեմացում, 74

խմբագրական քննադատական, 3–4

որպես ավետարանական, 70

որպես կեղծ եկեղեցի, xvi

աճը, 31–32

օրինականության պատրանք, 234–237

ազդեցություն, 113

պետք է դիմակայել շփոթությանը, 238

և Սուրբ Գրքի առաջնայնությունը, 218

մարգարեներ, 130

որակագրկված հովիվների սահմանափակում, 65

սկանդալներ, 5, 205

ներսում անկեղծ մարդիկ, 81

Հոգեկենտրոն ընդդեմ Քրիստոսակենտրոն
եկեղեցիներ, 42–43

միավորող հատկանիշ, 48

խարիզմատիկ մարգարեություն, Volz on, 127

Խարիզմատիկ նորացման շարժում, xv, 32, 72,
134, 263n2

խարիզմատիկ հեռուստավետարանիչ, կերպար, 58

խարիզմատիկ աստվածաբանություն, 113

վնաս՝ xv–xvi-ից թերություն ներսում, 16

որպես «տարօրինակ կրակ», 247

Chauncy, Charles, Seasoned Thoughts on the
Կրոնի փոփ Նոր Անգլիայում, 32

Չեսնուտ, Ռ. Էնդրյու,283n47

Չn, Դեյվիդ Յոնգի, 14, 281n25

«ընտրված մարդիկ», 26

Քրիստոս. Տես Հիսուս Քրիստոսին

Քրիստոսակենտրոն խարիզմատիկ եկեղեցիները
ընդդեմ. Հոգեկենտրոն, 42–43

«Քրիստոնեական կատարելություն», 27

Քրիստոնեական գիտություն, 28, 31

Քրիստոնեություն, ազատական, 217

Քրիստոնեությունն այսօր, 5, 15

Քրիստոսանմանություն, աճ, 211

եկեղեցի կեղծ մարգարեներ առաջին դարում, 125 թ

Աստծո պարգևները առաջին դարին, 237–238

Թեսաղոնիկեցիները դիմեցին ժամանակակից, 126

միասնություն՝ հիմնված աստվածաշնչյան
հավատարմության վրա ճշմարտություն, 101

եկեղեցու հայրեր, գրվածքներ, 97

եկեղեցու հիմքը, առաքյալները և, 96–97 թթ

Կենդանի Խոսքի եկեղեցի, 69

Հավատքի քաղաք (հիվանդանոց), 112

դասական հիսունականություն, 263n2

ընդդեմ «ներպենտեկոստալ», 14

Կլիմենտ Հռոմի, 98 թ

փակ կանոն, 242

խորդանոց դաղարողներ, 233–234

Comedy Central, The Daily Show, 8

պայմանական անմահություն, 25–26

Պոլիս, ժողով (381), 50

սպառողականություն, 15

արհամարհանք, վերաքերվել Աստծուն, xi

շարունակականություն, 96, 231–248

վտանգը, 234–247

ժամանակակից մարգարեության մասին, 234

Քուփլենդ, Քենեթ, 9, 11, 14, 30, 47, 48, 64, 282n34, 301n3
Կորնթոս, 82
Կոռնելիոս, 140
կոռուպցիա, խարիզմատիկ աստվածաբանությունից, xvi
Cottrell, Jack, 290n52
Կոստանդնուպոլսի ժողով (381), 50
Նիկիայի ժողով (325), 50
Քոքս, Հարվի, համաշխարհային աճի մասին
Պենտեկոստալիզմ, 268n47
«Արարում և ձևավորում» (քարոզ), 26
Criswell, W.A., լեզուների մասին, 137
Կրաուչ, հունվարի 13
Քրաուչ, Փոլ, 9–10, 11, 63

D

Դաբնի, Ռոբերտ, 257–258
Դալլասի աստվածաբանական ճեմարան, 263n4
Դացկո, Քեթի, 201
Հոգով լցված կամուրջների կառուցում
Քրիստոնյաները և Վերջին Օրերի Սրբերը, 51
Դացկո, Ռոբ, 201
Հոգով լցված կամուրջների կառուցում
Քրիստոնյաները և Վերջին օրերի սրբերը, 51
Դավիթ, xiii, 219
Դևիս, Ջորջ, 265n14
Դեյթոն, Դոնալդ Վ., 279n7
սարկավագները՝ որպես հետառաքելական
եկեղեցու առաջնորդներ, 97–99 թթ
մահապատիժ կեղծ մարգարեների համար, 108, 109
Դիր, Ջեք, 69, 109, 240
դիվային գործունեություն, 6
սատանա, ճշմարտության խեղաթյուրում, 41
ԴեՅանգ, Քևին, 43
Հիսունականների և խարիզմատիկների բառարան
Շարժումներ, 200
խորաթափանցություն, 73
անարգանք Տիրոջը, xi

Աստծո Հոգու տարբերակիչ նշանները
(Էդվարդս), 32–35, 286n67
Աստվածային ինստիտուտներ (Lactantius), 97
աստվածային դատաստան, xi
աստվածային հայտնություն, 68
մարգարեական խոսքերում, 123–124
ամուսնալուծություն, 65
Դոկետիզմ, 40, 46
Դոլար, Կրեֆլո 11, 30, 47–48, 64, 282n32
Դուլիթլ, Չարլզ, 87
du Plessis, Դավիթ, 91

E

Արևելյան կրոններ, 202
հիացական խոսք, 236
էկումենիզմ, 244
խարիզմատիկ, 50–51
Էդդի, Մերի Բեյքեր, 28
Էդգար, Թոմաս, 103, 142–143, 149, 279n7.
Էդվարդս, Ջոնաթան, 32–33, 39, 40–41, 46,
53, 57, 74, 256–257, 290n50, 306n14
սիրո կեղծ ձևի մասին, 79
Ստեղծագործության տարբերակիչ նշանները
Աստծո Հոգին, 32–35, 286n67
Կրոնական հակումներ, 278n74
երեցները՝ որպես հետառաքելական եկեղեցու
առաջնորդներ, 97–99
Էմերսոնի հռետորական քոլեջ (Բոստոն), 28, 276n46
Հոգեբանության և կրոնի հանրագիտարան, 135
Լուսավորչական ռացիոնալիզմ, 216
Լուսավորիչ մտածողներ, 215
ձեռնարկատիրական կապիտալիզմ, 269n53
էպիկյուզի (մեկնաբանություն), 223
Թուղթ Անտիոքացիներին (Իգնատիոս), 98
Թուղթ Մագնեսացիներին (Իգնատիոս), 97
բարոյական վարքագիծը հասարակության մեջ,
քրիստոնեություն և,217
Եվրոպա, հիսունականներ, 270n55

Եվսեբիոս, 98
Ավետարանական շարունակողներ, 231
և խարիզմատիկ հարց, 232
ավետարանականություն, 113
Խարիզմատիկ շարժում, ինչպես, 70
mainstream, xiv
համբավ, 6
չար նյութական տիեզերքի, 40
հոգևոր համակարգ, 57
փորձը իշխանությունը, xvi
մարդու սխալականություն, 70
ընդդեմ ճշմարտության, 73
Զգալ Աստծուն (Blackaby and King), 115
փործառական քրիստոնեություն, 71–72
արտաամուսնական հարաբերություններ, 64
արտաբիբլիական հայտնություն, 113, 115, 116

F

Ֆեյսբուք, լեզուներ-խոսք, 133
հավատք, 285n63
Հավատքի բժշկողներ, 30
հավատքով բուժողներ, 81
որպես ծայրահեղականներ, 13
սխալ մարգարեություն, 119
պահանջելով որպես օրինական, 128
սուտ առաքյալներ, 90
կեղծ եկեղեցի, խարիզմատիկներ, ինչպես, xvi
կեղծ մարգարեություն, 109, 220–221
Երեմիայի նախազգուշացումների մասին, 131
և Սուրբ Գրքի անսխալականություն, 111–118
սուտ մարգարեներ, 105, 240
մահապատիժ՝ 108, 109
սխալներ 108, 109-ից
առաջին դարի եկեղեցում, 125 թ
Հիսուսը, 199 թ
Նոր Կտակարանի պատասխանը, 105–107, 222
Հին Կտակարանի Իսրայելում, 125
կեղծ ուսուցիչներ, 82

Նոր Կտակարանի նախազգուշացումների մասին, 37
Ֆարնել, Դեյվիդ, 120
պահք, 110
զգացում, Աստծո Հոգին որպես, 5
Սուրբ Հոգով լցված, 203–206
Ֆլետչեր, Ջոն, 279n7
ուժ, Աստծո Հոգի, ինչպես, 5
Ֆորդ, Էնոք Լոնի, 63
օտար լեզուներ, միսիոներների կարիքը
սովորել, 22–23
խարդախություն, 5
Նոր առաքելական բարեփոխում, 89–91
ոգին, 8–12
Ֆրիսբի, Լոննի, 60–61
Ֆրիսբի. Հիպիի կյանքն ու մահը
Քարոզիչ (ֆիլմ), 60
Սահմանային վերածնունդ, 277n63
Հոգու պտուղ, 58, 74, 280n15
Հոգով լցված քրիստոնյաներից, 204
Ֆուլեր աստվածաբանական ճեմարան, xv, 51–52, 86

G

Գաֆին, Ռիչարդ, 148
Ջի, Դոնալդ, 43, 280n12
Գեհման, Ռիչարդ Ջ., 201
Գեյսլեր, Նորմ, 137–138, 142
genos (հունարեն՝ տեսակներ), 141
Հոգու պարգևները. Տեսեք հոգևոր պարգևները
Գիլ, Ջոն, 256
գլոսոլալիա, 134–135, 143, 149, 244, 272n12,
299n17. Տես նաև լեզուներով խոսելը
ժամանակակից արտահայտությունների վտանգ, 136–137
Աստված. Տես նաև Աստծո Խոսքը
մարգարեություններում արտացոլված բնավորություն, 124
ուղիղ հաղորդակցություն՝ 113–114-ի կողմից
անպատվաբեր, xiii
մեծարում, xiv
ժամանակակից հաղորդակցություն, 117

որոնել հաճոյանալու համար, 205
Գոֆ, Ջեյմս Ռ., 25, 272n6
ոսկե հորթ, xiv
Գորդոն, Ա.Ջ., 28
Գորման, Մարվին, 62
Հիսուս Քրիստոսի ավետարանը, ճշմարտությունը, 48
Ավետարանի ճշմարտությունը (TV), 11
շնորհք, 26
Գրեդի, Ջ. Լի, 5, 65, 134, 202
Գրասլի, Չակ, 64
Մեծ արթնություն, 32, 80, 277n63, 306n14
Հունահռոմեական առեղծվածային կրոններ, էքստատիկ արտահայտություններ, 150
ագահություն, 15
Ավետարան, 11
Գրուդեմ, Ուեյն, 93, 96, 99, 114–115, 121–122 թթ
Համակարգային աստվածաբանություն, 304n3
Գուլիելմուչի, Մայքլ, 64

H

Հեյգի, Ջոն, 65
Հագարդ, Թեդ, 6, 63
Հեյգին, Քենեթ, 6–7, 30, 282n35, 301n3
Համոն, Բիլ, 109
Հանեգրաաֆ, Հենք, 201
Հարիս, Ֆրեդերիկ, 26
Հեյֆորդ, Ջեք, 23, 41, 64
բուժիչ պարգև, 237, 245–246
շարունակականություն և, 234
առողջության և հարստության բարգավաճման ավետարան, 15–16
Հենրի, Մատթեոս, 43, 255–256
հերետիկոսություններ, 47
հարձակվող, 40
glossolalia as, 137
հերետիկոսական եզրային խմբեր, էքստատիկ խոսք և, 137

hermeneuo (մեկնաբանություն), 141

Հին, Բենի, 7, 13, 30, 64, 282n34, 301n7

մարգարեություններ, 111–112

արձագանքը բուժիչ ծախսողումներին, 169, 266n24

սպանության մասին, 198–199 թթ

Հին, Սյուզան, 8

Հոքեն, Փիթեր, 284n49

սրբություն, Սուրբ Հոգի և, 66

Սրբազան շարժում, 27, 271n5, 275n43

Հոլինգեր, Դենիս, 30

Սուրբ Հոգի, xii

մկրտություն, 19

Աստվածաշնչի ուսմունքները, 9

ներկայության խարիզմատիկ նկարագրությունը, 6

անպատվաբեր, xi, xiv, 5–8, 246–247

ազդեցության ապացույցներ, 56

լցված, 203–206 թթ

ուշադրության կենտրոնացումը Հիսուսի վրա, 39–52, 280n13

պտուղը, xviii

պատվում՝ հարգելով Սուրբ Գիրքը, 228–230 թթ

Սուրբ Գրությունների ներշնչանք, 222–224

անտեսում, xii

Նրա ծառայության նպատակն ու զորությունը, xvi

վերահայտնագործում, xii–xiv

պատասխանատվություն, 4

ճշմարիտ ծառայություն, xvii–xviii

բռնի հարձակումներ և, 6–7

և կույս ծնունդ, 209

Աստծո Խոսք և, 246, 309n15

Սուրբ Հոգին և Համաշխարհային Ավետարանչությունը համագումար, 49

միասեռական հարաբերություններ, 60, 63, 64

պատիվ, առաքյալների պաշտոնը, 99–100

«Հորիզոնական առաքյալներ», 88

Հորներ, Ռ. Ք., 275n44

Հորթոն, Մայքլ, 10
Հյուսթոն Դեյլի Փոսթ, 26
Հյուզ, Սելվին, 280n18
մարդկային միտքը և տիեզերքը, 265n14

I-J

Իգնատիուս
Թուղթ անտիոքացիներին, 98
Թուղթ մագնեսացիներին, 97
լուսավորություն, 117, 226
Քրիստոսի պատկերը, որը համապատասխանում է, 44, 209–211, 228
մարմնացում, 40, 278n1
Անկախ եկեղեցական շարժում, xv
Հնդկաստան, հիսունականներ և խարիզմատիկներ, 58
ինտելեկտ և երկրպագություն, 75–76
Աստվածաշնչի միջազգային խարիզմատիկ ծառայություններ, 63
Միջազգային քառակուսի եկեղեցի
Ավետարան, 60
Առաքյալների միջազգային կոալիցիա, 87–88
Խարիզմատիկների միջազգային միություն
Եկեղեցիներ, 63
մեկնաբանություն (էպիլյուսիս), 223
մեկնություն (հերմենևո), 141
նվեր, 142
միջցեղային ամուսնություն, ջրհեղեղ՝ որպես պատասխան, 26
Իրենեոս, 97
Յակոբսեն, Դուգլաս, 32
Ջեյքս, Տ. Դ., 13, 15
Հակոբոս (առաքյալ), 88
Յանց, Ստեն, 52
Եհովայի վկաներ, 128
աշխարհի կանխատեսումների վերջը, 129
Ջենկինս, Ֆիլիպ, 59
Հիսուս կանչող (Երիտասարդ), 116
Հիսուս Քրիստոս

առաքյալներին որպես առաջնորդների լիազորում, 95
կոչ աշակերտներին, 52
համապատասխան պատկերին, 44, 209–211, 228
տարիքի ավարտին՝ 106
վեհացնող, 39–52
սուտ մարգարեների մասին, 199
Սուրբ Հոգու մասին, xii
շեշտադրման անհրաժեշտություն, 279n11
և Սուրբ Հոգու զորությունը, 210
աղոթքի մասին, 244
Սուրբ Հոգու խոստում, 223
Երկրի վրա ժամանակի պատճառը, 11–12
Լեռան քարոզ, 37
տեսիլքներ, 46–47
Հիսուսի շարժում, 60
Հովհաննես (առաքյալ), 38
աշխարհիկության պախարակում, 57
սուտ մարգարեների մասին, 57
Ջոն Քրիզոստոմ, 98, 139, 252
Հովհաննես Պողոս II (Պապ), 49
Հովհաննես Մկրտիչ, աշակերտներ, 140
Ջոնս, Քենեթ Դ., 8, 42
Ջոնսոն, Նաիլ, 61
Ջոնս, Բոբ, 62, 109–111, 240
«Հովվի գավազան», 295n5
Ջոնս, Դեյվիդ, 15–16
Ջոյներ, Ռիկ, 112–113

K-L

Կանզաս Սիթի Մարգարեներ, 239
Կանզաս Սիթի Թայմս, 22
Կաուֆլին, Բոբ, 309n15
Քեյ, Ուիլյամ, 50
Քիթլի, Ջ.Հեմփթոն, 280n13
Քենյոն, Էսեկ Ուիլյամ, 28–31, 276n46
Քենյոնի օդային եկեղեցի(ռադիոհաղորդում), 29
Թագավոր, Կլոդ, զգալ Աստծուն, 115
«թագավորության հարաբերություններ», 63

Կու Կլյուքս Կլան, 26
Կույպեր, Աբրահամ, 259–260
Լակտանտիուս, Աստվածային ինստիտուտներ, 97
Լեյքլենդի վերածնունդը, 7
Լեմբ, Մարկուս, 289n37
լեզուներ, նվեր է. Տես նաև ներս խոսելը
լեզուները
ընդհանուր հարցեր նվերի մասին, 143–154
նպատակը, 143–144
լեզուներ, խոսել այլ լեզուներով, 20
Լատինական Ամերիկա
Խարիզմատիկ շարժման աճ, 14
Հոգեգալստականներ, 270n55
Վերջին Օրերի Սրբեր, 51. Տես նաև Մորմոնիզմ
Վերջին անձրևի շարժում, 90
Լոուսոն, Սթիվ, 42
լեսբիական ցանկություններ, 63
Լիարդոն, Ռոբերթս, 63
ազատական քրիստոնեություն, 217
ազատականություն, աստվածաբանական, 215, 217
փոքրիկ աստվածներ, 11, 48
Լլոյդ-Ջոնս, Դեյվիդ Մարտին, 44, 261
եփեսացիների մասին, 117–118
Լոնգ, Էդդի, 64
Լոս Անջելես Դեյլի Թայմս, 24
Լոս Անջելես Թայմս, 10, 63
սեր, 206
էդվարդսը կեղծ ձևի մասին, 79
Աստծո և ուրիշների համար, 74–80
Ղուկասը, որպես Գործք Առաքելոց գրող, 140
սուտ մարգարեների ցանկությունները, 107
Լյութեր, Մարտին, 79, 214, 222, 225, 253–254, 293n28
Լուցեր, Էրվին, 306n14

M

ՄաքԼարեն, Ալեքսանդր, 281n24
ՄաքՆաթ, Ֆրենսիս, Հոգով հաղթահարված, 201 թ

խելագար կովի հիվանդություն, 87
հիմնական ավետարանականություն, xiv
Մարսդեն, Ջորջ, 32
Մարտի, Մարտին Ֆ., 21
Մերի, 12
Ֆիթեր Մասթերս, 12, 77
նյութական բարգավաճում. Տես նաև բարգավաճման
ավետարանը
կեղծ ավետարան, 8
Քենյոն, 30
նյութապաշտություն, ավետարան, 11
ՄակՔլենդոն, Քլարենս, 62–63
Մակգուայր, Մերեդիտ Բ., 305n2
Մաքֆերսոն, Էմի Սեմփլ, 29, 60
բժշկական բուժում, մերժում, 24
Վենետիկի վաճառականը (Շեքսպիր), 55
Մեսմերիզմ, 31
մետաֆիզիկական գիտությունների պաշտամունքեր, 28
Մեթոդիստական եկեղեցի, 271n5, 275n44, 277n63
Կանզաս Սիթիի, Մետրո խաղողի այգու
ընկերակցություն,111
Մետրոպոլիտեն Թաբերնաքլ (Լոնդոն), 77
Մայեր, Ջոյս, 15, 64, 134, 271n65
Միլլեր, Ուիլյամ, 128
միտք, դատարկություն, 77–78
առաքյալների հրաշագործ նշաններ, 92
մոդալիզմ, 50
Մոնտանուս, 107
Մուր, Դեյվիդ, 23, 41
Մորմոնիզմ, 107, 128, 201–202
խարիզմատիկ, 73
Օսթին, 51
Մորնինգսթար ծառայություններ, 112
Մովսես, 106–107
Մոտե, Բայրոն, 76
Մուհամմադ, 107
Մանրո, Մայլս, 11
խարիզմատիկ պաշտամունքի միստիկան, 78

N

Նադաբ, ix–xi
Նանյես, Ռիկ Մ., 280n12
Ազգային հարցախույզ, 64
Ազգային սիմպոզիում հետդոմինացիոնալ եկեղեցու վերաբերյալ, 86
«նեո-հիսունականություն» ընդդեմ դասական հիսունականության, 14
Նոր դարաշրջանի մարգարեներ, սատանայական կանխատեսումներ, 127
Նոր առաքելական շարժում, կատեգորիաներ «առաքյալ», 88
Նոր առաքելական ռեֆորմացիա, 86
որպես խարդախություն, 89–91
Նոր Ուխտ Մկրտիչ եկեղեցի, 29
նոր ստեղծագործություններ, 208, 228
Նոր Անգլիայի վերածնունդ, 32
Նոր Երուսաղեմ, Հովհաննես, 99 թ
Նոր կյանք եկեղեցի (Կոլորադո Սփրինգս), 63
Նոր Կտակարանի եկեղեցի, 119
Նոր Կտակարանի մարգարեներ, 118
ընդդեմ Հին Կտակարանի մարգարեների, 119
Նոր Կտակարան, ճշգրտության չափանիշ մարգարեներ, 126
Նոր մտքի մետաֆիզիկա, 31
Ամանոր 1901, աղոթքի ծառայություն, 19–20
Նյումեն, Ջո, 274n30
Նիկիա, ժողով (325), 50
Նիկոդեմոս, 225
Նիգերիայում, հիսունականները և խարիզմատիկները, 58
Նոլան, Քենեթ Լ., 136, 298n14
Հյուսիսային Ամերիկա, հիսունականներ, 270n55
Նունեզ, Էմիո Անտոնիո, 283n44

O-P

օկուլտիզմ, հոգով սպանված երևույթ
և, 201

Oդուել, Ալբերտ, 289n37
Հին Կտակարան Իսրայել, կեղծ մարգարեներ, 125
Հին Կտակարանի մարգարեներ, 118, 120
ընդդեմ Նոր Կտակարանի մարգարեների, 119
փորձարկում, 124
Ojսեն, Թեդ, 15, 269n54
Միասնության եկեղեցիներ, 284n49
Միասնական Պենտեկոստալիզմ, 13, 50
«Փրկության կարգը», 304n3
ուղղափառություն, փորձարկման մարգարեություն
հիմնված, 124
Oութին, Ջոել, 10, 15, 50–51
Հոգով հաղթահարված (MacNutt), 201
Oուեն, Ջոն, 255
Oգման, Ագնես, 20, 21, 251, 272n7
և խոսելով լեզուներով, 85, 135–136
Պաչե, Ռենե, 16–17
Փաքեր, Ջ.Ի., 43
հեթանոսական պաշտամունք, ընդդեմ լեզուներով
խոսելու, 4
Փարհամ, Չարլզ, 20, 21, 22, 27, 60, 77
և խարիզմատիկ համակարգ, 31
վարդապետություններ, 25–26
ամուսնություն, 26
միսիոներական աշխատանքի պլաններ, 22–23
անձնական բնավորությունը, 24–25
և լեզուներով խոսելը, 135–136
հայացքներ հավիտենական կյանքի մասին, 274n32
Ֆերիշ, Արչի, 34–35
Պատեն, Դեյվիդ Չ., 128
Պողոս (առաքյալ), 70–71, 98, 126
Ագաբոսի կանխատեսումը, 121–123
Հոգով լցված օրինակներ, 205
որպես վերջին առաքյալ, 93–94
տարբեր լեզուների վրա, 141
կեղծ ուսուցիչների նախազգուշացում, 37, 106
Փոլկ, Էրլ, 63, 267n29
Հոգեգալստական օտար լեզուներ, որոնք խոսում են,

138–139 թթ

Պետ.ը լցված է Հոգով, 204

Պենտեկոստալ-խարիզմատիկ շարժում, xvi

Պենտեկոստեական շարժում, xii, xiv–xv

սկիզբ, 20

հուզական փորձառությունը, xv

ծեռնարկատիրական կառուցվածք, 271n64

եկեղեցական ծառայության բացահայտում, 4

պատմություն, 72

որպես ժողովրդական կրոն, 268n46

հարցեր սկզբի մասին, 27

որպես աղքատների կրոն, 286n2

Ընդհանուր մասնակիցներ ամբողջ աշխարհում՝ 15

Պերսի, Մարտին, 290n44

հռետեսունություն, 29

Պետ. (առաքյալ), 86, 98, 120

սուտ մարգարեների մասին, 106

Հոգով լցված, 204

Փիթեր Փոփոֆի ծառայություններ, 62

Փյու Ֆորում, 14

Փարիսեցիներ, xi, 225

Ֆիլիպիններ, հիսունականներ և խարիզմատիկներ 58-ում

Ֆիլիպս, Դեն, 45

Phillips, John, 285n66

ֆիզիկական բուժում, 26

Փինք, Արթուր Վ., 260–261

Փայֆեր, Ջոն, 309n15

պնևմատոլոգիա, 279n7

Պոլմա, Մարգարետ Մ., 76

Փոփոֆ, Փիթեր, 61–62

պոռնոգրաֆիայի կախվածություն, 64

«Աստծո խոսքի դրական խոստովանություն», 29

աղոթք, 68

խոսելով լեզուներով որպես, 150–151

ոգով, 135

գուշակություններ, մարգարեության պարգև և 107

հանդուգն մարգարեություն, 108–109

Գին, Ֆրեդ, 9
հպարտություն, 110
մասնավոր աղոթքի լեզու, 133, 243–245
առաջադեմ սրբացում, 304n3
մարգարեություն, 69
Աստծո բնավորությունը արտացոլված է, 124
շարունակականություն և, 234
սխալական, 119
նվեր, 141
իմաստը, 121
փորձարկում, 121
ճշմարիտ, 128
մարգարեական Խոսք, հոչակագիր, 126
մարգարեներ
Խարիզմատիկ շարժման, 130
աստվածային հայտնություն
արտահայտություններով, 123–124
եկեղեցու առաջնորդներին պիտակավորելով որպես, 17
տեսակները, 118–123
բարգավաճման ավետարան, 9, 15, 268n44, 269n48, 269n54, 285n62, 285n66
շարունակողներ և, 232
կարիքն ու ագահությունը մեջ, 266n26
խնդիր, 16–18
բարգավաճման քարոզիչներ, 81
որպես ծայրահեղականներ, 13
բարգավաճման աստվածաբանություն, 58–59, 78
Բողոքական եկեղեցիները, xv
Բողոքական Ռեֆորմացիա, 79, 213–214, 293n27

Q-R

հարցեր ժամանակակից խարիզմատիկ փորձարկման համար
Շարժում, 39
Քրիստոս բարձրացավ, 39–52
Սուրբ Հոգին ուղղորդում է սուրբ գրություններին, 66–71 թթ

Սուրբ Հոգու առաջնահերթությունը մարդկանց
մատնացույց անելու համար Հիսուսին, 41–45
Աստծո և ուրիշների հանդեպ սեր առաջացավ,
74–80 թթ
հոգևոր շարժման դեմ
աշխարհապաշտություն, 56–66
Քուիմբի, Ֆինեաս Պ., 28, 30–31
ռասայական մոլեռանդություն, 26
Ռադմախեր, Էրլ, 289n43
Ռենդի, Ջեյմս, 61
ռացիոնալ վերահսկողություն, կորցնում, 77
բարեփոխված խարիզմատիկա, 231
Բարեփոխիչներ և Աստծո Խոսք, 219
Կրոնական հակումներ (Էդվարդս), 278n74
Հոգով հանգչող, 197
հարություն առավ Քրիստոսը, առաքյալը որպես
ֆիզիկական ականատես, 92
Քրիստոսի վերադարձ, սխալ մարգարեություններ,
128–129 թթ
հայտնություն
խարիզմատիկների պնդումը նորի վրա,
239–242 թթ
արտաասվածաշնչական, 113, 115, 116
պատկերացված, 69
ժամանակակից մարգարեություն, ինչպես, 243
նոր, եկեղեցու հիմնադրման տարիքի համար,
129–130 թթ
վերածնունդ, 6զմարիտը կեղծից տարբերելը, 34
Ռոդս, Ռոն, 202
Ռիգինս, Ս. Ջ., 22
Ռիչլ, Ալբրեխտ, 217
Ռոբինս, Ռ.Գ., 25
Ռոբերթս, Օրալ, 9, 30, 112, 301n3
Ռոբերթս, Ռիչարդ, 65
Հռոմի կաթոլիկ եկեղեցի, 217, 244
Խարիզմատիկ շարժում ներսում, 48,
72–73 թթ
կոռուպցիա և բարեփոխում, 215

վարդապետություն, 49
Ռոմանտիզմ, 216
Ռոմնի, Միթ, 51
Ռայլ, Ջ. Ք., 263n1

Տ

Սադուկեցիներ, 225
փրկություն, նպատակ, 211
Սամարին, Ուիլյամ, 134–135
սրբացում, xviii, 26, 56, 197, 206, 208,
210, 228, 275n43
Սուրբ Հոգու գործը 212 թ
առաջադեմ, 304n3
Սափիրա, xi
Սատանան, xi, xiii, 6, 34, 57, 69, 89, 220
կեղծ հրաշքներ ըստ, 107
ապագայի իմացություն, 127
և կրոնական հեռարձակում, 13
սատանայական ամբարտավանություն, 11
սատանայական կանխատեսումներ, Նոր
դարաշրջանի մարգարեների կողմից, 127
խարդախություններ, խարիզմատիկ աշխարհում, 5
սկանդալ, 60
սկանդալներ, 59–65
խարիզմատիկ աշխարհում, 5, 205
Շլայերմախեր, Ֆրիդրիխ, 215–217
Քրիստոնեական հավատք, 216
Կրոնի մասին. Ելույթներ նրա մշակութայիններին
Արհամարհողներ, 216
Գիտություն մտքի մասին, 31
Սուրբ գրություն. Տես նաև Սուրբ Գրությունների
առանձին ցուցիչ
հասկանալու կարողություն, 225
իշխանությունը, xvi
ժխտելով ճշտությունը, հեղինակությունը և
գերբնական կերպարը, 217
հաղորդագրության աղավաղում, 8
զորացած Սուրբ Հոգով, 226–228

որպես Աստծո անսխալական ինքնաբացահայտում, 223
Սուրբ Հոգին մարդկանց ուղղորդում է դեպի, 66–71
պատվելով Սուրբ Հոգուն՝ պատվելով, 228–230 թթ
լուսավորություն Սուրբ Հոգով, 224–226
անսխալականություն, սուտ մարգարեություն և, 111–118 թթ
ներշնչված Սուրբ Հոգով, 222–224
անհրաժեշտ է որպես վերջնական իշխանություն, 16–17
անտեսում, 115–116
մերժում, 229
բավարարություն, 69
որպես բավարար հեղինակություն, 116–117
Սիեթլի Աստվածաշնչի ինստիտուտ, 29
երկրորդ առաքելական դարաշրջան, 85, 89
Գաղտնիքը (Բիռն), 8
սերմ-հավատքի ծրագիր, 9
ինքնատիրապետում, 200
ինքնակազմակերպում, 78
ինքնագովազդում, ավետարան, 11
Յոթերորդ օրվա ադվենտիստներ, 128
սեռական բռնություն, 111
Սեյմուր, Ուիլյամ Զ., 20, 24–25, 27, 275n41
Շեքսպիր, Ուիլյամ, Վաճառականը
Վենետիկ, 55
Շեդդ, Ուիլյամ Գ. Թ., 260
Շումվեյ, Չարլզ, 272n13
Նշանների և հրաշքների շարժում, 60
Սիմոն Մագուս, xi
Sims, Timothy, 279n11
մեղքի պատարագ, x
մեղք, հավատացյալների համար կոտրված ուժ, 207
Սինայ, ix
Թերահավատի բառարան, 135
Հոգով սպանված, 197–203
վնասվածքներ ից, 264n2
Սմիտոն, Զորջ, 259
Սմիթ, Չակ, 60, 201
Սմիթ, Զոզեֆ, 51, 107, 128
սոցիալական ավետարան, 217

sola Scriptura (Միայն Սուրբ Գիրքը), 214, 242–243 թթ

Հարավային Աֆրիկա, հիսունականներ և խարիզմատիկներ 58-ում

Ճշմարիտ Աստծո գերիշխանությունը, 11

լեզուներով խոսելը, xv, 3–4, 19, 72, 133–154, 197, 236–237, 243–245, 269n54.

Օգոստինոս 139 թ

շարունակականություն և, 234

ակնկալիք բոլոր հավատացյալների համար, 144–146

ընդդեմ օտար լեզուների, 272n13, 273n14

նվեր, 27

ժամանակակից տարբերակը ընդդեմ աստվածաշնչյան նվերի, 136–143 թթ

ընդդեմ հեթանոսական պաշտամունքի, 4

Պողոսը դադարեցման մասին, 148–149

Պողոսը Աստծուն ուղղված խոսքի մասին, 149–150

Պողոսի հայտարարությունը Կորնթացիներին. 146–147 թթ

Հոգեգալստական խոսք, 133–154

որպես աղոթք, 150–151

Հոգեկենտրոն խարիզմատիկ եկեղեցիներ, ընդդեմ. Քրիստոսակենտրոն, 42–43

Հոգով լցված քրիստոնյաներ, 197

ինքն իրեն ճանաչել որպես, 56

որակները, 212

և Հոգով քայլելը, 207–209

Աստծո Հոգին. Տես նաև Սուրբ Հոգի

Էդվարդսը աշխատանքի մասին, 34

ընդդեմ խարիզմատիկի «Սուրբ Հոգի».

ուսուցում, xii–xiii

հոգևոր խորաթափանցություն, կարիք, 37

հոգևոր շնորհներ, 103, 144, 206

ցանկություն, 237

բաշխում, 145

եսակենտրոն մոտեցում, 79

հոգևոր շարժում, հակադրություն աշխարհապաշտություն, 56–66

«հոգևորություն», սահմանող, 60
Սփրուլ, Ռ. Ք. 34–35
Սփերջեն, Չարլզ, 130–131, 226, 227, 229, 258–259, 309n14
Սուրբ Մարկոս եպիսկոպոսական եկեղեցի (Վան Նույս, Կալիֆորնիա), xv
Ստեֆան, 225
Սթիվենս, Ջիմ, 87
Սթիվենս, Ջոն Ռոբերտ, 69
«տարօրինակ կրակ», 81, 202–203
խարիզմատիկ աստվածաբանություն ինչպես, 247
Նադաբի, xi
Սվագգարթ, Ջիմի, 6, 62
Շվեդաբորգություն, 31
Սվինդոլ, Չակ, 45
Հոգու սուրը, 227
Սինան, Վինսոն, 14, 20, 32, 87, 89, 271n1, 271n5
Համակարգային աստվածաբանություն (Գրուդեմ), 304n3

T

տելեյոն (կատարյալ, հասուն, ամբողջական), 148, 149
հեռուստաավետարանիչներ, խայտառակություն, 5–6
հեռուստատեսություն, խարիզմատիկություն, 8
Տերտուղիանոս, 97, 98
փորձարկում, 38–39
Պողոսի կողմից քաջալերված, 125
մարգարեանում է, 121
Թեոդորետ Կյուրոսի, 253 թ
աստվածաբանական լիբերալիզմ, 215, 217
թեոսոֆիա, 31
Թիգպեն, Թ.Պ., 49
Երրորդ ալիքի շարժում, xv, 239, 263n2
Թիզելթոն, Էնթոնի, 27
Թոմաս, Ռոբերտ, 148
Թիլթոն, Ռոբերտ, 62
Time ամսագիր, 64–65
լեզուները. Տես լեզուներով խոսելը

հրեշտակների լեզուները, 147–148, 300n30
Topeka Daily Capital, 21, 24
Topeka State Journal, 22
Տորոնտոյի օդանավակայանի քրիստոնեական
կրթաթոշակ, 76
«Տորոնտոյի օրհնություն», 305n2
Բաբելոնի աշտարակ, 139
Պայծառակերպություն, 70
Տրին, Ռալֆ Վալդո, 276n46
Երրորդական հիսունականներ, 284n49
Trinity Broadcasting Network, 7, 9, 13
Երրորդություն, վարդապետության ժխտում, 50
ճշմարիտ մարգարեություն, 128
ճշմարտություն, 118, 232
Քրիստոսի մասին՝ հաստատված Սուրբ Հոգով, 46–53
ճակատամարտի համար, 220
Քրիստոնեություն և, 130
անտեսել կամ խեղաթյուրել, 218
աղավաղում, 80
բարձրությունը, 71–74
ընդդեմ փորձի, 73

U-Y

ունիվերսալիզմ, 50
Վերին սենյակի խոսակցություն, 95
«Ուղղահայաց առաքյալներ», 88
Խաղողի այգու շարժումը, 60, 239, 292n74
բռնություն, Փարհամի հետևորդների կողմից, 24
կույս ծնունդ, Սուրբ Հոգի և, 209
Վոլց, Ֆրեդ Լ., խարիզմատիկ մարգարեության մասին, 127
Վագներ, Փիթեր, 7, 68, 85–89, 265n10
և առաքյալների որակավորումները, 93
սեփական «առաքյալության» ճանաչում, 86–87 թթ
Ուոլդրոն, Սամուել, 92, 120
Հոգով քայլելով, Հոգով լցված քրիստոնյաներ և, 207–209
Ուեր, Բրյուս, 44
Warfield, B. B., 148, 260
Վաշինգտոն Փոստ, 61

465

Դիտարանի ընկերություն, սխալ մարգարեություններ Քրիստոսի վերադարձ, 128–129

Ուրսուն, Թոմաս, 255

Ուիքս, Թոմաս Ունելի III, 63

Ունելդոն, Ջոն, 270n60

Ունելի, Ջոն, 306n14

Ունելեյան Սրբության նախապատմություն, 19

Վեստմինսթերյան հավատքի խոստովանություն, 116

Ունայթ, Էլեն Գ., 128

Ունայթ, Պաուլա, 64, 271n65

Ունայթֆիլդ, Ջորջ, 32

Վիքիպեդիա, 6

Ունիմբեր, Ջոն, 60, 61, 77, 239, 292n74

Ունմաք, Էնդրյու, 11

կանայք՝ որպես հովիվներ, 72

Նոր Կտակարանի արգել., 271n65

Վուդբրիջ, Ռասել, 15–16

Խոսք հավատքի շարժում, 30, 81, 269n51

աճը, 14–15

բարգավաճման ավետարան, 52

Հեռուստատեսային հարթակներ ուսուցիչների համար, 13

Աստծո Խոսք, 289n43. Տես նան Սուրբ Գիրք

լիազորություններից հրաժարվելը, 217

լիազորություն, 16

Սուրբ Հոգի և, 17, 206, 246, 309n15

մեծարում, 218–222

Ռեֆորմացիա, 213–214

Հավատքի աշխարհի վարդապետություն, 8–11

աշխարհիկություն

Հովհաննեսի դատապարտումը, 57

առաջխաղացում, 80

երկրպագություն, xi, 75–76

քաոս խարիզմատիկում, 75

Ռայթ, Քրիստոֆեր, 18

«գրել է լեզուներով», 24

Յանգ, Սառա, Հիսու կանչող, 116

YouTube, 6

Սուրբ Գրքի ցանկ

Ծննդոց 1.2, 182, 183

Ծննդոց 3.1, 220

Ծննդոց 3.4–5, 220

Ծննդոց 3.14–15, 220

Ծննդոց 6.3, 182

Ծննդոց 11, 139

Ծննդոց 15.12–21, 306n11

Ծննդոց 17.3, 200

Ելից 19.12, IX

Ելից 24.9–10, IX

Ելից 24.11, ժ

Ելից 32, xiv

Ղևտական 9.1, x

Ղևտական 9.24, x

Ղևտական 10.9, xi

Թվեր 11.16–24, IX

Թվեր 22–23, 107

Թվեր 23.6–12, 241

Թվեր 24.4, 306n11

Երկրորդ Օրինաց 4.2, 17

Երկրորդ Օրինաց 13, 240

Երկրորդ Օրինաց 13.1–5, 106, 120, 121, 124, 125.

Երկրորդ Օրինաց 13.3, 125

Երկրորդ Օրինաց 13.5, 220

Երկրորդ Օրինաց 13.10, 220

Երկրորդ Օրինաց 18, 109, 129, 240

Երկրորդ Օրինաց 18.20–22, 108, 120, 125.

Դատավորներ 15.14–15, 182

Դատավորներ 21.25, 73

1 Թագավորներ 19.20, 223, 306n11

2 Թագավորներ 23.2, 223

1 Թագավորներ 8.10–11, 200

1 Թագավորներ 18.19, 220

1 Թագավորներ 18.40, 220

Հռ 23.12, 228

Հռ 33.4, 224

Սաղմոս 1.1–3, 230

Սաղմոս 11.3, 217

Սաղմոս 51.6, 75

Սաղմոս 69.9, xiii

Սաղմոս 119, 228

Սաղմոս 119.18, 225

Սաղմոս 119.160, 117

Սաղմոս 138.2, 219

Առակներ 17.3, 38

Եսայիա 8.20, 124–125

Եսայիա 28.11–12, 141, 142

Եսայիա 30.9–13, 221

Եսայիա 30.10, 125

Եսայիա 55.11, 227

Եսայիա 59.21, 223

Եսայիա 63.10, 182

Երեմիա 5.29–31, 220, 221

Երեմիա 5.31, 125

Երեմիա 14.14–16, 125, 221

Երեմիա 23, 131

Երեմիա 23.21–22, 125

Եզեկիել 11.5, 223

Եզեկիել 11.24, 223

Եզեկիել 13.2–9, 125

Եզեկիել 13.3–9, 221

Եզեկիել 22.28, 125

Եզեկիել 36.26–27, 188

Դանիել 8.17, 200

Դանիել 10.8–11, 200

Հովել 2.23, 251

Հովել 2.28, 120

Միքիա 3.11, 125

Մատթեոս 3.16, 253

Մատթեոս 4.4, 209, 227

Մատթեոս 4.7, 209, 227

Մատթեոս 4.10, 209, 227

Մատթեոս 6.24, 165

Մատթեոս 7.15, 37, 125, 240

Մատթեոս 7.15–20, 35

Մատթեոս 7.20, 107

Մատթեոս 7.22, 199

Մատթեոս 7.22–23, 108

Մատթեոս 8.2–3, 165

Մատթեոս 8.4, 58, 165

Մատթեոս 8.14–15, 172

Մատթեոս 8.28–29, 163

Մատթեոս 9.1–8, 165

Մատթեոս 9.20, 172

Մատթեոս 9.22, 164

Մատթեոս 9.27–31, 165

Մատթեոս 9.30, 165

Մատթեոս 9.35, 163

Մատթեոս 3.8, 188, 189

Մատթեոս 10.1–2, 92

Մատթեոս 11.2–5, 163

Մատթեոս 12.15–21, 163

Մատթեոս 12.24, xi, xiii, 170

Մատթեոս 12.28, 209

Մատթեոս 14.13–14, 163

Մատթեոս 14.34–36, 163

Մատթեոս 14.36, 167

Մատթեոս 15.29–31, 163

Մատթեոս 16.4, 161

Մատթեոս 17.6, 200, 306n11

Մատթեոս 17.20, 168

Մատթեոս 19.2, 163

Մատթեոս 20.28, 58

Մատթեոս 20.29–34, 165

Մատթեոս 21.14, 165

Մատթեոս 22.37, 75

Մատթեոս 24.11, 106, 125

Մատթեոս 24.24, 106, 199

Մատթեոս 28.12–15, 225

Մարկոս 1.12, 209

Մարկոս 1.23–26, 163

Մարկոս 1.42, 171

Մարկոս 3.14, 92

Մարկոս 5.34, 164

Մարկոս 5.43, 165

Մարկոս 7.36, 58

Մարկոս 8.21, 168

Մարկոս 8.22–26, 165, 168, 172

Մարկոս 10.52, 164, 172

Մարկոս 12.36, 223

Մարկոս 13.22, 199

Մարկոս 16.9–21, 300n27

Մարկոս 16.18, 161

Մարկոս 16.20, 151

Ղուկաս 1.1–4, 170

470

Ղուկաս 1.35, 209

Ղուկաս 2.29–32, 124

Ղուկաս 3.5–6, 124

Ղուկաս 4.14, 209

Ղուկաս 6.13, 92

Ղուկաս 7.50, 164

Ղուկաս 8.48, 164

Ղուկաս 8.56, 58

Ղուկաս 9.23, 52

Ղուկաս 9.58, 58

Ղուկաս 10.20, 166

Ղուկաս 17.11–19, 163, 172

Ղուկաս 17.11–21, 165

Ղուկաս 18.13–14, 187

Ղուկաս 18.42, 164

Հովհ. 1.1, 223

Հովհ. 1.18, 223

Հովհ. 2.24, 162

Հովհ. 3, 186

Հովհ. 3.8, 188, 224

Հովհ. 3.10, 225

Հովհ. 3.18, 184

Հովհ. 4.23, 195

Հովհ. 4.24, 75, 77

Հովհ. 4.34, 209

Հովհ. 5.1–9, 165

Հովհ. 5.13, 163

Հովհ. 5.37–39, 225

Հովհ. 5.39, 67

Հովհ. 6.15, 166

Հովհ. 6.37, 187

Հովհ. 8.44, 220

Հովհ. 9.1–7, 172

Հովհ. 9.2–3, 165

Հովհ. 9.36, 163

Հովհ. 10.27–29, 192

Հովհ. 10.38, 174

Հովհ. 11.47–48, 170

Հովհ. 11.49–51, 241

Հովհ. 11.49–52, 107

Հովհ. 14.15, 57, 188

Հովհ. 14.17, 223

Հովհ. 14.25–26, 66

Հովհ. 14.26, 41–43, 95, 170, 223.

Հովհ. 15.18–25, 185

Հովհ. 15.26, 43, 66, 181, 210, 224.

Հովհ. 15.26–27, 95

Հովհ. 16.7, 184

Հովհ. 16.7–11, 48

Հովհ. 16.8–11, xviii, 67, 184

Հովհ. 16.9, 184

Հովհ. 16.12–15, 67, 95

Հովհ. 16.13, 74

Հովհ. 16.13–14, 43

Հովհ. 16.13–15, 224

Հովհ. 16.14, 41, 181, 210

Հովհ. 17.3, 189

Հովհ. 17.17, 117, 227

Հովհ. 18, 200

Հովհ. 18.1–11, 200

Հովհ. 20.22, 224

Հովհ. 20.30–31, 174

Գործք Առաքելոց 19, 119

Գործք Առաքելոց 1.2, 92

Գործք Առաքելոց 1.5–8, 92

Գործք Առաքելոց 1.15, 141

Գործք Առաքելոց 1.16, 66, 223

Գործք Առաքելոց 1.22, 92

Գործք Առաքելոց 1.24, 92

Գործք Առաքելոց 2, 138, 141, 204

Գործք Առաքելոց 2.3, 253

Գործք Առաքելոց 2.4, 140, 141

Գործք Առաքելոց 2.5, 141

Գործք Առաքելոց 2.5–11, 142, 151

Գործք Առաքելոց 2.5–21, 143

Գործք Առաքելոց 2.9–11, 141

Գործք Առաքելոց 2.9–12, 27

Գործք Առաքելոց 2.11, 140

Գործք Առաքելոց 2.12, 141

Գործք Առաքելոց 2.13, 141

Գործք Առաքելոց 2.14, 141

Գործք Առաքելոց 2.16–18, 141

Գործք Առաքելոց 2.17–21, 124

Գործք Առաքելոց 2.18, 141

Գործք Առաքելոց 2.19, 141

Գործք Առաքելոց 2.22, 174

Գործք Առաքելոց 2.25–28, 124

Գործք Առաքելոց 2.34–35, 124

Գործք Առաքելոց 2.37, 67, 185

Գործք Առաքելոց 2.42, 219

Գործք Առաքելոց 2.43, 92

Գործք Առաքելոց 3.1–10, 165

Գործք Առաքելոց 3.6–7, 173

Գործք Առաքելոց 3.6–8, 163

Գործք Առաքելոց 3.8, 172

Գործք Առաքելոց 3.18, 66

Գործք Առաքելոց 4.16–17, 170

Գործք Առաքելոց 4.25–26, 124

Գործք Առաքելոց 4.31, 204

Գործք Առաքելոց 4.33, 92

Գործք Առաքելոց 5.5, 201

Գործք Առաքելոց 5.10, 201

Գործք Առաքելոց 5.11, xi

Գործք Առաքելոց 5.12, 92

Գործք Առաքելոց 5.30–32, 48

Գործք Առաքելոց 6.5, 204

Գործք Առաքելոց 6.7, 124

Գործք Առաքելոց 7.2–53, 124

Գործք Առաքելոց 7.51, 204, 225

Գործք Առաքելոց 8.14, 92

Գործք Առաքելոց 8.20, xi, 165

Գործք Առաքելոց 9.1–8, 94

Գործք Առաքելոց 9.4, 200

Գործք Առաքելոց 9.17, 204

Գործք Առաքելոց 9.36–43, 163

Գործք Առաքելոց 10, 19

Գործք Առաքելոց 10.14–46, 141

Գործք Առաքելոց 10.38, 209

Գործք Առաքելոց 10.39–41, 92

Գործք Առաքելոց 10.41, 92

Գործք Առաքելոց 10.46, 140, 141

Գործք Առաքելոց 11.15–17, 140

Գործք Առաքելոց 11.15–18, 188

Գործք Առաքելոց 13.9, 204

Գործք Առաքելոց 14.8–18, 165

Գործք Առաքելոց 15.23–29, 124

Գործք Առաքելոց 16.16, 109

Գործք Առաքելոց 16.18, 163

Գործք Առաքելոց 16.19, 170

Գործք Առաքելոց 17.11, 121, 125

Գործք Առաքելոց 19, 19

Գործք Առաքելոց 19.6, 140, 141

Գործք Առաքելոց 20.7–12, 163

Գործք Առաքելոց 20.28–30, 106

Գործք Առաքելոց 20.29–30, 37

Գործք Առաքելոց 21.10–11, 121

Գործք Առաքելոց 26.14, 200

Գործք Առաքելոց 26.21, 122

Գործք Առաքելոց 28.17, 122

Հռոմեացիներին 1.16, 71

Հռոմեացիներ 6.3–5, 307n24

Հռոմեացիներ 7.23, 208

Հռոմեացիներ 8, 189, 192, 211

Հռոմեացիներ 8.2–4, 207

Հռոմեացիներ 8.5–9, 204–205

Հռոմեացիներ 8.5–11, 56, 188

Հռոմեացիներ 8.8, 56

Հռոմեացիներ 8.9, xviii, 191, 203

Հռոմեացիներ 8.11, 193, 210

Հռոմեացիներ 8.13, 57

Հռոմեացիներ 8.13–14, 208

Հռոմեացիներ 8.14, 57, 204

Հռոմեացիներ 8.14–17, 190

Հռոմեացիներ 8.16, 193

Հռոմեացիներ 8:26, 301n36

Հռոմեացիներ 8.28–29, 211

Հռոմեացիներ 8.30, 192

Հռոմեացիներ 10.9–10, 187

Հռոմեացիներ 10.14, 226

Հռոմեացիներ 12, 206

Հռոմեացիներ 12.1, 78

Հռոմեացիներ 12.3–8, 191

Հռոմեացիներ 12.3–21, 144

Հռոմեացիներ 12.6, 121, 124

Հռոմեացիներ 13.13, 307n24

Հռոմեացիներ 15.18–19, 174

Հռոմեացիներ 16.26, 220

1 Կորնթացիներ 1.22–23, 263n2

1 Կորնթացիներ 2.2, 263n3

1 Կորնթացիներ 2.4–5, 227

1 Կորնթացիներ 2.10–15, 17

1 Կորնթացիներ 2.12–16, 67

1 Կորնթացիներ 2.14–16, 224

1 Կորնթացիներ 3.10, 93

1 Կորնթացիներ 3.16, 191

1 Կորնթացիներ 6.11, 194

1 Կորնթացիներ 6.19–20, 192

1 Կորնթացիներ 7.7, 146

1 Կորնթացիներ 7.17, 307n24

1 Կորնթացիներ 9.1, 92, 93

1 Կորնթացիներ 12–14, 78, 103, 140, 191.

1 Կորնթացիներ 12.1, 141

1 Կորնթացիներ 12.3, 43, 210

474

1 Կորնթացիներ 12.7, 141, 146, 206

1 Կորնթացիներ 12.7–10, 143

1 Կորնթացիներ 12.10, 141

1 Կորնթացիներ 12.11, 141

1 Կորնթացիներ 12.13, 191, 192, 203

1 Կորնթացիներ 12.18, 146

1 Կորնթացիներ 12.28, 146

1 Կորնթացիներ 12.28–29, 103

1 Կորնթացիներ 12.30, 141, 142

1 Կորնթացիներ 12.31, 146

1 Կորնթացիներ 13, 146, 206

1 Կորնթացիներ 13.1, 138, 147

1 Կորնթացիներ 13.1–7, 144

1 Կորնթացիներ 13.6, 78

1 Կորնթացիներ 13.8, 148

1 Կորնթացիներ 13.10, 148, 149

1 Կորնթացիներ 14, 141

1 Կորնթացիներ 14.2, 141, 149

1 Կորնթացիներ 14.3, 121

1 Կորնթացիներ 14.4, 144

1 Կորնթացիներ 14.5, 141, 142, 146, 152.

1 Կորնթացիներ 14.10–11, 142

1 Կորնթացիներ 14.13, 141, 142

1 Կորնթացիներ 14.13–17, 150

1 Կորնթացիներ 14.14, 291n70

1 Կորնթացիներ 14.17, 147

1 Կորնթացիներ 14.18, 141

1 Կորնթացիս 14.18–19, 151

1 Կորնթացիներ 14.21–22, 141, 143

1 Կորնթացիներ 14.22, 254

1 Կորնթացիներ 14.23, 141

1 Կորնթացիներ 14.27, 141

1 Կորնթացիներ 14.32, 200

1 Կորնթացիներ 14.33, 72, 75

1 Կորնթացիներ 14.33, 40, xviii

1 Կորնթացիներ 14.37, 95

1 Կորնթացիներ 14.39–40, 153

1 Կորնթացիներ 14.40, 200

1 Կորնթացիներ 15.5–9, 94

1 Կորնթացիներ 15.7–8, 92

2 Կորնթացիներ 1.22, xviii

2 Կորնթացիներ 3.17–18, 181

2 Կորնթացիներ 3.18, 44, 67, 205, 228.

2 Կորնթացիներ 4.6, 183

2 Կորնթացիներ 5.7, 307n24

2 Կորնթացիներ 5.8, 194

2 Կորնթացիներ 5.13, 301n36

2 Կորնթացիներ 5.17, 186

2 Կորնթացիներ 10.4–5, 219

2 Կորնթացիներ 11.13, 95, 174

2 Կորնթացիներ 11.13–14, 90

2 Կորնթացիներ 11.44, 220

2 Կորնթացիներ 12.4, 70

2 Կորնթացիներ 12.7, 71

2 Կորնթացիներ 12.12, 92, 93, 151, 174.

2 Կորնթացիներ 15.17, 208

Գաղատացիներ 1.1, 92

Գաղատացիներ 1.6–8, 16

Գաղատացիներ 1.8, 125

Գաղատացիներ 1.8–9, 157, 174

Գաղատացիներ 1.9, 95, 222

Գաղատացիներ 3.3, 208

Գաղատացիներ 3.27, 203

Գաղատացիներ 4.19, 211

Գաղատացիներ 5.16–17, 57, 207

Գաղատացիներ 5.18–23, 194

Գաղատացիներ 5.19–21, 57, 205

Գաղատացիներ 5.19–22, 191

Գաղատացիներ 5.21, 74

Գաղատացիներ 5.21–22, 189

Գաղատացիներ 5.22–23, xviii, 57, 188, 200, 204, 246

Գաղատացիներ 5.25, 207

Գաղատացիներ 6.14, 71

Եփեսացիներ 1.13, 203

Եփեսացիներ 1.13–14, 193

Եփեսացիներ 2.1–3, 57

Եփեսացիներ 2.4, 186

Եփեսացիներ 2.8, 189

Եփեսացիներ 2.10, 208, 307n24

Եփեսացիներ 2.19–20, 96–97

Եփեսացիներ 2.20, 97, 101, 126, 129.

Եփեսացիներ 3.5, 130

Եփեսացիներ 3.16, 208

Եփեսացիներ 3.16–19, 44

Եփեսացիներ 4.1, 307n24

Եփեսացիներ 4.3, 191

Եփեսացիներ 4.11, 88, 90, 103, 118, 130.

Եփեսացիներ 4.11–12, 226

Եփեսացիներ 4.11–13, 100–102, 148, 206.

Եփեսացիներ 4.14, 38

Եփեսացիներ 4.28–31, 208

Եփեսացիներ 4.30, xviii

Եփեսացիներ 5.2, 307n24

Եփեսացիներ 5.8–9, 307n24

Եփեսացիներ 5.15–16, 307n24

Եփեսացիներ 5.18, 67, 203, 205, 228, 246.

Եփեսացիներ 5.19–6.9, 228

Եփեսացիներ 5.22–23, 205

Եփեսացիներ 5. 26, 227

Եփեսացիներ 6.1–8, 205

Եփեսացիներ 6.11, 208

Եփեսացիներ 6.17, 66, 227

Եփեսացիներ 6.67, 66

Փիլիպպեցիներ 2.7–8, 209

Փիլիպպեցիներ 2.9–13, 43

Փիլիպպեցիներ 2.12–13, 208

Փիլիպպեցիներ 3.10, 157

Փիլիպպեցիներ 3.18–19, 82

Փիլիպպեցիներ 3.20, 190

Փիլիպպեցիներ 3.21, 211

Կողոսացիներ 1.13–14, 190

Կողոսացիներ 1.15, 210

Կողոսացիներ 3.1–2, 57

Կողոսացիներ 3.16, 67, 228

Կողոսացիներ 3.16–4:1, 205–206

Կողոսացիներ 3.16–17, 246

Կողոսացիներ 3.17–4:1, 228

Կողոսացիներ 4.14, 170

1 Թեսաղոնիկեցիներ 1.5, 226

1 Թեսաղոնիկեցիներ 1.6, 208

1 Թեսաղոնիկեցիներ 2.1–12, 125

1 Թեսաղոնիկեցիներ 2.13, 95

1 Թեսաղոնիկեցիներ 4.13–5.11, 125

1 Թեսաղոնիկեցիներ 5.19–22, 126

1 Թեսաղոնիկեցիներ 5.20–22, 121, 123–126.

1 Թեսաղոնիկեցիներ 5.21–22, 38

2 Թեսաղոնիկեցիներ 2.2, 95

2 Թեսաղոնիկեցիներ 2.7–9, 199

2 Թեսաղոնիկեցիներ 2.9, 107, 174, 202

2 Թեսաղոնիկեցիներ 2.13, 188, 209

1 Տիմոթեոս 2.12, 72

1 Տիմոթեոս 2.12–14, 271n65

1 Տիմոթեոս 3.1–7, 58

1 Տիմոթեոս 4.7, 208

1 Տիմոթեոս 4.8, 226

1 Տիմոթեոս 6.3–5, 222

1 Տիմոթեոս 6.5, 165

1 Տիմոթեոս 6.9–10, 165

2 Տիմոթեոս 1.13–14, 219

2 Տիմոթեոս 1.14, 247

2 Տիմոթեոս 2.2, 98

2 Տիմոթեոս 2.4, 126

2 Տիմոթեոս 2.15, 226

2 Տիմոթեոս 2.25, 189

2 Տիմոթեոս 3.1–9, 222

2 Տիմոթեոս 3.15–17, 116–117

2 Տիմոթեոս 3.16–17, 170, 214, 218, 219, 220, 224, 228

2 Տիմոթեոս 4.2, 71, 129

2 Տիմոթեոս 4.3, 175

2 Տիմոթեոս 4.3–4, 125

Տիտ. 1.2, 130

Տիտ. 1.5, 98

Տիտ. 1.g5–9, 58

Տիտ. 1.11, 175

Տիտ. 2.12, 208

Տիտ. 2.14, 208

Տիտ. 3.4–7, 186

Տիտ. 3.5, 227

Եբրայեցիներ 1.1–2, 116, 218, 223

Եբրայեցիներ 2.3–4, 92, 174, 237

Եբրայեցիներ 4.12, 66, 186, 227

Եբրայեցիներ 7.26, 58

Եբրայեցիներ 9.14, 210

Եբրայեցիներ 10.24–25, 206

Եբրայեցիներ 10.29, 185, 225

Եբրայեցիներ 10.31, xi

Հակոբոս 1.17–18, 188

Հակոբոս 1.18, 227

Հակոբոս 5.14–15, 176

1 Պետ. 1.3, 187

1 Պետ. 1.10–11, 46, 66

1 Պետ. 1.11, 223

1 Պետ. 1.12, 48, 186, 226

1 Պետ. 1.13, 200

1 Պետ. 1.15–16, 208

1 Պետ. 1.22–23, 206

1 Պետ. 2.1–3, 208, 228

1 Պետ. 2.2, 67

1 Պետ. 2.20–23, 157

1 Պետ. 4.10–11, 144, 206

1 Պետ. 5.2, 98

1 Պետ. 5.8, 200

2 Պետ., 37, 107, 130

2 Պետ. 1.3, 220

2 Պետ. 1.16–19, 70

2 Պետ. 1.19, 129

2 Պետ. 1.19–21, 17

2 Պետ. 1.20–21, 66, 128, 222

2 Պետ. 1.21, 46, 71, 223

2 Պետ. 2, 105

2 Պետ. 2.1, 31, 37, 106

2 Պետ. 2.1–3, 95, 121, 125

2 Պետ. 2.10, 66

2 Պետ. 2.19, 66

2 Պետ. 3.13, 194

2 Պետ. 3.16, 66, 95

2 Պետ. 3.18, 205

1 Հովհ. 1.8–10, 27

1 Հովհ. 2.6, 307n24

1 Հովհ. 2.15–16, 57

1 Հովհ. 2.16–17, 56

1 Հովհ. 2.27, 225

1 Հովհ. 3.2, 211

1 Հովհ. 4, 35

1 Հովհ. 4.1, 34, 121, 125

1 Հովհ. 4.1–3, 222

1 Հովհ. 4.1–8, 38–39, 55, 80

1 Հովհ. 4.2–3, 40, 45, 46, 53

1 Հովհ. 4.4–5, 57

1 Հովհ. 4.6, 66, 71

1 Հովհ. 4.7–8, 74

1 Հովհ. 4.18, 190

1 Հովհ. 5.6, 67, 186

1 Հովհ. 5.19, 57

2 Հովհ. 7–11, 81, 222

2 Հովհ. 9–11, 222

2 Հովհ. 10–11, 121

3 Հովհ. 2, 156

3 Հովհ. 3–4, 307n24

3 Հովհ. 9–10, 121

Հուդա, xiii, 37, 105, 107, 130, 219

Հուդա 3, 116, 124, 247

Հուդա 3–4, 121

Հուդա 4, 125

Հուդա 8–23, 121

Հուդա 17, 95

Հուդա 20, 124

Հայտնություն 1.17, 46, 200

Հայտնություն 5.12–13, 211

Հայտնություն 13.13–14, 199

Հայտնություն 21.1, 194

Հայտնություն 21.14, 99

Հայտնություն 21.22–27, 194

Հայտնություն 22.17, 182

Հայտնություն 22.17–19, 71

Հայտնություն 22.18–19, 17, 116, 218, 220:

Հեղինակի մասին

Ջոն ՄաքԱրթուրը 1969թ.-ից ծառայել է որպես Grace համայնքային եկեղեցու հովիվ-ուսուցիչ Սան Վելլի-ում, Կալիֆորնիա: Չորս տասնամյակների ընթացքում նույն ամբիոնից ծառայելու ընթացքում նա հատված առ հատված քարոզել է ողջ Նոր Կտակարանի (և Հին Կտակարանի մի քանի հիմնական բաժինների) վերաբերյալ: Նա Մագիստրոսական քոլեջի և սեմինարիայի նախագահ է, ում ամեն օր կարելի է լսել «Grace to You» ռադիոհաղորդման ժամանակ (հեռարձակվում է հարյուրավոր ռադիոկայաններով ամբողջ աշխարհում): Նա հեղինակել է մի շարք բեսթսելլեր գրքեր, այդ թվում՝ *«ՄաքԱրթուր. Աստվածաշնչի ուսումնասիրությունը»*, *«Ավետարան ըստ Հիսուսի»*, *«Տասներկու սովորական մարդիկ»* և *«Մեկ կատարյալ կյանք»*:

Ջոն ՄաքԱրթուրի և նրա՝ Աստվածաշնչի ուսուցման ռեսուրսների մասին լրացուցիչ մանրամասների համար դիմեք՝ Grace to You 800-55-GRACE կամ www.gty.org:

Գալիք 2014 թվականի դեկտեմբեր

Մեկ կատարյալ կյանք

Նվիրական

Ջոն ՄաքԱրթուրի կողմից

Մեկ կատարյալ կյանքով դոկտոր Ջոն ՄաքԱրթուրը ներկայացնում է Փրկչի համոզիչ պատկերը, որը միախառնում է այն ամենը, ինչ Աստվածաշունչը ներկայացնում է մեկ շարունակական պատմության մեջ: *Մեկ կատարյալ կյանք*-ի նվիրումը ձեզ կտանի այդ նույն փառահեղ դիմանկարի միջով՝ 365 նվիրումներով, որոնք ներկայացնում են.

- Նույն եզակի բաղադրյալն այն ամենի, ինչ Աստվածաշունչն ասում է Հիսուսի մասին,
- Ոգեշնչող, ամենօրյա ընթերցանություն՝ բացահայտելու հույսը, ճշմարտությունը և Նրա կյանքի խոստումը,
- Աղոթք կամ ոգեշնչող միտք ձեր օրը թրմելու համար՝ կենտրոնանալով Փրկչի վրա:

Լինելով նույնքան ուսուցողական, որքան՝ ոգեշնչող, այս հզոր նվիրումը ձեր սրտի համար կանի այն, ինչ *Մեկ կատարյալ կյանքն* արել է ձեր մտքի համար: Ամեն օր կենտրոնանալով Հիսուսի անձի վրա՝ ձեր հավատքը կխորանա, քանզի յուրաքանչյուր քայլ ձեզ ավելի կմոտեցնի երբևէ ապրած մեծագույն Անձնավորությանը:

Կարող եք ձեռք բերել մեր կողմից տպագրած հետևյալ գրքերը՝

- «Գաղատացիս մեկնություն» Ջոն ՄակԱրթուր
- «Միայն Հիսուս» Ջոն ՄակԱրթուր
- «Գտնված է Աստծո կամքը» Ջոն ՄակԱրթուր
- «Հավատքի Հիմքեր» Ջոն ՄակԱրթուր
- «Հինգ կետերը» Ջոն Փայփեր
- «Ծննդոց մեկնություն» Ալեքսեյ Պրոկոպենկո
- «Աստվածաշնչյան ապաշխարություն» Սաղմոս 51 Ալեքսեյ Պրոկոպենկո
- «Ինչ է առողջ եկեղեցին» Մարկ Դեվըր
- «Ինչպես սերտել Աստվածաշունչը» Ռիչարդ Մեհյու
- «Երկրպագություն խավարում» մտորումներ Հոբի գրքի շուրջ Թիմուր Ռասուլով
- «Սով երկրի վրա» բացատրական քարոզի կրակոտ կոչ Սթիվեն Ջ. Լոուսան
- «Քրիստոնեական Հավատալիքներ» Ուեյն Ա. Գրուդեմ
- «Օգնեք, Ես անվանական եմ» Ալեքսանդր Գուրտաև
- «Հավատքի աճ» Ջերի Բրիջիս
- «Թանկագին Քրիստոսը» Ալեքսեյ Կոլոմիցև
- «Աստծո գերակայությունը քարոզի մեջ» Ջոն Փայփեր
- «Աստծով սքանչացած» Ջոն Փայփեր
- «Աստծո Սրբությունը» Ար Սի Սփրոլ
- «Շնորհքի սերունդներ» 1,2,3

Հեռ. 095165085
Email: TMAIArmenia@gmail.com
Fb: The.Word.of.Truth.Armenia
Web: Patgam.com

Այտեղ կարող եք նայել տարբեր քարոզներ, ծանոթանալ գալիք կոնֆեռանսների և տպագրվող գրքերի մասին:

The Master's Academy International
www.tmai.org
publishing@tmai.org

www.ingramcontent.com/pod-product-compliance
Lightning Source LLC
Chambersburg PA
CBHW062154120626
46550CB00012B/1380
9781967358045